NOVALIS · DICHTUNGEN UND FRAGMENTE

Universal Bibliothek

BELLETRISTIK

HEINRICH VON OFTERDINGEN

Ein Roman

Du hast in mir den edeln Trieb erregt
  Tief ins Gemüt der weiten Welt zu schauen;
  Mit deiner Hand ergriff mich ein Vertrauen,
  Das sicher mich durch alle Stürme trägt.

Mit Ahndungen hast du das Kind gepflegt,
  Und zogst mit ihm durch fabelhafte Auen;
  Hast, als das Urbild zartgesinnter Frauen,
  Des Jünglings Herz zum höchsten Schwung bewegt.

Was fesselt mich an irdische Beschwerden?
  Ist nicht mein Herz und Leben ewig Dein?
  Und schirmt mich Deine Liebe nicht auf Erden?

Ich darf für Dich der edlen Kunst mich weihn;
  Denn Du, Geliebte, willst die Muse werden,
  Und stiller Schutzgeist meiner Dichtung sein.

In ewigen Verwandlungen begrüßt
  Uns des Gesangs geheime Macht hienieden,
  Dort segnet sie das Land als ew'ger Frieden,
  Indes sie hier als Jugend uns umfließt.

Sie ist's, die Licht in unsre Augen gießt,
  Die uns den Sinn für jede Kunst beschieden,
  Und die das Herz der Frohen und der Müden
  In trunkner Andacht wunderbar genießt.

An ihrem vollen Busen trank ich Leben;
  Ich ward durch sie zu allem, was ich bin,
  Und durfte froh mein Angesicht erheben.

Noch schlummerte mein allerhöchster Sinn;
  Da sah ich sie als Engel zu mir schweben
  Und flog, erwacht, in ihrem Arm dahin.

Erster Teil

Die Erwartung

Erstes Kapitel

Die Eltern lagen schon und schliefen, die Wanduhr schlug ihren einförmigen Takt, vor den klappernden Fenstern sauste der Wind; abwechselnd wurde die Stube hell von dem Schimmer des Mondes. Der Jüngling lag unruhig auf seinem Lager und gedachte des Fremden und seiner Erzählungen. „Nicht die Schätze sind es, die ein so unaussprechliches Verlangen in mir geweckt haben", sagte er zu sich selbst; „fern ab liegt mir alle Habsucht: aber die blaue Blume sehn' ich mich zu erblicken. Sie liegt mir unaufhörlich im Sinn, und ich kann nichts anderes dichten und denken. So ist mir noch nie zumute gewesen: es ist, als hätt ich vorhin geträumt, oder ich wäre in eine andere Welt hinübergeschlummert; denn in der Welt, in der ich sonst lebte, wer hätte da sich um Blumen bekümmert, und gar von einer so seltsamen Leidenschaft für eine Blume hab ich damals nie gehört. Wo eigentlich nur der Fremde herkam? Keiner von uns hat je einen ähnlichen Menschen gesehn; doch weiß ich nicht, warum nur ich von seinen Reden so ergriffen worden bin; die andern haben ja das nämliche gehört, und keinem ist so etwas begegnet. Daß ich auch nicht einmal von meinem wunderlichen Zustande reden kann! Es ist mir oft so entzückend wohl, und nur dann, wenn ich die Blume nicht recht gegenwärtig habe, befällt mich so ein tiefes, inniges Treiben: das kann und wird keiner verstehn. Ich glaubte, ich wäre wahnsinnig, wenn ich nicht so klar und hell sähe und dächte, mir ist seitdem alles viel bekannter. Ich hörte einst von alten Zeiten reden; wie da die Tiere und Bäume und Felsen mit den Menschen gesprochen hätten. Mir ist gerade so, als wollten sie allaugenblicklich anfangen, und als könnte ich es ihnen ansehen, was sie mir sagen wollten. Es muß noch viel Worte geben, die ich nicht weiß: wüßte ich mehr, so könnte ich viel besser alles begreifen. Sonst tanzte ich gern; jetzt denke ich lieber nach der Musik." Der Jüngling verlor sich allmählich in süßen Phantasien und entschlummerte. Da träumte ihm erst von unabsehlichen Fernen, und wilden, unbekannten Gegenden. Er wanderte über Meere mit unbegreiflicher Leichtigkeit; wunderliche Tiere sah er; er lebte mit mannigfaltigen Menschen, bald im Kriege, in wildem Getümmel, in stillen Hütten. Er geriet in Gefangenschaft und die schmählichste Not. Alle Empfindungen stiegen bis zu einer niegekannten Höhe in ihm. Er durchlebte ein unendlich buntes Leben; starb und kam wieder, liebte bis zur höchsten Leidenschaft, und war dann wieder auf ewig von seiner Geliebten getrennt. Endlich gegen Morgen, wie draußen die Dämmerung anbrach, wurde es stiller in seiner Seele, klarer und bleibender wurden die Bilder. Es kam ihm vor, als ginge er in einem dunkeln Walde allein. Nur selten schimmerte der Tag durch das grüne Netz. Bald kam er vor eine Felsenschlucht, die bergan stieg. Er mußte über bemooste Steine klettern, die ein ehemaliger Strom herunter gerissen hatte. Je höher er kam, desto lichter wurde der Wald. Endlich gelangte er zu einer kleinen Wiese, die am Hange des Berges lag. Hinter der Wiese erhob sich eine hohe Klippe, an deren Fuß er eine Öffnung erblickte, die der Anfang eines in den Felsen gehauenen Ganges zu sein schien. Der Gang führte ihn gemächlich eine Zeitlang eben fort, bis zu einer großen Weitung, aus der ihm schon von fern ein helles Licht entgegen glänzte. Wie er hineintrat, ward er einen mächtigen Strahl gewahr, der wie aus einem Springquell bis an die Decke des Gewölbes stieg, und oben in unzählige Funken zerstäubte, die sich unten in einem großen Becken sammelten; der Strahl glänzte wie entzündetes Gold; nicht das mindeste Geräusch war zu hören, eine heilige Stille umgab das herrliche Schauspiel. Er näherte sich dem Becken, das mit unendlichen Farben wogte und zitterte. Die Wände der Höhle waren mit dieser Flüssigkeit überzogen, die nicht heiß, sondern kühl war, und an den Wänden nur ein mattes, bläuliches Licht von sich warf. Er tauchte seine Hand in das Becken und benetzte seine Lippen. Es war, als durchdränge ihn ein geistiger Hauch, und er fühlte sich innigst gestärkt und erfrischt. Ein unwiderstehliches Verlangen ergriff ihn sich zu baden, er entkleidete sich und stieg in das Becken. Es dünkte ihn, als umflösse ihn eine Wolke

des Abendrots; eine himmlische Empfindung überströmte sein Inneres; mit inniger Wollust strebten unzählbare Gedanken in ihm sich zu vermischen; neue, niegesehene Bilder entstanden, die auch ineinanderflossen und zu sichtbaren Wesen um ihn wurden, und jede Welle des lieblichen Elements schmiegte sich wie ein zarter Busen an ihn. Die Flut schien eine Auflösung reizender Mädchen, die an dem Jünglinge sich augenblicklich verkörperten.
Berauscht von Entzücken und doch jedes Eindrucks bewußt, schwamm er gemach dem leuchtenden Strome nach, der aus dem Becken in den Felsen hineinfloß. Eine Art von süßem Schlummer befiel ihn, in welchem er unbeschreibliche Begebenheiten träumte, und woraus ihn eine andere Erleuchtung weckte. Er fand sich auf einem weichen Rasen am Rande einer Quelle, die in die Luft hinausquoll und sich darin zu verzehren schien. Dunkelblaue Felsen mit bunten Adern erhoben sich in einiger Entfernung; das Tageslicht, das ihn umgab, war heller und milder als das gewöhnliche, der Himmel war schwarzblau und völlig rein. Was ihn aber mit voller Macht anzog, war eine hohe lichtblaue Blume, die zunächst an der Quelle stand, und ihn mit ihren breiten, glänzenden Blättern berührte. Rund um sie her standen unzählige Blumen von allen Farben, und der köstlichste Geruch erfüllte die Luft. Er sah nichts als die blaue Blume, und betrachtete sie lange mit unnennbarer Zärtlichkeit. Endlich wollte er sich ihr nähern, als sie auf einmal sich zu bewegen und zu verändern anfing; die Blätter wurden glänzender und schmiegten sich an den wachsenden Stengel, die Blume neigte sich nach ihm zu, und die Blütenblätter zeigten einen blauen ausgebreiteten Kragen, in welchem ein zartes Gesicht schwebte. Sein süßes Staunen wuchs mit der sonderbaren Verwandlung, als ihn plötzlich die Stimme seiner Mutter weckte, und er sich in der elterlichen Stube fand, die schon die Morgensonne vergoldete. Er war zu entzückt, um unwillig über diese Störung zu sein; vielmehr bot er seiner Mutter freundlich guten Morgen und erwiderte ihre herzliche Umarmung.
„Du Langschläfer", sagte der Vater, „wie lange sitze ich schon hier und feile. Ich habe deinetwegen nichts hämmern dürfen; die Mutter wollte den lieben Sohn schlafen lassen. Aufs Frühstück habe ich auch warten müssen. Klüglich hast

du den Lehrstand erwählt, für den wir wachen und arbeiten. Indes ein tüchtiger Gelehrter, wie ich mir habe sagen lassen, muß auch Nächte zu Hülfe nehmen, um die großen Werke der weisen Vorfahren zu studieren." – „Lieber Vater", antwortete Heinrich, „werdet nicht unwillig über meinen langen Schlaf, den Ihr sonst nicht an mir gewohnt seid. Ich schlief erst spät ein, und habe viele unruhige Träume gehabt, bis zuletzt ein anmutiger Traum mir erschien, den ich lange nicht vergessen werde, und von dem mich dünkt, als sei es mehr als bloßer Traum gewesen." – „Lieber Heinrich", sprach die Mutter, „du hast dich gewiß auf den Rükken gelegt, oder beim Abendsegen fremde Gedanken gehabt. Du siehst auch noch ganz wunderlich aus. Iß und trink, daß du munter wirst."

Die Mutter ging hinaus, der Vater arbeitete emsig fort und sagte: „Träume sind Schäume, mögen auch die hochgelahrten Herren davon denken, was sie wollen, und du tust wohl, wenn du dein Gemüt von dergleichen unnützen und schädlichen Betrachtungen abwendest. Die Zeiten sind nicht mehr, wo zu den Träumen göttliche Gesichte sich gesellten, und wir können und werden es nicht begreifen, wie es jenen auserwählten Männern, von denen die Bibel erzählt, zumute gewesen ist. Damals muß es eine andere Beschaffenheit mit den Träumen gehabt haben, so wie mit den menschlichen Dingen.

„In dem Alter der Welt, wo wir leben, findet der unmittelbare Verkehr mit dem Himmel nicht mehr statt. Die alten Geschichten und Schriften sind jetzt die einzigen Quellen, durch die uns eine Kenntnis von der überirdischen Welt, soweit wir sie nötig haben, zuteil wird; und statt jener ausdrücklichen Offenbarungen redet jetzt der heilige Geist mittelbar durch den Verstand kluger und wohlgesinnter Männer und durch die Lebensweise und die Schicksale frommer Menschen zu uns. Unsre heutigen Wunderbilder haben mich nie sonderlich erbaut, und ich habe nie jene großen Taten geglaubt, die unsre Geistlichen davon erzählen. Indes mag sich daran erbauen, wer will, und ich hüte mich wohl jemanden in seinem Vertrauen irre zu machen."
– „Aber, lieber Vater, aus welchem Grunde seid Ihr so den Träumen entgegen, deren seltsame Verwandlungen und leichte zarte Natur doch unser Nachdenken gewißlich rege

machen müssen? Ist nicht jeder, auch der verworrenste Traum, eine sonderliche Erscheinung, die auch ohne noch an göttliche Schickung dabei zu denken, ein bedeutsamer Riß in den geheimnisvollen Vorhang ist, der mit tausend Falten in unser Inneres hereinfällt? In den weisesten Büchern findet man unzählige Traumgeschichten von glaubhaften Menschen, und erinnert Euch nur noch des Traums, den uns neulich der ehrwürdige Hofkaplan erzählte, und der Euch selbst so merkwürdig vorkam.

„Aber, auch ohne diese Geschichten, wenn Ihr zuerst in Eurem Leben einen Traum hättet, wie würdet Ihr nicht erstaunen, und Euch die Wunderbarkeit dieser uns nur alltäglich gewordenen Begebenheit gewiß nicht abstreiten lassen! Mich dünkt der Traum eine Schutzwehr gegen die Regelmäßigkeit und Gewöhnlichkeit des Lebens, eine freie Erholung der gebundenen Phantasie, wo sie alle Bilder des Lebens durcheinanderwirft, und die beständige Ernsthaftigkeit des erwachsenen Menschen durch ein fröhliches Kinderspiel unterbricht. Ohne die Träume würden wir gewiß früher alt, und so kann man den Traum, wenn auch nicht als unmittelbar von oben gegeben, doch als eine göttliche Mitgabe, einen freundlichen Begleiter auf der Wallfahrt zum heiligen Grabe betrachten. Gewiß ist der Traum, den ich heute Nacht träumte, kein unwirksamer Zufall in meinem Leben gewesen, denn ich fühle es, daß er in meine Seele wie ein weites Rad hineingreift, und sie in mächtigem Schwunge forttreibt."

Der Vater lächelte freundlich und sagte, indem er die Mutter, die eben hereintrat, ansah: „Mutter, Heinrich kann die Stunde nicht verleugnen, durch die er in der Welt ist. In seinen Reden kocht der feurige welsche Wein, den ich damals von Rom mitgebracht hatte, und der unsern Hochzeitabend verherrlichte. Damals war ich auch noch ein andrer Kerl. Die südliche Luft hatte mich aufgetaut, von Mut und Lust floß ich über, und du warst auch ein heißes köstliches Mädchen. Bei deinem Vater gings damals herrlich zu; Spielleute und Sänger waren weit und breit herzugekommen, und lange war in Augsburg keine lustigere Hochzeit gefeiert worden."

„Ihr spracht vorhin von Träumen", sagte die Mutter, „weißt du wohl, daß du mir damals auch von einem Traume erzähltest, den du in Rom gehabt hattest, und der dich zuerst auf den Gedanken gebracht, zu uns nach Augsburg zu kommen, und um mich zu werben?" – „Du erinnerst mich eben zur rechten Zeit", sagte der Alte; „ich habe diesen seltsamen Traum ganz vergessen, der mich damals lange genug beschäftigte; aber eben er ist mir ein Beweis dessen, was ich von den Träumen gesagt habe. Es ist unmöglich einen geordneteren und helleren zu haben; noch jetzt entsinne ich mich jedes Umstandes ganz genau; und doch, was hat er bedeutet? Daß ich von dir träumte, und mich bald darauf von Sehnsucht ergriffen fühlte, dich zu besitzen, war ganz natürlich: denn ich kannte dich schon. Dein freundliches holdes Wesen hatte mich gleich anfangs lebhaft gerührt, und nur die Lust nach der Fremde hielt damals meinen Wunsch nach deinem Besitz noch zurück. Um die Zeit des Traums war meine Neugierde schon ziemlich gestillt, und nun konnte die Neigung leichter durchdringen."

„Erzählt uns doch jenen seltsamen Traum", sagte der Sohn. – „Ich war eines Abends", fing der Vater an, „umhergestreift. Der Himmel war rein, und der Mond bekleidete die alten Säulen und Mauern mit seinem bleichen schauerlichen Lichte. Meine Gesellen gingen den Mädchen nach, und mich trieb das Heimweh und die Liebe ins Freie. Endlich ward ich durstig und ging ins erste beste Landhaus hinein, um einen Trunk Wein oder Milch zu fordern. Ein alter Mann kam heraus, der mich wohl für einen verdächtigen Besuch halten mochte. Ich trug ihm mein Anliegen vor; und als er erfuhr, daß ich ein Ausländer und ein Deutscher sei, lud er mich freundlich in die Stube und brachte eine Flasche Wein. Er hieß mich niedersetzen, und fragte mich nach meinem Gewerbe. Die Stube war voll Bücher und Altertümer. Wir gerieten in ein weitläuftiges Gespräch; er erzählte mir viel von alten Zeiten, von Malern, Bildhauern und Dichtern. Noch nie hatte ich so davon reden hören. Es war mir, als sei ich in einer neuen Welt ans Land gestiegen. Er wies mir Siegelsteine und andre alte Kunstarbeiten; dann las er mir mit lebendigem Feuer herrliche Gedichte vor, und so verging die Zeit, wie ein Augenblick. Noch jetzt heitert mein Herz sich auf, wenn ich mich des bunten Gewühls der wunderlichen Gedanken und Empfindungen erinnere, die mich in dieser Nacht erfüllten. In den heidnischen Zeiten war er wie zu Hause, und sehnte sich mit unglaublicher Inbrunst in dies graue Altertum zurück. Endlich wies er mir eine Kammer an, wo ich den Rest der Nacht zubringen könnte, weil es schon zu spät sei, um noch zurückzukehren. Ich schlief bald, und da dünkte michs, ich sei in meiner Vaterstadt und wanderte aus dem Tore. Es war, als müßte ich irgendwohin gehn, um etwas zu bestellen, doch wußte ich nicht wohin, und was ich verrichten solle. Ich ging nach dem Harze mit überaus schnellen Schritten, und wohl war mir, als sei es zur Hochzeit. Ich hielt mich nicht auf dem Wege, sondern immer feldein durch Tal und Wald, und bald kam ich an einen hohen Berg. Als ich oben war, sah ich die Goldne Aue vor mir, und überschaute Thüringen weit und breit, also daß kein Berg in der Nähe umher mir die Aussicht wehrte. Gegenüber lag der Harz mit seinen dunklen Bergen, und ich sah unzählige Schlösser, Klöster und Ortschaften. Wie mir nun da recht wohl innerlich ward, fiel mir der alte Mann ein, bei dem ich schlief, und es gedäuchte mir, als sei das vor geraumer Zeit geschehn, daß ich bei ihm gewesen sei. Bald gewahrte ich eine Stiege, die in den Berg hinein ging, und ich machte mich hinunter. Nach langer Zeit kam ich in eine große Höhle, daß saß ein Greis in einem langen Kleide vor einem eisernen Tische, und schaute unverwandt nach einem wunderschönen Mädchen, die in Marmor gehauen vor ihm stand. Sein Bart war durch den eisernen Tisch gewachsen und bedeckte seine Füße. Er sah ernst und freundlich aus, und gemahnte mich wie ein alter Kopf, den ich den Abend bei dem Manne gesehn hatte. Ein glänzendes Licht war in der Höhle verbreitet. Wie ich so stand und den Greis ansah, klopfte mir plötzlich mein Wirt auf die Schulter, nahm mich bei der Hand und führte mich durch lange Gänge mit sich fort. Nach einer Weile sah ich von weitem eine Dämmerung, als wollte das Tageslicht einbrechen. Ich eilte darauf zu, und befand mich bald auf einem grünen Plane; aber es schien mir alles ganz anders als in Thüringen. Ungeheure Bäume mit großen glänzenden Blättern verbreiteten weit umher Schatten. Die Luft war sehr heiß und doch nicht drückend. Überall Quellen und Blumen, und unter allen Blumen gefiel mir *eine* ganz besonders, und es kam mir vor, als neigten sich die andern gegen sie."

„Ach! liebster Vater, sagt mir doch, welche Farbe sie hatte", rief der Sohn mit heftiger Bewegung.

„Das entsinne ich mich nicht mehr, so genau ich mir auch sonst alles eingeprägt habe."

„War sie nicht blau?"

„Es kann sein", fuhr der Alte fort, ohne auf Heinrichs seltsame Heftigkeit Achtung zu geben. „Soviel weiß ich nur noch, daß mir ganz unaussprechlich zumute war, und ich mich lange nicht nach meinem Begleiter umsah. Wie ich mich endlich zu ihm wandte, bemerkte ich, daß er mich aufmerksam betrachtete und mir mit inniger Freude zulächelte. Auf welche Art ich von diesem Orte wegkam, erinnere ich mir nicht mehr. Ich war wieder oben auf dem Berge. Mein Begleiter stand bei mir, und sagte: Du hast das Wunder der Welt gesehn. Es steht bei dir, das glücklichste Wesen auf der Welt und noch über das ein berühmter Mann zu werden. Nimm wohl in acht, was ich dir sage: wenn du am Tage Johannis gegen Abend wieder hierher kommst, und Gott herzlich um das Verständnis dieses Traumes bittest, so wird dir das höchste irdische Los zuteil werden; dann gib nur acht, auf ein blaues Blümchen, was du hier oben finden wirst, brich es ab, und überlaß dich dann demütig der himmlischen Führung. Ich war darauf im Traume unter den herrlichsten Gestalten und Menschen, und unendliche Zeiten gaukelten mit mannigfaltigen Veränderungen vor meinen Augen vorüber. Wie gelöst war meine Zunge, und was ich sprach, klang wie Musik. Darauf ward alles wieder dunkel und eng und gewöhnlich; ich sah deine Mutter mit freundlichem, verschämtem Blick vor mir; sie hielt ein glänzendes Kind in den Armen, und reichte mir es hin, als auf einmal das Kind zusehends wuchs, immer heller und glänzender ward, und sich endlich mit blendendweißen Flügeln über uns erhob, uns beide in seinen Arm nahm, und so hoch mit uns flog, daß die Erde nur wie eine goldene Schüssel mit dem saubersten Schnitzwerk aussah. Dann erinnere ich mir nur, daß wieder jene Blume und der Berg und der Greis vorkamen; aber ich erwachte bald darauf und fühlte mich von heftiger Liebe bewegt. Ich nahm Abschied von meinem gastfreien Wirt, der mich bat, ihn oft wieder zu besuchen, was ich ihm zusagte, und auch Wort gehalten haben würde, wenn ich nicht bald darauf Rom verlassen hätte, und ungestüm nach Augsburg gereist wäre."

Johannis war vorbei, die Mutter hatte längst einmal nach Augsburg ins väterliche Haus kommen und dem Großvater den noch unbekannten lieben Enkel mitbringen sollen. Einige gute Freunde des alten Ofterdingen, ein paar Kaufleute, mußten in Handelsgeschäften dahin reisen. Da faßte die Mutter den Entschluß, bei dieser Gelegenheit jenen Wunsch auszuführen, und es lag ihr dies um so mehr am Herzen, weil sie seit einiger Zeit merkte, daß Heinrich weit stiller und in sich gekehrter war als sonst. Sie glaubte, er sei mißmütig oder krank, und eine weite Reise, der Anblick neuer Menschen und Länder, und wie sie verstohlen ahndete, die Reize einer jungen Landsmännin würden die trübe Laune ihres Sohnes vertreiben, und wieder einen so teilnehmenden und lebensfrohen Menschen aus ihm machen, wie er sonst gewesen. Der Alte willigte in den Plan der Mutter, und Heinrich war über die Maßen erfreut, in ein Land zu kommen, was er schon lange, nach den Erzählungen seiner Mutter und mancher Reisenden, wie ein irdisches Paradies sich gedacht, und wohin er oft vergeblich sich gewünscht hatte.

Heinrich war eben zwanzig Jahre alt geworden. Er war nie über die umliegenden Gegenden seiner Vaterstadt hinausgekommen; die Welt war ihm nur aus Erzählungen bekannt. Wenig Bücher waren ihm zu Gesichte gekommen. Bei der Hofhaltung des Landgrafen ging es nach der Sitte der damaligen Zeiten einfach und still zu; und die Pracht und Bequemlichkeit des fürstlichen Lebens dürfte sich schwerlich mit den Annehmlichkeiten messen, die in späteren Zeiten ein bemittelter Privatmann sich und den Seinigen ohne Verschwendung verschaffen konnte. Dafür war aber der Sinn für die Gerätschaften und Habseligkeiten, die der Mensch zum mannigfachen Dienst seines Lebens um sich her versammelt, desto zarter und tiefer. Sie waren den Menschen werter und merkwürdiger. Zog schon das Geheimnis der Natur und die Entstehung ihrer Körper den ahnenden Geist an: so erhöhte die seltnere Kunst ihrer Bearbeitung, die romantische Ferne, aus der man sie erhielt, und die Heiligkeit ihres Altertums, da sie sorgfältiger bewahrt, oft das Besitztum mehrerer Nachkommenschaften wurden, die Neigung zu diesen stummen Gefährten des Lebens. Oft wurden sie zu dem Rang von geweihten Pfändern eines besondern Segens und Schicksals erhoben, und das Wohl ganzer Reiche und weitverbreiteter Familien hing an ihrer Erhaltung. Eine *liebliche* Armut schmückte diese Zeiten mit einer eigentümlichen ernsten und unschuldigen Einfalt; und die sparsam verteilten Kleinodien glänzten desto bedeutender in dieser Dämmerung, und erfüllten ein sinniges Gemüt mit wunderbaren Erwartungen. Wenn es wahr ist, daß erst eine geschickte Verteilung von Licht, Farbe und Schatten die verborgene Herrlichkeit der sichtbaren Welt offenbart, und sich hier ein neues höheres Auge aufzutun scheint: so war damals überall eine ähnliche Verteilung und Wirtschaftlichkeit wahrzunehmen; da hingegen die neuere wohlhabendere Zeit das einförmige und unbedeutendere Bild eines allgemeinen Tages darbietet. In allen Übergängen scheint, wie in einem Zwischenreiche, eine höhere, geistliche Macht durchbrechen zu wollen; und wie auf der Oberfläche unseres Wohnplatzes die an unterirdischen und überirdischen Schätzen reichsten Gegenden in der Mitte zwischen den wilden, unwirtlichen Urgebirgen und den unermeßlichen Ebenen liegen, so hat sich auch zwischen den rohen Zeiten der Barbarei und dem kunstreichen, vielwissenden und begüterten Weltalter eine tiefsinnige und romantische Zeit niedergelassen, die unter schlichtem Kleide eine höhere Gestalt verbirgt. Wer wandelt nicht gern im Zwielichte, wenn die Nacht am Lichte und das Licht an der Nacht in höhere Schatten und Farben zerbricht; und also vertiefen wir uns willig in die Jahre, wo Heinrich lebte und jetzt neuen Begebenheiten mit vollem Herzen entgegenging. Er nahm Abschied von seinen Gespielen und seinem Lehrer, dem alten weisen Hofkaplan, der Heinrichs fruchtbare Anlagen kannte, und ihn mit gerührtem Herzen und einem stillen Gebete entließ. Die Landgräfin war seine Patin; er war oft auf der Wartburg bei ihr gewesen. Auch jetzt beurlaubte er sich bei seiner Beschützerin, die ihm gute Lehren und eine goldene Halskette verehrte, und mit freundlichen Äußerungen von ihm schied.

In wehmütiger Stimmung verließ Heinrich seinen Vater und seine Geburtsstadt. Es ward ihm jetzt erst deutlich, was

Trennung sei; die Vorstellungen von der Reise waren nicht von dem sonderbaren Gefühle begleitet gewesen, was er jetzt empfand, als zuerst seine bisherige Welt von ihm gerissen und er wie auf ein fremdes Ufer gespült ward. Unendlich ist die jugendliche Trauer bei dieser ersten Erfahrung der Vergänglichkeit der irdischen Dinge, die dem unerfahrnen Gemüt so notwendig, und unentbehrlich, so fest verwachsen mit dem eigentümlichsten Dasein und so unveränderlich, wie dieses, vorkommen müssen. Eine erste Ankündigung des Todes, bleibt die erste Trennung unvergeßlich, und wird, nachdem sie lange wie ein nächtliches Gesicht den Menschen beängstigt hat, endlich bei abnehmender Freude an den Erscheinungen des Tages, und zunehmender Sehnsucht nach einer bleibenden sichern Welt, zu einem freundlichen Wegweiser und einer tröstenden Bekanntschaft. Die Nähe seiner Mutter tröstete den Jüngling sehr. Die alte Welt schien noch nicht ganz verloren, und er umfaßte sie mit doppelter Innigkeit. Es war früh am Tage, als die Reisenden aus den Toren von Eisenach fortritten, und die Dämmerung begünstigte Heinrichs gerührte Stimmung. Je heller es ward, desto bemerklicher wurden ihm die neuen unbekannten Gegenden; und als auf einer Anhöhe die verlassene Landschaft von der aufgehenden Sonne auf einmal erleuchtet wurde, so fielen dem überraschten Jüngling alte Melodien seines Innern in den trüben Wechsel seiner Gedanken ein. Er sah sich an der Schwelle der Ferne, in die er oft vergebens von den nahen Bergen geschaut, und die er sich mit sonderbaren Farben ausgemalt hatte. Er war im Begriff, sich in ihre blaue Flut zu tauchen. Die Wunderblume stand vor ihm, und er sah nach Thüringen, welches er jetzt hinter sich ließ, mit der seltsamen Ahndung hinüber, als werde er nach langen Wanderungen von der Weltgegend her, nach welcher sie jetzt reisten, in sein Vaterland zurückkommen, und als reise er daher diesem eigentlich zu. Die Gesellschaft, die anfänglich aus ähnlichen Ursachen still gewesen war, fing nachgerade an aufzuwachen, und sich mit allerhand Gesprächen und Erzählungen die Zeit zu verkürzen. Heinrichs Mutter glaubte ihren Sohn aus den Träumereien reißen zu müssen, in denen sie ihn versunken sah, und fing an ihm von ihrem Vaterlande zu erzählen, von dem Hause ihres Vaters und dem fröhlichen Leben in Schwaben. Die Kaufleute stimmten mit ein, und bekräftigten die mütterlichen Erzählungen, rühmten die Gastfreiheit des alten Schwaning, und konnten nicht aufhören, die schönen Landsmänninnen ihrer Reisegefährtin zu preisen. „Ihr tut wohl", sagten sie, „daß Ihr Euren Sohn dorthin führt. Die Sitten Eures Vaterlandes sind milder und gefälliger. Die Menschen wissen das Nützliche zu befördern, ohne das Angenehme zu verachten. Jedermann sucht seine Bedürfnisse auf eine gesellige und reizende Art zu befriedigen. Der Kaufmann befindet sich wohl dabei, und wird geehrt. Die Künste und Handwerke vermehren und veredeln sich, den Fleißigen dünkt die Arbeit leichter, weil sie ihm zu mannigfachen Annehmlichkeiten verhilft, und er, indem er eine einförmige Mühe übernimmt, sicher ist, die bunten Früchte mannigfacher und belohnender Beschäftigungen dafür mitzugenießen. Geld, Tätigkeit und Waren erzeugen sich gegenseitig, und treiben sich in raschen Kreisen, und das Land und die Städte blühen auf. Je eifriger der Erwerbfleiß die Tage benutzt, desto ausschließlicher ist der Abend den reizenden Vergnügungen der schönen Künste und des geselligen Umgangs gewidmet. Das Gemüt sehnt sich nach Erholung und Abwechslung, und wo sollte es diese auf eine anständigere und reizendere Art finden, als in der Beschäftigung mit den freien Spielen und Erzeugnissen seiner edelsten Kraft, des bildenden Tiefsinns. Nirgends hört man so anmutige Sänger, findet so herrliche Maler, und nirgends sieht man auf den Tanzsälen leichtere Bewegungen und lieblichere Gestalten. Die Nachbarschaft von Welschland zeigt sich in dem ungezwungenen Betragen und den einnehmenden Gesprächen. Euer Geschlecht darf die Gesellschaften schmükken, und ohne Furcht vor Nachrede mit holdseligem Bezeigen einen lebhaften Wetteifer, seine Aufmerksamkeit zu fesseln, erregen. Die rauhe Ernsthaftigkeit und die wilde Ausgelassenheit der Männer macht einer milden Lebendigkeit und sanfter bescheidner Freude Platz, und die Liebe wird in tausendfachen Gestalten der leitende Geist der glücklichen Gesellschaften. Weit entfernt, daß Ausschweifungen und unziemende Grundsätze dadurch sollten herbeigelockt werden, scheint es, als flöhen die bösen Geister die Nähe der Anmut, und gewiß sind in ganz Deutschland keine unbescholtenere Mädchen und keine treuere Frauen, als in Schwaben.

„Ja, junger Freund, in der klaren warmen Luft des südlichen Deutschlands werdet Ihr Eure ernste Schüchternheit wohl ablegen; die fröhlichen Mädchen werden Euch wohl geschmeidig und gesprächig machen. Schon Euer Name, als Fremder, und Eure nahe Verwandtschaft mit dem alten Schwaning, der die Freude jeder fröhlichen Gesellschaft ist, werden die reizenden Augen der Mädchen auf sich ziehn; und wenn Ihr Eurem Großvater folgt, so werdet Ihr gewiß unsrer Vaterstadt eine ähnliche Zierde in einer holdseligen Frau mitbringen, wie Euer Vater." Mit freundlichem Erröten dankte Heinrichs Mutter für das schöne Lob ihres Vaterlandes, und die gute Meinung von ihren Landsmänninnen, und der gedankenvolle Heinrich hatte nicht umhin gekonnt, aufmerksam und mit innigem Wohlgefallen der Schilderung des Landes, dessen Anblick ihm bevorstand, zuzuhören. „Wenn Ihr auch", fuhren die Kaufleute fort, „die Kunst Eures Vaters nicht ergreifen, und lieber, wie wir gehört haben, Euch mit gelehrten Dingen befassen wollt: so braucht Ihr nicht Geistlicher zu werden, und Verzicht auf die schönsten Genüsse dieses Lebens zu leisten. Es ist eben schlimm genug, daß die Wissenschaften in den Händen eines so von dem weltlichen Leben abgesonderten Standes, und die Fürsten von so ungeselligen und wahrhaft unerfahrenen Männern beraten sind. In der Einsamkeit, in welcher sie nicht selbst teil an den Weltgeschäften nehmen, müssen ihre Gedanken eine unnütze Wendung erhalten, und können nicht auf die wirklichen Vorfälle passen. In Schwaben trefft Ihr auch wahrhaft kluge und erfahrne Männer unter den Laien; und Ihr mögt nun wählen, welchen Zweig menschlicher Kenntnisse Ihr wollt: so wird es Euch nicht an den besten Lehrern und Ratgebern fehlen." Nach einer Weile sagte Heinrich, dem bei dieser Rede sein Freund der Hofkaplan in den Sinn gekommen war: „Wenn ich bei meiner Unkunde von der Beschaffenheit der Welt Euch auch eben nicht abfällig sein kann, in dem was ihr von der Unfähigkeit der Geistlichen zu Führung und Beurteilung weltlicher Angelegenheiten behauptet: so ist mirs doch wohl erlaubt, euch an unsern trefflichen Hofkaplan zu erinnern, der gewiß ein Muster eines weisen Mannes ist, und dessen Lehren und Ratschläge mir unvergessen sein werden."

„Wir ehren", erwiderten die Kaufleute, „diesen trefflichen Mann von ganzem Herzen; aber dennoch können wir nur insofern Eurer Meinung Beifall geben, daß er ein weiser Mann sei, wenn Ihr von jener Weisheit sprecht, die einen Gott wohlgefälligen Lebenswandel angeht. Haltet Ihr ihn für ebenso weltklug, als er in den Sachen des Heils geübt und unterrichtet ist: so erlaubt uns, daß wir Euch nicht beistimmen. Doch glauben wir, daß dadurch der heilige Mann nichts von seinem verdienten Lobe verliert; da er viel zu vertieft in der Kunde der überirdischen Welt ist, als daß er nach Einsicht und Ansehen in irdischen Dingen streben sollte."

„Aber", sagte Heinrich, „sollte nicht jene höhere Kunde ebenfalls geschickt machen, recht unparteiisch den Zügel menschlicher Angelegenheiten zu führen? sollte nicht jene kindliche unbefangene Einfalt sicherer den richtigen Weg durch das Labyrinth der hiesigen Begebenheiten treffen als die durch Rücksicht auf eigenen Vorteil irregeleitete und gehemmte, von der unerschöpflichen Zahl neuer Zufälle und Verwicklungen geblendete Klugheit? Ich weiß nicht, aber mich dünkt, ich sähe zwei Wege um zur Wissenschaft der menschlichen Geschichte zu gelangen. Der eine, mühsam und unabsehlich, mit unzähligen Krümmungen, der Weg der Erfahrung; der andere, fast *ein* Sprung nur, der Weg der innern Betrachtung. Der Wanderer des ersten muß eins aus dem andern in einer langwierigen Rechnung finden, wenn der andere die Natur jeder Begebenheit und jeder Sache gleich unmittelbar anschaut, und sie in ihrem lebendigen, mannigfaltigen Zusammenhange betrachten, und leicht mit allen übrigen, wie Figuren auf einer Tafel, vergleichen kann. Ihr müßt verzeihen, wenn ich wie aus kindischen Träumen vor euch rede: nur das Zutrauen zu eurer Güte und das Andenken meines Lehrers, der den zweiten Weg mir als seinen eignen von weitem gezeigt hat, machte mich so dreist."

„Wir gestehen Euch gern", sagten die gutmütigen Kaufleute, „daß wir Eurem Gedankengange nicht zu folgen vermögen: doch freut es uns, daß Ihr so warm Euch des trefflichen Lehrers erinnert, und seinen Unterricht wohl gefaßt zu haben scheint.

Es dünkt uns, Ihr habt Anlage zum Dichter. Ihr sprecht so geläufig von den Erscheinungen Eures Gemüts, und es fehlt Euch nicht an gewählten Ausdrücken und passenden Vergleichungen. Auch neigt Ihr Euch zum Wunderbaren, als dem Elemente der Dichter."

„Ich weiß nicht", sagte Heinrich, „wie es kommt. Schon oft habe ich von Dichtern und Sängern sprechen gehört, und habe noch nie einen gesehn. Ja, ich kann mir nicht einmal einen Begriff von ihrer sonderbaren Kunst machen, und doch habe ich eine große Sehnsucht davon zu hören. Es ist mir, als würde ich manches besser verstehen, was jetzt nur dunkle Ahndung in mir ist. Von Gedichten ist oft erzählt worden, aber nie habe ich eins zu sehen bekommen, und mein Lehrer hat nie Gelegenheit gehabt Kenntnisse von dieser Kunst einzuziehn. Alles, was er mir davon gesagt hat, habe ich nicht deutlich begreifen können. Doch meinte er immer, es sei eine edle Kunst, der ich mich ganz ergeben würde, wenn ich sie einmal kennen lernte. In alten Zeiten sei sie weit gemeiner gewesen, und habe jedermann einige Wissenschaft davon gehabt, jedoch einer vor dem andern. Sie sei noch mit andern verlorengegangenen herrlichen Künsten verschwistert gewesen. Die Sänger hätte göttliche Gunst hoch geehrt, so daß sie, begeistert durch unsichtbaren Umgang, himmlische Weisheit auf Erden in lieblichen Tönen verkündigen können."

Die Kaufleute sagten darauf: „Wir haben uns freilich nie um die Geheimnisse der Dichter bekümmert, wenn wir gleich mit Vergnügen ihrem Gesange zugehört. Es mag wohl wahr sein, daß eine besondere Gestirnung dazu gehört, wenn ein Dichter zur Welt kommen soll; denn es ist gewiß eine recht wunderbare Sache mit dieser Kunst. Auch sind die andern Künste gar sehr davon unterschieden, und lassen sich weit eher begreifen. Bei den Malern und Tonkünstlern kann man leicht einsehn, wie es zugeht, und mit Fleiß und Geduld läßt sich beides lernen. Die Töne liegen schon in den Saiten, und es gehört nur eine Fertigkeit dazu, diese zu bewegen, um jene in einer reizenden Folge aufzuwecken. Bei den Bildern ist die Natur die herrlichste Lehrmeisterin. Sie erzeugt unzählige schöne und wunderliche Figuren, gibt die Farben, das Licht und den Schatten, und so kann eine geübte Hand, ein richtiges Auge, und die

Kenntnis von der Bereitung und Vermischung der Farben, die Natur auf das vollkommenste nachahmen. Wie natürlich ist daher auch die Wirkung dieser Künste, das Wohlgefallen an ihren Werken, zu begreifen. Der Gesang der Nachtigall, das Sausen des Windes, und die herrlichen Lichter, Farben und Gestalten gefallen uns, weil sie unsere Sinne angenehm beschäftigen; und da unsere Sinne dazu von der Natur, die auch jenes hervorbringt, so eingerichtet sind, so muß uns auch die künstliche Nachahmung der Natur gefallen. Die Natur will selbst auch einen Genuß von ihrer großen Künstlichkeit haben, und darum hat sie sich in Menschen verwandelt, wo sie nun selber sich über ihre Herrlichkeit freut, das Angenehme und Liebliche von den Dingen absondert, und es auf solche Art allein hervorbringt, daß sie es auf mannigfaltigere Weise, und zu allen Zeiten und allen Orten haben und genießen kann. Dagegen ist von der Dichtkunst sonst nirgends äußerlich etwas anzutreffen. Auch schafft sie nichts mit Werkzeugen und Händen; das Auge und das Ohr vernehmen nichts davon: denn das bloße Hören der Worte ist nicht die eigentliche Wirkung dieser geheimen Kunst. Es ist alles innerlich, und wie jene Künstler die äußern Sinne mit angenehmen Empfindungen erfüllen, so erfüllt der Dichter das inwendige Heiligtum des Gemüts mit neuen, wunderbaren und gefälligen Gedanken. Er weiß jene geheimen Kräfte in uns nach Belieben zu erregen, und gibt uns durch Worte eine unbekannte herrliche Welt zu vernehmen. Wie aus tiefen Höhlen steigen alte und künftige Zeiten, unzählige Menschen, *wunderbare* Gegenden, und die seltsamsten Begebenheiten in uns herauf, und entreißen uns der bekannten Gegenwart. Man hört fremde Worte und weiß doch, was sie bedeuten sollen. Eine magische Gewalt üben die Sprüche des Dichters aus; auch die gewöhnlichen Worte kommen in reizenden Klängen vor, und berauschen die festgebannten Zuhörer."

„Ihr verwandelt meine Neugierde in heiße Ungeduld", sagte Heinrich. „Ich bitte euch, erzählt mir von allen Sängern, die ihr gehört habt. Ich kann nicht genug von diesen besonderen Menschen hören. Mir ist auf einmal, als hätte ich irgendwo schon davon in meiner tiefsten Jugend reden hören, doch kann ich mich schlechterdings nichts mehr davon entsinnen. Aber mir ist das, was ihr sagt, so klar, so bekannt, und ihr macht mir ein außerordentliches Vergnügen mit euren schönen Beschreibungen."

„Wir erinnern uns selbst gern", fuhren die Kaufleute fort, „mancher frohen Stunden, die wir in Welschland, Frankreich und Schwaben in der Gesellschaft von Sängern zugebracht haben, und freuen uns, daß Ihr so lebhaften Anteil an unsern Reden nehmet. Wenn man so in Gebürgen reist, spricht es sich mit doppelter Annehmlichkeit, und die Zeit vergeht spielend. Vielleicht ergötzt es Euch, einige artige Geschichten von Dichtern zu hören, die wir auf unsern Reisen erfuhren. Von den Gesängen selbst, die wir gehört haben, können wir wenig sagen, da die Freude und der Rausch des Augenblicks das Gedächtnis hindert viel zu behalten, und die unaufhörlichen Handelsgeschäfte manches Andenken auch wieder verwischt haben.

„In alten Zeiten muß die ganze Natur lebendiger und sinnvoller gewesen sein als heutzutage. Wirkungen, die jetzt kaum noch die Tiere zu bemerken scheinen, und die Menschen eigentlich allein noch empfinden und genießen, bewegten damals leblose Körper; und so war es möglich, daß kunstreiche Menschen allein Dinge möglich machten und Erscheinungen hervorbrachten, die uns jetzt völlig unglaublich und fabelhaft dünken. So sollen vor uralten Zeiten in den Ländern des jetzigen Griechischen Kaisertums, wie uns Reisende berichtet, die diese Sagen noch dort unter dem gemeinen Volke angetroffen haben, Dichter gewesen sein, die durch den seltsamen Klang wunderbarer Werkzeuge das geheime Leben der Wälder, die in den Stämmen verborgenen Geister aufgeweckt, in wüsten, verödeten Gegenden den toten Pflanzensamen erregt, und blühende Gärten hervorgerufen, grausame Tiere gezähmt und verwilderte Menschen zu Ordnung und Sitte gewöhnt, sanfte Neigungen und Künste des Friedens in ihnen rege gemacht, reißende Flüsse in milde Gewässer verwandelt, und selbst die totesten Steine in regelmäßig tanzende Bewegungen hingerissen haben. Sie sollen zugleich Wahrsager und Priester, Gesetzgeber und Ärzte gewesen sein, indem selbst die höhern Wesen durch ihre zauberische Kunst herabgezogen worden sind, und sie in den Geheimnissen der Zukunft unterrichtet, das Ebenmaß und die natürliche Einrichtung aller Dinge, auch die innern Tugenden und Heilkräfte der Zahlen, Gewächse und aller Kreaturen, ihnen offenbart. Seitdem sollen, wie die Sage lautet, erst die mannigfaltigen Töne und die sonderbaren Sympathien und Ordnungen in die Natur gekommen sein, indem vorher alles wild, unordentlich und feindselig gewesen ist. Seltsam ist nur hiebei, daß zwar diese schönen Spuren, zum Andenken der Gegenwart jener wohltätigen Menschen, geblieben sind, aber entweder ihre Kunst, oder jene zarte Gefühligkeit der Natur verloren gegangen ist. In diesen Zeiten hat es sich unter andern einmal zugetragen, daß einer jener sonderbaren Dichter oder mehr Tonkünstler – wiewohl die Musik und Poesie wohl ziemlich eins sein mögen und vielleicht ebenso zusammen gehören wie Mund und Ohr, da der erste nur ein bewegliches und antwortendes Ohr ist – daß also dieser Tonkünstler übers Meer in ein fremdes Land reisen wollte. Er war reich an schönen Kleinodien und köstlichen Dingen, die ihm aus Dankbarkeit verehrt worden waren. Er fand ein Schiff am Ufer, und die Leute darin schienen bereitwillig, ihn für den verheißenen Lohn nach der verlangten Gegend zu fahren. Der Glanz und die Zierlichkeit seiner Schätze reizten aber bald ihre Habsucht so sehr, daß sie untereinander verabredeten, sich seiner zu bemächtigen, ihn ins Meer zu werfen und nachher seine Habe untereinander zu verteilen. Wie sie also mitten im Meere waren, fielen sie über ihn her, und sagten ihm, daß er sterben müsse, weil sie beschlossen hätten, ihn ins Meer zu werfen. Er bat sie auf die rührendste Weise um sein Leben, bot ihnen seine Schätze zum Lösegeld an, und prophezeite ihnen großes Unglück, wenn sie ihren Vorsatz ausführen würden. Aber weder das eine, noch das andere konnte sie bewegen: denn sie fürchteten sich, daß er ihre bösliche Tat einmal verraten möchte. Da er sie nun einmal so fest entschlossen sah, bat er sie ihm wenigstens zu erlauben, daß er noch vor seinem Ende seinen Schwanengesang spielen dürfe, dann wolle er mit seinem schlichten hölzernen Instrumente, vor ihren Augen freiwillig ins Meer springen. Sie wußten recht wohl, daß wenn sie seinen Zaubergesang hörten, ihre Herzen erweicht, und sie von Reue ergriffen werden würden; daher nahmen sie sich vor, ihm zwar diese letzte Bitte zu gewähren, während des Gesanges aber sich die Ohren fest zu verstopfen, daß sie nichts davon vernähmen, und so bei ihrem

Vorhaben bleiben könnten. Dies geschah. Der Sänger stimmte einen herrlichen, unendlich rührenden Gesang an. Das ganze Schiff tönte mit, die Wellen klangen, die Sonne und die Gestirne erschienen zugleich am Himmel, und aus den grünen Fluten tauchten tanzende Scharen von Fischen und Meerungeheuern hervor. Die Schiffer standen feindselig allein mit festverstopften Ohren, und warteten voll Ungeduld auf das Ende des Liedes. Bald war es vorüber. Da sprang der Sänger mit heitrer Stirn in den dunkeln Abgrund hin, sein wundertätiges Werkzeug im Arm. Er hatte kaum die glänzenden Wogen berührt, so hob sich der breite Rükken eines dankbaren Untiers unter ihm hervor, und es schwamm schnell mit dem erstaunten Sänger davon. Nach kurzer Zeit hatte es mit ihm die Küste erreicht, nach der er hingewollt hatte, und setzte ihn sanft im Schilfe nieder. Der Dichter sang seinem Retter ein frohes Lied, und ging dankbar von dannen. Nach einiger Zeit ging er einmal am Ufer des Meers allein, und klagte in süßen Tönen über seine verlorenen Kleinode, die ihm als Erinnerungen glücklicher Stunden und als Zeichen der Liebe und Dankbarkeit so wert gewesen waren. Indem er so sang, kam plötzlich sein alter Freund im Meere fröhlich daher gerauscht, und ließ aus seinem Rachen die geraubten Schätze auf den Sand fallen. Die Schiffer hatten, nach des Sängers Sprunge, sich sogleich in seine Hinterlassenschaft zu teilen angefangen. Bei dieser Teilung war Streit unter ihnen entstanden, und hatte sich in einen mörderischen Kampf geendigt, der den meisten das Leben gekostet; die wenigen, die übrig geblieben, hatten allein das Schiff nicht regieren können, und es war bald auf den Strand geraten, wo es scheiterte und unterging. Sie brachten mit genauer Not das Leben davon, und kamen mit leeren Händen und zerrissenen Kleidern ans Land, und so kehrten durch die Hülfe des dankbaren Meertiers, das die Schätze im Meere aufsuchte, dieselben in die Hände ihres alten Besitzers zurück."

Drittes Kapitel

„Eine andere Geschichte", fuhren die Kaufleute nach einer Pause fort, „die freilich nicht so wunderbar und auch aus späteren Zeiten ist, wird Euch vielleicht doch gefallen und Euch mit den Wirkungen jener wunderbaren Kunst noch bekannter machen. Ein alter König hielt einen glänzenden Hof. Weit und breit strömten Menschen herzu, um teil an der Herrlichkeit seines Lebens zu haben, und es gebrach weder den täglichen Festen an Überfluß köstlicher Waren des Gaumens, noch an Musik, prächtigen Verzierungen und Trachten, und tausend abwechselnden Schauspielen und Zeitvertreiben, noch endlich an sinnreicher Anordnung, an klugen, gefälligen, und unterrichteten Männern zur Unterhaltung und Beseelung der Gespräche, und an schöner, anmutiger Jugend von beiden Geschlechtern, die die eigentliche Seele reizender Feste ausmachen. Der alte König, der sonst ein strenger und ernster Mann war, hatte zwei Neigungen, die der wahre Anlaß dieser prächtigen Hofhaltung waren, und denen sie ihre schöne Einrichtung zu danken hatte. Eine war die Zärtlichkeit für seine Tochter, die ihm als Andenken seiner früh verstorbenen Gemahlin und als ein unaussprechlich liebenswürdiges Mädchen unendlich teuer war, und für die er gern alle Schätze der Natur und alle Macht des menschlichen Geistes aufgeboten hätte, um ihr einen Himmel auf Erden zu verschaffen. Die andere war eine wahre Leidenschaft für die Dichtkunst und ihre Meister. Er hatte von Jugend auf die Werke der Dichter mit innigem Vergnügen gelesen, an ihre Sammlung aus allen Sprachen großen Fleiß und große Summen gewendet, und von jeher den Umgang der Sänger über alles geschätzt. Von allen Enden zog er sie an seinen Hof und überhäufte sie mit Ehren. Er ward nicht müde, ihren Gesängen zuzuhören, und vergaß oft die wichtigsten Angelegenheiten, ja die Bedürfnisse des Lebens über einem neuen, hinreißenden Gesange. Seine Tochter war unter Gesängen aufgewachsen, und ihre ganze Seele war ein zartes Lied geworden, ein einfacher Ausdruck der Wehmut und Sehnsucht. Der wohltätige Einfluß der beschützten und geehrten Dichter zeigte sich im ganzen Lande, besonders aber am Hofe. Man genoß das Leben mit langsamen, kleinen Zügen wie einen köstlichen Trank, und mit desto reinerem Wohlbehagen, da alle widrige gehässige Leidenschaften, wie Mißtöne von der sanften harmonischen Stimmung verscheucht wurden, die in allen Gemütern herrschend war. Frieden der

Seele und innres seliges Anschauen einer selbst geschaffenen, glücklichen Welt war das Eigentum dieser wunderbaren Zeit geworden, und die Zwietracht erschien nur in den alten Sagen der Dichter, als eine ehmalige Feindin der Menschen. Es schien, als hätten die Geister des Gesanges ihrem Beschützer kein lieblicheres Zeichen der Dankbarkeit geben können, als seine Tochter, die alles besaß, was die süßeste Einbildungskraft nur in der zarten Gestalt eines Mädchens vereinigen konnte. Wenn man sie an den schönen Festen unter einer Schar reizender Gespielen, im weißen glänzenden Gewande erblickte, wie sie den Wettgesängen der begeisterten Sänger mit tiefem Lauschen zuhörte, und errötend einen duftenden Kranz auf die Locken des Glücklichen drückte, dessen Lied den Preis gewonnen hatte: so hielt man sie für die sichtbare Seele jener herrlichen Kunst, die jene Zaubersprüche beschworen hätten, und hörte auf sich über die Entzückungen und Melodien der Dichter zu wundern.
Mitten in diesem irdischen Paradiese schien jedoch ein geheimnisvolles Schicksal zu schweben. Die einzige Sorge der Bewohner dieser Gegenden betraf die Vermählung der aufblühenden Prinzessin, von der die Fortdauer dieser seligen Zeiten und das Verhängnis des ganzen Landes abhing. Der König ward immer älter. Ihm selbst schien diese Sorge lebhaft am Herzen zu liegen, und doch zeigte sich keine Aussicht zu einer Vermählung für sie, die allen Wünschen angemessen gewesen wäre. Die heilige Ehrfurcht für das königliche Haus erlaubte keinem Untertan, an die Möglichkeit zu denken, die Prinzessin zu besitzen. Man betrachtete sie wie ein überirdisches Wesen, und alle Prinzen aus andern Ländern, die sich mit Ansprüchen auf sie am Hofe gezeigt hatten, schienen so tief unter ihr zu sein, daß kein Mensch auf den Einfall kam, die Prinzessin oder der König werde die Augen auf einen unter ihnen richten. Das Gefühl des Abstandes hatte sie auch allmählich alle verscheucht, und das ausgesprengte Gerücht des ausschweifenden Stolzes dieser königlichen Familie schien andern alle Lust zu benehmen, sich ebenfalls gedemütigt zu sehn. Ganz ungegründet war auch dieses Gerücht nicht. Der König war bei aller Milde beinah unwillkürlich in ein Gefühl der Erhabenheit geraten, was ihm jeden Gedanken an die Verbindung

seiner Tochter mit einem Manne von niedrigerem Stande und dunklerer Herkunft unmöglich oder unerträglich machte. Ihr hoher, einziger Wert hatte jenes Gefühl in ihm immer mehr bestätigt. Er war aus einer uralten morgenländischen Königsfamilie entsprossen. Seine Gemahlin war der letzte Zweig der Nachkommenschaft des berühmten Helden Rustan gewesen. Seine Dichter hatten ihm unaufhörlich von seiner Verwandtschaft mit den ehemaligen übermenschlichen Beherrschern der Welt vorgesungen, und in dem Zauberspiegel ihrer Kunst war ihm der Abstand seiner Herkunft von dem Ursprunge der andern Menschen, die Herrlichkeit seines Stammes noch heller erschienen, so daß es ihn dünkte, nur durch die edlere Klasse der Dichter mit dem übrigen Menschengeschlechte zusammenzuhängen. Vergebens sah er sich mit voller Sehnsucht nach einem zweiten Rustan um, indem er fühlte, daß das Herz seiner aufblühenden Tochter, der Zustand seines Reichs, und sein zunehmendes Alter ihre Vermählung in aller Absicht sehr wünschenswert machten.
Nicht weit von der Hauptstadt lebte auf einem abgelegenen Landgute ein alter Mann, der sich ausschließlich mit der Erziehung seines einzigen Sohnes beschäftigte, und nebenher den Landleuten in wichtigen Krankheiten Rat erteilte. Der junge Mensch war ernst und ergab sich einzig der Wissenschaft der Natur, in welcher ihn sein Vater von Kindheit auf unterrichtete. Aus fernen Gegenden war der Alte vor mehreren Jahren in dies friedliche und blühende Land gezogen, und begnügte sich den wohltätigen Frieden, den der König um sich verbreitete, in der Stille zu genießen. Er benutzte sie, die Kräfte der Natur zu erforschen, und diese hinreißenden Kenntnisse seinem Sohne mitzuteilen, der viel Sinn dafür verriet und dessen tiefem Gemüt die Natur bereitwillig ihre Geheimnisse anvertraute. Die Gestalt des jungen Menschen schien gewöhnlich und unbedeutend, wenn man nicht einen höhern Sinn für die geheimere Bildung seines edlen Gesichts und die ungewöhnliche Klarheit seiner Augen mitbrachte. Je länger man ihn ansah, desto anziehender ward er, und man konnte sich kaum wieder von ihm trennen, wenn man seine sanfte, eindringende Stimme und seine anmutige Gabe zu sprechen hörte. Eines Tages hatte die Prinzessin, deren Lustgärten an den Wald

stießen, der das Landgut des Alten in einem kleine Tale verbarg, sich allein zu Pferde in den Wald begeben, um desto ungestörter ihren Phantasien nachhängen und einige schöne Gesänge sich wiederholen zu können. Die Frische des hohen Waldes lockte sie immer tiefer in seine Schatten, und so kam sie endlich an das Landgut, wo der Alte mit seinem Sohne lebte. Es kam ihr die Lust an, Milch zu trinken, sie stieg ab, band ihr Pferd an einen Baum, und trat in das Haus, um sich einen Trunk Milch auszubitten. Der Sohn war gegenwärtig, und erschrak beinah über diese zauberhafte Erscheinung eines majestätischen weiblichen Wesens, das mit allen Reizen der Jugend und Schönheit geschmückt, und von einer unbeschreiblich anziehenden Durchsichtigkeit der zartesten, unschuldigsten und edelsten Seele beinah vergöttlicht wurde. Während er eilte ihre wie Geistergesang tönende Bitte zu erfüllen, trat ihr der Alte mit bescheidner Ehrfurcht entgegen, und lud sie ein, an dem einfachen Herde, der mitten im Hause stand, und auf welchem eine leichte blaue Flamme ohne Geräusch emporspielte, Platz zu nehmen. Es fiel ihr, gleich beim Eintritt, der mit tausend seltenen Sachen gezierte Hausraum, die Ordnung und Reinlichkeit des Ganzen, und eine seltsame Heiligkeit des Ortes auf, deren Eindruck noch durch den schlicht gekleideten ehrwürdigen Greis und den bescheidnen Anstand des Sohnes erhöhet wurde. Der Alte hielt sie gleich für eine zum Hof gehörige Person, wozu ihre kostbare Tracht, und ihr edles Betragen ihm Anlaß genug gab. Während der Abwesenheit des Sohnes befragte sie ihn um einige Merkwürdigkeiten, die ihr vorzüglich in die Augen fielen, worunter besonders einige alte, sonderbare Bilder waren, die neben ihrem Sitze auf dem Herde standen, und er war bereitwillig sie auf eine anmutige Art damit bekannt zu machen. Der Sohn kam bald mit einem Kruge voll frischer Milch zurück, und reichte ihr denselben mit ungekünsteltem und ehrfurchtsvollem Wesen. Nach einigen anziehenden Gesprächen mit beiden, dankte sie auf die lieblichste Weise für die freundliche Bewirtung, bat errötend den Alten um die Erlaubnis wiederkommen, und seine lehrreichen Gespräche über die vielen wunderbaren Sachen genießen zu dürfen, und ritt zurück, ohne ihren Stand verraten zu haben, da sie merkte, daß Vater und Sohn sie nicht kannten. Ohnerachtet die Hauptstadt so nahe lag, hatten beide, in ihre Forschungen vertieft, das Gewühl der Menschen zu vermeiden gesucht, und es war dem Jüngling nie eine Lust angekommen, den Festen des Hofes beizuwohnen; besonders da er seinen Vater höchstens auf eine Stunde zu verlassen pflegte, um zuweilen im Walde nach Schmetterlingen, Käfern und Pflanzen umherzugehn, und die Eingebungen des stillen Naturgeistes durch den Einfluß seiner mannigfaltigen äußeren Lieblichkeiten zu vernehmen. Dem Alten, der Prinzessin und dem Jüngling war die einfache Begebenheit des Tages gleich wichtig. Der Alte hatte leicht den neuen tiefen Eindruck bemerkt, den die Unbekannte auf seinen Sohn machte. Er kannte diesen genug, um zu wissen, daß jeder tiefe Eindruck bei ihm ein lebenslänglicher sein würde. Seine Jugend und die Natur seines Herzens mußten die erste Empfindung dieser Art zur unüberwindlichen Neigung machen. Der Alte hatte lange eine solche Begebenheit herannahen sehen. Die hohe Liebenswürdigkeit der Erscheinung flößte ihm unwillkürlich eine innige Teilnahme ein, und sein zuversichtliches Gemüt entfernte alle Besorgnisse über die Entwicklung dieses sonderbaren Zufalls. Die Prinzessin hatte sich nie in einem ähnlichen Zustande befunden, wie der war, in welchem sie langsam nach Hause ritt. Es konnte vor der einzigen helldunklen wunderbar beweglichen Empfindung einer neuen Welt, kein eigentlicher Gedanke in ihr entstehen. Ein magischer Schleier dehnte sich in weiten Falten um ihr klares Bewußtsein. Es war ihr, als würde sie sich, wenn er aufgeschlagen würde, in einer überirdischen Welt befinden. Die Erinnerung an die Dichtkunst, die bisher ihre ganze Seele beschäftigt hatte, war zu einem fernen Gesange geworden, der ihren seltsam lieblichen Traum mit den ehemaligen Zeiten verband. Wie sie zurück in den Palast kam, erschrak sie beinah über seine Pracht und sein buntes Leben, noch mehr aber bei der Bewillkommnung ihres Vaters, dessen Gesicht zum ersten Male in ihrem Leben eine scheue Ehrfurcht in ihr erregte. Es schien ihr eine unabänderliche Notwendigkeit, nichts von ihrem Abenteuer zu erwähnen. Man war ihre schwärmerische Ernsthaftigkeit, ihren in Phantasien und tiefes Sinnen verlornen Blick schon zu gewohnt, um etwas Außerordentliches darin zu bemerken. Es war ihr jetzt nicht mehr so lieblich zumute; sie schien sich unter lauter Fremden, und eine sonderbare Bänglichkeit begleitete sie bis an den Abend, wo das frohe Lied eines Dichters, der die Hoffnung pries, und von den Wundern des Glaubens an die Erfüllung unsrer Wünsche mit hinreißender Begeisterung sang, sie mit süßem Trost erfüllte und in die angenehmsten Träume wiegte. Der Jüngling hatte sich gleich nach ihrem Abschiede in den Wald verloren. An der Seite des Weges war er in Gebüschen bis an die Pforten des Gartens ihr gefolgt, und dann auf dem Wege zurückgegangen. Wie er so ging, sah er zu seinen Füßen einen hellen Glanz. Er bückte sich danach und hob einen dunkelroten Stein auf, der auf der einen Seite außerordentlich funkelte, und auf der andern eingegrabene unverständliche Chiffern zeigte. Er erkannte ihn für einen kostbaren Karfunkel, und glaubte ihn in der Mitte des Halsbandes an der Unbekannten bemerkt zu haben. Er eilte mit beflügelten Schritten nach Hause, als wäre sie noch dort, und brachte den Stein seinem Vater. Sie wurden einig, daß der Sohn den andern Morgen auf dem Weg zurückgehn und warten sollte, ob der Stein gesucht würde, wo er ihn dann zurückgeben könnte; sonst wollten sie ihn bis zu einem zweiten Besuche der Unbekannten aufheben, um ihr selbst ihn zu überreichen. Der Jüngling betrachtete fast die ganze Nacht den Karfunkel und fühlte gegen Morgen ein unwiderstehliches Verlangen, einige Worte auf den Zettel zu schreiben, in welchen er den Stein einwickelte. Er wußte selbst nicht genau, was er sich bei den Worten dachte, die er hinschrieb:

Es ist dem Stein ein rätselhaftes Zeichen
Tief eingegraben in sein glühend Blut,
Er ist mit einem Herzen zu vergleichen,
In dem das Bild der Unbekannten ruht.

Man sieht um jenen tausend Funken streichen,
Um dieses woget eine lichte Flut.
In jenem liegt des Glanzes Licht begraben,
Wird dieses auch das Herz des Herzens haben?

Kaum daß der Morgen anbrach, so begab er sich schon auf den Weg und eilte der Pforte des Gartens zu.

Unterdessen hatte die Prinzessin abends beim Auskleiden den teuren Stein in ihrem Halsbande vermißt, der ein Andenken ihrer Mutter und noch dazu ein Talisman war, dessen Besitz ihr die Freiheit ihrer Person sicherte, indem sie damit nie in fremde Gewalt ohne ihren Willen geraten konnte.

Dieser Verlust befremdete sie mehr, als daß er sie erschreckt hätte. Sie erinnerte sich, ihn gestern bei dem Spazierritt noch gehabt zu haben, und glaubte fest, daß er entweder im Hause des Alten, oder auf dem Rückwege im Walde verloren gegangen sein müsse; der Weg war ihr noch in frischem Andenken, und so beschloß sie gleich früh den Stein aufzusuchen, und ward bei diesem Gedanken so heiter, daß es fast das Ansehn gewann, als sei sie gar nicht unzufrieden mit dem Verluste, weil er Anlaß gäbe jenen Weg sogleich noch einmal zu machen. Mit dem Tage ging sie durch den Garten nach dem Walde, und weil sie eilfertiger ging als gewöhnlich, so fand sie es ganz natürlich, daß ihr das Herz lebhaft schlug, und ihr die Brust beklomm. Die Sonne fing eben an, die Wipfel der alten Bäume zu vergolden, die sich mit sanftem Flüstern bewegten, als wollten sie sich gegenseitig aus nächtlichen Gesichtern erwecken, um die Sonne gemeinschaftlich zu begrüßen, als die Prinzessin durch ein fernes Geräusch veranlaßt, den Weg hinunter und den Jüngling auf sich zueilen sah, der in demselben Augenblick ebenfalls sie bemerkte.

Wie angefesselt blieb er eine Weile stehn, und blickte unverwandt sie an, gleichsam um sich zu überzeugen, daß ihre Erscheinung wirklich und keine Täuschung sei. Sie begrüßten sich mit einem zurückgehaltenen Ausdruck von Freude, als hätten sie sich schon lange gekannt und geliebt. Noch ehe die Prinzessin die Ursache ihres frühen Spazierganges ihm entdecken konnte, überreichte er ihr mit Erröten und Herzklopfen den Stein in dem beschriebenen Zettel. Es war, als ahndete die Prinzessin den Inhalt der Zeilen. Sie nahm ihn stillschweigend mit zitternder Hand und hing ihm zur Belohnung für seinen glücklichen Fund beinah unwillkürlich eine goldne Kette um, die sie um den Hals trug. Beschämt kniete er vor ihr und konnte, da sie sich nach seinem Vater erkundigte, einige Zeit keine Worte finden. Sie sagte ihm halbleise, und mit niedergeschlagenen Augen,

daß sie bald wieder zu ihnen kommen, und die Zusage des Vaters sie mit seinen Seltenheiten bekannt zu machen, mit vieler Freude benutzen würde.
Sie dankte dem Jünglinge noch einmal mit ungewöhnlicher Innigkeit und ging hierauf langsam, ohne sich umzusehen, zurück. Der Jüngling konnte kein Wort vorbringen. Er neigte sich ehrfurchtsvoll und sah ihr lange nach, bis sie hinter den Bäumen verschwand. Nach dieser Zeit vergingen wenig Tage bis zu ihrem zweiten Besuche, dem bald mehrere folgten. Der Jüngling ward unvermerkt ihr Begleiter bei diesen Spaziergängen. Er holte sie zu bestimmten Stunden am Garten ab, und brachte sie dahin zurück. Sie beobachtete ein unverbrüchliches Stillschweigen über ihren Stand, so zutraulich sie auch sonst gegen ihren Begleiter wurde, dem bald kein Gedanke in ihrer himmlischen Seele verborgen blieb. Es war, als flößte ihr die Erhabenheit ihrer Herkunft eine geheime Furcht ein. Der Jüngling gab ihr ebenfalls seine ganze Seele. Vater und Sohn hielten sie für ein vornehmes Mädchen vom Hofe. Sie hing an dem Alten mit der Zärtlichkeit einer Tochter. Ihre Liebkosungen gegen ihn waren die entzückenden Vorboten ihrer Zärtlichkeit gegen den Jüngling. Sie ward bald einheimisch in dem wunderbaren Hause; und wenn sie dem Alten und dem Sohne, der zu ihren Füßen saß, auf ihrer Laute reizende Lieder mit einer überirdischen Stimme vorsang, und letzteren in dieser lieblichen Kunst unterrichtete: so erfuhr sie dagegen von seinen begeisterten Lippen die Enträtselung der überall verbreiteten Naturgeheimnisse. Er lehrte ihr, wie durch wundervolle Sympathie die Welt entstanden sei, und die Gestirne sich zu melodischen Reigen vereinigt hätten. Die Geschichte der Vorwelt ging durch seine heiligen Erzählungen in ihrem Gemüt auf; und wie entzückt war sie, wenn ihr Schüler, in der Fülle seiner Eingebungen, die Laute ergriff und mit unglaublicher Gelehrigkeit in die wundervollsten Gesänge ausbrach. Eines Tages, wo ein besonders kühner Schwung sich seiner Seele in ihrer Gesellschaft bemächtigt hatte, und die mächtige Liebe auf dem Rückwege ihre jungfräuliche Zurückhaltung mehr als gewöhnlich überwand, so daß sie beide ohne selbst zu wissen wie einander in die Arme sanken, und der erste glühende Kuß sie auf ewig zusammenschmelzte, fing mit einbrechen-

der Dämmerung ein gewaltiger Sturm in den Gipfeln der Bäume plötzlich zu toben an. Drohende Wetterwolken zogen mit tiefem nächtlichen Dunkel über sie her. Er eilte sie in Sicherheit vor dem fürchterlichen Ungewitter und den brechenden Bäumen zu bringen: aber er verfehlte in der Nacht und voll Angst wegen seiner Geliebten den Weg, und geriet immer tiefer in den Wald hinein. Seine Angst wuchs, wie er seinen Irrtum bemerkte. Die Prinzessin dachte an das Schrecken des Königs und des Hofes; eine unnennbare Ängstlichkeit fuhr zuweilen, wie ein zerstörender Strahl, durch ihre Seele, und nur die Stimme ihres Geliebten, der ihr unaufhörlich Trost zusprach, gab ihr Mut und Zutrauen zurück, und erleichterte ihre beklommne Brust. Der Sturm wütete fort; alle Bemühungen den Weg zu finden waren vergeblich, und sie priesen sich beide glücklich, bei der Erleuchtung eines Blitzes eine nahe Höhle an dem steilen Abhang eines waldigen Hügels zu entdecken, wo sie eine sichere Zuflucht gegen die Gefahren des Ungewitters zu finden hofften, und eine Ruhestätte für ihre erschöpften Kräfte. Das Glück begünstigte ihre Wünsche. Die Höhle war trocken und mit reinlichem Moose bewachsen. Der Jüngling zündete schnell ein Feuer von Reisern und Moos an, woran sie sich trocknen konnten, und die beiden Liebenden sahen sich nun auf eine wunderbare Weise von der Welt entfernt, aus einem gefahrvollen Zustande gerettet, und auf einem bequemen, warmen Lager allein nebeneinander.

Ein wilder Mandelstrauch hing mit Früchten beladen in die Höhle hinein, und ein nahes Rieseln ließ sie frisches Wasser zur Stillung ihres Durstes finden. Die Laute hatte der Jüngling mitgenommen, und sie gewährte ihnen jetzt eine aufheiternde und beruhigende Unterhaltung bei dem knisternden Feuer. Eine höhere Macht schien den Knoten schneller lösen zu wollen, und brachte sie unter sonderbaren Umständen in diese romantische Lage. Die Unschuld ihrer Herzen, die zauberhafte Stimmung ihrer Gemüter, und die verbundene unwiderstehliche Macht ihrer süßen Leidenschaft und ihrer Jugend ließ sie bald die Welt und ihre Verhältnisse vergessen, und wiegte sie unter dem Brautgesange des Sturms und den Hochzeitfackeln der Blitze in den süßesten Rausch ein, der je ein sterbliches

Paar beseligt haben mag. Der Anbruch des lichten blauen Morgens war für sie das Erwachen in einer neuen seligen Welt. Ein Strom heißer Tränen, der jedoch bald aus den Augen der Prinzessin hervorbrach, verriet ihrem Geliebten die erwachenden tausendfachen Bekümmernisse ihres Herzens. Er war in dieser Nacht um mehrere Jahre älter, aus einem Jünglinge zum Manne geworden. Mit überschwenglicher Begeisterung tröstete er seine Geliebte, erinnerte sie an die Heiligkeit der wahrhaften Liebe, und an den hohen Glauben, den sie einflößte, und bat sie, die heiterste Zukunft von dem Schutzgeist ihres Herzens mit Zuversicht zu erwarten. Die Prinzessin fühlte die Wahrheit seines Trostes, und entdeckte ihm, sie sei die Tochter des Königs, und nur bange wegen des Stolzes und der Bekümmernisse ihres Vaters. Nach langen reiflichen Überlegungen wurden sie über die zu fassende Entschließung einig, und der Jüngling machte sich sofort auf den Weg, um seinen Vater aufzusuchen, und diesen mit ihrem Plane bekannt zu machen. Er versprach in kurzem wieder bei ihr zu sein, und verließ sie beruhigt und in süßen Vorstellungen der künftigen Entwicklung dieser Begebenheiten. Der Jüngling hatte bald seines Vaters Wohnung erreicht, und der Alte war sehr erfreut, ihn unverletzt ankommen zu sehen. Er erfuhr nun die Geschichte und den Plan der Liebenden, und bezeigte sich nach einigem Nachdenken bereitwillig ihn zu unterstützen. Sein Haus lag ziemlich versteckt, und hatte einige unterirdische Zimmer, die nicht leicht aufzufinden waren. Hier sollte die Wohnung der Prinzessin sein. Sie ward also in der Dämmerung abgeholt, und mit tiefer Rührung von dem Alten empfangen. Sie weinte nachher oft in der Einsamkeit, wenn sie ihres traurigen Vaters gedachte: doch verbarg sie ihren Kummer vor ihrem Geliebten, und sagte es nur dem Alten, der sie freundlich tröstete, und ihr die nahe Rückkehr zu ihrem Vater vorstellte.

Unterdes war man am Hofe in große Bestürzung geraten, als abends die Prinzessin vermißt wurde. Der König war ganz außer sich, und schickte überall Leute aus, sie zu suchen. Kein Mensch wußte sich ihr Verschwinden zu erklären. Keinem kam ein heimliches Liebesverständnis in die Gedanken, und so ahndete man keine Entführung, da ohnedies kein Mensch weiter fehlte. Auch nicht zu der entferntesten Vermutung war Grund da. Die ausgeschickten Boten kamen unverrichteter Sache zurück, und der König fiel in tiefe Traurigkeit. Nur wenn abends seine Sänger vor ihn kamen und schöne Lieder mitbrachten, war es, als ließe sich die alte Freude wieder vor ihm blicken; seine Tochter dünkte ihm nah, und er schöpfte Hoffnung, sie bald wiederzusehen. War er aber wieder allein, so zerriß es ihm von neuem das Herz und er weinte laut. Dann gedachte er bei sich selbst: Was hilft mir nun alle die Herrlichkeit, und meine hohe Geburt? Nun bin ich doch elender als die andern Menschen. Meine Tochter kann mir nichts ersetzen. Ohne sie sind auch die Gesänge nichts als leere Worte und Blendwerk. Sie war der Zauber, der ihnen Leben und Freude, Macht und Gestalt gab. Wollt' ich doch lieber, ich wäre der geringste meiner Diener. Dann hätte ich meine Tochter noch; auch wohl einen Eidam dazu und Enkel, die mir auf den Knien säßen: dann wäre ich ein anderer König, als jetzt. Es ist nicht die Krone und das Reich, was einen König macht. Es ist jenes volle, überfließende Gefühl der Glückseligkeit, der Sättigung mit irdischen Gütern, jenes Gefühl der überschwenglichen Gnüge. So werd' ich nun für meinen Übermut bestraft. Der Verlust meiner Gattin hat mich noch nicht genug erschüttert. Nun hab' ich auch ein grenzenloses Elend. So klagte der König in den Stunden der heißesten Sehnsucht. Zuweilen brach auch seine alte Strenge und sein Stolz wieder hervor. Er zürnte über seine Klagen; wie ein König wollte er dulden und schweigen. Er meinte dann, er leide mehr, als alle anderen, und gehöre ein großer Schmerz zum Königtum; aber wenn es dann dämmerte, und er in die Zimmer seiner Tochter trat, und sah ihre Kleider hängen, und ihre kleinern Habseligkeiten stehn, als habe sie eben das Zimmer verlassen: so vergaß er seine Vorsätze, gebärdete sich wie ein trübseliger Mensch, und rief seine geringsten Diener um Mitleid an. Die ganze Stadt und das ganze Land weinten und klagten von ganzem Herzen mit ihm. Sonderlich war es, daß eine Sage umherging, die Prinzessin lebe noch, und werde bald mit einem Gemahl wiederkommen. Kein Mensch wußte, woher die Sage kam: aber alles hing sich mit frohem Glauben daran, und sah mit ungeduldiger Erwartung ihrer baldigen Wiederkunft entgegen. So vergingen mehrere Monden, bis das

Frühjahr wieder herankam. ‚Was gilts', sagten einige in wunderlichem Mute, ‚nun kommt auch die Prinzessin wieder.' Selbst der König ward heitrer und hoffnungsvoller. Die Sage dünkte ihm wie die Verheißung einer gütigen Macht. Die ehemaligen Feste fingen wieder an, und es schien zum völligen Aufblühen der alten Herrlichkeit nur noch die Prinzessin zu fehlen. Eines Abends, da es gerade jährig wurde, daß sie verschwand, war der ganze Hof im Garten versammelt. Die Luft war warm und heiter; ein leiser Wind tönte nur oben in den alten Wipfeln, wie die Ankündigung eines fernen fröhlichen Zuges. Ein mächtiger Springquell stieg zwischen den vielen Fackeln mit zahllosen Lichtern hinauf in die Dunkelheit der tönenden Wipfel, und begleitete mit melodischem Plätschern die mannigfaltigen Gesänge, die unter den Bäumen hervorklangen. Der König saß auf einem köstlichen Teppich, und um ihn her war der Hof in festlichen Kleidern versammelt. Eine zahlreiche Menge erfüllte den Garten, und umgab das prachtvolle Schauspiel. Der König saß eben in tiefen Gedanken. Das Bild seiner verlornen Tochter stand mit ungewöhnlicher Klarheit vor ihm; er gedachte der glücklichen Tage, die um diese Zeit im vergangenen Jahre ein plötzliches Ende nahmen. Eine heiße Sehnsucht übermannte ihn, und es flossen häufige Tränen von seinen ehrwürdigen Wangen; doch empfand er eine ungewöhnliche Heiterkeit. Es dünkte ihm das traurige Jahr nur ein schwerer Traum zu sein, und er hob die Augen auf, gleichsam um ihre hohe, heilige, entzückende Gestalt unter den Menschen und den Bäumen aufzusuchen. Eben hatten die Dichter geendigt, und eine tiefe Stille schien das Zeichen der allgemeinen Rührung zu sein, denn die Dichter hatten die Freuden des Wiedersehns, den Frühling und die Zukunft besungen, wie sie die Hoffnung zu schmücken pflegt.
Plötzlich wurde die Stille durch leise Laute einer unbekannten schönen Stimme unterbrochen, die von einer uralten Eiche herzukommen schienen. Alle Blicke richteten sich dahin, und man sah einen Jüngling in einfacher, aber fremder Tracht stehen, der eine Laute im Arm hielt, und ruhig in seinem Gesange fortfuhr, indem er jedoch, wie der König seinen Blick nach ihm wandte, eine tiefe Verbeugung machte. Die Stimme war außerordentlich schön, und der

Gesang trug ein fremdes, wunderbares Gepräge. Er handelte von dem Ursprunge der Welt, von der Entstehung der Gestirne, der Pflanzen, Tiere und Menschen, von der allmächtigen Sympathie der Natur, von der uralten goldenen Zeit und ihren Beherrscherinnen, der Liebe und Poesie, von der Erscheinung des Hasses und der Barbarei und ihren Kämpfen mit jenen wohltätigen Göttinnen, und endlich von dem zukünftigen Triumph der letztern, dem Ende der Trübsale, der Verjüngung der Natur und der Wiederkehr eines ewigen goldenen Zeitalters. Die alten Dichter traten selbst von Begeisterung hingerissen, während des Gesanges näher um den seltsamen Fremdling her. Ein niegefühltes Entzücken ergriff die Zuschauer, und der König selbst fühlte sich wie auf einem Strom des Himmels weggetragen. Ein solcher Gesang war nie vernommen worden, und alle glaubten, ein himmlisches Wesen sei unter ihnen erschienen, besonders da der Jüngling unterm Singen immer schöner, immer herrlicher, und seine Stimme immer gewaltiger zu werden schien. Die Luft spielte mit seinen goldenen Locken. Die Laute schien sich unter seinen Händen zu beseelen, und sein Blick schien trunken in eine geheimere Welt hinüberzuschauen. Auch die Kinderunschuld und Einfalt seines Gesichts schien allen übernatürlich. Nun war der herrliche Gesang geendigt. Die bejahrten Dichter drückten den Jüngling mit Freudentränen an ihre Brust. Ein stilles inniges Jauchzen ging durch die Versammlung. Der König kam gerührt auf ihn zu. Der Jüngling warf sich ihm bescheiden zu Füßen. Der König hob ihn auf, umarmte ihn herzlich, und hieß ihn sich eine Gabe ausbitten. Da bat er mit glühenden Wangen den König, noch ein Lied gnädig anzuhören, und dann über seine Bitte zu entscheiden. Der König trat einige Schritte zurück und der Fremdling fing an:

Der Sänger geht auf rauhen Pfaden,
Zerreißt in Dornen sein Gewand;
Er muß durch Fluß und Sümpfe baden,
Und keins reicht hülfreich ihm die Hand.
Einsam und pfadlos fließt in Klagen
Jetzt über sein ermattet Herz;
Er kann die Laute kaum noch tragen,
Ihn übermannt ein tiefer Schmerz.

‚Ein traurig Los ward mir beschieden,
Ich irre ganz verlassen hier,
Ich brachte allen Lust und Frieden,
Doch keiner teilte sie mit mir.
Es wird ein jeder seiner Habe
Und seines Lebens froh durch mich;
Doch weisen sie mit karger Gabe
Des Herzens Forderung von sich.

Man läßt mich ruhig Abschied nehmen,
Wie man den Frühling wandern sieht;
Es wird sich keiner um ihn grämen,
Wenn er betrübt von dannen zieht.
Verlangend sehn sie nach den Früchten,
Und wissen nicht, daß er sie sät;
Ich kann den Himmel für sie dichten,
Doch meiner denkt nicht ein Gebet.

Ich fühle dankbar Zaubermächte
An diese Lippen festgebannt.
O! knüpfte nur an meine Rechte
Sich auch der Liebe Zauberband.
Es kümmert keine sich des Armen,
Der dürftig aus der Ferne kam;
Welch Herz wird sein sich noch erbarmen
Und lösen seinen tiefen Gram?‘

Er sinkt im hohen Grase nieder,
Und schläft mit nassen Wangen ein;
Da schwebt der hohe Geist der Lieder
In die beklemmte Brust hinein:
‚Vergiß anjetzt, was du gelitten,
In kurzem schwindet deine Last,
Was du umsonst gesucht in Hütten,
Das wirst du finden im Palast.

Du nahst dem höchsten Erdenlohne,
Bald endigt der verschlungne Lauf;
Der Myrtenkranz wird eine Krone,
Dir setzt die treuste Hand sie auf.
Ein Herz voll Einklang ist berufen

Zur Glorie um einen Thron;
Der Dichter steigt auf rauhen Stufen
Hinan, und wird des Königs Sohn.'

So weit war er in seinem Gesange gekommen, und ein sonderbares Erstaunen hatte sich der Versammlung bemächtigt, als während dieser Strophen ein alter Mann mit einer verschleierten weiblichen Gestalt von edlem Wuchse, die ein wunderschönes Kind auf dem Arme trug, das freundlich in der fremden Versammlung umhersah, und lächelnd nach dem blitzenden Diadem des Königs die kleinen Händchen streckte, zum Vorschein kamen, und sich hinter den Sänger stellten, aber das Staunen wuchs, als plötzlich aus den Gipfeln der alten Bäume, der Lieblingsadler des Königs, den er immer um sich hatte, mit einer goldenen Stirnbinde, die er aus seinen Zimmern entwandt haben mußte, herabflog, und sich auf das Haupt des Jünglings niederließ, so daß die Binde sich um seine Locken schlug. Der Fremdling erschrak einen Augenblick; der Adler flog an die Seite des Königs, und ließ die Binde zurück. Der Jüngling reichte sie dem Kinde, das darnach verlangte, ließ sich auf ein Knie gegen den König nieder, und fuhr in seinem Gesange mit bewegter Stimme fort:

Der Sänger fährt aus schönen Träumen
Mit froher Ungeduld empor;
Er wandelt unter hohen Bäumen
Zu des Palastes ehrnem Tor.
Die Mauern sind wie Stahl geschliffen,
Doch sie erklimmt sein Lied geschwind,
Es steigt von Lieb' und Weh ergriffen
Zu ihm hinab des Königs Kind.

Die Liebe drückt sie fest zusammen,
Der Klang der Panzer treibt sie fort;
Sie lodern auf in süßen Flammen,
Im nächtlich stillen Zufluchtsort.
Sie halten furchtsam sich verborgen,
Weil sie der Zorn des Königs schreckt;
Und werden nun von jedem Morgen
Zu Schmerz und Lust zugleich erweckt.

Der Sänger spricht mit sanften Klängen
Der neuen Mutter Hoffnung ein;
Da tritt, gelockt von den Gesängen,
Der König in die Kluft hinein.
Die Tochter reicht in goldnen Locken
den Enkel von der Brust ihm hin;
Sie sinken reuig und erschrocken,
Und mild zergeht sein strenger Sinn.

Der Liebe weicht und dem Gesange
Auch auf dem Thron ein Vaterherz,
Und wandelt bald in süßem Drange
Zu ewger Lust den tiefen Schmerz.
Die Liebe gibt, was sie entrissen,
Mit reichem Wucher bald zurück,
Und unter den Versöhnungsküssen
Entfaltet sich ein himmlisch Glück.

Geist des Gesangs, komm du hernieder,
Und steh auch jetzt der Liebe bei;
Bring die verlorne Tochter wieder,
Daß ihr der König Vater sei! –
Daß er mit Freuden sie umschließet,
Und seines Enkels sich erbarmt,
Und wenn das Herz ihm überfließet,
Den Sänger auch als Sohn umarmt.

Der Jüngling hob mit bebender Hand bei diesen Worten, die sanft in den dunklen Gängen verhallten, den Schleier. Die Prinzessin fiel mit einem Strom von Tränen zu den Füßen des Königs, und hielt ihm das schöne Kind hin. Der Sänger kniete mit gebeugtem Haupte an ihrer Seite. Eine ängstliche Stille schien jeden Atem festzuhalten. Der König war einige Augenblicke sprachlos und ernst; dann zog er die Prinzessin an seine Brust, drückte sie lange fest an sich und weinte laut. Er hob nun auch den Jüngling zu sich auf, und umschloß ihn mit herzlicher Zärtlichkeit. Ein helles Jauchzen flog durch die Versammlung, die sich dicht zudrängte. Der König nahm das Kind und reichte es mit rührender Andacht gen Himmel; dann begrüßte er freundlich den Alten. Unendliche Freudentränen flossen. In Gesänge brachen die Dichter aus, und der Abend ward ein heiliger Vorabend dem ganzen Lande, dessen Leben fortan nur ein schönes Fest war. Kein Mensch weiß, wo das Land hingekommen ist. Nur in Sagen heißt es, daß Atlantis von mächtigen Fluten den Augen entzogen worden sei."

Viertes Kapitel

Einige Tagereisen waren ohne die mindeste Unterbrechung geendigt. Der Weg war fest und trocken, die Witterung erquickend und heiter, und die Gegenden, durch die sie kamen, fruchtbar, bewohnt und mannigfaltig. Der furchtbare Thüringer Wald lag im Rücken; die Kaufleute hatten den Weg öfterer gemacht, waren überall mit den Leuten bekannt, und erfuhren die gastfreiste Aufnahme. Sie vermieden die abgelegenen und durch Räubereien bekannten Gegenden, und nahmen, wenn sie ja gezwungen waren, solche zu durchreisen, ein hinlängliches Geleite mit. Einige Besitzer benachbarter Bergschlösser standen mit den Kaufleuten in gutem Vernehmen. Sie wurden besucht und bei ihnen nachgefragt, ob sie Bestellungen nach Augsburg zu machen hätten. Eine freundliche Bewirtung ward ihnen zuteil, und die Frauen und Töchter drängten sich mit herzlicher Neugier um die Fremdlinge. Heinrichs Mutter gewann sie bald durch ihre gutmütige Bereitwilligkeit und Teilnahme. Man war erfreut eine Frau aus der Residenzstadt zu sehn, die eben so willig dic Neuigkeiten der Mode, als die Zubereitung einiger schmackhafter Schüsseln mitteilte. Der junge Ofterdingen ward von Rittern und Frauen wegen seiner Bescheidenheit und seines ungezwungenen milden Betragens gepriesen, und die letztern verweilten gern auf seiner einnehmenden Gestalt, die wie das einfache Wort eines Unbekannten war, das man fast überhört, bis längst nach seinem Abschiede es seine tiefe unscheinbare Knospe immer mehr auftut, und endlich eine herrliche Blume in allem Farbenglanze dichtverschlungener Blätter zeigt, so daß man es nie vergißt, nicht müde wird es zu wiederholen, und einen versieglichen immer gegenwärtigen Schatz daran hat. Man besinnt sich nun genauer auf den Unbekannten, und ahndet und ahndet, bis es auf einmal klar wird, daß es ein Bewohner der höhern Welt gewesen sei. – Die Kaufleute erhielten eine große Menge Bestellungen, und man trennte sich gegenseitig mit herzlichen Wünschen, einander bald wiederzusehn. Auf einem dieser Schlösser, wo sie gegen Abend hinkamen, ging es fröhlich zu. Der Herr des Schlosses war ein alter Kriegsmann, der die Muße des Friedens, und die Einsamkeit seines Aufenthalts mit öftern Gelagen feierte und unterbrach, und außer dem Kriegsgetümmel und der Jagd keinen andern Zeitvertreib kannte, als den gefüllten Becher.

Er empfing die Ankommenden mit brüderlicher Herzlichkeit, mitten unter lärmenden Genossen. Die Mutter ward zur Hausfrau geführt. Die Kaufleute und Heinrich mußten sich an die lustige Tafel setzen, wo der Becher tapfer umherging. Heinrichen ward auf vieles Bitten in Rücksicht seiner Jugend das jedesmalige Bescheidtun erlassen, dagegen die Kaufleute sich nicht faul finden, sondern sich den alten Frankenwein tapfer schmecken ließen. Das Gespräch lief über ehmalige Kriegsabenteuer hin. Heinrich hörte mit großer Aufmerksamkeit den neuen Erzählungen zu. Die Ritter sprachen vom Heiligen Lande, von den Wundern des Heiligen Grabes, von den Abenteuern ihres Zuges, und ihrer Seefahrt, von den Sarazenen, in deren Gewalt einige geraten gewesen waren, und dem fröhlichen und wunderbaren Leben im Felde und im Lager. Sie äußerten mit großer Lebhaftigkeit ihren Unwillen, jene himmlische Geburtsstätte der Christenheit noch im frevelhaften Besitz der Ungläubigen zu wissen. Sie erhoben die großen Helden, die sich eine ewige Krone durch ihr tapfres, unermüdliches Bezeigen gegen dieses ruchlose Volk erworben hätten. Der Schloßherr zeigte das kostbare Schwert, was er einem Anführer derselben mit eigner Hand abgenommen, nachdem er sein Kastell erobert, ihn getötet, und seine Frau und Kinder zu Gefangenen gemacht, welches ihm der Kaiser in seinem Wappen zu führen vergönnet hatte. Alle besahen das prächtige Schwert, auch Heinrich nahm es in seine Hand, und fühlte sich von einer kriegerischen Begeisterung ergriffen. Er küßte es mit inbrünstiger Andacht. Die Ritter freuten sich über seinen Anteil. Der Alte umarmte ihn, und munterte ihn auf, auch seine Hand auf ewig der Befreiung des Heiligen Grabes zu widmen, und das wundertätige

Kreuz auf seine Schultern befestigen zu lassen. Er war überrascht, und seine Hand schien sich nicht von dem Schwerte losmachen zu können. „Besinne dich, mein Sohn“, rief der alte Ritter. „Ein neuer Kreuzzug ist vor der Tür. Der Kaiser selbst wird unsere Scharen in das Morgenland führen. Durch ganz Europa schallt von neuem der Ruf des Kreuzes, und heldenmütige Andacht regt sich aller Orten. Wer weiß, ob wir nicht übers Jahr in der großen weltherrlichen Stadt Jerusalem als frohe Sieger beieinander sitzen, und uns bei vaterländischem Wein an unsere Heimat erinnern. Du kannst auch bei mir ein morgenländisches Mädchen sehn. Sie dünken uns Abendländern gar anmutig, und wenn du das Schwert gut zu führen verstehst, so kann es dir an schönen Gefangenen nicht fehlen.“ Die Ritter sangen mit lauter Stimme den Kreuzgesang, der damals in ganz Europa gesungen wurde:

Das Grab steht unter wilden Heiden;
Das Grab, worin der Heiland lag,
Muß Frevel und Verspottung leiden
Und wird entheiligt jeden Tag.
Es klagt heraus mit dumpfer Stimme:
„Wer rettet mich von diesem Grimme!“

Wo bleiben seine Heldenjünger?
Verschwunden ist die Christenheit!
Wer ist des Glaubens Wiederbringer?
Wer nimmt das Kreuz in dieser Zeit?
Wer bricht die schimpflichsten der Ketten,
Und wird das Heilge Grab erretten?

Gewaltig geht auf Land und Meeren
In tiefer Nacht ein heilger Sturm;
Die trägen Schläfer aufzustören,
Umbraust er Lager, Stadt und Turm,
Ein Klaggeschrei um alle Zinnen:
„Auf, träge Christen, zieht von hinnen.“

Es lassen Engel aller Orten
Mit ernstem Antlitz stumm sich sehn,
Und Pilger sieht man vor den Pforten

Mit kummervollen Wangen stehn;
Sie klagen mit den bängsten Tönen
Die Grausamkeit der Sarazenen.

Es bricht ein Morgen, rot und trübe,
Im weiten Land der Christen an.
Der Schmerz der Wehmut und der Liebe
Verkündet sich bei jedermann.
Ein jedes greift nach Kreuz und Schwerte
Und zieht entflammt von seinem Herde.

Ein Feuereifer tobt im Heere,
Das Grab des Heilands zu befrein.
Sie eilen fröhlich nach dem Meere,
Um bald auf heilgem Grund zu sein.
Auch Kinder kommen noch gelaufen
Und mehren den geweihten Haufen.

Hoch weht das Kreuz im Siegspaniere,
Und alte Helden stehn voran.
Des Paradieses selge Türe
Wird frommen Kriegern aufgetan;
Ein jeder will das Glück genießen
Sein Blut für Christus zu vergießen.

Zum Kampf ihr Christen! Gottes Scharen
Ziehn mit in das Gelobte Land.
Bald wird der Heiden Grimm erfahren
Des Christengottes Schreckenshand.
Wir waschen bald in frohem Mute
Das Heilige Grab mit Heidenblute.

Die heilge Jungfrau schwebt, getragen
Von Engeln, ob der wilden Schlacht,
Wo jeder, den das Schwert geschlagen,
In ihrem Mutterarm erwacht.
Sie neigt sich mit verklärter Wange
Herunter zu dem Waffenklange.

Hinüber zu der heilgen Stätte!
Des Grabes dumpfe Stimme tönt!

Bald wird mit Sieg und mit Gebete
Die Schuld der Christenheit versöhnt!
Das Reich der Heiden wird sich enden,
Ist erst das Grab in unsern Händen.

Heinrichs ganze Seele war in Aufruhr, das Grab kam ihm wie eine bleiche, edle, jugendliche Gestalt vor, die auf einem großen Stein mitten unter wildem Pöbel säße, und auf eine entsetzliche Weise gemißhandelt würde, als wenn sie mit kummervollem Gesichte nach einem Kreuze blicke, was im Hintergrunde mit lichten Zügen schimmerte, und sich in den bewegten Wellen eines Meeres unendlich vervielfältigte.

Seine Mutter schickte eben herüber, um ihn zu holen, und der Hausfrau des Ritters vorzustellen. Die Ritter waren in ihr Gelag und ihre Vorstellungen des bevorstehenden Zuges vertieft, und bemerkten nicht, daß Heinrich sich entfernte. Er fand seine Mutter in traulichem Gespräch mit der alten, gutmütigen Frau des Schlosses, die ihn freundlich bewillkommte. Der Abend war heiter; die Sonne begann sich zu neigen, und Heinrich, der sich nach Einsamkeit sehnte, und von der goldenen Ferne gelockt wurde, die durch die engen, tiefen Bogenfenster in das düstre Gemach hineintrat, erhielt leicht die Erlaubnis, sich außerhalb des Schlosses besehen zu dürfen. Er eilte ins Freie, sein ganzes Gemüt war rege, er sah von der Höhe des alten Felsen zunächst in das waldige Tal, durch das ein Bach herunterstürzte und einige Mühlen trieb, deren Geräusch man kaum aus der gewaltigen Tiefe vernehmen konnte, und dann in eine unabsehliche Ferne von Bergen, Wäldern und Niederungen, und seine innere Unruhe wurde besänftigt. Das kriegerische Getümmel verlor sich, und es blieb nur eine klare bilderreiche Sehnsucht zurück. Er fühlte, daß ihm eine Laute mangelte, so wenig er auch wußte, wie sie eigentlich gebaut sei, und welche Wirkung sie hervorbringe. Das heitere Schauspiel des herrlichen Abends wiegte ihn in sanfte Phantasien: die Blume seines Herzens ließ sich zuweilen wie ein Wetterleuchten in ihm sehn. – Er schweifte durch das wilde Gebüsch und kletterte über bemooste Felsenstücke, als auf einmal aus einer nahen Tiefe ein zarter eindringender Gesang einer weiblichen Stimme von wunderbaren Tönen begleitet, erwachte. Es war ihm gewiß, daß es eine Laute sei; er blieb verwunderungsvoll stehen, und hörte in gebrochner deutscher Aussprache folgendes Lied:

Bricht das matte Herz noch immer
Unter fremdem Himmel nicht?
Kommt der Hoffnung bleicher Schimmer
Immer mir noch zu Gesicht?
Kann ich wohl noch Rückkehr wähnen?
Stromweis stürzen meine Tränen,
Bis mein Herz in Kummer bricht.

Könnt ich dir die Myrten zeigen
Und der Zeder dunkles Haar!
Führen dich zum frohen Reigen
Der geschwisterlichen Schar!
Sähst du im gestickten Kleide,
Stolz im köstlichen Geschmeide
Deine Freundin, wie sie war.

Edle Jünglinge verneigen
Sich mit heißem Blick vor ihr;
Zärtliche Gesänge steigen
Mit dem Abendstern zu mir.
Dem Geliebten darf man trauen;
Ewge Lieb' und Treu den Frauen,
Ist der Männer Losung hier.

Hier, wo um kristallne Quellen
Liebend sich der Himmel legt,
Und mit heißen Balsamwellen
Um den Hain zusammenschlägt,
Der in seinen Lustgebieten,
Unter Früchten, unter Blüten
Tausend bunte Sänger hegt.

Fern sind jene Jugendträume!
Abwärts liegt das Vaterland!
Längst gefällt sind jene Bäume,
Und das alte Schloß verbrannt.

Fürchterlich, wie Meereswogen
Kam ein rauhes Heer gezogen,
Und das Paradies verschwand.

Fürchterliche Gluten flossen
In die blaue Luft empor,
Und es drang auf stolzen Rossen
Eine wilde Schar ins Tor.
Säbel klirrten, unsre Brüder,
Unser Vater kam nicht wieder,
Und man riß uns wild hervor.

Meine Augen wurden trübe;
Fernes, mütterliches Land,
Ach, sie blieben dir voll Liebe
Und voll Sehnsucht zugewandt!
Wäre nicht dies Kind vorhanden,
Längst hätt' ich des Lebens Banden
Aufgelöst mit kühner Hand.

Heinrich hörte das Schluchzen eines Kindes und eine tröstende Stimme. Er stieg tiefer durch das Gebüsch hinab und fand ein bleiches, abgehärmtes Mädchen unter einer alten Eiche sitzen. Ein schönes Kind hing weinend an ihrem Halse, auch ihre Tränen flossen, und eine Laute lag neben ihr auf dem Rasen. Sie erschrak ein wenig, als sie den fremden Jüngling erblickte, der mit wehmütigem Gesicht sich ihr näherte.
„Ihr habt wohl meinen Gesang gehört", sagte sie freundlich. „Euer Gesicht dünkt mir bekannt, laßt mich besinnen – Mein Gedächtnis ist schwach geworden, aber Euer Anblick erweckt in mir eine sonderbare Erinnerung aus frohen Zeiten. O! mir ist, als glicht Ihr einem meiner Brüder, der noch vor unserm Unglück von uns schied, und nach Persien zu einem berühmten Dichter zog. Vielleicht lebt er noch, und besingt traurig das Schicksal seiner Geschwister. Wüßt ich nur noch einige seiner herrlichen Lieder, die er uns hinterließ! Er war edel und zärtlich, und kannte kein größeres Glück als seine Laute." Das Kind war ein Mädchen von zehn bis zwölf Jahren, das den fremden Jüngling aufmerksam betrachtete und sich fest an den Busen der unglückli-

chen Zulima schmiegte. Heinrichs Herz war von Mitleid durchdrungen; er tröstete die Sängerin mit freundlichen Worten, und bat sie, ihm umständlicher ihre Geschichte zu erzählen. Sie schien es nicht ungern zu tun. Heinrich setzte sich ihr gegenüber und vernahm ihre von häufigen Tränen unterbrochne Erzählung. Vorzüglich hielt sie sich bei dem Lobe ihrer Landsleute und ihres Vaterlandes auf. Sie schilderte den Edelmut derselben, und ihre reine starke Empfänglichkeit für die Poesie des Lebens und die wunderbare, geheimnisvolle Anmut der Natur. Sie beschrieb die romantischen Schönheiten der fruchtbaren arabischen Gegenden, die wie glückliche Inseln in unwegsamen Sandwüsteneien lägen, wie Zufluchtsstätte der Bedrängten und Ruhebedürftigen, wie Kolonien des Paradieses, voll frischer Quellen, die über dichten Rasen und funkelnde Steine durch alte, ehrwürdige Haine rieselten, voll bunter Vögel mit melodischen Kehlen und anziehend durch mannigfaltige Überbleibsel ehemaliger denkwürdiger Zeiten. „Ihr würdet mit Verwunderung“, sagte sie, „die buntfarbigen, hellen, seltsamen Züge und Bilder auf den alten Steinplatten sehn. Sie scheinen so bekannt und nicht ohne Ursach so wohl erhalten zu sein. Man sinnt und sinnt, einzelne Bedeutungen ahnet man, und wird um so begieriger, den tiefsinnigen Zusammenhang dieser uralten Schrift zu erraten. Der unbekannte Geist derselben erregt ein ungewöhnliches Nachdenken, und wenn man auch ohne den gewünschten Fund von dannen geht, so hat man doch tausend merkwürdige Entdeckungen in sich selbst gemacht, die dem Leben einen neuen Glanz und dem Gemüt eine lange, belohnende Beschäftigung geben. Das Leben auf einem längst bewohnten und ehemals schon durch Fleiß, Tätigkeit und Neigung verherrlichten Boden hat einen besondern Reiz. Die Natur scheint dort menschlicher und verständlicher geworden, eine dunkle Erinnerung unter der durchsichtigen Gegenwart wirft die Bilder der Welt mit scharfen Umrissen zurück, und so genießt man eine doppelte Welt, die eben dadurch das Schwere und Gewaltsame verliert und die zauberische Dichtung und Fabel unserer Sinne wird. Wer weiß, ob nicht auch ein unbegreiflicher Einfluß der ehemaligen, jetzt unsichtbaren Bewohner mit ins Spiel kommt, und vielleicht ist es dieser dunkle Zug, der die Menschen aus neuen Gegenden, sobald eine gewisse Zeit ihres Erwachens kömmt, mit so zerstörender Ungeduld nach der alten Heimat ihres Geschlechts treibt, und sie Gut und Blut an den Besitz dieser Länder zu wagen anregt." Nach einer Pause fuhr sie fort: „Glaubt ja nicht, was man euch von den Grausamkeiten meiner Landsleute erzählt hat. Nirgends wurden Gefangene großmütiger behandelt, und auch eure Pilger nach Jerusalem wurden mit Gastfreundschaft aufgenommen, nur daß sie selten derselben wert waren. Die meisten waren nichtsnutzige, böse Menschen, die ihre Wallfahrten mit Bubenstücken bezeichneten, und dadurch freilich oft gerechter Rache in die Hände fielen. Wie ruhig hätten die Christen das Heilige Grab besuchen können, ohne nötig zu haben, einen fürchterlichen, unnützen Krieg anzufangen, der alles erbittert, unendliches Elend verbreitet, und auf immer das Morgenland von Europa getrennt hat. Was lag an dem Namen des Besitzers? Unsere Fürsten ehrten andachtsvoll das Grab eures Heiligen, den auch wir für einen göttlichen Propheten halten; und wie schön hätte sein heiliges Grab die Wiege eines glücklichen Einverständnisses, der Anlaß ewiger wohltätiger Bündnisse werden können!"

Der Abend war unter ihren Gesprächen herbeigekommen. Es fing an Nacht zu werden, und der Mond hob sich aus dem feuchten Walde mit beruhigendem Glanz herauf. Sie stiegen langsam nach dem Schlosse; Heinrich war voll Gedanken, die kriegerische Begeisterung war gänzlich verschwunden. Er merkte eine wunderliche Verwirrung in der Welt; der Mond zeigte ihm das Bild eines tröstenden Zuschauers und erhob ihn über die Unebenheiten der Erdoberfläche, die in der Höhe so unbeträchtlich erschienen, so wild und unersteiglich sie auch dem Wanderer vorkamen. Zulima ging still neben ihm her, und führte das Kind. Heinrich trug die Laute. Er suchte die sinkende Hoffnung seiner Begleiterin, ihr Vaterland dereinst wiederzusehn, zu beleben, indem er innerlich einen heftigen Beruf fühlte, ihr Retter zu sein, ohne zu wissen, auf welche Art es geschehen könne. Eine besondere Kraft schien in seinen einfachen Worten zu liegen, denn Zulima empfand eine ungewohnte Beruhigung und dankte ihm für seine Zusprache auf die rührendste Weise. Die Ritter waren noch bei ihren

Bechern und die Mutter in häuslichen Gesprächen. Heinrich hatte keine Lust in den lärmenden Saal zurückzugehn. Er fühlte sich müde, und begab sich bald mit seiner Mutter in das angewiesene Schlafgemach. Er erzählte ihr vor dem Schlafengehn, was ihm begegnet sei, und schlief bald zu unterhaltenden Träumen ein. Die Kaufleute hatten sich auch zeitig fortbegeben, und waren früh wieder munter. Die Ritter lagen in tiefer Ruhe, als sie abreisten; die Hausfrau aber nahm zärtlichen Abschied. Zulima hatte wenig geschlafen, eine innere Freude hatte sie wach erhalten; sie erschien beim Abschiede, und bediente die Reisenden demütig und emsig. Als sie Abschied nahmen, brachte sie mit vielen Tränen ihre Laute zu Heinrich, und bat mit rührender Stimme, sie zu Zulimas Andenken mitzunehmen. „Es war meines Bruders Laute", sagte sie, „der sie mir beim Abschied schenkte; es ist das einzige Besitztum, was ich gerettet habe. Sie schien Euch gestern zu gefallen, und Ihr laßt mir ein unschätzbares Geschenk zurück, süße Hoffnung. Nehmt dieses geringe Zeichen meiner Dankbarkeit, und laßt es ein Pfand Eures Andenkens an die arme Zulima sein. Wir werden uns gewiß wiedersehn, und dann bin ich vielleicht glücklicher." Heinrich weinte; er weigerte sich, diese ihr so unentbehrliche Laute anzunehmen: „Gebt mir", sagte er, „das goldene Band mit den unbekannten Buchstaben aus Euren Haaren, wenn es nicht ein Andenken Eurer Eltern oder Geschwister ist, und nehmt dagegen einen Schleier an, den mir meine Mutter gern abtreten wird." Sie wich endlich dem Zureden und gab ihm das Band, indem sie sagte: „Es ist mein Name in den Buchstaben meiner Muttersprache, den ich in bessern Zeiten selbst in dieses Band gestickt habe. Betrachtet es gern, und denkt, daß es eine lange, kummervolle Zeit meine Haare festgehalten hat, und mit seiner Besitzerin verbleicht ist." Heinrichs Mutter zog den Schleier heraus, und reichte ihr ihn hin, indem sie sie an sich zog und weinend umarmte. –

Fünftes Kapitel

Nach einigen Tagereisen kamen sie an ein Dorf, am Fuße einiger spitzen Hügel, die von tiefen Schluchten unterbro-

chen waren. Die Gegend war übrigens fruchtbar und angenehm, ohngeachtet die Rücken der Hügel ein totes, abschreckendes Ansehn hatten. Das Wirtshaus war reinlich, die Leute bereitwillig, und eine Menge Menschen, teils Reisende, teils bloße Trinkgäste, saßen in der Stube, und unterhielten sich von allerhand Dingen.
Unsre Reisenden gesellten sich zu ihnen, und mischten sich in die Gespräche. Die Aufmerksamkeit der Gesellschaft war vorzüglich auf einen alten Mann gerichtet, der in fremder Tracht an einem Tische saß, und freundlich die neugierigen Fragen beantwortete, die an ihn geschahen. Er kam aus fremden Landen, hatte sich heute früh die Gegend umher genau betrachtet, und erzählte nun von seinem Gewerbe und seinen heutigen Entdeckungen. Die Leute nannten ihn einen Schatzgräber. Er sprach aber sehr bescheiden von seinen Kenntnissen und seiner Macht, doch trugen seine Erzählungen das Gepräge der Seltsamkeit und Neuheit. Er erzählte, daß er aus Böhmen gebürtig sei. Von Jugend auf habe er eine heftige Neugierde gehabt zu wissen, was in den Bergen verborgen sein müsse, wo das Wasser in den Quellen herkomme, und wo das Gold und Silber und die köstlichen Steine gefunden würden, die den Menschen so unwiderstehlich an sich zögen. Er habe in der nahen Klosterkirche oft diese festen Lichter an den Bildern und Reliquien betrachtet, und nur gewünscht, daß sie zu ihm reden könnten, um ihm von ihrer geheimnisvollen Herkunft zu erzählen. Er habe wohl zuweilen gehört, daß sie aus weit entlegenen Ländern kämen; doch habe er immer gedacht, warum es nicht auch in diesen Gegenden solche Schätze und Kleinodien geben könne. Die Berge seien doch nicht umsonst so weit im Umfange und erhaben und so fest verwahrt; auch habe es ihm verdünkt, wie wenn er zuweilen auf den Gebirgen glänzende und flimmernde Steine gefunden hätte. Er sei fleißig in den Felsenritzen und Höhlen umhergeklettert, und habe sich mit unaussprechlichem Vergnügen in diesen uralten Hallen und Gewölben umgesehn. – Endlich sei ihm einmal ein Reisender begegnet, der zu ihm gesagt, er müsse ein Bergmann werden, da könne er die Befriedigung seiner Neugier finden. In Böhmen gäbe es Bergwerke. Er solle nur immer an dem Flusse hinuntergehn, nach zehn bis zwölf Tagen werde er in Eula sein, und

dort dürfe er nur sprechen, daß er gern ein Bergmann werden wolle. Er habe sich dies nicht zweimal sagen lassen, und sich gleich den andern Tag auf den Weg gemacht. „Nach einem beschwerlichen Gange von mehreren Tagen", fuhr er fort, „kam ich nach Eula. Ich kann euch nicht sagen, wie herrlich mir zumute ward, als ich von einem grünen Hügel die Haufen von Steinen erblickte, die mit grünen Gebüschen durchwachsen waren, auf denen bretterne Hütten standen, und als ich aus dem Tal unten die Rauchwolken über den Wald heraufziehn sah. Ein fernes Getöse vermehrte meine Erwartungen, und mit unglaublicher Neugierde und voll stiller Andacht stand ich bald auf einem solchen Haufen, den man Halde nennt, vor den dunklen Tiefen, die im Innern der Hütten steil in den Berg hineinführten. Ich eilte nach dem Tale und begegnete bald einigen schwarzgekleideten Männern mit Lampen, die ich nicht mit Unrecht für Bergleute hielt, und mit schüchterner Ängstlichkeit ihnen mein Anliegen vortrug. Sie hörten mich freundlich an, und sagten mir, daß ich nur hinunter nach den Schmelzhütten gehn und nach dem Steiger fragen sollte, welcher den Anführer und Meister unter ihnen vorstellt; dieser werde mir Bescheid geben, ob ich angenommen werden möge. Sie meinten, daß ich meinen Wunsch wohl erreichen würde, und lehrten mich den üblichen Gruß ‚Glück auf', womit ich den Steiger anreden sollte. Voll fröhlicher Erwartungen setzte ich meinen Weg fort, und konnte nicht aufhören, den neuen bedeutungsvollen Gruß mir beständig zu wiederholen. Ich fand einen alten, ehrwürdigen Mann, der mich mit vieler Freundlichkeit empfing, und nachdem ich ihm meine Geschichte erzählt, und ihm meine große Lust, seine seltne, geheimnisvolle Kunst zu erlernen, bezeugt hatte, bereitwillig versprach, mir meinen Wunsch zu gewähren. Ich schien ihm zu gefallen, und er behielt mich in seinem Hause. Den Augenblick konnte ich kaum erwarten, wo ich in die Grube fahren und mich in der reizenden Tracht sehn würde. Noch denselben Abend brachte er mir ein Grubenkleid, und erklärte mir den Gebrauch einiger Werkzeuge, die in einer Kammer aufbewahrt waren.

„Abends kamen Bergleute zu ihm, und ich verfehlte kein Wort von ihren Gesprächen, so unverständlich und fremd mir sowohl die Sprache, als der größte Teil des Inhalts ihrer Erzählungen vorkam. Das wenige jedoch, was ich zu begreifen glaubte, erhöhte die Lebhaftigkeit meiner Neugierde, und beschäftigte mich des Nachts in seltsamen Träumen. Ich erwachte beizeiten und fand mich bei meinem neuen Wirte ein, bei dem sich allmählich die Bergleute versammelten, um seine Verordnungen zu vernehmen. Eine Nebenstube war zu einer kleinen Kapelle vorgerichtet. Ein Mönch erschien und las eine Messe, nachher sprach er ein feierliches Gebet, worin er den Himmel anrief, die Bergleute in seine heilige Obhut zu nehmen, sie bei ihren gefährlichen Arbeiten zu unterstützen, vor Anfechtungen und Tücken böser Geister sie zu schützen, und ihnen reiche Anbrüche zu bescheren. Ich hatte nie mit mehr Inbrunst gebetet, und nie die hohe Bedeutung der Messe lebhafter empfunden. Meine künftigen Genossen kamen mir wie unterirdische Helden vor, die tausend Gefahren zu überwinden hätten, aber auch ein beneidenswertes Glück an ihren wunderbaren Kenntnissen besäßen, und in dem ernsten, stillen Umgange mit den uralten Felsensöhnen der Natur, in ihren dunkeln, wunderbaren Kammern, zum Empfängnis himmlischer Gaben und zur freudigen Erhebung über die Welt und ihre Bedrängnisse ausgerüstet würden. Der Steiger gab mir nach geendigtem Gottesdienst eine Lampe und ein kleines hölzernes Kruzifix, und ging mit mir nach dem Schachte, wie wir die schroffen Eingänge in die unterirdischen Gebäude zu nennen pflegen. Er lehrte mich die Art des Hinabsteigens, machte mich mit den notwendigen Vorsichtigkeitsregeln, sowie mit den Namen der mannigfaltigen Gegenstände und Teile bekannt. Er fuhr voraus, und schurrte auf dem runden Balken hinunter, indem er sich mit der einen Hand an einem Seil anhielt, das in einem Knoten an einer Seitenstange fortglitschte, und mit der andern die brennende Lampe trug; ich folgte seinem Beispiel, und wir gelangten so mit ziemlicher Schnelle bald in eine beträchtliche Tiefe. Mir war seltsam feierlich zumute, und das vordere Licht funkelte wie ein glücklicher Stern, der mir den Weg zu den verborgenen Schatzkammern der Natur zeigte. Wir kamen unten in einen Irrgarten von Gängen, und mein freundlicher Meister ward nicht müde meine neugierigen Fragen zu beantworten, und mich über seine

Kunst zu unterrichten. Das Rauschen des Wassers, die Entfernung von der bewohnten Oberfläche, die Dunkelheit und Verschlungenheit der Gänge, und das entfernte Geräusch der arbeitenden Bergleute ergötzte mich ungemein, und ich fühlte nun mit Freuden mich im vollen Besitz dessen, was von jeher mein sehnlichster Wunsch gewesen war. Es läßt sich auch diese volle Befriedigung eines angebornen Wunsches, diese wundersame Freude an Dingen, die ein näheres Verhältnis zu unserm geheimen Dasein haben mögen, zu Beschäftigungen, für die man von der Wiege an bestimmt und ausgerüstet ist, nicht erklären und beschreiben. Vielleicht daß sie jedem andern gemein, unbedeutend und abschreckend vorgekommen wären; aber mir schienen sie so unentbehrlich zu sein, wie die Luft der Brust und die Speise dem Magen. Mein alter Meister freute sich über meine innige Lust, und verhieß mir, daß ich bei diesem Fleiße und dieser Aufmerksamkeit es weit bringen, und ein tüchtiger Bergmann werden würde. Mit welcher Andacht sah ich zum erstenmal in meinem Leben am sechzehnten März, vor nunmehr fünfundvierzig Jahren, den König der Metalle in zarten Blättchen zwischen den Spalten des Gesteins. Es kam mir vor, als sei er hier wie in festen Gefängnissen eingesperrt und glänze freundlich dem Bergmann entgegen, der mit soviel Gefahren und Mühseligkeiten sich den Weg zu ihm durch die starken Mauern gebrochen, und ihn an das Licht des Tages zu fördern, damit er an königlichen Kronen und Gefäßen und an heiligen Reliquien zu Ehren gelangen, und in geachteten und wohlverwahrten Münzen, mit Bildnissen geziert, die Welt beherrschen und leiten möge. Von der Zeit an blieb ich in Eula, und stieg allmählich bis zum Häuer, welches der eigentliche Bergmann ist, der die Arbeiten auf dem Gestein betreibt, nachdem ich anfänglich bei der Ausförderung der losgehauenen Stufen in Körben angestellt gewesen war."

Der alte Bergmann ruhte ein wenig von seiner Erzählung aus, und trank, indem ihm seine aufmerksamen Zuhörer ein fröhliches „Glück auf!" zubrachten. Heinrichen erfreuten die Reden des alten Mannes ungemein, und er war sehr geneigt noch mehr von ihm zu hören.

Die Zuhörer unterhielten sich von den Gefahren und Seltsamkeiten des Bergbaus, und erzählten wunderbare Sagen,

über die der Alte oft lächelte, und freundlich ihre sonderbaren Vorstellungen zu berichtigen bemüht war.
Nach einer Weile sagte Heinrich: „Ihr mögt seitdem viel seltsame Dinge gesehn und erfahren haben; hoffentlich hat Euch nie Eure gewählte Lebensart gereut? Wärt Ihr nicht so gefällig und erzählet uns, wie es Euch seitdem ergangen, und auf welcher Reise Ihr jetzt begriffen seid? Es scheint, als hättet Ihr Euch weiter in der Welt umgesehn, und gewiß darf ich vermuten, daß Ihr jetzt mehr als einen gemeinen Bergmann vorstellt." – „Es ist mir selber lieb", sagte der Alte, „mich der verflossenen Zeiten zu erinnern, in denen ich Anlässe finde, mich der göttlichen Barmherzigkeit und Güte zu erfreun. Das Geschick hat mich durch ein frohes und heitres Leben geführt, und es ist kein Tag vorübergegangen, an welchem ich mich nicht mit dankbarem Herzen zur Ruhe gelegt hätte. Ich bin immer glücklich in meinen Verrichtungen gewesen, und unser aller Vater im Himmel hat mich vor dem Bösen behütet, und in Ehren grau werden lassen. Nächst ihm habe ich alles meinem alten Meister zu verdanken, der nun lange zu seinen Vätern versammelt ist, und an den ich nie ohne Tränen denken kann. Er war ein Mann aus der alten Zeit nach dem Herzen Gottes. Mit tiefen Einsichten war er begabt, und doch kindlich und demütig in seinem Tun. Durch ihn ist das Bergwerk in großen Flor gekommen, und hat dem Herzoge von Böhmen zu ungeheuren Schätzen verholfen. Die ganze Gegend ist dadurch bevölkert und wohlhabend, und ein blühendes Land geworden. Alle Bergleute verehrten ihren Vater in ihm, und solange Eula steht, wird auch sein Name mit Rührung und Dankbarkeit genannt werden. Er war seiner Geburt nach Lausitzer und hieß Werner. Seine einzige Tochter war noch ein Kind, wie ich zu ihm ins Haus kam. Meine Emsigkeit, meine Treue, und meine leidenschaftliche Anhänglichkeit an ihn, gewannen mir seine Liebe mit jedem Tage mehr. Er gab mir seinen Namen und machte mich zu seinem Sohne. Das kleine Mädchen ward nachgerade ein wackres, muntres Geschöpf, deren Gesicht so freundlich glatt und weiß war, wie ihr Gemüt. Der Alte sagte mir oft, wenn er sah, daß sie mir zugetan war, daß ich gern mit ihr schäkerte, und kein Auge von den ihrigen verwandte, die so blau und offen, wie der Himmel waren, und wie die Kristalle glänzten: wenn

ich ein rechtlicher Bergmann werden würde, wolle er sie mir nicht versagen; und er hielt Wort. Den Tag, wie ich Häuer wurde, legte er seine Hände auf uns und segnete uns als Braut und Bräutigam ein, und wenig Wochen darauf führte ich sie als meine Frau auf meine Kammer. Denselben Tag hieb ich in der Frühschicht noch als Lehrhäuer, eben wie die Sonne oben aufging, eine reiche Ader an. Der Herzog schickte mir eine goldene Kette mit seinem Bildnis auf einer großen Münze, und versprach mir den Dienst meines Schwiegervaters. Wie glücklich war ich, als ich sie am Hochzeittage meiner Braut um den Hals hängen konnte, und aller Augen auf sie gerichtet waren. Unser alte[r] Vater erlebte noch einige muntre Enkel, und die Anbrüche seines Herbstes waren reicher, als er gedacht hatte. Er konnte mit Freudigkeit seine Schicht beschließen, und aus der dunkeln Grube dieser Welt fahren, um in Frieden auszuruhen, und den großen Lohntag zu erwarten."

„Herr", sagte der Alte, indem er sich zu Heinrichen wandte, und einige Tränen aus den Augen trocknete, „der Bergbau muß von Gott gesegnet werden! denn es gibt keine Kunst, die ihre Teilhaber glücklicher und edler machte, die mehr den Glauben an eine himmlische Weisheit und Fügung erweckte, und die Unschuld und Kindlichkeit des Herzens reiner erhielte, als der Bergbau. Arm wird der Bergmann geboren, und arm gehet er wieder dahin. Er begnügt sich zu wissen, wo die metallischen Mächte gefunden werden, und sie zu Tage zu fördern; aber ihr blendender Glanz vermag nichts über sein lautres Herz. Unentzündet von gefährlichem Wahnsinn, freut er sich mehr über ihre wunderlichen Bildungen, und die Seltsamkeiten ihrer Herkunft und ihrer Wohnungen, als über ihren alles verheißenden Besitz. Sie haben für ihn keinen Reiz mehr, wenn sie Waren geworden sind, und er sucht sie lieber unter tausend Gefahren und Mühseligkeiten in den Festen der Erde, als daß er ihrem Rufe in die Welt folgen, und auf der Oberfläche des Bodens durch täuschende, hinterlistige Künste nach ihnen trachten sollte. Jene Mühseligkeiten erhalten sein Herz frisch und seinen Sinn wacker; er genießt seinen kärglichen Lohn mit inniglichem Danke, und steigt jeden Tag mit verjüngter Lebensfreude aus den dunklen Grüften seines Berufs. Nur Er kennt die Reize des Lichts und der Ruhe, die Wohltätigkeit der freien Luft und Aussicht um sich her; nur ihm schmeckt Trank und Speise recht erquicklich und andächtig, wie der Leib des Herrn; und mit welchem liebevollen und empfänglichen Gemüt tritt er nicht unter seines Gleichen, oder herzt seine Frau und Kinder, und ergötzt sich dankbar an der schönen Gabe des traulichen Gesprächs!

„Sein einsames Geschäft sondert ihn vom Tage und dem Umgange mit Menschen einen großen Teil seines Lebens ab. Er gewöhnt sich nicht zu einer stumpfen Gleichgültigkeit gegen diese überirdischen tiefsinnigen Dinge und behält die kindliche Stimmung, in der ihm alles mit seinem eigentümlichsten Geiste und in seiner ursprünglichen bunten Wunderbarkeit erscheint. Die Natur will nicht der ausschließliche Besitz eines einzigen sein. Als Eigentum verwandelte sie sich in ein böses Gift, was die Ruhe verscheucht, und die verderbliche Lust, alles in diesen Kreis des Besitzers zu ziehn, mit einem Gefolge von unendlichen Sorgen und wilden Leidenschaften herbeilockt. So untergräbt sie heimlich den Grund des Eigentümers, und begräbt ihn bald in den einbrechenden Abgrund, um aus Hand in Hand zu gehen, und so ihre Neigung, allen anzugehören, allmählich zu befriedigen.

„Wie ruhig arbeitet dagegen der arme genügsame Bergmann in seinen tiefen Einöden, entfernt von dem unruhigen Tumult des Tages, und einzig von Wißbegier und Liebe zur Eintracht beseelt. Er gedenkt in seiner Einsamkeit mit inniger Herzlichkeit seiner Genossen und seiner Familie, und fühlt immer erneuert die gegenseitige Unentbehrlichkeit und Blutsverwandtschaft der Menschen. Sein Beruf lehrt ihn unermüdliche Geduld, und läßt nicht zu, daß sich seine Aufmerksamkeit in unnütze Gedanken zerstreue. Er hat mit einer wunderlichen harten und unbiegsamen Macht zu tun, die nur durch hartnäckigen Fleiß und beständige Wachsamkeit zu überwinden ist. Aber welches köstliche Gewächs blüht ihm auch in diesen schauerlichen Tiefen, das wahrhafte Vertrauen zu seinem himmlischen Vater, dessen Hand und Vorsorge ihm alle Tage in unverkennbaren Zeichen sichtbar wird. Wie unzählige Mal habe ich nicht vor Ort gesessen, und bei dem Schein meiner Lampe das schlichte Kruzifix mit der innigsten Andacht betrachtet! da habe ich erst den heiligen Sinn dieses rätselhaften Bildnisses recht gefaßt, und den edelsten Gang meines Herzens erschürft, der mir eine ewige Ausbeute gewährt hat."

Der Alte fuhr nach einer Weile fort und sagte: „Wahrhaftig, das muß ein göttlicher Mann gewesen sein, der den Menschen zuerst die edle Kunst des Bergbaus gelehrt, und in dem Schoße der Felsen dieses ernste Sinnbild des menschlichen Lebens verborgen hat. Hier ist der Gang mächtig und gebrech, aber arm, dort drückt ihn der Felsen in eine armselige, unbedeutende Kluft zusammen, und gerade hier brechen die edelsten Geschicke ein. Andre Gänge verunedlen ihn, bis sich ein verwandter Gang freundlich mit ihm schart, und seinen Wert unendlich erhöht. Oft zerschlägt er sich vor dem Bergmann in tausend Trümmern: aber der Geduldige läßt sich nicht schrecken, er verfolgt ruhig seinen Weg, und sieht seinen Eifer belohnt, indem er ihn bald wieder in neuer Mächtigkeit und Höflichkeit ausrichtet. Oft lockt ihn ein betrügliches Trum aus der wahren Richtung; aber bald erkennt er den falschen Weg, und bricht mit Gewalt querfeldein, bis er den wahren erzführenden Gang wiedergefunden hat. Wie bekannt wird hier nicht der Bergmann mit allen Launen des Zufalls, wie sicher aber auch, daß Eifer und Beständigkeit die einzigen untrüglichen Mittel sind, sie zu bemeistern, und die von ihnen hartnäckig verteidigten Schätze zu heben."

„Es fehlt Euch gewiß nicht", sagte Heinrich, „an ermunternden Liedern. Ich sollte meinen, daß Euch Euer Beruf unwillkürlich zu Gesängen begeistern und die Musik eine willkommne Begleiterin der Bergleute sein müßte."

„Da habt Ihr wahr gesprochen", erwiderte der Alte; „Gesang und Zitherspiel gehört zum Leben des Bergmanns, und kein Stand kann mit mehr Vergnügen die Reize derselben genießen, als der unsrige. Musik und Tanz sind eigentliche Freuden des Bergmanns; sie sind wie ein fröhliches Gebet, und die Erinnerungen und Hoffnungen desselben helfen die mühsame Arbeit erleichtern und die lange Einsamkeit verkürzen.

„Wenn es Euch gefällt, so will ich Euch gleich einen Gesang zum besten geben, der fleißig in meiner Jugend gesungen wurde.

Der ist der Herr der Erde,
Wer ihre Tiefen mißt,
Und jeglicher Beschwerde
In ihrem Schoß vergißt.

Wer ihrer Felsenglieder
Geheimen Bau versteht,
Und unverdrossen nieder
Zu ihrer Werkstatt geht.

Er ist mit ihr verbündet,
Und inniglich vertraut,
Und wird von ihr entzündet,
Als wär sie seine Braut.

Er sieht ihr alle Tage
Mit neuer Liebe zu,
Und scheut nicht Fleiß und Plage,
Sie läßt ihm keine Ruh.

Die mächtigen Geschichten
Der längst verfloßnen Zeit,
Ist sie ihm zu berichten
Mit Freundlichkeit bereit.

Der Vorwelt heilge Lüfte
Umwehn sein Angesicht,
Und in die Nacht der Klüfte
Strahlt ihm ein ewges Licht.

Er trifft auf allen Wegen
Ein wohlbekanntes Land,
Und gern kommt sie entgegen
Den Werken seiner Hand.

Ihm folgen die Gewässer
Hülfreich den Berg hinauf;
Und alle Felsenschlösser,
Tun ihr Schätz' ihm auf.

Er führt des Goldes Ströme
In seines Königs Haus,
Und schmückt die Diademe
Mit edlen Steinen aus.

Zwar reicht er treu dem König
Den glückbegabten Arm,
Doch fragt er nach ihm wenig
Und bleibt mit Freuden arm.

Sie mögen sich erwürgen
Am Fuß um Gut und Geld,
Er bleibt auf den Gebürgen
Der frohe Herr der Welt."

Heinrichen gefiel das Lied ungemein, und er bat den Alten, ihm noch eins mitzuteilen. Der Alte war auch gleich bereit und sagte: „Ich weiß noch ein wunderliches Lied, was wir selbst nicht wissen, wo es her ist.
Es brachte es ein reisender Bergmann mit, der weit herkam, und ein sonderlicher Rutengänger war. Das Lied fand großen Beifall, weil es so seltsamlich klang, beinah so dunkel und unverständlich, wie die Musik selbst, aber eben darum auch so unbegreiflich anzog, und im wachenden Zustande wie ein Traum unterhielt.

Ich kenne wo ein festes Schloß,
Ein stiller König wohnt darinnen
Mit einem wunderlichen Troß;
Doch steigt er nie auf seine Zinnen.
Verborgen ist sein Lustgemach,
Und unsichtbare Wächter lauschen;
Nur wohlbekannte Quellen rauschen
Zu ihm herab vom bunten Dach.

Was ihre hellen Augen sahn
In der Gestirne weiten Sälen,
Das sagen sie ihm treulich an
Und können sich nicht satt erzählen.
Er badet sich in ihrer Flut,
Wäscht sauber seine zarten Glieder

Und seine Strahlen blinken wieder
Aus seiner Mutter weißem Blut.

Sein Schloß ist alt und wunderbar,
Es sank herab aus tiefen Meeren,
Stand fest, und steht noch immerdar,
Die Flucht zum Himmel zu verwehren.
Von innen schlingt ein heimlich Band
Sich um des Reiches Untertanen,
Und Wolken wehn wie Siegesfahnen
Herunter von der Felsenwand.

Ein unermeßliches Geschlecht
Umgibt die festverschloßnen Pforten,
Ein jeder spielt den treuen Knecht
Und ruft den Herrn mit süßen Worten.
Sie fühlen sich durch ihn beglückt,
Und ahnden nicht, daß sie gefangen;
Berauscht von trüglichem Verlangen
Weiß keiner, wo der Schuh ihn drückt.

Nur wenige sind schlau und wach,
Und dürsten nicht nach seinen Gaben;
Sie trachten unablässig nach,
Das alte Schloß zu untergraben.
Der Heimlichkeit urmächtgen Bann,
Kann nur die Hand der Einsicht lösen;
Gelingt's, das Innre zu entblößen,
So bricht der Tag der Freiheit an.

Dem Fleiß ist keine Wand zu fest,
Dem Mut kein Abgrund unzugänglich;
Wer sich auf Herz und Hand verläßt,
Spürt nach dem König unbedenklich.
Aus seinen Kammern holt er ihn,
Vertreibt die Geister durch die Geister,
Macht sich der wilden Fluten Meister,
Und heißt sie selbst heraus sich ziehn.

Je mehr er nun zum Vorschein kömmt
Und wild umher sich treibt auf Erden:

Je mehr wird seine Macht gedämmt,
Je mehr die Zahl der Freien werden.
Am Ende wird von Banden los
Das Meer die leere Burg durchdringen
Und trägt auf weichen grünen Schwingen
Zurück uns in der Heimat Schoß."

Es dünkte Heinrichen, wie der Alte geendigt hatte, als habe er das Lied schon irgendwo gehört. Er ließ es sich wiederholen und schrieb es sich auf. Der Alte ging nachher hinaus und die Kaufleute sprachen unterdessen mit den andern Gästen über die Vorteile des Bergbaues und seine Mühseligkeiten. Einer sagte: „Der Alte ist gewiß nicht umsonst hier. Er ist heute zwischen den Hügeln umhergeklettert und hat gewiß gute Anzeichen gefunden. Wir wollen ihn doch fragen, wenn er wieder herein kömmt." – „Wißt ihr wohl", sagte ein andrer, „daß wir ihn bitten könnten, eine Quelle für unser Dorf zu suchen? Das Wasser ist weit, und ein guter Brunnen wäre uns sehr willkommen." – „Mir fällt ein", sagte ein dritter, „daß ich ihn fragen möchte, ob er einen von meinen Söhnen mit sich nehmen will, der mir schon das ganze Haus voll Steine getragen hat. Der Junge wird gewiß ein tüchtiger Bergmann, und der Alte scheint ein guter Mann zu sein, der wird schon was Rechtes aus ihm ziehn." Die Kaufleute redeten, ob sie vielleicht durch den Bergmann ein vorteilhaftes Verkehr mit Böhmen anspinnen und Metalle daher zu guten Preisen erhalten möchten. Der Alte trat wieder in die Stube, und alle wünschten seine Bekanntschaft zu benutzen. Er fing an und sagte: „Wie dumpf und ängstlich ist es doch hier in der engen Stube. Der Mond steht draußen in voller Herrlichkeit, und ich hätte große Lust noch einen Spaziergang zu machen. Ich habe heute bei Tage einige merkwürdige Höhlen hier in der Nähe gesehn. Vielleicht entschließen sich einige mitzugehn; und wenn wir nur Licht mitnehmen, so werden wir ohne Schwierigkeiten uns darin umsehn können."
Den Leuten aus dem Dorfe waren diese Höhlen schon bekannt: aber bis jetzt hatte keiner gewagt hineinzusteigen; vielmehr trugen sie sich mit fürchterlichen Sagen von Drachen und andern Untieren, die darin hausen sollten. Einige wollten sie selbst gesehn haben, und behaupteten, daß man

Knochen an ihrem Eingange von geraubten und verzehrten Menschen und Tieren fände. Einige andre vermeinten, daß ein Geist dieselben bewohne, wie sie denn einigemal aus der Ferne eine seltsame menschliche Gestalt gesehn, auch zur Nachtzeit Gesänge da herüber gehört haben wollten. Der Alte schien ihnen keinen großen Glauben beizumessen, und versicherte lachend, daß sie unter dem Schutze eines Bergmanns getrost mitgehn könnten, indem die Ungeheuer sich vor ihm scheuen müßten, ein singender Geist aber gewiß ein wohltätiges Wesen sei. Die Neugier machte viele beherzt genug, seinen Vorschlag einzugehn; auch Heinrich wünschte ihn zu begleiten, und seine Mutter gab endlich auf das Zureden und Versprechen des Alten, genaue Acht auf Heinrichs Sicherheit zu haben, seinen Bitten nach. Die Kaufleute waren ebenso entschlossen. Es wurden lange Kienspäne zu Fackeln zusammengeholt; ein Teil der Gesellschaft versah sich noch zum Überfluß mit Leitern, Stangen, Stricken und allerhand Verteidigungswerkzeugen, und so begann endlich die Wallfahrt nach den nahen Hügeln. Der Alte ging mit Heinrich und den Kaufleuten voran. Jener Bauer hatte seinen wißbegierigen Sohn herbeigeholt, der voller Freude sich einer Fackel bemächtigte, und den Weg zu den Höhlen zeigte. Der Abend war heiter und warm. Der Mond stand in mildem Glanze über den Hügeln, und ließ wunderliche Träume in allen Kreaturen aufsteigen. Selbst wie ein Traum der Sonne, lag er über der in sich gekehrten Traumwelt, und führte die in unzählige Grenzen geteilte Natur in jene fabelhafte Urzeit zurück, wo jeder Keim noch für sich schlummerte, und einsam und unberührt sich vergeblich sehnte, die dunkle Fülle seines unermeßlichen Daseins zu entfalten. In Heinrichs Gemüt spiegelte sich das Märchen des Abends. Es war ihm, als ruhte die Welt aufgeschlossen in ihm, und zeigte ihm, wie einem Gastfreunde, alle ihre Schätze und verborgenen Lieblichkeiten. Ihm dünkte die große einfache Erscheinung um ihn so verständlich. Die Natur schien ihm nur deswegen so unbegreiflich, weil sie das Nächste und Traulichste mit einer solchen Verschwendung von mannigfachen Ausdrücken um den Menschen her türmte. Die Worte des Alten hatten eine versteckte Tapetentür in ihm geöffnet. Er sah sein kleines Wohnzimmer dicht an einen erhabenen Münster gebaut, aus dessen steinernem Boden die ernste Vorwelt emporstieg, während von der Kuppel die klare fröhliche Zukunft in goldnen Engelskindern ihr singend entgegenschwebte. Gewaltige Klänge bebten in den silbernen Gesang, und zu den weiten Toren traten alle Kreaturen herein, von denen jede ihre innere Natur in einer einfachen Bitte und in einer eigentümlichen Mundart vernehmlich aussprach. Wie wunderte er sich, daß ihm diese klare, seinem Dasein schon unentbehrliche Ansicht so lange fremd geblieben war. Nun übersah er auf einmal alle seine Verhältnisse mit der weiten Welt um ihn her; fühlte, was er durch sie geworden und was sie ihm werden würde, und begriff alle die seltsamen Vorstellungen und Anregungen, die er schon oft in ihrem Anschauen gespürt hatte. Die Erzählung der Kaufleute von dem Jünglinge, der die Natur so emsig betrachtete, und der Eidam des Königs wurde, kam ihm wieder zu Gedanken, und tausend andere Erinnerungen seines Lebens knüpften sich von selbst an einen zauberischen Faden. Während der Zeit, daß Heinrich seinen Betrachtungen nachhing, hatte sich die Gesellschaft der Höhle genähert. Der Eingang war niedrig, und der Alte nahm eine Fackel und kletterte über einige Steine zuerst hinein. Ein ziemlich fühlbarer Luftstrom kam ihm entgegen, und der Alte versicherte, daß sie getrost folgen könnten. Die Furchtsamsten gingen zuletzt, und hielten ihre Waffen in Bereitschaft. Heinrich und die Kaufleute waren hinter dem Alten und der Knabe wanderte munter an seiner Seite. Der Weg lief anfänglich in einem ziemlich schmalen Gange, welcher sich aber bald in eine sehr weite und hohe Höhle endigte, die der Fackelglanz nicht völlig zu erleuchten vermochte; doch sah man im Hintergrunde einige Öffnungen sich in die Felsenwand verlieren. Der Boden war weich und ziemlich eben; die Wände sowie die Decke waren ebenfalls nicht rauh und unregelmäßig; aber was die Aufmerksamkeit aller vorzüglich beschäftigte, war die unzählige Menge von Knochen und Zähnen, die den Boden bedeckten. Viele waren völlig erhalten, an andern sah man Spuren der Verwesung, und die, welche aus den Wänden hin und wieder hervorragten, schienen steinartig geworden zu sein. Die meisten waren von ungewöhnlicher Größe und Stärke. Der Alte freute sich über diese Überbleibsel einer uralten Zeit;

nur den Bauern war nicht wohl dabei zumute, denn sie hielten sie für deutliche Spuren naher Raubtiere, so überzeugend ihnen auch der Alte die Zeichen eines undenklichen Altertums daran aufwies, und sie fragte, ob sie je etwas von Verwüstungen unter ihren Herden und vom Raube benachbarter Menschen gespürt hätten, und ob sie jene Knochen für Knochen bekannter Tiere oder Menschen halten könnten? Der Alte wollte nun weiter in den Berg, aber die Bauern fanden für ratsam sich vor die Höhle zurückzuziehn, und dort seine Rückkunft abzuwarten. Heinrich, die Kaufleute und der Knabe blieben bei dem Alten, und versahen sich mit Stricken und Fackeln. Sie gelangten bald in eine zweite Höhle, wobei der Alte nicht vergaß, den Gang aus dem sie hereingekommen waren, durch eine Figur von Knochen, die er davor hinlegte, zu bezeichnen. Die Höhle glich der vorigen und war ebenso reich an tierischen Resten. Heinrichen war schauerlich und wunderbar zumute; es gemahnte ihn, als wandle er durch die Vorhöfe des innern Erdenpalastes. Himmel und Leben lag ihm auf einmal weit entfernt, und diese dunkeln weiten Hallen schienen zu einem unterirdischen seltsamen Reiche zu gehören. „Wie", dachte er bei sich selbst, „wäre es möglich, daß unter unsern Füßen eine eigene Welt in einem ungeheuern Leben sich bewegte? daß unerhörte Geburten in den Festen der Erde ihr Wesen trieben, die das innere Feuer des dunkeln Schoßes zu riesenmäßigen und geistesgewaltigen Gestalten auftriebe? Könnten dereinst diese schauerlichen Fremden, von der eindringenden Kälte hervorgetrieben, unter uns erscheinen, während vielleicht zu gleicher Zeit himmlische Gäste, lebendige, redende Kräfte der Gestirne über unsern Häuptern sichtbar würden? Sind diese Knochen Überreste ihrer Wanderungen nach der Oberfläche, oder Zeichen einer Flucht in die Tiefe?"

Auf einmal rief der Alte die andern herbei, und zeigte ihnen eine ziemlich frische Menschenspur auf dem Boden. Mehrere konnten sie nicht finden, und so glaubte der Alte, ohne fürchten zu müssen, auf Räuber zu stoßen, der Spur nachgehen zu können. Sie waren eben im Begriff dies auszuführen, als auf einmal, wie unter ihren Füßen, aus einer fernen Tiefe ein ziemlich vernehmlicher Gesang anfing. Sie erstaunten nicht wenig, doch horchten sie genau auf:

Gern verweil' ich noch im Tale
Lächelnd in der tiefen Nacht,
Denn der Liebe volle Schale
Wird mir täglich dargebracht.

Ihre heilgen Tropfen heben
Meine Seele hoch empor,
Und ich steh in diesem Leben
Trunken an des Himmels Tor.

Eingewiegt in selges Schauen
Ängstigt mein Gemüt kein Schmerz.
O! die Königin der Frauen
Gibt mir ihr getreues Herz.

Bangverweinte Jahre haben
Diesen schlechten Ton verklärt,
Und ein Bild ihm eingegraben,
Das ihm Ewigkeit gewährt.

Jene lange Zahl von Tagen
Dünkt mir nur ein Augenblick;
Werd ich einst von hier getragen,
Schau ich dankbar noch zurück.

Alle waren auf das angenehmste überrascht und wünschten sehnlichst den Sänger zu entdecken.
Nach einigem Suchen trafen sie in einem Winkel der rechten Seitenwand, einen abwärts gesenkten Gang, in welchen die Fußtapfen zu führen schienen. Bald dünkte es ihnen, eine Hellung zu bemerken, die stärker wurde, je näher sie kamen. Es tat sich ein neues Gewölbe von noch größerm Umfange, als die vorherigen, auf, in dessen Hintergrunde sie bei einer Lampe eine menschliche Gestalt sitzen sahen, die vor sich auf einer steinernen Platte ein großes Buch liegen hatte, in welchem sie zu lesen schien.
Sie drehte sich nach ihnen zu, stand auf und ging ihnen entgegen. Es war ein Mann, dessen Alter man nicht erraten konnte. Er sah weder alt noch jung aus, keine Spuren der Zeit bemerkte man an ihm, als schlichte silberne Haare, die auf der Stirn gescheitelt waren. In seinen Augen lag eine

unaussprechliche Heiterkeit, als sähe er von einem hellen Berge in einen unendlichen Frühling hinein. Er hatte Sohlen an die Füße gebunden, und schien keine andere Kleidung zu haben, als einen weiten Mantel, der um ihn hergeschlungen war, und seine edle große Gestalt noch mehr heraus hob. Über ihre unvermutete Ankunft schien er nicht im mindesten verwundert; wie ein Bekannter begrüßte er sie. Es war, als empfing er erwartete Gäste in seinem Wohnhause. „Es ist doch schön, daß ihr mich besucht", sagte er; „ihr seid die ersten Freunde, die ich hier sehe, so lange ich auch schon hier wohne. Scheint es doch, als finge man an, unser großes wunderbares Haus genauer zu betrachten." Der Alte erwiderte: „Wir haben nicht vermutet, einen so freundlichen Wirt hier zu finden. Von wilden Tieren und Geistern war uns erzählt, und nun sehen wir uns auf das anmutigste getäuscht. Wenn wir Euch in Eurer Andacht und in Euren tiefsinnigen Betrachtungen gestört haben, so verzeiht es unserer Neugierde." – „Könnte eine Betrachtung erfreulicher sein", sagte der Unbekannte, „als die froher uns ei-zusagender Menschengesichter? Haltet mich nicht für einen Menschenfeind, weil ihr mich in dieser Einöde trefft. Ich habe die Welt nicht geflohen, sondern ich habe nur eine Ruhestätte gesucht, wo ich ungestört meinen Betrachtungen nachhängen könnte." – „Hat Euch Euer Entschluß nie gereut, und kommen nicht zuweilen Stunden, wo Euch bange wird und Euer Herz nach einer Menschenstimme verlangt?" – „Jetzt nicht mehr. Es war eine Zeit in meiner Jugend, wo eine heiße Schwärmerei mich veranlaßte, Einsiedler zu werden. Dunkle Ahndungen beschäftigten meine jugendliche Phantasie. Ich hoffte volle Nahrung meines Herzens in der Einsamkeit zu finden. Unerschöpflich dünkte mir die Quelle meines innern Lebens. Aber ich merkte bald, daß man eine Fülle von Erfahrungen dahin mitbringen muß, daß ein junges Herz nicht allein sein kann, ja daß der Mensch erst durch vielfachen Umgang mit seinem Geschlecht eine gewisse Selbständigkeit erlangt."

„Ich glaube selbst", erwiderte der Alte, „daß es einen gewissen natürlichen Beruf zu jeder Lebensart gibt, und vielleicht, daß die Erfahrungen eines zunehmenden Alters von selbst auf eine Zurückziehung aus der menschlichen Gesellschaft führen. Scheint es doch, als sei dieselbe der Tätigkeit, sowohl zum Gewinst als zur Erhaltung gewidmet. Eine große Hoffnung, ein gemeinschaftlicher Zweck treibt sie mit Macht; und Kinder und Alte scheinen nicht dazu zu gehören. Unbehülflichkeit und Unwissenheit schließen die ersten davon aus, während die letztern jene Hoffnung erfüllt, jenen Zweck erreicht sehen, und nun nicht mehr von ihnen in den Kreis jener Gesellschaft verflochten, in sich selbst zurückkehren, und genug zu tun finden, sich auf eine höhere Gemeinschaft würdig vorzubereiten. Indes scheinen bei Euch noch besondere Ursachen stattgefunden zu haben, Euch so gänzlich von den Menschen abzusondern und Verzicht auf alle Bequemlichkeiten der Gesellschaft zu leisten. Mich dünkt, daß die Spannung Eures Gemüts doch oft nachlassen und Euch dann unbehaglich zumute werden müßte."

„Ich fühlte das wohl, indes habe ich es glücklich durch eine strenge Regelmäßigkeit meines Lebens zu vermeiden gewußt. Dabei suche ich mich durch Bewegung gesund zu erhalten, und dann hat es keine Not. Jeden Tag gehe ich mehrere Stunden herum, und genieße den Tag und die Luft soviel ich kann. Sonst halte ich mich in diesen Hallen auf, und beschäftige mich zu gewissen Stunden mit Korbflechten und Schnitzen. Für meine Waren tausche ich mir in entlegenen Ortschaften Lebensmittel ein, Bücher hab ich mir mitgebracht, und so vergeht die Zeit, wie ein Augenblick. In jenen Gegenden habe ich einige Bekannte, die um meinen Aufenthalt wissen, und von denen ich erfahre, was in der Welt geschieht. Diese werden mich begraben, wenn ich tot bin und meine Bücher zu sich nehmen."

Er führte sie näher an seinen Sitz, der nahe an der Höhlenwand war. Sie sahen mehrere Bücher auf der Erde liegen, auch eine Zither, und an der Wand hing eine völlige Rüstung, die ziemlich kostbar zu sein schien. Der Tisch bestand aus fünf großen steinernen Platten, die wie ein Kasten zusammengesetzt waren. Auf der obersten lagen eine männliche und weibliche Figur in Lebensgröße eingehauen, die einen Kranz von Lilien und Rosen angefaßt hatten; an den Seiten stand:

Friedrich und Marie von Hohenzollern
kehrten auf dieser Stelle in ihr Vaterland zurück.

Der Einsiedler fragte seine Gäste nach ihrem Vaterlande, und wie sie in diese Gegenden gekommen wären. Er war sehr freundlich und offen, und verriet eine große Bekanntschaft mit der Welt. Der Alte sagte: „Ich sehe, Ihr seid ein Kriegsmann gewesen, die Rüstung verrät Euch." – „Die Gefahren und Wechsel des Krieges, der hohe poetische Geist, der ein Kriegsheer begleitet, rissen mich aus meiner jugendlichen Einsamkeit und bestimmten die Schicksale meines Lebens. Vielleicht, daß das lange Getümmel, dic unzähligen Begebenheiten, denen ich beiwohnte, mir den Sinn für die Einsamkeit noch mehr geöffnet haben: die zahllosen Erinnerungen sind eine unterhaltende Gesellschaft, und dies um so mehr, je veränderter der Blick ist, mit dem wir sie überschauen, und der nun erst ihren wahren Zusammenhang, den Tiefsinn ihrer Folge, und die Bedeutung ihrer Erscheinungen entdeckt. Der eigentliche Sinn für die Geschichten der Menschen entwickelt sich erst spät, und mehr unter den stillen Einflüssen der Erinnerung, als unter den gewaltsameren Eindrücken der Gegenwart. Die nächsten Ereignisse scheinen nur locker verknüpft, aber sie sympathisieren desto wunderbarer mit entfernteren; und nur dann, wenn man imstande ist, eine lange Reihe zu übersehn und weder alles buchstäblich zu nehmen, noch auch mit mutwilligen Träumen die eigentliche Ordnung zu verwirren, bemerkt man die geheime Verkettung des Ehemaligen und Künftigen, und lernt die Geschichte aus Hoffnung und Erinnerung zusammensetzen. Indes nur dem, welchem die ganze Vorzeit gegenwärtig ist, mag es gelingen, die einfache Regel der Geschichte zu entdecken. Wir kommen nur zu unvollständigen und beschwerlichen Formeln, und können froh sein, nur für uns selbst eine brauchbare Vorschrift zu finden, die uns hinlänglich Aufschlüsse über unser eigenes kurzes Leben verschafft. Ich darf aber wohl sagen, daß jede sorgfältige Betrachtung der Schicksale des Lebens einen tiefen, unerschöpflichen Genuß gewährt, und unter allen Gedanken uns am meisten über die irdischen Übel erhebt. Die Jugend liest die Geschichte nur aus Neugier, wie ein unterhaltendes Märchen; dem reiferen Alter wird sie eine himmlische tröstende und erbauende Freundin, die ihn durch ihre weisen Gespräche sanft zu einer höheren, umfassenderen Laufbahn vorbereitet, und mit der unbekannten Welt ihn in faßlichen Bildern bekannt macht. Die Kirche ist das Wohnhaus der Geschichte, und der stille Hof ihr sinnbildlicher Blumengarten. Von der Geschichte sollten nur alte, gottesfürchtige Leute schreiben, deren Geschichte selbst zu Ende ist, und die nichts mehr zu hoffen haben, als die Verpflanzung in den Garten. Nicht finster und trübe wird ihre Beschreibung sein; vielmehr wird ein Strahl aus der Kuppel alles in der richtigsten und schönsten Erleuchtung zeigen, und heiliger Geist wird über diesen seltsam bewegten Gewässern schweben."

„Wie wahr und einleuchtend ist Eure Rede", setzte der Alte hinzu. „Man sollte gewiß mehr Fleiß darauf wenden, das Wissenswürdige seiner Zeit treulich aufzuzeichnen, und es als ein andächtiges Vermächtnis den künftigen Menschen zu hinterlassen. Es gibt tausend entferntere Dinge, denen Sorgfalt und Mühe gewidmet wird, und gerade um das Nächste und Wichtigste, um die Schicksale unsers eigenen Lebens, unserer Angehörigen, unsers Geschlechts, deren leise Planmäßigkeit wir in den Gedanken einer Vorsehung aufgefaßt haben, bekümmern wir uns so wenig, und lassen sorglos alle Spuren in unserm Gedächtnisse verwischen. Wie Heiligtümer wird eine weisere Nachkommenschaft jede Nachricht, die von den Begebenheiten der Vergangenheit handelt, aufsuchen, und selbst das Leben eines einzelnen unbedeutenden Mannes wird ihr nicht gleichgültig sein, da gewiß sich das große Leben seiner Zeitgenossenschaft darin mehr oder weniger spiegelt."

„Es ist nur so schlimm", sagte Graf von Hohenzollern, „daß selbst die wenigen, die sich der Aufzeichnung der Taten und Vorfälle ihrer Zeit unterzogen, nicht über ihr Geschäft nachdachten, und ihren Beobachtungen keine Vollständigkeit und Ordnung zu geben suchten, sondern nur aufs Geratewohl bei der Auswahl und Sammlung ihrer Nachrichten verfuhren. Ein jeder wird leicht an sich bemerken, daß er nur dasjenige deutlich und vollkommen beschreiben kann, was er genau kennt, dessen Teile, dessen Entstehung und Folge, dessen Zweck und Gebrauch ihm gegenwärtig sind: denn sonst wird keine Beschreibung, sondern ein verwirrtes Gemisch von unvollständigen Bemerkungen entstehn. Man lasse ein Kind eine Maschine, einen Landmann ein Schiff beschreiben, und gewiß wird kein Mensch aus ihren Worten einigen Nutzen und Unterricht schöpfen können, und so ist es mit den meisten Geschichtsschreibern, die vielleicht fertig genug im Erzählen und bis zum Überdruß weitschweifig sind, aber doch gerade das Wissenwürdigste vergessen, dasjenige, was erst die Geschichte zur Geschichte macht, und die mancherlei Zufälle zu einem angenehmen und lehrreichen Ganzen verbindet. Wenn ich das alles recht bedenke, so scheint es mir, als wenn ein Geschichtsschreiber notwendig auch ein Dichter sein müßte, denn nur die Dichter mögen sich auf jene Kunst, Begebenheiten schicklich zu verknüpfen, verstehn. In ihren Erzählungen und Fabeln habe ich mit stillem Vergnügen ihr zartes Gefühl für den geheimnisvollen Geist des Lebens bemerkt. Es ist mehr Wahrheit in ihren Märchen, als in gelehrten Chroniken. Sind auch ihre Personen und deren Schicksale erfunden: so ist doch der Sinn, in dem sie erfunden sind, wahrhaft und natürlich. Es ist für unsern Genuß und unsere Belehrung gewissermaßen einerlei, ob die Personen, in deren Schicksalen wir den unsrigen nachspüren, wirklich einmal lebten, oder nicht. Wir verlangen nach der Anschauung der großen einfachen Seele der Zeiterscheinungen, und finden wir diesen Wunsch gewährt, so kümmern wir uns nicht um die zufällige Existenz ihrer äußern Figuren."

„Auch ich bin den Dichtern", sagte der Alte, „von jeher deshalb zugetan gewesen. Das Leben und die Welt ist mir klarer und anschaulicher durch sie geworden. Es dünkte mich, sie müßten befreundet mit den scharfen Geistern des Lichtes sein, die alle Naturen durchdringen und sondern, und einen eigentümlichen, zartgefärbten Schleier über jede verbreiten. Meine eigene Natur fühlte ich bei ihren Liedern leicht entfaltet, und es war, als könnte sie sich nun freier bewegen, ihrer Geselligkeit und ihres Verlangens froh werden, mit stiller Lust ihre Glieder gegeneinander schwingen, und tausenderlei anmutige Wirkungen hervorrufen."

„Wart Ihr so glücklich, in Eurer Gegend einige Dichter zu haben?" fragte der Einsiedler.

„Es haben sich wohl zuweilen einige bei uns eingefunden, aber sie schienen Gefallen am Reisen zu finden, und so hielten sie sich meist nicht lange auf. Indes habe ich auf meinen Wanderungen nach Illyrien, nach Sachsen und

Schwedenland nicht selten welche gefunden, deren Andenken mich immer erfreuen wird."

„So seid Ihr ja weit umhergekommen, und müßt viele denkwürdige Dinge erlebt haben."

„Unsere Kunst macht es fast nötig, daß man sich weit auf dem Erdboden umsieht, und es ist als triebe den Bergmann ein unterirdisches Feuer umher. Ein Berg schickt ihn dem andern. Er wird nie mit Sehen fertig, und hat seine ganze Lebenszeit an jener wunderlichen Baukunst zu lernen, die unsern Fußboden so seltsam begründet und ausgetäfelt hat. Unsere Kunst ist uralt und weit verbreitet. Sie mag wohl aus Morgen, mit der Sonne, wie unser Geschlecht, nach Abend gewandert sein, und von der Mitte nach den Enden zu. Sie hat überall mit andern Schwierigkeiten zu kämpfen gehabt, und da immer das Bedürfnis den menschlichen Geist zu klugen Erfindungen gereizt, so kann der Bergmann überall seine Einsichten und seine Geschicklichkeit vermehren und mit nützlichen Erfahrungen seine Heimat bereichern."

„Ihr seid beinah verkehrte Astrologen", sagte der Einsiedler. „Wenn diese den Himmel unverwandt betrachten und seine unermeßlichen Räume durchirren: so wendet ihr euren Blick auf den Erdboden, und erforscht seinen Bau. Jene studieren die Kräfte und Einflüsse der Gestirne, und ihr untersucht die Kräfte der Felsen und Berge, und die mannigfaltigen Wirkungen der Erd- und Steinschichten. Jenen ist der Himmel das Buch der Zukunft, während euch die Erde Denkmale der Urwelt zeigt."

„Es ist dieser Zusammenhang nicht ohne Bedeutung", sagte der Alte lächelnd. „Die leuchtenden Propheten spielen vielleicht eine Hauptrolle in jener alten Geschichte des wunderlichen Erdbaus. Man wird vielleicht sie aus ihren Werken, und ihre Werke aus ihnen mit der Zeit besser kennen und erklären lernen. Vielleicht zeigen die großen Gebirgsketten die Spuren ihrer ehemaligen Straßen, und hatten selbst Lust, sich auf ihre eigene Hand zu nähren und ihren eigenen Gang am Himmel zu gehn. Manche hoben sich kühn genug, um auch Sterne zu werden, und müssen nun dafür die schöne grüne Bekleidung der niedrigern Gegenden entbehren. Sie haben dafür nichts erhalten, als daß sie ihren Vätern das Wetter machen helfen, und Propheten für das tiefere Land sind, das sie bald schützen bald mit Ungewittern überschwemmen."

„Seitdem ich in dieser Höhle wohne", fuhr der Einsiedler fort, „habe ich mehr über die alte Zeit nachdenken gelernt. Es ist unbegreiflich, was diese Betrachtung anzieht, und ich kann mir die Liebe vorstellen, die ein Bergmann für sein Handwerk hegen muß. Wenn ich die seltsamen alten Knochen ansehe, die hier in so gewaltiger Menge versammelt sind; wenn ich mir die wilde Zeit denke, wo diese fremdartigen, ungeheuren Tiere in dichten Scharen sich in diese Höhlen hereindrängten, von Furcht und Angst vielleicht getrieben, und hier ihren Tod fanden; wenn ich dann wieder bis zu den Zeiten hinaufsteige, wo diese Höhlen zusammenwuchsen und ungeheure Fluten das Land bedeckten: so komme ich mir selbst wie ein Traum der Zukunft, wie ein Kind des ewigen Friedens vor. Wie ruhig und friedfertig, wie mild und klar ist gegen diese gewaltsamen, riesenmäßigen Zeiten, die heutige Natur! und das furchtbarste Gewitter, das entsetzlichste Erdbeben in unsern Tagen ist nur ein schwacher Nachhall jener grausenvollen Geburtswehen. Vielleicht daß auch die Pflanzen- und Tierwelt, ja die damaligen Menschen selbst, wenn es auf einzelnen Eilanden in diesem Ozean welche gab, eine andere festere und rauhere Bauart hatten – wenigstens dürfte man die alten Sagen von einem Riesenvolke dann keiner Erdichtungen zeihen."

„Es ist erfreulich", sagte der Alte, „jene allmähliche Beruhigung der Natur zu bemerken. Ein immer innigeres Einverständnis, eine friedlichere Gemeinschaft, eine gegenseitige Unterstützung und Belebung, scheint sich allmählich gebildet zu haben, und wir können immer besseren Zeiten entgegensehn. Es wäre vielleicht möglich, daß hin und wieder noch alter Sauerteig gärte, und noch einige heftige Erschütterungen erfolgten; indes sieht man doch das allmächtige Streben nach freier, einträchtiger Verfassung, und in diesem Geiste wird jede Erschütterung vorübergehen und dem großen Ziele näher führen. Mag es sein, daß die Natur nicht mehr so fruchtbar ist, daß heutzutage keine Metalle und Edelsteine, keine Felsen und Berge mehr entstehn, daß Pflanzen und Tiere nicht mehr zu so erstaunlichen Größen und Kräften aufquellen; je mehr sich ihre erzeugende Kraft erschöpft hat, desto mehr haben ihre bildenden, veredelnden und geselligen Kräfte zugenommen, ihr Gemüt ist empfänglicher und zarter, ihre Phantasie mannigfaltiger und sinnbildlicher, ihre Hand leichter und kunstreicher geworden. Sie nähert sich dem Menschen, und wenn sie ehmals ein wildgebärender Fels war, so ist sie jetzt eine stille, treibende Pflanze, eine stumme menschliche Künstlerin. Wozu wäre auch eine Vermehrung jener Schätze nötig, deren Überfluß auf undenkliche Zeiten ausreicht. Wie klein ist der Raum, den ich durchwandert bin, und welche mächtigen Vorräte habe ich nicht gleich auf den ersten Blick gefunden, deren Benutzung der Nachwelt überlassen bleibt. Welche Reichtümer verschließen nicht die Gebirge nach Norden, welche günstige Anzeichen fand ich nicht in meinem Vaterlande überall, in Ungarn, am Fuße der Karpathischen Gebirge, und in den Felsentälern von Tirol, Östreich und Bayern. Ich könnte ein reicher Mann sein, wenn ich das hätte mit mir nehmen können, was ich nur aufzuheben, nur abzuschlagen brauchte. An manchen Orten sah ich mich, wie in einem Zaubergarten. Was ich ansah, war von köstlichen Metallen und auf das kunstreichste gebildet. In den zierlichen Locken und Ästen des Silbers hingen glänzende, rubinrote, durchsichtige Früchte, und die schweren Bäumchen standen auf kristallenem Grunde, der ganz unnachahmlich ausgearbeitet war. Man traute kaum seinen Sinnen an diesen wunderbaren Orten, und ward nicht müde diese reizenden Wildnisse zu durchstreifen und sich an ihren Kleinodien zu ergötzen. Auch auf meiner jetzigen Reise habe ich viele Merkwürdigkeiten gesehn, und gewiß ist in andern Ländern die Erde ebenso ergiebig und verschwenderisch."

„Wenn man", sagte der Unbekannte, „die Schätze bedenkt, die im Orient zu Hause sind, so ist daran kein Zweifel, und ist das ferne Indien, Afrika und Spanien nicht schon im Altertum durch Reichtümer seines Bodens bekannt gewesen? Als Kriegsmann gibt man freilich nicht so genau auf die Adern und Klüfte der Berge acht, indes habe ich doch zuweilen meine Betrachtungen über diese glänzenden Streifen gehabt, die wie seltsame Knospen auf eine unerwartete Blüte und Frucht deuten. Wie hätte ich damals denken können, wenn ich froh über das Licht des Tages an diesen dunkeln Behausungen vorbeizog, daß ich noch im Schoße eines

Berges mein Leben beschließen würde. Meine Liebe trug mich stolz über den Erdboden, und in ihrer Umarmung hoffte ich in späten Jahren zu entschlafen. Der Krieg endigte, und ich zog nach Hause, voll froher Erwartungen eines erquicklichen Herbstes. Aber der Geist des Krieges schien der Geist meines Glücks zu sein. Meine Marie hatte mir zwei Kinder im Orient geboren. Sie waren die Freude unsers Lebens. Die Seefahrt und die rauhere abendländische Luft störte ihre Blüte. Ich begrub sie wenig Tage nach meiner Ankunft in Europa. Kummervoll führte ich meine trostlose Gattin nach meiner Heimat. Ein stiller Gram mochte den Faden ihres Lebens mürbe gemacht haben. Auf einer Reise, die ich bald darauf unternehmen mußte, auf der sie mich wie immer begleitete, verschied sie sanft und plötzlich in meinen Armen. Es war hier nahe bei, wo unsere irdische Wallfahrt zu Ende ging. Mein Entschluß war im Augenblicke reif. Ich fand, was ich nie erwartet hatte; eine göttliche Erleuchtung kam über mich, und seit dem Tage, da ich sie hier selbst begrub, nahm eine himmlische Hand allen Kummer von meinem Herzen. Das Grabmal habe ich nachher errichten lassen. Oft scheint eine Begebenheit sich zu endigen, wenn sie erst eigentlich beginnt, und dies hat bei meinem Leben stattgefunden. Gott verleihe euch allen ein seliges Alter, und ein so ruhiges Gemüt wie mir."

Heinrich und die Kaufleute hatten aufmerksam dem Gespräche zugehört, und der erstere fühlte besonders neue Entwickelungen seines ahndungsvollen Innern. Manche Worte, manche Gedanken fielen wie belebender Fruchtstaub in seinen Schoß und rückten ihn schnell aus dem engen Kreise seiner Jugend auf die Höhe der Welt. Wie lange Jahre lagen die eben vergangenen Stunden hinter ihm, und er glaubte nie anders gedacht und empfunden zu haben.

Der Einsiedler zeigte ihnen seine Bücher. Es waren alte Historien und Gedichte. Heinrich blätterte in den großen schöngemalten Schriften; die kurzen Zeilen der Verse, die Überschriften, einzelne Stellen, und die saubern Bilder, die hier und da, wie verkörperte Worte, zum Vorschein kamen, um die Einbildungskraft des Lesers zu unterstützen, reizten mächtig seine Neugierde. Der Einsiedler bemerkte seine innere Lust, und erklärte ihm die sonderbaren Vorstellungen. Die mannigfaltigsten Lebensszenen waren abgebildet. Kämpfe, Leichenbegängnisse, Hochzeitfeierlichkeiten, Schiffbrüche, Höhlen und Paläste; Könige, Helden, Priester, alte und junge Leute, Menschen in fremden Trachten, und seltsame Tiere, kamen in verschiedenen Abwechselungen und Verbindungen vor. Heinrich konnte sich nicht satt sehen, und hätte nichts mehr gewünscht, als bei dem Einsiedler, der ihn unwiderstehlich anzog, zu bleiben, und von ihm über diese Bücher unterrichtet zu werden. Der Alte fragte unterdes, ob es noch mehr Höhlen gäbe, und der Einsiedler sagte ihm, daß noch einige sehr große in der Nähe lägen, wohin er ihn begleiten wollte. Der Alte war dazu bereit, und der Einsiedler, der die Freude merkte, die Heinrich an seinen Büchern hatte, veranlaßte ihn, zurückzubleiben, und sich während dieser Zeit weiter unter denselben umzusehn. Heinrich blieb mit Freuden bei den Büchern, und dankte ihm innig für seine Erlaubnis. Er blätterte mit unendlicher Lust umher. Endlich fiel ihm ein Buch in die Hände, das in einer fremden Sprache geschrieben war, die ihm einige Ähnlichkeit mit der lateinischen und italienischen zu haben schien. Er hätte sehnlichst gewünscht, die Sprache zu kennen, denn das Buch gefiel ihm vorzüglich, ohne daß er eine Silbe davon verstand. Es hatte keinen Titel, doch fand er noch beim Suchen einige Bilder. Sie dünkten ihm ganz wunderbar bekannt, und wie er recht zusah, entdeckte er seine eigene Gestalt ziemlich kenntlich unter den Figuren. Er erschrak und glaubte zu träumen, aber beim wiederholten Ansehn konnte er nicht mehr an der vollkommenen Ähnlichkeit zweifeln. Er traute kaum seinen Sinnen, als er bald auf einem Bilde die Höhle, den Einsiedler und den Alten neben sich entdeckte. Allmählich fand er auf den andern Bildern die Morgenländerin, seine Eltern, den Landgrafen und die Landgräfin von Thüringen, seinen Freund den Hofkaplan, und manche andere seiner Bekannten; doch waren ihre Kleidungen verändert und schienen aus einer andern Zeit zu sein. Eine große Menge Figuren wußte er nicht zu nennen, doch däuchten sie ihm bekannt. Er sah sein Ebenbild in verschiedenen Lagen. Gegen das Ende kam er sich größer und edler vor. Die Gitarre ruhte in seinen Armen, und die Landgräfin reichte ihm einen Kranz. Er sah sich am kaiserlichen Hofe, zu Schiffe, in trauter Umarmung mit einem schlanken lieblichen Mädchen, in einem Kampfe mit wildaussehenden Männern und in freundlichen Gesprächen mit Sarazenen und Mohren. Ein Mann von ernstem Ansehn kam häufig in seiner Gesellschaft vor. Er fühlte tiefe Ehrfurcht vor dieser hohen Gestalt, und war froh sich Arm in Arm mit ihm zu sehn. Die letzten Bilder waren dunkel und unverständlich; doch überraschten ihn einige Gestalten seines Traumes mit dem innigsten Entzücken; der Schluß des Buches schien zu fehlen. Heinrich war sehr bekümmert, und wünschte nichts sehnlicher, als das Buch lesen zu können, und vollständig zu besitzen. Er betrachtete die Bilder zu wiederholten Malen und war bestürzt, wie er die Gesellschaft zurückkommen hörte. Eine wunderliche Scham befiel ihn. Er getraute sich nicht, seine Entdeckung merken zu lassen, machte das Buch zu, und fragte den Einsiedler nur obenhin nach dem Titel und der Sprache desselben, wo er denn erfuhr, daß es in provenzalischer Sprache geschrieben sei. „Es ist lange, daß ich es gelesen habe", sagte der Einsiedler. „Ich kann mich nicht genau mehr des Inhalts entsinnen. Soviel ich weiß, ist es ein Roman von den wunderbaren Schicksalen eines Dichters, worin die Dichtkunst in ihren mannigfachen Verhältnissen dargestellt und gepriesen wird. Der Schluß fehlt an dieser Handschrift, die ich aus Jerusalem mitgebracht habe, wo ich sie in der Verlassenschaft eines Freundes fand, und zu seinem Andenken aufhob."

Sie nahmen nun voneinander Abschied, und Heinrich war bis zu Tränen gerührt. Die Höhle war ihm so merkwürdig, der Einsiedler so lieb geworden.

Alle umarmten diesen herzlich, und er selbst schien sie lieb gewonnen zu haben. Heinrich glaubte zu bemerken, daß er ihn mit einem freundlichen durchdringenden Blick ansehe. Seine Abschiedsworte gegen ihn waren sonderbar bedeutend. Er schien von seiner Entdeckung zu wissen und darauf anzuspielen. Bis zum Eingang der Höhlen begleitete er sie, nachdem er sie und besonders den Knaben gebeten hatte, nichts von ihm gegen die Bauern zu erwähnen, weil er sonst ihren Zudringlichkeiten ausgesetzt sein würde.

Sie versprachen es alle. Wie sie von ihm schieden und sich seinem Gebet empfahlen, sagte er: „Wie lange wird es währen, so sehn wir uns wieder, und werden über unsere heutigen Reden lächeln. Ein himmlischer Tag wird uns umgeben, und wir werden uns freuen, daß wir einander in diesen Tälern der Prüfung freundlich begrüßten, und von gleichen Gesinnungen und Ahndungen beseelt waren. Sie sind die Engel, die uns hier sicher geleiten. Wenn euer Auge fest am Himmel haftet, so werdet ihr nie den Weg zu eurer Heimat verlieren." – Sie trennten sich mit stiller Andacht, fanden bald ihre zaghaften Gefährten, und erreichten unter allerlei Erzählungen in kurzem das Dorf, wo Heinrichs Mutter, die in Sorgen gewesen war, sie mit tausend Freuden empfing.

Sechstes Kapitel

Menschen, die zum Handeln, zur Geschäftigkeit geboren sind, können nicht früh genug alles selbst betrachten und beleben. Sie müssen überall selbst Hand anlegen und viele Verhältnisse durchlaufen, ihr Gemüt gegen die Eindrücke einer neuen Lage, gegen die Zerstreuungen vieler und mannigfaltiger Gegenstände gewissermaßen abhärten, und sich gewöhnen, selbst im Drange großer Begebenheiten den Faden ihres Zwecks festzuhalten, und ihn gewandt hindurchzuführen. Sie dürfen nicht den Einladungen einer stillen Betrachtung nachgeben. Ihre Seele darf keine in sich gekehrte Zuschauerin, sie muß unablässig nach außen gerichtet, und eine emsige, schnell entscheidende Dienerin des Verstandes sein. Sie sind Helden, und um sie her drängen sich die Begebenheiten, die geleitet und gelöst sein wollen. Alle Zufälle werden zu Geschichten unter ihrem Einfluß, und ihr Leben ist eine ununterbrochene Kette merkwürdiger und glänzender, verwickelter und seltsamer Ereignisse.
Anders ist es mit jenen ruhigen, unbekannten Menschen, deren Welt ihr Gemüt, deren Tätigkeit die Betrachtung, deren Leben ein leises Bilden ihrer innern Kräfte ist. Keine Unruhe treibt sie nach außen. Ein stiller Besitz genügt ihnen und das unermeßliche Schauspiel außer ihnen reizt sie nicht selbst, darin aufzutreten, sondern kommt ihnen bedeutend und wunderbar genug vor, um seiner Betrachtung ihre Muße zu widmen. Verlangen nach dem Geiste dessel-

ben hält sie in der Ferne, und er ist es, der sie zu der geheimnisvollen Rolle des Gemüts in dieser menschlichen Welt bestimmte, während jene die äußeren Gliedmaßen und Sinne und die ausgehenden Kräfte derselben vorstellen.

Große und vielfache Begebenheiten würden sie stören. Ein einfaches Leben ist ihr Los, und nur aus Erzählungen und Schriften müssen sie mit dem reichen Inhalt, und den zahllosen Erscheinungen der Welt bekannt werden. Nur selten darf im Verlauf ihres Lebens ein Vorfall sie auf einige Zeit in seine raschen Wirbel mit hereinziehn, um durch einige Erfahrungen sie von der Lage und dem Charakter der handelnden Menschen genauer zu unterrichten. Dagegen wird ihr empfindlicher Sinn schon genug von nahen unbedeutenden Erscheinungen beschäftigt, die ihm jene große Welt verjüngt darstellen, und sie werden keinen Schritt tun, ohne die überraschendsten Entdeckungen in sich selbst über das Wesen und die Bedeutung derselben zu machen. Es sind die Dichter, diese seltenen Zugmenschen, die zuweilen durch unsere Wohnsitze wandeln, und überall den alten ehrwürdigen Dienst der Menschheit und ihrer ersten Götter, der Gestirne, des Frühlings, der Liebe, des Glücks, der Fruchtbarkeit, der Gesundheit, und des Frohsinns erneuern; sie, die schon hier im Besitz der himmlischen Ruhe sind, und von keinen törichten Begierden umhergetrieben, nur den Duft der irdischen Früchte einatmen, ohne sie zu verzehren und dann unwiderruflich an die Unterwelt gekettet zu sein. Freie Gäste sind sie, deren goldener Fuß nur leise auftritt, und deren Gegenwart in allen unwillkürlich die Flügel ausbreitet. Ein Dichter läßt sich wie ein guter König, frohen und klaren Gesichtern nach aufsuchen, und er ist es, der allein den Namen eines Weisen mit Recht führt. Wenn man ihn mit dem Helden vergleicht, so findet man, daß die Gesänge der Dichter nicht selten den Heldenmut in jugendlichen Herzen erweckt, Heldentaten aber wohl nie den Geist der Poesie in ein neues Gemüt gerufen haben.

Heinrich war von Natur zum Dichter geboren. Mannigfaltige Zufälle schienen sich zu seiner Bildung zu vereinigen, und noch hatte nichts seine innere Regsamkeit gestört. Alles was er sah und hörte schien nur neue Riegel in ihm wegzuschieben, und neue Fenster ihm zu öffnen. Er sah die Welt in ihren großen und abwechselnden Verhältnissen vor sich liegen. Noch war sie aber stumm, und ihre Seele, das Gespräch, noch nicht erwacht. Schon nahte sich ein Dichter, ein liebliches Mädchen an der Hand, um durch Laute der Muttersprache und durch Berührung eines süßen zärtlichen Mundes, die blöden Lippen aufzuschließen, und den einfachen Akkord in unendliche Melodien zu entfalten.

Diese Reise war nun geendigt. Es war gegen Abend, als unsere Reisenden wohlbehalten und fröhlich in der weltberühmten Stadt Augsburg anlangten, und voller Erwartung durch die hohen Gassen nach dem ansehnlichen Hause des alten Schwaning ritten.

Heinrichen war schon die Gegend sehr reizend vorgekommen. Das lebhafte Getümmel der Stadt und die großen, steinernen Häuser befremdeten ihn angenehm. Er freute sich inniglich über seinen künftigen Aufenthalt. Seine Mutter war sehr vergnügt nach der langen, mühseligen Reise sich hier in ihrer geliebten Vaterstadt zu sehen, bald ihren Vater und ihre alten Bekannten wieder zu umarmen, ihren Heinrich ihnen vorstellen, und einmal alle Sorgen des Hauswesens bei den traulichen Erinnerungen ihrer Jugend, ruhig vergessen zu können. Die Kaufleute hofften sich bei den dortigen Lustbarkeiten für die Unbequemlichkeiten des Weges zu entschädigen, und einträgliche Geschäfte zu machen.

Das Haus des alten Schwaning fanden sie erleuchtet, und eine lustige Musik tönte ihnen entgegen. „Was gilt's", sagten die Kaufleute, „Euer Großvater gibt ein fröhliches Fest. Wir kommen wie gerufen. Wie wird er über die ungeladenen Gäste erstaunen. Er läßt es sich wohl nicht träumen, daß das wahre Fest nun erst angehn wird." Heinrich fühlte sich verlegen, und seine Mutter war nun wegen ihres Anzugs in Sorgen. Sie stiegen ab, die Kaufleute blieben bei den Pferden, und Heinrich und seine Mutter traten in das prächtige Haus. Unten war kein Hausgenosse zu sehen. Sie mußten die breite Wendeltreppe hinauf. Einige Diener liefen vorüber, die sie baten, dem alten Schwaning die Ankunft einiger Fremden anzusagen, die ihn zu sprechen wünschten. Die Diener machten anfangs einige Schwierigkeiten; die Reisenden sahen nicht zum besten aus; doch meldeten sie es dem Herrn des Hauses. Der alte Schwaning kam heraus. Er kannte sie nicht gleich, und fragte nach ihrem Namen und Anliegen. Heinrichs Mutter weinte, und fiel ihm um den Hals. „Kennt Ihr Eure Tochter nicht mehr?" rief sie weinend. „Ich bringe Euch meinen Sohn." Der alte Vater war äußerst gerührt. Er drückte sie lange an seine Brust; Heinrich sank auf ein Knie, und küßte ihm zärtlich die Hand. Er hob ihn zu sich, und hielt Mutter und Sohn umarmt. „Geschwind herein", sagte Schwaning, „ich habe lauter Freunde und Bekannte bei mir, die sich herzlich mit mir freuen werden." Heinrichs Mutter schien einige Zweifel zu haben. Sie hatte keine Zeit sich zu besinnen. Der Vater führte beide in den hohen, erleuchteten Saal. „Da bringe ich meine Tochter und meinen Enkel aus Eisenach", rief Schwaning in das frohe Getümmel glänzend gekleideter Menschen. Alle Augen kehrten sich nach der Tür; alles lief herzu, die Musik schwieg, und die beiden Reisenden standen verwirrt und geblendet in ihren staubigen Kleidern, mitten in der bunten Schar. Tausend freudige Ausrufungen gingen von Mund zu Mund. Alte Bekannte drängten sich um die Mutter. Es gab unzählige Fragen. Jedes wollte zuerst gekannt und bewillkommet sein. Während der ältere Teil der Gesellschaft sich mit der Mutter beschäftigte, heftete sich die Aufmerksamkeit des jüngeren Teils auf den fremden Jüngling, der mit gesenktem Blick dastand, und nicht das Herz hatte, die unbekannten Gesichter wieder zu betrachten. Sein Großvater machte ihn mit der Gesellschaft bekannt, und erkundigte sich nach seinem Vater und den Vorfällen ihrer Reise.

Die Mutter gedachte der Kaufleute, die unten aus Gefälligkeit bei den Pferden geblieben waren. Sie sagte es ihrem Vater, welcher sogleich hinunterschickte, und sie einladen ließ heraufzukommen. Die Pferde wurden in die Ställe gebracht, und die Kaufleute erschienen.

Schwaning dankte ihnen herzlich für die freundschaftliche Geleitung seiner Tochter. Sie waren mit vielen Anwesenden bekannt, und begrüßten sich freundlich mit ihnen. Die Mutter wünschte sich reinlich ankleiden zu dürfen. Schwaning nahm sie auf sein Zimmer, und Heinrich folgte ihnen in gleicher Absicht.

Unter der Gesellschaft war Heinrichen ein Mann aufgefal-

len, den er in jenem Buche oft an seiner Seite gesehn zu haben glaubte. Sein edles Ansehn zeichnete ihn vor allen aus. Ein heitrer Ernst war der Geist seines Gesichts; eine offene schön gewölbte Stirn, große, schwarze, durchdringende und feste Augen, ein schalkhafter Zug um den fröhlichen Mund und durchaus klare, männliche Verhältnisse machten es bedeutend und anziehend. Er war stark gebaut, seine Bewegungen waren ruhig und ausdrucksvoll, und wo er stand, schien er ewig stehen zu wollen. Heinrich fragte seinen Großvater nach ihm. „Es ist mir lieb", sagte der Alte, „daß du ihn gleich bemerkt hast. Es ist mein trefflicher Freund Klingsohr, der Dichter. Auf seine Bekanntschaft und Freundschaft kannst du stolzer sein, als auf die des Kaisers. Aber wie stehts mit deinem Herzen? Er hat eine schöne Tochter; vielleicht daß sie den Vater bei dir aussticht. Es sollte mich wundern, wenn du sie nicht gesehn hättest." Heinrich errötete. „Ich war zerstreut, lieber Großvater. Die Gesellschaft war zahlreich, und ich betrachtete nur Euren Freund." – „Man merkt es, daß du aus Norden kömmst", erwiderte Schwaning. „Wir wollen dich hier schon auftauen. Du sollst schon lernen nach hübschen Augen sehn."
Sie waren nun fertig und begaben sich zurück in den Saal, wo indes die Zurüstungen zum Abendessen gemacht worden waren. Der alte Schwaning führte Heinrichen auf Klingsohr zu, und erzählte ihm, daß Heinrich ihn gleich bemerkt und den lebhaftesten Wunsch habe mit ihm bekannt zu sein.
Heinrich war beschämt. Klingsohr redete freundlich zu ihm von seinem Vaterlande und seiner Reise. Es lag soviel Zutrauliches in seiner Stimme, daß Heinrich bald ein Herz faßte und sich freimütig mit ihm unterhielt. Nach einiger Zeit kam Schwaning wieder zu ihnen und brachte die schöne Mathilde. „Nehmt Euch meines schüchternen Enkels freundlich an, und verzeiht es ihm, daß er eher Euren Vater als Euch gesehn hat. Eure glänzenden Augen werden schon die schlummernde Jugend in ihm wecken. In seinem Vaterland kommt der Frühling spät."
Heinrich und Mathilde wurden rot. Sie sahen sich einander mit Verwunderung an. Sie fragte ihn mit kaum hörbaren leisen Worten: ob er gern tanze. Eben als er die Frage bejahte, fing eine fröhliche Tanzmusik an. Er bot ihr schweigend

seine Hand; sie gab ihm die ihrige, und sie mischten sich in die Reihe der walzenden Paare. Schwaning und Klingsohr sahen zu. Die Mutter und die Kaufleute freuten sich über Heinrichs Behendigkeit und seine liebliche Tänzerin. Die Mutter hatte genug mit ihren Jugendfreundinnen zu sprechen, die ihr zu einem so wohlgebildeten und so hoffnungsvollen Sohn Glück wünschten. Klingsohr sagte zu Schwaning: „Euer Enkel hat ein anziehendes Gesicht. Es zeigt ein klares und umfassendes Gemüt, und seine Stimme kommt tief aus dem Herzen." – „Ich hoffe", erwiderte Schwaning, „daß er Euer gelehriger Schüler sein wird. Mich däucht, er ist zum Dichter geboren. Euer Geist komme über ihn. Er sieht seinem Vater ähnlich; nur scheint er weniger heftig und eigensinnig. Jener war in seiner Jugend voll glücklicher Anlagen. Eine gewisse Freisinnigkeit fehlte ihm. Es hätte mehr aus ihm werden können als ein fleißiger und fertiger Künstler." – Heinrich wünschte den Tanz nie zu endigen. Mit innigem Wohlbehagen ruhte sein Auge auf den Rosen seiner Tänzerin. Ihr unschuldiges Auge vermied ihn nicht. Sie schien der Geist ihres Vaters in der lieblichsten Verkleidung. Aus ihren großen ruhigen Augen sprach ewige Jugend. Auf einem lichthimmelblauen Grunde lag der milde Glanz der braunen Sterne. Stirn und Nase senkten sich zierlich um sie her. Eine nach der aufgehenden Sonne geneigte Lilie war ihr Gesicht, und von dem schlanken, weißen Halse schlängelten sich blaue Adern in reizenden Windungen um die zarten Wangen. Ihre Stimme war wie ein fernes Echo, und das braune lockige Köpfchen schien über der leichten Gestalt nur zu schweben.

Die Schüsseln kamen herein, und der Tanz war aus. Die älteren Leute setzten sich auf die eine Seite, und die jüngern nahmen die andere ein.

Heinrich blieb bei Mathilden. Eine junge Verwandte setzte sich zu seiner Linken, und Klingsohr saß ihm gerade gegenüber. So wenig Mathilde sprach, so gesprächig war Veronika, seine andere Nachbarin. Sie tat gleich mit ihm vertraut und machte ihn in kurzem mit allen Anwesenden bekannt. Heinrich verhörte manches. Er war noch bei seiner Tänzerin, und hätte sich gern öfters rechts gewandt. Klingsohr machte ihrem Plaudern ein Ende. Er fragte ihn nach dem Bande mit sonderbaren Figuren, was Heinrich an seinem Leibrocke befestigt hatte. Heinrich erzählte von der Morgenländerin mit vieler Rührung. Mathilde weinte, und Heinrich konnte nun seine Tränen kaum verbergen. Er geriet darüber mit ihr ins Gespräch. Alle unterhielten sich; Veronika lachte und scherzte mit ihren Bekannten. Mathilde erzählte ihm von Ungarn, wo ihr Vater sich oft aufhielt, und von dem Leben in Augsburg. Alle waren vergnügt. Die Musik verscheuchte die Zurückhaltung und reizte alle Neigungen zu einem muntern Spiel. Blumenkörbe dufteten in voller Pracht auf dem Tische, und der Wein schlich zwischen den Schüsseln und Blumen umher, schüttelte seine goldnen Flügel und stellte bunte Tapeten zwischen die Welt und die Gäste. Heinrich begriff erst jetzt, was ein Fest sei. Tausend frohe Geister schienen ihm um den Tisch zu gaukeln, und in stiller Sympathie mit den fröhlichen Menschen von ihren Freuden zu leben und mit ihren Genüssen sich zu berauschen. Der Lebensgenuß stand wie ein klingender Baum voll goldener Früchte vor ihm. Das Übel ließ sich nicht sehen, und es dünkte ihm unmöglich, daß je die menschliche Neigung von diesem Baume zu der gefährlichen Frucht des Erkenntnisses, zu dem Baume des Krieges sich gewendet haben sollte. Er verstand nun den Wein und die Speisen. Sie schmeckten ihm überaus köstlich. Ein himmlisches Öl würzte sie ihm, und aus dem Becher funkelte die Herrlichkeit des irdischen Lebens. Einige Mädchen brachten dem alten Schwaning einen frischen Kranz. Er setzte ihn auf, küßte sie, und sagte: „Auch unserm Freund Klingsohr müßt ihr einen bringen, wir wollen beide zum Dank euch ein paar neue Lieder lehren. Das meinige sollt ihr gleich haben." Er gab der Musik ein Zeichen, und sang mit lauter Stimme:

Sind wir nicht geplagte Wesen?
Ist nicht unser Los betrübt?
Nur zu Zwang und Not erlesen
In Verstellung nur geübt,
Dürfen selbst nicht unsre Klagen
Sich aus unserm Busen wagen.

Allem was die Eltern sprechen,
Widerspricht das volle Herz.

Die verbotne Frucht zu brechen
Fühlen wir der Sehnsucht Schmerz;
Möchten gern die süßen Knaben
Fest an unserm Herzen haben.

Wäre dies zu denken Sünde?
Zollfrei sind Gedanken doch.
Was bleibt einem armen Kinde
Außer süßen Träumen noch?
Will man sie auch gern verbannen,
Nimmer ziehen sie von dannen.

Wenn wir auch des Abends beten,
Schreckt uns doch die Einsamkeit,
Und zu unsern Küssen treten
Sehnsucht und Gefälligkeit.
Könnten wir wohl widerstreben
Alles, alles hinzugeben?

Unsre Reize zu verhüllen,
Schreibt die strenge Mutter vor.
Ach! was hilft der gute Willen,
Quellen sie nicht selbst empor?
Bei der Sehnsucht innrem Beben
Muß das beste Band sich geben.

Jede Neigung zu verschließen,
Hart und kalt zu sein, wie Stein,
Schöne Augen nicht zu grüßen,
Fleißig und allein zu sein,
Keiner Bitte nachzugeben:
Heißt das wohl ein Jugendleben?

Groß sind eines Mädchens Plagen,
Ihre Brust ist krank und wund,
Und zum Lohn für stille Klagen
Küßt sie noch ein welker Mund.
Wird denn nie das Blatt sich wenden
Und das Reich der Alten enden?

Die alten Leute und die Jünglinge lachten. Die Mädchen erröteten und lächelten abwärts. Unter tausend Neckereien wurde ein zweiter Kranz geholt, und Klingsohren aufgesetzt. Sie baten aber inständigst um keinen so leichtfertigen Gesang. „Nein", sagte Klingsohr, „ich werde mich wohl hüten, so frevelhaft von euren Geheimnissen zu reden. Sagt selbst, was ihr für ein Lied haben wollt." – „Nur nichts von Liebe", riefen die Mädchen, „ein Weinlied, wenn es Euch ansteht." Klingsohr sang:

Auf grünen Bergen wird geboren,
Der Gott, der uns den Himmel bringt.
Die Sonne hat ihn sich erkoren,
Daß sie mit Flammen ihn durchdringt.

Er wird im Lenz mit Lust empfangen,
Der zarte Schoß quillt still empor,
Und wenn des Herbstes Früchte prangen,
Springt auch das goldne Kind hervor.

Sie legen ihn in enge Wiegen
Ins unterirdische Geschoß.
Er träumt von Festen und von Siegen
Und baut sich manches luftge Schloß.

Es nahe keiner seiner Kammer,
Wenn er sich ungeduldig drängt,
Und jedes Band und jede Kammer
Mit jugendlichen Kräften sprengt.

Denn unsichtbare Wächter stellen,
So lang er träumt, sich um ihn her;
Und wer betritt die heilgen Schwellen,
Den trifft ihr luftumwundner Speer.

So wie die Schwingen sich entfalten,
Läßt er die lichten Augen sehn,
Läßt ruhig seine Priester schalten
Und kommt heraus, wenn sie ihm flehn.

Aus seiner Wiege dunkelm Schoße
Erscheint er im Kristallgewand;
Verschwiegner Eintracht volle Rose
Trägt er bedeutend in der Hand.

Und überall um ihn versammeln
Sich seine Jünger hocherfreut,
Und tausend frohe Zungen stammeln
Ihm ihre Lieb' und Dankbarkeit.

Er spritzt in ungezählten Strahlen
Sein innres Leben in die Welt,
Die Liebe nippt aus seinen Schalen
Und bleibt ihm ewig zugesellt.

Er nahm als Geist der goldnen Zeiten
Von jeher sich des Dichters an,
Der immer seine Lieblichkeiten
In trunknen Liedern aufgetan.

Er gab ihm, seine Treu zu ehren,
Ein Recht auf jeden hübschen Mund,
Und daß es keine darf ihm wehren,
Macht Gott durch ihn es allen kund.

„Ein schöner Prophet!" riefen die Mädchen. Schwaning freute sich herzlich. Sie machten noch einige Einwendungen, aber es half nichts. Sie mußten ihm die süßen Lippen hinreichen. Heinrich schämte sich nur vor seiner ernsten Nachbarin, sonst hätte er sich laut über das Vorrecht der Dichter gefreut. Veronika war unter den Kranzträgerinnen. Sie kam fröhlich zurück und sagte zu Heinrich: „Nicht wahr, es ist hübsch, wenn man ein Dichter ist?" Heinrich getraute sich nicht, diese Frage zu benutzen. Der Übermut der Freude und der Ernst der ersten Liebe kämpften in seinem Gemüt. Die reizende Veronika scherzte mit den andern, und so gewann er Zeit, den ersten etwas zu dämpfen. Mathilde erzählte ihm, daß sie die Gitarre spiele. „Ach!" sagte Heinrich, „von Euch möchte ich sie lernen. Ich habe mich lange darnach gesehnt." – „Mein Vater hat mich unterrichtet. Er spielt sie unvergleichlich", sagte sie errötend. – „Ich glaube doch", erwiderte Heinrich, „daß ich sie schneller bei Euch lerne. Wie freue ich mich Euren Gesang zu hören." – „Stellt Euch nur nicht zu viel vor." – „O!" sagte Heinrich, „was sollte ich nicht erwarten können, da Eure bloße Rede schon Gesang ist, und Eure Gestalt eine himmlische Musik verkündigt."

Mathilde schwieg. Ihr Vater fing ein Gespräch mit ihm an, in welchem Heinrich mit der lebhaftesten Begeisterung sprach. Die Nächsten wunderten sich über des Jünglings Beredsamkeit, über die Fülle seiner bildlichen Gedanken. Mathilde sah ihn mit stiller Aufmerksamkeit an. Sie schien sich über seine Reden zu freuen, die sein Gesicht mit den sprechendsten Mienen noch mehr erklärte. Seine Augen glänzten ungewöhnlich. Er sah sich zuweilen nach Mathilden um, die über den Ausdruck seines Gesichts erstaunte. Im Feuer des Gesprächs ergriff er unvermerkt ihre Hand, und sie konnte nicht umhin, manches was er sagte, mit einem leisen Druck zu bestätigen. Klingsohr wußte seinen Enthusiasmus zu unterhalten, und lockte allmählich seine ganze Seele auf die Lippen. Endlich stand alles auf. Alles schwärmte durcheinander. Heinrich war an Mathildens Seite geblieben. Sie standen unbemerkt abwärts. Er hielt ihre Hand und küßte sie zärtlich. Sie ließ sie ihm, und blickte ihn mit unbeschreiblicher Freundlichkeit an. Er konnte sich nicht halten, neigte sich zu ihr und küßte ihre Lippen. Sie war überrascht, und erwiderte unwillkürlich seinen heißen Kuß. „Gute Mathilde!" – „Lieber Heinrich!" das war alles, was sie einander sagen konnten. Sie drückte seine Hand, und ging unter die andern. Heinrich stand, wie im Himmel. Seine Mutter kam auf ihn zu. Er ließ seine ganze Zärtlichkeit an ihr aus. Sie sagte: „Ist es nicht gut, daß wir nach Augsburg gereist sind? Nicht wahr, es gefällt dir?" – „Liebe Mutter", sagte Heinrich, „so habe ich mir es doch nicht vorgestellt. Es ist ganz herrlich."

Der Rest des Abends verging in unendlicher Fröhlichkeit. Die Alten spielten, plauderten, und sahen den Tänzen zu. Die Musik wogte wie ein Lustmeer im Saale, und hob die berauschte Jugend.

Heinrich fühlte die entzückenden Weissagungen der ersten Lust und Liebe zugleich. Auch Mathilde ließ sich willig von

den schmeichelnden Wellen tragen, und verbarg ihr zärtliches Zutrauen, ihre aufkeimende Neigung zu ihm nur hinter einem leichten Flor. Der alte Schwaning bemerkte das kommende Verständnis, und neckte beide.
Klingsohr hatte Heinrichen lieb gewonnen, und freute sich seiner Zärtlichkeit. Die andern Jünglinge und Mädchen hatten es bald bemerkt. Sie zogen die ernste Mathilde mit dem jungen Thüringer auf, und verhehlten nicht, daß es ihnen lieb sei, Mathildens Aufmerksamkeit nicht mehr bei ihren Herzensgeschäften scheuen zu dürfen.
Es war tief in der Nacht, als die Gesellschaft auseinanderging. „Das erste und einzige Fest meines Lebens", sagte Heinrich zu sich selbst, als er allein war, und seine Mutter sich ermüdet zur Ruhe gelegt hatte. „Ist mir nicht zumute wie in jenem Traume, beim Anblick der blauen Blume? Welcher sonderbare Zusammenhang ist zwischen Mathilden und dieser Blume? Jenes Gesicht, das aus dem Kelche sich mir entgegenneigte, es war Mathildens himmlisches Gesicht, und nun erinnere ich mich auch, es in jenem Buche gesehn zu haben. Aber warum hat es dort mein Herz nicht so bewegt? O! sie ist der sichtbare Geist des Gesanges, eine würdige Tochter ihres Vaters. Sie wird mich in Musik auflösen. Sie wird meine innerste Seele, die Hüterin meines heiligen Feuers sein. Welche Ewigkeit von Treue fühle ich in mir! Ich ward nur geboren, um sie zu verehren, um ihr ewig zu dienen, um sie zu denken und zu empfinden. Gehört nicht ein eigenes ungeteiltes Dasein zu ihrer Anschauung und Anbetung? und bin ich der Glückliche, dessen Wesen das Echo, der Spiegel des ihrigen sein darf? Es war kein Zufall, daß ich sie am Ende meiner Reise sah, daß ein seliges Fest den höchsten Augenblick meines Lebens umgab. Es konnte nicht anders sein; macht ihre Gegenwart nicht alles festlich?"
Er trat ans Fenster. Der Chor der Gestirne stand am dunkeln Himmel, und im Morgen kündigte ein weißer Schein den kommenden Tag an.
Mit vollem Entzücken rief Heinrich aus: „Euch, ihr ewigen Gestirne, ihr stillen Wandrer, euch rufe ich zu Zeugen meines heiligen Schwurs an. Für Mathilden will ich leben, und ewige Treue soll mein Herz an das ihrige knüpfen. Auch mir bricht der Morgen eines ewigen Tages an. Die Nacht ist

vorüber. Ich zünde der aufgehenden Sonne mich selbst zum nieverglühenden Opfer an."
Heinrich war erhitzt, und nur spät gegen Morgen schlief er ein. In wunderliche Träume flossen die Gedanken seiner Seele zusammen. Ein tiefer blauer Strom schimmerte aus der grünen Ebene heraus. Auf der glatten Fläche schwamm ein Kahn. Mathilde saß und ruderte. Sie war mit Kränzen geschmückt, sang ein einfaches Lied, und sah nach ihm mit süßer Wehmut herüber. Seine Brust war beklommen. Er wußte nicht warum. Der Himmel war heiter, die Flut ruhig. Ihr himmlisches Gesicht spiegelte sich in den Wellen. Auf einmal fing der Kahn an sich umzudrehen. Er rief ihr ängstlich zu. Sie lächelte und legte das Ruder in den Kahn, der sich immerwährend drehte. Eine ungeheure Bangigkeit ergriff ihn. Er stürzte sich in den Strom; aber er konnte nicht fort, das Wasser trug ihn. Sie winkte, sie schien ihm etwas sagen zu wollen, der Kahn schöpfte schon Wasser; doch lächelte sie mit einer unsäglichen Innigkeit, und sah heiter in den Wirbel hinein. Auf einmal zog es sie hinunter. Eine leise Luft strich über den Strom, der ebenso ruhig und glänzend floß, wie vorher. Die entsetzliche Angst raubte ihm das Bewußtsein. Das Herz schlug nicht mehr. Er kam erst zu sich, als er sich auf trocknem Boden fühlte. Er mochte weit geschwommen sein. Es war eine fremde Gegend. Er wußte nicht wie ihm geschehen war. Sein Gemüt war verschwunden. Gedankenlos ging er tiefer ins Land. Entsetzlich matt fühlte er sich. Eine kleine Quelle kam aus einem Hügel, sie tönte wie lauter Glocken. Mit der Hand schöpfte er einige Tropfen und netzte seine dürren Lippen. Wie ein banger Traum lag die schreckliche Begebenheit hinter ihm. Immer weiter und weiter ging er, Blumen und Bäume redeten ihn an. Ihm wurde so wohl und heimatlich zu Sinne. Da hörte er jenes einfache Lied wieder. Er lief den Tönen nach. Auf einmal hielt ihn jemand am Gewande zurück. „Lieber Heinrich", rief eine bekannte Stimme. Er sah sich um, und Mathilde schloß ihn in ihre Arme. „Warum liefst du vor mir, liebes Herz?" sagte sie tiefatmend. „Kaum konnte ich dich einholen." Heinrich weinte. Er drückte sie an sich. – „Wo ist der Strom?" rief er mit Tränen. – „Siehst du nicht seine blauen Wellen über uns?" Er sah hinauf, und der blaue Strom floß leise über ihrem Haupte. „Wo sind

wir, liebe Mathilde?“ – „Bei unsern Eltern.“ – „Bleiben wir zusammen?“ – „Ewig“, versetzte sie, indem sie ihre Lippen an die seinigen drückte, und ihn so umschloß, daß sie nicht wieder von ihm konnte. Sie sagte ihm ein wunderbares geheimes Wort in den Mund, was sein ganzes Wesen durchklang. Er wollte es wiederholen, als sein Großvater rief, und er aufwachte. Er hätte sein Leben darum geben mögen, das Wort noch zu wissen.

Siebentes Kapitel

Klingsohr stand vor seinem Bette, und bot ihm freundlich guten Morgen. Er ward munter und fiel Klingsohr um den Hals. „Das gilt Euch nicht“, sagte Schwaning. Heinrich lächelte und verbarg sein Erröten an den Wangen seiner Mutter.

„Habt Ihr Lust, mit mir vor der Stadt auf einer schönen Anhöhe zu frühstücken?“ sagte Klingsohr. „Der herrliche Morgen wird Euch erfrischen. Kleidet Euch an. Mathilde wartet schon auf uns.“

Heinrich dankte mit tausend Freuden für diese willkommene Einladung. In einem Augenblick war er fertig, und küßte Klingsohr mit vieler Inbrunst die Hand.

Sie gingen zu Mathilden, die in ihrem einfachen Morgenkleide wunderlieblich aussah und ihn freundlich grüßte. Sie hatte schon das Frühstück in ein Körbchen gepackt, das sie an den einen Arm hing, und die andere Hand unbefangen Heinrichen reichte. Klingsohr folgte ihnen, und so wandelten sie durch die Stadt, die schon voller Lebendigkeit war, nach einem kleinen Hügel am Flusse, wo sich unter einigen hohen Bäumen eine weite und volle Aussicht öffnete.

„Habe ich doch schon oft“, rief Heinrich aus, „mich an dem Aufgang der bunten Natur, an der friedlichen Nachbarschaft ihres mannigfaltigen Eigentums ergötzt; aber eine so schöpferische und gediegene Heiterkeit hat mich noch nie erfüllt wie heute. Jene Fernen sind mir so nah, und die reiche Landschaft ist mir wie eine innere Phantasie. Wie veränderlich ist die Natur, so unwandelbar auch ihre Oberfläche zu sein scheint. Wie anders ist sie, wenn ein Engel, wenn ein kräftiger Geist neben uns ist, als wenn ein Notleidender vor uns klagt, oder ein Bauer uns erzählt, wie ungünstig die Witterung ihm sei, und wie nötig er düstre Regentage für seine Saat brauche. Euch, teuerster Meister, bin ich dieses Vergnügen schuldig; ja dieses Vergnügen, denn es gibt kein anderes Wort, was wahrhafter den Zustand meines Herzens ausdrückte. Freude, Lust und Entzücken sind nur die Glieder des Vergnügens, das sie zu einem höhern Leben verknüpft." Er drückte Mathildens Hand an sein Herz, und versank mit einem feurigen Blick in ihr mildes, empfängliches Auge.

„Die Natur", versetzte Klingsohr, „ist für unser Gemüt, was ein Körper für das Licht ist. Er hält es zurück; er bricht es in eigentümliche Farben; er zündet auf seiner Oberfläche oder in seinem Innern ein Licht an, das, wenn es seiner Dunkelheit gleich kommt, ihn klar und durchsichtig macht, wenn es sie überwiegt, von ihm ausgeht, um andere Körper zu erleuchten. Aber selbst der dunkelste Körper kann durch Wasser, Feuer und Luft dahin gebracht werden, daß er hell und glänzend wird."

„Ich verstehe Euch, lieber Meister. Die Menschen sind Kristalle für unser Gemüt. Sie sind die durchsichtige Natur. Liebe Mathilde, ich möchte Euch einen köstlichen lautern Saphir nennen. Ihr seid klar und durchsichtig wie der Himmel, Ihr erleuchtet mit dem mildesten Lichte. Aber sagt mir, lieber Meister, ob ich recht habe: mich dünkt, daß man gerade wenn man am innigsten mit der Natur vertraut ist am wenigsten von ihr sagen könnte und möchte."

„Wie man das nimmt", versetzte Klingsohr; „ein anderes ist es mit der Natur für unsern Genuß und unser Gemüt, ein anderes mit der Natur für unsern Verstand, für das leitende Vermögen unserer Weltkräfte. Man muß sich wohl hüten, nicht eins über das andere zu vergessen. Es gibt viele, die nur die eine Seite kennen und die andere gering schätzen. Aber beide kann man vereinigen, und man wird sich wohl dabei befinden. Schade, daß so wenige darauf denken, sich in ihrem Innern frei und geschickt bewegen zu können, und durch eine gehörige Trennung sich den zweckmäßigsten und natürlichsten Gebrauch ihrer Gemütskräfte zu sichern. Gewöhnlich hindert eine die andere, und so entsteht allmählich eine unbehülfliche Trägheit, daß wenn nun solche Menschen einmal mit gesamten Kräften aufstehen wollen, eine gewaltige Verwirrung und Streit beginnt, und alles übereinander ungeschickt herstolpert. Ich kann Euch nicht genug anrühmen, Euren Verstand, Euren natürlichen Trieb zu wissen, wie alles sich begibt und untereinander nach Gesetzen der Folge zusammenhängt, mit Fleiß und Mühe zu unterstützen. Nichts ist dem Dichter unentbehrlicher, als Einsicht in die Natur jedes Geschäfts, Bekanntschaft mit den Mitteln jeden Zweck zu erreichen, und Gegenwart des Geistes, nach Zeit und Umständen, die schicklichsten zu wählen. Begeisterung ohne Verstand ist unnütz und gefährlich, und der Dichter wird wenig Wunder tun können, wenn er selbst über Wunder erstaunt."

„Ist aber dem Dichter nicht ein inniger Glaube an die menschliche Regierung des Schicksals unentbehrlich?"

„Unentbehrlich allerdings, weil er sich das Schicksal nicht anders vorstellen kann, wenn er reiflich darüber nachdenkt; aber wie entfernt ist diese heitere Gewißheit, von jener ängstlichen Ungewißheit, von jener blinden Furcht des Aberglaubens. Und so ist auch die kühle, belebende Wärme eines dichterischen Gemüts gerade das Widerspiel von jener wilden Hitze eines kränklichen Herzens. Diese ist arm, betäubend und vorübergehend; jene sondert alle Gestalten rein ab, begünstigt die Ausbildung der mannigfaltigsten Verhältnisse, und ist ewig durch sich selbst. Der junge Dichter kann nicht kühl, nicht besonnen genug sein. Zur wahren, melodischen Gesprächigkeit gehört ein weiter, aufmerksamer und ruhiger Sinn. Es wird ein verworrnes Geschwätz, wenn ein reißender Strom in der Brust tobt, und die Aufmerksamkeit in eine zitternde Gedankenlosigkeit auflöst. Nochmals wiederhole ich, das echte Gemüt ist wie das Licht, ebenso ruhig und empfindlich, ebenso elastisch und durchdringlich, ebenso mächtig und ebenso unmerklich wirksam als dieses köstliche Element, das auf alle Gegenstände sich mit feiner Abgemessenheit verteilt, und sie alle in reizender Mannigfaltigkeit erscheinen läßt. Der Dichter ist reiner Stahl, ebenso empfindlich, wie ein zerbrechlicher Glasfaden, und ebenso hart, wie ein ungeschmeidiger Kiesel."

„Ich habe das schon zuweilen gefühlt", sagte Heinrich, „daß ich in den innigsten Minuten weniger lebendig war, als zu andern Zeiten, wo ich frei umhergehn und alle Beschäftigungen mit Lust treiben konnte. Ein geistiges scharfes Wesen durchdrang mich dann, und ich durfte jeden Sinn nach Gefallen brauchen, jeden Gedanken, wie einen wirklichen Körper, umwenden und von allen Seiten betrachten. Ich stand mit stillem Anteil an der Werkstatt meines Vaters, und freute mich, wenn ich ihm helfen und etwas geschickt zustande bringen konnte. Geschicklichkeit hat einen ganz besondern stärkenden Reiz, und es ist wahr, ihr Bewußtsein verschafft einen dauerhafteren und deutlicheren Genuß, als jenes überfließende Gefühl einer unbegreiflichen, überschweglichen Herrlichkeit."

„Glaubt nicht", sagte Klingsohr, „daß ich das letztere tadle; aber es muß von selbst kommen, und nicht gesucht werden. Seine sparsame Erscheinung ist wohltätig; öfterer wird sie ermüdend und schwächend. Man kann nicht schnell genug sich aus der süßen Betäubung reißen, die es hinterläßt, und zu einer regelmäßigen und mühsamen Beschäftigung zurückkehren. Es ist wie mit den anmutigen Morgenträumen, aus deren einschläferndem Wirbel man nur mit Gewalt sich herausziehen kann, wenn man nicht in immer drückendere Müdigkeit geraten, und so in krankhafter Erschöpfung nachher den ganzen Tag hinschleppen will."

„Die Poesie will vorzüglich", fuhr Klingsohr fort, „als strenge Kunst getrieben werden. Als bloßer Genuß hört sie auf Poesie zu sein. Ein Dichter muß nicht den ganzen Tag müßig umherlaufen, und auf Bilder und Gefühle Jagd machen. Das ist ganz der verkehrte Weg. Ein reines offenes Gemüt, Gewandtheit im Nachdenken und Betrachten, und Geschicklichkeit alle seine Fähigkeiten in eine gegenseitig belebende Tätigkeit zu versetzen und darin zu erhalten, das sind die Erfordernisse unserer Kunst. Wenn Ihr Euch mir überlassen wollt, so soll kein Tag Euch vergehn, wo Ihr nicht Eure Kenntnisse bereichert, und einige nützliche Einsichten erlangt habt. Die Stadt ist reich an Künstlern aller Art. Es gibt einige erfahrne Staatsmänner, einige gebildete Kaufleute hier. Man kann ohne große Umstände mit allen Ständen, mit allen Gewerben, mit allen Verhältnissen und Erfordernissen der menschlichen Gesellschaft sich bekannt machen. Ich will Euch mit Freuden in dem Handwerksmäßigen unserer Kunst unterrichten, und die merkwürdigsten Schriften mit Euch lesen. Ihr könnt Mathildens Lehrstunden teilen, und sie wird Euch gern die Gitarre spielen lehren. Jede Beschäftigung wird die übrigen vorbereiten, und wenn Ihr so Euren Tag gut angelegt habt, so werden Euch das Gespräch und die Freuden des gesellschaftlichen Abends, und die Ansichten der schönen Landschaft umher mit den heitersten Genüssen immer wieder überraschen."

„Welches herrliche Leben schließt Ihr mir auf, liebster Meister. Unter Eurer Leitung werde ich erst merken, welches edle Ziel vor mir steht, und wie ich es nur durch Euren Rat zu erreichen hoffen darf."

Klingsohr umarmte ihn zärtlich. Mathilde brachte ihnen das Frühstück, und Heinrich fragte sie mit zärtlicher Stimme, ob sie ihn gern zum Begleiter ihres Unterrichts und zum Schüler annehmen wollte. „Ich werde wohl ewig Euer Schüler bleiben", sagte er, indem sich Klingsohr nach einer anderen Seite wandte. Sie neigte sich unmerklich zu ihm hin. Er umschlang sie und küßte den weichen Mund des errötenden Mädchens. Nur sanft bog sie sich von ihm weg, doch reichte sie ihm mit der kindlichsten Anmut eine Rose, die sie am Busen trug. Sie machte sich mit ihrem Körbchen zu tun. Heinrich sah ihr mit stillem Entzücken nach, küßte die Rose, heftete sie an seine Brust, und ging an Klingsohrs Seite, der nach der Stadt hinübersah.

„Wo seid Ihr hergekommen?" fragte Klingsohr. – „Über jenen Hügel herunter", erwiderte Heinrich. „In jene Ferne verliert sich unser Weg." – „Ihr müßt schöne Gegenden gesehn haben." – „Fast ununterbrochen sind wir durch reizende Landschaften gereiset." – „Auch Eure Vaterstadt hat wohl eine anmutige Lage?" – „Die Gegend ist abwechselnd genug; doch ist sie noch wild, und ein großer Fluß fehlt ihr. Die Ströme sind die Augen einer Landschaft." – „Die Erzählung Eurer Reise", sagte Klingsohr, „hat mir gestern abend eine angenehme Unterhaltung gewährt. Ich habe wohl gemerkt, daß der Geist der Dichtkunst Euer freundlicher Begleiter ist. Eure Gefährten sind unbemerkt seine Stimmen geworden. In der Nähe des Dichters bricht die Poesie überall aus. Das Land der Poesie, das romantische Morgenland, hat Euch mit seiner süßen Wehmut begrüßt; der Krieg hat Euch in seiner wilden Herrlichkeit angeredet, und die Natur und Geschichte sind Euch unter der Gestalt eines Bergmanns und eines Einsiedlers begegnet."

„Ihr vergeßt das Beste, lieber Meister, die himmlische Erscheinung der Liebe. Es hängt nur von Euch ab, diese Erscheinung mir auf ewig festzuhalten." – „Was meinst du", rief Klingsohr, indem er sich zu Mathilden wandte, die eben auf ihn zukam. „Hast du Lust, Heinrichs unzertrennliche Gefährtin zu sein? Wo du bleibst, bleibe ich auch." Mathilde erschrak, sie flog in die Arme ihres Vaters. Heinrich zitterte in unendlicher Freude. „Wird er mich denn ewig geleiten wollen, lieber Vater?" – „Frage ihn selbst", sagte Klingsohr gerührt. Sie sah Heinrichen mit der innigsten Zärtlichkeit an. „Meine Ewigkeit ist ja dein Werk", rief Heinrich, indem ihm die Tränen über die glühenden Wangen stürzten. Sie umschlangen sich zugleich. Klingsohr faßte sie in seine Arme. „Meine Kinder", rief er, „seid einander treu bis in den Tod! Liebe und Treue werden euer Leben zur ewigen Poesie machen."

Achtes Kapitel

Nachmittags führte Klingsohr seinen neuen Sohn, an dessen Glück seine Mutter und Großvater den zärtlichsten Anteil nahmen, und Mathilden wie seinen Schutzgeist verehrten, in seine Stube, und machte ihn mit den Büchern bekannt. Sie sprachen nachher von Poesie.
„Ich weiß nicht", sagte Klingsohr, „warum man es für Poesie nach gemeiner Weise hält, wenn man die Natur für einen Poeten ausgibt. Sie ist es nicht zu allen Zeiten. Es ist in ihr, wie in dem Menschen, ein entgegengesetztes Wesen, die dumpfe Begierde und die stumpfe Gefühllosigkeit und Trägheit, die einen rastlosen Streit mit der Poesie führen. Er wäre ein schöner Stoff zu einem Gedicht, dieser gewaltige Kampf. Manche Länder und Zeiten scheinen, wie die meisten Menschen, ganz unter der Botmäßigkeit dieser Feindin der Poesie zu stehen, dagegen in andern die Poesie einheimisch und überall sichtbar ist. Für den Geschichtschreiber sind die Zeiten dieses Kampfes äußerst merkwürdig, ihre Darstellung ein reizendes und belohnendes Geschäft. Es sind gewöhnlich die Geburtszeiten der Dichter. Der Widersacherin ist nichts unangenehmer, als daß sie der Poesie gegenüber selbst zu einer poetischen Person wird,

und nicht selten in der Hitze die Waffen mit ihr tauscht, und von ihrem eigenen heimtückischen Geschosse heftig getroffen wird, dahingegen die Wunden der Poesie, die sie von ihren eigenen Waffen erhält, leicht heilen und sie nur noch reizender und gewaltiger machen."
„Der Krieg überhaupt", sagte Heinrich, „scheint mir eine poetische Wirkung. Die Leute glauben sich für irgendeinen armseligen Besitz schlagen zu müssen, und merken nicht, daß sie der romantische Geist aufregt, um die unnützen Schlechtigkeiten durch sich selbst zu vernichten. Sie führen die Waffen für die Sache der Poesie, und beide Heere folgen *einer* unsichtbaren Fahne."
„Im Kriege", versetzte Klingsohr, „regt sich das Urgewässer. Neue Weltteile sollen entstehen, neue Geschlechter sollen aus der großen Auflösung anschießen. Der wahre Krieg ist der Religionskrieg; der geht geradezu auf Untergang, und der Wahnsinn der Menschen erscheint in seiner völligen Gestalt. Viele Kriege, besonders die vom Nationalhaß entspringen, gehören in die Klasse mit, und sie sind echte Dichtungen. Hier sind die wahren Helden zu Hause, die das edelste Gegenbild der Dichter, nichts anders, als unwillkürlich von Poesie durchdrungene Weltkräfte sind. Ein Dichter, der zugleich Held wäre, ist schon ein göttlicher Gesandter, aber seiner Darstellung ist unsere Poesie nicht gewachsen."
„Wie versteht Ihr das, lieber Vater?" sagte Heinrich. „Kann ein Gegenstand zu überschwenglich für die Poesie sein?"
„Allerdings. Nur kann man im Grunde nicht sagen, für die Poesie, sondern nur für unsere irdischen Mittel und Werkzeuge. Wenn es schon für einen einzelnen Dichter nur ein eigentümliches Gebiet gibt, innerhalb dessen er bleiben muß, um nicht alle Haltung und den Atem zu verlieren: so gibt es auch für die ganze Summe menschlicher Kräfte eine bestimmte Grenze der Darstellbarkeit, über welche hinaus die Darstellung die nötige Dichtigkeit und Gestaltung nicht behalten kann, und in ein leeres täuschendes Unding sich verliert. Besonders als Lehrling kann man nicht genug sich vor diesen Ausschweifungen hüten, da eine lebhafte Phantasie nur gar zu gern nach den Grenzen sich begibt, und übermütig das Unsinnliche, Übermäßige zu ergreifen und auszusprechen sucht. Reifere Erfahrung lehrt erst, jene Un-

verhältnismäßigkeit der Gegenstände zu vermeiden, und die Aufspürung des Einfachsten und Höchsten der Weltweisheit zu überlassen. Der ältere Dichter steigt nicht höher, als er es gerade nötig hat, um seinen mannigfaltigen Vorrat in eine leichtfaßliche Ordnung zu stellen, und hütet sich wohl, die Mannigfaltigkeit zu verlassen, die ihm Stoff genug und auch die nötigen Vergleichungspunkte darbietet. Ich möchte fast sagen, das Chaos muß in jeder Dichtung durch den regelmäßigen Flor der Ordnung schimmern. Den Reichtum der Erfindung macht nur eine leichte Zusammenstellung faßlich und anmutig, dagegen auch das bloße Ebenmaß die unangenehme Dürre einer Zahlenfigur hat. Die beste Poesie liegt uns ganz nahe, und ein gewöhnlicher Gegenstand ist nicht selten ihr liebster Stoff. Für den Dichter ist die Poesie an beschränkte Werkzeuge gebunden, und eben dadurch wird sie zur Kunst. Die Sprache überhaupt hat ihren bestimmten Kreis. Noch enger ist der Umfang einer besonderen Volkssprache. Durch Übung und Nachdenken lernt der Dichter seine Sprache kennen. Er weiß, was er mit ihr leisten kann, genau, und wird keinen törichten Versuch machen, sie über ihre Kräfte anzuspannen. Nur selten wird er alle ihre Kräfte in *einen* Punkt zusammen drängen, denn sonst wird er ermüdend, und vernichtet selbst die kostbare Wirkung einer gutangebrachten Kraftäußerung. Auf seltsame Sprünge richtet sie nur ein Gaukler, kein Dichter ab. Überhaupt können die Dichter nicht genug von den Musikern und Malern lernen. In diesen Künsten wird es recht auffallend, wie nötig es ist, wirtschaftlich mit den Hülfsmitteln der Kunst umzugehn, und wie viel auf geschickte Verhältnisse ankommt. Dagegen könnten freilich jene Künstler auch von uns die poetische Unabhängigkeit und den innern Geist jeder Dichtung und Erfindung, jedes echten Kunstwerks überhaupt, dankbar annehmen. Sie sollen poetischer und wir musikalischer und malerischer sein – beides nach der Art und Weise unserer Kunst. Der Stoff ist nicht der Zweck der Kunst, aber die Ausführung ist es. Du wirst selbst sehen, welche Gesänge dir am besten geraten, gewiß die, deren Gegenstände dir am geläufigsten und gegenwärtigsten sind. Daher kann man sagen, daß die Poesie ganz auf Erfahrung beruht. Ich weiß selbst, daß mir in jungen Jahren ein Gegenstand nicht leicht zu entfernt und zu unbekannt sein konnte, den ich nicht am liebsten besungen hätte. Was wurde es? ein leeres, armseliges Wortgeräusch, ohne einen Funken wahrer Poesie. Daher ist auch ein Märchen eine sehr schwierige Aufgabe, und selten wird ein junger Dichter sie gut lösen."

„Ich möchte gern eins von dir hören", sagte Heinrich. „Die wenigen, die ich gehört habe, haben mich unbeschreiblich ergötzt, so unbedeutend sie auch sein mochten."

„Ich will heute abend deinen Wunsch befriedigen. Es ist mir eins erinnerlich, was ich noch in ziemlich jungen Jahren machte, wovon es auch noch deutliche Spuren an sich trägt, indes wird es dich vielleicht desto lehrreicher unterhalten, und dich an manches erinnern, was ich dir gesagt habe."

„Die Sprache", sagte Heinrich, „ist wirklich eine kleine Welt in Zeichen und Tönen. Wie der Mensch sie beherrscht, so möchte er gern die große Welt beherrschen, und sich frei darin ausdrücken können. Und eben in dieser Freude, das, was außer der Welt ist, in ihr zu offenbaren, das tun zu können, was eigentlich der ursprüngliche Trieb unsers Daseins ist, liegt der Ursprung der Poesie."

„Es ist recht übel", sagte Klingsohr, „daß die Poesie einen besondern Namen hat, und die Dichter eine besondere Zunft ausmachen. Es ist gar nichts Besonderes. Es ist die eigentümliche Handlungsweise des menschlichen Geistes. Dichtet und trachtet nicht jeder Mensch in jeder Minute?" – Eben trat Mathilde ins Zimmer, als Klingsohr noch sagte: „Man betrachte nur die Liebe. Nirgends wird wohl die Notwendigkeit der Poesie zum Bestand der Menschheit so klar, als in ihr. Die Liebe ist stumm, nur die Poesie kann für sie sprechen. Oder die Liebe ist selbst nichts, als die höchste Naturpoesie. Doch ich will dir nicht Dinge sagen, die du besser weißt als ich."

„Du bist ja der Vater der Liebe", sagte Heinrich, indem er Mathilden umschlang, und beide seine Hand küßten.

Klingsohr umarmte sie und ging hinaus. „Liebe Mathilde", sagte Heinrich nach einem langen Kusse, „es ist mir wie ein Traum, daß du mein bist, aber noch wunderbarer ist mir es, daß du es nicht immer gewesen bist." – „Mich dünkt", sagte Mathilde, „ich kennte dich seit undenklichen Zeiten." – „Kannst du mich denn lieben?" – „Ich weiß nicht, was

Liebe ist, aber das kann ich dir sagen, daß mir ist, als finge ich erst jetzt zu leben an, und daß ich dir so gut bin, daß ich gleich für dich sterben wollte." – „Meine Mathilde, erst jetzt fühle ich, was es heißt unsterblich zu sein." – „Lieber Heinrich, wie unendlich gut bist du, welcher herrliche Geist spricht aus dir. Ich bin ein armes, unbedeutendes Mädchen." – „Wie du mich tief beschämst! bin ich doch nur durch dich, was ich bin. Ohne dich wäre ich nichts. Was ist ein Geist ohne Himmel, und du bist der Himmel, der mich trägt und erhält." – „Welches selige Geschöpf wäre ich, wenn du so treu wärst, wie mein Vater. Meine Mutter starb kurz nach meiner Geburt; mein Vater weint fast alle Tage noch um sie." – „Ich verdiene es nicht, aber möchte ich glücklicher sein als er." – „Ich lebte gern recht lange an deiner Seite, lieber Heinrich. Ich werde durch dich gewiß viel besser." – „Ach! Mathilde, auch der Tod wir uns nicht trennen." – „Nein, Heinrich, wo ich bin, wirst du sein." – „Ja wo du bist, Mathilde, werd' ich ewig sein." – „Ich begreife nichts von der Ewigkeit, aber ich dächte, das müßte die Ewigkeit sein, was ich empfinde, wenn ich an dich denke." – „Ja Mathilde, wir sind ewig, weil wir uns lieben." – „Du glaubst nicht Lieber, wie inbrünstig ich heute früh, wie wir nach Hause kamen, vor dem Bilde der himmlischen Mutter niederkniete, wie unsäglich ich zu ihr gebetet habe. Ich glaubte in Tränen zu zerfließen. Es kam mir vor, als lächelte sie mir zu. Nun weiß ich erst, was Dankbarkeit ist." – „O Geliebte, der Himmel hat dich mir zur Verehrung gegeben. Ich bete dich an. Du bist die Heilige, die meine Wünsche zu Gott bringt, durch die er sich mir offenbart, durch die er mir die Fülle seiner Liebe kund tut. Was ist die Religion, als ein unendliches Einverständnis, eine ewige Vereinigung liebender Herzen? Wo zwei versammelt sind, ist er ja unter ihnen. Ich habe ewig an dir zu atmen; meine Brust wird nie aufhören dich in sich zu ziehn. Du bist die göttliche Herrlichkeit, das ewige Leben in der lieblichsten Hülle." – „Ach! Heinrich, du weißt das Schicksal der Rosen; wirst du auch die welken Lippen, die bleichen Wangen mit Zärtlichkeit an deine Lippen drücken? Werden die Spuren des Alters nicht die Spuren der vorübergegangenen Liebe sein?" – „O! könntest du durch meine Augen in mein Gemüt sehn! aber du liebst mich und so glaubst du mir auch. Ich begreife das nicht, was man von der Vergänglichkeit der Reize sagt. O! sie sind unverwelklich. Was mich so unzertrennlich zu dir zieht, was ein ewiges Verlangen in mir geweckt hat, das ist nicht aus dieser Zeit. Könntest du nur sehn, wie du mir erscheinst, welches wunderbare Bild deine Gestalt durchdringt und mir überall entgegen leuchtet, du würdest kein Alter fürchten. Deine irdische Gestalt ist nur ein Schatten dieses Bildes. Die irdischen Kräfte ringen und quellen um es festzuhalten, aber die Natur ist noch unreif; das Bild ist ein ewiges Urbild, ein Teil der unbekannten heiligen Welt." – „Ich verstehe dich, lieber Heinrich, denn ich sehe etwas Ähnliches, wenn ich dich anschaue." – „Ja Mathilde, die höhere Welt ist uns näher, als wir gewöhnlich denken. Schon hier leben wir in ihr, und wir erblicken sie auf das innigste mit der irdischen Natur verwebt." – „Du wirst mir noch viel herrliche Sachen offenbaren, Geliebtester." – „O! Mathilde, von dir allein kommt mir die Gabe der Weissagung. Alles ist ja dein, was ich habe; deine Liebe wird mich in die Heiligtümer des Lebens, in das Allerheiligste des Gemüts führen; du wirst mich zu den höchsten Anschauungen begeistern. Wer weiß, ob unsre Liebe nicht dereinst noch zu Flammenfittichen wird, die uns aufheben, und uns in unsre himmlische Heimat tragen, ehe das Alter und der Tod uns erreichen. Ist es nicht schon ein Wunder, daß du mein bist, daß ich dich in meinen Armen halte, daß du mich liebst und ewig mein sein willst?" – „Auch mir ist jetzt alles glaublich, und ich fühle ja so deutlich eine stille Flamme in mir lodern; wer weiß, ob sie uns nicht verklärt, und die irdischen Banden allmählich auflöst. Sage mir nur, Heinrich, ob du auch schon das grenzenlose Vertrauen zu mir hast, was ich zu dir habe. Noch nie hab' ich so etwas gefühlt, selbst nicht gegen meinen Vater, den ich doch so unendlich liebe." – „Liebe Mathilde, es peinigt mich ordentlich, daß ich dir nicht alles auf einmal sagen, daß ich dir nicht gleich mein ganzes Herz auf einmal hingeben kann. Es ist auch zum erstenmal in meinem Leben, daß ich ganz offen bin. Keinen Gedanken, keine Empfindung kann ich vor dir mehr geheim haben; du mußt alles wissen. Mein ganzes Wesen soll sich mit dem deinigen vermischen. Nur die grenzenloseste Hingebung kann meiner Liebe genügen. In ihr besteht sie ja. Sie ist ja ein geheimnisvolles Zusammenfließen unsers geheimsten und eigentümlichsten Daseins." – „Heinrich, so können sich noch nie zwei Menschen geliebt haben." – „Ich kanns nicht glauben. Es gab ja noch keine Mathilde." – „Auch keinen Heinrich." – „Ach! schwör es mir noch einmal, daß du ewig mein bist; die Liebe ist eine endlose Wiederholung." – „Ja, Heinrich, ich schwöre ewig dein zu sein, bei der unsichtbaren Gegenwart meiner guten Mutter." – „Ich schwöre ewig dein zu sein, Mathilde, so wahr die Liebe die Gegenwart Gottes bei uns ist." Eine lange Umarmung, unzählige Küsse besiegelten den ewigen Bund des seligen Paars.

Neuntes Kapitel

Abends waren einige Gäste da; der Großvater trank die Gesundheit des jungen Brautpaars, und versprach bald ein schönes Hochzeitfest auszurichten. „Was hilft das lange Zaudern", sagte der Alte. „Frühe Hochzeiten, lange Liebe. Ich habe immer gesehn, daß Ehen, die früh geschlossen wurden, am glücklichsten waren. In spätern Jahren ist gar keine solche Andacht mehr im Ehestande, als in der Jugend. Eine gemeinschaftlich genoßne Jugend ist ein unzerreißliches Band. Die Erinnerung ist der sicherste Grund der Liebe." Nach Tische kamen mehrere. Heinrich bat seinen neuen Vater um die Erfüllung seines Versprechens. Klingsohr sagte zu der Gesellschaft: „Ich habe heute Heinrichen versprochen ein Märchen zu erzählen. Wenn ihr es zufrieden seid, so bin ich bereit." – „Das ist ein kluger Einfall von Heinrich", sagte Schwaning. „Ihr habt lange nichts von Euch hören lassen." Alle setzten sich um das lodernde Feuer im Kamin. Heinrich saß dicht bei Mathilden, und schlang seinen Arm um sie. Klingsohr begann:
„Die lange Nacht war eben angegangen. Der alte Held schlug an seinen Schild, daß es weit umher in den öden Gassen der Stadt erklang. Er wiederholte das Zeichen dreimal. Da fingen die hohen bunten Fenster des Palastes an von innen heraus helle zu werden, und ihre Figuren bewegten sich. Sie bewegten sich lebhafter, je stärker das rötliche Licht ward, das die Gassen zu erleuchten begann. Auch sah man allmählich die gewaltigen Säulen und Mauern selbst

sich erhellen; endlich standen sie im reinsten, milchblauen Schimmer, und spielten mit den sanftesten Farben. Die ganze Gegend ward nun sichtbar, und der Widerschein der Figuren, das Getümmel der Spieße, der Schwerter, der Schilder, und der Helme, die sich nach hier und da erscheinenden Kronen, von allen Seiten neigten, und endlich wie diese verschwanden, und einem schlichten, grünen Kranze Platz machten, um diesen her einen weiten Kreis schlossen: alles dies spiegelte sich in dem starren Meere, das den Berg umgab, auf dem die Stadt lag, und auch der ferne hohe Berggürtel, der sich rund um das Meer herzog, ward bis in die Mitte mit einem milden Abglanz überzogen. Man konnte nichts deutlich unterscheiden; doch hörte man ein wunderliches Getöse herüber, wie aus einer fernen ungeheuren Werkstatt. Die Stadt erschien dagegen hell und klar. Ihre glatten, durchsichtigen Mauern warfen die schönen Strahlen zurück, und das vortreffliche Ebenmaß, der edle Stil aller Gebäude, und ihre schöne Zusammenordnung kam zum Vorschein. Vor allen Fenstern standen zierliche Gefäße von Ton, voll der mannigfaltigsten Eis- und Schneeblumen, die auf das anmutigste funkelten.
Am herrlichsten nahm sich auf dem großen Platze vor dem Palaste der Garten aus, der aus Metallbäumen und Kristallpflanzen bestand, und mit bunten Edelsteinblüten und Früchten übersäet war. Die Mannigfaltigkeit und Zierlichkeit der Gestalten, und die Lebhaftigkeit der Lichter und Farben gewährten das herrlichste Schauspiel, dessen Pracht durch einen hohen Springquell in der Mitte des Gartens, der zu Eis erstarrt war, vollendet wurde. Der alte Held ging vor den Toren des Palastes langsam vorüber. Eine Stimme rief seinen Namen im Innern. Er lehnte sich an das Tor, das mit einem sanften Klange sich öffnete, und trat in den Saal. Seinen Schild hielt er vor die Augen. ‚Hast du noch nichts entdeckt?' sagte die schöne Tochter Arcturs, mit klagender Stimme. Sie lag an seidnen Polstern auf einem Throne, der von einem großen Schwefelkristall künstlich erbaut war, und einige Mädchen rieben emsig ihre zarten Glieder, die wie aus Milch und Purpur zusammengeflossen schienen. Nach allen Seiten strömte unter den Händen der Mädchen das reizende Licht von ihr aus, was den Palast so wundersam erleuchtete. Ein duftender Wind wehte im Saale. Der

Held schwieg. ‚Laß mich deinen Schild berühren', sagte sie sanft. Er näherte sich dem Throne und betrat den köstlichen Teppich. Sie ergriff seine Hand, drückte sie mit Zärtlichkeit an ihren himmlischen Busen und rührte seinen Schild an. Seine Rüstung klang, und eine durchdringende Kraft beseelte seinen Körper. Seine Augen blitzten und das Herz pochte hörbar an den Panzer. Die schöne Freya schien heiterer, und das Licht ward brennender, das von ihr ausströmte. ‚Der König kommt', rief ein prächtiger Vogel, der im Hintergrunde des Thrones saß. Die Dienerinnen legten eine himmelblaue Decke über die Prinzessin, die sie bis über den Busen bedeckte. Der Held senkte seinen Schild und sah nach der Kuppel hinauf, zu welcher zwei breite Treppen von beiden Seiten des Saals sich hinaufschlangen. Eine leise Musik ging dem Könige voran, der bald mit einem zahlreichen Gefolge in der Kuppel erschien und herunterkam.

Der schöne Vogel entfaltete seine glänzenden Schwingen, bewegte sie sanft und sang, wie mit tausend Stimmen, dem Könige entgegen:

Nicht lange wird der schöne Fremde säumen.
Die Wärme naht, die Ewigkeit beginnt.
Die Königin erwacht aus langen Träumen,
Wenn Meer und Land in Liebesglut zerrinnt.
Die kalte Nacht wird diese Stätte räumen,
Wenn Fabel erst das alte Recht gewinnt.
In Freyas Schoß wird sich die Welt entzünden
Und jede Sehnsucht ihre Sehnsucht finden.

Der König umarmte seine Tochter mit Zärtlichkeit. Die Geister der Gestirne stellten sich um den Thron, und der Held nahm in der Reihe seinen Platz ein. Eine unzählige Menge Sterne füllten den Saal in zierlichen Gruppen. Die Dienerinnen brachten einen Tisch und ein Kästchen, worin eine Menge Blätter lagen, auf denen heilige tiefsinnige Zeichen standen, die aus lauter Sternbildern zusammengesetzt waren. Der König küßte ehrfurchtsvoll diese Blätter, mischte sie sorgfältig untereinander, und reichte seiner Tochter einige zu. Die andern behielt er für sich. Die Prinzessin zog sie nach der Reihe heraus und legte sie auf den

Tisch, dann betrachtete der König die seinigen genau, und wählte mit vielem Nachdenken, ehe er eins dazu hinlegte. Zuweilen schien er gezwungen zu sein, dies oder jenes Blatt zu wählen. Oft aber sah man ihm die Freude an, wenn er durch ein gutgetroffenes Blatt eine schöne Harmonie der Zeichen und Figuren legen konnte. Wie das Spiel anfing, sah man an allen Umstehenden Zeichen der lebhaftesten Teilnahme, und die sonderbarsten Mienen und Gebärden, gleichsam als hätte jeder ein unsichtbares Werkzeug in Händen, womit er eifrig arbeite. Zugleich ließ sich eine sanfte, aber tief bewegende Musik in der Luft hören, die von den im Saale sich wunderlich durcheinander schlingenden Sternen, und den übrigen sonderbaren Bewegungen zu entstehen schien. Die Sterne schwangen sich, bald langsam bald schnell, in beständig veränderten Linien umher, und bildeten, nach dem Gange der Musik, die Figuren der Blätter auf das kunstreichste nach. Die Musik wechselte, wie die Bilder auf dem Tische, unaufhörlich, und so wunderlich und hart auch die Übergänge nicht selten waren, so schien doch nur *ein* einfaches Thema das Ganze zu verbinden. Mit einer unglaublichen Leichtigkeit flogen die Sterne den Bildern nach. Sie waren bald in *einer* großen Verschlingung, bald wieder in einzelne Haufen schön geordnet, bald zerstäubte der lange Zug, wie ein Strahl, in unzählige Funken, bald kam durch immer wachsende kleinere Kreise und Muster wieder *eine* große, überraschende Figur zum Vorschein. Die bunten Gestalten in den Fenstern bleiben während dieser Zeit ruhig stehen. Der Vogel bewegte unaufhörlich die Hülle seiner kostbaren Federn auf die mannigfaltigste Weise. Der alte Held hatte bisher auch sein unsichtbares Geschäft emsig betrieben, als auf einmal der König voll Freuden ausrief: ‚Es wird alles gut. Eisen, wirf du dein Schwert in die Welt, daß sie erfahren, wo der Friede ruht.' Der Held riß das Schwert von der Hüfte, stellte es mit der Spitze gen Himmel, dann ergriff er es und warf es aus dem geöffneten Fenster über die Stadt und das Eismeer. Wie ein Komet flog es durch die Luft, und schien an dem Berggürtel mit hellem Klange zu zersplittern, denn es fiel in lauter Funken herunter.

Zu der Zeit lag der schöne Knabe Eros in seiner Wiege und schlummerte sanft, während Ginnistan seine Amme die

Wiege schaukelte und seiner Milchschwester Fabel die Brust reichte. Ihr buntes Halstuch hatte sie über die Wiege ausgebreitet, daß die hellbrennende Lampe, die der Schreiber vor sich stehen hatte, das Kind mit ihrem Scheine nicht beunruhigen möchte. Der Schreiber schrieb unverdrossen, sah sich nur zuweilen mürrisch nach den Kindern um, und schnitt der Amme finstere Gesichter, die ihn gutmütig anlächelte und schwieg.
Der Vater der Kinder ging immer ein und aus, indem er jedesmal die Kinder betrachtete und Ginnistan freundlich begrüßte. Er hatte unaufhörlich dem Schreiber etwas zu sagen. Dieser vernahm ihn genau, und wenn er es aufgezeichnet hatte, reichte er die Blätter einer edlen, göttergleichen Frau hin, die sich an einen Altar lehnte, auf welchem eine dunkle Schale mit klarem Wasser stand, in welches sie mit heiterm Lächeln blickte. Sie tauchte die Blätter jedesmal hinein, und wenn sie beim Herausziehn gewahr wurde, daß einige Schrift stehen geblieben und glänzend geworden war, so gab sie das Blatt dem Schreiber zurück, der es in ein großes Buch heftete, und oft verdrießlich zu sein schien, wenn seine Mühe vergeblich gewesen und alles ausgelöscht war. Die Frau wandte sich zuzeiten gegen Ginnistan und die Kinder, tauchte den Finger in die Schale, und sprützte einige Tropfen auf sie hin, die, sobald sie die Amme, das Kind, oder die Wiege berührten, in einen blauen Dunst zerrannen, der tausend seltsame Bilder zeigte, und beständig um sie herzog und sich veränderte. Traf einer davon zufällig auf den Schreiber, so fielen eine Menge Zahlen und geometrische Figuren nieder, die er mit vieler Emsigkeit auf einen Faden zog, und sich zum Zierat um den magern Hals hing. Die Mutter des Knaben, die wie die Anmut und Lieblichkeit selbst aussah, kam oft herein. Sie schien beständig beschäftigt, und trug immer irgendein Stück Hausgeräte mit sich hinaus: bemerkte es der argwöhnische und mit spähenden Blicken sie verfolgende Schreiber, so begann er eine lange Strafrede, auf die aber kein Mensch achtete. Alle schienen seiner unnützen Widerreden gewohnt. Die Mutter gab auf einige Augenblicke der kleinen Fabel die Brust; aber bald ward sie wieder abgerufen, und dann nahm Ginnistan das Kind zurück, das an ihr lieber zu trinken schien. Auf einmal brachte der Vater ein zar-

tes eisernes Stäbchen herein, das er im Hofe gefunden hatte. Der Schreiber besah es und drehte es mit vieler Lebhaftigkeit herum, und brachte bald heraus, daß es sich von selbst, in der Mitte an einem Faden aufgehängt, nach Norden drehe. Ginnistan nahm es auch in die Hand, bog es, drückte es, hauchte es an, und hatte ihm bald die Gestalt einer Schlange gegeben, die sich nun plötzlich in den Schwanz biß. Der Schreiber ward bald des Betrachtens überdrüssig. Er schrieb alles genau auf, und war sehr weitläufig über den Nutzen, den dieser Fund gewähren könne. Wie ärgerlich war er aber, als sein ganzes Schreibwerk die Probe nicht bestand, und das Papier weiß aus der Schale hervorkam. Die Amme spielte fort. Zuweilen berührte sie die Wiege damit, da fing der Knabe an wach zu werden, schlug die Decke zurück, hielt die eine Hand gegen das Licht, und langte mit der andern nach der Schlange. Wie er sie erhielt, sprang er rüstig, daß Ginnistan erschrak, und der Schreiber beinah vor Entsetzen vom Stuhle fiel, aus der Wiege, stand, nur von seinen langen goldnen Haaren bedeckt, im Zimmer, und betrachtete mit unaussprechlicher Freude das Kleinod, das sich in seinen Händen nach Norden ausstreckte, und ihn heftig im Innern zu bewegen schien. Zusehends wuchs er.

‚Sophie', sagte er mit rührender Stimme zu der Frau, laß mich aus der Schale trinken. Sie reichte sie ihm ohne Anstand, und er konnte nicht aufhören zu trinken, indem die Schale sich immer voll zu erhalten schien. Endlich gab er sie zurück, indem er die edle Frau innig umarmte. Er herzte Ginnistan, und bat sie um das bunte Tuch, das er sich anständig um die Hüften band. Die kleine Fabel nahm er auf den Arm. Sie schien unendliches Wohlgefallen an ihm zu haben, und fing zu plaudern an. Ginnistan machte sich viel um ihn zu schaffen. Sie sah äußerst reizend und leichtfertig aus, und drückte ihn mit der Innigkeit einer Braut an sich. Sie zog ihn mit heimlichen Worten nach der Kammertür, aber Sophie winkte ernsthaft und deutete nach der Schlange; da kam die Mutter herein, auf die er sogleich zuflog und sie mit heißen Tränen bewillkommte. Der Schreiber war ingrimmig fortgegangen. Der Vater trat herein, und wie er Mutter und Sohn in stiller Umarmung sah, trat er hinter ihren Rücken zur reizenden Ginnistan, und liebkoste ihr. Sophie stieg die Treppe hinauf. Die kleine Fabel nahm die Feder des Schreibers und fing zu schreiben an. Mutter und Sohn vertieften sich in ein leises Gespräch, und der Vater schlich sich mit Ginnistan in die Kammer, um sich von den Geschäften des Tags in ihren Armen zu erholen. Nach geraumer Zeit kam Sophie zurück. Der Schreiber trat herein. Der Vater kam aus der Kammer und ging an seine Geschäfte. Ginnistan kam mit glühenden Wangen zurück. Der Schreiber jagte die kleine Fabel mit vielen Schmähungen von seinem Sitze, und hatte einige Zeit nötig seine Sachen in Ordnung zu bringen. Er reichte Sophien die von Fabel vollgeschriebenen Blätter, um sie rein zurück zu erhalten, geriet aber bald in den äußersten Unwillen, wie Sophie die Schrift völlig glänzend und unversehrt aus der Schale zog und sie ihm hinlegte. Fabel schmiegte sich an ihre Mutter, die sie an die Brust nahm, und das Zimmer aufputzte, die Fenster öffnete, frische Luft hereinließ und Zubereitungen zu einem köstlichen Mahle machte. Man sah durch die Fenster die herrlichsten Aussichten und einen heitern Himmel über die Erde gespannt. Auf dem Hofe war der Vater in voller Tätigkeit. Wenn er müde war, sah er hinauf ans Fenster, wo Ginnistan stand, und ihm allerhand Näschereien herunterwarf. Die Mutter und der Sohn gingen hinaus, um überall zu helfen und den gefaßten Entschluß vorzubereiten. Der Schreiber rührte die Feder, und machte immer eine Fratze, wenn er genötigt war, Ginnistan um etwas zu fragen, die ein sehr gutes Gedächtnis hatte, und alles behielt, was sich zutrug. Eros kam bald in schöner Rüstung, um die das bunte Tuch wie eine Schärpe gebunden war, zurück, und bat Sophie um Rat, wann und wie er seine Reise antreten solle. Der Schreiber war vorlaut, und wollte gleich mit einem ausführlichen Reiseplan dienen, aber seine Vorschläge wurden überhört. ‚Du kannst sogleich reisen; Ginnistan mag dich begleiten‘, sagte Sophie; ‚sie weiß mit den Wegen Bescheid, und ist überall gut bekannt. Sie wird die Gestalt deiner Mutter annehmen, um dich nicht in Versuchung zu führen. Findest du den König, so denke an mich: dann komme ich um dir zu helfen.‘

Ginnistan tauschte ihre Gestalt mit der Mutter, worüber der Vater sehr vergnügt zu sein schien; der Schreiber freute sich, daß die beiden fortgingen; besonders da ihm Ginnistan ihr Taschenbuch zum Abschiede schenkte, worin die Chronik des Hauses umständlich aufgezeichnet war; nur blieb ihm die kleine Fabel ein Dorn im Auge, und er hätte, um seiner Ruhe und Zufriedenheit willen, nichts mehr gewünscht, als daß auch sie unter der Zahl der Abreisenden sein möchte. Sophie segnete die Niederknienden ein, und gab ihnen ein Gefäß voll Wasser aus der Schale mit; die Mutter war sehr bekümmert. Die kleine Fabel wäre gern mitgegangen, und der Vater war zu sehr außer dem Hause beschäftigt, als daß er lebhaften Anteil hätte nehmen sollen. Es war Nacht, wie sie abreisten, und der Mond stand hoch am Himmel. ‚Lieber Eros', sagte Ginnistan, ‚wir müssen eilen, daß wir zu meinem Vater kommen, der mich lange nicht gesehn und so sehnsuchtsvoll mich überall auf der Erde gesucht hat. Siehst du wohl sein bleiches abgehärmtes Gesicht? Dein Zeugnis wird mich ihm in der fremden Gestalt kenntlich machen.'

Die Liebe ging auf dunkler Bahn
Vom Monde nur erblickt,
Das Schattenreich war aufgetan
Und seltsam aufgeschmückt.

Ein blauer Dunst umschwebte sie
Mit einem goldnen Rand,
Und eilig zog die Phantasie
Sie über Strom und Land.

Es hob sich ihre volle Brust
In wunderbarem Mut;
Ein Vorgefühl der künft'gen Lust
Besprach die wilde Glut.

Die Sehnsucht klagt' und wußt' es nicht,
Daß Liebe näher kam,
Und tiefer grub in ihr Gesicht
Sich hoffnungsloser Gram.

Die kleine Schlange blieb getreu:
Sie wies nach Norden hin,
Und beide folgten sorgenfrei
Der schönen Führerin.

Die Liebe ging durch Wüstenein
Und durch der Wolken Land,
Trat in den Hof des Mondes ein
Die Tochter an der Hand.

Er saß auf seinem Silberthron,
Allein mit seinem Harm;
Da hört' er seines Kindes Ton,
Und sank in ihren Arm.

Eros stand gerührt bei den zärtlichen Umarmungen. Endlich sammelte sich der alte erschütterte Mann, und bewillkommte seinen Gast. Er ergriff sein großes Horn und stieß mit voller Macht hinein. Ein gewaltiger Ruf dröhnte durch die uralte Burg. Die spitzen Türme mit ihren glänzenden Knöpfen und die tiefen schwarzen Dächer schwankten. Die Burg stand still, denn sie war auf das Gebirge jenseits des Meers gekommen. Von allen Seiten strömten seine Diener herzu, deren seltsame Gestalten und Trachten Ginnistan unendlich ergötzten, und den tapfern Eros nicht erschreckten. Erstere grüßte ihre alten Bekannten, und alle erschienen vor ihr mit neuer Stärke und in der ganzen Herrlichkeit ihrer Naturen. Der ungestüme Geist der Flut folgte der sanften Ebbe. Die alten Orkane legten sich an die klopfende Brust der heißen leidenschaftlichen Erdbeben. Die zärtlichen Regenschauer sahen sich nach dem bunten Bogen um, der von der Sonne, die ihn mehr anzieht, entfernt, bleich dastand. Der rauhe Donner schallt über die Torheiten der Blitze, hinter den unzähligen Wolken hervor, die mit tausend Reizen dastanden und die feurigen Jünglinge lockten. Die beiden lieblichen Schwestern, Morgen und Abend, freuten sich vorzüglich über die beiden Ankömmlinge. Sie weinten sanfte Tränen in ihren Umarmungen. Unbeschreiblich war der Anblick dieses wunderlichen Hofstaats. Der alte König konnte sich an seiner Tochter nicht satt sehen. Sie fühlte sich zehnfach glücklich in ihrer väterlichen Burg, und ward nicht müde die bekannten Wunder und Seltenheiten zu beschauen. Ihre Freude war ganz unbeschreiblich, als ihr der König den Schlüssel zur Schatzkammer und die Erlaubnis gab, ein Schauspiel für Eros darin zu veranstalten, das ihn so lange unterhalten könnte, bis das Zeichen des Aufbruchs gegeben würde. Die Schatzkammer war ein großer Garten, dessen Mannigfaltigkeit und Reichtum alle Beschreibung übertraf. Zwischen den ungeheuren Wetterbäumen lagen unzählige Luftschlösser von überraschender Bauart, eins immer köstlicher, als das andere. Große Herden von Schäfchen, mit silberweißer, goldner und rosenfarbner Wolle irrten umher, und die sonderbarsten Tiere belebten den Hain. Merkwürdige Bilder standen hie und da, und die festlichen Aufzüge, die seltsamen Wagen, die überall zum Vorschein kamen, beschäftigten die Aufmerksamkeit unaufhörlich. Die Beete standen voll der buntesten Blumen. Die Gebäude waren gehäuft voll von Waffen aller Art, voll der schönsten Teppiche, Tapeten, Vorhänge, Trinkgeschirre und aller Arten von Geräten und Werkzeugen, in unübersehlichen Reihen. Auf einer Anhöhe erblickten sie ein romantisches Land, das mit Städten und Burgen, mit Tempeln und Begräbnissen übersäet war, und alle Anmut bewohnter Ebenen mit den furchtbaren Reizen der Einöde und schroffer Felsengegenden vereinigte. Die schönsten Farben waren in den glücklichsten Mischungen. Die Bergspitzen glänzten wie Luftfeuer in ihren Eis- und Schneehüllen. Die Ebene lachte im frischesten Grün. Die Ferne schmückte sich mit allen Veränderungen von Blau, und aus der Dunkelheit des Meeres wehten unzählige bunte Wimpel von zahlreichen Flotten. Hier sah man einen Schiffbruch im Hintergrunde, und vorne ein ländliches fröhliches Mahl von Landleuten; dort den schrecklich schönen Ausbruch eines Vulkans, die Verwüstungen des Erdbebens, und im Vordergrunde ein liebendes Paar unter schattenden Bäumen in den süßesten Liebkosungen. Abwärts eine fürchterliche Schlacht, und unter ihr ein Theater voll der lächerlichsten Masken. Nach einer andern Seite im Vordergrunde einen jugendlichen Leichnam auf der Bahre, die ein trostloser Geliebter festhielt, und die weinenden Eltern daneben; im Hintergrunde eine liebliche Mutter mit dem Kinde an der Brust und Engel sitzend zu ihren Füßen, und aus den Zweigen über ihrem Haupt herunterblickend. Die Szenen verwandelten sich unaufhörlich, und flossen endlich in eine große geheimnisvolle Vorstellung zusammen. Himmel und Erde waren in vollem Aufruhr. Alle Schrecken waren losgebrochen.

Eine gewaltige Stimme rief zu den Waffen. Ein entsetzliches Heer von Totengerippen, mit schwarzen Fahnen, kam wie ein Sturm von dunkeln Bergen herunter, und griff das Leben an, das mit seinen jugendlichen Scharen in der hellen Ebene in muntern Festen begriffen war, und sich keines Angriffs versah. Es entstand ein entsetzliches Getümmel, die Erde zitterte; der Sturm brauste, und die Nacht ward von fürchterlichen Meteoren erleuchtet. Mit unerhörten Grausamkeiten zerriß das Heer der Gespenster die zarten Glieder der Lebendigen. Ein Scheiterhaufen türmte sich empor, und unter dem grausenvollsten Geheul wurden die Kinder des Lebens von den Flammen verzehrt. Plötzlich brach aus dem dunklen Aschenhaufen ein milchblauer Strom nach allen Seiten aus. Die Gespenster wollten die Flucht ergreifen, aber die Flut wuchs zusehends, und verschlang die scheußliche Brut. Bald waren alle Schrecken vertilgt. Himmel und Erde flossen in süße Musik zusammen. Eine wunderschöne Blume schwamm glänzend auf den sanften Wogen. Ein glänzender Bogen schloß sich über die Flut auf welchem göttliche Gestalten auf prächtigen Thronen, nach beiden Seiten herunter, saßen. Sophie saß zu oberst, die Schale in der Hand, neben einem herrlichen Manne, mit einem Eichenkranze um die Locken, und einer Friedenspalme statt des Zepters in der Rechten. Ein Lilienblatt bog sich über den Kelch der schwimmenden Blume; die kleine Fabel saß auf demselben, und sang zur Harfe die süßesten Lieder. In dem Kelche lag Eros selbst, über ein schönes schlummerndes Mädchen hergebeugt, die ihn fest umschlungen hielt. Eine kleinere Blüte schloß sich um beide her, so daß sie von den Hüften an in *eine* Blume verwandelt zu sein schienen.

Eros dankte Ginnistan mit tausend Entzücken. Er umarmte sie zärtlich, und sie erwiderte seine Liebkosungen. Ermüdet von der Beschwerde des Weges und den mannigfaltigen Gegenständen, die er gesehen hatte, sehnte er sich nach Bequemlichkeit und Ruhe. Ginnistan, die sich von dem schönen Jüngling lebhaft angezogen fühlte, hütete sich wohl, des Trankes zu erwähnen, den Sophie ihm mitgegeben hatte. Sie führte ihn zu einem abgelegenen Bade, zog ihm die Rüstung aus, und zog selbst ein Nachtkleid an, in welchem sie fremd und verführerisch aussah. Eros tauchte sich in die gefährlichen Wellen, und stieg berauscht wieder heraus. Ginnistan trocknete ihn, und rieb seine starken, von Jugendkraft gespannten Glieder. Er gedachte mit glühender Sehnsucht seiner Geliebten, und umfaßte in süßem Wahne die reizende Ginnistan. Unbesorgt überließ er sich seiner ungestümen Zärtlichkeit, und schlummerte endlich nach den wollüstigen Genüssen an dem reizenden Busen seiner Begleiterin ein.

Unterdessen war zu Hause eine traurige Veränderung vorgegangen. Der Schreiber hatte das Gesinde in eine gefährliche Verschwörung verwickelt. Sein feindseliges Gemüt hatte längst Gelegenheit gesucht, sich des Hausregiments zu bemächtigen, und sein Joch abzuschütteln. Er hatte sie gefunden. Zuerst bemächtigte sich sein Anhang der Mutter, die in eiserne Bande gelegt wurde. Der Vater ward bei Wasser und Brot ebenfalls hingesetzt. Die kleine Fabel hörte den Lärm im Zimmer. Sie verkroch sich hinter dem Altare, und wie sie bemerkte, daß eine Tür an seiner Rückseite verborgen war, so öffnete sie dieselbe mit vieler Behendigkeit, und fand, daß eine Treppe in ihm hinunterging. Sie zog die Tür nach sich, und stieg im Dunkeln die Treppe hinunter. Der Schreiber stürzte mit Ungestüm herein, um sich an der kleinen Fabel zu rächen, und Sophien gefangenzunehmen. Beide waren nicht zu finden. Die Schale fehlte auch, und in seinem Grimme zerschlug er den Altar in tausend Stücke, ohne jedoch die heimliche Treppe zu entdecken.

Die kleine Fabel stieg geraume Zeit. Endlich kam sie auf einen freien Platz hinaus, der rund herum mit einer prächtigen Kolonnade geziert, und durch ein großes Tor geschlossen war. Alle Figuren waren hier dunkel. Die Luft war wie ein ungeheurer Schatten; am Himmel stand ein schwarzer strahlender Körper. Man konnte alles auf das deutlichste unterscheiden, weil jede Figur einen andern Anstrich von Schwarz zeigte, und einen lichten Schein hinter sich warf; Licht und Schatten schienen hier ihre Rollen vertauscht zu haben. Fabel freute sich in einer neuen Welt zu sein. Sie besah alles mit kindlicher Neugierde. Endlich kam sie an das Tor, vor welchem auf einem massiven Postument eine schöne Sphinx lag.

‚Was suchst du?' sagte die Sphinx. ‚Mein Eigentum', erwiderte Fabel. – ‚Wo kommst du her?' – ‚Aus alten Zeiten.' – ‚Du bist noch ein Kind.' – ‚Und werde ewig ein Kind sein.'

– ‚Wer wird dir beistehn?‘ – ‚Ich stehe für mich. Wo sind die Schwestern?‘ fragte Fabel. – ‚Überall und nirgends‘, gab die Sphinx zur Antwort. – ‚Kennst du mich?‘ – ‚Noch nicht.‘ – ‚Wo ist die Liebe?‘ – ‚In der Einbildung.‘ – ‚Und Sophie?‘ – Die Sphinx murmelte unvernehmlich vor sich hin, und rauschte mit den Flügeln. ‚Sophie und Liebe‘, rief triumphierend Fabel, und ging durch das Tor. Sie trat in die ungeheure Höhle, und ging fröhlich auf die alten Schwestern zu, die bei der kärglichen Nacht einer schwarzbrennenden Lampe ihr wunderliches Geschäft trieben. Sie taten nicht, als ob sie den kleinen Gast bemerkten, der mit artigen Liebkosungen sich geschäftig um sie erzeigte. Endlich krächzte die eine mit rauhen Worten und scheelem Gesicht: ‚Was willst du hier, Müßiggängerin? wer hat dich eingelassen? Dein kindisches Hüpfen bewegt die stille Flamme. Das Öl verbrennt unnützerweise. Kannst du dich nicht hinsetzen und etwas vornehmen?‘ – ‚Schöne Base‘, sagte Fabel, ‚am Müßiggehn ist mir nichts gelegen. Ich mußte recht über eure Türhüterin lachen. Sie hätte mich gern an die Brust genommen, aber sie mußte zu viel gegessen haben, sie konnte nicht aufstehn. Laßt mich vor der Tür sitzen, und gebt mir etwas zu spinnen; denn hier kann ich nicht gut sehen, und wenn ich spinne, muß ich singen und plaudern dürfen, und das könnte euch in euren ernsthaften Gedanken stören.‘ – ‚Hinaus sollst du nicht, aber in der Nebenkammer bricht ein Strahl der Oberwelt durch die Felsritzen, da magst du spinnen, wenn du so geschickt bist; hier liegen ungeheure Haufen von alten Enden, die drehe zusammen; aber hüte dich: wenn du saumselig spinnst, oder der Faden reißt, so schlingen sich die Fäden um dich her und ersticken dich.‘ – Die Alte lachte hämisch, und spann. Fabel raffte einen Arm voll Fäden zusammen, nahm Wocken und Spindel, und hüpfte singend in die Kammer. Sie sah durch die Öffnung hinaus, und erblickte das Sternbild des Phönixes. Froh über das glückliche Zeichen fing sie an lustig zu spinnen, ließ die Kammertür ein wenig offen, und sang halbleise:

Erwacht in euren Zellen,
Ihr Kinder alter Zeit;
Laßt eure Ruhestellen,
Der Morgen ist nicht weit.

Ich spinne eure Fäden
In Einen Faden ein;
Aus ist die Zeit der Fehden.
Ein Leben sollt' ihr sein.

Ein jeder lebt in Allen,
Und All' in Jedem auch.
Ein Herz wird in euch wallen,
Von Einem Lebenshauch.

Noch seid ihr nichts als Seele,
Nur Traum und Zauberei.
Geht furchtbar in die Höhle
Und neckt die heil'ge Drei.

Die Spindel schwang sich mit unglaublicher Behendigkeit zwischen den kleinen Füßen; während sie mit beiden Händen den zarten Faden drehte. Unter dem Liede wurden unzählige Lichterchen sichtbar, die aus der Türspalte schlüpften und durch die Höhle in scheußlichen Larven sich verbreiteten. Die Alten hatten während der Zeit immer mürrisch fortgesponnen, und auf das Jammergeschrei der kleinen Fabel gewartet, aber wie entsetzten sie sich, als auf einmal eine erschreckliche Nase über ihre Schultern guckte, und wie sie sich umsahen, die ganze Höhle voll der gräßlichsten Figuren war, die tausenderlei Unfug trieben. Sie fuhren ineinander, heulten mit fürchterlicher Stimme, und wären vor Schrecken zu Stein geworden, wenn nicht in diesem Augenblicke der Schreiber in die Höhle getreten wäre, und eine Alraunwurzel bei sich gehabt hätte. Die Lichterchen verkrochen sich in die Felsklüfte und die Höhle wurde ganz hell, weil die schwarze Lampe in der Verwirrung umgefallen und ausgelöscht war. Die Alten waren froh, wie sie den Schreiber kommen hörten, aber voll Ingrimms gegen die kleine Fabel. Sie riefen sie heraus, schnarchten sie fürchterlich an und verboten ihr fortzuspinnen. Der Schreiber schmunzelte höhnisch, weil er die kleine Fabel nun in seiner Gewalt zu haben glaubte und sagte: ‚Es ist gut, daß du hier bist und zur Arbeit angehalten werden kannst. Ich hoffe, daß es an Züchtigungen nicht fehlen soll. Dein guter Geist hat dich hergeführt. Ich wünsche dir langes Leben und viel Vergnügen.' – ‚Ich danke dir für deinen guten Willen', sagte Fabel; ‚man sieht dir jetzt die gute Zeit an; dir fehlt nur noch das Stundenglas und die Hippe, so siehst du ganz wie der Bruder meiner schönen Basen aus. Wenn du Gänsespulen brauchst, so zupfe ihnen nur eine Handvoll zarten Flaum aus den Wangen.' Der Schreiber schien Miene zu machen, über sie herzufallen. Sie lächelte und sagte: ‚Wenn dir dein schöner Haarwuchs und dein geistreiches Auge lieb sind, so nimm dich in acht; bedenke meine Nägel, du hast nicht viel mehr zu verlieren.' Er wandte sich mit verbißner Wut zu den Alten, die sich die Augen wischten, und nach ihren Wocken umhertappten. Sie konnten nichts finden, da die Lampe ausgelöscht war, und ergossen sich in Schimpfreden gegen Fabel. ‚Laßt sie doch gehn', sprach er tückisch, ‚daß sie euch Taranteln fange, zur Bereitung eures Öls. Ich wollte euch zu eurem Troste sagen, daß Eros ohne Rast umherfliegt, und eure Schere fleißig beschäftigen wird. Seine Mutter, die euch so oft zwang, die Fäden länger zu spinnen, wird morgen ein Raub der Flammen.' Er kitzelte sich, um zu lachen, wie er sah, daß Fabel einige Tränen bei dieser Nachricht vergoß, gab ein Stück von der Wurzel der Alten, und ging naserümpfend von dannen. Die Schwestern hießen der Fabel mit zorniger Stimme Taranteln suchen, ohngeachtet sie noch Öl vorrätig hatten, und Fabel eilte fort. Sie tat, als öffne sie das Tor, warf es ungestüm wieder zu, und schlich sich leise nach dem Hintergrunde der Höhle, wo eine Leiter herunterhing. Sie kletterte schnell hinauf, und kam bald vor eine Falltür, die sich in Arcturs Gemach öffnete.

Der König saß umringt von seinen Räten, als Fabel erschien. Die nördliche Krone zierte sein Haupt. Die Lilie hielt er mit der Linken, die Waage in der Rechten. Der Adler und Löwe saßen zu seinen Füßen. ‚Monarch', sagte die Fabel, indem sie sich ehrfurchtsvoll vor ihm neigte; ‚Heil deinem festgegründeten Throne! frohe Botschaft deinem verwundeten Herzen! baldige Rückkehr der Weisheit! Ewiges Erwachen dem Frieden! Ruhe der rastlosen Liebe! Verklärung des Herzens! Leben dem Altertum und Gestalt der Zukunft!' Der König berührte ihre offene Stirn mit der Lilie: ‚Was du bittest, sei dir gewährt.' – ‚Dreimal werde ich bitten, wenn ich zum vierten Male komme, so ist die Liebe vor der Tür. Jetzt gib mir die Leier.' – ‚Eridanus! bringe sie her', rief der König. Rauschend strömte Eridanus von der Decke, und Fabel zog die Leier aus seinen blinkenden Fluten.

Fabel tat einige weissagende Griffe; der König ließ ihr den Becher reichen, aus dem sie nippte und mit vielen Danksagungen hinweg eilte. Sie glitt in reizenden Bogenschwüngen über das Eismeer, indem sie fröhliche Musik aus den Saiten lockte.

Das Eis gab unter ihren Tritten die herrlichsten Töne von sich. Der Felsen der Trauer hielt sie für Stimmen seiner suchenden rückkehrenden Kinder, und antwortete einem tausendfachen Echo.

Fabel hatte bald das Gestade erreicht. Sie begegnete ihrer Mutter, die abgezehrt und bleich aussah, schlank und ernst geworden war, und in edlen Zügen die Spuren eines hoffnungslosen Grams, und rührender Treue verriet.

‚Was ist aus dir geworden, liebe Mutter?' sagte Fabel, ‚du scheinst mir gänzlich verändert; ohne inneres Anzeichen hätt' ich dich nicht erkannt. Ich hoffte mich an deiner Brust einmal wieder zu erquicken; ich habe lange nach dir geschmachtet.' Ginnistan liebkoste sie zärtlich, und sah heiter und freundlich aus. ‚Ich dachte es gleich', sagte sie, ‚daß dich der Schreiber nicht würde gefangen haben. Dein Anblick erfrischt mich. Es geht mir schlimm und knapp genug, aber ich tröste mich bald. Vielleicht habe ich einen Augenblick Ruhe. Eros ist in der Nähe, und wenn er dich sieht, und du ihm vorplauderst, verweilt er vielleicht einige Zeit. Indes kannst du dich an meine Brust legen; ich will dir geben, was ich habe.' Sie nahm die Kleine auf den Schoß, reichte ihr die Brust, und fuhr fort, indem sie lächelnd auf die Kleine hinunter sah, die es sich gut schmecken ließ. ‚Ich bin selbst Ursach, daß Eros so wild und unbeständig geworden ist. Aber mich reut es dennoch nicht, denn jene Stunden, die ich in seinen Armen zubrachte, haben mich zur Unsterblichen gemacht. Ich glaubte unter seinen feurigen Liebkosungen zu zerschmelzen. Wie ein himmlischer Räuber schien er mich grausam vernichten und stolz über sein bebendes Opfer triumphieren zu wollen. Wir erwachten spät aus dem verbotenen Rausche, in einem sonderbar vertauschten Zustande. Lange silberweiße Flügel bedeckten

seine weißen Schultern, und die reizende Fülle und Biegung seiner Gestalt. Die Kraft, die ihn so plötzlich aus einem Knaben zum Jünglinge quellend getrieben, schien sich ganz in die glänzenden Schwingen gezogen zu haben, und er war wieder zum Knaben geworden. Die stille Glut seines Gesichts war in das tändelnde Feuer eines Irrlichts, der heilige Ernst in verstellte Schalkheit, die bedeutende Ruhe in kindliche Unstetigkeit, der edle Anstand in drollige Beweglichkeit verwandelt. Ich fühlte mich von einer ernsthaften Leidenschaft unwiderstehlich zu dem mutwilligen Knaben gezogen, und empfang schmerzlich seinen lächelnden Hohn, und seine Gleichgültigkeit gegen meine rührendsten Bitten. Ich sah meine Gestalt verändert. Meine sorglose Heiterkeit war verschwunden, und hatte einer traurigen Bekümmernis, einer zärtlichen Schüchternheit Platz gemacht. Ich hätte mich mit Eros vor allen Augen verbergen mögen. Ich hatte nicht das Herz, in seine beleidigenden Augen zu sehn, und fühlte mich entsetzlich beschämt und erniedrigt. Ich hatte keinen anderen Gedanken, als ihn, und hätte mein Leben hingegeben, um ihn von seinen Unarten zu befreien. Ich mußte ihn anbeten, so tief er auch alle meine Empfindungen kränkte.
‚Seit der Zeit, wo er sich aufmachte und mir entfloh, so rührend ich auch mit den heißesten Tränen ihn beschwor, bei mir zu bleiben, bin ich ihm überall gefolgt. Er scheint es ordentlich darauf anzulegen, mich zu necken. Kaum habe ich ihn erreicht, so fliegt er tückisch weiter. Sein Bogen richtet überall Verwüstungen an. Ich habe nichts zu tun, als die Unglücklichen zu trösten, und habe doch selbst Trost nötig. Ihre Stimmen, die mich rufen, zeigen mir seinen Weg, und ihre wehmütigen Klagen, wenn ich sie wieder verlassen muß, gehen mir tief zu Herzen. Der Schreiber verfolgt uns mit entsetzlicher Wut, und rächt sich an den armen Getroffenen. Die Frucht jener geheimnisvollen Nacht, waren eine zahlreiche Menge wunderlicher Kinder, die ihrem Großvater ähnlich sehn, und nach ihm genannt sind. Geflügelt wie ihr Vater begleiten sie ihn beständig, und plagen die Armen, die sein Pfeil trifft. Doch da kömmt der fröhliche Zug. Ich muß fort; lebe wohl, süßes Kind. Seine Nähe erregt meine Leidenschaft. Sei glücklich in deinem Vorhaben.' – Eros zog weiter, ohne Ginnistan, die auf ihn zueilte, einen zärtlichen Blick zu gönnen. Aber zu Fabel wandte er sich

freundlich, und seine kleinen Begleiter tanzten fröhlich um sie her. Fabel freute sich, ihren Milchbruder wiederzusehn, und sang zu ihrer Leier ein munteres Lied. Eros schien sich besinnen zu wollen und ließ den Bogen fallen. Die Kleinen entschliefen auf dem Rasen. Ginnistan konnte ihn fassen, und er litt ihre zärtlichen Liebkosungen. Endlich fing Eros auch an zu nicken, schmiegte sich an Ginnistans Schoß, und schlummerte ein, indem er seine Flügel über sie ausbreitete. Unendlich froh war die müde Ginnistan, und verwandte kein Auge von dem holden Schläfer. Während des Gesanges waren von allen Seiten Taranteln zum Vorschein gekommen, die über die Grashalme ein glänzendes Netz zogen, und lebhaft nach dem Takte sich an ihren Fäden bewegten. Fabel tröstete nun ihre Mutter, und versprach ihr baldige Hülfe. Vom Felsen tönte der sanfte Widerhall der Musik, und wiegte die Schläfer ein. Ginnistan sprengte aus dem wohlverwahrten Gefäß einige Tropfen in die Luft, und die anmutigsten Träume fielen auf sie nieder. Fabel nahm das Gefäß mit und setzte ihre Reise fort. Ihre Saiten ruhten nicht, und die Taranteln folgten auf schnellgesponnenen Fäden den bezaubernden Tönen.
Sie sah bald von weitem die hohe Flamme des Scheiterhaufens, die über den grünen Wald emporstieg. Traurig sah sie gen Himmel, und freute sich, wie sie Sophiens blauen Schleier erblickte, der wallend über der Erde schwebte, und auf ewig die ungeheure Gruft bedeckte. Die Sonne stand feuerrot vor Zorn am Himmel, die gewaltige Flamme sog an ihrem geraubten Lichte, und so heftig sie es auch an sich zu halten schien, so ward sie doch immer bleicher und fleckiger. Die Flamme ward weißer und mächtiger, je fahler die Sonne ward. Sie sog das Licht immer stärker in sich, und bald war die Glorie um das Gestirn des Tages verzehrt und nur als eine matte, glänzende Scheibe stand es noch da, indem jede neue Regung des Neides und der Wut den Ausbruch der entfliehenden Lichtwellen vermehrte. Endlich war nichts von der Sonne mehr übrig, als eine schwarze ausgebrannte Schlacke, die herunter ins Meer fiel. Die Flamme war über allen Ausdruck glänzend geworden. Der Scheiterhaufen war verzehrt. Sie hob sich langsam in die Höhe und zog nach Norden. Fabel trat in den Hof, der verödet aussah; das Haus war unterdes verfallen. Dornsträuche wuchsen in

den Ritzen der Fenstergesimse und Ungeziefer aller Art kribbelte auf den zerbrochenen Stiegen. Sie hörte im Zimmer einen entsetzlichen Lärm; der Schreiber und seine Gesellen hatten sich an dem Flammentode der Mutter geweidet, waren aber gewaltig erschrocken, wie sie den Untergang der Sonne wahrgenommen hatten.
Sie hatten sich vergeblich angestrengt, die Flamme zu löschen, und waren bei dieser Gelegenheit nicht ohne Beschädigungen geblieben. Der Schmerz und die Angst preßte ihnen entsetzliche Verwünschungen und Klagen aus. Sie erschraken noch mehr, als Fabel ins Zimmer trat, und stürmten mit wütendem Geschrei auf sie ein, um an ihr den Grimm auszulassen. Fabel schlüpfte hinter die Wiege, und ihre Verfolger traten ungestüm in das Gewebe der Taranteln, die sich durch unzählige Bisse an ihnen rächten. Der ganze Haufen fing nun toll an zu tanzen, wozu Fabel ein lustiges Lied spielte. Mit vielem Lachen über ihre possierlichen Fratzen ging sie auf die Trümmer des Altars zu, und räumte sie weg, um die verborgene Treppe zu finden, auf der sie mit ihrem Tarantelgefolge hinunterstieg. Die Sphinx fragte: ‚Was kommt plötzlicher, als der Blitz?‘ – ‚Die Rache‘, sagte Fabel. – ‚Was ist am vergänglichsten?‘ – ‚Unrechter Besitz.‘ – ‚Wer kennt die Welt?‘ – ‚Wer sich selbst kennt.‘ – ‚Was ist das ewige Geheimnis?‘ – ‚Die Liebe.‘ – ‚Bei wem ruht es?‘ – ‚Bei Sophien.‘ Die Sphinx krümmte sich kläglich, und Fabel trat in die Höhle.
‚Hier bringe ich euch Taranteln‘, sagte sie zu den Alten, die ihre Lampe wieder angezündet hatten und sehr emsig arbeiteten. Sie erschraken, und die eine lief mit der Schere auf sie zu, um sie zu erstechen. Unversehens trat sie auf eine Tarantel, und diese stach sie in den Fuß. Sie schrie erbärmlich. Die andern wollten ihr zu Hülfe kommen und wurden ebenfalls von den erzürnten Taranteln gestochen. Sie konnten sich nun nicht an Fabel vergreifen, und sprangen wild umher. ‚Spinn uns gleich‘, riefen sie grimmig der Kleinen zu, ‚leichte Tanzkleider. Wir können uns in den steifen Röcken nicht rühren, und vergehn fast vor Hitze, aber mit Spinnensaft mußt du den Faden einweichen, daß er nicht reißt, und wirke Blumen hinein, die im Feuer gewachsen sind, sonst bist du des Todes.‘ – ‚Recht gern‘, sagte Fabel und ging in die Nebenkammer.

‚Ich will euch drei tüchtige Fliegen verschaffen', sagte sie zu den Kreuzspinnen, die ihre luftigen Gewebe rundum an der Decke und den Wänden angeheftet hatten, ‚aber ihr müßt mir gleich drei hübsche, leichte Kleider spinnen. Die Blumen, die hineingewirkt werden sollen, will ich auch gleich bringen.' Die Kreuzspinnen waren bereit und fingen rasch zu weben an. Fabel schlich sich zur Leiter und begab sich zu Arctur. ‚Monarch', sagte sie, ‚die Bösen tanzen, die Guten ruhn. Ist die Flamme angekommen?' – ‚Sie ist angekommen', sagte der König. ‚Die Nacht ist vorbei und das Eis schmilzt. Meine Gattin zeigt sich von weitem. Meine Feindin ist versengt. Alles fängt zu leben an. Noch darf ich mich nicht sehn lassen, denn allein bin ich nicht König. Bitte was du willst.' – ‚Ich brauche', sagte Fabel, ‚Blumen, die im Feuer gewachsen sind. Ich weiß, du hast einen geschickten Gärtner, der sie zu ziehen versteht.' – ‚Zink', rief der König, ‚gib uns Blumen.' Der Blumengärtner trat aus der Reihe, holte einen Topf voll Feuer, und säete glänzenden Samenstaub hinein. Es währte nicht lange, so flogen die Blumen empor. Fabel sammelte sie in ihre Schürze, und machte sich auf den Rückweg. Die Spinnen waren fleißig gewesen, und es fehlte nichts mehr, als das Anheften der Blumen, welches sie sogleich mit vielem Geschmack und Behendigkeit begannen. Fabel hütete sich wohl die Enden abzureißen, die noch an den Weberinnen hingen.
Sie trug die Kleider den ermüdeten Tänzerinnen hin, die triefend von Schweiß umgesunken waren, und sich einige Augenblicke von der ungewohnten Anstrengung erholten. Mit vieler Geschicklichkeit entkleidete sie die hagern Schönheiten, die es an Schmähungen der kleinen Dienerin nicht fehlen ließen, und zog ihnen die neuen Kleider an, die sehr niedlich gemacht waren und vortrefflich paßten. Sie pries während dieses Geschäftes die Reize und den liebenswürdigen Charakter ihrer Gebieterinnen, und die Alten schienen ordentlich erfreut über die Schmeicheleien und die Zierlichkeit des Anzuges. Sie hatten sich unterdes erholt, und fingen, von neuer Tanzlust beseelt, wieder an, sich munter umherzudrehen, indem sie heimtückisch der Kleinen langes Leben und große Belohnungen versprachen. Fabel ging in die Kammer zurück, und sagte zu den Kreuzspinnen: ‚Ihr könnt nun die Fliegen getrost verzehren, die

ich in eure Weben gebracht habe.' Die Spinnen waren so schon ungeduldig über das Hin- und Herreißen, da die Enden noch in ihnen waren und die Alten so toll umhersprangen; sie rannten also hinaus, und fielen über die Tänzerinnen her; diese wollten sich mit der Schere verteidigen, aber Fabel hatte sie in aller Stille mitgenommen. Sie unterlagen also ihren hungrigen Handwerksgenossen, die lange keine so köstlichen Bissen geschmeckt hatten, und sie bis auf das Mark aussaugten. Fabel sah durch die Felsenkluft hinaus, und erblickte den Perseus mit dem großen eisernen Schilde. Die Schere flog von selbst dem Schilde zu, und Fabel bat ihn, Eros' Flügel damit zu verschneiden, und dann mit seinem Schilde die Schwestern zu verewigen, und das große Werk zu vollenden.

Sie verließ nun das unterirdische Reich, und stieg fröhlich zu Arcturs Palaste.

,Der Flachs ist versponnen. Das Leblose ist wieder entseelt. Das Lebendige wird regieren, und das Leblose bilden und gebrauchen. Das Innere wird offenbart, und das Äußere verborgen. Der Vorhang wird sich bald heben, und das Schauspiel seinen Anfang nehmen. Noch einmal bitte ich, dann spinne ich Tage der Ewigkeit.' – ,Glückliches Kind', sagte der gerührte Monarch, ,du bist unsre Befreierin.' – ,Ich bin nichts als Sophiens Pate', sagte die Kleine. ,Erlaube, daß Turmalin, der Blumengärtner, und Gold mich begleiten. Die Asche meiner Pflegemutter muß ich sammeln, und der alte Träger muß wieder aufstehn, daß die Erde wieder schwebe und nicht auf dem Chaos liege.'

Der König rief allen dreien, und befahl ihnen, die Kleine zu begleiten. Die Stadt war hell, und auf den Straßen war ein lebhaftes Verkehr. Das Meer brach sich brausend an der hohlen Klippe, und Fabel fuhr auf des Königs Wagen mit ihren Begleitern hinüber. Turmalin sammelte sorgfältig die auffliegende Asche. Sie gingen rund um die Erde, bis sie an den alten Riesen kamen, an dessen Schultern sie hinunter klimmten. Er schien vom Schlage gelähmt, und konnte kein Glied rühren. Gold legte ihm eine Münze in den Mund, und der Blumengärtner schob eine Schüssel unter seine Lenden. Fabel berührte ihm die Augen, und goß das Gefäß auf seiner Stirn aus. Sowie das Wasser über das Auge in den Mund und herunter über ihn in die Schüssel floß, zuckte ein Blitz des Lebens ihm in allen Muskeln. Er schlug die Augen auf und hob sich rüstig empor. Fabel sprang zu ihren Begleitern auf die steigende Erde, und bot ihm freundlich guten Morgen. ‚Bist du wieder da, liebliches Kind?' sagte der Alte; ‚habe ich doch immer von dir geträumt. Ich dachte immer, du würdest erscheinen, ehe mir die Erde und die Augen zu schwer würden. Ich habe wohl lange geschlafen.' ‚Die Erde ist wieder leicht, wie sie es immer den Guten war', sagte Fabel. ‚Die alten Zeiten kehren zurück. In kurzem bist zu wieder unter alten Bekannten. Ich will dir fröhliche Tage spinnen, und an einem Gehülfen soll es auch nicht fehlen, damit du zuweilen an unsern Freuden teilnehmen, und im Arm einer Freundin Jugend und Stärke einatmen kannst. Wo sind unsere alten Gastfreundinnen, die Hesperiden?' – ‚An Sophiens Seite. Bald wird ihr Garten wieder blühen, und die goldne Frucht duften. Sie gehen umher und sammeln die schmachtenden Pflanzen.'

Fabel entfernte sich, und eilte dem Hause zu. Es war zu völligen Ruinen geworden. Efeu umzog die Mauern. Hohe Büsche beschatteten den ehemaligen Hof, und weiches Moos polsterte die alten Stiegen. Sie trat ins Zimmer. Sophie stand am Altar, der wieder aufgebaut war. Eros lag zu ihren Füßen in voller Rüstung, ernster und edler als jemals. Ein prächtiger Kronleuchter hing von der Decke. Mit bunten Steinen war der Fußboden ausgelegt, und zeigte einen großen Kreis um den Altar her, der aus lauter edlen bedeutungsvollen Figuren bestand. Ginnistan bog sich über ein Ruhebett, worauf der Vater in tiefem Schlummer zu liegen schien, und weinte. Ihre blühende Anmut war durch einen Zug von Andacht und Liebe unendlich erhöht. Fabel reichte die Urne, worin die Asche gesammelt war, der heiligen Sophie, die sie zärtlich umarmte.

‚Liebliches Kind', sagte sie, ‚dein Eifer und deine Treue haben dir einen Platz unter den ewigen Sternen erworben. Du hast das Unsterbliche in dir gewählt. Der Phönix gehört dir. Du wirst die Seele unsers Lebens sein. Jetzt wecke den Bräutigam auf. Der Herold ruft, und Eros soll Freya suchen und aufwecken.'

Fabel freute sich unbeschreiblich bei diesen Worten. Sie rief ihren Begleitern Gold und Zink, und nahte sich dem Ruhebette. Ginnistan sah erwartungsvoll ihrem Beginnen zu.

Gold schmolz die Münze und füllte das Behältnis, worin der Vater lag, mit einer glänzenden Flut. Zink schlang um Ginnistans Busen eine Kette. Der Körper schwamm auf den zitternden Wellen. ‚Bücke dich, liebe Mutter', sagte Fabel, ‚und lege die Hand auf das Herz des Geliebten.'
Ginnistan bückte sich. Sie sah ihr vielfaches Bild. Die Kette berührte die Flut, ihre Hand sein Herz; er erwachte und zog die entzückte Braut an seine Brust. Das Metall gerann, und ward ein heller Spiegel. Der Vater erhob sich, seine Augen blitzten, und so schön und bedeutend auch seine Gestalt war, so schien doch sein ganzer Körper eine feine unendlich bewegliche Flüssigkeit zu sein, die jeden Eindruck in den mannigfaltigsten und reizendsten Bewegungen verriet.
Das glückliche Paar näherte sich Sophien, die Worte der Weihe über sie aussprach, und sie ermahnte, den Spiegel fleißig zu Rate zu ziehn, der alles in seiner wahren Gestalt zurückwerfe, jedes Blendwerk vernichte, und ewig das ursprüngliche Bild festhalte. Sie ergriff nun die Urne und schüttete die Asche in die Schale auf dem Altar. Ein sanftes Brausen verkündigte die Auflösung, und ein leiser Wind wehte in den Gewändern und Locken der Umstehenden.
Sophie reichte die Schale dem Eros und dieser den andern. Alle kosteten den göttlichen Trank, und vernahmen die freundliche Begrüßung der Mutter in ihrem Innern, mit unsäglicher Freude. Sie war jedem gegenwärtig, und ihre geheimnisvolle Anwesenheit schien alle zu verklären.
Die Erwartung war erfüllt und übertroffen. Alle merkten, was ihnen gefehlt habe, und das Zimmer war ein Aufenthalt der Seligen geworden. Sophie sagte: ‚Das große Geheimnis ist allen offenbart, und bleibt ewig unergründlich. Aus Schmerzen wird die neue Welt geboren, und in Tränen wird die Asche zum Trank des ewigen Lebens aufgelöst. In jedem wohnt die himmlische Mutter, um jedes Kind ewig zu gebären. Fühlt ihr die süße Geburt im Klopfen eurer Brust?'
Sie goß in den Altar den Rest aus der Schale hinunter. Die Erde bebte in ihren Tiefen. Sophie sagte: ‚Eros, eile mit deiner Schwester zu deiner Geliebten. Bald seht ihr mich wieder.'
Fabel und Eros gingen mit ihrer Begleitung schnell hinweg.

Es war ein mächtiger Frühling über die Erde verbreitet. Alles hob und regte sich. Die Erde schwebte näher unter dem Schleier. Der Mond und die Wolken zogen mit fröhlichem Getümmel nach Norden. Die Königsburg strahlte mit herrlichem Glanze über das Meer, und auf ihren Zinnen stand der König in voller Pracht mit seinem Gefolge. Überall erblickten sie Staubwirbel, in denen sich bekannte Gestalten zu bilden schienen. Sie begegneten zahlreichen Scharen von Jünglingen und Mädchen, die nach der Burg strömten, und sie mit Jauchzen bewillkommten. Auf manchen Hügeln saß ein glückliches eben erwachtes Paar in lang entbehrter Umarmung, hielt die neue Welt für einen Traum, und konnte nicht aufhören, sich von der schönen Wahrheit zu überzeugen.

Die Blumen und Bäume wuchsen und grünten mit Macht. Alles schien beseelt. Alles sprach und sang. Fabel grüßte überall alte Bekannte. Die Tiere nahten sich mit freundlichen Grüßen den erwachten Menschen. Die Pflanzen bewirteten sie mit Früchten und Düften, und schmückten sie auf das zierlichste. Kein Stein lag mehr auf einer Menschenbrust, und alle Lasten waren in sich selbst zu einem festen Fußboden zusammengesunken. Sie kamen an das Meer. Ein Fahrzeug von geschliffenem Stahl lag am Ufer festgebunden. Sie traten hinein und lösten das Tau. Die Spitze richtete sich nach Norden, und das Fahrzeug durchschnitt, wie im Fluge, die buhlenden Wellen. Lispelndes Schilf hielt seinen Ungestüm auf, und es stieß leise an das Ufer. Sie eilten die breiten Treppen hinan. Die Liebe wunderte sich über die königliche Stadt und ihre Reichtümer. Im Hofe sprang der lebendiggewordne Quell, der Hain bewegte sich mit den süßesten Tönen, und ein wunderbares Leben schien in seinen heißen Stämmen und Blättern, in seinen funkelnden Blumen und Früchten zu quellen und zu treiben. Der alte Held empfing sie an den Toren des Palastes. ‚Ehrwürdiger Alter', sagte Fabel, ‚Eros bedarf dein Schwert. Gold hat ihm eine Kette gegeben, die mit einem Ende in das Meer hinunterreicht, und mit dem andern um seine Brust geschlungen ist. Fasse sie mit mir an, und führe uns in den Saal, wo die Prinzessin ruht.' Eros nahm aus der Hand des Alten das Schwert, setzte den Knopf auf seine Brust, und neigte die Spitze vorwärts. Die Flügeltüren des Saals flogen auf, und

Eros nahte sich entzückt der schlummernden Freya. Plötzlich geschah ein gewaltiger Schlag. Ein heller Funken fuhr von der Prinzessin nach dem Schwerte; das Schwert und die Kette leuchteten, der Held hielt die kleine Fabel, die beinah umgesunken wäre. Eros' Helmbusch wallte empor. ‚Wirf das Schwert weg', rief Fabel, ‚und erwecke deine Geliebte.' Eros ließ das Schwert fallen, flog auf die Prinzessin zu, und küßte feurig ihre süßen Lippen. Sie schlug ihre großen dunkeln Augen auf, und erkannte den Geliebten. Ein langer Kuß versiegelte den ewigen Bund.
Von der Kuppel herunter kam der König mit Sophien an der Hand. Die Gestirne und die Geister der Natur folgten in glänzenden Reihen. Ein unaussprechlich heitrer Tag erfüllte den Saal, den Palast, die Stadt, und den Himmel. Eine zahllose Menge ergoß sich in den weiten königlichen Saal, und sah mit stiller Andacht die Liebenden vor dem Könige und der Königin knien, die sie feierlich segneten. Der König nahm sein Diadem vom Haupte, und band es um Eros' goldene Locken. Der alte Held zog ihm die Rüstung ab, und der König warf seinen Mantel um ihn her. Dann gab er ihm die Lilie in die linke Hand, und Sophie knüpfte ein köstliches Armband um die verschlungenen Hände der Liebenden, indem sie zugleich ihre Krone auf Freyas braune Haare setzte.
‚Heil unsern alten Beherrschern', rief das Volk. ‚Sie haben immer unter uns gewohnt, und wir haben sie nicht erkannt! Heil uns! Sie werden uns ewig beherrschen! Segnet uns auch!' Sophie sagte zu der neuen Königin: ‚Wirf du das Armband eures Bundes in die Luft, daß das Volk und die Welt euch verbunden bleiben.' Das Armband zerfloß in der Luft, und bald sah man lichte Ringe um jedes Haupt, und ein glänzendes Band zog sich über die Stadt und das Meer und die Erde, die ein ewiges Fest des Frühlings feierte. Perseus trat herein, und trug eine Spindel und ein Körbchen. Er brachte dem neuen Könige das Körbchen. ‚Hier', sagte er, ‚sind die Reste deiner Feinde.' Eine steinerne Platte mit schwarzen und weißen Feldern lag darin, und daneben eine Menge Figuren von Alabaster und schwarzem Marmor. ‚Es ist ein Schachspiel', sagte Sophie; ‚aller Krieg ist auf diese Platte und in diese Figuren gebannt. Es ist ein Denkmal der alten trüben Zeit.' Perseus wandte sich zu Fabel, und gab

ihr die Spindel. ‚In deinen Händen wird diese Spindel uns ewig erfreuen, und aus dir selbst wirst du uns einen goldnen unzerreißlichen Faden spinnen.‘ Der Phönix flog mit melodischem Geräusch zu ihren Füßen, spreizte seine Fittiche vor ihr aus, auf die sie sich setzte, und schwebte mit ihr über den Thron, ohne sich wieder niederzulassen. Sie sang ein himmlisches Lied, und fing zu spinnen an, indem der Faden aus ihrer Brust sich hervorzuwinden schien. Das Volk geriet in neues Entzücken, und aller Augen hingen an dem lieblichen Kinde. Ein neues Jauchzen kam von der Tür her. Der alte Mond kam mit seinem wunderlichen Hofstaat herein, und hinter ihm trug das Volk Ginnistan und ihren Bräutigam, wie im Triumph, einher.
Sie waren mit Blumenkränzen umwunden; die königliche Familie empfing sie mit der herzlichsten Zärtlichkeit, und das neue Königspaar rief sie zu seinen Statthaltern auf Erden aus.
‚Gönnet mir‘, sagte der Mond, ‚das Reich der Parzen, dessen seltsame Gebäude eben auf dem Hofe des Palastes aus der Erde gestiegen sind. Ich will euch mit Schauspielen darin ergötzen, wozu die kleine Fabel mir behülflich sein wird.‘
Der König willigte in die Bitte, die kleine Fabel nickte freundlich, und das Volk freute sich auf den seltsamen unterhaltenden Zeitvertreib. Die Hesperiden ließen zur Thronbesteigung Glück wünschen, und um Schutz in ihren Gärten bitten. Der König ließ sie bewillkommen, und so folgten sich unzählige fröhliche Botschaften. Unterdessen hatte sich unmerklich der Thron verwandelt, und war ein prächtiges Hochzeitbett geworden, über dessen Himmel der Phönix mit der kleinen Fabel schwebte. Drei Karyatiden aus dunkelm Porphyr trugen es hinten, und vorn ruhte dasselbe auf einer Sphinx aus Basalt. Der König umarmte seine errötende Geliebte, und das Volk folgte dem Beispiel des Königs, und liebkoste sich untereinander. Man hörte nichts, als zärtliche Namen und ein Kußgeflüster. Endlich sagte Sophie: ‚Die Mutter ist unter uns, ihre Gegenwart wird uns ewig beglücken. Folgt uns in unsere Wohnung, in dem Tempel dort werden wir ewig wohnen, und das Geheimnis der Welt bewahren.‘ Die Fabel spann emsig und sang mit lauter Stimme:

Gegründet ist das Reich der Ewigkeit,
In Lieb' und Frieden endigt sich der Streit,
Vorüber ging der lange Traum der Schmerzen,
Sophie ist ewig Priesterin der Herzen."

Zweiter Teil

Die Erfüllung

Das Kloster oder der Vorhof

Astralis

An einem Sommermorgen ward ich jung;
Da fühlt' ich meines eignen Lebens Puls
Zum erstenmal – und wie die Liebe sich
In tiefere Entzückungen verlor,
Erwacht' ich immer mehr, und das Verlangen
Nach innigerer, gänzlicher Vermischung
Ward dringender mit jedem Augenblick.
Wollust ist meines Daseins Zeugungskraft.
Ich bin der Mittelpunkt, der heilge Quell,
Aus welchem jede Sehnsucht stürmisch fließt,
Wohin sich jede Sehnsucht, mannigfach
Gebrochen, wieder still zusammen zieht.
Ihr kennt mich nicht und saht mich werden –
Wart ihr nicht Zeugen, wie ich noch
Nachtwandler mich zum ersten Male traf
An jenem frohen Abend? Flog euch nicht
Ein süßer Schauer der Entzündung an? –
Versunken lag ich ganz in Honigkelchen.
Ich duftete, die Blume schwankte still
In goldner Morgenluft. Ein innres Quellen
War ich, ein sanftes Ringen, alles floß
Durch mich und über mich und hob mich leise.
Da sank das erste Stäubchen in die Narbe,
Denkt an den Kuß nach aufgehobnem Tisch.
Ich quoll in meine eigne Flut zurück –
Es war ein Blitz – nun konnt ich schon mich regen,
Die zarten Fäden und den Kelch bewegen.
Schnell schossen, wie ich selber mich begann,
Zu irdschen Sinnen die Gedanken an.
Noch war ich blind, doch schwankten lichte Sterne
Durch meines Wesens wunderbare Ferne,

Nichts war noch nah, ich fand mich nur von weiten,
Ein Anklang alter, so wie künftger Zeiten.
Aus Wehmut, Lieb' und Ahndungen entsprungen
War der Besinnung Wachstum nur ein Flug,
Und wie die Wollust Flammen in mir schlug,
Ward ich zugleich vom höchsten Weh
durchdrungen.
Die Welt lag blühend um den hellen Hügel,
Die Worte des Propheten wurden Flügel,
Nicht einzeln mehr nur Heinrich und Mathilde
Vereinten beide sich zu Einem Bilde. –
Ich hob mich nun gen Himmel neugeboren,
Vollendet war das irdische Geschick
Im seligen Verklärungsaugenblick,
Es hatte nun die Zeit ihr Recht verloren
Und forderte, was sie geliehn, zurück.

Es bricht die neue Welt herein
Und verdunkelt den hellsten Sonnenschein,
Man sieht nun aus bemoosten Trümmern
Eine wunderseltsame Zukunft schimmern,
Und was vordem alltäglich war,
Scheint jetzo fremd und wunderbar.
‹Eins in allem und alles im Einen
Gottes Bild auf Kräutern und Steinen
Gottes Geist in Menschen und Tieren,
Dies muß man sich zu Gemüte führen.
Keine Ordnung mehr nach Raum und Zeit
Hier Zukunft in der Vergangenheit.›
Der Liebe Reich ist aufgetan,
Die Fabel fängt zu spinnen an.
Das Urspiel jeder Natur beginnt,
Auf kräftige Worte jedes sinnt,
Und so das große Weltgemüt
Überall sich regt und unendlich blüht.
Alles muß in einander greifen,
Eins durch das andre gedeihn und reifen;
Jedes in Allen dar sich stellt,
Indem es sich mit ihnen vermischet
Und gierig in ihre Tiefen fällt,
Sein eigentümliches Wesen erfrischet

Und tausend neue Gedanken erhält.
Die Welt wird Traum, der Traum wird Welt,
Und was man geglaubt, es sei geschehn,
Kann man von weitem erst kommen sehn.
Frei soll die Phantasie erst schalten,
Nach ihrem Gefallen die Fäden verweben,
Hier manches verschleiern, dort manches entfalten,
Und endlich in magischen Dunst verschweben.
Wehmut und Wollust, Tod und Leben
Sind hier in innigster Sympathie –
Wer sich der höchsten Lieb' ergeben,
Genest von ihren Wunden nie.
Schmerzhaft muß jenes Band zerreißen,
Was sich ums innre Auge zieht,
Einmal das treuste Herz verwaisen,
Eh es der trüben Welt entflieht.
Der Leib wird aufgelöst in Tränen,
Zum weiten Grabe wird die Welt,
In das, verzehrt von bangem Sehnen,
Das Herz, als Asche, niederfällt.

Auf dem schmalen Fußsteige, der ins Gebürg hinauflief, ging ein Pilgrim in tiefen Gedanken. Mittag war vorbei. Ein starker Wind sauste durch die blaue Luft. Seine dumpfen, mannigfaltigen Stimmen verloren sich, wie sie kamen. War er vielleicht durch die Gegenden der Kindheit geflogen? Oder durch andre redende Länder? Es waren Stimmen, deren Echo nach im Innersten klang und dennoch schien sie der Pilgrim nicht zu kennen. Er hatte nun das Gebürg erreicht, wo er das Ziel seiner Reise zu finden hoffte – hoffte? – Er hoffte gar nichts mehr. Die entsetzliche Angst und dann die trockne Kälte der gleichgültigsten Verzweiflung trieben ihn, die wilden Schrecknisse des Gebürgs aufzusuchen. Der mühselige Gang beruhigte das zerstörende Spiel der innern Gewalten. Er war matt aber still. Noch sah er nichts was um ihn her sich allmählich gehäuft hatte, als er sich auf einen Stein setzte, und den Blick rückwärts wandte. Es dünkte ihm, als träume er jetzt oder habe er geträumt. Eine unübersehliche Herrlichkeit schien sich vor ihm aufzutun. Bald flossen seine Tränen, indem sein Innres plötzlich brach. Er wollte sich in die Ferne verweinen, daß auch keine Spur seines Daseins übrig bliebe. Unter dem heftigen Schluchzen schien er zu sich selbst zu kommen; die weiche heitre Luft durchdrang ihn, seinen Sinnen ward die Welt wieder gegenwärtig und alte Gedanken fingen tröstlich zu reden an.

Dort lag Augsburg mit seinen Türmen. Fern am Gesichtskreis blinkte der Spiegel des furchtbaren, geheimnisvollen Stroms. Der ungeheure Wald bog sich mit tröstlichem Ernst zu dem Wanderer, das gezackte Gebürg ruhte so bedeutend über der Ebene und beide schienen zu sagen: „Eile nur, Strom, du entfliehst uns nicht – Ich will dir folgen mit geflügelten Schiffen. Ich will dich brechen und halten und dich verschlucken in meinen Schoß. Vertraue du uns, Pilgrim, es ist auch unser Feind, den wir selbst erzeugten – Laß ihn eilen mit seinem Raub, er entflieht uns nicht."

Der arme Pilgrim gedachte der alten Zeiten und ihrer unsäglichen Entzückungen – Aber wie matt gingen diese köstlichen Erinnerungen vorüber. Der breite Hut verdeckte ein jugendliches Gesicht. Es war bleich, wie eine Nachtblume. In Tränen hatte sich der Balsamsaft des jungen Lebens, in tiefe Seufzer sein schwellender Hauch verwandelt. In ein fahles Aschgrau waren alle seine Farben verschossen.

Seitwärts am Gehänge schien ihm ein Mönch unter einem alten Eichbaum zu knien. „Sollte das der alte Hofkaplan sein?" so dacht er bei sich, ohne große Verwunderung. Der Mönch kam ihm größer und ungestalter vor, je näher er zu ihm trat. Er bemerkte nun seinen Irrtum, denn es war ein einzelner Felsen, über den sich der Baum herbog. Stillgerührt faßte er den Stein in seine Arme, und drückte ihn lautweinend an seine Brust. „Ach, daß doch jetzt deine Reden sich bewährten und die heilge Mutter ein Zeichen an mir täte! Bin ich doch so ganz elend und verlassen. Wohnt in meiner Wüste kein Heiliger, der mir sein Gebet liehe? Bete du, teurer Vater, jetzt in diesem Augenblick für mich."

Wie er so bei sich dachte fing der Baum an zu zittern. Dumpf dröhnte der Felsen und wie aus tiefer, unterirdischer Ferne erhoben sich einige klare Stimmchen und sangen:

Ihr Herz war voller Freuden
Von Freuden sie nur wußt
Sie wußt von keinem Leiden
Druckts Kindelein an ihr' Brust.

Sie küßt ihm seine Wangen
Sie küßt es mannigfalt,
Mit Liebe ward sie umfangen
Durch Kindleins schöne Gestalt.

Die Stimmchen schienen mit unendlicher Lust zu singen. Sie wiederholten den Vers einigemal. Es ward alles wieder ruhig und nun hörte der erstaunte Pilger, daß jemand aus dem Baume sagte:
„Wenn du ein Lied zu meinen Ehren auf deiner Laute spielen wirst, so wird ein armes Mädchen herfürkommen. Nimm sie mit und laß sie nicht von dir. Gedenke meiner, wenn du zum Kaiser kommst. Ich habe mir diese Stätte ausersehn um mit meinem Kindlein hier zu wohnen. Laß mir ein starkes, warmes Haus hier bauen. Mein Kindlein hat den Tod überwunden. Härme dich nicht – Ich bin bei dir. Du wirst noch eine Weile auf Erden bleiben, aber das Mädchen wird dich trösten, bis du auch stirbst und zu unsern Freunden eingehst." „Es ist Mathildens Stimme", rief der Pilger, und fiel auf seine Knie, um zu beten. Da drang durch die Äste ein langer Strahl zu seinen Augen und er sah durch den Strahl in eine ferne, kleine, wundersame Herrlichkeit hinein, welche nicht zu beschreiben, noch kunstreich mit Farben nachzubilden möglich gewesen wäre. Es waren überaus feine Figuren und die innigste Lust und Freude, ja eine himmlische Glückseligkeit war darin überall zu schauen, sogar daß die leblosen Gefäße, das Säulwerk, die Teppiche, Zieraten, kurzum alles was zu sehn war nicht gemacht, sondern, wie ein vollsaftiges Kraut, aus eigner Lustbegierde also gewachsen und zusammengekommen zu sein schien. Es waren die schönsten menschlichen Gestalten, die dazwischen umhergingen und sich über die Maßen freundlich und holdselig gegeneinander erzeigten. Ganz vorn stand die Geliebte des Pilgers und hatt' es das Ansehn, als wolle sie mit ihm sprechen. Doch war nichts zu hören und betrachtete der Pilger nur mit tiefer Sehnsucht ihre an-

mutigen Züge und wie sie so freundlich und lächelnd ihm zuwinkte, und die Hand auf ihre linke Brust legte. Der Anblick war unendlich tröstend und erquickend und der Pilger lag noch lang in seliger Entzückung, als die Erscheinung wieder hinweggenommen war. Der heilige Strahl hatte alle Schmerzen und Bekümmernisse aus seinem Herzen gesogen, so daß sein Gemüt wieder rein und leicht und sein Geist wieder frei und fröhlich war, wie vordem. Nichts war übriggeblieben, als ein stilles inniges Sehnen und ein wehmütiger Klang im Aller Innersten. Aber die wilden Qualen der Einsamkeit, die herbe Pein eines unsäglichen Verlustes, die trübe, entsetzliche Leere, die irdische Ohnmacht war gewichen, und der Pilgrim sah sich wieder in einer vollen, bedeutsamen Welt. Stimme und Sprache waren wieder lebendig bei ihm geworden und es dünkte ihm nunmehr alles viel bekannter und weissagender, als ehemals, so daß ihm der Tod, wie eine höhere Offenbarung des Lebens, erschien, und er sein eignes, schnellvorübergehendes Dasein mit kindlicher, heitrer Rührung betrachtete. Zukunft und Vergangenheit hatten sich in ihm berührt und einen innigen Verein geschlossen. Er stand weit außer der Gegenwart und die Welt ward ihm erst teuer, wie er sie verloren hatte, und sich nur als Fremdling in ihr fand, der ihre weiten, bunten Säle noch eine kurze Weile durchwandern sollte. Es war Abend geworden, und die Erde lag vor ihm wie ein altes, liebes Wohnhaus, was er nach langer Entfernung verlassen wiederfände. Tausend Erinnerungen wurden ihm gegenwärtig. Jeder Stein, jeder Baum, jede Anhöhe wollte wiedergekannt sein. Jedes war das Merkmal einer alten Geschichte.
Der Pilger ergriff seine Laute und sang:

1

Liebeszähren, Liebesflammen
Fließt zusammen;
Heiligt diese Wunderstätten,
Wo der Himmel mir erschienen,
Schwärmt um diesen Baum wie Bienen
In unzähligen Gebeten.

2

Er hat froh sie aufgenommen
Als sie kommen,
Sie geschützt vor Ungewittern;
Sie wird einst in ihrem Garten
Ihn begießen und ihn warten,
Wunder tun mit seinen Splittern.

3

Auch der Felsen ist gesunken
Freudentrunken
Zu der selgen Mutter Füßen.
Ist die Andacht auch in Steinen
Sollte da der Mensch nicht weinen
Und sein Blut für sie vergießen?

4

Die Bedrängten müssen ziehen
Und hier knieen,
Alle werden hier genesen.
Keiner wird fortan noch klagen
Alle werden fröhlich sagen:
Einst sind wir betrübt gewesen.

5

Ernste Mauern werden stehen
Auf den Höhen.
In den Tälern wird man rufen
Wenn die schwersten Zeiten kommen,
Keinem sei das Herz beklommen,
Nur hinan zu jenen Stufen.

6

Gottes Mutter und Geliebte
Der Betrübte
Wandelt nun verklärt von hinnen.

Ewge Güte, ewge Milde,
O! ich weiß du bist Mathilde
Und das Ziel von meinem Sinnen.

7

Ohne mein verwegnes Fragen
Wirst mir sagen,
Wenn ich zu dir soll gelangen.
Gern will ich in tausend Weisen
Noch der Erde Wunder preisen,
Bis du kommst mich zu umfangen.

8

Alte Wunder, künftge Zeiten
Seltsamkeiten,
Weichet nie aus meinem Herzen.
Unvergeßlich sei die Stelle,
Wo des Lichtes heilge Quelle
Weggespült den Traum der Schmerzen.

Unter seinem Gesang war er nichts gewahr worden. Wie er aber aufsah, stand ein junges Mädchen nah bei ihm am Felsen, die ihn freundlich, wie einen alten Bekannten, grüßte und ihn einlud mit zu ihrer Wohnung zu gehn, wo sie ihm schon ein Abendessen zubereitet habe. Er schloß sie zärtlich in seinen Arm. Ihr ganzes Wesen und Tun war ihm befreundet. Sie bat ihn noch einige Augenblicke zu verziehn, trat unter den Baum, sah mit einem unaussprechlichen Lächeln hinauf und schüttete aus ihrer Schürze viele Rosen auf das Gras. Sie kniete still daneben, stand aber bald wieder auf und führte den Pilger fort. „Wer hat dir von mir gesagt", frug der Pilgrim. „Unsre Mutter." „Wer ist deine Mutter?" „Die Mutter Gottes." „Seit wann bist du hier?" „Seitdem ich aus dem Grabe gekommen bin?" „Warst du schon einmal gestorben?" „Wie könnt' ich denn leben?" „Lebst du hier ganz allein?" „Ein alter Mann ist zu Hause, doch kenn ich noch viele, die gelebt haben." „Hast du Lust, bei mir zu bleiben?" „Ich habe dich ja lieb." „Woher kennst du mich?" „O! von alten Zeiten; auch erzählte mir meine ehmalige Mutter zeither immer von dir?" „Hast du noch eine Mutter?" „Ja, aber es ist eigentlich dieselbe." „Wie hieß sie?" „Maria." „Wer war dein Vater?" „Der Graf von Hohenzollern." „Den kenn' ich auch." „Wohl mußt du ihn kennen, denn er ist auch dein Vater." „Ich habe ja meinen Vater in Eisenach?" „Du hast mehr Eltern." „Wo gehn wir denn hin?" „Immer nach Hause."

Sie waren jetzt auf einen geräumigen Platz im Holze gekommen, auf welchem einige verfallne Türme hinter tiefen Gräben standen. Junges Gebüsch schlang sich um die alten Mauern, wie ein jugendlicher Kranz um das Silberhaupt eines Greises. Man sah in die Unermeßlichkeit der Zeiten, und erblickte die weitesten Geschichten in kleine glänzende Minuten zusammengezogen, wenn man die grauen Steine, die blitzähnlichen Risse, und die hohen, schaurigen Gestalten betrachtete. So zeigt uns der Himmel unendliche Räume in dunkles Blau gekleidet und wie milchfarbne Schimmer, so unschuldig, wie die Wangen eines Kindes, die fernsten Heere seiner schweren ungeheuren Welten. Sie gingen durch ein altes Tor weg und der Pilger war nicht wenig erstaunt, als er sich nun von lauter seltenen Gewächsen umringt und die Reize des anmutigsten Gartens unter diesen Trümmern versteckt sah. Ein kleines steinernes Häuschen von neuer Bauart mit großen hellen Fenstern lag dahinter. Dort stand ein alter Mann hinter den breitblättrigen Stauden und band die schwanken Zweige an Stäbchen. Den Pilgrim führte seine Begleiterin zu ihm und sagte: „Hier ist Heinrich nach dem du mich oft gefragt hast." Wie sich der Alte zu ihm wandte, glaubte Heinrich den Bergmann vor sich zu sehn. „Du siehst den Arzt Sylvester", sagte das Mädchen. Sylvester freute sich ihn zu sehn, und sprach: „Es ist eine geraume Zeit her, daß ich deinen Vater eben so jung bei mir sah. Ich ließ es mir damals angelegen sein, ihn mit den Schätzen der Vorwelt, mit der kostbaren Hinterlassenschaft einer zu früh abgeschiedenen Welt bekannt zu machen. Ich bemerkte in ihm die Anzeichen eines großen Bildkünstlers. Sein Auge regte sich voll Lust ein wahres Auge, ein schaffendes Werkzeug zu werden. Sein Gesicht zeugte von innrer Festigkeit und ausdauerndem Fleiß. Aber die gegenwärtige Welt hatte zu tiefe Wurzeln schon bei ihm geschlagen. Er wollte nicht Achtung geben auf den Ruf seiner eigensten Natur. Die trübe Strenge seines vaterländischen Himmels hatte die zarten Spitzen der edelsten Pflanze in ihm verdorben. Er ward ein geschickter Handwerker und die Begeisterung ist ihm zur Torheit geworden."

„Wohl", versetzte Heinrich, „hab ich in ihm oft mit Schmerzen einen stillen Mißmut bemerkt. Er arbeitet unaufhörlich aus Gewohnheit und nicht aus innerer Lust. Es scheint ihm etwas zu fehlen, was die friedliche Stille seines Lebens, die Bequemlichkeiten seines Auskommens, die Freude sich geehrt und geliebt von seinen Mitbürgern zu sehn und in allen Stadtangelegenheiten zu Rate gezogen zu werden, ihm nicht ersetzen kann. Seine Bekannten halten ihn für sehr glücklich, aber sie wissen nicht, wie lebenssatt er ist, wie leer ihm oft die Welt vorkommt, wie sehnlich er sich hinwegwünscht, und wie er nicht aus Erwerbslust, sondern um diese Stimmung zu verscheuchen, so fleißig arbeitet."

„Was mich am Meisten wundert", versetzte Sylvester, „daß er Eure Erziehung ganz in den Händen Eurer Mutter gelassen hat und sorgfältig sich gehütet in Eure Entwicklung sich zu mischen oder Euch zu irgend einem bestimmten Stande anzuhalten. Ihr habt von Glück zu sagen, daß Ihr habt aufwachsen dürfen, ohne von Euren Eltern die mindeste Beschränkung zu leiden, denn die meisten Menschen sind nur Überbleibsel eines vollen Gastmahls, das Menschen von verschiednem Appetit und Geschmack geplündert haben."

„Ich weiß selbst nicht", erwiderte Heinrich, „was Erziehung heißt, wenn es nicht das Leben und die Sinnesweise meiner Eltern ist, oder der Unterricht meines Lehrers des Hofkaplans. Mein Vater scheint mir, bei aller seiner kühlen und durchaus festen Denkungsart, die ihn alle Verhältnisse, wie ein Stück Metall und eine künstliche Arbeit ansehn läßt, doch unwillkürlich und ohne es daher selbst zu wissen, eine stille Ehrfurcht und Gottesfurcht vor allen unbegreiflichen und höhern Erscheinungen zu haben, und daher das Aufblühen eines Kindes mit demütiger Selbstverleugnung zu betrachten. Ein Geist ist hier geschäftig, der frisch aus der unendlichen Quelle kommt und dieses Gefühl der Überlegenheit eines Kindes in den allerhöchsten Dingen, der unwiderstehliche Gedanke einer nähern Führung dieses unschuldigen Wesens, das jetzt im Begriff steht eine so bedenkliche Laufbahn anzutreten, bei seinen nähern Schritten, das Gepräge einer wunderbaren Welt, was noch keine irdische Flut unkenntlich gemacht hat, und endlich die Sympathie der Selbsterinnerung jener fabelhaften Zeiten, wo die Welt uns heller, freundlicher und seltsamer dünkte und der Geist der Weissagung fast sichtbar uns begleitete, alles dies hat meinen Vater gewiß zu der andächtigsten und bescheidensten Behandlung vermocht."

„Laß uns hieher auf die Rasenbank unter die Blumen setzen", unterbrach ihn der Alte. „Zyane wird uns rufen, wenn unser Abendessen bereit ist, und wenn ich Euch bitten darf, so fahrt fort mir von Eurem frühern Leben etwas zu erzählen. Wir Alten hören am liebsten von den Kinderjahren reden, und es dünkt mich, als ließt Ihr mich den Duft einer Blume einziehn, den ich seit meiner Kindheit nicht wieder eingeatmet hätte. Nur sagt mir noch vorher, wie Euch meine Einsiedelei und mein Garten gefällt, denn diese Blumen sind meine Freundinnen. Mein Herz ist in diesem Garten. Ihr seht nichts, was mich nicht liebt und von mir nicht zärtlich geliebt wird. Ich bin hier mitten unter meinen Kindern und komme mir vor, wie ein alter Baum, aus dessen Wurzeln diese muntre Jugend ausgeschlagen sei."

„Glücklicher Vater", sagte Heinrich, „Euer Garten ist die Welt. Ruinen sind die Mütter dieser blühenden Kinder. Die bunte, lebendige Schöpfung zieht ihre Nahrung aus den Trümmern vergangner Zeiten. Aber mußte die Mutter sterben, daß die Kinder gedeihen können, und bleibt der Vater zu ewigen Tränen allein an ihrem Grabe sitzen?"

Sylvester reichte dem schluchzenden Jünglinge die Hand, und stand auf, um ihm ein eben aufgeblühtes Vergißmeinnicht zu holen, das er an einen Zypressenzweig band und ihm brachte. Wunderlich rührte der Abendwind die Wipfel der Kiefern, die jenseits den Ruinen standen. Ihr dumpfes Brausen tönte herüber. Heinrich verbarg sein Gesicht in Tränen an dem Halse des guten Sylvester, und wie er sich wieder erhob, trat eben der Abendstern in voller Glorie über den Wald herüber.

Nach einiger Stille fing Sylvester an: „Ich möcht Euch wohl in Eisenach unter Euren Gespielen gesehn haben. Eure Eltern, die vortreffliche Landgräfin, die biedern Nachbarn Eures Vaters, und der alte Hofkaplan machen eine schöne Gesellschaft aus. Ihre Gespräche müssen frühzeitig auf Euch gewürkt haben, besonders da Ihr das einzige Kind wart. Auch stell ich mir die Gegend äußerst anmutig und bedeutsam vor."

„Ich lerne", versetzte Heinrich, „meine Gegend erst recht kennen, seit ich weg bin und viele andre Gegenden gesehn habe. Jede Pflanze, jeder Baum, jeder Hügel und Berg hat seinen besondern Gesichtskreis, seine eigentümliche Gegend. Sie gehört zu ihm und sein Bau, seine ganze Beschaffenheit wird durch sie erklärt. Nur das Tier und der Mensch können zu allen Gegenden kommen; alle Gegenden sind die Ihrigen. So machen alle zusammen eine große Weltgegend, einen unendlichen Gesichtskreis aus, dessen Einfluß auf den Menschen und das Tier ebenso sichtbar ist, wie der Einfluß der engern Umgebung auf die Pflanze. Daher Menschen, die viel gereist sind, Zugvögel und Raubtiere, unter den übrigen sich durch besondern Verstand und andre wunderbare Gaben und Arten auszeichnen. Doch gibt es auch gewiß mehr oder weniger Fähigkeit unter ihnen, von diesen Weltkreisen und ihrem mannigfaltigen Inhalt und Ordnung gerührt, und gebildet zu werden. Auch fehlt bei den Menschen wohl manchen die nötige Aufmerksamkeit und Gelassenheit, um den Wechsel der Gegenstände und ihre Zusammenstellung erst gehörig zu betrachten, und dann darüber nachzudenken und die nötigen Vergleichungen anzustellen. Oft fühl ich jetzt, wie mein Vaterland meine frühsten Gedanken mit unvergänglichen Farben angehaucht hat, und sein Bild eine seltsame Andeutung meines Gemüts geworden ist, die ich immer mehr errate, je tiefer ich einsehe, daß Schicksal und Gemüt Namen Eines Begriffs sind." „Auf mich", sagte Sylvester, „hat freilich die lebendige Natur, die regsame Überkleidung der Gegend, immer am meisten gewirkt. Ich bin nicht müde geworden, besonders die verschiedene Pflanzennatur auf das sorgfältigste zu betrachten. Die Gewächse sind so die unmittelbarste Sprache des Bodens; jedes neue Blatt, jede sonderbare Blume ist irgend ein Geheimnis, was sich hervordrängt und das, weil es sich vor Liebe und Lust nicht bewegen und nicht zu Worten kommen kann, eine stumme, ruhige

Pflanze wird. Findet man in der Einsamkeit eine solche Blume, ist es da nicht, als wäre alles umher verklärt und hielten sich die kleinen befiederten Töne am liebsten in ihrer Nähe auf. Man möchte für Freuden weinen, und abgesondert von der Welt nur seine Hände und Füße in die Erde stecken, um Wurzeln zu treiben und nie diese glückliche Nachbarschaft zu verlassen. Über die ganze trockne Welt ist dieser grüne, geheimnisvolle Teppich der Liebe gezogen. Mit jedem Frühjahr wird er erneuert und seine seltsame Schrift ist nur dem Geliebten lesbar wie der Blumenstrauß des Orients. Ewig wird er lesen und sich nicht satt lesen und täglich neue Bedeutungen, neue entzückendere Offenbarungen der liebenden Natur gewahr werden. Dieser unendliche Genuß ist der geheime Reiz, den die Begehung der Erdfläche für mich hat, indem mir jede Gegend andre Rätsel löst, und mich immer mehr erraten läßt, woher der Weg komme und wohin er gehe."

„Ja", sagte Heinrich, „wir haben von Kinderjahren angefangen zu reden, und von der Erziehung, weil wir in Eurem Garten waren und die eigentliche Offenbarung der Kindheit, die unschuldige Blumenwelt, unmerklich in unser Gedächtnis und auf unsre Lippen die Erinnerung der alten Blumenschaft brachte. Mein Vater ist auch ein großer Freund des Gartenlebens und die glücklichsten Stunden seines Lebens bringt er unter den Blumen zu. Dies hat auch gewiß seinen Sinn für die Kinder so offen erhalten, da Blumen die Ebenbilder der Kinder sind. Den vollen Reichtum des unendlichen Lebens, die gewaltigen Mächte der spätern Zeit, die Herrlichkeit des Weltendes und die goldne Zukunft aller Dinge sehn wir hier noch innig ineinander geschlungen, aber doch auf das deutlichste und klarste in zarter Verjüngung. Schon treibt die allmächtige Liebe, aber sie zündet noch nicht. Es ist keine verzehrende Flamme; es ist ein zerrinnender Duft; und so innig die Vereinigung der zärtlichen Seelen auch ist, so ist sie doch von keiner heftigen Bewegung und [k]einer fressenden Wut begleitet, wie bei den Tieren. So ist die Kindheit in der Tiefe zunächst an der Erde, da hingegen die Wolken vielleicht die Erscheinungen der zweiten, höhern Kindheit, des wiedergefundnen Paradieses sind, und darum so wohltätig auf die Erstere heruntertauen."

„Es ist gewiß etwas sehr Geheimnisvolles in den Wolken", sagte Sylvester, „und eine gewisse Bewölkung hat oft einen ganz wunderbaren Einfluß auf uns. Sie ziehn und wollen uns mit ihrem kühlen Schatten auf und davon nehmen und wenn ihre Bildung lieblich und bunt, wie ein ausgehauchter Wunsch unsers Innern ist, so ist auch ihre Klarheit, das herrliche Licht, was dann auf Erden herrscht, wie die Vorbedeutung einer unbekannten, unsäglichen Herrlichkeit. Aber es gibt auch düstre und ernste und entsetzliche Umwölkungen, in denen alle Schrecken der alten Nacht zu drohen scheinen. Nie scheint sich der Himmel wieder aufheitern zu wollen, das heitre Blau ist vertilgt und ein fahles Kupferrot auf schwarzgrauem Grunde weckt Grauen und Angst in jeder Brust. Wenn dann die verderblichen Strahlen herunterzucken und mit höhnischem Gelächter die schmetternden Donnerschläge hinterdreinfallen, so werden wir bis ins Innerste beängstigt, und wenn in uns dann nicht das erhabne Gefühl unsrer sittlichen Obermacht entsteht, so glauben wir den Schrecknissen der Hölle, der Gewalt böser Geister überliefert zu sein.

„Es sind Nachhalle der alten unmenschlichen Natur, aber auch weckende Stimmen der höhern Natur, des himmlischen Gewissens in uns. Das Sterbliche dröhnt in seinen Grundvesten, aber das Unsterbliche fängt heller zu leuchten an und erkennt sich selbst."

„Wann wird es doch", sagte Heinrich, „gar keiner Schrekken, keiner Schmerzen, keiner Not und keines Übels mehr im Weltall bedürfen?"

„Wenn es nur Eine Kraft gibt – die Kraft des Gewissens – Wenn die Natur züchtig und sittlich geworden ist. Es gibt nur Eine Ursache des Übels – die allgemeine *Schwäche*, und diese Schwäche ist nichts, als geringe sittliche Empfänglichkeit, und Mangel an Reiz der Freiheit."

„Macht mir doch die Natur des Gewissens begreiflich."

„Wenn ich das könnte, so wär ich Gott, denn indem man das Gewissen begreift, entsteht es. Könnt Ihr mir das Wesen der Dichtkunst begreiflich machen?"

„Etwas Persönliches läßt sich nicht bestimmt abfragen."

„Wie viel weniger also das Geheimnis der höchsten Unteilbarkeit. Läßt sich Musik dem Tauben erklären?"

„Also wäre der Sinn ein Anteil an der neuen durch ihn eröffneten Welt selbst? Man verstünde die Sache nur, wenn man sie hätte?“

„Das Weltall zerfällt in unendliche, immer von größern Welten wieder befaßte Welten. Alle Sinne sind am Ende Ein Sinn. Ein Sinn führt wie Eine Welt allmählich zu allen Welten. Aber alles hat seine Zeit, und seine Weise. Nur die Person des Weltalls vermag das Verhältnis unsrer Welt einzusehn. Es ist schwer zu sagen, ob wir innerhalb der sinnlichen Schranken unsers Körpers wirklich unsre Welt mit neuen Welten, unsre Sinne mit neuen Sinnen vermehren können, oder ob jeder Zuwachs unsrer Erkenntnis, jede neuerworbene Fähigkeit nur zur Ausbildung unsers gegenwärtigen Weltsinns zu rechnen ist.“

„Vielleicht ist beides Eins“, sagte Heinrich. „Ich weiß nur so viel, daß für mich die Fabel Gesamtwerkzeug meiner gegenwärtigen Welt ist. Selbst das Gewissen, diese Sinn und Welten erzeugende Macht, dieser Keim aller Persönlichkeit, erscheint mir, wie der Geist des Weltgedichts, wie der Zufall der ewigen romantischen Zusammenkunft, des unendlich veränderlichen Gesamtlebens.“

„Werter Pilger“, versetzte Sylvester, „das Gewissen erscheint in jeder ernsten Vollendung, in jeder gebildeten Wahrheit. Jede durch Nachdenken zu einem Weltbild umgearbeitete Neigung und Fertigkeit wird zu einer Erscheinung, zu einer Verwandlung des Gewissens. Alle Bildung führt zu dem, was man nicht anders, wie Freiheit nennen kann, ohnerachtet damit nicht ein bloßer Begriff, sondern der schaffende Grund alles Daseins bezeichnet werden soll. Diese Freiheit ist Meisterschaft. Der Meister übt freie Gewalt nach Absicht und in bestimmter und überdachter Folge aus. Die Gegenstände seiner Kunst sind sein, und stehn in seinem Belieben und er wird von ihnen nicht gefesselt oder gehemmt. Und gerade diese allumfassende Freiheit, Meisterschaft oder Herrschaft ist das Wesen, der Trieb des Gewissens. In ihm offenbart sich die heilige Eigentümlichkeit, das unmittelbare Schaffen der Persönlichkeit, und jede Handlung des Meisters ist zugleich Kundwerdung der hohen, einfachen, unverwickelten Welt – Gottes Wort.“

„Also ist auch das was ehemals, wie mich däucht, Tugendlehre genannt wurde, nur die Religion, als Wissenschaft, die sogenannte Theologie im eigentlichsten Sinn? Nur eine Gesetzordnung, die sich zur Gottesverehrung verhält, wie die Natur zu Gott? Ein Wortbau, eine Gedankenfolge, die die Oberwelt bezeichnet, vorstellt und sie auf einer gewissen Stufe der Bildung vertritt? Die Religion für das Vermögen der Einsicht und des Urteils, der Richtspruch, das Gesetz der Auflösung und Bestimmung aller möglichen Verhältnisse eines persönlichen Wesens?"

„Allerdings ist das Gewissen", sagte Sylvester, „der eingeborne Mittler jedes Menschen. Es vertritt die Stelle Gottes auf Erden, und ist daher so Vielen das Höchste und Letzte. Aber wie entfernt war die bisherige Wissenschaft, die man Tugend- oder Sittenlehre nannte, von der reinen Gestalt dieses erhabenen, weitumfassenden persönlichen Gedankens. Das Gewissen ist der Menschen eigenstes Wesen in voller Verklärung, der himmlische Urmensch. Es ist nicht dies und jenes, es gebietet nicht in allgemeinen Sprüchen, es besteht nicht aus einzelnen Tugenden. Es gibt nur Eine Tugend – den reinen, ernsten Willen, der im Augenblick der Entscheidung unmittelbar sich entschließt und wählt. In lebendiger, eigentümlicher Unteilbarkeit bewohnt es und beseelt es das zärtliche Sinnbild des menschlichen Körpers, und vermag alle geistigen Gliedmaßen in die wahrhafteste Tätigkeit zu versetzen."

„O! trefflicher Vater", unterbrach ihn Heinrich, „mit welcher Freude erfüllt mich das Licht, was aus Euren Worten ausgeht. Also ist der wahre Geist der Fabel eine freundliche Verkleidung des Geistes der Tugend, und der eigentliche Zweck der untergeordneten Dichtkunst, die Regsamkeit des höchsten, eigentümlichsten Daseins. Eine überraschende Selbstheit ist zwischen einem wahrhaften Liede und einer edeln Handlung. Das müßige Gewissen in einer glatten, nicht widerstehenden Welt wird zum fesselnden Gespräch, zur alleserzählenden Fabel. In den Fluren und Hallen dieser Urwelt lebt der Dichter, und die Tugend ist der Geist seiner irdischen Bewegungen und Einflüsse. So wie diese die unmittelbar wirkende Gottheit unter den Menschen und das wunderbare Widerlicht der höhern Welt ist, so ist es auch die Fabel. Wie sicher kann nun der Dichter den Eingebungen seiner Begeisterung oder wenn auch er einen höhern überirdischen Sinn hat, höherer Wesen folgen und sich seinem Berufe mit kindlicher Demut überlassen. Auch in ihm redet die höhere Stimme des Weltalls und ruft mit bezaubernden Sprüchen in erfreulichere, bekanntere Welten. Wie sich die Religion zur Tugend verhält, so die Begeisterung zur Fabellehre, und wenn in heiligen Schriften die Geschichten der Offenbarung aufbehalten sind, so bildet in den Fabellehren das Leben einer höhern Welt sich in wunderbarentstandnen Dichtungen auf mannigfache Weise ab. Fabel und Geschichte begleiten sich in den innigsten Beziehungen auf den verschlungensten Pfaden und in den seltsamsten Verkleidungen, und die Bibel und die Fabellehre sind Sternbilder Eines Umlaufs."

„Ihr redet völlig wahr", sagte Sylvester, „und nun wird es Euch wohl begreiflich sein, daß die ganze Natur nur durch den Geist der Tugend besteht und immer beständiger werden soll. Er ist das allzündende, allbelebende Licht innerhalb der irdischen Umfassung. Vom Sternhimmel, diesem erhabenen Dom des Steinreichs, bis zu dem krausen Teppich einer bunten Wiese wird alles durch ihn erhalten, durch ihn mit uns verknüpft, und uns verständlich gemacht, und durch ihn die unbekannte Bahn der unendlichen Naturgeschichte bis zur Verklärung fortgeleitet."

„Ja und Ihr habt vorher so schön für mich die Tugend an die Religion angeschlossen. Alles, was die Erfahrung und die irdische Wirksamkeit begreift macht den Bezirk des Gewissens aus, welches diese Welt mit höhern Welten verbindet. Bei höhern Sinnen entsteht Religion und was vorher unbegreifliche Notwendigkeit unserer innersten Natur schien, ein Allgesetz ohne bestimmten Inhalt, wird nun zu einer wunderbaren, einheimischen unendlich mannigfaltigen und durchaus befriedigenden Welt, zu einer unbegreiflich innigen Gemeinschaft aller Seligen in Gott, und zur vernehmlichen, vergötternden Gegenwart des allerpersönlichsten Wesens, oder seines Willens, seiner Liebe in unserm tiefsten Selbst."

„Die Unschuld Eures Herzens macht Euch zum Propheten", erwiderte Sylvester. „Euch wird alles verständlich werden, und die Welt und ihre Geschichte verwandelt sich Euch in die Heilige Schrift, sowie Ihr an der Heiligen Schrift das große Beispiel habt, wie in einfachen Worten und Geschichten das Weltall offenbart werden kann; wenn auch nicht gerade zu, doch mittelbar durch Anregung und Erweckung höherer Sinne.

„Mich hat die Beschäftigung mit der Natur dahin geführt, wohin Euch die Lust und Begeisterung der Sprache gebracht hat. Kunst und Geschichte hat mich die Natur kennen gelehrt. Meine Eltern wohnten in Sizilien unweit dem weltberühmten Berge Aetna. Ein bequemes Haus von vormaliger Bauart, welches verdeckt von uralten Kastanienbäumen dicht an den felsigen Ufern des Meers, die Zierde eines mit mannigfaltigen Gewächsen besetzten Gartens ausmachte, war ihre Wohnung. In der Nähe lagen viele Hütten, in denen sich Fischer, Hirten und Winzer aufhielten. Unsre Kammern und Keller waren mit allem, was das Leben erhält und erhöht, reichlich versehn und unser Hausgeräte ward durch wohlerdachte Arbeit auch den verborgenen Sinnen angenehm. Es fehlte auch sonst nicht an mannigfaltigen Gegenständen, deren Betrachtung und Gebrauch das Gemüt über das gewöhnliche Leben und seine Bedürfnisse erhoben und es zu einem angemessenern Zustande vorzubereiten, ihm den lautern Genuß seiner vollen eigentümlichen Natur zu versprechen und zu gewähren schienen. Man sah steinerne Menschenbilder, mit Geschichten bemalte Gefäße, kleinere Steine mit den deutlichsten Figuren, und andere Gerätschaften mehr, die aus andern und erfreulicheren Zeiten zurückgeblieben sein mochten. Auch lagen in Fächern übereinander viele Pergamentrollen, auf denen in langen Reihen Buchstaben die Kenntnisse und Gesinnungen, die Geschichten und Gedichte jener Vergangenheit in anmutigen und künstlichen Ausdrücken bewahrt standen. Der Ruf meines Vaters, den er sich als ein geschickter Sterndeuter zuwege brachte, zog ihm zahlreiche Anfragen, und Besuche, selbst aus entlegenern Ländern, zu, und da das Vorwissen der Zukunft den Menschen eine sehr seltne und köstliche Gabe dünkt, so glaubten sie ihre Mitteilungen gut belohnen zu müssen, so daß mein Vater durch die erhaltnen Geschenke in den Stand gesetzt wurde, die Kosten seiner bequemen und genußreichen Lebensart hinreichend bestreiten zu können."

Tiecks Bericht über die Fortsetzung

Weiter ist der Verfasser nicht in Ausarbeitung dieses zweiten Teils gekommen. Diesen nannte er „die Erfüllung“, so wie den ersten „Erwartung“, weil hier alles aufgelöst, und erfüllt werden sollte, was jener hatte ahnden lassen. Es war die Absicht des Dichters, nach Vollendung des „Ofterdingen“ noch sechs Romane zu schreiben, in denen er seine Ansichten der Physik, des bürgerlichen Lebens, der Handlung, der Geschichte, der Politik und der Liebe, so wie im „Ofterdingen“ der Poesie niederlegen wollte. Ohne mein Erinnern wird der unterrichtete Leser sehn, daß der Verfasser sich in diesem Gedichte nicht genau an die Zeit, oder an die Person jenes bekannten Minnesängers gebunden hat, obgleich alles an ihn und sein Zeitalter erinnern soll. Nicht nur für die Freunde des Verfassers, sondern für die Kunst selbst, ist es ein unersetzlicher Verlust, daß er diesen Roman nicht hat beendigen können, dessen Originalität und große Absicht sich im zweiten Teile noch mehr als im ersten würde gezeigt haben. Denn es war ihm nicht darum zu tun, diese oder jene Begebenheit darzustellen, eine Seite der Poesie aufzufassen, und sie durch Figuren und Geschichten zu erklären, sondern er wollte, wie auch schon im letzten Kapitel des ersten Teils bestimmt angedeutet ist, das eigentliche Wesen der Poesie aussprechen und ihre innerste Absicht erklären. Darum verwandelt sich Natur, Historie, der Krieg und das bürgerliche Leben mit seinen gewöhnlichsten Vorfällen in Poesie, weil diese der Geist ist, der alle Dinge belebt.
Ich will den Versuch machen, soviel es mir aus Gesprächen mit meinem Freunde erinnerlich ist, und soviel ich aus seinen hinterlassenen Papieren ersehen kann, dem Leser einen Begriff von dem Plan und dem Inhalte des zweiten Teiles dieses Werkes zu verschaffen.
Dem Dichter, welcher das Wesen seiner Kunst im Mittelpunkt ergriffen hat, erscheint nichts widersprechend und fremd, ihm sind die Rätsel gelöst, durch die Magie der

Phantasie kann er alle Zeitalter und Welten verknüpfen, die Wunder verschwinden und alles verwandelt sich in Wunder: so ist dieses Buch gedichtet, und besonders findet der Leser in dem Märchen, welches den ersten Teil beschließt, die kühnsten Verknüpfungen; hier sind alle Unterschiede aufgehoben, durch welche Zeitalter voneinander getrennt erscheinen, und eine Welt der andern als feindselig begegnet. Durch dieses Märchen wollte sich der Dichter hauptsächlich den Übergang zum zweiten Teile machen, in welchem die Geschichte unaufhörlich aus dem Gewöhnlichsten in das Wundervollste überschweift, und sich beides gegenseitig erklärt und ergänzt; der Geist, welcher den Prolog in Versen hält, sollte nach jedem Kapitel wiederkehren, und diese Stimmung, diese wunderbare Ansicht der Dinge fortsetzen. Durch dieses Mittel blieb die unsichtbare Welt mit dieser sichtbaren in ewiger Verknüpfung. Dieser sprechende Geist ist die Poesie selber, aber zugleich der siderische Mensch, der mit der Umarmung Heinrichs und Mathildens geboren ist. In folgendem Gedichte, welches seine Stelle im „Ofterdingen“ finden sollte, hat der Verfasser auf die leichteste Weise den innern Geist seiner Bücher ausgedrückt:

Wenn nicht mehr Zahlen und Figuren
Sind Schlüssel aller Kreaturen,
Wenn die, so singen oder küssen,
Mehr als die Tiefgelehrten wissen,
Wenn sich die Welt in's freie Leben,
Und in die Welt wird zurück begeben,
Wenn dann sich wieder Licht und Schatten
Zu echter Klarheit werden gatten,
Und man in Märchen und Gedichten
Erkennt die ewgen Weltgeschichten,
Dann fliegt vor Einem geheimen Wort
Das ganze verkehrte Wesen sofort.

Der Gärtner, welchen Heinrich spricht, ist derselbe alte Mann, der schon einmal Ofterdingens Vater aufgenommen hatte, das junge Mädchen, welche Cyane heißt, ist nicht sein Kind, sondern die Tochter des Grafen von Hohenzollern, sie ist aus dem Morgenlande gekommen, zwar früh, aber doch kann sie sich ihrer Heimat erinnern, sie hat lange in Gebirgen, in welchen sie von ihrer verstorbenen Mutter erzogen ist, ein wunderliches Leben geführt: einen Bruder hat sie früh verloren, einmal ist sie selbst in einem Grabgewölbe dem Tode sehr nahe gewesen, aber hier hat sie ein alter Arzt auf eine seltsame Weise vom Tode errettet. Sie ist heiter und freundlich und mit dem Wunderbaren sehr vertraut. Sie erzählt dem Dichter seine eigene Geschichte, als wenn sie dieselbe einst von ihrer Mutter so gehört hätte. – Sie schickt ihn nach einem entlegenen Kloster, dessen Mönche als eine Art von Geisterkolonie erscheinen, alles ist hier wie eine mystische, magische Loge. Sie sind die Priester des heiligen Feuers in jungen Gemütern. Er hört den fernen Gesang der Brüder; in der Kirche selbst hat er eine Vision. Mit einem alten Mönch spricht Heinrich über Tod und Magie, er hat Ahndungen vom Tode und dem Stein der Weisen; er besucht den Klostergarten und den Kirchhof; über den letztern findet sich folgendes Gedicht:

Lobt doch unsre stille Feste,
Unsre Gärten, unsre Zimmer,
Das bequeme Hausgeräte,
Unser Hab' und Gut.
Täglich kommen neue Gäste,
Diese früh, die andern späte,
Auf den weiten Herden immer
Lodert neue Lebens-Glut.

Tausend zierliche Gefäße
Einst betaut mit tausend Tränen,
Goldne Ringe, Sporen, Schwerter,
Sind in unserm Schatz:
Viel Kleinodien und Juwelen
Wissen wir in dunkeln Höhlen,
Keiner kann den Reichtum zählen,
Zählt' er auch ohn' Unterlaß.

Kinder der Vergangenheiten,
Helden aus den grauen Zeiten,
Der Gestirne Riesengeister,
Wunderlich gesellt,

Holde Frauen, ernste Meister,
Kinder und verlebte Greise
Sitzen hier in Einem Kreise,
Wohnen in der alten Welt.

Keiner wird sich je beschweren,
Keiner wünschen fortzugehen,
Wer an unsern vollen Tischen
Einmal fröhlich saß.
Klagen sind nicht mehr zu hören,
Keine Wunden mehr zu sehen,
Keine Tränen abzuwischen;
Ewig läuft das Stundenglas.

Tiefgerührt von heilger Güte
Und versenkt in selges Schauen
Steht der Himmel im Gemüte,
Wolkenloses Blau;
Lange fliegende Gewande
Tragen uns durch Frühlingsauen,
Und es weht in diesem Lande
Nie ein Lüftchen kalt und rauh.

Süßer Reiz der Mitternächte,
Stiller Kreis geheimer Mächte,
Wollust rätselhafter Spiele,
Wir nur kennen euch.
Wir nur sind am hohen Ziele,
Bald in Strom uns zu ergießen
Dann in Tropfen zu zerfließen
Und zu nippen auch zugleich.

Uns ward erst die Liebe, Leben;
Innig wie die Elemente
Mischen wir des Daseins Fluten,
Brausend Herz mit Herz.
Lüstern scheiden sich die Fluten,
Denn der Kampf der Elemente
Ist der Liebe höchstes Leben,
Und des Herzens eignes Herz.

Leiser Wünsche süßes Plaudern
Hören wir allein, und schauen
Immerdar in selge Augen,
Schmecken nichts als Mund und Kuß.
Alles was wir nur berühren
Wird zu heißen Balsamfrüchten,
Wird zu weichen zarten Brüsten,
Opfern kühner Lust.

Immer wächst und blüht Verlangen
Am Geliebten festzuhangen,
Ihn im Innern zu empfangen,
Eins mit ihm zu sein,
Seinem Durste nicht zu wehren,
Sich im Wechsel zu verzehren,
Voneinander sich zu nähren,
Voneinander nur allein.

So in Lieb' und hoher Wollust
Sind wir immerdar versunken,
Seit der wilde trübe Funken
Jener Welt erlosch;
Seit der Hügel sich geschlossen,
Und der Scheiterhaufen sprühte,
Und dem schauernden Gemüte
Nun das Erdgesicht zerfloß.

Zauber der Erinnerungen,
Heilger Wehmut süße Schauer
Haben innig uns durchklungen,
Kühlen unsre Glut.
Wunden gibt's, die ewig schmerzen,
Eine göttlich tiefe Trauer
Wohnt in unser aller Herzen,
Löst uns auf in Eine Flut.

Und in dieser Flut ergießen
Wir uns auf geheime Weise
In den Ozean des Lebens
Tief in Gott hinein;
Und aus seinem Herzen fließen

Wir zurück zu unserm Kreise,
Und der Geist des höchsten Strebens
Taucht in unsre Wirbel ein.

Schüttelt eure goldnen Ketten
Mit Smaragden und Rubinen,
Und die blanken saubern Spangen,
Blitz und Klang zugleich.
Aus des feuchten Abgrunds Betten,
Aus den Gräbern und Ruinen,
Himmelsrosen auf den Wangen
Schwebt in's bunte Fabelreich.

Könnten doch die Menschen wissen,
Unsre künftigen Genossen,
Daß bei allen ihren Freuden
Wir geschäftig sind:
Jauchzend würden sie verscheiden,
Gern das bleiche Dasein missen, –
O! die Zeit ist bald verflossen,
Kommt Geliebte doch geschwind!

Helft uns nur den Erdgeist binden,
Lernt den Sinn des Todes fassen
Und das Wort des Lebens finden;
Einmal kehrt euch um.
Deine Macht muß bald verschwinden,
Dein erborgtes Licht verblassen,
Werden dich in kurzem binden,
Erdgeist, deine Zeit ist um.

Dieses Gedicht war vielleicht wiederum ein Prolog zu einem zweiten Kapitel. Jetzt sollte sich eine ganz neue Periode des Werkes eröffnen, aus dem stillsten Tode sollte sich das höchste Leben hervortun; er hat unter Toten gelebt und selbst mit ihnen gesprochen, das Buch sollte fast dramatisch werden, und der epische Ton gleichsam nur die einzelnen Szenen verknüpfen und leicht erklären. Heinrich befindet sich plötzlich in dem unruhigen Italien, das von Kriegen zerrüttet wird, er sieht sich als Feldherr an der Spitze eines Heeres. Alle Elemente des Krieges spielen in poetischen Farben; er überfällt mit einem flüchtigen Haufen eine feindliche Stadt, hier erscheint als Episode die Liebe eines vornehmen Pisaners zu einem florentinischen Mädchen. Kriegslieder. „Ein großer Krieg, wie ein Zweikampf, durchaus edel, philosophisch, human. Geist der alten Chevalerie. Ritterspiel. Geist der bacchischen Wehmut. – Die Menschen müssen sich selbst untereinander töten, das ist edler als durch das Schicksal fallen. Sie suchen den Tod. – Ehre, Ruhm ist des Kriegers Lust und Leben. Im Tode und als Schatten lebt der Krieger. Todeslust ist Kriegergeist. – Auf Erden ist der Krieg zu Hause. Krieg muß auf Erden sein." – In Pisa findet Heinrich den Sohn des Kaisers Friedrich des Zweiten, der sein vertrauter Freund wird. Auch nach Loretto kömmt er. Mehrere Lieder sollten hier folgen.

Von einem Sturm wird der Dichter nach Griechenland verschlagen. Die alte Welt mit ihren Helden und Kunstschätzen erfüllt sein Gemüt. Er spricht mit einem Griechen über die Moral. Alles wird ihm aus jener Zeit gegenwärtig, er lernt die alten Bilder und die alte Geschichte verstehn. Gespräche über die griechischen Staatsverfassungen; über Mythologie.

Nachdem Heinrich die Heldenzeit und das Altertum hat verstehen lernen, kommt er nach dem Morgenlande, nach welchem sich von Kindheit auf seine Sehnsucht gerichtet hatte. Er besucht Jerusalem; er lernt orientalische Gedichte kennen. Seltsame Begebenheiten mit den Ungläubigen halten ihn in einsamen Gegenden zurück, er findet die Familie des morgenländischen Mädchens (s. den I. Teil); die dortige Lebensweise einiger nomadischen Stämme. Persische Märchen. Erinnerungen aus der ältesten Welt. Immer sollte das Buch unter den verschiedensten Begebenheiten denselben Farben-Charakter behalten, und an die blaue Blume erinnern: durchaus sollten zugleich die entferntesten und verschiedenartigsten Sagen verknüpft werden, griechische, orientalische, biblische und christliche, mit Erinnerungen und Andeutung der indischen wie der nordischen Mythologie. Die Kreuzzüge. Das Seeleben. Heinrich geht nach Rom. Die Zeit der römischen Geschichte.

Mit Erfahrungen gesättigt kehrt Heinrich nach Deutschland zurück. Er findet seinen Großvater, einen tiefsinnigen Charakter, Klingsohr ist in seiner Gesellschaft. Abendgespräche mit den beiden.

Heinrich begibt sich an den Hof Friedrichs, er lernt den Kaiser persönlich kennen. Der Hof sollte eine sehr würdige Erscheinung machen, die Darstellung der besten, größten und wunderbarsten Menschen aus der ganzen Welt versammelt, deren Mittelpunkt der Kaiser selbst ist. Hier erscheint die größte Pracht, und die wahre große Welt. Deutscher Charakter und Deutsche Geschichte werden deutlich gemacht. Heinrich spricht mit dem Kaiser über Regierung, über Kaisertum, dunkle Reden von Amerika und Ost-Indien. Die Gesinnungen eines Fürsten. Mystischer Kaiser. Das Buch *de tribus impostoribus.*

Nachdem nun Heinrich auf eine neue und größere Weise als im ersten Teile, in der *Erwartung*, wiederum die Natur, Leben und Tod, Krieg, Morgenland, Geschichte und Poesie erlebt und erfahren hat, kehrt er wie in eine alte Heimat in sein Gemüt zurück. Aus dem Verständnis der Welt und seiner selbst entsteht der Trieb zur Verklärung: die wunderbarste Märchenwelt tritt nun ganz nahe, weil das Herz ihrem Verständnis völlig geöffnet ist.

In der Manessischen Sammlung der Minnesinger finden wir einen ziemlich unverständlichen Wettgesang des Heinrich von Ofterdingen und Klingsohr mit andern Dichtern: statt dieses Kampfspieles wollte der Verfasser einen andern seltsamen poetischen Streit darstellen, den Kampf des guten und bösen Prinzips in Gesängen der Religion und Irreligion, die unsichtbare Welt der sichtbaren entgegengestellt. „In bacchischer Trunkenheit wetten die Dichter aus Enthusiasmus um den Tod." Wissenschaften werden poetisiert, auch die Mathematik streitet mit. Indianische Pflanzen werden besungen: Indische Mythologie in neuer Verklärung.

Dieses ist der letzte Akt Heinrichs auf Erden, der Übergang zu seiner eignen Verklärung. Dieses ist die Auflösung des ganzen Werks, die *Erfüllung* des Märchens, welches den ersten Teil beschließt. Auf die übernatürlichste und zugleich natürlichste Weise wird alles erklärt und vollendet, die Scheidewand zwischen Fabel und Wahrheit, zwischen Vergangenheit und Gegenwart ist eingefallen: Glauben, Phantasie, Poesie schließen die innerste Welt auf.

Heinrich kommt in Sophiens Land, in eine Natur, wie sie

sein könnte, in eine allegorische, nachdem er mit Klingsohr über einige sonderbare Zeichen und Ahndungen gesprochen hat. Diese erwachen hauptsächlich bei einem alten Liede, welches er zufällig singen hört, in welchem ein tiefes Wasser an einer verborgenen Stelle beschrieben wird. Durch diesen Gesang erwachen längstvergessene Erinnerungen, er geht nach dem Wasser und findet einen kleinen goldenen Schlüssel, welchen ihm vor Zeiten ein Rabe geraubt hatte, und den er niemals hatte wiederfinden können. Diesen Schlüssel hatte ihm bald nach Mathildens Tode ein alter Mann gegeben, mit dem Bedeuten, er solle ihn zum Kaiser bringen, der würde ihm sagen, was damit zu tun sei. Heinrich geht zum Kaiser, welcher hocherfreut ist, und ihm eine alte Urkunde gibt, in welcher geschrieben steht, daß der Kaiser sie einem Manne zum Lesen geben sollte, welcher ihm einst einen goldenen Schlüssel zufällig bringen würde, dieser Mann würde an einem verborgenen Orte ein altes talismanisches Kleinod, einen Karfunkel zur Krone finden, zu welchem die Stelle noch leer gelassen sei. Der Ort selbst ist auch im Pergament beschrieben. – Nach dieser Beschreibung macht sich Heinrich auf den Weg nach einem Berge, er trifft unterwegs den Fremden, der ihm und seinen Eltern zuerst von der blauen Blume erzählt hatte, er spricht mit ihm über die Offenbarung. Er geht in den Berg hinein und Cyane folgt ihm treulich nach.

Bald kommt er in jenes wunderbare Land, in welchem Luft und Wasser, Blumen und Tiere von ganz verschiedener Art sind, als in unsrer irdischen Natur. Zugleich verwandelt sich das Gedicht stellenweise in ein Schauspiel. „Menschen, Tiere, Pflanzen, Steine und Gestirne, Elemente, Töne, Farben, kommen zusammen wie Eine Familie, handeln und sprechen wie Ein Geschlecht." – „Blumen und Tiere sprechen über den Menschen." – „Die Märchenwelt wird ganz sichtbar, die wirkliche Welt selbst wird wie ein Märchen angesehn." Er findet die blaue Blume, es ist Mathilde, die schläft und den Karfunkel hat, ein kleines Mädchen, sein und Mathildens Kind, sitzt bei einem Sarge, und verjüngt ihn. – „Dieses Kind ist die Urwelt, die goldne Zeit am Ende." – „Hier ist die christliche Religion mit der heidnischen ausgesöhnt, die Geschichte des Orpheus, der Psyche, und andere werden besungen." –

Heinrich pflückt die blaue Blume, und erlöst Mathilden von ihrem Zauber, aber sie geht ihm wieder verloren, er erstarrt im Schmerz und wird ein Stein. „Edda (die blaue Blume, die Morgenländerin, Mathilde) opfert sich an dem Steine, er verwandelt sich in einen klingenden Baum. Cyane haut den Baum um, und verbrennt sich mit ihm, er wird ein goldner Widder. Edda, Mathilde muß ihn opfern, er wird wieder ein Mensch. Während dieser Verwandlungen hat er allerlei wunderliche Gespräche."

Er ist glücklich mit Mathilden, die zugleich die Morgenländerin und Cyane ist. Das froheste Fest des Gemüts wird gefeiert. Alles vorhergehende war Tod. Letzter Traum und Erwachen. „Klingsohr kömmt wieder als König von Atlantis. Heinrichs Mutter ist Phantasie, der Vater ist der Sinn, Schwaning ist der Mond, der Bergmann ist der Antiquar, auch zugleich das Eisen. Kaiser Friedrich ist Arktur. Auch der Graf von Hohenzollern und die Kaufleute kommen wieder." Alles fließt in eine Allegorie zusammen. Cyane bringt dem Kaiser den Stein, aber Heinrich ist nun selbst der Dichter aus jenen Märchen, welches ihm vordem die Kaufleute erzählten.

Das selige Land leidet nur noch von einer Bezauberung, indem es dem Wechsel der Jahreszeiten unterworfen ist, Heinrich zerstört das Sonnenreich. Mit einem großen Gedicht, wovon nur der Anfang aufgeschrieben ist, sollte das ganze Werk beschlossen werden.

Die Vermählung der Jahreszeiten

Tief in Gedanken stand der neue Monarch. Er gedachte
Jetzt des nächtlichen Traums, und der Erzählungen auch,
Als er zu erst von der himmlischen Blume gehört und getroffen
Still von der Weissagung, mächtige Liebe gefühlt.
Noch dünkt ihm, er höre die tiefeindringende Stimme,
Eben verließe der Gast erst den geselligen Kreis,
Flüchtige Schimmer des Mondes erhellten die klappernden Fenster

Und in des Jünglings Brust tobe verzehrende Glut.
„Edda", sagte der König, „was ist des liebenden Herzens
Innigster Wunsch? was ist ihm der unsäglichste Schmerz?
Sag es, wir wollen ihm helfen, die Macht ist unser, und herrlich
Werde die Zeit, nun du wieder den Himmel beglückst."
„Wären die Zeiten nicht so ungesellig, verbände
Zukunft mit Gegenwart und mit Vergangenheit sich,
Schlösse Frühling sich an Herbst, und Sommer an Winter,
Wäre zu spielenden Ernst Jugend mit Alter gepaart:
Dann mein süßer Gemahl versiegte die Quelle der Schmerzen,
Aller Empfindungen Wunsch wäre dem Herzen gewährt."
Also die Königin; freudig umschlang sie der schöne Geliebte;
„Ausgesprochen hast du wahrlich ein himmlisches Wort,
Was schon längst auf den Lippen der tiefer Fühlenden schwebte,
Aber den deinigen erst rein und gedeihlich entklang.
Führe man schnell den Wagen herbei, wir holen sie selber,
Erstlich die Zeiten des Jahrs, dann auch des Menschengeschlechts."

Sie fahren zur Sonne, und holen zuerst den Tag, dann zur Nacht, dann nach Norden, um den Winter, alsdann nach Süden, um den Sommer zu finden, von Osten bringen sie den Frühling, von Westen den Herbst. Dann eilen sie zur Jugend, dann zum Alter, zur Vergangenheit, wie zur Zukunft. –
Dieses ist, was ich dem Leser aus meinen Erinnerungen, und aus einzelnen Worten und Winken in den Papieren meines Freundes habe geben können. Die Ausarbeitung

dieser großen Aufgabe würde ein bleibendes Denkmal einer neuen Poesie gewesen sein. Ich habe in dieser Anzeige lieber trocken und kurz sein wollen, als in die Gefahr geraten, von meiner Phantasie etwas hinzuzusetzen. Vielleicht rührt manchen Leser das Fragmentarische dieser Verse und Worte so wie mich, der nicht mit einer andächtigern Wehmut ein Stückchen von einem zertrümmerten Bilde des Raffael oder Correggio betrachten würde. L. T.

DIE LEHRLINGE ZU SAIS

Mannigfache Wege gehen die Menschen. Wer sie verfolgt und vergleicht, wird wunderliche Figuren entstehen sehn; Figuren, die zu jener großen Chiffernschrift zu gehören scheinen, die man überall, auf Flügeln, Eierschalen, in Wolken, im Schnee, in Kristallen und in Steinbildungen, auf gefrierenden Wassern, im Innern und Äußern der Gebirge, der Pflanzen, der Tiere, der Menschen, in den Lichtern des Himmels, auf berührten und gestrichenen Scheiben von Pech und Glas, in den Feilspänen um den Magnet her, und sonderbaren Konjunkturen des Zufalls erblickt. In ihnen ahndet man den Schlüssel dieser Wunderschrift, die Sprachlehre derselben; allein die Ahndung will sich selbst in keine feste Formen fügen, und scheint kein höherer Schlüssel werden zu wollen. Ein Alkahest scheint über die Sinne der Menschen ausgegossen zu sein. Nur augenblicklich scheinen ihre Wünsche, ihre Gedanken sich zu verdichten. So entstehen ihre Ahndungen, aber nach kurzen Zeiten schwimmt alles wieder, wie vorher, vor ihren Blicken.

Von weitem hört' ich sagen: die Unverständlichkeit sei Folge nur des Unverstandes; dieser suche, was er habe, und also niemals weiter finden könnte. Man verstehe die Sprache nicht, weil sich die Sprache selber nicht verstehe, nicht verstehen wolle; die echte Sanskrit spräche, um zu sprechen, weil Sprechen ihre Lust und ihr Wesen sei.

Nicht lange darauf sprach einer: „Keiner Erklärung bedarf die heilige Schrift. Wer wahrhaft spricht, ist des ewigen Lebens voll, und wunderbar verwandt mit echten Geheimnissen dünkt uns seine Schrift, denn sie ist ein Akkord aus des Weltalls Symphonie."

Von unserm Lehrer sprach gewiß die Stimme, denn er versteht die Züge zu versammeln, die überall zerstreut sind. Ein eignes Licht entzündet sich in seinen Blicken, wenn vor uns nun die hohe Rune liegt, und er in unsern Augen späht, ob auch in uns aufgegangen ist das Gestirn, das die Figur sichtbar und verständlich macht. Sieht er uns traurig, daß die Nacht nicht weicht, so tröstet er uns, und verheißt dem emsigen, treuen Seher künftiges Glück. Oft hat er uns erzählt, wie ihm als Kind der Trieb, die Sinne zu üben, zu beschäftigen und zu erfüllen, keine Ruhe ließ. Den Sternen

sah er zu und ahmte ihre Züge, ihre Stellungen im Sande nach. In's Luftmeer sah er ohne Rast, und ward nicht müde seine Klarheit, seine Bewegungen, seine Wolken, seine Lichter zu betrachten. Er sammelte sich Steine, Blumen, Käfer aller Art, und legte sie auf mannigfache Weise sich in Reihen. Auf Menschen und auf Tiere gab er Acht, am Strand des Meeres saß er, suchte Muscheln. Auf sein Gemüt und seine Gedanken lauschte er sorgsam. Er wußte nicht, wohin ihn seine Sehnsucht trieb. Wie er größer ward, strich er umher, besah sich andre Länder, andre Meere, neue Lüfte, fremde Sterne, unbekannte Pflanzen, Tiere, Menschen, stieg in Höhlen, sah wie in Bänken und in bunten Schichten der Erde Bau vollführt war, und drückte Ton in sonderbare Felsenbilder. Nun fand er überall Bekanntes wieder, nur wunderlich gemischt, gepaart, und also ordneten sich selbst in ihm oft seltsame Dinge. Er merkte bald auf die Verbindungen in allem, auf Begegnungen, Zusammentreffungen. Nun sah er bald nichts mehr allein. – In große bunte Bilder drängten sich die Wahrnehmungen seiner Sinne: er hörte, sah, tastete und dachte zugleich. Er freute sich, Fremdlinge zusammen zu bringen. Bald waren ihm die Sterne Menschen, bald die Menschen Sterne, die Steine Tiere, die Wolken Pflanzen, er spielte mit den Kräften und Erscheinungen, er wußte, wo und wie er dies und jenes finden, und erscheinen lassen konnte, und griff so selbst in den Saiten nach Tönen und Gängen umher.
Was nun seitdem aus ihm geworden ist, tut er nicht kund. Er sagt uns, daß wir selbst, von ihm und eigner Lust geführt, entdecken würden, was mit ihm vorgegangen sei. Mehrere von uns sind von ihm gewichen. Sie kehrten zu ihren Eltern zurück und lernten ein Gewerbe treiben. Einige sind von ihm ausgesendet worden, wir wissen nicht wohin; er suchte sie aus. Von ihnen waren einige nur kurze Zeit erst da, die Andern länger. Eins war ein Kind noch, es war kaum da, so wollte er ihm den Unterricht übergeben. Es hatte große dunkle Augen mit himmelblauem Grunde, wie Lilien glänzte seine Haut, und seine Locken wie lichte Wölkchen, wenn der Abend kommt. Die Stimme drang uns allen durch das Herz, wir hätten gern ihm unsere Blumen, Steine, Federn alles gern geschenkt. Es lächelte unendlich ernst, und uns ward seltsam wohl mit ihm zu Mute. „Einst

wird es wiederkommen", sagte der Lehrer, „und unter uns wohnen, dann hören die Lehrstunden auf." – Einen schickte er mit ihm fort, der hat uns oft gedauert. Immer traurig sah er aus, lange Jahre war er hier, ihm glückte nichts, er fand nicht leicht, wenn wir Kristalle suchten oder Blumen. In die Ferne sah er schlecht, bunte Reihen gut zu legen wußte er nicht. Er zerbrach alles so leicht. Doch hatte keiner einen solchen Trieb und solche Lust am Sehn und Hören. Seit einer Zeit, – vorher eh jenes Kind in unsern Kreis trat, – ward er auf einmal heiter und geschickt. Eines Tages war er traurig ausgegangen, er kam nicht wieder und die Nacht brach ein. Wir waren seinetwegen sehr in Sorgen; auf einmal, wie des Morgens Dämmerung kam, hörten wir in einem nahen Haine seine Stimme. Er sang ein hohes, frohes Lied; wir wunderten uns alle; der Lehrer sah mit einem Blick nach Morgen, wie ich ihn wohl nie wieder sehen werde. In unsre Mitte trat er bald, und brachte, mit unaussprechlicher Seligkeit im Antlitz, ein unscheinbares Steinchen von seltsamer Gestalt. Der Lehrer nahm es in die Hand, und küßte ihn lange, dann sah er uns mit nassen Augen an und legte dieses Steinchen auf einen leeren Platz, der mitten unter andern Steinen lag, gerade wo wie Strahlen viele Reihen sich berührten.

Ich werde dieser Augenblicke nie fortan vergessen. Uns war, als hätten wir im Vorübergehn eine helle Ahndung dieser wunderbaren Welt in unsern Seelen gehabt.

Auch ich bin ungeschickter als die Andern, und minder gern scheinen sich die Schätze der Natur von mir finden zu lassen. Doch ist der Lehrer mir gewogen, und läßt mich in Gedanken sitzen, wenn die Andern suchen gehn. So wie dem Lehrer ist mir nie gewesen. Mich führt alles in mich selbst zurück. Was einmal die zweite Stimme sagte, habe ich wohl verstanden. Mich freuen die wunderlichen Haufen und Figuren in den Sälen, allein mir ist, als wären sie nur Bilder, Hüllen, Zierden, versammelt um ein göttlich Wunderbild, und dieses liegt mir immer in Gedanken. Sie such' ich nicht, in ihnen such' ich oft. Es ist, als sollten sie den Weg mir zeigen, wo in tiefem Schlaf die Jungfrau steht, nach der mein Geist sich sehnt. Mir hat der Lehrer nie davon gesagt, auch ich kann ihm nichts anvertrauen, ein unverbrüchliches Geheimnis dünkt es mir. Gern hätt ich jenes

Kind gefragt, in seinen Zügen fand ich Verwandtschaft; auch schien in seiner Nähe mir alles heller innerlich zu werden. Wäre es länger geblieben, sicherlich hätte ich mehr in mir erfahren. Auch wäre mir am Ende vielleicht der Busen offen, die Zunge frei geworden. Gern wär' ich auch mit ihm gegangen. Es kam nicht so. Wie lang' ich hier noch bleibe, weiß ich nicht. Mir scheint es, als blieb' ich immer hier. Kaum wag' ich es mir selber zu gestehen, allein zu innig dringt sich mir der Glauben auf: einst find' ich hier, was mich beständig rührt; sie ist zugegen. Wenn ich mit diesem Glauben hier umher gehe, so tritt mir alles in ein höher Bild, in eine neue Ordnung mir zusammen, und alle sind nach Einer Gegend hin gerichtet. Mir wird dann jedes so bekannt, so lieb; und was mir seltsam noch erschien und fremd, wird nun auf einmal wie ein Hausgerät.
Gerade diese Fremdheit ist mir fremd, und darum hat mich immer diese Sammlung zugleich entfernt und angezogen. Den Lehrer kann und mag ich nicht begreifen. Er ist mir just so unbegreiflich lieb. Ich weiß es, er versteht mich, er hat nie gegen mein Gefühl und meinen Wunsch gesprochen. Vielmehr will er, daß wir den eignen Weg verfolgen, weil jeder neue Weg durch neue Länder geht, und jeder endlich zu diesen Wohnungen, zu dieser heiligen Heimat wieder führet. Auch ich will also meine Figur beschreiben, und wenn kein Sterblicher, nach jener Inschrift dort, den Schleier hebt, so müssen wir Unsterbliche zu werden suchen; wer ihn nicht heben will, ist kein echter Lehrling zu Sais.

2. Die Natur

Es mag lange gedauert haben, ehe die Menschen darauf dachten, die mannigfachen Gegenstände ihrer Sinne mit einem gemeinschaftlichen Namen zu bezeichnen und sich entgegen zu setzen. Durch Übung werden Entwickelungen befördert, und in allen Entwickelungen gehen Teilungen, Zergliederungen vor, die man bequem mit den Brechungen des Lichtstrahls vergleichen kann. So hat sich auch nur allmählich unser Innres in so mannigfaltige Kräfte zerspaltet, und mit fortdauernder Übung wird auch diese Zerspaltung zunehmen. Vielleicht ist es nur krankhafte Anlage der späteren Menschen, wenn sie das Vermögen verlieren, diese zerstreuten Farben ihres Geistes wieder zu mischen und nach Belieben den alten einfachen Naturstand herzustellen, oder neue, mannigfaltige Verbindungen unter ihnen zu bewirken. Je vereinigter sie sind, desto vereinigter, desto vollständiger und persönlicher fließt jeder Naturkörper, jede Erscheinung in sie ein: denn der Natur des Sinnes entspricht die Natur des Eindrucks, und daher mußte jenen früheren Menschen alles menschlich, bekannt und gesellig vorkommen, die frischeste Eigentümlichkeit mußte in ihren Ansichten sichtbar werden, jede ihrer Äußerungen war ein wahrer Naturzug, und ihre Vorstellungen mußten mit der sie umgebenden Welt übereinstimmen, und einen treuen Ausdruck derselben darstellen. Wir können daher die Gedanken unsrer Altväter von den Dingen in der Welt als ein notwendiges Erzeugnis, als eine Selbstabbildung des damaligen Zustandes der irdischen Natur betrachten, und besonders an ihnen, als den schicklichsten Werkzeugen der Beobachtung des Weltalls, das Hauptverhältnis desselben, das damalige Verhältnis zu seinen *Bewohnern*, und seiner Bewohner zu ihm, bestimmt abnehmen. Wir finden, daß gerade die erhabensten Fragen zuerst ihre Aufmerksamkeit beschäftigten, und daß sie den Schlüssel dieses wundervollen Gebäudes bald in einer Hauptmasse der wirklichen Dinge, bald in dem erdichteten Gegenstande eines unbekannten Seins aufsuchten. Bemerklich ist hier die gemeinschaftliche Ahndung desselben im Flüssigen, im Dünnen, Gestaltlosen. Es mochte wohl die Trägheit und Unbehülflichkeit der festen Körper den Glauben an ihre Abhängigkeit und Niedrigkeit nicht ohne Bedeutung veranlassen. Früh genug stieß jedoch ein grübelnder Kopf auf die Schwierigkeit der Gestalten-Erklärung aus jenen gestaltlosen Kräften und Meeren. Er versuchte den Knoten durch eine Art von Vereinigung zu lösen, indem er die ersten Anfänge zu festen, gestalteten Körperchen machte, die er jedoch über allen Begriff klein annahm, und nun aus diesem Staubmeere, aber freilich nicht ohne Beihülfe mitwirkender Gedankenwesen, anziehender und abstoßender Kräfte, den ungeheuern Bau vollführen zu können meinte. Noch früher findet man statt wissenschaftlicher Erklärungen, Märchen und Gedichte voll merkwürdiger bildlicher Züge, Menschen, Götter und Tiere als gemeinschaftliche Werkmeister, und hört auf die natürlichste Art die Entstehung der Welt beschreiben. Man erfährt wenigstens die Gewißheit eines zufälligen, *werkzeuglichen* Ursprungs derselben, und auch für den Verächter der regellosen Erzeugnisse der Einbildungskraft ist diese Vorstellung bedeutend genug. Die Geschichte der Welt als Menschengeschichte zu behandeln, überall nur menschliche Begebenheiten und Verhältnisse zu finden, ist eine fortwandernde, in den verschiedensten Zeiten wieder mit neuer Bildung hervortretende Idee geworden, und scheint an wunderbarer Wirkung und leichter Überzeugung beständig den Vorrang gehabt zu haben. Auch scheint die Zufälligkeit der Natur sich wie von selbst an die Idee menschlicher Persönlichkeit anzuschließen, und letztere am willigsten, als menschliches Wesen verständlich zu werden. Daher ist auch wohl die Dichtkunst das liebste Werkzeug der eigentlichen Naturfreunde gewesen, und am hellsten ist in Gedichten der Naturgeist erschienen. Wenn man echte Gedichte liest und hört, so fühlt man einen innern Verstand der Natur sich bewegen, und schwebt, wie der himmlische Leib derselben, in ihr und über ihr zugleich. Naturforscher und Dichter haben durch Eine Sprache sich immer wie Ein Volk gezeigt. Was jene im Ganzen sammelten und in großen, geordneten Massen aufstellten, haben diese für menschliche Herzen zur täglichen Nahrung und Notdurft verarbeitet, und jene unermeßliche Natur zu mannigfaltigen, kleinen, gefälligen Naturen zersplittert und gebildet. Wenn diese mehr das Flüssige und Flüchtige mit leichtem Sinn verfolgten, suchten jene mit scharfen Messerschnitten den innern Bau und die Verhältnisse der Glieder zu erforschen. Unter ihren Händen starb die freundliche Natur, und ließ nur tote, zuckende Reste zurück, dagegen sie vom Dichter, wie durch geistvollen Wein, noch mehr beseelt, die göttlichsten und muntersten Einfälle hören ließ, und über ihr Alltagsleben erhoben, zum Himmel stieg, tanzte und weissagte, jeden Gast willkommen hieß, und ihre Schätze frohen Muts verschwendete. So genoß sie himmlische Stunden mit dem Dichter, und lud den Naturforscher nur dann ein, wenn sie krank und gewissenhaft war. Dann gab sie ihm Bescheid auf jede Frage, und ehrte

gern den ernsten, strengen Mann. Wer also ihr Gemüt recht kennen will, muß sie in der Gesellschaft der Dichter suchen, dort ist sie offen und ergießt ihr wundersames Herz. Wer sie aber nicht aus Herzensgrunde liebt, und dies und jenes nur an ihr bewundert, und zu erfahren strebt, muß ihre Krankenstube, ihr Beinhaus fleißig besuchen.
Man steht mit der Natur gerade in so unbegreiflich verschiedenen Verhältnissen wie mit den Menschen; und wie sie sich dem Kinde kindisch zeigt, und sich gefällig seinem kindlichen Herzen anschmiegt, so zeigt sie sich dem Gotte göttlich, und stimmt zu dessen hohem Geiste. Man kann nicht sagen, daß es eine Natur gebe, ohne etwas Überschwengliches zu sagen, und alles Bestreben nach Wahrheit in den Reden und Gesprächen von der Natur entfernt nur immer mehr von der Natürlichkeit. Es ist schon viel gewonnen, wenn das Streben, die Natur vollständig zu begreifen, zur Sehnsucht sich veredelt, zur zarten, bescheidnen Sehnsucht, die sich das fremde, kalte Wesen gern gefallen läßt, wenn sie nur einst auf vertrauteren Umgang rechnen kann. Es ist ein geheimnisvoller Zug nach allen Seiten in unserm Innern, aus einem unendlich tiefen Mittelpunkt sich rings verbreitend. Liegt nun die wundersame sinnliche und unsinnliche Natur rund um uns her, so glauben wir, es sei jener Zug ein Anziehn der Natur, eine Äußerung unserer Sympathie mit ihr: nur sucht der eine hinter diesen blauen, fernen Gestalten noch eine Heimat, die sie ihm verhüllen, eine Gebiebte seiner Jugend, Eltern und Geschwister, alte Freunde, liebe Vergangenheiten; der Andre meint, da jenseits warteten unbekannte Herrlichkeiten seiner, eine lebensvolle Zukunft glaubt er dahinter versteckt, und streckt verlangend seine Hände einer neuen Welt entgegen. Wenige bleiben bei dieser herrlichen Umgebung ruhig stehen, und suchen sie nur selbst in ihrer Fülle und ihrer Verkettung zu erfassen, vergessen über der Vereinzelung den blitzenden Faden nicht, der reihenweise die Glieder knüpft und den heiligen Kronleuchter bildet, und finden sich beseligt in der Beschauung dieses lebendigen, über nächtlichen Tiefen schwebenden Schmucks. So entstehn mannigfache Naturbetrachtungen, und wenn an einem Ende die Naturempfindung ein lustiger Einfall, eine Mahlzeit wird, so sieht man sie dort zur andächtigsten Religion verwandelt,

einem ganzen Leben Richtung, Haltung und Bedeutung geben. Schon unter den kindlichen Völkern gab's solche ernste Gemüter, denen die Natur das Antlitz einer Gottheit war, indessen andre fröhliche Herzen sich nur auf sie zu Tische baten; die Luft war ihnen ein erquickender Trank, die Gestirne Lichter zum nächtlichen Tanz, und Pflanzen und Tiere nur köstliche Speisen, und so kam ihnen die Natur nicht wie ein stiller, wundervoller Tempel, sondern wie eine lustige Küche und Speisekammer vor. Dazwischen waren andre sinnigere Seelen, die in der gegenwärtigen Natur nur große, aber verwilderte Anlagen bemerkten, und Tag und Nacht beschäftiget waren, Vorbilder einer edleren Natur zu schaffen. – Sie teilten sich gesellig in das große Werk, die einen suchten die verstummten und verlornen Töne in Luft und Wäldern zu erwecken, andre legten ihre Ahndungen und Bilder schönerer Geschlechter in Erz und Steine nieder, bauten schönere Felsen zu Wohnungen wieder, brachten die verborgenen Schätze aus den Grüften der Erde wieder ans Licht; zähmten die ausgelassenen Ströme, bevölkerten das unwirtliche Meer, führten in öde Zonen alte, herrliche Pflanzen und Tiere zurück, hemmten die Waldüberschwemmungen, und pflegten die edleren Blumen und Kräuter, öffneten die Erde den belebenden Berührungen der zeugenden Luft und des zündenden Lichts, lehrten die Farben zu reizenden Bildungen sich mischen und ordnen, und Wald und Wiese, Quellen und Felsen wieder zu lieblichen Gärten zusammen zu treten, hauchten in die lebendigen Glieder Töne, um sie zu entfalten, und in heitern Schwingungen zu bewegen, nahmen sich der armen, verlaßnen, für Menschensitte empfänglichen Tiere an, und säuberten die Wälder von den schädlichen Ungeheuern, diesen Mißgeburten einer entarteten Phantasie. Bald lernte die Natur wieder freundlichere Sitten, sie ward sanfter und erquicklicher, und ließ sich willig zur Beförderung der menschlichen Wünsche finden. Allmählich fing ihr Herz wieder an menschlich sich zu regen, ihre Phantasien wurden heitrer, sie ward wieder umgänglich, und antwortete dem freundlichen Frager gern, und so scheint allmählich die alte goldne Zeit zurückzukommen, in der sie den Menschen Freundin, Trösterin, Priesterin und Wundertäterin war, als sie unter ihnen wohnte und ein himmlischer

Umgang die Menschen zu Unsterblichen machte. Dann werden die Gestirne die Erde wieder besuchen, der sie gram geworden waren in jenen Zeiten der Verfinsterung; dann legt die Sonne ihren strengen Zepter nieder, und wird wieder Stern unter Sternen, und alle Geschlechter der Welt kommen dann nach langer Trennung wieder zusammen. Dann finden sich die alten verwaisten Familien, und jeder Tag sieht neue Begrüßungen, neue Umarmungen; dann kommen die ehemaligen Bewohner der Erde zu ihr zurück, in jedem Hügel regt sich neu erglimmende Asche, überall lodern Flammen des Lebens empor, alte Wohnstätten werden neu erbaut, alte Zeiten erneuert, und die Geschichte wird zum Traum einer unendlichen, unabsehlichen Gegenwart.

Wer dieses Stammes und dieses Glaubens ist, und gern auch das seinige zu dieser Entwilderung der Natur beitragen will, geht in den Werkstätten der Künstler umher, belauscht überall die unvermutet in allen Ständen hervorbrechende Dichtkunst, wird nimmer müde die Natur zu betrachten und mit ihr umzugehen, geht überall ihren Fingerzeigen nach, verschmäht keinen mühseligen Gang, wenn sie ihm winkt, und sollte er auch durch Modergrüfte gehen: er findet sicher unsägliche Schätze, das Grubenlichtchen steht am Ende still, und wer weiß, in welche himmlische Geheimnisse ihn dann eine reizende Bewohnerin des unterirdischen Reichs einweiht. Keiner irrt gewiß weiter ab vom Ziele, als wer sich selbst einbildet, er kenne schon das seltsame Reich, und wisse mit wenig Worten seine Verfassung zu ergründen und überall den rechten Weg zu finden. Von selbst geht keinem, der los sich riß und sich zur Insel machte, das Verständnis auf, auch ohne Mühe nicht. Nur Kindern oder kindlichen Menschen, die nicht wissen, was sie tun, kann dies begegnen. Langer, unablässiger Umgang, freie und künstliche Betrachtung, Aufmerksamkeit auf leise Winke und Züge, ein inneres Dichterleben, geübte Sinne, ein einfaches und gottesfürchtiges Gemüt, das sind die wesentlichen Erfordernisse eines echten Naturfreundes, ohne welche keinem sein Wunsch gedeihen wird. Nicht weise scheint es, eine Menschenwelt ohne volle aufgeblühte Menschheit begreifen und verstehn zu wollen. Kein Sinn muß schlummern, und wenn auch nicht alle gleich wach sind, so müssen sie doch alle angeregt und nicht unterdrückt und erschlafft sein. So wie man einen künftigen Maler in dem Knaben sieht, der alle Wände und jeden ebenen Sand mit Zeichnungen füllt, und Farben zu Figuren bunt verknüpft, so sieht man einen künftigen Weltweisen in jenem, der allen natürlichen Dingen ohne Rast nachspürt, nachfrägt, auf alles achtet, jedes Merkwürdige zusammenträgt und froh ist, wenn er einer neuen Erscheinung, einer neuen Kraft und Kenntnis Meister und Besitzer geworden ist.

Nun dünkt es Einigen, es sei der Mühe gar nicht wert, den endlosen Zerspaltungen der Natur nachzugehn, und überdem ein gefährliches Unternehmen, ohne Frucht und Ausgang. So wie man nie das kleinste Korn der festen Körper, nie die einfachste Faser finden werde, weil alle Größe vor- und rückwärts sich ins Unendliche verliert, so sei es auch mit den Arten der Körper und Kräfte; auch hier gerate man auf neue Arten, neue Zusammensetzungen, neue Erscheinungen bis ins Unendliche. Sie schienen dann nur still zu stehn, wenn unser Fleiß ermatte, und so verschwende man die edle Zeit mit müßigen Betrachtungen und langweiligem Zählen, und werde dies zuletzt ein wahrer Wahnsinn, ein fester Schwindel an der entsetzlichen Tiefe. Auch bleibe die Natur, so weit man käme, immer eine furchtbare Mühle des Todes: überall ungeheurer Umschwung, unauflösliche Wirbelkette, ein Reich der Gefräßigkeit, des tollsten Übermuts, eine unglücksschwangere Unermeßlichkeit; die wenigen lichten Punkte beleuchten nur eine desto grausendere Nacht, und Schrecken aller Art müßten jeden Beobachter zur Gefühllosigkeit ängstigen. Wie ein Heiland stehe dem armen Menschengeschlechte der Tod zur Seite, denn ohne Tod wäre der Wahnsinnigste am glücklichsten. Gerade jenes Streben nach Ergründung dieses riesenmäßigen Triebwerks sei schon ein Zug in die Tiefe, ein beginnender Schwindel: denn jeder Reiz scheine ein wachsender Wirbel, der bald sich des Unglücklichen ganz bemächtige, und ihn dann durch eine schreckenvolle Nacht mit sich fortreiße. Hier sei die listige Fallgrube des menschlichen Verstandes, den die Natur überall als ihren größten Feind zu vernichten suche. Heil der kindlichen Unwissenheit und Schuldlosigkeit der Menschen, welche sie die entsetzlichen Gefahren

nicht gewahr werden ließe, die überall wie furchtbare Wetterwolken um ihre friedlichen Wohnsitze herlägen, und jeden Augenblick über sie hereinzubrechen bereit wären. Nur innre Uneinigkeit der Naturkräfte habe die Menschen bis jetzo erhalten, indes könne jener große Zeitpunkt nicht ausbleiben, wo sich die sämtlichen Menschen durch einen großen gemeinschaftlichen Entschluß aus dieser peinlichen Lage, aus diesem furchtbaren Gefängnisse reißen und durch eine freiwillige Entsagung ihrer hiesigen Besitztümer auf ewig ihr Geschlecht aus diesem Jammer erlösen, und in eine glücklichere Welt, zu ihrem alten Vater retten würden. So endeten sie doch ihrer würdig, und kämen ihrer notwendigen, gewaltsamen Vertilgung oder einer noch entsetzlicheren Ausartung in Tiere, durch stufenweise Zerstörung der Denkorgane, durch Wahnsinn, zuvor. Umgang mit Naturkräften, mit Tieren, Pflanzen, Felsen, Stürmen und Wogen müsse notwendig die Menschen diesen Gegenständen verähnlichen, und diese Verähnlichung, Verwandlung und Auflösung des Göttlichen und Menschlichen in unbändige Kräfte sei der Geist der Natur, dieser fürchterlich verschlingenden Macht: und sei nicht alles, was man sehe, schon ein Raub des Himmels, eine große Ruine ehemaliger Herrlichkeiten, Überbleibsel eines schrecklichen Mahls?
„Wohl", sagen Mutigere, „laßt unser Geschlecht einen langsamen, wohldurchdachten Zerstörungskrieg mit dieser Natur führen. Mit schleichenden Giften müssen wir ihr beizukommen suchen. Der Naturforscher sei ein edler Held, der sich in den geöffneten Abgrund stürze, um seine Mitbürger zu erretten. Die Künstler haben ihr schon manchen geheimen Streich beigebracht, fahrt nur so fort, bemächtigt euch der heimlichen Fäden, und macht sie lüstern nach sich selbst. Benutzt jene Zwiste, um sie, wie jenen feuerspeienden Stier, nach eurer Willkür lenken zu können. Euch untertänig muß sie werden. Geduld und Glauben ziemt den Menschenkindern. Entfernte Brüder sind zu Einem Zweck mit uns vereint, das Sternenrad wird das Spinnrad unsers Lebens werden, und dann können wir durch unsere Sklaven ein neues Dschinnistan uns bauen. Mit innerm Triumph laßt uns ihren Verwüstungen, ihren Tumulten zusehn, sie soll an uns sich selbst verkaufen, und jede Gewalttat soll ihr zur schweren Buße werden. In den begeisternden Gefühlen

unsrer Freiheit laßt uns leben und sterben, hier quillt der Strom, der sie einst überschwemmen und zähmen wird, und in ihm laßt uns baden und mit neuem Mut zu Heldentaten uns erfrischen. Bis hieher reicht die Wut des Ungeheuers nicht, ein Tropfen Freiheit ist genug, sie auf immer zu lähmen und ihren Verheerungen Maß und Ziel zu setzen."

„Sie haben recht", sprechen mehrere; „hier oder nirgends liegt der Talisman. Am Quell der Freiheit sitzen wir und spähn; er ist der große Zauberspiegel, in dem rein und klar die ganze Schöpfung sich enthüllt, in ihm baden die zarten Geister und Abbilder aller Naturen, und alle Kammern sehn wir hier aufgeschlossen. Was brauchen wir die trübe Welt der sichtbaren Dinge mühsam zu durchwandern? Die reinere Welt liegt ja in uns, in diesem Quell. Hier offenbart sich der wahre Sinn des großen, bunten, verwirrten Schauspiels; und treten wir von diesen Blicken voll in die Natur, so ist uns alles wohlbekannt, und sicher kennen wir jede Gestalt. Wir brauchen nicht erst lange nachzuforschen, eine leichte Vergleichung, nur wenige Züge im Sande sind genug, um uns zu verständigen. So ist uns alles eine große Schrift, wozu wir den Schlüssel haben, und nichts kommt uns unerwartet, weil wir voraus den Gang des großen Uhrwerks wissen. Nur wir genießen die Natur mit vollen Sinnen, weil sie uns nicht von Sinnen bringt, weil keine Fieberträume uns ängstigen und helle Besonnenheit uns zuversichtlich und ruhig macht."

„Die andern reden irre", sagt ein ernster Mann zu diesen. „Erkennen sie in der Natur nicht den treuen Abdruck ihrer selbst? Sie selbst verzehren sich in wilder Gedankenlosigkeit. Sie wissen nicht, daß ihre Natur ein Gedankenspiel, eine wüste Phantasie ihres Traumes ist. Ja wohl ist sie ihnen ein entsetzliches Tier, eine seltsame abenteuerliche Larve ihrer Begierden. Der wachende Mensch sieht ohne Schaudern diese Brut seiner regellosen Einbildungskraft, denn er weiß, daß es nichtige Gespenster seiner Schwäche sind. Er fühlt sich Herr der Welt, sein Ich schwebt mächtig über diesem Abgrund, und wird in Ewigkeiten über diesem endlosen Wechsel erhaben schweben. Einklang strebt sein Inneres zu verkünden, zu verbreiten. Er wird in die Unendlichkeit hinaus stets einiger mit sich selbst und seiner

Schöpfung um sich her sein, und mit jedem Schritte die ewige Allwirksamkeit einer hohen sittlichen Weltordnung, der Veste seines Ichs, immer heller hervortreten sehn. Der Sinn der Welt ist die Vernunft: um derentwillen ist sie da, und wenn sie erst der Kampfplatz einer kindlichen, aufblühenden Vernunft ist, so wird sie einst zum göttlichen Bilde ihrer Tätigkeit, zum Schauplatz einer wahren Kirche werden. Bis dahin ehre sie der Mensch, als Sinnbild seines Gemüts, das sich mit ihm in unbestimmbare Stufen veredelt. Wer also zur Kenntnis der Natur gelangen will, übe seinen sittlichen Sinn, handle und bilde dem edlen Kerne seines Innern gemäß, und wie von selbst wird die Natur sich vor ihm öffnen. Sittliches Handeln ist jener große und einzige Versuch, in welchem alle Rätsel der mannigfaltigsten Erscheinungen sich lösen. Wer ihn versteht, und in strengen Gedankenfolgen ihn zu zerlegen weiß, ist ewiger Meister der Natur."

Der Lehrling hört mit Bangigkeit die sich kreuzenden Stimmen. Es scheint ihm jede Recht zu haben, und eine sonderbare Verwirrung bemächtigt sich seines Gemüts. Allmählich legt sich der innre Aufruhr, und über die dunkeln sich an einander brechenden Wogen scheint ein Geist des Friedens heraufzuschweben, dessen Ankunft sich durch neuen Mut und überschauende Heiterkeit in der Seele des Jünglings ankündigt.

Ein muntrer Gespiele, dem Rosen und Winden die Schläfe zierten, kam herbeigesprungen, und sah ihn in sich gesenkt sitzen. „Du Grübler", rief er, „bist auf ganz verkehrtem Wege. So wirst du keine großen Fortschritte machen. Das Beste ist überall die Stimmung. Ist das wohl eine Stimmung der Natur? Du bist noch jung, und fühlst du nicht das Gebot der Jugend in allen Adern? nicht Liebe und Sehnsucht deine Brust erfüllen? Wie kannst du nur in der Einsamkeit sitzen? Sitzt die Natur einsam? Den Einsamen flieht Freude und Verlangen: und ohne Verlangen, was nützt dir die Natur? Nur unter Menschen wird er einheimisch, der Geist, der sich mit tausend bunten Farben in alle deine Sinne drängt, der wie eine unsichtbare Geliebte dich umgibt. Bei unsern Festen löst sich seine Zunge, er sitzt oben an und stimmt Lieder des fröhlichsten Lebens an. Du hast noch nicht geliebt, du Armer; beim ersten Kuß wird eine neue Welt dir aufgetan, mit ihm fährt Leben in tausend Strahlen in dein entzücktes Herz. Ein Märchen will ich dir erzählen, horche wohl.

„Vor langen Zeiten lebte weit gegen Abend ein blutjunger Mensch. Er war sehr gut, aber auch über die Maßen wunderlich. Er grämte sich unaufhörlich um nichts und wieder nichts, ging immer still für sich hin, setzte sich einsam, wenn die Andern spielten und fröhlich waren, und hing seltsamen Dingen nach. Höhlen und Wälder waren sein liebster Aufenthalt, und dann sprach er immer fort mit Tieren und Vögeln, mit Bäumen und Felsen, natürlich kein vernünftiges Wort, lauter närrisches Zeug zum Totlachen. Er blieb aber immer mürrisch und ernsthaft, ungeachtet sich das Eichhörnchen, die Meerkatze, der Papagei und der Gimpel alle Mühe gaben ihn zu zerstreuen, und ihn auf den richtigen Weg zu weisen. Die Gans erzählte Märchen, der Bach klimperte eine Ballade dazwischen, ein großer dicker Stein machte lächerliche Bocksprünge, die Rose schlich sich freundlich hinter ihm herum, kroch durch seine Locken, und der Efeu streichelte ihm die sorgenvolle Stirn. Allein der Mißmut und Ernst waren hartnäckig. Seine Eltern waren sehr betrübt, sie wußten nicht, was sie anfangen sollten. Er war gesund und aß, nie hatten sie ihn beleidigt, er war auch bis vor wenig Jahren fröhlich und lustig gewesen, wie keiner; bei allen Spielen voran, von allen Mädchen gern gesehn. Er war recht bildschön, sah aus wie gemalt, tanzte wie ein Schatz. Unter den Mädchen war Eine, ein köstliches, bildschönes Kind, sah aus wie Wachs, Haare wie goldne Seide, kirschrote Lippen, wie ein Püppchen gewachsen, brandrabenschwarze Augen. Wer sie sah, hätte mögen vergehn, so lieblich war sie. Damals war Rosenblüte, so hieß sie, dem bildschönen Hyazinth, so hieß er, von Herzen gut, und er hatte sie lieb zum Sterben. Die andern Kinder wußtens nicht. Ein Veilchen hatte es ihnen zuerst gesagt, die Hauskätzchen hatten es wohl gemerkt, die Häuser ihrer Eltern lagen nahe beisammen. Wenn nun Hyazinth die Nacht an seinem Fenster stand und Rosenblüte an ihrem, und die Kätzchen auf dem Mäusefang da vorbeiliefen, da sahen sie die Beiden stehn, und lachten und kicherten oft so laut, daß sie es hörten und böse wurden. Das Veilchen hatte es der

Erdbeere im Vertrauen gesagt, die sagte es ihrer Freundin der Stachelbeere, die ließ nun das Sticheln nicht, wenn Hyazinth gegangen kam; so erfuhrs denn bald der ganze Garten und der Wald, und wenn Hyazinth ausging, so riefs von allen Seiten: ‚Rosenblütchen ist mein Schätzchen!' Nun ärgerte sich Hyazinth, und mußte doch auch wieder aus Herzensgrunde lachen, wenn das Eidechschen geschlüpft kam, sich auf einen warmen Stein setzte, mit dem Schwänzchen wedelte und sang:

‚Rosenblütchen, das gute Kind,
Ist geworden auf einmal blind,
Denkt, die Mutter sei Hyazinth,
Fällt ihm um den Hals geschwind;
Merkt sie aber das fremde Gesicht,
Denkt nur an, da erschrickt sie nicht,
Fährt, als merkte sie kein Wort,
Immer nur mit Küssen fort.'

Ach! wie bald war die Herrlichkeit vorbei. Es kam ein Mann aus fremden Landen gegangen, der war erstaunlich weit gereist, hatte einen langen Bart, tiefe Augen, entsetzliche Augenbrauen, ein wunderliches Kleid mit vielen Falten und seltsame Figuren hineingewebt. Er setzte sich vor das Haus, das Hyazinths Eltern gehörte. Nun war Hyazinth sehr neugierig, und setzte sich zu ihm und holte ihm Brot und Wein. Da tat er seinen weißen Bart von einander und erzählte bis tief in die Nacht, und Hyazinth wich und wankte nicht, und wurde auch nicht müde zuzuhören. So viel man nachher vernahm, so hat er viel von fremden Ländern, unbekannten Gegenden, von erstaunlich wunderbaren Sachen erzählt, und ist drei Tage dageblieben, und mit Hyazinth in tiefe Schachten hinuntergekrochen. Rosenblütchen hat genug den alten Hexenmeister verwünscht, denn Hyazinth ist ganz versessen auf seine Gespräche gewesen, und hat sich um nichts bekümmert; kaum daß er ein wenig Speise zu sich genommen. Endlich hat jener sich fortgemacht, doch dem Hyazinth ein Büchelchen dagelassen, das kein Mensch lesen konnte. Dieser hat ihm noch Früchte, Brot und Wein mitgegeben, und ihn weit weg begleitet. Und dann ist er tiefsinnig zurückgekommen, und hat einen ganz neuen Lebenswandel begonnen. Rosenblütchen hat recht zum Erbarmen um ihn getan, denn von der Zeit an hat er sich wenig aus ihr gemacht und ist immer für sich geblieben. Nun begab sichs, daß er einmal nach Hause kam und war wie neugeboren. Er fiel seinen Eltern um den Hals, und weinte. ‚Ich muß fort in fremde Lande', sagte er, ‚die alte wunderliche Frau im Walde hat mir erzählt, wie ich gesund werden müßte, das Buch hat sie ins Feuer geworfen, und hat mich getrieben, zu euch zu gehn und euch um euren Segen zu bitten. Vielleicht komme ich bald, vielleicht nie wieder. Grüßt Rosenblütchen. Ich hätte sie gern gesprochen, ich weiß nicht, wie mir ist, es drängt mich fort; wenn ich an die alten Zeiten zurück denken will, so kommen gleich mächtigere Gedanken dazwischen, die Ruhe ist fort, Herz und Liebe mit, ich muß sie suchen gehn. Ich wollt' euch gern sagen, wohin, ich weiß selbst nicht, dahin wo die Mutter der Dinge wohnt, die verschleierte Jungfrau. Nach der ist mein Gemüt entzündet. Lebt wohl.' Er riß sich los und ging fort. Seine Eltern wehklagten und vergossen Tränen, Rosenblütchen blieb in ihrer Kammer und weinte bitterlich. Hyazinth lief nun was er konnte, durch Täler und Wildnisse, über Berge und Ströme, dem geheimnisvollen Lande zu. Er fragte überall nach der heiligen Göttin (Isis) Menschen und Tiere, Felsen und Bäume. Manche lachten, manche schwiegen, nirgends erhielt er Bescheid. Im Anfange kam er durch rauhes, wildes Land, Nebel und Wolken warfen sich ihm in den Weg, es stürmte immerfort; dann fand er unabsehliche Sandwüsten, glühenden Staub, und wie er wandelte, so veränderte sich auch sein Gemüt, die Zeit wurde ihm lang und die innere Unruhe legte sich, er wurde sanfter und das gewaltige Treiben in ihm allgemach zu einem leisen, aber starken Zuge, in den sein ganzes Gemüt sich auflöste. Es lag wie viele Jahre hinter ihm. Nun wurde die Gegend auch wieder reicher und mannigfaltiger, die Luft lau und blau, der Weg ebener, grüne Büsche lockten ihn mit anmutigem Schatten, aber er verstand ihre Sprache nicht, sie schienen auch nicht zu sprechen, und doch erfüllten sie auch sein Herz mit grünen Farben und kühlem, stillem Wesen. Immer höher wuchs jene süße Sehnsucht in ihm, und immer breiter und saftiger wurden die Blätter, immer lauter und lustiger die Vögel und Tiere, balsamischer die Früchte, dunkler der Himmel, wärmer die Luft, und heißer seine Liebe, die Zeit ging immer schneller, als sähe sie sich nahe am Ziele. Eines Tages begegnete er einem kristallnen Quell und einer Menge Blumen, die kamen in ein Tal herunter zwischen schwarzen himmelhohen Säulen. Sie grüßten ihn freundlich mit bekannten Worten. ‚Liebe Landsleute', sagte er, ‚wo find' ich wohl den geheiligten Wohnsitz der Isis? Hier herum muß er sein, und ihr seid vielleicht hier bekannter als ich.' ‚Wir gehn auch nur hier durch', antworteten die Blumen; ‚eine Geisterfamilie ist auf der Reise und wir bereiten ihr Weg und Quartier, indes sind wir vor kurzem durch eine Gegend gekommen, da hörten wir ihren Namen nennen. Gehe nur aufwärts, wo wir herkommen, so wirst du schon mehr erfahren.' Die Blumen und die Quelle lächelten, wie sie das sagten, boten ihm einen frischen Trunk und gingen weiter. Hyazinth folgte ihrem Rat, frug und frug und kam endlich zu jener längst gesuchten Wohnung, die unter Palmen und andern köstlichen Gewächsen versteckt lag. Sein Herz klopfte in unendlicher Sehnsucht, und die süßeste Bangigkeit durchdrang ihn in dieser Behausung der ewigen Jahreszeiten. Unter himmlischen Wohlgedüften entschlummerte er, weil ihn nur der Traum in das Allerheiligste führen durfte. Wunderlich führte ihn der Traum durch unendliche Gemächer voll seltsamer Sachen auf lauter reizenden Klängen und in abwechselnden Akkorden. Es dünkte ihm alles so bekannt und doch in niegesehener Herrlichkeit, da schwand auch der letzte irdische Anflug, wie in Luft verzehrt, und er stand vor der himmlischen Jungfrau, da hob er den leichten, glänzenden Schleier, und Rosenblütchen sank in seine Arme. Eine ferne Musik umgab die Geheimnisse des liebenden Wiedersehns, die Ergießungen der Sehnsucht, und schloß alles Fremde von diesem entzückenden Orte aus. Hyazinth lebte nachher noch lange mit Rosenblütchen unter seinen frohen Eltern und Gespielen, und unzählige Enkel dankten der alten wunderlichen Frau für ihren Rat und ihr Feuer; denn damals bekamen die Menschen so viel Kinder, als sie wollten." –

Die Lehrlinge umarmten sich und gingen fort. Die weiten hallenden Säle standen leer und hell da, und das wunderbare Gespräch in zahllosen Sprachen unter den tausendfaltigen Naturen, die in diesen Sälen zusammengebracht und in mannigfaltigen Ordnungen aufgestellt waren, dauerte fort. Ihre innern Kräfte spielten gegen einander. Sie strebten in ihre Freiheit, in ihre alten Verhältnisse zurück. Wenige standen auf ihrem eigentlichen Platze, und sahen in Ruhe dem mannigfaltigen Treiben um sich her zu. Die Übrigen klagten über entsetzliche Qualen und Schmerzen, und bejammerten das alte, herrliche Leben im Schoße der Natur, wo sie eine gemeinschaftliche Freiheit vereinigte, und jedes von selbst erhielt, was er bedurfte. „O! daß der Mensch“, sagten sie, „die innre Musik der Natur verstände und einen Sinn für äußere Harmonie hätte. Aber er weiß ja kaum, daß wir zusammen gehören, und keins ohne das andere bestehen kann. Er kann nichts liegen lassen, tyrannisch trennt er uns und greift in lauter Dissonanzen herum. Wie glücklich könnte er sein, wenn er mit uns freundlich umginge, und auch in unsern großen Bund träte, wie ehemals in der goldnen Zeit, wie er sie mit Recht nennt. In jener Zeit verstand er uns, wie wir ihn verstanden. Seine Begierde, Gott zu werden, hat ihn von uns getrennt, er sucht, was wir nicht wissen und ahnden können, und seitdem ist er keine begleitende Stimme, keine Mitbewegung mehr. Er ahndet wohl die unendliche Wollust, den ewigen Genuß in uns, und darum hat er eine so wunderbare Liebe zu Einigen unter uns. Der Zauber des Goldes, die Geheimnisse der Farben, die Freuden des Wassers sind ihm nicht fremd, in den Antiken ahndet er die Wunderbarkeit der Steine, und dennoch fehlt ihm noch die süße Leidenschaft für das Weben der Natur, das Auge für unsre entzückenden Mysterien. Lernt er nur einmal fühlen? Diesen himmlischen, diesen natürlichsten aller Sinne kennt er noch wenig: durch das Gefühl würde die alte, ersehnte Zeit zurückkommen; das Element des Gefühls ist ein inneres Licht, was sich in schönern, kräftigern Farben bricht. Dann gingen die Gestirne in ihm auf, er lernte die ganze Welt fühlen, klärer und mannigfaltiger, als ihm das Auge jetzt Grenzen und Flächen zeigt. Er würde Meister eines unendlichen Spiels und vergäße alle törichten Bestrebungen in einem ewigen, sich selbst nährenden und immer wachsenden Genusse. Das Denken ist nur ein Traum des Fühlens, ein erstorbenes Fühlen, ein blaßgraues, schwaches Leben.“

Wie sie so sprachen, strahlte die Sonne durch die hohen Fenster, und in ein sanftes Säuseln verlor sich der Lärm des Gesprächs; eine unendliche Ahndung durchdrang alle Gestalten, die lieblichste Wärme verbreitete sich über alle, und der wunderbarste Naturgesang erhob sich aus der tiefsten Stille. Man hörte Menschenstimmen in der Nähe, die großen Flügeltüren nach dem Garten zu wurden geöffnet, und einige Reisende setzten sich auf die Stufen der breiten Treppe, in den Schatten des Gebäudes. Die reizende Landschaft lag in schöner Erleuchtung vor ihnen, und im Hintergrunde verlor sich der Blick an blauen Gebirgen hinauf. Freundliche Kinder brachten mannigfaltige Speisen und Getränke, und bald begann ein lebhaftes Gespräch unter ihnen.

„Auf alles, was der Mensch vornimmt, muß er seine *ungeteilte* Aufmerksamkeit oder sein Ich richten", sagte endlich der Eine, „und wenn er dieses getan hat, so entstehn bald Gedanken, oder eine neue Art von Wahrnehmungen, die nichts als zarte Bewegungen eines färbenden oder klappernden Stifts, oder wunderliche Zusammenziehungen und Figurationen einer elastischen Flüssigkeit zu sein scheinen, auf eine wunderbare Weise in ihm. Sie verbreiten sich von dem Punkte, wo er den Eindruck fest stach, nach allen Seiten mit lebendiger Beweglichkeit, und nehmen sein Ich mit fort. Er kann dieses Spiel oft gleich wieder vernichten, indem er seine Aufmerksamkeit wieder teilt oder nach Willkür herumschweifen läßt, denn sie scheinen nichts als Strahlen und Wirkungen, die jenes Ich nach allen Seiten zu in jenem elastischen Medium erregt, oder seine Brechungen in demselben, oder überhaupt ein seltsames Spiel der Wellen dieses Meers mit der starren Aufmerksamkeit zu sein. Höchst merkwürdig ist es, daß der Mensch erst in diesem Spiele seine Eigentümlichkeit, seine spezifische Freiheit recht gewahr wird, und daß es ihm vorkommt, als erwache er aus einem tiefen Schlafe, als sei er nun erst in der Welt zu Hause, und verbreite jetzt erst das Licht des Tages sich über seine innere Welt. Er glaubt es am höchsten gebracht zu haben, wenn er, ohne jenes Spiel zu stören, zugleich die gewöhnlichen Geschäfte der Sinne vornehmen, und empfinden und denken zugleich kann. Dadurch gewinnen beide Wahrnehmungen: die Außenwelt wird durchsichtig, und die Innenwelt mannigfaltig und bedeutungsvoll, und so befindet sich der Mensch in einem innig lebendigen Zustande zwischen zwei Welten in der vollkommensten Freiheit und dem freudigsten Machtgefühl. Es ist natürlich, daß der Mensch diesen Zustand zu verewigen und ihn über die ganze Summe seiner Eindrücke zu verbreiten sucht; daß er nicht müde wird, diese Assoziationen beider Welten zu verfolgen, und ihren Gesetzen und ihren Sympathien und Antipathien nachzuspüren. Den Inbegriff dessen, was uns rührt, nennt man die Natur, und also steht die Natur in einer unmittelbaren Beziehung auf die Gliedmaßen unsers Körpers, die wir Sinne nennen. Unbekannte und geheimnisvolle Beziehungen unsers Körpers lassen unbekannte und geheimnisvolle Verhältnisse der Natur vermuten, und so ist die Natur jene wunderbare Gemeinschaft, in die unser Körper uns einführt, und die wir nach dem Maße seiner Einrichtungen und Fähigkeiten kennen lernen. Es frägt sich, ob wir die Natur der Naturen durch diese spezielle Natur wahrhaft begreifen lernen können, und in wiefern unsre Gedanken und die Intensität unsrer Aufmerksamkeit durch dieselbe bestimmt werden, oder sie bestimmen, und dadurch von der Natur losreißen und vielleicht ihre zarte Nachgiebigkeit verderben. Man sieht wohl, daß diese innern Verhältnisse und Einrichtungen unsers Körpers vor allen Dingen erforscht werden müssen, ehe wir diese Frage zu beantworten und in die Natur der Dinge zu dringen hoffen können. Es ließe sich jedoch auch denken, daß wir überhaupt erst uns mannigfach im Denken müßten geübt haben, ehe wir uns an dem innern Zusammenhang unsers Körpers versuchen und seinen Verstand zum Verständnis der Natur gebrauchen könnten, und da wäre freilich nichts natürlicher, als alle mögliche Bewegungen des Denkens hervorzubringen und eine Fertigkeit in diesem Geschäft, sowie eine Leichtigkeit zu erwerben, von Einer zur Andern überzugehen und sie mannigfach zu verbinden und zu zerlegen. Zu dem Ende müßte man alle Eindrücke aufmerksam betrachten, das dadurch entstehende Gedankenspiel ebenfalls genau bemerken, und sollten dadurch abermals neue Gedanken entstehn, auch diesen zusehn, um so allmählich ihren Mechanismus zu erfahren und durch eine oftmalige Wiederholung die mit jedem Eindruck beständig verbundnen Bewegungen von den übrigen unterscheiden und behalten zu lernen. Hätte man dann nur erst einige Bewegungen, als Buchstaben der Natur, herausgebracht, so würde das Dechiffrieren immer leichter von statten gehn, und die Macht über die Gedankenerzeugung und Bewegung den Beobachter in Stand setzen, auch ohne vorhergegangenen wirklichen Eindruck, Naturgedanken hervorzubringen und Naturkompositionen zu entwerfen, und dann wäre der Endzweck erreicht."

„Es ist wohl viel gewagt", sagte ein Anderer, „so aus den äußerlichen Kräften und Erscheinungen der Natur sie zusammen setzen zu wollen, und sie bald für ein ungeheures Feuer, bald für einen wunderbar gestalteten Fall, bald für eine Zweiheit oder Dreiheit, oder für irgendeine andere seltsamliche Kraft auszugeben. Es wäre denkbarer, daß sie das Erzeugnis eines unbegreiflichen Einverständnisses unendlich verschiedner Wesen wäre, das wunderbare Band der Geisterwelt, der Vereinigungs- und Berührungspunkt unzähliger Welten."

„Laß es gewagt sein", sprach ein Dritter; „je willkürlicher das Netz gewebt ist, das der kühne Fischer auswirft, desto glücklicher ist der Fang. Man ermuntre nur jeden, seinen Gang so weit als möglich fortzusetzen, und jeder sei willkommen, der mit einer neuen Phantasie die Dinge überspinnt. Glaubst du nicht, daß es gerade die gut ausgeführten Systeme sein werden, aus denen der künftige Geograph der Natur die Data zu seiner großen Naturkarte nimmt? Sie wird er vergleichen, und diese Vergleichung wird uns das sonderbare Land erst kennen lehren. Die Erkenntnis der Natur wird aber noch himmelweit von ihrer Auslegung verschieden sein. Der eigentliche Chiffrierer wird vielleicht dahin kommen, mehrere Naturkräfte zugleich zu Hervorbringung herrlicher und nützlicher Erscheinungen in Bewegung zu setzen, er wird auf der Natur wie auf einem großen Instrument phantasieren können, und doch wird er die Natur nicht verstehn. Dies ist die Gabe des Naturhistorikers, des Zeitensehers, der vertraut mit der Geschichte der Natur, und bekannt mit der Welt, diesem höheren Schauplatz der Naturgeschichte, ihre Bedeutungen wahrnimmt und weissagend verkündigt. Noch ist dieses Gebiet ein unbekanntes, ein heiliges Feld. Nur göttliche Gesandte haben einzelne Worte dieser höchsten Wissenschaft fallen lassen, und es ist nur zu verwundern, daß die ahndungsvollen Geister sich diese Ahndung haben entgehn lassen und die Natur zur einförmigen Maschine, ohne Vorzeit und Zukunft, erniedrigt haben. Alles Göttliche hat eine Geschichte und die Natur, dieses einzige Ganze, womit der Mensch sich vergleichen kann, sollte nicht so gut wie der Mensch in einer Geschichte begriffen sein oder, welches eins ist, einen Geist haben? Die Natur wäre nicht die Natur, wenn sie keinen Geist hätte, nicht jenes einzige Gegenbild der Menschheit, nicht die unentbehrliche Antwort dieser geheimnisvollen Frage, oder die Frage zu dieser unendlichen Antwort."

„Nur die Dichter haben es gefühlt, was die Natur den Menschen sein kann", begann ein schöner Jüngling, „und man kann auch hier von ihnen sagen, daß sich die Menschheit in ihnen in der vollkommensten Auflösung befindet, und daher jeder Eindruck durch ihre Spiegelhelle und Beweglichkeit rein in allen seinen unendlichen Veränderungen nach allen Seiten fortgepflanzt wird. Alles finden sie in der Natur. Ihnen allein bleibt die Seele derselben nicht fremd, und sie suchen in ihrem Umgang alle Seligkeiten der goldnen Zeit nicht umsonst. Für sie hat die Natur alle Abwechslungen eines unendlichen Gemüts, und mehr als der geistvollste, lebendigste Mensch überrascht sie durch sinnreiche Wendungen und Einfälle, Begegnungen und Abweichungen, große Ideen und Bizarrerien. Der unerschöpfliche Reichtum ihrer Phantasie läßt keinen vergebens ihren Umgang aufsuchen. Alles weiß sie zu verschönern, zu beleben, zu bestätigen, und wenn auch im Einzelnen ein bewußtloser, nichtsbedeutender Mechanismus allein zu herrschen scheint, so sieht doch das tiefer sehende Auge eine wunderbare Sympathie mit dem menschlichen Herzen im Zusammentreffen und in der Folge der einzelnen Zufälligkeiten. Der Wind ist eine Luftbewegung, die manche äußere Ursachen haben kann, aber ist er dem einsamen, sehnsuchtsvollen Herzen nicht mehr, wenn er vorübersaust, von geliebten Gegenden herweht und mit tausend dunkeln, wehmütigen Lauten den stillen Schmerz in einen tiefen melodischen Seufzer der ganzen Natur aufzulösen scheint? Fühlt nicht so auch im jungen, bescheidnen Grün der Frühlingswiesen der junge Liebende seine ganze blumenschwangre Seele mit entzückender Wahrheit ausgesprochen, und ist je die Üppigkeit einer nach süßer Auflösung in goldnen Wein lüsternen Seele köstlicher und erwecklicher erschienen als in einer vollen, glänzenden Traube, die sich unter den breiten Blättern halb versteckt? Man beschuldigt die Dichter der Übertreibung, und hält ihnen ihre bildliche uneigentliche Sprache gleichsam nur zu gute, ja man begnügt sich ohne tiefere Untersuchung, ihrer Phantasie jene wunderliche Natur zuzuschreiben, die manches sieht und hört, was andere nicht hören und sehen, und die in einem lieblichen Wahnsinn mit der wirklichen Welt nach ihrem Belieben schaltet und waltet; aber mir scheinen die Dichter noch bei weitem nicht genug zu übertreiben, nur dunkel den Zauber jener Sprache zu ahnden und mit der Phantasie nur so zu spielen, wie ein Kind mit dem Zauberstabe seines Vaters spielt. Sie wissen nicht, welche Kräfte ihnen untertan sind, welche Welten ihnen gehorchen müssen. Ist es denn nicht wahr, daß Steine und Wälder der Musik gehorchen und, von ihr gezähmt, sich jedem Willen wie Haustiere fügen? – Blühen nicht wirklich die schönsten Blumen um die Geliebte und freuen sich sie zu schmücken? Wird für sie der Himmel nicht heiter und das Meer nicht eben? – Drückt nicht die ganze Natur so gut, wie das Gesicht, und die Gebärden, der Puls und die Farben, den Zustand eines jeden der höheren, wunderbaren Wesen aus, die wir Menschen nennen? Wird nicht der Fels ein eigentümliches Du, eben wenn ich ihn anrede? Und was bin ich anders als der Strom, wenn ich wehmütig in seine Wellen hinabschaue, und die Gedanken in seinem Gleiten verliere? Nur ein ruhiges, genußvolles Gemüt wird die Pflanzenwelt, nur ein lustiges Kind oder ein Wilder die Tiere verstehn. – Ob jemand die Steine und Gestirne schon verstand, weiß ich nicht, aber gewiß muß dieser ein erhabnes Wesen gewesen sein. In jenen Statuen, die aus einer untergegangenen Zeit der Herrlichkeit des Menschengeschlechts übrig geblieben sind, leuchtet allein so ein tiefer Geist, so ein seltsames Verständnis der Steinwelt hervor, und überzieht den sinnvollen Betrachter mit einer Steinrinde, die nach innen zu wachsen scheint. Das Erhabne wirkt versteinernd, und so dürften wir uns nicht über das Erhabne der Natur und seine Wirkungen wundern, oder nicht wissen, wo es zu suchen sei. Könnte die Natur nicht über den Anblick Gottes zu Stein geworden sein? Oder vor Schrecken über die Ankunft des Menschen?"

Über diese Rede war der, welcher zuerst gesprochen hatte, in tiefe Betrachtung gesunken, die fernen Berge wurden buntgefärbt, und der Abend legte sich mit süßer Vertraulichkeit über die Gegend. Nach einer langen Stille hörte man ihn sagen: „Um die Natur zu begreifen, muß man die Natur innerlich in ihrer ganzen Folge entstehen lassen. Bei dieser Unternehmung muß man sich bloß von der göttlichen Sehnsucht nach Wesen, die uns gleich sind, und den notwendigen Bedingungen dieselben zu vernehmen, bestimmen lassen, denn wahrhaftig die ganze Natur ist nur als Werkzeug und Medium des Einverständnisses vernünftiger Wesen begreiflich. Der denkende Mensch kehrt zur ursprünglichen Funktion seines Daseins, zur schaffenden Betrachtung, zu jenem Punkte zurück, wo Hervorbringen und Wissen in der wundervollsten Wechselverbindung standen, zu jenem schöpferischen Moment des eigentlichen Genusses, des innern Selbstempfängnisses. Wenn er nun ganz in die *Beschauung* dieser Urerscheinung versinkt, so entfaltet sich vor ihm in neu entstehenden Zeiten und Räumen, wie ein unermeßliches Schauspiel, die Erzeugungsgeschichte der Natur, und jeder feste Punkt, der sich in der unendlichen Flüssigkeit ansetzt, wird ihm eine neue Offenbarung des Genius der Liebe, ein neues Band des Du und des Ich. Die sorgfältige Beschreibung dieser innern Weltgeschichte ist die wahre Theorie der Natur; durch den Zusammenhang seiner Gedankenwelt in sich, und ihre Harmonie mit dem Universum, bildet sich von selbst ein Gedankensystem zur getreuen Abbildung und Formel des Universums. Aber die Kunst des ruhigen Beschauens, der der schöpferischen Weltbetrachtung ist schwer, unaufhörliches ernstes Nachdenken und strenge Nüchternheit fordert die Ausführung, und die Belohnung wird kein Beifall der mühescheuenden Zeitgenossen, sondern nur eine Freude des Wissens und Wachens, eine innigere Berührung des Universums sein."

„Ja", sagte der Zweite, „nichts ist so bemerkenswert als das große Zugleich in der Natur. Überall scheint die Natur ganz gegenwärtig. In der Flamme eines Lichts sind alle Naturkräfte tätig, und so repräsentiert und verwandelt sie sich überall und unaufhörlich, treibt Blätter, Blüten und Früchte zusammen, und ist mitten in der Zeit gegenwärtig, vergangen und zukünftig zugleich; und wer weiß, in welche eigne Art von Ferne sie ebenfalls wirkt und ob nicht dieses Natursystem nur eine Sonne ist im Universo, die durch Bande an dasselbe geknüpft ist, durch ein Licht und einen Zug und Einflüsse, die zunächst in unserm Geiste sich deutlicher vernehmen lassen, und aus ihm heraus den Geist des Universums über diese Natur ausgießen, und den Geist dieser Natur an andere Natursysteme verteilen."

„Wenn der Denker", sprach der Dritte, „mit Recht als Künstler den tätigen Weg betritt, und durch eine geschickte Anwendung seiner geistigen Bewegungen das Weltall auf eine einfache, rätselhaft scheinende Figur zu reduzieren sucht, ja man möchte sagen die Natur tanzt, und mit Worten die Linien der Bewegungen nachschreibt, so muß der Liebhaber der Natur dieses kühne Unternehmen bewundern, und sich auch über das Gedeihen dieser menschlichen Anlage freuen. Billig stellt der Künstler die Tätigkeit obenan, denn sein Wesen ist Tun und Hervorbringen mit Wissen und Willen, und seine Kunst ist, sein Werkzeug zu allem gebrauchen, die Welt auf seine Art nachbilden zu können, und darum wird das Prinzip seiner Welt Tätigkeit, und seine Welt seine Kunst. Auch hier wird die Natur in neuer Herrlichkeit sichtbar, und nur der gedankenlose Mensch wirft die unleserlichen, wunderlich gemischten Worte mit Verachtung weg. Dankbar legt der Priester diese neue, erhabene Meßkunst auf den Altar zu der magnetischen Nadel, die sich nie verirrt, und zahllose Schiffe auf dem pfadlosen Ozean zu bewohnten Küsten und den Häfen des Vaterlandes zurück führte. Außer dem Denker gibt es aber noch andre Freunde des Wissens, die dem Hervorbringen durch Denken nicht vorzüglich zugetan, und also ohne Beruf zu dieser Kunst, lieber Schüler der Natur werden, ihre Freude im Lernen, nicht im Lehren, im Erfahren, nicht im Machen, im Empfangen, nicht im Geben finden. Einige sind geschäftig und nehmen im Vertrauen auf die Allgegenwart und die innige Verwandtschaft der Natur, mithin auch im Voraus von der Unvollständigkeit und der Kontinuität alles Einzelnen überzeugt, irgendeine Erscheinung mit Sorgfalt auf, und halten den in tausend Gestalten sich verwandelnden Geist derselben mit stetem Blicke fest, und gehn dann an diesem Faden durch alle Schlupfwinkel der geheimen Werkstätte, um eine vollständige Verzeichnung dieser labyrinthischen Gänge entwerfen zu können. Sind sie mit dieser mühseligen Arbeit fertig, so ist auch unvermerkt ein höherer Geist über sie gekommen, und es wird ihnen dann leicht, über die vorliegende Karte zu reden, und jedem Suchenden seinen Weg vorzuschreiben. Unermeßlicher Nutzen segnet ihre mühsame Arbeit, und der Grundriß ihrer Karte wird auf eine überraschende Weise mit dem Systeme des Denkers übereinstimmen, und sie werden diesem zum Trost gleichsam den lebendigen Beweis seiner abstrakten Sätze unwillkürlich geführt haben. Die Müßigsten unter ihnen erwarten kindlich von liebevoller Mitteilung höherer, von ihnen mit Inbrunst verehrter Wesen die ihnen nützliche Kenntnis der Natur. Sie mögen Zeit und Aufmerksamkeit in diesem kurzen Leben nicht Geschäften widmen, und dem Dienste der Liebe entziehn. Durch frommes Betragen suchen sie nur Liebe zu gewinnen, nur Liebe mitzuteilen, unbekümmert um das große Schauspiel der Kräfte, ruhig ihrem Schicksale in diesem Reiche der Macht ergeben, weil das innige Bewußtsein ihrer Unzertrennlichkeit von den geliebten Wesen sie erfüllt, und die Natur sie nur als Abbild und Eigentum derselben rührt. Was brauchen diese glücklichen Seelen zu wissen, die das beste Teil erwählt haben, und als reine Flammen der Liebe in dieser irdischen Welt nur auf den Spitzen der Tempel oder auf umhergetriebenen Schiffen, als Zeichen des überströmenden himmlischen Feuers lodern? Oft erfahren diese liebenden Kinder in seligen Stunden herrliche Dinge aus den Geheimnissen der Natur, und tun sie in unbewußter Einfalt kund. Ihren Tritten folgt der Forscher, um jedes Kleinod zu sammeln, was sie in ihrer Unschuld und Freude haben fallen lassen, ihrer Liebe huldigt der mitfühlende Dichter und sucht durch seine Gesänge diese Liebe, diesen Keim des goldnen Alters, in andre Zeiten und Länder zu verpflanzen."

„Wem regt sich nicht", rief der Jüngling mit funkelndem Auge, „das Herz in hüpfender Lust, wenn ihm das innerste Leben der Natur in seiner ganzen Fülle in das Gemüt kommt! wenn dann jenes mächtige Gefühl, wofür die Sprache keine andere Namen als Liebe und Wollust hat, sich in ihm ausdehnt, wie ein gewaltiger, alles auflösender Dunst, und er bebend in süßer Angst in den dunkeln lockenden Schoß der Natur versinkt, die arme Persönlichkeit in den überschlagenden Wogen der Lust sich verzehrt, und nichts als ein Brennpunkt der unermeßlichen Zeugungskraft, ein verschluckender Wirbel im großen Ozean übrig bleibt! Was ist die überall erscheinende Flamme? Eine innige Umarmung, deren süße Frucht in wollüstigen Tropfen heruntertaut. Das Wasser, dieses erstgeborne Kind lustiger Verschmelzungen, kann seinen wollüstigen Ursprung nicht verleugnen und zeigt sich, als Element der Liebe und der Mischung mit himmlischer Allgewalt auf Erden. Nicht unwahr haben alte Weisen im Wasser den Ursprung der Dinge gesucht, und wahrlich sie haben von einem höhern Wasser als dem Meer- und Quellwasser gesprochen. In jenem offenbaret sich nur das Urflüssige, wie es im flüssigen Metall zum Vorschein kommt, und darum mögen die Menschen es immer auch nur göttlich verehren. Wie wenige haben sich noch in die Geheimnisse des Flüssigen vertieft und manchem ist diese Ahndung des höchsten Genusses und Lebens wohl nie in der trunkenen Seele aufgegangen. Im Durste offenbaret sich diese Weltseele, diese gewaltige Sehnsucht nach dem Zerfließen. Die Berauschten fühlen nur zu gut diese überirdische Wonne des Flüssigen, und am Ende sind alle angenehme Empfindungen in uns mannigfache Zerfließungen, Regungen jener Urgewässer in uns. Selbst der Schlaf ist nichts als die Flut jenes unsichtbaren Weltmeers, und das Erwachen das Eintreten der Ebbe. Wie viele Menschen stehn an den berauschenden Flüssen und hören nicht das Wiegenlied dieser mütterlichen Gewässer, und genießen nicht das entzückende Spiel ihrer unendlichen Wellen! Wie diese Wellen, lebten wir in der goldnen Zeit; in buntfarbigen Wolken, diesen schwimmenden Meeren und Urquellen des Lebendigen auf Erden, liebten und erzeugten sich die Geschlechter der Menschen in ewigen Spielen; wurden besucht von den Kindern des Himmels und erst in jener großen Begebenheit, welche heilige Sagen die Sündflut nennen, ging diese blühende Welt unter; ein feindliches Wesen schlug die Erde nieder, und einige Menschen blieben geschwemmt auf die Klippen der neuen Gebirge in der fremden Welt zurück. Wie seltsam, daß geradc die heiligsten und reizendsten Erscheinungen der Natur in den Händen so toter Menschen sind, als die Scheidekünstler zu sein pflegen! sie, die den schöpferischen Sinn der Natur mit Macht erwecken, nur ein Geheimnis der Liebenden, Mysterien der höhern Menschheit sein sollten, werden mit Schamlosigkeit und sinnlos von rohen Geistern hervorgerufen, die nie wissen werden, welche Wunder ihre Gläser umschließen. Nur Dichter sollten mit dem Flüssigen umgehn, und von ihm der glühenden Jugend erzählen dürfen; die Werkstätten wären Tempel und mit neuer Liebe würden die Menschen ihre Flamme und ihre Flüsse verehren und sich ihrer rühmen. Wie glücklich würden die Städte sich wieder dünken, die das Meer oder ein großer Strom bespült, und jede Quelle würde wieder die Freistätte der Liebe und der Aufenthalt der erfahrnen und geistreichen Menschen. Darum lockt auch die Kinder nichts mehr als Feuer und Wasser, und jeder Strom verspricht ihnen, in die bunte Ferne, in schönere Gegenden sie zu führen. Es ist nicht bloß Widerschein, daß der Himmel im Wasser liegt, es ist eine zarte Befreundung, ein Zeichen der Nachbarschaft, und wenn der unerfüllte Trieb in die unermeßliche Höhe will, so versinkt die glückliche Liebe gern in die endlose Tiefe. Aber es ist umsonst, die Natur lehren und predigen zu wollen. Ein Blindgeborner lernt nicht sehen, und wenn man ihm noch so viel von Farben und Lichtern und fernen Gestalten erzählen wollte. So wird auch keiner die Natur begreifen, der kein Naturorgan, kein innres naturerzeugendes und absonderndes Werkzeug hat, der nicht, wie von selbst, überall die Natur an allem erkennt und unterscheidet und mit angeborner Zeugungslust, in inniger mannigfaltiger Verwandtschaft mit allen Körpern, durch das Medium der Empfindung, sich mit allen Naturwesen vermischt, sich gleichsam in sie hineinfühlt. Wer aber einen richtigen und geübten Natursinn hat, der genießt die Natur, indem er sie studiert, und freut sich ihrer unendlichen Mannigfaltigkeit, ihrer Unerschöpflichkeit im Genusse, und bedarf nicht, daß man ihn mit unnützen Worten in seinen Genüssen störe. Ihm dünkt vielmehr, daß man nicht heimlich genug mit der Natur umgehen, nicht zart genug von ihr reden, nicht ungestört und aufmerksam genug sie beschauen kann. Er fühlt sich in ihr, wie am Busen seiner züchtigen Braut und vertraut auch nur dieser seine erlangten Einsichten in süßen vertraulichen Stunden. Glücklich preis' ich diesen Sohn, diesen Liebling der Natur, dem sie verstattet sie in ihrer Zweiheit, als erzeugende und gebärende Macht, und in ihrer Einheit, als eine unendliche, ewigdauernde Ehe, zu betrachten. Sein Leben wird eine Fülle aller Genüsse, eine Kette der Wollust und seine Religion der eigentliche, echte Naturalismus sein."

Unter dieser Rede hatte sich der Lehrer mit seinen Lehrlingen der Gesellschaft genähert. Die Reisenden standen auf und begrüßten ihn ehrfurchtsvoll. Eine erfrischende Kühlung verbreitete sich aus den dunkeln Laubgängen über den Platz und die Stufen. Der Lehrer ließ einen jener seltnen leuchtenden Steine bringen, die man Karfunkel nennt, und ein hellrotes, kräftiges Licht goß sich über die verschiednen Gestalten und Kleidungen aus. Es entspann sich bald eine freundliche Mitteilung unter ihnen. Während eine Musik aus der Ferne sich hören ließ und eine kühlende Flamme aus Kristallschalen in die Lippen der Sprechenden hineinloderte, erzählten die Fremden merkwürdige Erinnerungen ihrer weiten Reisen. Voll Sehnsucht und Wißbegierde hatten sie sich aufgemacht, um die Spuren jenes verloren gegangenen Urvolks zu suchen, dessen entartete und verwilderte Reste die heutige Menschheit zu sein schiene, dessen hoher Bildung sie noch die wichtigsten und unentbehrlichsten Kenntnisse und Werkzeuge zu danken hat. Vorzüglich hatte sie jene heilige Sprache gelockt, die das glänzende Band jener königlichen Menschen mit überirdischen Gegenden und Bewohnern gewesen war, und von der einige Worte, nach dem Verlaut mannigfaltiger Sagen, noch im Besitz einiger glücklichen Weisen unter unsern Vorfahren gewesen sein mögen. Ihre Aussprache war ein wunderbarer Gesang, dessen unwiderstehliche Töne tief in das Innere jeder Natur eindrangen und sie zerlegten. Jeder ihrer Namen schien das Losungswort für die Seele jedes Naturkörpers. Mit schöpferischer Gewalt erregten diese Schwingungen alle Bilder der Welterscheinungen, und von ihnen konnte man mit Recht sagen, daß das Leben des Universums ein ewiges tausendstimmiges Gespräch sei; denn in ihrem Sprechen schienen alle Kräfte, alle Arten der Tätigkeit auf das Unbegreiflichste vereinigt zu sein. Die Trümmer dieser Sprache, wenigstens alle Nachrichten von ihr, aufzusuchen, war ein Hauptzweck ihrer Reise gewesen, und der Ruf des Altertums hatte sie auch nach Sais gezogen. Sie hofften hier von den erfahrnen Vorstehern des Tempelarchivs wichtige Nachrichten zu erhalten, und vielleicht in den großen Sammlungen aller Art selbst Aufschlüsse zu finden. Sie baten den Lehrer um die Erlaubnis, eine Nacht im Tempel schlafen, und seinen Lehrstunden einige Tage beiwohnen zu dürfen. Sie erhielten was sie wünschten, und freuten sich innig, wie der Lehrer aus dem Schatze seiner Erfahrungen ihre Erzählungen mit mannigfaltigen Bemerkungen begleitete, und eine Reihe lehrreicher und anmutiger Geschichten und Beschreibungen vor ihnen entwickelte. Endlich kam er auch auf das Geschäft seines Alters, den unterschiednen Natursinn in jungen Gemütern zu erwecken, zu üben, zu schärfen und ihn mit den andern Anlagen zu höheren Blüten und Früchten zu verknüpfen.

„Ein Verkündiger der Natur zu sein, ist ein schönes und heiliges Amt", sagte der Lehrer. „Nicht der bloße Umfang und Zusammenhang der Kenntnisse, nicht die Gabe, diese Kenntnisse leicht und rein an bekannte Begriffe und Erfahrungen anzuknüpfen, und die eigentümlichen fremd klingenden Worte mit gewöhnlichen Ausdrücken zu vertauschen, selbst nicht die Geschicklichkeit einer reichen Einbildungskraft, die Naturerscheinungen in leicht faßliche und treffend beleuchtete Gemälde zu ordnen, die entweder durch den Reiz der Zusammenstellung und den Reichtum des Inhalts die Sinne spannen und befriedigen, oder den Geist durch eine tiefe Bedeutung entzücken, alles dies macht noch nicht das echte Erfordernis eines Naturkündigers aus. Wem es um etwas anders zu tun ist, als um die Natur, dem ist es vielleicht genug, aber wer eine innige Sehnsucht nach der Natur spürt, wer in ihr alles sucht, und gleichsam ein empfindliches Werkzeug ihres geheimen Tuns ist, der wird nur den für seinen Lehrer und für den Vertrauten der Natur erkennen, der mit Andacht und Glauben von ihr spricht, dessen Reden die wunderbare, unnachahmliche Eindringlichkeit und Unzertrennlichkeit haben, durch die sich wahre Evangelia, wahre Eingebungen ankündigen. Die ursprünglich günstige Anlage eines solchen natürlichen Gemüts muß durch unablässigen Fleiß von Jugend auf, durch Einsamkeit und Stillschweigen, weil vieles Reden sich nicht mit der steten Aufmerksamkeit verträgt, die ein solcher anwenden muß, durch kindliches, bescheidnes Wesen und unermüdliche Geduld unterstützt und ausgebildet sein. Die Zeit läßt sich nicht bestimmen, wie bald einer ihrer Geheimnisse teilhaftig wird. Manche Beglückte gelangten früher, manche erst im hohen Alter dazu. Ein wahrer Forscher wird nie alt, jeder ewige Trieb ist außer dem Gebiete der Lebenszeit, und je mehr die äußere Hülle verwittert, desto heller und glänzender und mächtiger wird der Kern. Auch haftet diese Gabe nicht an äußerer Schönheit, oder Kraft, oder Einsicht, oder irgendeinem menschlichen Vorzug. In allen Ständen, unter jedem Alter und Geschlecht, in allen Zeitaltern und unter jedem Himmelsstriche hat es Menschen gegeben, die von der Natur zu ihren Lieblingen ausersehn und durch inneres Empfängnis beglückt waren. Oft schienen diese Menschen einfältiger und ungeschickter zu sein als Andere, und blieben ihr ganzes Leben hindurch in der Dunkelheit des großen Haufens. Es ist sogar als eine rechte Seltenheit zu achten, wenn man das wahre Naturverständnis bei großer Beredsamkeit, Klugheit, und einem prächtigen Betragen findet, da es gemeiniglich die einfachen Worte, den geraden Sinn, und ein schlichtes Wesen hervorbringt oder begleitet. In den Werkstätten der Handwerker und Künstler, und da, wo die Menschen in vielfältigem Umgang und Streit mit der Natur sind, als da ist beim Ackerbau, bei der Schiffahrt, bei der Viehzucht, bei den Erzgruben, und so bei vielen andern Gewerben, scheint die Entwicklung dieses Sinns am leichtesten und öftersten statt zu finden. Wenn jede Kunst in der Erkenntnis der Mittel, einen gesuchten Zweck zu erreichen, eine bestimmte Wirkung und Erscheinung hervorzubringen, und in der Fertigkeit, diese Mittel zu wählen und anzuwenden, besteht, so muß derjenige, der den innern Beruf fühlt, das Naturverständnis mehreren Menschen gemein zu machen, diese Anlage in den Menschen vorzüglich zu entwickeln, und zu pflegen, zuerst auf die natürlichen Anlässe dieser

Entwicklung sorgfältig zu achten und die Grundzüge dieser Kunst der Natur abzulernen suchen. Mit Hülfe dieser erlangten Einsichten wird er sich ein System der Anwendung dieser Mittel bei jedem gegebenen Individuum, auf Versuche, Zergliederung und Vergleichung gegründet, bilden, sich dieses System bis zur andern Natur aneignen, und dann mit Enthusiasmus sein belohnendes Geschäft anfangen. Nur diesen wird man mit Recht einen Lehrer der Natur nennen können, da jeder andre bloße Naturalist nur zufällig und sympathetisch, wie ein Naturerzeugnis selbst, den Sinn für die Natur erwecken wird.“

HYMNEN AN DIE NACHT

[Athenaeumsdruck]

1.

Welcher Lebendige, Sinnbegabte, liebt nicht vor allen Wundererscheinungen des verbreiteten Raums um ihn, das allerfreuliche Licht – mit seinen Farben, seinen Strahlen und Wogen; seiner milden Allgegenwart, als weckender Tag. Wie des Lebens innerste Seele atmet es der rastlosen Gestirne Riesenwelt, und schwimmt tanzend in seiner blauen Flut – atmet es der funkelnde, ewigruhende Stein, die sinnige, saugende Pflanze, und das wilde, brennende, vielgestaltete Tier – vor allen aber der herrliche Fremdling mit den sinnvollen Augen, dem schwebenden Gange, und den zartgeschlossenen, tonreichen Lippen. Wie ein König der irdischen Natur ruft es jede Kraft zu zahllosen Verwandlungen, knüpft und löst unendliche Bündnisse, hängt sein himmlisches Bild jedem irdischen Wesen um. – Seine Gegenwart allein offenbart die Wunderherrlichkeit der Reiche der Welt.

Abwärts wend ich mich zu der heiligen, unaussprechlichen, geheimnisvollen Nacht. Fernab liegt die Welt – in eine tiefe Gruft versenkt – wüst und einsam ist ihre Stelle. In den Saiten der Brust weht tiefe Wehmut. In Tautropfen will ich hinuntersinken und mit der Asche mich vermischen. – Fernen der Erinnerung, Wünsche der Jugend, der Kindheit Träume, des ganzen langen Lebens kurze Freuden und vergebliche Hoffnungen kommen in grauen Kleidern, wie Abendnebel nach der Sonne Untergang. In andern Räumen schlug die lustigen Gezelte das Licht auf. Sollte es nie zu seinen Kindern wiederkommen, die mit der Unschuld Glauben seiner harren?

Was quillt auf einmal so ahndungsvoll unterm Herzen, und verschluckt der Wehmut weiche Luft? Hast auch du ein Gefallen an uns, dunkle Nacht? Was hältst du unter deinem Mantel, das mir unsichtbar kräftig an die Seele geht? Köstlicher Balsam träuft aus deiner Hand, aus dem Bündel Mohn. Die schweren Flügel des Gemüts hebst du empor.

Dunkel und unaussprechlich fühlen wir uns bewegt – ein ernstes Antlitz seh ich froh erschrocken, das sanft und andachtsvoll sich zu mir neigt, und unter unendlich verschlungenen Locken der Mutter liebe Jugend zeigt. Wie arm und kindisch dünkt mir das Licht nun – wie erfreulich und gesegnet des Tages Abschied. – Also nur darum, weil die Nacht dir abwendig macht die Dienenden, säetest du in des Raumes Weiten die leuchtenden Kugeln, zu verkünden deine Allmacht – deine Wiederkehr – in den Zeiten deiner Entfernung. Himmlischer, als jene blitzenden Sterne, dünken uns die unendlichen Augen, die die Nacht in uns geöffnet. Weiter sehn sie, als die blässesten jener zahllosen Heere – unbedürftig des Lichts durchschaun sie die Tiefen eines liebenden Gemüts – was einen höhern Raum mit unsäglicher Wollust füllt. Preis der Weltkönigin, der hohen Verkündigerin heiliger Welten, der Pflegerin seliger Liebe – sie sendet mir dich – zarte Geliebte – liebliche Sonne der Nacht, – nun wach ich – denn ich bin Dein und Mein – du hast die Nacht mir zum Leben verkündet – mich zum Menschen gemacht – zehre mit Geisterglut meinen Leib, daß ich luftig mit dir inniger mich mische und dann ewig die Brautnacht währt.

2.

Muß immer der Morgen wiederkommen? Endet nie des Irdischen Gewalt? Unselige Geschäftigkeit verzehrt den himmlischen Anflug der Nacht. Wird nie der Liebe geheimes Opfer ewig brennen? Zugemessen ward dem Lichte seine Zeit; aber zeitlos und raumlos ist der Nacht Herrschaft. – Ewig ist die Dauer des Schlafs. Heiliger Schlaf – beglücke zu selten nicht der Nacht Geweihte in diesem irdischen Tagewerk. Nur die Toren verkennen dich und wissen von keinem Schlafe, als dem Schatten, den du in jener Dämmerung der wahrhaften Nacht mitleidig auf uns wirfst. Sie fühlen dich nicht in der goldnen Flut der Trauben – in des Mandelbaums Wunderöl, und dem braunen Safte des Mohns. Sie wissen nicht, daß du es bist, der des zarten Mädchens Busen umschwebt und zum Himmel den Schoß macht – ahnden nicht, daß aus alten Geschichten du himmelöffnend entgegentrittst und den Schlüssel trägst zu den Wohnungen der Seligen, unendlicher Geheimnisse schweigender Bote.

3.

Einst da ich bittre Tränen vergoß, da in Schmerz aufgelöst meine Hoffnung zerrann, und ich einsam stand am dürren Hügel, der in engen, dunkeln Raum die Gestalt meines Lebens barg – einsam, wie noch kein Einsamer war, von unsäglicher Angst getrieben – kraftlos, nur ein Gedanken des Elends noch. – Wie ich da nach Hülfe umherschaute, vorwärts nicht konnte und rückwärts nicht, und am fliehenden, verlöschten Leben mit unendlicher Sehnsucht hing: – da kam aus blauen Fernen – von den Höhen meiner alten Seligkeit ein Dämmerungsschauer – und mit einemmale riß das Band der Geburt – des Lichtes Fessel. Hin floh die irdische Herrlichkeit und meine Trauer mit ihr – zusammen floß die Wehmut in eine neue, unergründliche Welt – du Nachtbegeisterung, Schlummer des Himmels kamst über mich – die Gegend hob sich sacht empor; über der Gegend schwebte mein entbundner, neugeborner Geist. Zur Staubwolke wurde der Hügel – durch die Wolke sah ich die verklärten Züge der Geliebten. In Ihren Augen ruhte die Ewigkeit – ich faßte Ihre Hände, und die Tränen wurden ein funkelndes, unzerreißliches Band. Jahrtausende zogen abwärts in die Ferne, wie Ungewitter. An Ihrem Halse weint ich dem neuen Leben entzückende Tränen. – Es war der erste, einzige Traum – und erst seitdem fühl ich ewigen, unwandelbaren Glauben an den Himmel der Nacht und sein Licht, die Geliebte.

4.

Nun weiß ich, wenn der letzte Morgen sein wird – wenn das Licht nicht mehr die Nacht und die Liebe scheucht – wenn der Schlummer ewig und nur Ein unerschöpflicher Traum sein wird. Himmlische Müdigkeit fühl ich in mir. – Weit und ermüdend ward mir die Wallfahrt zum heiligen Grabe, drückend das Kreuz. Die kristallene Woge, die gemeinen Sinnen unvernehmlich, in des Hügels dunkeln Schoß quillt, an dessen Fuß die irdische Flut bricht, wer sie gekostet, wer oben stand auf dem Grenzgebürge der Welt, und hinübersah in das neue Land, in der Nacht Wohnsitz –

wahrlich der kehrt nicht in das Treiben der Welt zurück, in das Land, wo das Licht in ewiger Unruh hauset.
Oben baut er sich Hütten, Hütten des Friedens, sehnt sich und liebt, schaut hinüber, bis die willkommenste aller Stunden hinunter ihn in den Brunnen der Quelle zieht – das Irdische schwimmt obenauf, wird von Stürmen zurückgeführt, aber was heilig durch der Liebe Berührung ward, rinnt aufgelöst in verborgenen Gängen auf das jenseitige Gebiet, wo es, wie Düfte, sich mit entschlummerten Lieben mischt.

Noch weckst du, muntres Licht den Müden zur Arbeit – flößest fröhliches Leben mir ein – aber du lockst mich von der Erinnerung moosigem Denkmal nicht. Gern will ich die fleißigen Hände rühren, überall umschaun, wo du mich brauchst – rühmen deines Glanzes volle Pracht – unverdrossen verfolgen deines künstlichen Werks schönen Zusammenhang – gern betrachten deiner gewaltigen, leuchtenden Uhr sinnvollen Gang – ergründen der Kräfte Ebenmaß und die Regeln des Wunderspiels unzähliger Räume und ihrer Zeiten. Aber getreu der Nacht bleibt mein geheimes Herz, und der schaffenden Liebe, ihrer Tochter. Kannst du mir zeigen ein ewig treues Herz? Hat deine Sonne freundliche Augen, die mich erkennen? Fassen deine Sterne meine verlangende Hand? Geben mir wieder den zärtlichen Druck und das kosende Wort? Hast du mit Farben und leichtem Umriß Sie geziert – oder war Sie es, die deinem Schmuck höhere, liebere Bedeutung gab? Welche Wollust, welchen Genuß bietet dein Leben, die aufwögen des Todes Entzückungen? Trägt nicht alles, was uns begeistert, die Farbe der Nacht? Sie trägt dich mütterlich und ihr verdankst du all deine Herrlichkeit. Du verflögst in dir selbst – in endlosen Raum zergingst du, wenn sie dich nicht hielte, dich nicht bände, daß du warm würdest und flammend die Welt zeugtest. Wahrlich ich war, eh du warst – die Mutter schickte mit meinen Geschwistern mich, zu bewohnen deine Welt, sie zu heiligen mit Liebe, daß sie ein ewig angeschautes Denkmal werde – zu bepflanzen sie mit unverwelklichen Blumen. Noch reiften sie nicht diese göttlichen Gedanken – Noch sind der Spuren unserer Offenbarung wenig – Einst zeigt deine Uhr das Ende der Zeit, wenn du wirst wie unser einer, und voll Sehnsucht und Inbrunst auslöschest und stirbst. In mir fühl ich deiner Geschäftigkeit Ende – himmlische Freiheit, selige Rückkehr. In wilden Schmerzen erkenn ich deine Entfernung von unsrer Heimat, deinen Widerstand gegen den alten, herrlichen Himmel. Deine Wut und dein Toben ist vergebens. Unverbrennlich steht das Kreuz – eine Siegesfahne unsers Geschlechts.

Hinüber wall ich,
Und jede Pein
Wird einst ein Stachel
Der Wollust sein.
Noch wenig Zeiten,
So bin ich los,
Und liege trunken
Der Lieb' im Schoß.
Unendliches Leben
Wogt mächtig in mir
Ich schaue von oben
Herunter nach dir.
An jenem Hügel
Verlischt dein Glanz –
Ein Schatten bringet
Den kühlenden Kranz.
O! sauge, Geliebter,
Gewaltig mich an,
Daß ich entschlummern
Und lieben kann.
Ich fühle des Todes
Verjüngende Flut,
Zu Balsam und Äther
Verwandelt mein Blut –
Ich lebe bei Tage
Voll Glauben und Mut
Und sterbe die Nächte
In heiliger Glut.

5.

Über der Menschen weitverbreitete Stämme herrschte vor Zeiten ein eisernes Schicksal mit stummer Gewalt. Eine dunkle, schwere Binde lag um ihre bange Seele – Unendlich war die Erde – der Götter Aufenthalt, und ihre Heimat. Seit Ewigkeiten stand ihr geheimnisvoller Bau. Über des Morgens roten Bergen, in des Meeres heiligem Schoß wohnte die Sonne, das allzündende, lebendige Licht.

Ein alter Riese trug die selige Welt. Fest unter Bergen lagen die Ursöhne der Mutter Erde. Ohnmächtig in ihrer zerstörenden Wut gegen das neue herrliche Göttergeschlecht und dessen Verwandten, die fröhlichen Menschen. Des Meers dunkle, grüne Tiefe war einer Göttin Schoß. In den kristallenen Grotten schwelgte ein üppiges Volk. Flüsse, Bäume,

Blumen und Tiere hatten menschlichen Sinn. Süßer schmeckte der Wein von sichtbarer Jugendfülle geschenkt – ein Gott in den Trauben – eine liebende, mütterliche Göttin, empor wachsend in vollen goldenen Garben – der Liebe heilger Rausch ein süßer Dienst der schönsten Götterfrau – ein ewig buntes Fest der Himmelskinder und der Erdbewohner rauschte das Leben, wie ein Frühling, durch die Jahrhunderte hin – Alle Geschlechter verehrten kindlich die zarte, tausendfältige Flamme, als das höchste der Welt. Ein Gedanke nur war es, Ein entsetzliches Traumbild,

Das furchtbar zu den frohen Tischen trat
Und das Gemüt in wilde Schrecken hüllte.
Hier wußten selbst die Götter keinen Rat,
Der die beklommne Brust mit Trost erfüllte.
Geheimnisvoll war dieses Unholds Pfad
Des Wut kein Flehn und keine Gabe stillte;
Es war der Tod, der dieses Lustgelag
Mit Angst und Schmerz und Tränen unterbrach.

Auf ewig nun von allem abgeschieden,
Was hier das Herz in süßer Wollust regt,
Getrennt von den Geliebten, die hinieden
Vergebne Sehnsucht, langes Weh bewegt,
Schien matter Traum dem Toten nur beschieden,
Ohnmächtges Ringen nur ihm auferlegt.
Zerbrochen war die Woge des Genusses
Am Felsen des unendlichen Verdrusses.

Mit kühnem Geist und hoher Sinnenglut
Verschönte sich der Mensch die grause Larve,
Ein sanfter Jüngling löscht das Licht und ruht –
Sanft wird das Ende, wie ein Wehn der Harfe.
Erinnrung schmilzt in kühler Schattenflut,
So sang das Lied dem traurigen Bedarfe.
Doch unenträtselt blieb die ewge Nacht,
Das ernste Zeichen einer fernen Macht.

Zu Ende neigte die alte Welt sich. Des jungen Geschlechts Lustgarten verwelkte – hinauf in den freieren, wüsten Raum strebten die unkindlichen, wachsenden Menschen.

Die Götter verschwanden mit ihrem Gefolge – Einsam und leblos stand die Natur. Mit eiserner Kette band sie die dürre Zahl und das strenge Maß. Wie in Staub und Lüfte zerfiel in dunkle Worte die unermeßliche Blüte des Lebens. Entflohn war der beschwörende Glauben, und die allverwandelnde, allverschwisternde Himmelsgenossin, die Phantasie. Unfreundlich blies ein kalter Nordwind über die erstarrte Flur, und die erstarrte Wunderheimat verflog in den Äther. Des Himmels Fernen füllten mit leuchtenden Welten sich. Ins tiefre Heiligtum, in des Gemüts höhern Raum zog mit ihren Mächten die Seele der Welt – zu walten dort bis zum Anbruch der tagenden Weltherrlichkeit. Nicht mehr war das Licht der Götter Aufenthalt und himmlisches Zeichen – den Schleier der Nacht warfen sie über sich. Die Nacht ward der Offenbarungen mächtiger Schoß – in ihn kehrten die Götter zurück – schlummerten ein, um in neuen herrlichern Gestalten auszugehn über die veränderte Welt. Im Volk, das vor allen verachtet zu früh reif und der seligen Unschuld der Jugend trotzig fremd geworden war, erschien mit niegesehenem Angesicht die neue Welt – In der Armut dichterischer Hütte – Ein Sohn der ersten Jungfrau und Mutter – Geheimnisvoller Umarmung unendliche Frucht. Des Morgenlands ahndende, blütenreiche Weisheit erkannte zuerst der neuen Zeit Beginn – Zu des Königs demütiger Wiege wies ihr ein Stern den Weg. In der weiten Zukunft Namen huldigten sie ihm mit Glanz und Duft, den höchsten Wundern der Natur. Einsam entfaltete das himmlische Herz sich zu einem Blütenkelch allmächtger Liebe – des Vaters hohem Antlitz zugewandt und ruhend an dem ahndungsselgen Busen der lieblich ernsten Mutter. Mit vergötternder Inbrunst schaute das weissagende Auge des blühenden Kindes auf die Tage der Zukunft, nach seinen Geliebten, den Sprossen seines Götterstamms, unbekümmert über seiner Tage irdisches Schicksal. Bald sammelten die kindlichsten Gemüter von inniger Liebe wundersam ergriffen sich um ihn her. Wie Blumen keimte ein neues fremdes Leben in seiner Nähe. Unerschöpfliche Worte und der Botschaften fröhlichste fielen wie Funken eines göttlichen Geistes von seinen freundlichen Lippen. Von ferner Küste, unter Hellas heiterm Himmel geboren, kam ein Sänger nach Palästina und ergab sein ganzes Herz dem Wunderkinde:

„Der Jüngling bist du, der seit langer Zeit
Auf unsern Gräbern steht in tiefen Sinnen;
Ein tröstlich Zeichen in der Dunkelheit –
Der höhern Menschheit freudiges Beginnen.
Was uns gesenkt in tiefe Traurigkeit
Zieht uns mit süßer Sehnsucht nun von hinnen.
Im Tode ward das ewge Leben kund,
Du bist der Tod und machst uns erst gesund.“

Der Sänger zog voll Freudigkeit nach Indostan – das Herz von süßer Liebe trunken; und schüttete in feurigen Gesängen es unter jenem milden Himmel aus, daß tausend Herzen sich zu ihm neigten, und die fröhliche Botschaft tausendzweigig emporwuchs. Bald nach des Sängers Abschied ward das köstliche Leben ein Opfer des menschlichen tiefen Verfalls – Er starb in jungen Jahren, weggerissen von der geliebten Welt, von der weinenden Mutter und seinen zagenden Freunden. Der unsäglichen Leiden dunkeln Kelch leerte der liebliche Mund – In entsetzlicher Angst nahte die Stunde der Geburt der neuen Welt. Hart rang er mit des alten Todes Schrecken – Schwer lag der Druck der alten Welt auf ihm. Noch einmal sah er freundlich nach der Mutter – da kam der ewigen Liebe lösende Hand – und er entschlief.

Nur wenig Tage hing ein tiefer Schleier über das brausende Meer, über das bebende Land – unzählige Tränen weinten die Geliebten – Entsiegelt ward das Geheimnis – himmlische Geister hoben den uralten Stein vom dunkeln Grabe. Engel saßen bei dem Schlummernden – aus seinen Träumen zartgebildet – Erwacht in neuer Götterherrlichkeit erstieg er die Höhe der neugebornen Welt – begrub mit eigner Hand der Alten Leichnam in die verlaßne Höhle, und legte mit allmächtiger Hand den Stein, den keine Macht erhebt, darauf.

Noch weinen deine Lieben Tränen der Freude, Tränen der Rührung und des unendlichen Danks an deinem Grabe – sehn dich noch immmer, freudig erschreckt, auferstehn – und sich mit dir; sehn dich weinen mit süßer Inbrunst an der Mutter seligem Busen, ernst mit den Freunden wandeln,

Worte sagen, wie vom Baum des Lebens gebrochen; sehen dich eilen mit voller Sehnsucht in des Vaters Arm, bringend die junge Menschheit, und der goldnen Zukunft unversieglichen Becher. Die Mutter eilte bald dir nach – in himmlischem Triumph – Sie war die Erste in der neuen Heimat bei dir. Lange Zeiten entflossen seitdem, und in immer höherm Glanze regte deine neue Schöpfung sich – und Tausende zogen aus Schmerzen und Qualen, voll Glauben und Sehnsucht und Treue dir nach – wallen mit dir und der himmlischen Jungfrau im Reiche der Liebe – dienen im Tempel des himmlischen Todes und sind in Ewigkeit dein.

Gehoben ist der Stein –
Die Menschheit ist erstanden –
Wir alle bleiben dein
Und fühlen keine Banden.
Der herbste Kummer fleucht
Vor deiner goldnen Schale,
Wenn Erd und Leben weicht
Im letzten Abendmahle.

Zur Hochzeit ruft der Tod –
Die Lampen brennen helle –
Die Jungfraun sind zur Stelle –
Um Öl ist keine Not –
Erklänge doch die Ferne
Von deinem Zuge schon,
Und riefen uns die Sterne
Mit Menschenzung' und Ton.

Nach dir, Maria, heben
Schon tausend Herzen sich.
In diesem Schattenleben
Verlangten sie nur dich.
Sie hoffen zu genesen
Mit ahndungsvoller Lust –
Drückst du sie, heilges Wesen,
An deine treue Brust.

So manche, die sich glühend
In bittrer Qual verzehrt

Und dieser Welt entfliehend
Nach dir sich hingekehrt;
Die hülfreich uns erschienen
In mancher Not und Pein –
Wir kommen nun zu ihnen
Um ewig da zu sein.

Nun weint an keinem Grabe,
Für Schmerz, wer liebend glaubt.
Der Liebe süße Habe
Wird keinem nicht geraubt –
Die Sehnsucht ihm zu lindern,
Begeistert ihn die Nacht –
Von treuen Himmelskindern
Wird ihm sein Herz bewacht.

Getrost, das Leben schreitet
Zum ewgen Leben hin;
Von innrer Glut geweitet
Verklärt sich unser Sinn.
Die Sternwelt wird zerfließen
Zum goldnen Lebenswein,
Wir werden sie genießen
Und lichte Sterne sein.

Die Lieb' ist frei gegeben,
Und keine Trennung mehr.
Es wogt das volle Leben
Wie ein unendlich Meer.
Nur Eine Nacht der Wonne –
Ein ewiges Gedicht –
Und unser aller Sonne
Ist Gottes Angesicht.

6.

Sehnsucht nach dem Tode

Hinunter in der Erde Schoß,
Weg aus des Lichtes Reichen,
Der Schmerzen Wut und wilder Stoß
Ist froher Abfahrt Zeichen.
Wir kommen in dem engen Kahn
Geschwind am Himmelsufer an.

Gelobt sei uns die ewge Nacht,
Gelobt der ewge Schlummer.
Wohl hat der Tag uns warm gemacht,
Und welk der lange Kummer.
Die Lust der Fremde ging uns aus,
Zum Vater wollen wir nach Haus.

Was sollen wir auf dieser Welt
Mit unsrer Lieb' und Treue.
Das Alte wird hintangestellt,
Was soll uns dann das Neue.
O! einsam steht und tiefbetrübt,
Wer heiß und fromm die Vorzeit liebt.

Die Vorzeit, wo die Sinne licht
In hohen Flammen brannten,
Des Vaters Hand und Angesicht
Die Menschen noch erkannten.
Und hohen Sinns, einfältiglich
Noch mancher seinem Urbild glich.

Die Vorzeit, wo noch blütenreich
Uralte Stämme prangten,
Und Kinder für das Himmelreich
nach Qual und Tod verlangten.
Und wenn auch Lust und Leben sprach,
Doch manches Herz für Liebe brach.

Die Vorzeit, wo in Jugendglut
Gott selbst sich kundgegeben

Und frühem Tod in Liebesmut
Geweiht sein süßes Leben.
Und Angst und Schmerz nicht von sich trieb,
Damit er uns nur teuer blieb.

Mit banger Sehnsucht sehn wir sie
In dunkle Nacht gehüllet,
In dieser Zeitlichkeit wird nie
Der heiße Durst gestillet.
Wir müssen nach der Heimat gehn,
Um diese heilge Zeit zu sehn.

Was hält noch unsre Rückkehr auf,
Die Liebsten ruhn schon lange.
Ihr Grab schließt unsern Lebenslauf,
Nun wird uns weh und bange.
Zu suchen haben wir nichts mehr –
Das Herz ist satt – die Welt ist leer.

Unendlich und geheimnisvoll
Durchströmt uns süßer Schauer –
Mir däucht, aus tiefen Fernen scholl
Ein Echo unsrer Trauer.
Die Lieben sehnen sich wohl auch
Und sandten uns der Sehnsucht Hauch.

Hinunter zu der süßen Braut,
Zu Jesus, dem Geliebten –
Getrost, die Abenddämmrung graut
Den Liebenden, Betrübten.
Ein Traum bricht unsre Banden los
Und senkt uns in des Vaters Schoß.

GEISTLICHE LIEDER

I.

Was wär ich ohne dich gewesen?
Was würd' ich ohne dich nicht sein?
Zu Furcht und Ängsten auserlesen,
Stând' ich in weiter Welt allein.
Nichts wüßt' ich sicher, was ich liebte,
Die Zukunft wär ein dunkler Schlund;
Und wenn mein Herz sich tief betrübte,
Wem tät ich meine Sorge kund?

Einsam verzehrt von Lieb' und Sehnen,
Erschien' mir nächtlich jeder Tag;
Ich folgte nur mit heißen Tränen
Dem wilden Lauf des Lebens nach.
Ich fände Unruh im Getümmel,
Und hoffnungslosen Gram zu Haus.
Wer hielte ohne Freund im Himmel,
Wer hielte da auf Erden aus?

Hat Christus sich mir kundgegeben,
Und bin ich seiner erst gewiß,
Wie schnell verzehrt ein lichtes Leben
Die bodenlose Finsternis.
Mit ihm bin ich erst Mensch geworden;
Das Schicksal wird verklärt durch ihn,
Und Indien muß selbst im Norden
Um den Geliebten fröhlich blühn.

Das Leben wird zur Liebesstunde,
Die ganze Welt spricht Lieb' und Lust.
Ein heilend Kraut wächst jeder Wunde,
Und frei und voll klopft jede Brust.
Für alle seine tausend Gaben
Bleib ich sein demutvolles Kind,
Gewiß ihn unter uns zu haben,
Wenn zwei auch nur versammelt sind.

O! geht hinaus auf allen Wegen,
Und holt die Irrenden herein,
Streckt jedem eure Hand entgegen,

und ladet froh sie zu uns ein.
Der Himmel ist bei uns auf Erden,
Im Glauben schauen wir ihn an;
Die Eines Glaubens mit uns werden,
Auch denen ist er aufgetan.

Ein alter, schwerer Wahn von Sünde
War fest an unser Herz gebannt;
Wir irrten in der Nacht wie Blinde,
Von Reu und Lust zugleich entbrannt.
Ein jedes Werk schien uns Verbrechen,
Der Mensch ein Götterfeind zu sein,
Und schien der Himmel uns zu sprechen,
So sprach er nur von Tod und Pein.

Das Herz, des Lebens reiche Quelle,
Ein böses Wesen wohnte drin;
Und wards in unserm Geiste helle,
So war nur Unruh der Gewinn.
Ein eisern Band hielt an der Erde
Die bebenden Gefangnen fest;
Furcht vor des Todes Richterschwerte
Verschlang der Hoffnung Überrest.

Da kam ein Heiland, ein Befreier,
Ein Menschensohn, voll Lieb' und Macht
Und hat ein allbelebend Feuer
In unserm Innern angefacht.
Nun sahn wir erst den Himmel offen
Als unser altes Vaterland,
Wir konnten glauben nun und hoffen,
Und fühlten uns mit Gott verwandt.

Seitdem verschwand bei uns die Sünde,
Und fröhlich wurde jeder Schritt;
Man gab zum schönsten Angebinde
Den Kindern diesen Glauben mit;
Durch ihn geheiligt zog das Leben
Vorüber, wie ein selger Traum,
Und, ew'ger Lieb' und Lust ergeben,
Bemerkte man den Abschied kaum.

Noch steht in wunderbarem Glanze
Der heilige Geliebte hier,
Gerührt von seinem Dornenkranze
Und seiner Treue weinen wir.
Ein jeder Mensch ist uns willkommen,
Der seine Hand mit uns ergreift,
Und in sein Herz mit aufgenommen
Zur Frucht des Paradieses reift.

II.

Fern im Osten wird es helle,
Graue Zeiten werden jung;
Aus der lichten Farbenquelle
Einen langen tiefen Trunk!
Alter Sehnsucht heilige Gewährung,
Süße Lieb' in göttlicher Verklärung.

Endlich kommt zur Erde nieder
Aller Himmel selges Kind,
Schaffend im Gesang weht wieder
Um die Erde Lebenswind,
Weht zu neuen ewig lichten Flammen
Längst verstiebte Funken hier zusammen.

Überall entspringt aus Grüften
Neues Leben, neues Blut,
Ewgen Frieden uns zu stiften,
Taucht er in die Lebensflut;
Steht mit vollen Händen in der Mitte
Liebevoll gewärtig jeder Bitte.

Lasse seine milden Blicke
Tief in deine Seele gehn,
Und von seinem ewgen Glücke
Sollst du dich ergriffen sehn.
Alle Herzen, Geister und die Sinnen
Werden einen neuen Tanz beginnen.

Greife dreist nach seinen Händen,
Präge dir sein Antlitz ein,
Mußt dich immer nach ihm wenden,
Blüte nach dem Sonnenschein;
Wirst du nur das ganze Herz ihm zeigen,
Bleibt er wie ein treues Weib dir eigen.

Unser ist sie nun geworden,
Gottheit, die uns oft erschreckt,
Hat im Süden und im Norden
Himmelskeime rasch geweckt.
Und so laßt im vollen Gottesgarten
Treu uns jede Knosp' und Blüte warten.

III.

Wer einsam sitzt in seiner Kammer,
Und schwere, bittre Tränen weint,
Wem nur gefärbt von Not und Jammer
Die Nachbarschaft umher erscheint;

Wer in das Bild vergangner Zeiten
Wie tief in einen Abgrund sieht,
In welchen ihn von allen Seiten
Ein süßes Weh hinunter zieht; –

Es ist, als lägen Wunderschätze
Da unten für ihn aufgehäuft,
Nach deren Schloß in wilder Hetze
Mit atemloser Brust er greift.

Die Zukunft liegt in öder Dürre
Entsetzlich lang und bang vor ihm –
Er schweift umher, allein und irre,
Und sucht sich selbst mit Ungestüm.

Ich fall' ihm weinend in die Arme:
Auch mir war einst, wie dir, zu Mut,
Doch ich genas von meinem Harme,
Und weiß nun, wo man ewig ruht.

Dich muß, wie mich, ein Wesen trösten,
Das innig liebte, litt und starb;
Das selbst für die, die ihm am wehsten
Getan, mit tausend Freuden starb.

Er starb, und dennoch alle Tage
Vernimmst du seine Lieb' und ihn
Und kannst getrost in jeder Lage
Ihn zärtlich in die Arme ziehn.

Mit ihm kommt neues Blut und Leben
In dein erstorbenes Gebein –
Und wenn du ihm dein Herz gegeben,
So ist auch seines ewig dein.

Was du verlorst, hat er gefunden;
Du triffst bei ihm, was du geliebt:
Und ewig bleibt mit dir verbunden,
Was seine Hand dir wiedergibt.

IV.

Unter tausend frohen Stunden,
So im Leben ich gefunden,
Blieb nur eine mir getreu;
Eine, wo in tausend Schmerzen
Ich erfuhr in meinem Herzen,
Wer für uns gestorben sei.

Meine Welt war mir zerbrochen,
Wie von einem Wurm gestochen
Welkte Herz und Blüte mir;
Meines Lebens ganze Habe,
Jeder Wunsch lag mir im Grabe,
Und zur Qual war ich noch hier.

Da ich so im stillen krankte,
Ewig weint' und wegverlangte,
Und nur blieb vor Angst und Wahn:
Ward mir plötzlich wie von oben

Weg des Grabes Stein gehoben,
Und mein Innres aufgetan

Wen ich sah, und wen an seiner
Hand erblickte, frage keiner,
Ewig werd' ich dies nur sehn;
Und von allen Lebensstunden
Wird nur die wie meine Wunden
Ewig heiter, offen stehn.

V.

Wenn ich ihn nur habe,
Wenn er mein nur ist,
Wenn mein Herz bis hin zum Grabe
Seine Treue nie vergißt:
Weiß ich nichts von Leide,
Fühle nichts als Andacht, Lieb' und Freude.

Wenn ich ihn nur habe,
Lass' ich alles gern,
Folg' an meinem Wanderstabe
Treugesinnt nur meinem Herrn;
Lasse still die Andern
Breite, lichte, volle Straßen wandern.

Wenn ich ihn nur habe,
Schlaf' ich fröhlich ein,
Ewig wird zu süßer Labe
Seines Herzens Flut mir sein,
Die mit sanftem Zwingen
Alles wird erweichen und durchdringen.

Wenn ich ihn nur habe,
Hab' ich auch die Welt;
Selig wie ein Himmelsknabe,
Der der Jungfrau Schleier hält.
Hingesenkt im Schauen
Kann mir vor dem Irdischen nicht grauen.

Wo ich ihn nur habe,
Ist mein Vaterland;
Und es fällt mir jede Gabe
Wie ein Erbteil in die Hand;
Längst vermißte Brüder
Find' ich nun in seinen Jüngern wieder.

VI.

Wenn alle untreu werden,
So bleib' ich dir doch treu;
Daß Dankbarkeit auf Erden
Nicht ausgestorben sei.
Für mich umfing dich Leiden,
Vergingst für mich in Schmerz;
Drum geb' ich dir mit Freuden
Auf ewig dieses Herz.

Oft muß ich bitter weinen,
Daß du gestorben bist
Und mancher von den Deinen
Dich lebenslang vergißt.
Von Liebe nur durchdrungen
Hast du so viel getan,
Und doch bist du verklungen,
Und keiner denkt daran.

Du stehst voll treuer Liebe
Noch immer jedem bei,
Und wenn dir keiner bliebe,
So bleibst du dennoch treu;
Die treuste Liebe sieget,
Am Ende fühlt man sie,
Weint bitterlich und schmieget
Sich kindlich an dein Knie.

Ich habe dich empfunden,
O! lasse nicht von mir;
Laß innig mich verbunden
Auf ewig sein mit dir.

Einst schauen meine Brüder
Auch wieder himmelwärts,
Und sinken liebend nieder,
Und fallen dir ans Herz.

VII.

Hymne

Wenige wissen
Das Geheimnis der Liebe,
Fühlen Unersättlichkeit
Und ewigen Durst.
Des Abendmahls
Göttliche Bedeutung
Ist den irdischen Sinnen Rätsel;
Aber wer jemals
Von heißen, geliebten Lippen
Atem des Lebens sog,
Wem heilige Glut
In zitternde Wellen das Herz schmolz,
Wem das Auge aufging,
Daß er des Himmels
Unergründliche Tiefe maß,
Wird essen von seinem Leibe
Und trinken von seinem Blute
Ewiglich.

Wer hat des irdischen Leibes
Hohen Sinn erraten?
Wer kann sagen,
Daß er das Blut versteht?
Einst ist alles Leib,
Ein Leib,
In himmlischem Blute
Schwimmt das selige Paar. –

O! daß das Weltmeer
Schon errötete,
Und in duftiges Fleisch

Aufquölle der Fels!
Nie endet das süße Mahl,
Nie sättigt die Liebe sich.
Nicht innig, nicht eigen genug
Kann sie haben den Geliebten.
Von immer zärteren Lippen
Verwandelt wird das Genossene
Inniglicher und näher.

Heißere Wollust
Durchbebt die Seele.
Durstiger und hungriger
Wird das Herz:
Und so währet der Liebe Genuß
Von Ewigkeit zu Ewigkeit.
Hätten die Nüchternen
Einmal gekostet,
Alles verließen sie,
Und setzten sich zu uns
An den Tisch der Sehnsucht,
Der nie leer wird.
Sie erkennten der Liebe
Unendliche Fülle,
Und priesen die Nahrung
Von Leib und Blut.

VIII.

Weinen muß ich, immer weinen:
Möcht' er einmal nur erscheinen,
Einmal nur von Ferne mir.
Heilge Wehmut! ewig währen
Meine Schmerzen, meine Zähren;
Gleich erstarren möcht ich hier.

Ewig seh ich ihn nur leiden,
Ewig bittend ihn verscheiden.
O! daß dieses Herz nicht bricht,
Meine Augen sich nicht schließen.
Ganz in Tränen zu zerfließen,
Dieses Glück verdient' ich nicht.

Weint denn keiner nicht von allen?
Soll sein Name so verhallen?
Ist die Welt auf einmal tot?
Werd' ich nie aus seinen Augen
Wieder Lieb' und Leben saugen?
Ist er nun auf ewig tot?

Tot – was kann, was soll das heißen?
O! so sagt mir doch ihr Weisen,
Sagt mir diese Deutung an.
Er ist stumm, und alle schweigen,
Keiner kann auf Erden zeigen,
Wo mein Herz ihn finden kann.

Nirgend kann ich hier auf Erden
Jemals wieder glücklich werden,
Alles ist ein düstrer Traum.
Ich bin auch mit ihm verschieden,
Läg' ich doch mit ihm in Frieden
Schon im unterirdschen Raum.

Du, sein Vater und der meine,
Sammle du doch mein Gebeine
Zu dem seinigen nur bald.
Grün wird bald sein Hügel stehen
Und der Wind darüber wehen,
Und verwesen die Gestalt.

Wenn sie seine Liebe wüßten,
Alle Menschen würden Christen,
Ließen alles andre stehn;
Liebten alle nur den Einen,
Würden alle mit mir weinen
Und in bitterm Weh vergehn.

IX.

Ich sag' es jedem, daß er lebt
Und auferstanden ist,
Daß er in unsrer Mitte schwebt
Und ewig bei uns ist.

Ich sag' es jedem, jeder sagt
Es seinen Freunden gleich,
Daß bald an allen Orten tagt
Das neue Himmelreich.

Jetzt scheint die Welt dem neuen Sinn
Erst wie ein Vaterland;
Ein neues Leben nimmt man hin
Entzückt aus seiner Hand.

Hinunter in das tiefe Meer
Versank des Todes Graun,
Und jeder kann nun leicht und hehr
In seine Zukunft schaun.

Der dunkle Weg, den er betrat,
Geht in den Himmel aus,
Und wer nur hört auf seinen Rat,
Kommt auch in Vaters Haus.

Nun weint auch keiner mehr allhie,
Wenn Eins die Augen schließt,
Vom Wiedersehn, spät oder früh,
Wird dieser Schmerz versüßt.

Es kann zu jeder guten Tat
Ein jeder frischer glühn,
Denn herrlich wird ihm diese Saat
In schönern Fluren blühn.

Er lebt, und wird nun bei uns sein,
Wenn alles uns verläßt!
Und so soll dieser Tag uns sein
Ein Weltverjüngungsfest.

X.

Es gibt so bange Zeiten,
Es gibt so trüben Mut,
Wo alles sich von weiten
Gespenstisch zeigen tut.

Es schleichen wilde Schrecken
So ängstlich leise her,
Und tiefe Nächte decken
Die Seele zentnerschwer.

Die sichern Stützen schwanken,
Kein Halt der Zuversicht;
Der Wirbel der Gedanken
Gehorcht dem Willen nicht.

Der Wahnsinn naht und locket
Unwiderstehlich hin.
Der Puls des Lebens stocket,
Und stumpf ist jeder Sinn.

Wer hat das Kreuz erhoben
Zum Schutz für jedes Herz?
Wer wohnt im Himmel droben,
Und hilft in Angst und Schmerz?

Geh zu dem Wunderstamme,
Gib stiller Sehnsucht Raum,
Aus ihm geht eine Flamme
Und zehrt den schweren Traum.

Ein Engel zieht dich wieder
Gerettet auf den Strand,
Und schaust voll Freuden nieder
In das gelobte Land.

XI.

Ich weiß nicht, was ich suchen könnte,
Wär jenes liebe Wesen mein,
Wenn er mich seine Freude nennte
Und bei mir wär', als wär' ich sein.

So Viele gehn umher und suchen
Mit wild verzerrtem Angesicht,
Sie heißen immer sich die Klugen,
Und kennen diesen Schatz doch nicht.

Der Eine denkt, er hat's ergriffen,
Und was er hat, ist nichts als Gold;
Der will die ganze Welt umschiffen,
Nichts als ein Name wird sein Sold.

Der läuft nach einem Siegerkranze
Und Der nach einem Lorbeerzweig,
Und so wird von verschiednem Glanze
Getäuscht ein jeder, keiner reich.

Hat er sich euch nicht kund gegeben?
Vergaßt ihr, wer für euch erblich?
Wer uns zu Lieb' aus diesem Leben
In bittrer Qual verachtet wich?

Habt ihr von ihm denn nichts gelesen,
Kein armes Wort von ihm gehört?
Wie himmlisch gut er uns gewesen,
Und welches Gut er uns beschert?

Wie er vom Himmel hergekommen,
Der schönsten Mutter hohes Kind?
Welch Wort die Welt von ihm vernommen,
Wie viel durch ihn genesen sind?

Wie er von Liebe nur beweget
Sich ganz uns hingegeben hat,
Und in die Erde sich geleget
Zum Grundstein einer Gottesstadt?

Kann diese Botschaft euch nicht rühren,
Ist so ein Mensch euch nicht genug,
Und öffnet ihr nicht eure Türen
Dem, der den Abgrund zu euch schlug?

Laßt ihr nicht alles willig fahren,
Tut gern auf jeden Wunsch Verzicht,
Wollt euer Herz nur ihm bewahren,
Wenn er euch seine Huld verspricht?

Nimm du mich hin, du Held der Liebe!
Du bist mein Leben, meine Welt,
Wenn nichts vom Irdischen mir bliebe,
So weiß ich, wer mich schadlos hält.

Du gibst mir meine Lieben wieder,
Du bleibst in Ewigkeit mir treu,
Anbetend sinkt der Himmel nieder,
Und dennoch wohnest du mir bei.

XII.

Wo bleibst du Trost der ganzen Welt?
Herberg' ist dir schon längst bestellt.
Verlangend sieht ein jedes dich.
Und öffnet deinem Segen sich.

Geuß, Vater, ihn gewaltig aus,
Gib ihn aus deinem Arm heraus:
Nur Unschuld, Lieb' und süße Scham
Hielt ihn, daß er nicht längst schon kam.

Treib ihn von dir in unsern Arm,
Daß er von deinem Hauch noch warm;
In schweren Wolken sammle ihn
Und laß ihn so hernieder ziehn.

In kühlen Strömen send' ihn her,
In Feuerflammen lodre er,
In Luft und Öl, in Klang und Tau
Durchdring' er unsrer Erde Bau.

So wird der heil'ge Kampf gekämpft,
So wird der Hölle Grimm gedämpft,
Und ewig blühend geht allhier
Das alte Paradies herfür.

Die Erde regt sich, grünt und lebt,
Des Geistes voll ein jedes strebt
Den Heiland lieblich zu empfahn
Und beut die vollen Brüst' ihm an.

Der Winter weicht, ein neues Jahr
Steht an der Krippe Hochaltar.
Es ist das erste Jahr der Welt,
Die sich dies Kind erst selbst bestellt.

Die Augen sehn den Heiland wohl,
Und doch sind sie des Heilands voll,
Von Blumen wird sein Haupt geschmückt,
Aus denen er selbst holdselig blickt.

Er ist der Stern, er ist die Sonn',
Er ist des ewgen Lebens Bronn,
Aus Kraut und Stein und Meer und Licht
Schimmert sein kindlich Angesicht.

In allen Dingen sein kindlich Tun.
Seine heiße Liebe wird nimmer ruhn,
Er schmiegt sich seiner unbewußt
Unendlich fest an jede Brust.

Ein Gott für uns, ein Kind für sich
Liebt er uns all' herzinniglich,
Wird unsre Speis und unser Trank,
Treusinn ist ihm der liebste Dank.

Das Elend wächst je mehr und mehr,
Ein düstrer Gram bedrückt uns sehr,
Laß, Vater, den Geliebten gehn,
Mit uns wirst du ihn wieder sehn.

XIII.

Wenn in bangen trüben Stunden
Unser Herz beinah verzagt,
Wenn von Krankheit überwunden
Angst in unserm Innern nagt;
Wir der Treugeliebten denken,
Wie sie Gram und Kummer drückt,
Wolken unsern Blick beschränken,
Die kein Hoffnungsstrahl durchblickt:

O! dann neigt sich Gott herüber,
Seine Liebe kommt uns nah,
Sehnen wir uns dann hinüber,
Steht sein Engel vor uns da,
Bringt den Kelch des frischen Lebens,
Lispelt Mut und Trost uns zu;
Und wir beten nicht vergebens
Auch für die Geliebten Ruh.

XIV.

Wer einmal, Mutter, dich erblickt,
Wird vom Verderben nie bestrickt.
Trennung von dir muß ihn betrüben,
Ewig wird er dich brünstig lieben,
Und deiner Huld Erinnerung
Bleibt fortan seines Geistes höchster Schwung.

Ich mein' es herzlich gut mit dir.
Was mir gebricht, siehst du in mir.
Laß, süße Mutter, dich erweichen,
Einmal gib mir ein frohes Zeichen.
Mein ganzes Dasein ruht in dir,
Nur einen Augenblick sei du bei mir.

Oft, wenn ich träumte, sah ich dich
So schön, so herzensinniglich.
Der kleine Gott auf deinen Armen
Wollt' des Gespielen sich erbarmen;
Du aber hobst den hehren Blick
Und gingst in tiefe Wolkenpracht zurück.

Was hab' ich, Armer, dir getan?
Noch bet' ich dich voll Sehnsucht an.
Sind deine heiligen Kapellen
Nicht meines Lebens Ruhestellen?
Gebenedeite Königin
Nimm dieses Herz mit diesem Leben hin.

Du weißt, geliebte Königin,
Wie ich so ganz dein eigen bin.
Hab ich nicht schon seit langen Jahren
Im stillen deine Huld erfahren?
Als ich kaum meiner noch bewußt,
Sog ich schon Milch aus deiner selgen Brust.

Unzähligmal standst du bei mir,
Mit Kindeslust sah ich nach dir,
Dein Kindlein gab mir seine Hände,
Daß es dereinst mich wieder fände;
Du lächeltest voll Zärtlichkeit
Und küßtest mich, o himmelsüße Zeit!

Fern steht nun diese selge Welt,
Gram hat sich längst zu mir gesellt,
Betrübt bin ich umhergegangen,
Hab' ich mich denn so schwer vergangen?
Kindlich berühr' ich deinen Saum,
Erwecke mich aus diesem schweren Traum.

Darf nur ein Kind dein Antlitz schaun
Und deinem Beistand fest vertraun,
So löse doch des Alters Binde
Und mache mich zu deinem Kinde.
Die Kindeslieb' und Kindestreu
Wohnt mir von jener goldnen Zeit noch bei.

XV.

Ich sehe dich in tausend Bildern,
Maria, lieblich ausgedrückt,
Doch keins von allen kann dich schildern,
Wie meine Seele dich erblickt.

Ich weiß nur, daß der Welt Getümmel
Seitdem mir wie ein Traum verweht,
Und ein unnennbar süßer Himmel
Mir ewig im Gemüte steht.

VERMISCHTE GEDICHTE

[Vergiß mein nicht!]

Vergiß mein nicht, wenn lockre kühle Erde
　Dies Herz einst deckt, das zärtlich für dich schlug.
Denk, daß es dort vollkommner lieben werde,
　Als da voll Schwachheit ichs vielleicht voll Fehler trug.

Dann soll mein freier Geist oft segnend dich umschweben
　Und deinem Geiste Trost und süße Ahndung geben.
Denk, daß ichs sei, wenns sanft in deiner Seele spricht;
　Vergiß mein nicht! Vergiß mein nicht!

Bei der Wiederkunft
einer geliebten Freundin gesungen

Sei gegrüßt mit Jubel froher Lieder,
　Tag, der mir die Freundin wieder gibt.
Bald umarmen kann ich dich nun wieder,
　Sagen, wie dich meine Seele liebt.

Nun entfliehn in deinem Arm mir Stunden
　Mit des Sturmwinds schneller Eile hin,
Denn vor dir ist jeder Gram verschwunden,
　Und der Kummer sinkt zu Staube hin.

Holde Freundin, nur an deiner Seite
　Wird mir jede schwere Bürde leicht,
Süßer schwebt mir jede Lebensfreude,
　Die des Schicksals Hand durch dich mir reicht.

Hinunter die Pfade des Lebens gedreht,
Pausiert nicht, ich bitt euch, so lang es noch geht.
Drückt fester die Mädchen ans klopfende Herz,
Ihr wißt ja, wie flüchtig ist Jugend und Scherz.

Laßt fern von uns Zanken und Eifersucht sein
Und nimmer die Stunden mit Grillen entweihn.
Dem Schutzgeist der Liebe nur gläubig vertraut:
Es findet noch jeder gewiß eine Braut.

Tennstedt–Grüningen (1795–1797)

An Adolph Selmniz

Was paßt, das muß sich ründen,
Was sich versteht, sich finden,
Was gut ist, sich verbinden,
Was liebt, zusammensein.
Was hindert, muß entweichen,
Was krumm ist, muß sich gleichen,
Was fern ist, sich erreichen,
Was keimt, das muß gedeihn.

Gib traulich mir die Hände,
Sei Bruder mir und wende
Den Blick vor Deinem Ende
Nicht wieder weg von mir.
Ein Tempel – wo wir knieen –
Ein Ort – wohin wir ziehen,
Ein Glück – für das wir glühen,
Ein Himmel – mir und Dir.

Anfang

Es kann kein Rausch sein – oder ich wäre nicht
Für diesen Stern geboren – nur so von Ohngefähr
  In dieser tollen Welt zu nah an
    Seinen magnetischen Kreis gekommen.

Ein Rausch wär wirklich sittlicher Grazie
Vollendetes Bewußtsein? – Glauben an Menschheit wär
  Nur Spielwerk einer frohen Stunde –?
    Wäre dies Rausch, was ist dann das Leben?

Soll ich getrennt sein ewig? – ist Vorgefühl
Der künftigen Vereinigung, dessen, was
Wir hier für Unser schon erkannten,
Aber nicht ganz noch besitzen konnten –

Ist dies auch Rausch? so bliebe der Nüchternheit,
Der Wahrheit nur die Masse, der Ton, und das
Gefühl der Leere, des Verlustes
Und der vernichtigenden Entsagung.

Womit wird denn belohnt für die Anstrengung
Zu leben wider willen, feind von sich selbst zu sein
Und tief sich in den Staub getreten
Lächelnd zu sehn – und Bestimmung meinen.

Was führt den Weisen denn durch des Lebens Tal
Als Fackel zu dem höheren Sein hinauf –
Soll er nur hier geduldig bauen,
Nieder sich legen und ewig tot sein.

Du bist nicht Rausch – du Stimme des Genius,
Du Anschaun dessen, was uns unsterblich macht,
Und du Bewußtsein jenes Wertes,
Der nur erst einzeln allhier erkannt wird.

Einst wird die Menschheit sein, was Sophie mir
Jetzt ist – vollendet – sittliche Grazie –
Dann wird ihr höheres Bewußtsein
Nicht mehr verwechselt mit Dunst des Weines.

Am Sonnabend Abend

Bin ich noch der, der gestern Morgen
Dem Gott des Leichtsinns Hymnen sang
Und über allen Ernst und Sorgen
Der Freude leichte Geißel schwang –
Der, jeder Einladung entgegen,
Das Herz in beiden Händen, flog
Und wie ein junges Blut, verwegen
Auf jedes Abenteuer zog.

Der mit den Kinderschuhen lange
Der Liebe Kartenhaus verließ,
Und wie das Glück, in seinem Gange
An Reiche, wie an Karten stieß,
Im Kampf der neuen Elemente
Im Geist schon Sieger sang: *ça va,*
Und schon die Schöpfung im Konvente
Und Gott, als Präsidenten, sah.

Der schlauer noch, als ein Berliner,
In Mädchen Jesuiten spürt,
Und Vater Adams Gattin kühner,
Als wahren Stifter denunziert.
In dessen Stube längst vergessen
Das Bild des Aberglaubens hing
Und der zum Spott nur in die Messen
Von den Elftausend Jungfern ging.

Derselbe kanns nicht sein, der heute
Beklemmt weit auf die Weste knöpft
Und schweigend an der Morgenseite
So emsig Luft von dorther schöpft.
Den vierzehn Jahre so entzücken,
(Bald sind die 7 Wochen voll)
Und der in jeden Augenblicken,
Was anders will, was anders soll.

Ist das der Mann, der Sieben Weisen
Im Umsehn in die Tasche steckt,
Den schon die kürzeste der Reisen
So wundersam im Schlafe weckt.
Und der noch kaum die stolzen Träume
Der Weisheit lahm fortschleichen sieht,

Als aus dem hoffnungsvollsten Keime
Für ihn ein Rosenstock schon blüht.

O! immer fort der Mann von Gestern,
Was kümmert seine Flucht denn mich –
Die guten Stunden haben Schwestern,
Und Schwestern – die gesellen sich.

Damit sie immer sich erkennen
Und immer froh beisammen sein,
Will ich ein Wort zur Lösung nennen –
Sophie soll die Losung sein.

An Carolinen [Just]
als ich Ihr den Sonnabend Abend gab

Darf ich mit der Zeugin meiner Schwächen
Frei und ungefährdet sie besprechen,
Ihrer Teilnehmung gewärtig sein?
Darf ich holden, süßen Worten trauen
Und gewiß auf meinen Glauben bauen?
Wird mich diese Beichte nie gereun?

Gern gesteh ichs – oft ward ich betrogen,
Wenn von Schmeichelworten angezogen,
Mir der größte Wurf gelungen schien.
Und mir dann, vom Star gelöst, am Ende,
Mühsam nur gelang in meine Hände
Das verspielte Herz zurückzuziehn.

Doch es soll nie meine Hoffnung welken –
Leichter wird der Himmel sich entwölken
Einer Stirn, die nicht versiegelt ist.
Zuversicht besticht des Schicksals Launen –
Und im Zuge deiner Augenbraunen
Les' ich eher klugen Rat, als List.

Antwort an Carolinen [Just]

Den Trost, den ich für mich, oft hoffnungslos, entbehre,
Wenn meine Seele matt im Grübeln sich verliert,
Und sie aus dieser engen Sphäre
Ein guter Engel nicht entführt;
O! diesen Trost in andern zu beseelen
Ward nicht umsonst mir zum Ersatz verliehn –

Für andre glaub' ich viel, für andre kann ich wählen,
Und neue Saiten auf in fremden Busen ziehn.

Verzweifle nicht an dem, wozu in Deinem Herzen
Längst jeder Ton zum andern widerklang –
Du bist bestimmt zu Freuden und zu Schmerzen,
Die der nicht fühlt, dem zum Empfang
Kein beßrer Genius das Lied der Weihe sang.
Ausharrende Geduld – ward diese Dir beschieden –
So sage zum voraus dem Schicksal warmen Dank.
Der lange Kampf beschließt – und golden naht der
Frieden.

Des Schicksals Lieblinge erzieht es lang und rauh.
Oft bricht das schwache Herz – noch glücklich, wenn die
Stunde,
Die seine letzte heißt – mit süßem Trost im Munde
Den Angstschweiß wandelt um in süßen Lebenstau –
Doch wer sie übersteht der Prüfungen Gefahren,
Wem nie die Zuversicht im bängsten Sturm entfiel –
Erreicht den sauren Preis von stilldurchhofften Jahren
Und sinkt umarmend hin ans Ziel.

Wir haben uns aus tausenden gefunden –
Wir wandeln Einen Weg – Ein Stern ists, der uns führt –
Erkennst Du nicht den Wink – *ich* habe ausgespürt,
Was Mein wird – *Dir* sind noch die Augen zugebunden.
Auch ich seh *Ihn* noch nicht – Geduld! die Binde fällt –
Indes versöhne Dich die Freundschaft mit der Welt –
Geduldige Dein Herz – zu desto tiefern Zuge
Naht Dir die Liebe dann mit ihrem Nektarkruge.

Einst laß mir diesen Blick – wenn nicht Entsagung mehr
Und bange Hoffnungen in unserm Herzen wohnen;
Wenn Lieb' und Schicksal uns für manches Opfer lohnen
Und hinter uns nun rauscht der Jugend wildes Meer.
Einst, wenn zum vollen Tisch, am Mittag ihres Lebens,
Vereint ein *Doppelpaar* von *Glücklichen* sich setzt –
Dann denken wir zurück den Vormittag – an *Jetzt.*
„Wer hätte das geträumt? – Nie seufzt das Herz
vergebens."

M. und S.
[Frau v. Mandelsloh und Sophie]

Glücklich vereinigte sie die Hand der bildenden Mutter:
Was man bei Einer empfand, sagt man der Andern so gern.

Siehst du sie beide, so siehst du das Rätsel neben der Lösung.
Einzeln ist jede für sich Rätsel und Lösung zugleich.

Sähst du die liebliche Mutter wohl gern als knospendes Mädchen?
Oder das Knöspchen erblüht? – Schaue die Lieblichen hier.

Lied beim Punsch
am Abend der Trennung

Sind nicht die Augenblicke
Begeisterten Gefühls
Wert unsers wärmsten Dankes
Und würdig unsers Ziels?
Da steht im frohen Zirkel
Der Menschheit Genius
Und gießt aus voller Schale
Den edelsten Genuß.

Dem Greis entglimmt in ihnen
Der alten Jugend Glut.
Hier schöpft der Mann zu Taten
Begeisterung und Mut.
Hoch klopft des Jünglings Busen,
Gerührt wird jedes Herz,
Und jedes drückt voll Liebe
Geschwister nur ans Herz.

Nur solche Feste schmücken
Des Lebens rauhen Pfad;
Nur Herzensfülle hemmet

Des Glückes leichtes Rad.
Wo Freudentränen glänzen,
Wo Herz zu Herzen spricht,
Mitfühlend jedes fühlet,
Nur da entrollt es nicht.

O! himmlisch tönt in Liedern
Erinnerung an Sie,
Und weckt nach langen Jahren
Der Nachwelt Sympathie.
Wir freun uns aller Spuren
Der alten Fröhlichkeit.
Einst freun sich unsre Enkel
Noch unsrer frohen Zeit.

Drum laßt an diesem Abend,
Der noch vereint uns sieht,
Da uns sobald nicht wieder
Ein solches Stündchen blüht,
Uns jedem unsrer Lieben
Ein Rosenblättchen streun
Und unsern Herzenswünschen
Solenn dies Lied itzt weihn.

Dem Vater und der Mutter,
Die nichts, als Kinder, sehn,
Mag bis zum Rand des Lebens
Das Freudenfähnchen wehn.
Und wenn wir leise Wünsche
In Minchens Herz verstehn –
So soll die Luft der Freiheit
Am eignen Herd umwehn.

Nur Dauer ihres Glückes
Dem liebenswerten Paar;
Bringt unserm Fritz und Fritzchen
Dies Glas zum Wunsche dar.
Lili beweise baldigst
Ihr Haushaltungsgenie,
Indes wir alle singen;
Zieh, lieber Schimmel, zieh.

Leicht falle dein Pantoffel
Bald, Söffchen, auf den Mann,
Der in des Lebens Lotto
Dies Quintchen sich gewann.
Einst geht noch unsre Danscour
Als Sansjüpon in Klub.
Und Hannchens Kränzchen hole
Baldmöglichst Belzebub.

Was Gast ist, soll mitleben!
Es schließe fest sich an
Und wandle mit uns ewig
Und bleib' uns zugetan.
Dem Bruder dort am Rheine,
Den Lieben nah und weit,
Sei dieses Glas, als Zeichen
Von jedem Wunsch geweiht.

Zum Tempel wird die Stube.
Der Punschtisch zum Altar.
Es bringt der Geist der Liebe
Jetzt seine Opfer dar.
Senkt euren Blick die Stufen
Des Tempels nun hinab
Und haltet fest die Stimmung,
Die dieser Blick euch gab.

Ihr schaut in einen Wirbel
Von Menschenschicksal hin
Und forscht und fragt vergebens
Nach dieses Rätsels Sinn.
Einst wird es leicht sich lösen;
Längst ist der Schlüssel da;
Denn war nicht Lieb' und Einfalt
Den Menschen immer nah?

Auch ihr könnt freudig walten
Für diesen Zeitbeginn.
Wirkt der Natur entgegen
Und wirkt mit Einem Sinn.
Ist jeder gut und tätig

Für Menschenrecht und Wohl,
Und ist auf seiner Stelle
Ein Jedes, was es soll.

So wird in süßer Reife
Die Menschheit, himmlisch schön,
Erwacht von langem Schlummer,
In bessre Zonen gehn.
Belohnt wird, wessen Taten
In ihrem Herzen glühn –
Doch wer sah je den Garten,
Wo dann die Kränze blühn.

Zu Sophiens Geburtstag
[17. März 1796]

Wer ein holdes Weib errungen,
Stimme seinen Jubel ein.
Mir ist dieser Wurf gelungen,
Töne Jubel – die ist mein.
So hat nie das Herz geschlagen
Nie so hoch und nie so gut.
Künftig neigt vor meinen Tagen
Selbst der Glücklichste den Hut.

Fest umschlingt den Bund der Herzen
Nun der Ring der Ewigkeit,
Und es bricht der Stab der Schmerzen
Am Altar der Einigkeit.
O –! im Himmel ist geschlossen
Unsrer Herzen süßer Bund.
Ist ein beßrer Spruch entflossen
Je des Schicksals weisem Mund?

Dir gehört nun, was ich habe,
Was ich denke, fühle, bin,
Und du nimmst nun jede Gabe
Meines Schicksals für dich hin.
Was ich sucht, hab ich gefunden,

Was ich fand, das fand auch mich,
Und die Geißel meiner Stunden,
Zweifelsucht und Leichtsinn, wich.

Nimmer soll mein Mund dich loben,
Weil mein Herz zu warm dich ehrt.
Tief im Busen aufgehoben
Wohne heimlich mir dein Wert.
Wenn ich wunde Herzen heile,
Jede Stunde besser bin,
Nie im Guten lässig weile;
Dieses Lob nimm dir dann hin.

Liebes Mädchen, deiner Liebe
Dank ich Achtung noch und Wert,
Wenn sich unsre Erdenliebe
Schon in Himmelslust verklärt.
Ohne dich wär ich noch lange
Rastlos auf und abgeschwankt
Und auf meinem Lebensgange
Oft am Überdruß erkrankt.

Wenn nur unsre Mutter wieder
Frisch und ledig bei uns steht
Und im Kreise unsrer Brüder
Stolz die Friedensfahne weht.
Wenn dann noch ein Süßer, Trauter
Unsre Lolly fest umschlang –
O –! Dann tönt noch zehnfach lauter
Unsres Jubels Hochgesang.

Wenig still durchhoffte Jahre
Leiten unverwandt zum Ziel,
Wo am glücklichen Altare
Endet unsrer Wünsche Spiel,
Uns, auf Ewig Eins, verschwinden
Wölkchen gleich, des Lebens Mühn
Und um unsre Herzen winden
Kränze sich von Immergrün.

[Im Grüninger Kirchenbuch]
[19. März 1797]

Verblühe denn, du süße Frühlingsblume!
Gott pflanzte dich ins beßre Leben ein.
In einer ewgen Liebe Heiligtume,
Da wirst du ungetrübt uns Himmelswonne sein.

Gedicht
Zum 29. April [1797], dem Tage des Gartenkaufs

In diesem Säkulo im Jahre Siebenneunzig
Starb hier ein Advokat, in seiner Raçe einzig,
In Praxi wohlgeübt ein Phönix seltner Art,
In welchem Redlichkeit mit Klugheit sich gepaart.
Der Witwe hinterließ er nicht das Geld bei Haufen,
Drum suchte sie sogleich den Garten zu verkaufen,
Mit Bäumen gut besetzt und einen Acker groß,
Verwahrt mit roter Tür und einem großen Schloß.
Die Frau Kreisamtmannin ersuchte den Kreisamtmann
Den Garten zu erstehn – Sie sprach so sanft: „Verdammt, Mann!
Ein jedes hat allhier so einen Gartenfleck,
Und wir – was haben wir? – wir haben keinen –
Es ist nicht auszustehn, wo soll ich Kaffee trinken?
Und muß die Stube nicht mir an im Sommer stinken?"
Der Ehherr rief den Schmidt aus Konfraternität,
Gab ihm den Auftrag, und des Preises Quantität.
Der Auktions Termin ließ immer auf sich warten,
Indes wir, voll Reform, auf die Entscheidung harrten.
Der Garten ward besehn, bewundert und gelobt,
Und dann voll Ungeduld nach Weiberart getobt.
Den neunundzwanzigsten April vergeß ich nimmer.
Apollo reiche mir zuvor den Saitenstimmer!
Früh seifte der Barbier des Herrn Kreisamtmanns Bart,
Als von dem Gartenkauf auch so gesprochen ward.
„Wo trifft die Witwe wohl auf bessere Bezahler.
Mein Ultimatum ist: Zweihundertsechzig Taler."
Der Herr der Bärte schrieb sich dieses hinters Ohr

Und trugs beim nächsten Bart des Kuratoris vor.
„Gefunden", schrie entzückt Herr Topf, der Topf der Töpfe,
Springt auf mit halbem Bart, sucht seine Hemdenknöpfe,
Läuft zur Kurandin stracks, in Sprung, Galopp und Trab,
Kommt, sieht den Käufer an, und schließt den Handel ab. –
In frohern Hoffnungen war Cäsar nicht zerronnen,
Als er die große Schlacht bei Pharsalus gewonnen,
Als unsre Rahel jetzt, da nun der Schlüssel kam,
Und sie, nach zartem Streit, ihn in Empfang nun nahm.
Beglückwünscht ward sie hoch – bei Tisch ward manch Projekt
Präliminariter von jedem ausgeheckt –
Nur für Reformen und für Hüttchen hat sie Ohren.
Er aber sitzt so kalt, als hätt er taube Ohren.
Wir tranken Kaffee erst – ich redte, ohne Ruhm
Zu melden, viel und schön, vom neuen Eigentum.
Dann gingen wir hinaus – es weht ein leises Windchen –
Voraus die Phantasie – wie einst Tobias Hündchen.
Wir langen an – Er reicht den Hut und Schlüssel ihr.
Ein jeder zieht den Hut – auf donnerte die Tür.
Vor Adams offnem Maul lag so das Paradies,
Als hier der Garten sich den trunknen Blicken wies.
Zu kühne Muse schweig von diesen Augenblicken,
Viel besser ist es hier die Augen zuzudrücken.
Der zählt den Sand am Meer und Berenicens Haar,
Der die Projekte kennt, die hier der Rausch gebar.
Kurz, endlich gingen wir nach vielen Tun und Reden
Wie unsrer Eltern Paar aus diesem Garten Eden.
Nun gingen wir herum, sahn über jeden Zaun.
Und mußten in der Luft noch manches Schlößchen baun. –
Heil aber Tennstedt dir – welch Glück ist dir geworden
Mit dieser Bürgerin vom Seraphinen Orden!
Heil dir auch, Rahels Ruh – es wird in kurzer Zeit
In Hirschfelds Almanach dir auch ein Blatt geweiht.

Dir aber, liebes Paar! wünscht, ohne Kapp und Schellen
Ein Freund, den Lieb und Treu euch ewig zugesellen,
Auf diesem trauten Fleck den lieblichen Genuß,

Der tief im Herzen quillt und nie versiegen muß.
O feiert manches Jahr hier schöne Ruhestunden
Bleibt bis zum späten Herbst in stiller Lust verbunden!
Und bin ich einst ins Land der Sehnsucht heimgekehrt,
So denkt: auch er wär hier wohl eines Plätzchens wert.

[Distichon Herbst 1797]

Ist es nicht klug für die Nacht ein geselliges Lager zu suchen?
Darum ist klüglich gesinnt – der auch Entschlummerte liebt.

Freiberg (1798–1799)

Der Fremdling

den 22sten Jänner 1797 [1798]

Der Frau Bergrätin von Charpentier gewidmet.

Müde bist du und kalt, Fremdling, du scheinest nicht
Dieses Himmels gewohnt – wärmere Lüfte wehn
  Deiner Heimat und freier
    Hob sich vormals die junge Brust.

Streute ewiger Lenz dort nicht auf stiller Flur
Buntes Leben umher? spann nicht der Frieden dort
  Feste Weben? und blühte
    Dort nicht ewig, was Einmal wuchs?

O! du suchest umsonst – untergegangen ist
Jenes himmlische Land – keiner der Sterblichen
  Weiß den Pfad, den auf immer
    Unzugängliches Meer verhüllt.

Wenig haben sich nur deines verwandten Volks
Noch entrissen der Flut – hierhin und dorthin sind
  Sie gesäet und erwarten
    Beßre Zeiten des Wiedersehns.

Folge willig mir nach – wahrlich ein gut Geschick
Hat hieher dich geführt – Heimatsgenossen sind
  Hier, die eben, im Stillen,
    Heut ein häusliches Fest begehn.

Unverkennbar erscheint dort dir die innige
Herzenseinheit – es strahlt Unschuld und Liebe dir
  Klar von allen Gesichtern,
    Wie vorzeiten im Vaterland.

Lichter hebt sich dein Blick – wahrlich, der Abend wird,
Wie ein freundlicher Traum, schnell dir vorübergehn,
Wenn in süßem Gespräche
Sich dein Herz bei den Guten löst –

Seht – der Fremdling ist hier – der aus demselben Land
Sich verbannt fühlt; wie Ihr; traurige Stunden sind
Ihm geworden – es neigte
Früh der fröhliche Tag sich ihm.

Doch er weilet noch gern, wo er Genossen trifft,
Feiert munter das Fest häuslicher Freuden mit;
Ihn entzücket der Frühling,
Der so frisch um die Eltern blüht.

Daß das heutige Fest oft noch zurückekehrt,
Eh den Weinenden sich ungern die Mutter raubt
Und auf nächtlichen Pfaden
Folgt dem Führer ins Vaterland –

Daß der Zauber nicht weicht, welcher das Band beglückt
Eures Bundes – und daß auch die Entfernteren
Des genießen, und wandern
Einen fröhlichen Weg mit Euch –

Dieses wünschet der Gast – aber der Dichter sagts
Euch für ihn; denn er schweigt gern, wenn er freudig ist,
Und er sehnet so eben
Seine fernen Geliebten her.

Bleibt dem Fremdlinge hold – spärliche Freuden sind
Ihm hienieden gezählt – doch bei so freundlichen
Menschen sieht er geduldig
Nach dem großen Geburtstag hin.

An den König

Mehr als ein Königreich gab der Himmel Dir in Luisen,
Aber Du brachtest Ihr auch mehr als die Krone, Dein Herz.

Die Alpenrose

Selten haftet auf Höhn ein Funken himmlischen Lebens,
Aber, als Königin, blüht dann auch die Rose des Bergs.

Der König

Nur wer mehr als König schon ist, kann königlich herrschen,
Also soll König sein, welcher die Herrlichste liebt.

Das irdische Paradies

Wo die Geliebten sind, da schmückt sich bräutlich die Erde,
Aber den Frevler verzehrt schneller die himmlische Luft.

Es ist an der Zeit

Glänzend steht nun die Brücke, der mächtige Schatten erinnert
Nur an die Zeit noch, es ruht ewig der Tempel nun hier,
Götzen von Stein und Metall mit furchtbaren Zeichen der Willkür
Sind gestürzt und wir sehn dort nur ein liebendes Paar –
An der Umarmung erkennt ein jeder die alten Dynasten,
Kennt den Steuermann, kennt wieder die glückliche Zeit.

Das Ende des Haders

Lange währte der Zwist, es konnte keiner ihn schlichten;
Mancher schöne Kristall brach in dem feindlichen Stoß.
Nur die Liebe besitzt den Talisman ewigen Friedens –
Da nur, wo sie erscheint, fließen die Massen in eins.

Der sterbende Genius

Willkommen Lieber, nun und nicht wieder ruft
Dich meine Stimme; nah ist der Abschied mir.
Gefunden hab ich, was ich suchte,
Und der Bezauberung Bande schmelzen.

Das schöne Wesen – siehst du die Königin –
Hebt Bann und Zauber; lange vergebens flog
Um jeden Thron ich, aber endlich
Winkte durch Sie mir die alte Heimat.

Schon lodert mächtig jene geheime Glut –
Mein altes Wesen – tief in dem irdischen
Gebilde: Du sollst Opferpriester
Sein und das Lied der Zurückkehr singen.

Nimm diese Zweige, decke mit ihnen mich,
Nach Osten singe dann das erhabne Lied,
Bis auf die Sonne geht und zündet
Und mir die Tore der Urwelt öffnet.

Der Duft des Schleiers, der mich vordem umgab,
Sinkt dann vergoldet über die Ebenen,
Und wer ihn atmet, schwört begeistert
Ewige Liebe der schönen Fürstin.

Land

Jenes himmlische Paar schwimmt hoch auf der Flut, wie die Taube
Und der Ölzweig; es bringt Hoffnung des Landes, wie dort.

1.

Freunde, der Boden ist arm, wir müssen reichlichen Samen
Ausstreun, daß uns doch nur mäßige Ernten gedeihn.

2.

Welten bauen genügt dem tiefer dringenden Sinn nicht:
Aber ein liebendes Herz sättigt den strebenden Geist.

3.

Laßt die Libellen ziehn; unschuldige *Fremdlinge* sind es,
Folgen dem Doppelgestirn froh, mit Geschenken, hieher.

4.

Fürsten sind Nullen – sie gelten an sich nichts, aber mit Zahlen,
Die sie beliebig erhöhn, neben sich gelten sie viel.

5.

Hypothesen sind Netze, nur der wird fangen, der auswirft.
Ist nicht Amerika selbst durch Hypothese gefunden?
Hoch und vor allen lebe die Hypothese, nur sie bleibt
Ewig neu, so oft sie sich auch selbst nur besiegte.

6.

Einem gelang es – er hob den Schleier der Göttin zu Sais –
Aber was sah er? Er sah – Wunder des Wunders – Sich Selbst.

7.

Die selige Hoffnung des Quintus

Quintus bin ich geblieben, geplackt und arm, wie die Landmaus,
Freudig sterb ich – gewiß, Tertius drüben zu sein.

[Kenne dich selbst]

Eins nur ist, was der Mensch zu allen Zeiten gesucht hat;
Überall, bald auf den Höhn, bald in dem Tiefsten der Welt –
Unter verschiedenen Namen – umsonst – es versteckte sich immer,
Immer empfand er es noch – dennoch erfaßt er es nie.
Längst schon fand sich ein Mann, der den Kindern in freundlichen Mythen
Weg und Schlüssel verriet zu des Verborgenen Schloß.
Wenige deuteten sich die leichte Chiffre der Lösung,
Aber die wenigen auch waren nun Meister des Ziels.

Lange Zeiten verflossen – der Irrtum schärfte den Sinn uns –
Daß uns der Mythus selbst nicht mehr die Wahrheit verbarg.
Glücklich, wer weise geworden und nicht die Welt mehr durchgrübelt,
Wer von sich selber den Stein ewiger Weisheit begehrt.
Nur der vernünftige Mensch ist der echte Adept – er verwandelt
Alles in Leben und Gold – braucht Elixiere nicht mehr.
In ihm dampfet der heilige Kolben – der König ist in ihm –
Delphos auch, und er faßt endlich das: *Kenne dich selbst.*

Freiberg, 11. Mai 1798

Letzte Liebe

Also noch ein freundlicher Blick am Ende der Wallfahrt,
  Ehe die Pforte des Hains leise sich hinter mir schließt.
Dankbar nehm ich das Zeichen der treuen Begleiterin Liebe
  Fröhlichen Mutes an, öffne das Herz ihr mit Lust.
Sie hat mich durch das Leben allein ratgebend geleitet,
  Ihr ist das ganze Verdienst, wenn ich dem Guten gefolgt,
Wenn manch zärtliches Herz dem Frühgeschiedenen nachweint
  Und dem erfahrenen Mann Hoffnungen welken mit mir.
Noch als das Kind, im süßen Gefühl sich entfaltender Kräfte,
  Wahrlich als Sonntagskind trat in den siebenten Lenz,
Rührte mit leiser Hand den jungen Busen die Liebe,
  Weibliche Anmut schmückt jene Vergangenheit reich.
Wie aus dem Schlummer die Mutter den Liebling weckt mit dem Kusse,
  Wie er zuerst sie sieht und sich verständigt an ihr:
Also die Liebe mit mir – durch sie erfuhr ich die Welt erst,
  Fand mich selber und ward, was man als Liebender wird.
Was bisher nur ein Spiel der Jugend war, das verkehrte
  Nun sich in ernstes Geschäft, dennoch verließ sie mich nicht –
Zweifel und Unruh suchten mich oft von ihr zu entfernen,
  Endlich erschien der Tag, der die Erziehung vollzog,
Welcher mein Schicksal mir zur Geliebten gab und auf ewig
  Frei mich gemacht und gewiß eines unendlichen Glücks.

An die Fundgrube Auguste
Zu ihrem 49sten Geburtstage [5. Oktober 1798]

Glück auf, Fundgrube, das Säkulum
Ist nun zur Hälfte für dich bald um.
Viel edle Geschicke hast du beschert
Und gute Wetter uns immer gewährt.
Zum Glück des Bergmanns streiche dein Gang
Geschart mit freundlichen Gängen noch lang.

[Der müde Fremdling ist verschwunden]
[Bruchstück, Januar 1799]

Der müde Fremdling ist verschwunden
Und hat dem Freunde Platz gemacht,
Der aus so vielen trüben Stunden
Ein treues Herz davongebracht.
Auf immer nun mit euch verbunden,
Von keinem Kummer mehr bewacht
Hat er sich wieder selbst gefunden,
Und manches, was er nicht gedacht.

Ein Jahr mit seinen bunten Wochen
Verstrich, wir wußten selbst nicht wie.
Und anders, als wir uns versprochen,
Klang oft des Lebens Melodie.
Doch fester ward mit jedem Tage
Das liebe Band um unsern Strauß,
Und immer lauter ward die Sage,
Ein Blinder Knabe wär' im Haus.

Es wußte Eine von euch beiden
Gewiß, was an der Sage war.

Letzte Gedichte (1799–1800)

[*„Quo me, Bacche ...“*
Bruchstück einer Horaz-Nachdichtung]

Wohin ziehst du mich,
Fülle meines Herzens,
Gott des Rausches,
Welche Wälder, welche Klüfte
Durchstreif ich mit fremdem Mut.
Welche Höhlen
Hören in den Sternenkranz
Caesars ewigen Glanz mich flechten
Und den Göttern ihn zugesellen.
Unerhörte, gewaltige
Keinen sterblichen Lippen entfallene
Dinge will ich sagen.
Wie die glühende Nachtwandlerin,
Die bacchische Jungfrau
Am Hebrus staunt
Und im thrazischen Schnee
Und in Rhodope, im Lande der Wilden,
So dünkt mir seltsam und fremd
Der Flüsse Gewässer,
Der einsame Wald

[An die Schwester Karoline im Namen der Mutter]

Erstes, geliebtes Pfand, des ewigen, seligen Bundes,
Den ich knüpfe, als noch jugendlich klopfte dies Herz,
Als es zuerst dem Gefühl unsterblicher Liebe sich aufschloß
Und den Einzigen sah, Einzig dem Einzigen ward.
Jahre voll Sorgen und Jahre voll Freuden entflogen seitdem mir,

Aber noch klopft ihm mein Herz ebenso glühend wie einst.
Nicht mehr blüht mir der Lenz des Lebens, er blüht mir in euch jetzt,
Die mir der Himmel für ihn schenkte dem zärtlichsten Wunsch.
O! wie himmlisch belohnt für manche Stunde des Kummers
Hast du, Tochter, mich nicht, wenn du enthülltest dein Herz,
Und des Vaters Seele in jeder Bewegung hindurchschien,
Jeder Zug ihm entsprach, jedes Gefühl ihn verriet.
O! dann ward es so wohl der überseligen Mutter;
Ewigen, innigen Dank sah sie zum Himmel hinauf.
O! für jegliche Stunde des Leidens, die du mit mir teiltest,
Teilen mit mir noch wirst, wenn ich zärtlich und bang
Sitz und sorge, was noch für ein Schicksal der Zukunft
Deine Brüder bedroht, wenn sie nicht sorgsam und klug
Wählen den richtigen Weg und sich zur Torheit verirren
Taub der Stimme des Rats, blind für die künftige Zeit,
Lohne dir einst das Schicksal mit gleicher, ewiger Liebe
Und geselle dich zu einem dich liebenden Mann,
Der dich leite den Weg des Lebens, so treu, wie dein Vater
Mich ihn geleitet, und du, bleibe mir ähnlich an Treu
Und an Sanftmut und Liebe; dann, bin ich auch längst schon hinüber,
Decket die kühlende Gruft leichter den schlummernden Staub.

Zur Weinlese
5. Oktober 1799

Wir haben Weinmond, lieben Leute,
Und weil nicht immer Weinmond ist;
So sag' ich's euch in Versen heute,
Damit es keiner nicht vergißt. –
Wenn Weinmond ist, so müßt ihr wissen,
Da gibt es Trauben, Most und Wein,

Und weil die armen Beeren müssen,
So sprützen sie in's Faß hinein.

Es gibt gar unterschiedne Beeren,
Von allen Farben trifft man sie,
Und manche hält man hoch in Ehren,
Und manche wirft man vor das Vieh.
Sie sind im Temprament verschieden
Und von gar mancherlei Statur;
Doch allen ist der Wein beschieden
Als Lieblingskindern der Natur.

Zu einem Stock will ich euch führen,
Das ist ein Stöckchen wie ein Taus,
Um seine Süßigkeit zu spüren
Sucht eine Traube euch heraus.
Ich lobe mir die braven Wenden,
Sie langen zu und sind nicht faul,
Sie stecken gern mit beiden Händen
Die blauen Trauben in das Maul.

Nicht wahr, das schmeckt nicht herb und sauer?
Was gut schmeckt, weiß der Wende wohl,
Er ißt und geht gern auf die Dauer
Und nimmt die beiden Backen voll.
Drum kann er auch nicht Worte machen,
Er steht voll Eifer da und kaut,
Doch sieht man ihn so schämig lachen,
Als kaut' er still an einer Braut.

Daß er den Trank anjetzt im ganzen
Verkauft, dafür kann ich euch stehn,
Oft wird er um den Stock noch tanzen
Und sich mit seinem Täubchen drehn.
Wer weiß, ob er nicht aus dem Kerne
Ein neues Mutterstöckchen zieht,
Was viele Jahre in der Ferne
Zum Ruhm des alten Stockes blüht.

Der alte Stock wird blühn und wachsen,
Wenn man den Überfluß ihm nimmt
Und überall im Lande Sachsen

Sein Wein auf guten Tischen schwimmt.
Er hat noch manche reife Traube
Von andrer Art und ihm zur Last;
Es bitten Geier oder Taube
Vielleicht sich bald bei ihm zu Gast.

Daß er noch lange blüht, das weiß ich,
Ob er wohl manches Jahr schon steht;
Denn dafür, lieben Leute, heiß ich
Ein Dichter oder ein Poet.
Ihr denkt wohl gar, ich sei ein Träubchen,
Weil mich der Stock fest an sich schnürt?
Ich bins zufrieden, wenn ein Weibchen,
Ob ich gut schmecke, sacht probiert.

Drum weil nicht Weinmond alle Tage,
Kein solcher Stock nicht überall,
So denkt nicht heut an eure Plage,
Zieht eure Sorgen in den Stall,
Laßt unsern alten Weinstock leben!
Und seinen lieben Winzer da!
Und einen Kuß soll man ihm geben
Als Kandidat zur Großmama.

Das Gedicht

Himmlisches Leben im blauen Gewande,
Stiller Wunsch in blassem Schein –
Flüchtig gräbt in buntem Sande
Sie den Zug des Namens ein –

Unter hohen festen Bogen,
Nur von Lampenlicht erhellt,
Liegt, seitdem der Geist entflogen,
Nun das Heiligste der Welt.

Leise kündet beßre Tage
Ein verlornes Blatt uns an,
Und wir sehn der alten Sage
Mächtige Augen aufgetan.

Naht euch stumm dem ernsten Tore,
Harrt auf seinen Flügelschlag
Und vernehmt herab vom Chore,
Wo weissagend der Marmor lag.

Flüchtiges Leben und lichte Gestalten
Füllten die weite, leere Nacht,
Nur von Scherzen aufgehalten
Wurden unendliche Zeiten verbracht –

Liebe brachte gefüllte Becher,
Also perlt in Blumen der Geist,
Ewig trinken die kindlichen Zecher,
Bis der geheiligte Teppich zerreißt.

Fort durch unabsehliche Reihn
Schwanden die bunten, rauschenden Wagen,
Endlich von farbigen Käfern getragen
Kam die Blumenfürstin allein,

Schleier, wie Wolken zogen
Von der blendenden Stirn zu den Füßen,
Wir fielen nieder sie zu grüßen –
Wir weinten bald – sie war entflogen.

An Tieck

Ein Kind voll Wehmut und voll Treue,
Verstoßen in ein fremdes Land,
Ließ gern das Glänzende und Neue,
Und blieb dem Alten zugewandt.

Nach langem Suchen, langem Warten,
Nach manchem mühevollen Gang,
Fand es in einem öden Garten
Auf einer längst verfallnen Bank

Ein altes Buch mit Gold verschlossen,
Und nie gehörte Worte drin;
Und wie des Frühlings zarte Sprossen,
So wuchs in ihm ein innrer Sinn.

Und wie es sitzt, und liest, und schauet
In den Kristall der neuen Welt,
An Gras und Sternen sich erbauet,
Und dankbar auf die Kniee fällt:

So hebt sich sacht aus Gras und Kräutern
Bedächtiglich ein alter Mann,
Im schlichten Rock, und kommt mit heitern
Gesicht ans fromme Kind heran.

Bekannt doch heimlich sind die Züge,
So kindlich und so wunderbar;
Es spielt die Frühlingsluft der Wiege
Gar seltsam mit dem Silberhaar.

Das Kind faßt bebend seine Hände,
Es ist des Buches hoher Geist,
Der ihm der sauern Wallfahrt Ende
Und seines Vaters Wohnung weist.

„Du kniest auf meinem öden Grabe",
So öffnet sich der heilge Mund,
„Du bist der Erbe meiner Habe,
Dir werde Gottes Tiefe kund.

„Auf jenem Berg als armer Knabe
Hab ich ein himmlisch Buch gesehn,
Und konnte nun durch diese Gabe
In alle Kreaturen sehn.

„Es sind an mir durch Gottes Gnade
Der höchsten Wunder viel geschehn;
Des neuen Bunds geheime Lade
Sahn meine Augen offen stehn.

„Ich habe treulich aufgeschrieben,
Was innre Lust mir offenbart,
Und bin verkannt und arm geblieben,
Bis ich zu Gott gerufen ward.

„Die Zeit ist da, und nicht verborgen
Soll das Mysterium mehr sein.
In diesem Buche bricht der Morgen
Gewaltig in die Zeit hinein.

„Verkündiger der Morgenröte,
Des Friedens Bote sollst du sein.
Sanft wie die Luft in Harf' und Flöte
Hauch ich dir meinen Atem ein.

„Gott sei mit dir! Geh hin und wasche
Die Augen dir mit Morgentau.
Sei treu dem Buch und meiner Asche,
Und bade dich im ewgen Blau.

„Du wirst das letzte Reich verkünden,
Das tausend Jahre soll bestehn;
Wirst überschwenglich Wesen finden,
Und *Jakob Böhmen* wiedersehn."

[Es färbte sich die Wiese grün]

Es färbte sich die Wiese grün
Und um die Hecken sah ich blühn,
Tagtäglich sah ich neue Kräuter,
Mild war die Luft, der Himmel heiter.
Ich wußte nicht, wie mir geschah,
Und wie das wurde, was ich sah.

Und immer dunkler ward der Wald,
Auch bunter Sänger Aufenthalt,
Es drang mir bald auf allen Wegen
Ihr Klang in süßem Duft entgegen.
Ich wußte nicht, wie mir geschah,
Und wie das wurde, was ich sah.

Es quoll und trieb nun überall
Mit Leben, Farben, Duft und Schall,
Sie schienen gern sich zu vereinen,

Daß alles möchte lieblich scheinen.
Ich wußte nicht, wie mir geschah,
Und wie das wurde, was ich sah.

So dacht ich: ist ein Geist erwacht,
Der alles so lebendig macht
Und der mit tausend schönen Waren
Und Blüten sich will offenbaren?
Ich wußte nicht, wie mir geschah,
Und wie das wurde, was ich sah.

Vielleicht beginnt ein neues Reich –
Der lockre Staub wird zum Gesträuch,
Der Baum nimmt tierische Gebärden,
Das Tier soll gar zum Menschen werden.
Ich wußte nicht, wie mir geschah,
Und wie das wurde, was ich sah.

Wie ich so stand und bei mir sann,
Ein mächtger Trieb in mir begann.
Ein freundlich Mädchen kam gegangen
Und nahm mir jeden Sinn gefangen.
Ich wußte nicht, wie mir geschah,
Und wie das wurde, was ich sah.

Sie ging vorbei, ich grüßte sie,
Sie dankte, das vergess' ich nie –
Ich mußte ihre Hand erfassen
Und Sie schien gern sie mir zu lassen.
Ich wußte nicht, wie mir geschah,
Und wie das wurde, was ich sah.

Uns barg der Wald vor Sonnenschein.
Das ist der Frühling, fiel mir ein.
Kurz um, ich sah, daß jetzt auf Erden
Die Menschen sollten Götter werden.
Nun wußt ich wohl, wie mir geschah,
Und wie das wurde, was ich sah.

[Der Himmel war umzogen]

Der Himmel war umzogen,
Es war so trüb' und schwül,
Heiß kam der Wind geflogen
Und trieb sein seltsam Spiel.
Ich schlich in tiefen Sinnen,
Von stillem Gram verzehrt –
Was sollt ich nun beginnen?
Mein Wunsch blieb unerhört.

‚Ach könnte sie sich fassen,
Mein Bild nur von sich tun,
So ging ich bald gelassen
Im stillen Hof zu ruhn.'

Wenn Menschen könnten leben
Wie kleine Vögelein,
So wollt ich zu ihr schweben
Und fröhlich mit ihr sein.

Wär hier nichts mehr zu finden,
Wär Feld und Staude leer,
So flögen, gleich den Winden,
Wir übers dunkle Meer.

Wir blieben bei dem Lenze
Und von dem Winter weit,
Wir hätten Frücht' und Kränze
Und immer gute Zeit.

Die Myrte sproßt im Tritte
Der Wohlfahrt leicht hervor,
Doch um des Elends Hütte
Schießt Unkraut nur empor.

Mir war so bang zu Mute,
Da sprang ein Kind heran,
Schwang fröhlich eine Rute
Und sah mich freundlich an.

„Warum mußt du dich grämen?
O! weine doch nicht so,
Kannst meine Gerte nehmen,
Dann wirst du wieder froh.“

Ich nahm sie und es hüpfte
Mit Freuden wieder fort,
Und stille Rührung knüpfte
Sich an des Kindes Wort.

Wie ich so bei mir dachte,
„Was soll die Rute dir?“
Schwankt aus den Büschen sachte
Ein grüner Glanz zu mir.

Die Königin der Schlangen
Schlich durch die Dämmerung.
Sie schien gleich goldnen Spangen,
In wunderbarem Prunk.

Ihr Krönchen sah ich funkeln
Mit bunten Strahlen weit,
Und alles war im Dunkeln
Mit grünem Gold bestreut.

Ich nahte mich ihr leise
Und traf sie mit dem Zweig,
So wunderbarer Weise
Ward ich unsäglich reich.

An Dora [Stock]
Zum Dank für das reizende Bild meiner Julie

Soll dieser Blick voll Huld und Güte
Ein schnell verglommner Funken sein?
Webt keiner diese Mädchenblüte
In einen ewgen Schleier ein?
Bleibt dies Gesicht der Treu und Milde
Zum Trost der Nachwelt nicht zurück?

Verklärt dies himmlische Gebilde
Nur Einen Ort und Augenblick?

Die Wehmut fließt in tiefen Tönen
Ins frohe Lied der Zärtlichkeit.
Niemals wird sich ein Herz gewöhnen
An die Mysterien der Zeit.
Oh! diese Knospe süßer Stunden,
Dies edle Bild im Heilgenschein,
Dies soll auf immer bald verschwunden,
Bald ausgelöscht auf ewig sein?

Der Dichter klagt, und die Geliebte
Naht der Zypresse, wo er liegt.
Kaum birgt die Tränen der Betrübte,
Wie sie sich innig an ihn schmiegt.
Er heftet unverwandte Blicke
Auf diese liebliche Gestalt,
Daß er in sein Gemüt sie drücke,
Eh sie zur Nacht hinüberwallt.

„Wie", spricht die Holde, „du in Tränen?
Sag, welche Sorge flog dich an?
Du bist so gut, ich darf nicht wähnen,
Daß meine Hand dir wehgetan.
Sei heiter, denn es kommt so eben
Ein Mädchen, wie die gute Zeit.
Sie wird ein seltsam Blatt dir geben,
Ein Blatt, was dich vielleicht erfreut."

„Wie", ruft der Dichter, halb erschrocken,
„Wie wohl mir jetzt zu Mute ward!
Den Puls des Trübsinns fühl' ich stocken,
Und eine schöne Gegenwart."
Die Muse tritt ihm schon entgegen,
Als hätte sie ein Gott gesandt,
Und reicht, wie alte Freunde pflegen,
Das Blatt ihm und die Lilienhand.

„Du kannst nun deine Klagen sparen,
Dein innrer Wunsch ist dir gewährt.

Die Kunst vermag das zu bewahren,
Was einmal die Natur verklärt:
Nimm hier die festgehaltne Blüte,
Sieh ewig die Geliebte jung,
Einst Erd und Himmel, Frucht und Blüte
In reizender Vereinigung.

„Wirst du gerührt vor diesen Zügen
Im späten Herbst noch stille stehn,
So wirst du leicht die Zeit besiegen
Und einst das ewge Urbild sehn.
Die Kunst in ihrem Zauberspiegel
Hat treu den Schatten aufgefaßt;
Nur ist der Schimmer seiner Flügel
Und auch der Strahlenkranz verblaßt."

Kann jetzt der Liebende wohl danken?
Er sieht die Braut, er sieht das Blatt.
Voll überschwenglicher Gedanken
Sieht er sich ewig hier nicht satt.
Sie schlüpft hinweg und hört von weiten
Noch freundlich seinen Nachgesang,
Doch bleibt ihr wohl zu allen Zeiten
Der Freundin Glück der liebste Dank.

An Julien

Daß ich mit namenloser Freude
Gefährte deines Lebens bin
Und mich mit tiefgerührtem Sinn
Am Wunder deiner Bildung weide –
Daß wir aufs innigste vermählt
Und ich der Deine, du die Meine,
Daß ich von allen nur die Eine
Und diese Eine mich gewählt,
Dies danken wir dem süßen Wesen,
Das sich uns liebevoll erlesen.

O! laß uns treulich ihn verehren,
So bleiben wir uns einverleibt.
Wenn ewig seine Lieb uns treibt,
So wird nichts unser Bündnis stören.
An seiner Seite können wir
Getrost des Lebens Lasten tragen
Und selig zu einander sagen:
Sein Himmelreich beginnt schon hier,
Wir werden, wenn wir hier verschwinden,
In seinem Arm uns wiederfinden.

[Verse aus dem Tagebuch vom 27. Juli 1800]

Ich will nicht klagen mehr, ich will mich froh erheben
Und wohl zufrieden sein mit meinem Lebenslauf.
Ein einzger Augenblick, wo Gott sich mir gegeben,
Wiegt jahrelange Leiden auf,

Nur Glauben, Herr, und Zuversicht,
So fürcht ich mich für mich und die Geliebte nicht.

Laß uns unsern Herrn im Himmel loben,
Glauben kommt und Heiterkeit von oben.

[Alle Menschen seh ich leben]

Alle Menschen seh ich leben,
Viele leicht vorüberschweben,
Wenig mühsam vorwärtsstreben,
Doch nur Einem ists gegeben
Leichtes Streben, schwebend leben.

Wahrlich der Genuß ziemt Toren,
An der Zeit sind sie verloren,
Gleichen ganz den Ephemeren.

In dem Streit mit Sturm und Wogen
Wird der Weise fortgezogen,
Kämpft um niemals aufzuhören,
Und so wird die Zeit betrogen,
Endlich unters Joch gebogen,
Muß des Weisen Macht vermehren.

Ruh ist Göttern nur gegeben,
Ihnen ziemt der Überfluß,
Doch für uns ist Handeln Leben,
Macht zu üben nur Genuß.

[An Karl von Hardenberg]

In stiller Treue sieht man gern ihn walten,
  Nicht wie die Meisten, mag er sinnlos schweifen,
  Er wünscht die dargebotne Rechte zu ergreifen
  Der bessern Zukunft, und sie fest zu halten.

Reichfarbig wird sich diese Knosp' entfalten,
  Das Auge sich für ferne Welten schleifen,
  Zum Meister wird der treue Lehrling reifen
  Und um sich her ein neues Reich gestalten.

Wie fröhlich kann dankbar ein Freund verkünden,
  Was seinem Geist sich längst vergnüglich zeigte,
  Wenn er des Jünglings Wandel still bedachte.

O! möchte jede Treue Treue finden,
  Und daß zu dem der Lilienstab sich neigte,
  Der Lust und Leben kranken Herzen brachte.

FRÜHE LYRIK

Die Erlen

Wo hier aus den felsichten Grüften
Das silberne Bächelchen rinnt,
Umflattert von scherzenden Lüften
Des Maies die Reize gewinnt,

Um welche mein Mädchen es liebt,
Das Mädchen so rosicht und froh,
Und oft mir ihr Herzchen hier gibt,
Wenn städtisches Wimmeln sie floh;

Da wachsen auch Erlen, sie schatten
Uns beide in seliger Ruh,
Wenn wir von der Hitze ermatten,
Und sehen uns Fröhligen zu.

Aus ihren belaubeten Zweigen
Ertönet der Vögelgesang,
Wir sehen die Vögelchen steigen
Und flattern am Bache entlang.

O Erlen, o wachset und blühet
Mit unserer Liebe doch nur,
Ich wette, in kurzer Zeit siehet
Man euch als die Höchsten der Flur.

Und kommet ein anderes Pärchen,
Das herzlich sich liebet wie wir,
Ich und mein goldlockiches Klärchen,
So schatte ihm Ruhe auch hier.

Der Harz

Harz, du Muttergebürg, welchem die andre Schar
  Wie der Eiche das Laub entsproßt,
Adler zeugest du dir hoch auf der Felsenhöh
  Und dem Dichter Begeisterung.

Weit im deutschen Gefild sieht man der Felsen Haupt
  Spät im Sommer vom Schnee noch schwer,
Tiefer Fichten bekränzt, düster vom Eichenwald,
  Der vor Zeiten den Deutschen hehr.

Ströme rauschen herab dir in das finstre Tal,
  Brechen zwischen den Lasten sich,
Welche spielende Flut von dem Gebürge riß
  Und des eilenden Sturmes Grimm.

Oft umringen dich auch Blitz und des Donners Hall,
  Schrecken unten das tiefre Tal,
Doch mit heitrer Stirn lachst du des Ungestüms,
  Träufst nur fruchtbare Flut herab.

Eber brausen im Wald, Eber mit Mörderzahn,
  Die der Spieß zu bestehn nur wagt,
Du auch hegest den Hirsch trotzend auf sein Geweih
  Und noch mehrerer Tiere Heer.

Gütig lässest du zu, daß dir dein Eingeweid
  Mit der emsigen Hand durchwühlt
Nach verderbendem Gold und nach dem Silbererz
  Unersättlicher Menschendurst,

Aber schenkest uns auch Kupfer und tötend Blei,
  Eisen nützlich dem Mensch[en]geschlecht,
Das den Acker durchfurcht, Sterblichen Speise gibt
  Und dem gütigen Ofen Holz,

Wenn mit schneidender Axt Bäume der Hauer fällt,
  Die dein nährender Schoß erhob.
Aber bauets nicht auch Häuser zum Schutz uns auf?
  Schützts uns nicht für der Feinde Wut?

Lob dir, denn es besang dich der Unsterblichkeit
  Sänger Klopstock mit Harfenklang,
Daß es scholl im Gebürg und in dem Eichenwald
  In dem felsichten Widerhall.

Deutsche Freiheit so wert, werter dem Biedermann
Als des zinsenden Perus Gold,
Stehe furchtbar und hehr und unerschütterlich
Wie dein donnerndes Felsenhaupt.

An die Linde

Holde, traute Linde,
Stets warst du mir gut,
Wenn beim Säuselwinde
Hier mein Körper ruht.

Wenn die Bienen summen
Und du duftend blühst,
Hummeln in dir brummen,
Du mich zu dir ziehst.

Oft sahst du mich heiter
Scherzen unter dir,
Aber heute, leider!
Bin ich traurig hier.

Du scheinst selbst zu klagen,
Wenn der West durchweht,
Und scheinst mich zu fragen,
Was mir übel geht.

Ach mein Mädchen kranket,
Mit ihr meine Ruh,
Scheinet, daß sie wanket
Ihrem Grabe zu.

Wenn sie sich erholet,
Komm ich sicherlich
Mit ihr hergetollet
Und besuche dich.

An Joseph den Zweiten

Willst du mit Recht den Namen
Cäsar, des zweiten Friederichs;
Willst du Trophäen wie er
Auf schwererrungne Trophäen türmen,
Ganz sein Enkel auf des Ruhmes Pfade
Des unsterblichen Nachruhms,
Hängst du nicht allein blutige Schwerter,
Blutbefleckte Fahnen
In Mavors steilerem Tempel auf,
Opferst nicht Legionen
Treuer Bürger des Vaterlands
Auf seinen entstellten ehernen Altären
Und beutst nicht Schalen dar,
Aus denen Blut dampft;
Nur der Zwang der Regentenpflicht
Trieb dich ins ächzende Feld,
Das die Mütter der Jugend hassen
Und Ungeheuern nur süße Behausung ist,
Nur gezwungen hörtest du den Schall
Der schmetternden Tuba, die zum Sieg
Und lorbeerschimmernden Tod ruft,
Aber seine Ferse drücktest du
In den Künsten des Friedens,
In der Kunst die Fürstenpflicht
Zu üben. Denn oft fand dich, Gütiger,
Noch der blinkende Morgenstern
Und die rosige Frühe
Ersinnen deiner Bürger Glück,
Daß Österreichs saatenreiche Gefilde
Träge Dürre nicht mehr drückt
Und am festlichen Tage der Landmann
Wohlgenährt dir Heil singt,
Und seine rotwangige Nachkommenschaft
Deinen glücklichen Enkeln Blüte verspricht,
Und die entarteten Griechen,
Jetzt deinem friedlichen Zepter untertan,
Und Ausoniens braune Bewohner
Und Bohemiens treuliche Kinder
Und Hungariens furchtbare Krieger,

Deines Kaiserthrones Stütze,
Jauchzen, und dir Dank atmen
Und beim Nachhall festlicher Freuden
Dich als Halbgott verehren.
Nicht mehr täuschen mit selbstersonnenen Fabeln
Ungelehrte Laien und leichtgläubigen Pöbel
Der Schwärmerei Brut,
Die Mönche, und nicht mehr
Gehorchst du und deine Satrapen,
Tuiskons und Manas Enkel,
Dem Winke des dreifach gekrönten,
du rissest sie ihm, der Hoheit Male
Vom Antlitz, stürztest den hohen Stuhl,
Auf Finsternis und Aberglauben gebaut,
Hinab in die tatenleere Vergessenheit:
Nach einem spannenlangen Menschenleben
Wird die Hoheit des Italieners
Nur ein Traumbild der Vorzeit sein.
Ja du, Cäsar, gründetest sie,
Des Denkens Freiheit,
Gabst in Vindobonens Mauern ihr eine Freistatt.
Gleich Persephonen teilt seine Wohnung
Föbos Apollo, denn die Stadt seiner Staaten
Und das prächtige Berlin
Locken ihn mit gleichgroßem Reiz.
Und bist du gleich selbst nicht
Zur Kunst unsrer Kamönen geweiht,
So schützest du sie, belohnest den Sänger,
Der in der Ferne bescheiden lauscht,
Ob sein Gesang dein Ohr vielleicht rührt.
Und neigst nicht zu Galliens
Reizender, buhlender Muse
Dich hin, lohnest die deutsche,
Entzückt von ihrem edleren Harfenklang,
Und bleibst allen, den trefflichsten Barden
Nimmer erreichtes Ziel.

An Ossian. Fragment

Heil dir Ossian!
Heil dir Sänger von Colma!
Siehe mir bebt in weinender Entzückung
Der Tränen freudigste
An der seidenen Jugendwimper.
Ich sah deine Seele,
sah sie heiter und hehr,
Heilig wie die Gestirnnacht,
Und mir schauerte
Vor hoher Begeistrung.
Regellos wie die Töne des Sturms
Strömet dir die Hymne,
Die der sterblichen Jugend entfloß;
Dir, silberlockicher Natur Greis.
Wäre sie melodisch
Nicht wie des Thebaners Weisen
Oder des Römers sanftere Odenflüge
Wie deine Gesänge;
Du sangst sie der Unschuld und Liebe
Dem Freundschaftsbund, dem Heldenmahle
Dem blutigen Kampfsturm,
So ging ich umkränzt von Edleren
Prunklos durch die Reihen der Unsterblichkeit,
Setzte mich zu deinen Füßen
Und opferte dir den ersungnen Eichenzweig.
Wenn oft in der Gebirgsnacht
In kühlen Klüften ich lauschte,
Und Wünsche der Väterzeit
Mir die Rosenwangen netzten,
Dann lispelte es schaurig
Oft und ich fühlte geistiges Wehn.
Warst du es Ossian oder
Verschmähst du den Cheruskerenkel,
Weilst nur in Schottlands Höhlennacht
An deinem Grabe. Nicht mehr
Beschirmt Ruhm und Erinnerung
Den einsamen Felsstein,
Den ein frommer Enkel
Am weinenden Abend über dein Gebein
Zitternd wälzte.

In der ersten Stunde des [17]89sten Jahres

Getragen von der neuen Flut der Zeit,
Die jetzt begann, ertönt zu Melodien
Den Stunden hinten nach, die jetzt das Ende fliehen,
Die Leier meiner Heiterkeit.
Es schwand das Jahr mit jugendlichem Schritt
So schnell als Hauch der Luft vor mir vorüber.
Denk ich daran, so wird mein heitrer Blick mir trüber,
Es nahm mir manche Freunde mit.
Die nun nicht mehr des Lebens Lust
Beim Becher Wein und Mädchenkuß genießen,
Und die nicht mehr im Hain, wo Bäche kühlend fließen,
Sich freun an meiner treuen Brust.
Und manche Unschuldsfreuden, die nun nie
Dem reiferen und ernsten Jüngling wieder kommen.
Doch hat es auch mir manche Schmerzen weggenommen,
Die mir das Schicksal oft verlieh.
Nun, sei gegrüßt du neugebornes Jahr,
Geboren von den immerschnellen Horen.
Denn sind gleich deine Haine immer noch geschoren,
Noch immer weiß ihr starrend Haar,
So weiß ich doch, du wirst einst froh und schön
Durch schnellen Wechsel deiner Dienerinnen!
Du bringst die Zeit, wo unsre Garbenbinderinnen
Im schweren dichten Korne stehn,
Und wo im Haine tönt die Nachtigall
Die klagenden und liebereichen Lieder,
Die in den buschbehangnen Felsen tönen wider,
Begleitet von dem Wasserfall.
Und wo im Hain an einem frischen Quell
Wir Freunde uns im Schatten lagern werden.
Von fern im krummen Tale stehn die müden Herden
Und hören ihres Hunds Gebell.
Du wirst mir bringen manche andre Lust
Als Gastmahls König bei den Festgelagen,
Wo du oft unsern Tanz durch Titans Flammenwagen
Mit Mühe erst zerstören mußt.
O gib mir, daß ich doch voll Nüchternheit
Mich durch mein Glück nicht gar zu sehr erhebe,
Doch wenn mich Elend trifft und ich nicht glücklich lebe,

Ich doch reich an Zufriedenheit.
Ich nimmer schmäh den goldnen Mittelweg,
Fern bleibe von der Armut Flickenkleide,
Doch weisheitsvoll beim Hofe und vom Neide
den glatten Pfad nicht wandle träg.
Und wenn du einstens auch uns wirst entfliehn,
So gib mich dann den immer regen Horen,
Die auch dann schnellen Flugs das junge Jahr geboren,
Auch eben noch so heiter hin.

An ein fallendes Blatt

(a)

Es nahet sich der Winter wieder
Mit seinem Schnee und Sturm und Eis,
Aus dürren Hainen fliehn die Lieder,
Es kleidet sich die Flur in Weiß,

Von Eichen wehn die Blätter nieder,
Nicht mehr belebt vom Vögelfleiß,
Der Sturm mit traurigem Gefieder
Durchhaust sie auf der Zeit Geheiß,

Entreißet ihr das Blatt gewaltsam,
Das ganz allein noch an ihr hing,
Und spielt damit nun unaufhaltsam
Und wirft es, daß ers wiederfing.

So reißt auch, häufen sich die Jahre
Und nahet sich das stille Grab,
Und bleichen erst die blonden Haare,
Der Nord die letzte Rose ab.

O glücklich! kann man dann mit Freuden
Die letzte Rose fliegen sehn
Und braucht den Jüngling nicht zu neiden,
Um den vollaufgeblüht sie stehn,

Kann sich auf andre Blumen freuen
Die Töchter der Unsterblichkeit,
Man braucht dann nicht den Sturm zu scheuen,
Der Erdenleben uns verbeut.

An ein fallendes Blatt

(b)

Siehe der Winter deckt mit dem schimmernden Schnee die Fluren,
Und es weichet das Grün; Stürme durchwehn den Baum,
Reißen das treueste Blatt mit Ungestüme herunter,
Siehe dort gaukelt es hin, sausenden Lüften ein Spiel.
Einstens vom Alter beschneit verfliegt so im ruhigen Tode,
Schnell wie Erschaffung dem hohen Gedanken des Ewigen folget,
Schwebt zu der Wonne mein Geist, welche dem Sterblichen harrt,
Welcher, was Vorsehung gab, zufrieden und freudevoll annahm,
Menschen, so viel er gekannt, heiter und glücklich gemacht.

Widerspruch und Liebe

Wenn ich entfernt von meinem Liebchen bin,
So treibt mich an der Liebe rascher Sinn
Sie, kommt sie nur, zu küssen und zu kosen.
Doch kommt sie dann, die süße Zauberin,
An ihrer Stirn ein Kränzchen frischer Rosen,
So ist sogleich mein schöner Vorsatz hin;
Der Widerspruch der Liebe hält bescheiden
Mich blöden Schäfer dann von weiten.

Ich weiß nicht was

Ballade

Jüngst als Lisettchen im Fenster saß,
Da kam Herr Filidor
Und küßte sie,
Umschlang ihr weiches, weißes Knie;
Und sagt ihr was ins Ohr,
Ich weiß nicht was.

Dann gingen beide fort, er und sie,
Und lagerten sich hier
Im hohen Gras
Und triebens frei in Scherz und Spaß;
Er spielte viel mit ihr,
Ich weiß nicht wie.

Zum Spiele hatt er viel Genie,
Er triebs gar mancherlei,
Bald so, bald so
Da wars das gute Mädel froh,
Doch seufzte sie dabei,
Ich weiß nicht wie?

Das Ding behagt dem Herren baß
Oft gings *da capo* an?
Doch hieß es drauf,
Nach manchem, manchem Mondenlauf,
Er hab ihr was getan;
Ich weiß nicht was.

An den Plauischen Grund

O! Tal, so paradiesisch schön,
Dich hat Natur mit Zauberreiz geschmücket,
Durch dich wird mancher Wanderer beglücket,
Und mancher frohe Musensohn entzücket
Auf deinen unbegrenzten Höhn.

Romantischer war Tempe nicht
Und nicht das Tal, das Hüon einst erquickte,
Als ihn sein Unstern zu Alfonsen schickte
Und Hunger ihn und durstge Liebe drückte,
Durchwebt mit sanftem Rosenlicht.

Dort in dem hellen Hintergrund
Liegt eine Mühle uns zu überraschen
Und dort, wo Knaben Schmetterlinge haschen,
Vergißmeinnicht des Flüßchens Fluten waschen,
Seh ich ein grünes Wiesenrund.

Und jenseits wird beschränkt mein Blick
Durch nackte Felsen, die die Fluten kühlen,
An denen froh Pygmäen[?] – Fische spielen
Und auch des Sommertages Freude fühlen
Und ihr, von mir beneidet Glück.

Doch Gesners Muse führt mich nicht
Drum kann ich nicht dein Zauberbild entwerfen
Und meinen Blick auf deine Schönheit schärfen.
Hin in den Fluß will ich den Pinsel werfen,
Denn Unterlassen ist hier Pflicht.

An Bürger

[Entwurf]

Glückauf, mein Bürger, hier in deinem Vaterlande,
Willkommen hier, wo alles grünt und blüht,
Nimm meinen trauten Gruß und dieses schwache Lied,
Das mehr vom Herzen floß als vom Verstande.
Doch siehst du wohl, daß matt und schwach und arm
Die Aftermuse um Erbarmen flehet,
Nur guten Willen zeigt, sich nicht voll Dünkel blähet,
Wie leider allzuoft der feilen Schwestern Schwarm.
Denn noch ist nicht ihr schlaffer Arm
Gewandt Apollos Sehne schnell zu biegen,
Und trotz dem Silberschwan den Äther zu durchfliegen,
Hin, wo Cytheres Hain in Wohlgerüchen schwimmt,
Und Thalia das Gold zu Volksgesängen stimmt.

Das süßeste Leben

Lieblich murmelt meines Lebens Quelle
Zwischen Rosenbüschen schmeichelnd hin,
Wenn ich eines Fürsten Liebling bin,
Unbeneidet auf der hohen Stelle;

Und von meiner stolzen Marmorschwelle
Güte nicht, die Herzenszauberin,
Und die Liebe, aller Siegerin,
Flieht zu einer Hütte oder Zelle;

Süßer aber schleicht sie sich davon,
Wenn ich unter traurenden Ruinen,
Efeugleich geschmiegt an Karolinen,

Wehmutlächelnd les im *Oberon*
Oder bei der milchgefüllten Schale
Bürgers Lieder sing im engen Tale.

Die Quelle

Ein Sonett

Murmle stiller, Quellchen, durch den Hain,
Hold durchflochten von der Sonne Schimmer,
Singe deine süßen Lieder immer
Sanft umdämmert von den Frühlingsmain.

Philomele ruft Akkorde drein,
Leiser Liebe zärtliches Gewimmer,
Da wo sich das zarte Ästchen krümmer
Neiget zu der Welle Silberschein.

Käme Molly doch hieher gegangen,
Wo Natur im Hirtenkleide schwebt,
Allgewaltig mir im Busen webt,

Reizvoll würde sie die auch umfangen,
Und vergessen ließ ein einzger Kuß
Uns vergangnen Kummer und Verdruß.

Die zwei Mädchen

Helft Götter, helft doch einem Jüngling wählen,
Der unentschlossen zwischen Zweifeln schwebt,
Ganz in zwei holden, süßen Mädchen lebt
Und gleiche Reize kann an beiden zählen.

Die reizet mich durch einen Rosenmund,
Entblühet ganz zu Amors süßen Spielen,
Und dort schaut sich mein armes Auge wund,
Wo durch den Flor zwei kleine Schelme schielen.

Die lockt mich durch verführerische Augen,
Schwarz, wie die Nacht, in denen Amor thront,
Die, veilchenblau, die stille Reize hauchen,
Bezaubern mich, von heitrer Ruh bewohnt.

Hier laden mich zwei Rosenwangen ein,
In ihrem Kuß die Sinnen aufzuwiegeln,
Dort zeigt ein leichtgeschürzt Gewand ein Bein,
Geschickt selbt Katos Tugend zu entsiegeln.

Halt Phantasie, mußt auch platonisch reden,
Erzähle nun der Seelen Gaben auch,
Denn das ist so bei nüchternen Poeten
Seit Menschendenken Sitte und Gebrauch.

Die lacht und tändelt, fließt von Scherzen über,
Entzückt durch Witz, bezaubert durch Verstand,
Springt, tanzt und hüpft, wenn Karoline lieber
Allein am traulichen Klaviere stand.

Die spottet bitter, liest Voltaires „Pucelle“,
Liebt Putz und Tanz, Redouten, Komödie,
Wenn jene sich, gestreckt an süßer Quelle,
Von Göttern und von Bürgern Freuden lieh.

Stets heitrer Laune ist mein braunes Minchen,
Nie mißvergnügt, wie Zephir leicht und froh,
Nur ruhiger wallt Freundin Karolinchen
Den Lebenspfad, und wärs auch unter Stroh.

Hält Minchen mich, so schwärm ich mit durchs Leben,
Muß Flaccus Spruch zum Symbolum mir leihn,
Bei Karolinen muß ich weise sein,
Wie Phanias, gekühlt vom Saft der Reben.

Der Rosenstock

Rosenstöckchen, wart ich will dich pflegen,
Schützen dich vor Hitze und vor Regen,
Welcher heftig aus Gewittern träuft,
Bleib in Liebchens Laube hier verborgen,
Sanft begießen will ich alle Morgen
Dich, bis du zur Blüte aufgereift.

Deine Rosen sollen dann bekränzen
Liebchen, und an ihrem Busen glänzen,
Dessen sanfte Röte dich beschämt,
Dann noch sollst du immer fröhlich grünen,
Saitenlob noch oft von mir verdienen,
Wenn der Zephir Nord und Reif bezähmt.

An Lucie

Kleines Mädchen mit den blauen
Augen, die ins Herze mir
Wonne und Entzücken tauen,
Sieh, ich sing ein Liedchen dir.

Voller Liebe, voller Freude,
Die mir täglich holder wird,
Seit uns Amor alle beide
Mit den Flügelchen umschwirrt.

Doch am meisten, wenn ich sehe
Dein so schalkhaft Augenpaar,
Und zu deinen Füßen flehe,
Sanft umweht vom goldnen Haar.

Und im kühlen Buchenhaine,
Wenn wir froh beisammen gehn
Und im Quell bei Mondesscheine
Nach den blassen Bildern sehn.

Und im Reihentanz uns drehen
Auf der weichen Blumenau
Und des Morgens, gleich den Rehen,
Schlüpfen durch den bunten Tau.

Nimm dies Liedchen hin und singe
Munter es bei dem Klavier,
Wenn mit Myrten ich umschlinge
Meine kleine Laute mir.

An Laurens Eichhörnchen

O, Tierchen, das mit Munterkeit
Vor meines Mädchens Fenster springet
Und dem sie selbst voll Sorgsamkeit
Im weißen Händchen Futter bringet,

Das Sprünge macht wie Pantalon,
Durch seine Späße sie vergnüget
Und seiner Drolligkeit zum Lohn
Von ihr geliebt im Schoße lieget,

Das an ihr hängt, dem Busen nah,
Und ihre Rosenwangen lecket
Und das oft viele Reize sah,
Die meinem Späherblick verstecket.

Sonst bin ich wohl vom Neide frei,
Doch hier da muß ich dich beneiden,
Sie koset dich und liebt dich treu,
Bei mir verhöhnt sie meine Leiden.

O lächelte mir doch das Glück,
Ließ einen Tag mich in dich fahren,
Denn mich begnügte nicht ein Blick,
Sie würde Ledas Los erfahren.

Badelied

Auf Freunde herunter das heiße Gewand
Und tauchet in kühlende Flut
Die Glieder, die matt von der Sonne gebrannt,
Und holt von neuem euch Mut.

Die Hitze erschlaffet, macht träge uns nur,
Nicht munter und tätig und frisch,
Doch Leben gibt uns und der ganzen Natur
Die Quelle im kühlen Gebüsch.

Vielleicht daß sich hier auch ein Mädchen gekühlt
Mit rosichten Wangen und Mund,
Am niedlichen Leibe dies Wellchen gespielt,
Am Busen so weiß und so rund.

Und welches Entzücken! dies Wellchen bespült
Auch meine entkleidete Brust.
O! wahrlich, wer diesen Gedanken nur fühlt,
Hat süße entzückende Lust.

Der Eislauf

Blühender Jüngling, dem noch Kraft im Beine,
Der nicht Kälte, als deutscher Jüngling scheuet,
Komme mit zur blendenden Eisbahn, welche
  Glatt wie ein Spiegel.

Schnalle die Flügel an vom Stahle, welche
Hermes jetzt dir geliehn, durchschneide fröhlich
Hand in Hand die schimmernde Bahn und singe
  Muntere Lieder.

Aber, o Jüngling hüte dich für Löchern
Welche Nymfen sich brachen, nahe ihnen
Ja nicht schnell im Lauf, du findest sonst den
  Tod im Vergnügen.

Wenn sich die schwarze Nacht herunter senket
Und das blinkende Kleid der Himmel anzieht,
Leuchtet uns der freundliche Mond zu unserm
  Eiligen Laufe.

Der Abend

Glühend verbirgt sich nun die müde Sonne
Nach der mächtigen Laufbahn in die Meere,
Suchet Ruhe, Dämmerung senkt sich nieder
  Auf die Gefilde.

Dämmerung mit dem feinsten grauen Fittich
Keine Röte des Abends weilt am Himmel
Welcher unbewölket in dunkles Azur
  Prächtig sich kleidet.

Und die Gestirne blinken nieder fernher,
Lächelnd sieht mich der Abendstern so funkelnd,
Lächelt aus den seligen Wonnegefilden
  Ruhe ins Herz mir.

Lispelnder wehn die Zephyrs in den Büschen,
Die die Nachtigall klagend noch belebt,
Und aus jenem Weizengefilde hör ich
  Schlagen die Wachtel.

Ländliche Glocken rufen helles Tones
Aus dem Felde die müden Schnitter wieder,
Alles suchet Ruhe und heitrer sah ich
  Nie noch den Abend.

Wär doch auch einst der Abend meines Lebens,
Das so lachend mir anfing zwischen Rosen,
Heiter, froh und ruhiger noch als dieser
  Abend der Landschaft.

Möchte zu ewgen Frieden, meine Seele
Auch so lieblich hinüberschlummern, wie jetzt
In der Hütte müde der Landmann zu dem
  Morgenden Tage.

An Herrn [A. W.] Schlegel

1.

Auch ich bin in Arkadien geboren;
Auch mir hat ja ein heißes volles Herz
Die Mutter an der Wiege zugeschworen
Und Maß und Zahl in Freude und in Schmerz.

Sie gab mir immer freundlich himmelwärts
Zu schaun, wenn selbst die Hoffnung sich verloren;
Und stählte mich mit Frohsinn und mit Scherz;
Auch ich bin in Arkadien geboren!

Komm, reiche mir die brüderliche Hand!
Zu Brüdern hat uns die Natur erkoren,
Und uns gebar ein mütterliches Land.

Ich habe dir längst Liebe zugeschworen,
Gern folgsam meinem bessern Genius.
Gib mir die Hand, und einen Bruderkuß!

2.

Zarte Schwingungen umbeben leise
Meines Busens junges Saitenspiel,
Und ein höher schlagendes Gefühl
Atmet in mir in so fremder Weise.

Deine Lieder wehn aus fernem Kreise
Aus der Aftertöne Marktgewühl
Ach! so freundlich, heilig, lieb und kühl,
Her zu meines Pfades stillem Gleise.

Mancher Stunde lieh ich Flügel schon,
Daß zu dir, der jüngsten Muse Sohn,
Dir, dem Holden, Lieben, sie mich brächte;

Daß ich mich an deine Brust gelehnt,
Und an reineren Genuß gewöhnt,
An des Schicksals stillem Neide rächte.

3.

Oft schon hört ich, wenn im Dichterlande
Ich zu jeder stillen Laube ging,
Welche schirmend vor dem Sonnenbrande
Einen Dichterjüngling kühl umfing,

Deine Lieder, und ein goldner Ring
Knüpft im Traum, den mir die Hoffnung sandte
Und an dessen Lipp' ich schmachtend hing,
Freundlich uns in sanfte Lebensbande.

Wäre dieser Traum der Ehrenhold
Einer schönen Feenzeit gewesen,
Da du mich zu deinem Freund erlesen:

Ewig wollt ich, meinem Schicksal hold,
Treue schwören allen guten Wesen
Und von jedem Geistesfehl genesen.

4.

Auch ich bin in Arkadien geboren,
Auch mir hat mancher gute Genius
Am Mutterbusen Liebe zugeschworen
Und manchen süßen freundlichen Genuß,

Auch ich empfand in Ahndungen verloren
Das leise Wehn von manchem Geisteskuß,
Und fühlte oft im heiligen Erguß
Mich zu der Sonne reinem Dienst erkoren.

Verzeih, wenn mich mein eignes Herz nicht trügt,
Und mich auf Flügeln stolzer Träume wiegt,
Daß ich so kühn in eure Reihen trete;

Und fassest du mich auch so rein und warm,
wie ich dich liebe, mit dir Arm in Arm,
Und Ewigkeit für unser Bündnis bete. –

Die Geburt Jesu

Ein episches Gedicht.

Reiche mir auch her die heilige Harfe, du Sängerin Zions,
Reiche sie her, gestimmt zu unsterblichen rauschenden Tönen.
Bald wie der Nordwind, wenn er kommt vom starrenden Pole
Und durch tausendjährige Eichen im heiligen Hain
Rauscht. Zerstreuet das gelbliche Haar der moosigen Greise,
Bald auch wie das Säuseln des Lüftchens im fröhlichen Maie.
Über Auen und wallende Ähren und duftende Blumen
Wehe mein Gesang, von Begeisterung höher geleitet.
Hin zu dem Morgenland, zu Palästinas hehren Gefilden.
Siehe, ich singe den Menschen, wenn du mir hilfst, Sionitin,
Freundin Klopstocks, des großen, unsterblichen schaffenden Sängers,
Wie der ewige Gott vom Himmel zur Erde gekommen,
Heiligte unser Geschlecht, und unsere Sünde uns abwusch,
Wie ihn Maria gebahr, die trefflichste unter den Weibern,
Und die Freude der Schöpfung ob ihrem himmlischen Herrscher,
Die vereint mit der Wonne der seligen Geister und Engel
Höllische Qual den grimmigen Engeln der Sünde wurde.
Wenn nur mein Gesang den sanfteren Seelen gefällt und
Rührung ihr weicheres Herz ergreift, sie selig durchschauert.
Fliegt auch schon nicht mein Lied, gleich einer schwebenden Lerche
Klopstocks Adler nach mit ungeblendetem Auge.

Jetzo ging Maria, die selige Jungfrau aus Juda,
Aus der Könige Stamm den Nachkommen Davids entsprossen,
Von dem verachteten Nazareth in Isaschars Erbteil
Mit geflügeltem Schritte gleich einem Engel des Friedens

Heiter und einsam über das hohe Felsengebirge,
Welches Juda von Benjamin trennt, von der Jungfrau die Freundin,
Hin zu Judas Stadt, für Priester, die Nachkommen Aarons,
Durch das heilige Loos erwählt zur friedlichen Wohnung,
Hebron zur süßen Umarmung Elisabeths, ihrer Geliebten
Freundin, die, selbst schon bejahrt, Marien mit Muttersinn aufzog
Und das empfängliche Herz mit den Lehren der Tugend erwärmte
Und es machte so zärtlich empfindend und kindlich und himmlisch.
Glücklich wär' sie gewesen, noch glücklicher, als sie es jetzt war,
Hätte sie ihrem Gatten doch, dem zärtlichen Zacharias,
Einem der wenigen noch, die im Tempel Jehovas standen
Und ihm dienten mit redlichem Sinn und die Heuchler haßten,
Wahre Weisheit besaßen und kindliche Demut und Hoffnung,
Auf die versprochne Erlösung durch den verheißnen Messias,
Eifrig harrten froh mit himmlischer, herrlicher Freude und Demut,
Nur ein Söhnchen geboren, das lallend die süßeren Namen
Vater und Mutter genannt und an dem Busen der Mutter
Unschuldsvoll gelächelt zur Mutter zärtlichem Auge
Und die Schmach vertilgt der Mutter bei Israels Weibern,
Daß auch sie mit unter die Zahl der Weiber sich stellen,
Sagen konnte: auch ich trug unter dem Herzen ein Kind und
Ließ das Geschlecht nicht verlöschen, des Flammen nur schwach noch glimmten:
Aber sie hatte kein Kind, sie entbehrte den Namen der Mutter:
Doch verließ sie sich nur auf ihren Vater Jehovah,
Der sie bis jetzt beschützt, vergnügt und erhalten sie hatte.
Fröhlich und heiter und unverletzt mit blühenden Wangen

Kam Maria unter dem Schutze des heiligen Seraphs,
Ihres Hüters Siona, den Gott Jehovah ihr wählte
Unter der Schar der unsterblichen Engel und Seraphs,
Die an seinem Throne mit himmlischen Harfen anbeten
Und den Allmächtigen loben in seinen Geschöpfen und Werken,
Seine Winke erwarten, zu tun die hohen Gebote,
Und mit Flügeln des Blitzes den Frieden und Segen verbreiten,
Zu der staunenden Freundin und sank in ihre Umarmung,
Süßer umarmten sich nicht am Morgen des ewigen Lebens
Abdiel und Abbadonna, der arme gefallene Seraph,
Als in Gefilden der Wonne, aus einem Morgen des Maies
Beide erschaffen, sie himmlisch erwachten, sich nur erblickten,
Beide die Wonne der Freundschaft in ihrem seraphischen Auge.
Und sich fragten: Wer bist du liebliches Wesen, so gleich mir
Schöner noch, als ich bin? O sag mir, wer hat dich erschaffen?
Und zuerst die Milde des Schöpfers in sich anstaunten.
Aber kaum sank ein wenig die erstere stumme Wonne,
Und kaum hatte der Greis Zacharias die Jungfrau bewillkommt,
Fing Elisabeth an zu reden mit hoher Entzückung,
Denn es umwehte sie plötzlich der göttliche Atem Jehovahs,
Und sie rief, von ihm begeistert, mit heller Stimme,
Selige und gebenedeiete unter den Weibern,
Selig und göttlich ist auch, den du trägest unter dem Herzen.
Und wie geschieht mir das Glück, die himmlische, göttliche Ehre,
Daß die glückliche Mutter des Herrn der Menschen zu mir kommt.
Siehe, als du mich grüßtest und küßtest und fröhlich umarmtest,
Hüpfte im Herzen mir hoch für Freuden das Kind meines Leibes,
Das der gütige Vater mir schenkte im greisenden Alter,

Ihm die Bahn zu ebnen dem langen verheißnen Messias.
Selig bist du, Maria, ob deinem mächtigen Glauben,
Was dir der Ewge verhieß, das wird er dir glücklich vollenden.
Also redete sie, vom Geiste des Ewgen erfüllet,
Und er begeisterte nun die selige Tochter von David,
Daß sie ein Liedchen ihm sang voll feurigen Dankes und Lobes.

Lobe, unsterbliche Seele, dem Herrn der Schöpfung Jehovah,
Jauchze, mein Geist, ihm zu, er ist es, der mich beschützet.
Denn er erhob voll Milde die arme Erdengeschaffene,
Die ihm dienet und gern, aus diesem knechtischen Staube.
Siehe, es werden mich preisen als selig die Enkel der Nachwelt
Aus den fernsten Zeiten die Schatten der Schleier noch hüllet.
Ewig verherrlicht er mich, ich dient ihm zu großen Entwürfen,
Ihm, dem Allmächtigen Herrn der Welten, dem Nichtsein entdenket:

Dessen Name so heilig unsterblichen Geistern,
Der seit Ewigkeit und in Ewigkeit immer voll Milde
War und sein wird und ist, selbst wo den Weltbau die grause
Nacht und die grenzlose Tiefe, ein ewiges Unding begrenzet,
Allen denen unendlich, die ihn verehren und lieben.
Stark ist sein Arm, er straft die Guten und Bösen, die Teufel,
Und zerstreut wie Spreu die Stolzen im innersten Herzen,
Stößet vom Throne herab die Beherrscher, die Fürsten der Erde,
Die sich zu rühmen vermaßen mit ihrer ohnmächtigen Rechten,
Aber voll Güte erhebt er die Armen, die sein nicht vergessen,
Machet die Hungrigen reich, gibt ihnen die Schätze der Erden,

Doch die Reichen voll Habsucht, die niemals die Stimme des Elends
Hörten, noch weinten die Träne des Mitleids unglücklichen Menschen,
Ungerührt die Mutter mit vielen verwaiseten Kindern
Sahen schmachten und weinen, verzweifelnd die Knie umarmen,
Warf er herab zur untersten Stufe des Elends und hörte
Nicht der verzweifelnden Wimmern verhärtete anderer Herzen,
Daß sie nun auch mit Mühen der bittern Verzweiflung sich warfen,
Auf dem elenden Lager den Tod bald wünschten, bald flohen.
Seiner Güte gedenkt Jehovah und hilft seinem Volke,
Wie er es unsern Vätern versprach, dem glaubenden Abram,
Seinen Kindern und Enkeln bis auf die kommende Nachzeit,
Siehe, so sprach die göttliche Jungfrau in Geistes Entzückung,
Denn sie erfüllt der mächtige Atem Gottes zum Lobe
Und zum erhabeneren Danke für diese göttliche Ehre;
Aber nun bat die Jungfrau aus Juda die liebende Freundin:
O Erzähle mir doch, Elisabeth, glückliche Gattin,
Bald von allen und mir auch glückliche Mutter genannt, wie
Dir der Ewge verhieß die reifende Frucht deines Leibes,
Denn es geschah gewißlich durch Wunder, vom Himmel gesendet.
Ohne Zeichen verkündet der Himmel eines gewählten
Kindes zu den verborgenen geheimen Wegen der Vorsicht
Nie die Geburt, und daß es ein solches, beweiset, wie deutlich
Deine Wahrsagung mit dem göttlichen Geiste erfüllet
Und mit Lob der Freundin, du machst mich frohe erröten;
Und dein beseligtes Alter, sonst Kinder zu geben nicht fähig,
Sage mir, Freundin, sie schnell die glückliche frohe Erzählung,

Denn es flammt mein Geist für Begierde, zu hören die Milde
Und die Zeichen und Wunder von der unendlichen Allmacht.

Gott

Ich singe Gott im Hochgesang
Mit hohen Seraphs Flug;
Nicht Ruhm und Lob, nur heißen Dank
Ihm, der mich mächtig trug
Durch mancher Klippen Fährlichkeit,
Durch Krankheit und durch Not,
Es flohen Angst und Bänglichkeit
Wohl auf sein Machtgebot.

Im Würmchen schaut der Seher ihn,
Des Seele mächtig glüht,
Im Lenz, wenn alle Erden blühn
Und Frost und Schlummer flieht,
Er wohnt im Tröpfchen Silbertau,
Das auf dem Veilchen glänzt,
Und webt auf jeder Flur und Au,
An die der Himmel grenzt.

Orion zittert, wenn er winkt,
Und neigt gehorsam sich,
Und wie er will, so steigt und sinkt
Die Wage endelich,
Die Könige und Völker wägt
Und jede hohe Tat
Und strenges Recht für jeden hegt,
Dem früh und jenem spat.

O! Gott! vernimm mein Flehgebet,
So heiß und inniglich!
Hör mich du Gott voll Majestät
Wie jeden väterlich!
Erleuchte mich durch einen Strahl

Der Wahrheit durch und durch
Und bleibe gnädig überall
Mir eine feste Burg.

Gib mir Vertraun und Zuversicht
Auf meinem Lebenspfad
Und gib in banger Nacht mir Licht
Und festen Mut und Rat.
Die Ruh der Seele sei mein Lohn:
Mich lehre die Natur:
Die göttlichste Religion
Sei Menschenliebe nur.

Klagen eines Jünglings

Nimmer schwanden undankbar die Freuden
Traumgleich mir in öde Fernen hin;
Jede färbte, lieblicher im Scheiden,
Mit Erinnrung meinen trunknen Sinn;
Mit Erinnrung, die, statt zu ermüden,
Neue, heilge Wonne mir entschloß
Und mir süßen jugendlichen Frieden
Um die rebengrünen Schläfe goß.

Seit ich mehr aus schöner Wangen Röte,
Mehr aus sanften, blauen Augen las,
Oft, wenn schon die scharfe Nachtluft wehte,
Im beseelten Traume mich vergaß;
Meinem Herzen nachbarlicher, wärmer
Da den Schlag der Nachtigall empfand
Und, entfernt von meinem Klärchen, ärmer
Mich als jeder dürftge Pilger fand:

Lachet, ewge Gottheit in dem Blicke,
Mich mein sonnenschönes Leben an,
Amor täuscht mich nicht mit List und Tücke,
Ganymeda nicht mir kurzem Wahn;
Jedes Lüftchen nähert sich mir milder,
Das dort Blüten wild herunterhaucht;

Üppig drängen immer frische Bilder
Sich zu mir, in Rosenöl getaucht.

Zypris' Tauben warten schon mit Kränzen
Und mit Traubenbechern meiner dort,
Und in leichtverschlungnen Freudentänzen
Reißet Amors Bruderschwarm mich fort.
Von der Grazien und Musen Lippen
Schmachtet mir entgegen mancher Kuß;
Götterwonne kann ich selig nippen,
Schwelgen da im freundlichsten Genuß.

Dennoch lodern öfters Purpurgluten
Mir um meine Wang und meine Stirn,
Wenn sich unter Stürmen, unter Fluten,
Wie des Abends leuchtendes Gestirn,
Mir, umstrahlt von echter Freiheit Kranze,
Eines edlen Dulders Seele zeigt,
Den der Himmel nicht in seinem Glanze,
Nicht die Höll in ihren Nächten beugt.

Kraftlos fühl ich mich von dem Geschicke
Zum unmännlichern Genuß verdammt;
Vor Gefahren beb ich feig zurücke,
Weil nicht Mut in meinem Busen flammt.
Weibisch hat das Schicksal mich erzogen,
Nicht sein Liebling, nur sein Sklav bin ich;
Amor hat mich schmeichlerisch umflogen
Statt der Sorge, die mir stets entwich.

Statt der ernstern, rühmlicheren Lanze,
Wieget einen Hirtenstab mein Arm;
Nimmer wurde mir im Waffentanze,
Aber oft im bunten Reigen warm:
Alle großen, strahlenden Gefahren
Hat mein Schicksal von mir abgewandt
Und nur unter frohe Mädchenscharen
Statt in Feindes Haufen mich gesandt.

Parze, hast du jemals deine Spindel
Nach dem Flehn des Erdensohns gedreht,

Dem kein bald entwichner Zauberschwindel
Um die flammendheißen Schläfe weht:
Oh! so nimm, was Tausende begehrten,
Was mir üppig deine Milde lieh,
Gib mir Sorgen, Elend und Beschwerden
Und dafür dem Geiste Energie.

Ungeduldig soll die Flamme lodern
Meines Dankes dann von dem Altar:
Nichts mehr sollen meine Wünsche fodern,
Frei und gnügsam macht mich die Gefahr;
Doch versagest du mir diese Bitte,
Oh! so kürze, wenn du streng nicht bist,
Mindestens geschwind nur meine Schritte,
Nimm dies Leben, das nicht Leben ist.

BLÜTENSTAUB

Blüthenstaub

Freunde, der Boden ist arm, wir müßen reichlichen Samen
Ausstreun, daß uns doch nur mäßige Erndten gedeihn.

---

1. Wir suchen überall das Unbedingte, und finden immer nur Dinge.

2. Die Bezeichnung durch Töne und Striche ist eine bewundernswürdige Abstrakzion. Vier Buchstaben bezeichnen mir Gott; einige Striche eine Million Dinge. Wie leicht wird hier die Handhabung des Universums, wie anschaulich die Konzentrizität der Geisterwelt! Die Sprachlehre ist die Dynamik des Geisterreichs. Ein Kommandowort bewegt Armeen; das Wort Freyheit Nazionen.

3. Der Weltstaat ist der Körper, den die schöne Welt, die gesellige Welt, beseelt. Er ist ihr nothwendiges Organ.

4. Lehrjahre sind für den poetischen, akademische Jahre für den philosophischen Jünger. Akademie sollte ein durchaus philosophisches Institut seyn: nur Eine Facultät; die ganze Einrichtung zur Erregung und zweckmäßigen Übung der Denkkraft organisirt.

5. Lehrjahre im vorzüglichen Sinn sind die Lehrjahre der Kunst zu leben. Durch planmäßig geordnete Versuche lernt man ihre Grundsätze kennen und erhält die Fertigkeit nach ihnen beliebig zu verfahren.

6. Ganz begreifen werden wir uns nie, aber wir werden und können uns weit mehr, als begreifen.

7. Gewisse Hemmungen gleichen den Griffen eines Flötenspielers, der um verschiedene Töne hervorzubringen, bald diese bald jene Öffnung zuhält, und willkührliche Verkettungen stummer und tönender Öffnungen zu machen scheint.

8. Der Unterschied zwischen Wahn und Wahrheit liegt in der Differenz ihrer Lebensfunkzionen. Der Wahn lebt von der Wahrheit; die Wahrheit lebt ihr Leben in sich. Man vernichtet den Wahn, wie man Krankheiten vernichtet, und der Wahn ist also nichts, als logische Entzündung oder Verlöschung, Schwärmerey und Philisterey. Jene hinterläßt gewöhnlich einen scheinbaren Mangel an Denkkraft, der durch nichts zu heben ist, als eine abnehmende Reihe von Inzitamenten, Zwangsmitteln. Diese geht oft in eine trügerische Lebhaftigkeit über, deren gefährliche Revoluzionssymptome nur durch eine zunehmende Reihe gewaltsamer Mittel vertrieben werden können. Beyde Disposizionen können nur durch chronische, streng befolgte Kuren verändert werden.

9. Unser sämtliches Wahrnehmungsvermögen gleicht dem Auge. Die Objekte müßen durch entgegengesetzte Media durch, um richtig auf der Pupille zu erscheinen.

10. Die Erfahrung ist die Probe des Razionalen, und so umgekehrt. Die Unzulänglichkeit der bloßen Theorie in der Anwendung, über die der Praktiker oft kommentirt, findet sich gegenseitig in der razionalen Anwendung der bloßen Erfahrung, und wird von den ächten Philosophen, jedoch mit Selbstbescheidung der Nothwendigkeit dieses Erfolgs, vernehmlich genug bemerkt. Der Praktiker verwirft deshalb die bloße Theorie ganz, ohne zu ahnden, wie problematisch die Beantwortung der Frage seyn dürfte: „Ob die Theorie für die Anwendung, oder die Anwendung um der Theorie willen sey?"

11. Das Höchste ist das Verständlichste, das Nächste, das Unentbehrlichste.

12. Wunder stehn mit naturgesetzlichen Wirkungen in Wechsel: sie beschränken einander gegenseitig, und machen zusammen ein Ganzes aus. Sie sind vereinigt, indem sie sich gegenseitig aufheben. Kein Wunder ohne Naturbegebenheit und umgekehrt.

13. Die Natur ist Feindin ewiger Besitzungen. Sie zerstört nach festen Gesetzen alle Zeichen des Eigenthums, vertilgt alle Merkmale der Formazion. Allen Geschlechtern gehört die Erde; jeder hat Anspruch auf alles. Die Frühern dürfen diesem Primogeniturzufalle keinen Vorzug verdanken. – Das Eigenthumsrecht erlischt zu bestimmten Zeiten. Die Ameliorazion und Deteriorazion steht unter unabänderlichen Bedingungen. Wenn aber der Körper ein Eigenthum ist, wodurch ich nur die Rechte eines aktiven Erdenbürgers erwerbe, so kann ich durch den Verlust dieses Eigenthums nicht mich selbst einbüßen. Ich verliere nichts, als die Stelle in dieser Fürstenschule, und trete in eine höhere Korporazion, wohin mir meine geliebten Mitschüler nachfolgen.

14. Leben ist der Anfang des Todes. Das Leben ist um des Todes willen. Der Tod ist Endigung und Anfang zugleich, Scheidung und nähere Selbstverbindung zugleich. Durch den Tod wird die Redukzion vollendet.

15. Auch die Philosophie hat ihre Blüthen. Das sind die Gedanken, von denen man immer nicht weiß, ob man sie schön oder witzig nennen soll. [Friedrich Schlegel]

16. Die Fantasie setzt die künftige Welt entweder in die Höhe, oder in die Tiefe, oder in der Metempsychose zu uns. Wir träumen von Reisen durch das Weltall: ist denn das Weltall nicht in uns? Die Tiefen unsers Geistes kennen wir nicht. – Nach Innen geht der geheimnißvolle Weg. In uns, oder nirgends ist die Ewigkeit mit ihren Welten, die Vergangenheit und Zukunft. Die Außenwelt ist die Schattenwelt, sie wirft ihren Schatten in das Lichtreich. Jetzt scheint es uns freylich innerlich so dunkel, einsam, gestaltlos, aber wie ganz anders wird es uns dünken, wenn diese Verfinsterung vorbey, und der Schattenkörper hinweggerückt ist. Wir werden mehr genießen als je, denn unser Geist hat entbehrt.

17. Darwin macht die Bemerkung, daß wir weniger vom Lichte beym Erwachen geblendet werden, wenn wir von sichtbaren Gegenständen geträumt haben. Wohl also denen, die hier schon von Sehen träumten! Sie werden früher die Glorie jener Welt ertragen können.

18. Wie kann ein Mensch Sinn für etwas haben, wenn er nicht den Keim davon in sich hat? Was ich verstehn soll, muß sich in mir organisch entwickeln; und was ich zu lernen scheine, ist nur Nahrung, Inzitament des Organismus.

19. Der Sitz der Seele ist da, wo sich Innenwelt und Außenwelt berühren. Wo sie sich durchdringen, ist er in jedem Punkte der Durchdringung.

20. Wenn man in der Mittheilung der Gedanken zwischen absolutem Verstehen und absolutem Nichtverstehen abwechselt, so darf das schon eine philosophische Freundschaft genannt werden. Geht es uns doch mit uns selbst nicht besser. Und ist das Leben eines denkenden Menschen wohl etwas andres als eine stete innere Symphilosophie? [Friedrich Schlegel]

21. Genie ist das Vermögen von eingebildeten Gegenständen, wie von wirklichen zu handeln, und sie auch wie diese zu behandeln. Das Talent darzustellen, genau zu beobachten, zweckmäßig die Beobachtung zu beschreiben, ist also vom Genie verschieden. Ohne dieses Talent sieht man nur halb, und ist nur ein halbes Genie; man kann genialische Anlage haben, die in Ermangelung jenes Talents nie zur Entwickelung kommt.

22. Das willkührlichste Vorurtheil ist, daß dem Menschen das Vermögen außer sich zu seyn, mit Bewußtseyn jenseits der Sinne zu seyn, versagt sey. Der Mensch vermag in jedem Augenblicke ein übersinnliches Wesen zu seyn. Ohne dies wäre er nicht Weltbürger, er wäre ein Thier. Freylich ist die Besonnenheit, Sichselbstfindung, in diesem Zustande sehr schwer, da er so unaufhörlich, so nothwendig mit dem Wechsel unsrer übrigen Zustände verbunden ist. Je mehr wir uns aber dieses Zustandes bewußt zu seyn vermögen, desto lebendiger, mächtiger, genügender ist die Überzeugung, die daraus entsteht; der Glaube an ächte Offenbarungen des Geistes. Es ist kein Schauen, Hören, Füh-

len; es ist aus allen dreyen zusammengesetzt, mehr als alles Dreyes: eine Empfindung unmittelbarer Gewißheit, eine Ansicht meines wahrhaftesten, eigensten Lebens. Die Gedanken verwandeln sich in Gesetze, die Wünsche in Erfüllungen. Für den Schwachen ist das Faktum dieses Moments ein Glaubensartikel. Auffallend wird die Erscheinung besonders beym Anblick mancher menschlichen Gestalten und Gesichter, vorzüglich bey der Erblickung mancher Augen, mancher Minen, mancher Bewegungen, beym Hören gewisser Worte, beym Lesen gewisser Stellen, bey gewissen Hinsichten auf Leben, Welt und Schicksal. Sehr viele Zufälle, manche Naturereignisse, besonders Jahrs- und Tageszeiten, liefern uns solche Erfahrungen. Gewisse Stimmungen sind vorzüglich solchen Offenbarungen günstig. Die meisten sind augenblicklich, wenige verweilend, die wenigsten bleibend. Hier ist viel Unterschied zwischen den Menschen. Einer hat mehr Offenbarungsfähigkeit, als der andere. Einer hat mehr Sinn, der andere mehr Verstand für dieselbe. Der letzte wird immer in ihrem sanften Lichte bleiben, wenn der erste nur abwechselnde Erleuchtungen, aber hellere und mannichfaltigere hat. Dieses Vermögen ist ebenfalls krankheitsfähig, die entweder Überfluß an Sinn und Mangel an Verstand, oder Überfluß an Verstand und Mangel an Sinn bezeichnet.

23. Scham ist wohl ein Gefühl der Profanazion. Freundschaft, Liebe und Pietät sollten geheimnißvoll behandelt werden. Man sollte nur in seltnen, vertrauten Momenten davon reden, sich stillschweigend darüber einverstehen. Vieles ist zu zart um gedacht, noch mehres um besprochen zu werden.

24. Selbstentäußerung ist die Quelle aller Erniedrigung, so wie im Gegentheil der Grund aller ächten Erhebung. Der erste Schritt wird Blick nach Innen, absondernde Beschauung unsers Selbst. Wer hier stehn bleibt, geräth nur halb. Der zweyte Schritt muß wirksamer Blick nach Außen, sebstthätige, gehaltne Beobachtung der Außenwelt seyn.

25. Derjenige wird nie als Darsteller etwas vorzügliches leisten, der nichts weiter darstellen mag, als seine Erfahrun-

gen, seine Lieblingsgegenstände, der es nicht über sich gewinnen kann, auch einen ganz fremden, ihm ganz uninteressanten Gegenstand, mit Fleiß zu studiren und mit Muße darzustellen. Der Darsteller muß alles darstellen können und wollen. Dadurch entsteht der große Styl der Darstellung, den man mit Recht an Goethe so sehr bewundert.

26. Hat man nun einmal die Liebhaberey fürs Absolute und kann nicht davon lassen: so bleibt einem kein Ausweg, als sich selbst immer zu widersprechen, und entgegengesetzte Extreme zu verbinden. Um den Satz des Widerspruchs ist es doch unvermeidlich geschehen, und man hat nur die Wahl, ob man sich dabey leidend verhalten will, oder ob man die Nothwendigkeit durch Anerkennung zur freyen Handlung adeln will. [Friedrich Schlegel]

27. Eine merkwürdige Eigenheit Goethe's bemerkt man in seinen Verknüpfungen kleiner, unbedeutender Vorfälle mit wichtigern Begebenheiten. Er scheint keine andre Absicht dabey zu hegen, als die Einbildungskraft auf eine poetische Weise mit einem mysteriösen Spiel zu beschäftigen. Auch hier ist der sonderbare Genius der Natur auf die Spur gekommen, und hat ihr einen artigen Kunstgriff abgemerkt. Das gewöhnliche Leben ist voll ähnlicher Zufälle. Sie machen ein Spiel aus, das wie alles Spiel auf Überraschung und Täuschung hinausläuft.
Mehrere Sagen des gemeinen Lebens beruhn auf einer Bemerkung dieses verkehrten Zusammenhangs. So z. B. bedeuten böse Träume Glück; todtsagen langes Leben; ein Hase, der über'n Weg läuft, Unglück. Fast der ganze Aberglaube des gemeinen Volks beruht auf Deutungen dieses Spiels.

28. Die höchste Aufgabe der Bildung ist, sich seines transcendentalen Selbst zu bemächtigen, das Ich seines Ich's zugleich zu seyn. Um so weniger befremdlich ist der Mangel an vollständigem Sinn und Verstand für Andre. Ohne vollendetes Selbstverständniß wird man nie andere wahrhaft verstehn lernen.

29. Humor ist eine willkührlich angenommene Manier. Das Willkührliche ist das Pikante daran: Humor ist Resultat einer freyen Vermischung des Bedingten und Unbedingten.

Durch Humor wird das eigenthümlich Bedingte allgemein interessant, und erhält objektiven Werth. Wo Fantasie und Urtheilskraft sich berühren, entsteht Witz; wo sich Vernunft und Willkühr paaren, Humor. Persifflage gehört zum Humor, ist aber um einen Grad geringer: es ist nicht mehr rein artistisch, und viel beschränkter. Was Fr. Schlegel als Ironie karakterisirt, ist meinem Bedünken nach nichts anders als die Folge, der Karakter der Besonnenheit, der wahrhaften Gegenwart des Geistes. Schlegels Ironie scheint mir ächter Humor zu seyn. Mehre Nahmen sind einer Idee vortheilhaft.

30. Das Unbedeutende, Gemeine, Rohe, Häßliche, Ungesittete, wird durch Witz allein Gesellschaftfähig. Es ist gleichsam nur um des Witzes willen: seine Zweckbestimmung ist der Witz.

31. Um das Gemeine, wenn man nicht selbst gemein ist, mit der Kraft und mit der Leichtigkeit zu behandeln, aus der die Anmuth entspringt, muß man nichts sonderbarer finden als das Gemeine, und Sinn fürs Sonderbare haben, viel darin suchen und ahnden. Auf die Art kann auch wohl ein Mensch, der in ganz andern Sphären lebt, gewöhnliche Naturen so befriedigen, daß sie gar kein Arg aus ihm haben, und ihn für nichts weiter halten, als was sie unter sich liebenswürdig nennen. [Friedrich Schlegel]

32. Wir sind auf einer Mißion: zur Bildung der Erde sind wir berufen.

33. Wenn uns ein Geist erschiene, so würden wir uns sogleich unsrer eignen Geistigkeit bemächtigen: wir würden inspirirt seyn durch uns und den Geist zugleich. Ohne Inspirazion keine Geistererscheinung. Inspirazion ist Erscheinung und Gegenerscheinung, Zueignung und Mittheilung zugleich.

34. Der Mensch lebt, wirkt nur in der Idee fort, durch die Erinnerung an sein Daseyn. Vor der Hand giebts kein anderes Mittel der Geisterwirkungen auf dieser Welt. Daher ist es Pflicht an die Verstorbenen zu denken. Es ist der einzige Weg in Gemeinschaft mit ihnen zu bleiben. Gott selbst ist auf keine andere Weise bey uns wirksam als durch den Glauben.

35. Interesse ist Theilnahme an dem Leiden und der Thätigkeit eines Wesens. Mich interessirt etwas, wenn es mich zur Theilnahme zu erregen weiß. Kein Interesse ist interessanter, als was man an sich selbst nimmt; so wie der Grund einer merkwürdigen Freundschaft und Liebe die Theilnahme ist, zu der mich ein Mensch reizt, der mit sich selbst beschäftigt ist, der mich durch seine Mittheilung gleichsam einladet, an seinem Geschäfte Theil zu nehmen.

36. Wer den Witz erfunden haben mag? Jede zur Besinnung gebrachte Eigenschaft, Handlungsweise unsers Geistes ist im eigentlichsten Sinn eine neuentdeckte Welt.

37. Der Geist erscheint immer nur in fremder, luftiger Gestalt.

38. Jetzt regt sich nur hie und da Geist: wann wird der Geist sich im Ganzen regen? wann wird die Menschheit in Masse sich selbst zu besinnen anfangen?

39. Der Mensch besteht in der Wahrheit. Giebt er die Wahrheit preis, so giebt er sich selbst preis. Wer die Wahrheit verräth, verräth sich selbst. Es ist hier nicht die Rede vom Lügen, sondern vom Handeln gegen Überzeugung.

40. In heitern Seelen giebts keinen Witz. Witz zeigt ein gestörtes Gleichgewicht an: er ist die Folge der Störung und zugleich das Mittel der Herstellung. Den stärksten Witz hat die Leidenschaft. Der Zustand der Auflösung aller Verhältnisse, die Verzweiflung oder das geistige Sterben ist am fürchterlichsten witzig.

41. Von einem liebenswerthen Gegenstande können wir nicht genug hören, nicht genug sprechen. Wir freuen uns über jedes neue, treffende, verherrlichende Wort. Es liegt nicht an uns, daß er nicht Gegenstand aller Gegenstände wird.

42. Wir halten einen leblosen Stoff wegen seiner Beziehungen, seiner Formen fest. Wir lieben den Stoff, in so fern er zu einem geliebten Wesen gehört, seine Spur trägt, oder Ähnlichkeit mit ihm hat.

43. Ein ächter Klub ist eine Mischung von Institut und Gesellschaft. Er hat einen Zweck, wie das Institut; aber keinen bestimmten, sondern einen unbestimmten, freyen: Humanität überhaupt. Aller Zweck ist ernsthaft; die Gesellschaft ist durchaus fröhlich.

44. Die Gegenstände der gesellschaftlichen Unterhaltung sind nichts, als Mittel der Belebung. Dieß bestimmt ihre Wahl, ihren Wechsel, ihre Behandlung. Die Gesellschaft ist nichts, als gemeinschaftliches Leben: eine untheilbare denkende und fühlende Person. Jeder Mensch ist eine kleine Gesellschaft.

45. In sich zurückgehn, bedeutet bey uns, von der Außenwelt abstrahiren. Bey den Geistern heißt analogisch, das irdische Leben eine innere Betrachtung, ein in sich Hineingehn, ein immanentes Wirken. So entspringt das irdische Leben aus einer ursprünglichen Reflexion, einem primitiven Hineingehn, Sammeln in sich selbst, das so frey ist, als unsre Reflexion. Umgekehrt entspringt das geistige Leben in dieser Welt aus einem Durchbrechen jener primitiven Reflexion. Der Geist entfaltet sich wiederum, geht aus sich selbst wieder heraus, hebt zum Theil jene Reflexion wieder auf, und in diesem Moment sagt er zum erstenmal Ich. Man sieht hier, wie relativ das Herausgehn und Hineingehn ist. Was wir Hineingehn nennen, ist eigentlich Herausgehn, eine Wiederannahme der anfänglichen Gestalt.

46. Ob sich nicht etwas für die neuerdings so sehr gemißhandelten Alltagsmenschen sagen ließe? Gehört nicht zur beharrlichen Mittelmäßigkeit die meiste Kraft? und soll der Mensch mehr als einer aus dem Popolo seyn?

47. Wo ächter Hang zum Nachdenken, nicht bloß zum Denken dieses oder jenes Gedankens, herrschend ist, da ist auch Progreßivität. Sehr viele Gelehrte besitzen diesen Hang nicht. Sie haben schließen und folgern gelernt, wie ein Schuster das Schuhmachen, ohne je auf den Einfall zu gerathen, oder sich zu bemühen, den Grund der Gedanken zu finden. Dennoch liegt das Heil auf keinem andern Wege. Bey vielen währt dieser Hang nur eine Zeitlang. Er

wächst und nimmt ab, sehr oft mit den Jahren, oft mit dem Fund eines Systems, das sie nur suchten, um der Mühe des Nachdenkens ferner überhoben zu seyn.

48. Irrthum und Vorurtheil sind Lasten, indirekt reizende Mittel für den Selbstthätigen, jeder Last gewachsenen. Für den Schwachen sind sie positiv schwächende Mittel.

49. Das Volk ist eine Idee. Wir sollen ein Volk werden. Ein vollkommener Mensch ist ein kleines Volk. Ächte Popularität ist das höchste Ziel des Menschen.

50. Jede Stufe der Bildung fängt mit Kindheit an. Daher ist der am meisten gebildete, irdische Mensch dem Kinde so ähnlich.

51. Jeder geliebte Gegenstand ist der Mittelpunkt eines Paradieses.

52. Das Interessante ist, was mich, nicht um mein selbst willen, sondern nur als Mittel, als Glied, in Bewegung setzt. Das Klassische stört mich gar nicht; es afficirt mich nur indirect durch mich selbst. Es ist nicht für mich da, als klassisch, wenn ich es nicht setze, als ein solches, das mich nicht afficiren würde, wenn ich mich nicht selbst zur Hervorbringung desselben für mich, bestimmte, anregte; wenn ich nicht ein Stück von mir selbst losrisse, und diesen Keim sich auf eine eigenthümliche Weise vor meinen Augen entwickeln ließe. Eine Entwickelung, die oft nur einen Moment bedarf, und mit der sinnlichen Wahrnehmung des Objects zusammen fällt, so daß ich ein Object vor mir sehe, in welchem das gemeine Object und das Ideal, wechselseitig durchdrungen, nur Ein wunderbares Individuum bilden.

53. Formeln für Kunstindividuen finden, durch die sie im eigentlichsten Sinn erst verstanden werden, macht das Geschäft des artistischen Kritikers aus, dessen Arbeiten die Geschichte der Kunst vorbereiten.

54. Je verworrener ein Mensch ist, man nennt die Verworrenen oft Dummköpfe, desto mehr kann durch fleißiges

Selbststudium aus ihm werden; dahingegen die geordneten Köpfe trachten müssen, wahre Gelehrte, gründliche Encyklopädisten zu werden. Die Verwornen haben im Anfang mit mächtigen Hindernissen zu kämpfen, sie dringen nur langsam ein, sie lernen mit Mühe arbeiten: dann aber sind sie auch Herrn und Meister auf immer. Der Geordnete kommt geschwind hinein, aber auch geschwind heraus. Er erreicht bald die zweyte Stufe: aber da bleibt er auch gewöhnlich stehn. Ihm werden die letzten Schritte beschwerlich, und selten kann er es über sich gewinnen, schon bey einem gewissen Grade von Meisterschaft sich wieder in den Zustand eines Anfängers zu versetzen. Verworrenheit deutet auf Überfluß an Kraft und Vermögen, aber mangelhafte Verhältnisse; Bestimmtheit, auf richtige Verhältnisse, aber sparsames Vermögen und Kraft. Daher ist der Verworrne so progressiv, so perfektibel, dahingegen der Ordentliche so früh als Philister aufhört. Ordnung und Bestimmtheit allein ist nicht Deutlichkeit. Durch Selbstbearbeitung kommt der Verworrne zu jener himmlischen Durchsichtigkeit, zu jener Selbsterleuchtung, die der Geordnete so selten erreicht. Das wahre Genie verbindet diese Extreme. Es theilt die Geschwindigkeit mit dem letzten und die Fülle mit dem ersten.

55. Das Individuum interessirt nur, daher ist alles Klassische nicht individuell.

56. Der wahre Brief ist seiner Natur nach poetisch.

57. Witz, als Prinzip der Verwandtschaften ist zugleich das menstruum universale. Witzige Vermischungen sind z. B. Jude und Kosmopolit, Kindheit und Weisheit, Räuberey und Edelmuth, Tugend und Hetärie, Überfluß und Mangel an Urtheilskraft in der Naivetät und so fort ins Unendliche.

58. Der Mensch erscheint am würdigsten, wenn sein erster Eindruck der Eindruck eines absolut witzigen Einfalls ist: nemlich Geist und bestimmtes Individuum zugleich zu seyn. Einen jeden vorzüglichen Menschen muß gleichsam ein Geist zu durchschweben scheinen, der die sichtbare Er-

scheinung idealisch parodirt. Bey manchen Menschen ist es als ob dieser Geist der sichtbaren Erscheinung ein Gesicht schnitte.

59. Gesellschaftstrieb ist Organisationstrieb. Durch diese geistige Assimilazion entsteht oft aus gemeinen Bestandtheilen eine gute Gesellschaft um einen geistvollen Menschen her.

60. Das Interessante ist die Materie, die sich um die Schönheit bewegt. Wo Geist und Schönheit ist, häuft sich in konzentrischen Schwingungen das Beste aller Naturen.

61. Der Deutsche ist lange das Hänschen gewesen. Er dürfte aber wohl bald der Hans aller Hänse werden. Es geht ihm, wie es vielen dummen Kindern gehn soll: er wird leben und klug seyn, wenn seine frühklugen Geschwister längst vermodert sind, und er nun allein Herr im Hause ist.

62. Das beste an den Wissenschaften ist ihr philosophisches Ingrediens, wie das Leben am organischen Körper. Man dephilosophire die Wissenschaften: was bleibt übrig? Erde, Luft und Wasser.

63. Menschheit ist eine humoristische Rolle.

64. Unsere alte Nazionalität, war, wie mich dünkt, ächt römisch. Natürlich, weil wir auf eben dem Wege wie die Römer entstanden; und so wäre der Name, römisches Reich, warlich ein artiger, sinnreicher Zufall. Deutschland ist Rom, als Land. Ein Land ist ein großer Ort mit seinen Gärten. Das Kapitol ließe sich vielleicht nach dem Gänsegeschrey vor den Galliern bestimmen. Die instinktartige Universalpolitik und Tendenz der Römer liegt auch im Deutschen Volk. Das Beste, was die Franzosen in der Revoluzion gewonnen haben, ist eine Porzion Deutschheit.

65. Gerichtshöfe, Theater, Hof, Kirche, Regierung, öffentliche Zusammenkünfte, Akademieen, Kollegien u. s. w. sind gleichsam die speciellen, innern Organe des mystischen Staatsindividuums.

66. Alle Zufälle unsers Lebens sind Materialien, aus denen wir machen können, was wir wollen. Wer viel Geist hat, macht viel aus seinem Leben. Jede Bekanntschaft, jeder Vorfall, wäre für den durchaus Geistigen erstes Glied einer unendlichen Reihe, Anfang eines unendlichen Romans.

67. Der edle Kaufmannsgeist, der ächte Großhandel, hat nur im Mittelalter und besonders zur Zeit der deutschen Hanse geblüht. Die Medicis, die Fugger waren Kaufleute, wie sie seyn sollten. Unsere Kaufleute im Ganzen, die größten nicht ausgenommen, sind nichts als Krämer.

68. Eine Übersetzung ist entweder grammatisch, oder verändernd, oder mythisch. Mythische Übersetzungen sind Übersetzungen im höchsten Styl. Sie stellen den reinen, vollendeten Karakter des individuellen Kunstwerks dar. Sie geben uns nicht das wirkliche Kunstwerk, sondern das Ideal desselben. Noch existiert wie ich glaube, kein ganzes Muster derselben. Im Geist mancher Kritiken und Beschreibungen von Kunstwerken trifft man aber helle Spuren davon. Es gehört ein Kopf dazu, in dem sich poetischer Geist und philosophischer Geist in ihrer ganzen Fülle durchdrungen haben. Die griechische Mythologie ist zum Theil eine solche Übersetzung einer Nazionalreligion. Auch die moderne Madonna ist ein solcher Mythus.
Grammatische Übersetzungen sind die Übersetzungen im gewöhnlichen Sinn. Sie erfordern sehr viel Gelehrsamkeit, aber nur diskursive Fähigkeiten.
Zu den verändernden Übersetzungen gehört, wenn sie ächt seyn sollen, der höchste poetische Geist. Sie fallen leicht ins Travestiren, wie Bürgers Homer in Jamben, Popens Homer, die Französischen Übersetzungen insgesamt. Der wahre Übersetzer dieser Art muß in der That der Künstler selbst seyn, und die Idee des Ganzen beliebig so oder so geben können. Er muß der Dichter des Dichters seyn und ihn also nach seiner und des Dichters eigner Idee zugleich reden lassen können. In einem ähnlichen Verhältnisse steht der Genius der Menschheit mit jedem einzelnen Menschen.
Nicht bloß Bücher, alles kann auf diese drey Arten übersetzt werden.

69. Im höchsten Schmerz tritt zuweilen eine Paralysis der Empfindsamkeit ein. Die Seele zersetzt sich. Daher der tödtliche Frost, die freye Denkkraft, der schmetternde unaufhörliche Witz dieser Art von Verzweiflung. Keine Neigung ist mehr vorhanden; der Mensch steht wie eine verderbliche Macht allein. Unverbunden mit der übrigen Welt verzehrt er sich allmählich selbst, und ist seinem Princip nach Misanthrop und Misotheos.

70. Unsere Sprache ist entweder mechanisch, atomistisch oder dynamisch. Die ächt poetische Sprache soll aber organisch, lebendig seyn. Wie oft fühlt man die Armuth an Worten, um mehre Ideen mit Einem Schlage zu treffen.

71. Dichter und Priester waren im Anfang Eins, und nur spätere Zeiten haben sie getrennt. Der ächte Dichter ist aber immer Priester, so wie der ächte Priester immer Dichter geblieben. Und sollte nicht die Zukunft den alten Zustand der Dinge wieder herbeyführen?

72. Schriften sind die Gedanken des Staats, die Archive sein Gedächtniß.

73. Je mehr sich unsere Sinne verfeinern, desto fähiger werden sie zur Unterscheidung der Individuen. Der höchste Sinn wäre die höchste Empfänglichkeit für eigenthümliche Natur. Ihm entspräche das Talent der Fixirung des Individuums, dessen Fertigkeit und Energie relativ ist. Wenn der Wille sich in Beziehung auf diesen Sinn äußert, so entstehn die Leidenschaften für oder gegen Individualitäten: Liebe und Haß. Die Meisterschaft im Spiel seiner eignen Rolle verdankt man der Richtung dieses Sinns auf sich selbst bey herrschender Vernunft.

74. Nichts ist zur wahren Religiosität unentbehrlicher als ein Mittelglied, das uns mit der Gottheit verbindet. Unmittelbar kann der Mensch schlechterdings nicht mit derselben in Verhältniß stehn. In der Wahl dieses Mittelglieds muß der Mensch durchaus frey seyn. Der mindeste Zwang hierin schadet seiner Religion. Die Wahl ist karakteristisch, und es werden mithin die gebildeten Menschen ziemlich gleiche

Mittelglieder wählen, dahingegen der Ungebildete gewöhnlich durch Zufall hier bestimmt werden wird. Da aber so wenig Menschen einer freyen Wahl überhaupt fähig sind, so werden manche Mittelglieder allgemeiner werden; sey es durch Zufall, durch Associazion, oder ihre besondre Schicklichkeit dazu. Auf diese Art entstehn Landesreligionen. Je selbständiger der Mensch wird, desto mehr vermindert sich die Quantität des Mittelglieds, die Qualität verfeinert sich, und seine Verhältnisse zu demselben werden mannichfaltiger und gebildeter: Fetische, Gestirne, Thiere, Helden, Götzen, Götter, Ein Gottmensch. Man sieht bald, wie relativ diese Wahlen sind, und wird unvermerkt auf die Idee getrieben, daß das Wesen der Religion wohl nicht von der Beschaffenheit des Mittlers abhange, sondern lediglich in der Ansicht desselben, in den Verhältnissen zu ihm bestehe.
Es ist ein Götzendienst im weitern Sinn, wenn ich diesen Mittler in der That für Gott selbst ansehe. Es ist Irreligion, wenn ich gar keinen Mittler annehme; und in so fern ist Aberglaube und Götzendienst, und Unglaube oder Theismus, den man auch ältern Judaism nennen kann, beydes Irreligion. Hingegen ist Atheism nur Negazion aller Religion überhaupt, und hat also gar nichts mit der Religion zu schaffen. Wahre Religion ist, die jenen Mittler als Mittler annimmt, ihn gleichsam für das Organ der Gottheit hält, für ihre sinnliche Erscheinung. In dieser Hinsicht erhielten die Juden zur Zeit der Babylonischen Gefangenschaft eine ächt religiöse Tendenz, eine religiöse Hoffnung, einen Glauben an eine künftige Religion, der sie auf eine wunderbare Weise von Grund aus umwandelte, und sie in der merkwürdigsten Beständigkeit bis auf unsre Zeiten erhielt.
Die wahre Religion scheint aber bei einer nähern Betrachtung abermals antinomisch getheilt in Pantheismus und Monotheismus. Ich bediene mich hier einer Licenz, indem ich Pantheism nicht im gewöhnlichen Sinn nehme, sondern darunter die Idee verstehe, daß alles Organ der Gottheit, Mittler seyn könne, indem ich es dazu erhebe: so wie Monotheism im Gegentheil den Glauben bezeichnet, daß es nur Ein solches Organ in der Welt für uns gebe, das allein der Idee eines Mittlers angemessen sey, und wodurch Gott allein sich vernehmen lasse, welches ich also zu wählen

durch mich selbst genöthigt werde: denn ohnedem würde der Monotheism nicht wahre Religion seyn.
So unverträglich auch beyde zu seyn scheinen, so läßt sich doch ihre Vereinigung bewerkstelligen, wenn man den monotheistischen Mittler zum Mittler der Mittelwelt des Pantheism macht, und diese gleichsam durch ihn centrirt, so daß beyde einander jedoch auf verschiedene Weise nothwendig machen.
Das Gebet, oder der religiöse Gedanke besteht also aus einer dreyfach aufsteigenden, untheilbaren Abstrakzion oder Setzung. Jeder Gegenstand kann dem Religiösen ein Tempel im Sinn der Auguren seyn. Der Geist dieses Tempels ist der allgegenwärtige Hohepriester, der monotheistische Mittler, welcher allein im unmittelbaren Verhältnisse mit der Gottheit steht.

75. Die Basis aller ewigen Verbindung ist eine absolute Tendenz nach allen Richtungen. Darauf beruht die Macht der Hierarchie, der ächten Maçonnerie, und des unsichtbaren Bundes ächter Denker. Hierin liegt die Möglichkeit einer Universalrepublik, welche die Römer bis zu den Kaisern zu realisiren begonnen hatten. Zuerst verließ August diese Basis, und Hadrian zerstörte sie ganz.

76. Fast immer hat man den Anführer, den ersten Beamten des Staats, mit dem Repräsentanten des Genius der Menschheit vermengt, der zur Einheit der Gesellschaft oder des Volks gehört. Im Staat ist alles Schauhandlung, das Leben des Volks ist Schauspiel; mithin muß auch der Geist des Volks sichtbar seyn. Dieser sichtbare Geist kommt entweder, wie im tausendjährigen Reiche, ohne unser Zuthun, oder er wird einstimmig durch ein lautes oder stilles Einverständniß gewählt.
Es ist eine unwidersprechliche Thatsache, daß die meisten Fürsten nicht eigentlich Fürsten, sondern gewöhnlich mehr oder minder eine Art von Repräsentanten des Genius ihrer Zeit waren, und die Regierung mehrentheils, wie billig, in subalternen Händen sich befand.
Ein vollkommner Repräsentant des Genius der Menschheit dürfte leicht der ächte Priester und der Dichter χατ‘ εξοχην seyn.

77. Unser Alltagsleben besteht aus lauter erhaltenden, immer wiederkehrenden Verrichtungen. Dieser Zirkel von Gewohnheiten ist nur Mittel zu einem Hauptmittel, unserm irdischen Daseyn überhaupt, das aus mannichfaltigen Arten zu existiren gemischt ist.
Philister leben nur ein Alltagsleben. Das Hauptmittel scheint ihr einziger Zweck zu seyn. Sie thun das alles, um des irdischen Lebens willen; wie es scheint und nach ihren eignen Äußerungen scheinen muß. Poesie mischen sie nur zur Nothdurft unter, weil sie nun einmal an eine gewisse Unterbrechung ihres täglichen Laufs gewöhnt sind. In der Regel erfolgt diese Unterbrechung alle sieben Tage, und könnte ein poetisches Septanfieber heißen. Sonntags ruht die Arbeit, sie leben ein bißchen besser als gewöhnlich und dieser Sonntagsrausch endigt sich mit einem etwas tiefern Schlafe als sonst; daher auch Montags alles noch einen raschern Gang hat. Ihre parties de plaisir müssen konvenzionell, gewöhnlich, modisch seyn, aber auch ihr Vergnügen verarbeiten sie, wie alles, mühsam und förmlich.
Den höchsten Grad seines poetischen Daseyns erreicht der Philister bey einer Reise, Hochzeit, Kindtaufe, und in der Kirche. Hier werden seine kühnsten Wünsche befriedigt, und oft übertroffen.
Ihre sogenannte Religion wirkt blos, wie ein Opiat: reizend, betäubend, Schmerzen aus Schwäche stillend. Ihre Früh- und Abendgebete sind ihnen, wie Frühstück und Abendbrot, nothwendig. Sie können's nicht mehr lassen. Der derbe Philister stellt sich die Freuden des Himmels unter dem Bilde einer Kirmeß, einer Hochzeit, einer Reise oder eines Balls vor: der sublimirte macht aus dem Himmel eine prächtige Kirche mit schöner Musik, vielem Gepränge, mit Stühlen für das gemeine Volk parterre, und Kapellen und Emporkirchen für die Vornehmern.
Die schlechtesten unter ihnen sind die revoluzionairen Philister, wozu auch der Hefen der fortgehenden Köpfe, die habsüchtige Race gehört.
Grober Eigennutz ist das nothwendige Resultat armseliger Beschränktheit. Die gegenwärtige Sensazion ist die lebhafteste, die höchste eines Jämmerlings. Über diese kennt er nichts höheres. Kein Wunder, daß der durch die äußern Verhältnisse par force dressirte Verstand nur der listige

Sklav eines solchen stumpfen Herrn ist, und nur für dessen Lüste sinnt und sorgt.

78. In den ersten Zeiten der Entdeckung der Urtheilskraft war jedes neue Urtheil ein Fund. Der Werth dieses Fundes stieg, je anwendbarer, je fruchtbarer dieses Urtheil war. Zu Sentenzen, die uns jetzt sehr gemein vorkommen, gehörte damals noch ein ungewöhnlicher Grad von Leben des Verstandes. Man mußte Genie und Scharfsinn aufbieten, um mittelst des neuen Werkzeugs neue Verhältnisse zu finden. Die Anwendung desselben auf die eigenthümlichsten, interessantesten und allgemeinsten Seiten der Menschheit mußte vorzügliche Bewunderung erregen und die Aufmerksamkeit aller guten Köpfe auf sich ziehn. So entstanden die gnomischen Massen, die man zu allen Zeiten und bey allen Völkern so hoch geschätzt hat. Es wäre leicht möglich, daß unsere jetzigen genialischen Entdeckungen im Laufe der Zeiten ein ähnliches Schicksal träfe. Es könnte leicht eine Zeit kommen, wo das alles so gemein wäre, wie jetzt Sittensprüche, und neue, erhabenere Entdeckungen den rastlosen Geist der Menschen beschäftigten.

79. Ein Gesetz ist seinem Begriffe nach, wirksam. Ein unwirksames Gesetz ist kein Gesetz. Gesetz ist ein kausaler Begriff, Mischung von Kraft und Gedanken. Daher ist man sich nie eines Gesetzes, als solchen, bewußt. In so fern man ein Gesetz denkt, ist es nur ein Satz, d. h. ein Gedanke mit einem Vermögen verbunden. Ein widerstehender, ein beharrlicher Gedanke, ist ein strebender Gedanke und vermittelt das Gesetz und den bloßen Gedanken.

80. Eine allzugroße Dienstfertigkeit der Organe würde dem irdischen Daseyn gefährlich seyn. Der Geist in seinem jetzigen Zustande würde eine zerstörende Anwendung davon machen. Eine gewisse Schwere des Organs hindert ihn an allzuwillkührlicher Thätigkeit, und reizt ihn zu einer regelmäßigen Mitwirkung, wie sie sich für die irdische Welt schickt. Es ist unvollkommener Zustand desselben, daß ihn diese Mitwirkung so ausschließlich an diese Welt bindet. Daher ist sie ihrem Prinzip nach terminirt.

81. Die Rechtslehre entspricht der Physiologie, die Moral der Psychologie. Die Vernunftgesetze der Rechts- und Sittenlehre in Naturgesetze verwandelt, geben die Grundsätze der Physiologie und Psychologie.

82. Flucht des Gemeingeistes ist Tod.

83. In den meisten Religionssystemen werden wir als Glieder der Gottheit betrachtet, die, wenn sie nicht den Impulsionen des Ganzen gehorchen wenn sie auch nicht absichtlich gegen die Gesetze des Ganzen agiren, sondern nur ihren eignen Gang gehn und nicht Glieder seyn wollen, von der Gottheit ärztlich behandelt, und entweder schmerzhaft geheilt, oder gar abgeschnitten werden.

84. Jede spezifische Inzitazion verräth einen spezifischen Sinn. Je neuer sie ist, desto plumper, aber desto stärker; je bestimmter, je ausgebildeter, mannichfacher sie wird, desto schwächer. So erregte der erste Gedanke an Gott eine gewaltsame Emotion im ganzen Individuum; so die erste Idee von Philosophie, von Menschheit, Weltall, u. s. w.

85. Innigste Gemeinschaft aller Kenntnisse, scientifische Republik, ist der hohe Zweck der Gelehrten.

86. Sollte nicht die Distanz einer besonderen Wissenschaft von der allgemeinen, und so der Rang der Wissenschaften untereinander, nach der Zahl ihrer Grundsätze zu rechnen seyn? Je weniger Grundsätze, desto höher die Wissenschaft.

87. Man versteht das Künstliche gewöhnlich besser, als das Natürliche. Es gehört mehr Geist zum Einfachen, als zum Complizirten, aber weniger Talent.

88. Werkzeuge armiren den Menschen. Man kann wohl sagen, der Mensch versteht eine Welt hervorzubringen, es mangelt ihm nur am gehörigen Apparat, an der verhältnißmäßigen Armatur seiner Sinneswerkzeuge. Der Anfang ist da. So liegt das Prinzip eines Kriegsschiffes in der Idee des Schiffbaumeisters, der durch Menschenhaufen und gehö-

rige Werkzeuge und Materialien diesen Gedanken zu verkörpern vermag, indem er durch alles dieses sich gleichsam zu einer ungeheuren Maschine macht. So erforderte die Idee eines Augenblicks oft ungeheure Organe, ungeheure Massen von Materien, und der Mensch ist also, wo nicht actu, doch potentia Schöpfer.

89. In jeder Berührung entsteht eine Substanz, deren Wirkung so lange, als die Berührung dauert. Dies ist der Grund aller synthetischen Modifikazionen des Individuums. Es giebt aber einseitige und wechselseitige Berührungen. Jene begründen diese.

90. Je unwissender man von Natur ist, desto mehr Kapazität für das Wissen. Jede neue Erkenntniß macht einen viel tiefern, lebendigern Eindruck. Man bemerkt dieses deutlich beym Eintritt in eine Wissenschaft. Daher verliert man durch zu vieles Studiren an Kapazität. Es ist eine der ersten Unwissenheit entgegengesetzte Unwissenheit. Jene ist Unwissenheit aus Mangel, diese aus Überfluß der Erkenntnisse. Letztere pflegt die Symptome des Skeptizismus zu haben. Es ist aber ein unächter Skeptizismus, aus indirekter Schwäche unsers Erkenntnißvermögens. Man ist nicht im Stande die Masse zu durchdringen, und sie in bestimmter Gestalt vollkommen zu beleben: die plastische Kraft reicht nicht zu. So wird der Erfindungsgeist junger Köpfe und der Schwärmer, so wie der glückliche Griff des geistvollen Anfängers oder Layen leicht erklärbar.

91. Welten bauen genügt dem tiefer dringenden Sinn nicht:
Aber ein liebendes Herz sättigt den strebenden Geist.

92. Wir stehen in Verhältnissen mit allen Theilen des Universums, so wie mit Zukunft und Vorzeit. Es hängt nur von der Richtung und Dauer unsrer Aufmerksamkeit ab, welches Verhältniß wir vorzüglich ausbilden wollen, welches für uns vorzüglich wichtig, und wirksam werden soll. Eine ächte Methodik dieses Verfahrens dürfte nichts weniger, als jene längstgewünschte Erfindungskunst seyn; es dürfte

wohl mehr noch, als diese seyn. Der Mensch verfährt stündlich nach ihren Gesetzen und die Möglichkeit dieselben durch genialische Selbstbeobachtung zu finden ist unzweifelhaft.

93. Der Geschichtsschreiber organisirt historische Wesen. Die Data der Geschichte sind die Masse, der der Geschichtsschreiber Form giebt, durch Belebung. Mithin steht auch die Geschichte unter den Grundsätzen der Belebung und Organisazion überhaupt, und bevor nicht diese Grundsätze da sind, giebt es auch keine ächten historischen Kunstgebilde, sondern nichts als hie und da Spuren zufälliger Belebungen, wo unwillkürliches Genie gewaltet hat.

94. Beynah alles Genie war bisher einseitig, Resultat einer krankhaften Konstituzion. Die eine Klasse hatte zu viel äußern, die andere zu viel innern Sinn. Selten gelang der Natur ein Gleichgewicht zwischen beiden, eine vollendete genialische Konstituzion. Durch Zufälle entstand oft eine vollkommene Proporzion, aber nie konnte diese von Dauer seyn, weil sie nicht durch den Geist aufgefaßt und fixirt ward: es blieb bey glücklichen Augenblicken. Das erste Genie, das sich selbst durchdrang, fand hier den typischen Keim einer unermeßlichen Welt; es machte eine Entdekkung, die die merkwürdigste in der Weltgeschichte seyn mußte, denn es beginnt damit eine ganz neue Epoche der Menschheit, und auf dieser Stufe wird erst wahre Geschichte aller Art möglich: denn der Weg, der bisher zurückgelegt wurde, macht nun ein eignes, durchaus erklärbares Ganzes aus. Jene Stelle außer der Welt ist gegeben, und Archimedes kann nun sein Versprechen erfüllen.

95. Vor der Abstrakzion ist alles eins, aber eins wie Chaos; nach der Abstrakzion ist wieder alles vereinigt, aber diese Vereinigung ist eine freye Verbindung selbständiger, selbstbestimmter Wesen. Aus einem Haufen ist eine Gesellschaft geworden, das Chaos ist in eine mannichfaltige Welt verwandelt.

96. Wenn die Welt gleichsam ein Niederschlag aus der Menschennatur ist, so ist die Götterwelt eine Sublimazion

derselben. Beyde geschehen uno actu. Keine Präzipitazion ohne Sublimazion. Was dort an Agilität verloren geht, wird hier gewonnen.

97. Wo Kinder sind, da ist ein goldnes Zeitalter.

98. Sicherheit vor sich selbst und den unsichtbaren Mächten, war die Basis der bisherigen geistlichen Staaten.

99. Der Gang der Approximazion ist aus zunehmenden Progressen und Regressen zusammengesetzt. Beide retardiren, beyde beschleunigen, beyde führen zum Ziel. So scheint sich im Roman der Dichter bald dem Spiel zu nähern, bald wieder zu entfernen, und nie ist es näher, als wenn es am entferntesten zu seyn scheint.

100. Ein Verbrecher kann sich über Unrecht nicht beklagen, wenn man ihn hart und unmenschlich behandelt. Sein Verbrechen war ein Eintritt ins Reich der Gewalt, der Tyranney. Maß und Proporzion giebt es nicht in dieser Welt, daher darf ihn die Unverhältnißmäßigkeit der Gegenwirkung nicht befremden.

101. Die Fabellehre enthält die Geschichte der urbildlichen Welt, sie begreift Vorzeit, Gegenwart und Zukunft.

102. Wenn der Geist heiligt, so ist jedes ächte Buch Bibel. Aber nur selten wird ein Buch um des Buchs willen geschrieben, und wenn Geist gleich edlem Metall ist, so sind die meisten Bücher Ephraimiten. Freylich muß jedes nützliche Buch wenigstens stark legirt seyn. Rein ist das edle Metall in Handel und Wandel nicht zu gebrauchen. Vielen wahren Büchern geht es wie den Goldklumpen in Irland. Sie dienen lange Jahre nur als Gewichte.

103. Manche Bücher sind länger als sie scheinen. Sie haben in der That kein Ende. Die Langeweile die sie erregen, ist wahrhaft absolut und unendlich. Musterhafte Beyspiele dieser Art haben die Herren Heydenreich, Jacob, Abicht und Pölitz aufgestellt. Hier ist ein Stock, den jeder mit seinen Bekannten der Art vergrößern kann.

104. Es sind viele antirevoluzionäre Bücher für die Revoluzion geschrieben worden. Burke hat aber ein revoluzionäres Buch gegen die Revoluzion geschrieben.

105. Die meisten Beobachter der Revoluzion, besonders die Klugen und Vornehmen, haben sie für eine lebensgefährliche und ansteckende Krankheit erklärt. Sie sind bey den Symptomen stehn geblieben und haben diese auf eine mannichfaltige Weise unter einander geworfen und ausgelegt. Manche haben es für ein bloß lokales Übel gehalten. Die genievollsten Gegner drangen auf Kastrazion. Sie merkten wohl, daß diese angebliche Krankheit nichts als Krise der eintretenden Pubertät sey.

106. Wie wünschenswerth ist es nicht, Zeitgenoß eines wahrhaft großen Mannes zu seyn! Die jetzige Majorität der kultivirten Deutschen ist dieser Meynung nicht. Sie ist fein genug, um alles Große wegzuläugnen, und befolgt das Planirungssystem. Wenn das Kopernikanische System nur nicht so fest stände, so würde es ihnen sehr bequem seyn, Sonne und Gestirn wieder zu Irwischen und die Erde zum Universum zu machen. Daher wird Goethe, der jetzt der wahre Statthalter des poetischen Geistes auf Erden ist, so gemein als möglich behandelt und schnöde angesehn, wenn er die Erwartungen des gewöhnlichen Zeitvertreibs nicht befriedigt, und sie einen Augenblick in Verlegenheit gegen sich selbst setzt. Ein interessantes Symptom dieser direkten Schwäche der Seele ist die Aufnahme, welche Herrmann und Dorothea im Allgemeinen gefunden hat.

107. Die Geognosten glauben, daß der physische Schwerpunkt unter Fetz und Marocco liege. Goethe als Anthropognost meynt im Meister, der intellektuelle Schwerpunkt liege unter der Deutschen Nazion.

108. Menschen zu beschreiben ist deswegen bis jetzt unmöglich gewesen, weil man nicht gewußt hat, was ein Mensch ist. Wenn man erst wissen wird, was ein Mensch ist, so wird man auch Individuen wahrhaft genetisch beschreiben können.

109. Nichts ist poetischer, als Erinnerung und Ahndung oder Vorstellung der Zukunft. Die Vorstellungen der Vorzeit ziehn uns zum Sterben, zum Verfliegen an. Die Vorstellungen der Zukunft treiben uns zum Beleben, zum Verkürzen, zur assimilirenden Wirksamkeit. Daher ist alle Erinnerung wehmüthig, alle Ahndung freudig. Jene mäßigt die allzugroße Lebhaftigkeit, diese erhebt ein zu schwaches Leben. Die gewöhnliche Gegenwart verknüpft Vergangenheit und Zukunft durch Beschränkung. Es entsteht Kontiguität, durch Erstarrung Krystallisazion. Es giebt aber eine geistige Gegenwart, die beyde durch Auflösung identifizirt, und diese Mischung ist das Element, die Atmosphäre des Dichters.

110. Die Menschenwelt ist das gemeinschaftliche Organ der Götter. Poesie vereinigt sie, wie uns.

111. Schlechthin ruhig erscheint, was in Rücksicht der Außenwelt schlechthin unbeweglich ist. So mannichfach es sich auch verändern mag, so bleibt es doch in Beziehung auf die Außenwelt immer in Ruhe. Dieser Satz bezieht sich auf alle Selbstmodifikazionen. Daher erscheint das Schöne so ruhig. Alles Schöne ist ein selbsterleuchtetes, vollendetes Individuum.

112. Jede Menschengestalt belebt einen individuellen Keim im Betrachtenden. Dadurch wird diese Anschauung unendlich, sie ist mit dem Gefühl einer unerschöpflichen Kraft verbunden, und darum so absolut belebend. Indem wir uns selbst betrachten, beleben wir uns selbst.
Ohne diese sichtbare und fühlbare Unsterblichkeit würden wir nicht wahrhaft denken können.
Diese wahrnehmbare Unzulänglichkeit des irdischen Körpergebildes zum Ausdruck und Organ des inwohnenden Geistes, ist der unbestimmte, treibende Gedanke, der die Basis aller ächten Gedanken wird, der Anlaß zur Evoluzion der Intelligenz, dasjenige, was uns zur Annahme einer intelligiblen Welt und einer unendlichen Reihe von Ausdrükken und Organen jedes Geistes, deren Exponent oder Wurzel seine Individualität ist, nöthigt.

113. Je bornirter ein System ist, desto mehr wird es den Weltklugen gefallen. So hat das System der Materialisten, die Lehre des Helvetius und auch Locke den meisten Beyfall unter dieser Klasse erhalten. So wird Kant jetzt noch immer mehr Anhänger als Fichte finden.

114. Die Kunst Bücher zu schreiben ist noch nicht erfunden. Sie ist aber auf dem Punkt erfunden zu werden. Fragmente dieser Art sind litterarische Sämereyen. Es mag freylich manches taube Körnchen darunter seyn: indessen, wenn nur einiges aufgeht!

BLUMEN

GLAUBEN UND LIEBE ODER DER KÖNIG UND DIE KÖNIGIN

[POLITISCHE APHORISMEN]

An den König

Mehr, als ein Königreich gab der Himmel Dir in Louisen,
Aber Du brachtest Ihr auch mehr, als die Krone, Dein Herz.

Die Alpenrose

Selten haftet auf Höhn ein Funken himmlischen Lebens,
Aber, als Königin, blüht, dann auch die Rose des Bergs.

Der König

Nur wer mehr, als König schon ist, kann königlich herrschen,
Also soll König seyn, welcher die Herrlichste liebt.

Das irrdische Paradies

Wo die Geliebten sind, da schmückt sich bräutlich die Erde,
Aber den Frevler verzehrt schneller die himmlische Luft.

Es ist an der Zeit

Glänzend steht nun die Brücke, der mächtige Schatten erinnert
Nur an die Zeit noch, es ruht ewig der Tempel nun hier,
Götzen von Stein und Metall mit furchtbaren Zeichen der Willkühr
Sind gestürzt und wir sehn dort nur ein liebendes Paar –
An der Umarmung erkennt ein jeder die alten Dynasten,
Kennt den Steuermann, kennt wieder die glückliche Zeit.

Das Ende des Haders

Lange währte der Zwist, es konnte keiner ihn schlichten;
  Mancher schöne Krystall brach in dem feindlichen Stoß.
Nur die Liebe besitzt den Talismann ewigen Friedens –
  Da nur, wo sie erscheint, fließen die Massen in Eins.

Der sterbende Genius

Willkommen, Lieber, nun und nicht wieder ruft
Dich meine Stimme; nah ist der Abschied mir.
    Gefunden hab ich was ich suchte
    Und der Bezauberung Bande schmelzen.

Das schöne Wesen – siehst du die Königinn –
Hebt Bann und Zauber; lange vergebens flog
    Um jeden Thron ich, aber endlich
    Winkte durch Sie mir die alte Heymath.

Schon lodert mächtig jene geheime Glut –
Mein altes Wesen – tief in dem irrdischen
    Gebilde: Du sollst Opferpriester
    Seyn, und das Lied der Zurückkehr singen.

Nimm diese Zweige, decke mit ihnen mich,
Nach Osten singe dann das erhabne Lied,
    Bis auf die Sonne geht und zündet
    Und mir die Thore der Urwelt öffnet.

Der Duft des Schleyers, der mich vor dem umgab,
Sinkt dann vergoldet über die Ebenen,
    Und wer ihn athmet, schwört begeistert
    Ewige Liebe der schönen Fürstinn.

Land

Jenes himmlische Paar schwimmt hoch auf der Flut, wie die Taube
  Und der Ölzweig; es bringt Hoffnung des Landes, wie dort.

Novalis.

Glauben und Liebe
oder
Der König und die Königin

Vorrede

1.

1. Wenn man mit Wenigen, in einer großen, gemischten Gesellschaft etwas heimliches reden will, und man sitzt nicht neben einander, so muß man in einer besondern Sprache reden. Diese besondre Sprache kann entweder eine *dem Ton* nach, oder *den Bildern* nach fremde Sprache seyn. Dies letztere wird eine Tropen und Räthselsprache seyn.

2.

2. Viele haben gemeynt, man solle von zarten, mißbrauchbaren Gegenständen, eine gelehrte Sprache führen, z. B. lateinisch von Dingen der Art schreiben. Es käme auf einen Versuch an, ob man nicht in der gewöhnlichen Landessprache so sprechen könnte, daß es nur *der* verstehn könnte, der es verstehn sollte. Jedes wahre Geheimniß muß die Profanen von selbst ausschließen. Wer es versteht ist von selbst, mit Recht, *Eingeweihter.*

3.

3. Der mystische Ausdruck ist ein Gedankenreiz mehr. Alle Wahrheit ist uralt. Der Reiz der Neuheit liegt nur in den Variationen des Ausdrucks. Je contrastirender die Erscheinung, desto größer die Freude des Wiedererkennens.

4.

4. Was man liebt, findet man überall, und sieht überall Ähnlichkeiten. Je größer die Liebe, desto weiter und mannichfaltiger diese ähnliche Welt. Meine Geliebte ist die Abbreviatur des Universums, das Universum die Elongatur meiner Geliebten. Dem Freunde der Wissenschaften bieten sie alle, Blumen und Souvenirs, für seine Geliebte.

5.

5. Aber woher die ernsten, mystisch-politischen Philosopheme? Ein Begeisterter äußert sein höheres Leben in allen seinen Functionen; also philosophirt er auch, und zwar lebhafter als gewöhnlich, *poetischer*. Auch dieser tiefe Ton gehört in die Symphonie seiner Kräfte, und Organe. Gewinnt aber nicht das Allgemeine durch individuelle, das Individuelle durch allgemeine Beziehungen?

6.

6. Laßt die Libellen ziehn; unschuldige *Fremdlinge* sind es
Folgen dem Doppelgestirn froh, mit Geschenken, hieher.

---

7. Ein blühendes Land ist doch wohl ein königlicheres Kunstwerk, als ein Park. Ein geschmackvoller Park ist eine englische Erfindung. Ein Land das Herz und Geist befriedigt, dürfte eine deutsche Erfindung werden; und der Erfinder wäre doch wohl der König aller Erfinder.

8. Der Beste unter den ehemaligen französischen Monarchen hatte sich vorgesetzt, seine Unterthanen so wohlhabend zu machen, daß jeder alle Sonntage ein Huhn mit Reiß auf seinen Tisch bringen könnte. Würde nicht die Regierung aber vorzuziehn seyn, unter welcher der Bauer lieber ein Stück verschimmelt Brod äße, als Braten in einer andern, und Gott für das Glück herzlich dankte, in diesem Lande geboren zu seyn?

9. Wenn ich morgen Fürst würde, so bät ich zuerst den König um einen Eudiometer, wie den Seinigen. Kein Instrument ist einem Fürsten nöthiger. Auch würde ich, wie er, die Lebensluft für meinen Staat mehr aus blühenden Pflanzungen, als aus Salpeter zu ziehen suchen.

10. Gold und Silber sind das Blut des Staats. Häufungen des Bluts am Herzen und im Kopfe verrathen Schwäche in beiden. Je stärker das Herz ist, desto lebhafter und freigebiger treibt es das Blut nach den äußern Theilen. Warm und be-

lebt ist jedes Glied, und rasch und mächtig strömt das Blut nach dem Herzen zurück.

11. Ein einstürzender Thron ist, wie ein fallender Berg, der die Ebene zerschmettert und da ein todtes Meer hinterläßt, wo sonst ein fruchtbares Land und lustige Wohnstätte war.

12. Macht nur die Berge gleich, das Meer wird es euch Dank wissen. Das Meer ist das Element von Freiheit und Gleichheit. Indeß warnt es, auf Lager von Schwefelkies zu treten; sonst ist der Vulkan da und mit ihm der Keim eines neuen Continents.

13. Die mephitischen Dünste der moralischen Welt verhalten sich anders, wie ihre Namensvettern in der Natur. Jene steigen gern in die Höhe, da diese am Boden hängen bleiben. Für die Höhenbewohner ist kein besseres Mittel dagegen, als Blumen und Sonnenschein. Beides hat sich nur selten auf Höhen zusammen getroffen. Auf einer der höchsten moralischen Erdhöhen, kann man aber jetzt die reinste Luft genießen und eine Lilie an der Sonne sehn.

14. Es war kein Wunder, wenn die Bergspitzen meistentheils nur auf die Thäler herabdonnerten und die Fluten verwüsteten. Böse Wolken zogen sich meist um sie her, und verbargen ihnen ihre Abkunft vom Lande; dann erschien ihnen die Ebene nur wie ein dunkler Abgrund, über welchen sie die Wolken zu tragen schienen, oder wie ein empörtes Meer, da doch nichts eigentlich gegen sie empört war, und sie allmählig abstumpfte und herunterwusch, als die anhänglich scheinenden Wolken.

15. Ein wahrhaftes Königspaar ist für den ganzen Menschen, was eine Constitution für den bloßen Verstand ist. Man kann sich für eine Constitution nur, wie für einen Buchstaben interessiren. Ist das Zeichen nicht ein schönes Bild, oder ein Gesang, so ist Anhänglichkeit an Zeichen, die verkehrteste aller Neigungen. – Was ist ein Gesetz, wenn es nicht Ausdruck des Willens einer geliebten, achtungswehrten Person ist? Bedarf der mystische Souverain nicht,

wie jede Idee, eines Symbols, und welches Symbol ist würdiger und passender, als ein liebenswürdiger treflicher Mensch? Die Kürze des Ausdrucks ist doch wohl etwas werth, und ist nicht ein Mensch ein kürzerer, schönerer Ausdruck eines Geistes als ein Collegium? Wer recht viel Geist hat, den hemmen Schranken und Unterschiede nicht; sie reizen ihn vielmehr. Nur der Geistlose fühlt Last und Hemmung. Übrigens ist auch ein geborner König besser, als ein gemachter. Der beste Mensch wird eine solche Erhebung nicht ohne Alteration ertragen können. Wer so geboren ist, dem schwindelt nicht, den überreizt auch eine solche Lage nicht. Und ist denn am Ende nicht die Geburt die primitive Wahl? Die müssen sich nicht lebendig in sich gefühlt haben die die Freiheit dieser Wahl, die Einmüthigkeit bey derselben bezweifeln.
Wer hier mit seinen historischen Erfahrungen angezogen kömmt, weiß gar nicht, wovon ich rede, und auf welchem Standpunct ich rede; dem sprech ich arabisch, und er thut am besten, seines Wegs zu gehn und sich nicht unter Zuhörer zu mischen, deren Idiom und Landesart ihm durchaus fremd ist.

16. Meinethalben mag jetzt der Buchstabe an der Zeit seyn. Es ist kein großes Lob für die Zeit, daß sie so weit von der Natur entfernt, so sinnlos für Familienleben, so abgeneigt der schönsten poetischen Gesellschaftsform ist. Wie würden unsre Kosmopoliten erstaunen, wenn ihnen die Zeit des ewigen Friedens erschiene und sie die höchste gebildetste Menschheit in monarchischer Form erblickten? Zerstäubt wird dann der papierne Kitt seyn, der jetzt die Menschen zusammenkleistert, und der Geist wird die Gespenster, die statt seiner in Buchstaben erschienen und von Federn und Pressen zerstückelt ausgingen, verscheuchen, und alle Menschen wie ein paar Liebende zusammen schmelzen.

17. Der König ist das gediegene Lebensprinzip des Staats; ganz dasselbe, was die Sonne im Planetensystem ist. Zunächst um das Lebensprinzip her, erzeugt sich mithin das höchste Leben im Staate, die Lichtatmosphäre. Mehr oder weniger vererzt ist es in jedem Staatsbürger. Die Äußerun-

gen des Staatsbürgers in der Nähe des Königs werden daher glänzend, und so poetisch als möglich, oder Ausdruck der höchsten Belebung seyn. Da nun in der höchsten Belebung der Geist zugleich am wirksamsten ist, die Wirkungen des Geistes Reflexionen sind, die Reflexion aber, ihrem Wesen nach, bildend ist, mit der höchsten Belebung also die schöne, oder vollkommene Reflexion verknüpft ist, so wird auch der Ausdruck des Staatsbürgers in der Nähe des Königs, Ausdruck der höchsten, zurückgehaltenen Kraftfülle, Ausdruck der lebhaftesten Regungen, beherrscht durch die achtungsvollste Besonnenheit, ein unter Regeln zu bringendes Betragen seyn. Ohne Etiquette kann kein Hof bestehn. Es giebt aber eine natürliche Etiquette, die schöne, und eine erkünstelte, modische, die häßliche. Herstellung der erstern wird also keine unwichtige Sorge des denkenden Königs seyn, da sie einen bedeutenden Einfluß auf den Geschmack und die Liebe für die monarchische Form hat.

18. Jeder Staatsbürger ist Staatsbeamter. Seine Einkünfte hat er nur, als solcher. Man hat sehr unrecht, den König den ersten Beamten des Staats zu nennen. Der König ist kein Staatsbürger, mithin auch kein Staatsbeamter. Das ist eben das Unterscheidende der Monarchie, daß sie auf den Glauben an einen höhergebornen Menschen, auf der freiwilligen Annahme eines Idealmenschen, beruht. Unter meines Gleichen kann ich mir keinen Obern wählen; auf Einen, der mit mir in der gleichen Frage befangen ist, nichts übertragen. Die Monarchie ist deswegen ächtes System, weil sie an einen absoluten Mittelpunct geknüpft ist; an ein Wesen, was zur Menschheit, aber nicht zum Staate gehört. Der König ist ein zum irdischen Fatum erhobener Mensch. Diese Dichtung drängt sich dem Menschen nothwendig auf. Sie befriedigt allein eine höhere Sehnsucht seiner Natur. Alle Menschen sollen thronfähig werden. Das Erziehungsmittel zu diesem fernen Ziel ist ein König. Er assimilirt sich allmählich die Masse seiner Unterthanen. Jeder ist entsprossen aus einem uralten Königsstamm. Aber wie wenige tragen noch das Gepräge dieser Abkunft?

19. Ein großer Fehler unserer Staaten ist es, daß man den Staat zu wenig sieht. Überall sollte der Staat sichtbar, jeder

Mensch, als Bürger characterisirt seyn. Ließen sich nicht Abzeichen und Uniformen durchaus einführen? Wer so etwas für geringfügig hält, kennt eine wesentliche Eigenthümlichkeit unsrer Natur nicht.

20. Ein Regent kann für die Erhaltung seines Staats in den jetzigen Zeiten gewiß nicht zweckmäßiger sorgen, als wenn er ihn vielmöglichst zu individualisiren sucht.

21. Die alte Hypothese, daß die Cometen die Revolutionsfackeln des Weltsystems wären, gilt gewiß für eine andre Art von Cometen, die periodisch das geistige Weltsystem revolutioniren und verjüngen. Der geistige Astronom bemerkt längst den Einfluß eines solchen Cometen auf einen beträchtlichen Theil des geistigen Planeten, den wir die Menschheit nennen. Mächtige Überschwemmungen, Veränderungen der Klimate, Schwankungen des Schwerpunkts, allgemeine Tendenz zum Zerfließen, sonderbare Meteore sind die Symptome dieser heftigen Incitation, deren Folge den Inhalt eines neuen Weltalters ausmachen wird. So nöthig es vielleicht ist, daß in gewissen Perioden alles in Fluß gebracht wird, um neue, nothwendige Mischungen hervorzubringen, und eine neue, reinere Krystallisation zu veranlassen, so unentbehrlich ist es jedoch ebenfalls diese Krisis zu mildern und die totale Zerfließung zu behindern, damit ein Stock übrig bleibe, ein Kern, an den die neue Masse anschieße, und in neuen schönen Formen sich um ihn her bilde. Das Feste ziehe sich also immer fester zusammen, damit der überflüssige Wärmestoff vermindert werde, und man spare kein Mittel um das Zerweichen der Knochen, das Zerlaufen der typischen Faser zu verhindern.
Würde es nicht Unsinn seyn eine Krisis permanent zu machen, und zu glauben, der Fieberzustand sey der ächte, gesunde Zustand, an dessen Erhaltung dem Menschen alles gelegen seyn mußte? Wer möchte übrigens an seiner Nothwendigkeit, an seiner wohltätigen Wirksamkeit zweifeln.

22. Es wird eine Zeit kommen und das bald, wo man allgemein überzeugt seyn wird, daß kein König ohne Republik, und keine Republik ohne König bestehn könne, daß beide so untheilbar sind, wie Körper und Seele, und daß ein Kö-

nig ohne Republik, und eine Republik ohne König, nur Worte ohne Bedeutung sind. Daher entstand mit einer ächten Republik immer ein König zugleich, und mit einem ächten König eine Republik zugleich. Der ächte König wird Republik, die ächte Republik König seyn.

23. Diejenigen, die in unsern Tagen gegen Fürsten, als solche, declamiren, und nirgends Heil statuiren, als in der neuen, französischen Manier, auch die Republik nur unter der representativen Form erkennen, und apodiktisch behaupten, daß nur da Republik sey, wo es Primair- und Wahlversammlungen, Direktorium und Räthe, Munizipalitäten und Freiheitsbäume gäbe, die sind armselige Philister, leer an Geist und arm an Herzen, Buchstäbler, die ihre Seichtigkeit und innerliche Blöße hinter den bunten Fahnen der triumphirenden Mode, unter der imposanten Maske des Kosmopolitismus zu verstecken suchen, und die Gegner, wie die Obscuranten verdienen, damit der Frosch- und Mäusekrieg vollkommen versinnlicht werde.

24. Wird nicht der König schon durch das innige Gefühl *Ihres* Werths zum König?

25. Was bey andern Fürsten der erste Tag war, wird hier der Lebenstag des Königs sein. Die Regierungszeit der Meisten ist nur der erste Tag. Der erste Tag ist das Leben dieser Ephemeren. Dann sterben sie, und mit ihren Reliquien wird nun mannichfacher Mißbrauch getrieben. So sind die meisten sogenannten Regierungen Interregna; die Fürsten nur das rothe, heilige Wachs, welches die Befehle sanctionirt.

26. Was sind Orden? Irwische, oder Sternschnuppen. Ein Ordensband sollte eine Milchstraße sein, gewöhnlich ist es nur ein Regenbogen, eine Einfassung des Ungewitters. Ein Brief, ein Bild der Königin; das wären Orden, Auszeichnungen der höchsten Art; Auszeichnungen, die zu den ausgezeichnetsten Thaten entzündeten. Auch verdienstvolle Hausfrauen sollten ähnliche Ehrenzeichen bekommen.

27. Die Königin hat zwar keinen politischen, aber einen häuslichen Wirkungskreis im Großen. Vorzüglich kommt

ihr die Erziehung ihres Geschlechts, die Aufsicht über die Kinder des ersten Alters, über die Sitten im Hause, die Verpflegung der Hausarmen und Kranken, besonders der von ihrem Geschlechte, die geschmackvolle Verzierung des Hauses, die Anordnung der Familienfeste, und die Einrichtung des Hoflebens von rechtswegen zu. Sie sollte ihre eigne Kanzlei haben, und ihr Mann wäre ihr erster Minister, mit dem sie alles überlegte. Zur Erziehung ihres Geschlechts würde Abschaffung der ausdrücklichen Anstalten seiner Corruption gehören. Sollte der Königin nicht beim Eintritt in eine Stadt schaudern, wo die tiefste Herabwürdigung ihres Geschlechts ein öffentliches Gewerbe ist? Die härtesten Strafen würden für diese ächten Seelenverkäufer nicht zu hart sein. Ein Mord ist weit schuldloser. Die gepriesene Sicherheit, die dadurch beabsichtigt wird, ist eine sonderbare Begünstigung der Brutalität. So wenig sich die Regierung in Privatangelegenheiten mischen dürfte, so sollte sie doch jede Beschwerde, jedes öffentliche Skandal, jede Anzeige, oder Klage eines entehrten Gegenstandes auf das strengste untersuchen. Wem steht das Schutzrecht des beleidigten Geschlechts mehr zu, als der Königin? Sie muß für den Aufenthalt in einer Stadt erröthen, die Asyle und Bildungsinstitute der Verworfenheit in sich befaßt.
Ihr Beispiel wird übrigens unendlich viel wirken. Die glücklichen Ehen werden immer häufiger und die Häuslichkeit mehr, als Mode werden. Sie wird zugleich ächtes Muster des weiblichen Anzugs sein. Der Anzug ist gewiß ein sehr richtiger Ethometer. Er hat leider in Berlin immer auf einem sehr niedrigen Punkte gestanden, oft unter Null. Was könnte nicht die Gesellschaft der Königin auf die jungen Weiber und Mädchen in Berlin würken? Es wäre an sich schon eine ehrenvolle Distinktion und würde die öffentliche Meinung nothwendig wieder sittlich stimmen; und am Ende ist doch die öffentliche Meinung das kräftigste Restaurations- und Bildungsmittel der Sitten.

28. Von der öffentlichen Gesinnung hängt das Betragen des Staats ab. Veredlung dieser Gesinnung ist die einzige Basis der ächten Staatsreform. Der König und die Königin können und müssen als solche das Prinzip der öffentlichen Gesinnung sein. Dort giebt es keine Monarchie mehr wo der

König und die Intelligenz des Staats nicht mehr identisch sind. Daher war der König von Frankreich schon lange vor der Revolution dethronisirt, und so die meisten Fürsten Europas. Es würde ein sehr gefährliches Symptom des Neupreußischen Staats sein, wenn man zu stumpf für die wohlthätigen Einflüsse des Königs und der Königin wäre, wenn es in der That an Sinn für dieses klassische Menschenpaar gebräche. Das muß sich in Kurzem offenbaren. Wirken diese Genien nichts, so ist die vollkommene Auflösung der modernen Welt gewiß, und die himmlische Erscheinung ist nichts, als das Aufblitzen der verfliegenden Lebenskraft, die Sphärenmusik eines Sterbenden, die sichtbare Ahndung einer bessern Welt, die edlern Generationen bevorsteht.

29. Der Hof ist eigentlich das große Muster einer Haushaltung. Nach ihm bilden sich die großen Haushaltungen des Staats, nach diesen die kleinern, und so herunter. Wie mächtig könnte nicht eine Hofreform wirken! Der König soll nicht frugal, wie ein Landmann, oder ein begüterter Privatmann seyn; aber es giebt auch eine königliche Frugalität, und diese scheint der König zu kennen. Der Hof soll das klassische Privatleben im Großen sein. Die Hausfrau ist die Feder des Hauswesens. So die Königin, die Feder des Hofs. Der Mann fournirt, die Frau ordnet und richtet ein. Ein frivoles Hauswesen ist meistentheils die Schuld der Frau. Daß die Königin durchaus antifrivole ist, weiß jedermann. Daher begreife ich nicht, wie sie das Hofleben, wie es ist, ertragen kann. Auch ihrem Geschmack, der so innig eins mit ihrem Herzen ist, muß die fade Monotonie desselben unerträglich auffallen.
Das Schauspiel und Conzert, und hin und wieder die Zimmerverzierungen ausgenommen, trifft man fast keine Spur von Geschmack im gewöhnlichen europäischen Hofleben, und auch jene Ausnahmen, wie oft sind sie geschmacklos, wie oft werden sie nicht geschmacklos genossen. Wie äußerst mannigfaltig könnte es aber seyn? Ein geistvoller Maitre des Plaisirs könnte, geleitet vom Geschmack der Königin, aus dem Hofe ein irdisches Paradies machen, könnte das einfache Thema des Lebensgenusses durch unerschöpfliche Variationen führen, und uns so die Gegenstände der allgemeinen Anbetung in einer immer neuen, immer rei-

zenden Umgebung erblicken lassen. Welches Gefühl aber ist himmlischer, als das, seine Geliebten im wahrhaftesten Lebensgenusse begriffen zu wissen.

30. Jede gebildete Frau und jede sorgfältige Mutter sollte das Bild der Königin, in ihrem oder ihrer Töchter Wohnzimmer haben. Welche schöne kräftige Erinnerung an das Urbild, das jede zu erreichen sich vorgesetzt hätte. Ähnlichkeit mit der Königin würde der Karakterzug der Neupreußischen Frauen, ihr Nationalzug. Ein liebenswürdiges Wesen unter tausendfachen Gestalten. Mit jeder Trauung ließe sich leicht eine bedeutungsvolle Huldigungszeremonie der Königin einführen; und so sollte man mit dem König und der Königin das gewöhnliche Leben veredeln, wie sonst die Alten es mit ihren Göttern thaten. Dort entstand ächte Religiosität durch diese unaufhörliche Mischung der Götterwelt in das Leben. So könnte hier durch diese beständige Verwebung des königlichen Paars in das häusliche und öffentliche Leben, ächter Patriotism entstehen.

31. Die Gruppe von Schadow sollte die gute Gesellschaft in Berlin zu erhalten suchen, eine Loge der sittlichen Grazie stiften und sie in dem Versammlungssaale aufstellen. Diese Loge könnte eine Bildungsanstalt der jungen weiblichen Welt aus den kultivirten Ständen seyn, und der Königsdienst wäre dann, was der Gottesdienst auf eine ähnliche Weise seyn sollte, ächte Auszeichnung und Belohnung der trefflichsten ihres Geschlechts.

32. Sonst mußte man sich vor den Höfen, wie vor einem ansteckenden Orte, mit Weib und Kindern flüchten. An einen Hof wird man sich jetzt vor der allgemeinen Sittenverderbniß, wie auf eine glückliche Insel zurückziehen können. Um eine trefliche Frau zu finden, mußte ein behutsamer junger Mann sonst in die entlegenern Provinzen, wenigstens in die gänzlich von Stadt und Hof entfernten Familien gehn; künftig wird man, wie es nach dem ursprünglichen Begriff sein sollte, an Hof, als zum Sammelplatz des besten und schönsten gehn, und sich glücklich preisen können, eine Frau aus der Hand der Königin zu empfangen.

33. Dieser König ist der Erste König von Preußen. Er setzt sich alle Tage die Krone selbst auf, und zu seiner Anerkennung bedarf es keiner Negotiationen.

34. Der König und die Königin beschützen die Monarchie mehr, als 200,000 Mann.

35. Nichts ist erquickender als von unsern Wünschen zu reden, wenn sie schon in Erfüllung gehn.

36. Kein Staat ist mehr als Fabrik verwaltet worden, als Preußen, seit Friedrich Wilhelm des Ersten Tode. So nöthig vielleicht eine solche maschinistische Administration zur physischen Gesundheit, Stärkung und Gewandheit des Staats seyn mag, so geht doch der Staat, wenn er bloß auf diese Art behandelt wird, im Wesentlichen darüber zu Grunde. Das Prinzip des alten berühmten Systems ist, jeden durch Eigennutz an den Staat zu binden. Die klugen Politiker hatten das Ideal eines Staats vor sich, wo das Interesse des Staats, eigennützig, wie das Interesse der Unterthanen, so künstlich jedoch mit demselben verknüpft wäre, daß beide einander wechselseitig beförderten.
An diese politische Quadratur des Zirkels ist sehr viel Mühe gewandt worden: aber der rohe Eigennutz scheint durchaus unermeßlich, antisystematisch zu sein. Er hat sich durchaus nicht beschränken lassen, was doch die Natur jeder Staatseinrichtung nothwendig erfordert. Indeß ist durch diese förmliche Aufnahme des gemeinen Egoismus, als Prinzip, ein ungeheurer Schade geschehn und der Keim der Revolution unserer Tage liegt nirgends, als hier.
Mit wachsender Kultur mußten die Bedürfnisse mannichfacher werden, und der Werth der Mittel ihrer Befriedigung um so mehr steigen, je weiter die moralische Gesinnung hinter allen diesen Erfindungen des Luxus, hinter allen Raffinements des Lebensgenusses und der Bequemlichkeit zurückgeblieben war. Die Sinnlichkeit hatte zu schnell ungeheures Feld gewonnen. In eben dem Verhältnisse, als die Menschen auf dieser Seite ihre Natur ausbildeten, und sich in der vielfachsten Thätigkeit und dem behaglichsten Selbstgefühl verloren, mußte ihnen die andere Seite unscheinbar, eng und fern vorkommen. Hier meinten sie nun

den rechten Weg ihrer Bestimmung eingeschlagen zu haben, hieher alle Kräfte verwenden zu müssen. So wurde grober Eigennutz zur Leidenschaft, und zugleich seine Maxime zum Resultat des höchsten Verstandes; und dies machte die Leidenschaft so gefährlich und unüberwindlich. Wie herrlich wär es, wenn der jetzige König sich wahrhaft überzeugte, daß man auf diesem Wege nur das flüchtige Glück eines Spielers machen könne, das von einer so veränderlichen Größe bestimmt wird, als die Imbecillität, und der Mangel an Routine und Finesse seiner Mitspieler. Durch Betrogenwerden lernt man Betrügen und wie bald ändert sich da nicht das Blatt, und der Meister wird Schüler seines Schülers. Ein dauerhaftes Glück macht nur der rechtliche Mann, und der rechtliche Staat. Was helfen mir alle Reichthümer, wenn sie sich bei mir nur aufhalten, um frische Pferde zu nehmen und schneller ihre Reise um die Welt zurück zu legen? Uneigennützige Liebe im Herzen und ihre Maxime im Kopf, das ist die alleinige, ewige Basis aller wahrhaften, unzertrennlichen Verbindung, und was ist die Staatsverbindung anders, als eine Ehe?

37. Ein König muß, wie ein Vater, keine Vorliebe zeigen. Er sollte nicht bloß militairische Gesellschafter und Adjutanten haben. Warum nicht auch civilistische? Wenn er sich in seinen militairischen Adjutanten fähige Generale bildet, warum will er sich nicht auf ähnliche Weise fähige Präsidenten und Minister bilden? Bei ihm laufen alle Fäden der Regierung zusammen. Nur von dort aus läßt sich das ganze Triebwerk des Staats überblicken. Dort allein lernt man im Großen den Staat und sein Detail ansehn. Zu Directorialposten kann man sich nirgends so bilden, als im Kabinet, wo die Staatsweisheit des ganzen Landes sich konzentrirt, wo man jede Sache durchaus bearbeitet erhält, und von wo aus man den Gang der Geschäfte bis in seine kleinsten Adern verfolgen kann. Hier allein würde jener eingeschränkte Geist verschwinden, jener Pedantismus der Geschäftsmänner, der sie auf ihre Bemühungen einen einzigen, auf ihre Vorschläge einen infalliblen Werth legen läßt, der sie alle Dinge nach ihrem Wirkungskreise, nach ihrer Gesichtssphäre beurtheilen macht, und die höhere Instanzen oft selbst zu einseitigen ungleichen Partialschritten verleitet.

Dieses kleinstädtische Wesen ist überall sichtbar und verhindert am meisten ächten Republikanismus, allgemeine Theilnahme am ganzen Staate, innige Berührung und Harmonie aller Staatsglieder. Der König sollte noch mehr militairische und civilistische Adjutanten haben. Wie jene die höchste militairische Schule im Staate, so bildeten diese die höchste praktisch-politische Akademie im Staate. Eine Stelle in beiden würde schon Auszeichnung und Anfeuerung genug seyn. Für den König würde diese abwechselnde Gesellschaft der treflichsten jungen Männer seines Landes höchst angenehm und vortheilhaft seyn. Für diese jungen Männer aber wären diese Lehrjahre das glänzendste Fest ihres Lebens, der Anlaß einer lebenslänglichen Begeisterung. Persönliche Liebe schlösse sie auf ewig an ihren Souverain, und der König hätte die schönste Gelegenheit seiner Diener genau kennen zu lernen, zu wählen und persönlich zu achten und zu lieben. Die edle Simplicität des königlichen Privatlebens, das Bild dieses glücklichen, innig verbundenen Paars, würde den wohlthätigsten Einfluß auf die sittliche Bildung dieses Kerns der preußischen Jugend haben, und so würde dem König am leichtesten der angeborne Wunsch seines Herzens gewährt, der wahrhafte Reformator und Restaurator seiner Nation und seiner Zeit zu werden.

38. Einen König sollte nichts mehr am Herzen liegen, als so vielseitig, so unterrichtet, orientiert und vorurtheilsfrey, kurz so vollständiger Mensch zu seyn, und zu bleiben, als möglich. Kein Mensch hat mehr Mittel in Händen sich auf eine leichte Art diesen höchsten Styl der Menschheit zu eigen zu machen, als ein König. Durch Umgang und Fortlernen kann er sich immer jung erhalten. Ein alter König macht einen Staat so grämlich, als er selbst ist. Wie bequem könnte sich der König nicht die Bekanntschaft mit den wissenschaftlichen Fortschritten der Menschheit machen. Er hat schon gelehrte Academien. Wenn er sich nun von diesen vollständige, genaue und präzise Berichte über den vormaligen und gegenwärtigen Zustand der Litteratur überhaupt – terminliche Berichte über die wissenswürdigsten Vorfälle in allem, was den Menschen, als solchen, interessirt – Auszüge aus den vorzüglichsten Büchern, und Bemerkungen über dieselben, Hinweisungen auf diejenigen Pro-

dukte der schönen Kunst, die eigne Betrachtung und Genießung verdienten, endlich Vorschläge zur Beförderung wissenschaftlicher Kultur der Unterthanen, zur Aufnahme und Unterstützung hoffnungsvoller bedeutender Unternehmungen, und armer vielversprechender Gelehrten, und zur Ausfüllung scientifischer Lücken und Entwicklung neuer litterarischer Keime, erforderte, und allenfalls Correlationen veranstaltete, so würde dies ihn in Stand setzen seinen Staat unter andern Staaten, seine Nation in der Menschheit und sich selbst im Großen zu übersehen, und hier in der That sich zu einem königlichen Menschen zu bilden. Der Mühe einer ungeheuren Lektüre überhoben, genösse er die Früchte der europäischen Studien im Extracte, und würde in kurzem durch fleißiges Überdenken dieses geläuterten und inspissirten Stoffs neue mächtige Kräfte seines Geistes hervorgebrochen, und sich in einem reinern Elemente, auf der Höhe des Zeitalters erblicken. Wie divinatorisch würde sein Blick, wie geschärft sein Urtheil, wie erhaben seine Gesinnung werden!

39. Ein wahrhafter Fürst ist der Künstler der Künstler; das ist, der Director der Künstler. Jeder Mensch sollte Künstler seyn. Alles kann zur schönen Kunst werden. Der Stoff des Fürsten sind die Künstler; sein Wille ist sein Meißel: er erzieht, stellt und weist die Künstler an, weil nur er das Bild im Ganzen aus dem rechten Standpunkte übersieht, weil ihm nur die große Idee, die durch vereinigte Kräfte und Ideen dargestellt, exekutirt werden soll, vollkommen gegenwärtig ist. Der Regent führt ein unendlich mannichfaches Schauspiel auf, wo Bühne und Parterre, Schauspieler und Zuschauer Eins sind, und er selbst Poet, Director und Held des Stücks zugleich ist. Wie entzückend, wenn wie bey dem König, die Directrice zugleich die Geliebte des Helden, die Heldin des Stücks ist, wenn man selbst die Muse in ihr erblickt, die den Poeten mit heiliger Glut erfüllt, und zu sanften, himmlischen Weisen sein Saitenspiel stimmt.

40. In unsern Zeiten haben sich wahre Wunder der Transsubstantiation ereignet. Verwandelt sich nicht ein Hof in eine Familie, ein Thron in ein Heiligthum, eine königliche Vermählung in einen ewigen Herzensbund?

41. Wenn die Taube, Gesellschafterin und Liebling des Adlers wird, so ist die goldne Zeit in der Nähe oder gar schon da, wenn auch noch nicht öffentlich anerkannt und allgemein verbreitet.

42. Wer den ewigen Frieden jetzt sehn und lieb gewinnen will, der reise nach Berlin und sehe die Königin. Dort kann sich jeder anschaulich überzeugen, daß der ewige Friede herzliche Rechtlichkeit über alles liebt, und nur durch diese sich auf ewig fesseln läßt.

43. Was ich mir vor allen wünschte? das will ich euch sagen: eine geistvolle Darstellung der Kinder- und Jugendjahre der Königin. Gewiß im eigentlichsten Sinn, weibliche Lehrjahre. Vielleicht nichts anders, als Nataliens Lehrjahre. Mir kommt Natalie, wie das zufällige Portrait der Königin vor. Ideale müssen sich gleichen.

Novalis.

44. Der Grund aller Verkehrtheit in Gesinnungen und Meinungen ist – Verwechselung des Zwecks mit dem Mittel.

45. Genau haben die meisten Revolutionisten gewiß nicht gewußt, was sie wollten – Form, oder Unform.

46. Revolutionen beweisen eher gegen die wahre Energie einer Nation. Es gibt eine Energie aus Kränklichkeit und Schwäche – die gewaltsamer wirkt, als die wahre – aber leider mit noch tieferer Schwäche aufhört.

47. Wenn man von einer Nation urtheilt, so beurtheilt man meistens nur den vorzüglich sichtbaren, den frappanten Theil der Nation.

48. Kein Argument ist der alten Regierung nachtheiliger, als dasjenige, was man aus der disproportionellen Stärke der Glieder des Staats, die in einer Revolution zum Vorschein kommt, ziehen kann. Seine Verwaltung muß höchst fehlerhaft gewesen sein, daß viele Theile fehlerhaft werden konnten und eine so hartnäckige Schwäche überall einwurzelte.

49. Je schwächer ein Theil ist, desto mehr zu Unordnungen und Entzündungen geneigt.

50. Was sind Sklaven? Völlig geschwächte, comprimirte Menschen. Was sind Sultane? Durch heftige Reizungen incitirte Sklaven. Wie endigen Sultane und Sklaven? Gewaltsam. – Jene leicht als Sklaven, diese leicht als Sultane, d. h. phrenitisch, hirnwüthig. Wie können Sklaven kurirt werden? Durch sehr behutsame Freilassungen und Aufklärungen. Man muß sie wie Erfrorne behandeln. Sultane? Auf die Art, wie Dionysius und Krösus kurirt wurden. Mit Schrecken, Fasten und Klosterzwang angefangen und all-

mählig mit Stärkungsmitteln gestiegen. Sultane und Sklaven sind das Extrem. Es gibt noch viel Mittelklassen bis zum König und dem ächten Cyniker – der Klasse der vollkommensten Gesundheit. Terroristen und Hofschranzen gehören so ziemlich in die nächste Klasse nach Sultanen und Sklaven – und gehen so in einander über, wie diese. Beides sind Repräsentanten der beiden Krankheitsformen einer sehr schwachen Constitution.

51. Die gesundeste Constitution unter einem Maximum von Reizen repräsentirt der König, – dieselbe unter einem Minimum von Reizen – der ächte Cyniker. Je gleicher beide sind, je leichter und unveränderter sie ihre Rollen verwechseln könnten, desto mehr nährt sich ihre Constitution dem Ideal der vollkommenen Constitution. Je unabhängiger also der König von seinem Thron lebt, desto mehr ist er König.

52. Alle Reize sind relativ – sind Größen – bis auf Einen, der ist absolut – und mehr als Größe.

53. Die vollkommenste Constitution entsteht durch Incitation und absolute Verbindung mit diesem Reize. Durch ihn kann sie alle übrige entbehren – denn er wirkt anfänglich stärker im Verhältniß, daß dic relativen Reize abnehmen, und umgekehrt. Hat er sie aber einmal ganz durchdrungen, so wird sie völlig indifferent gegen die relativen Reize. Dieser Reiz ist – *absolute Liebe.*

54. Ein Cyniker und ein König ohne sie, sind nur Titulaturen.

55. Jede Verbesserung unvollkommener Constitutionen läuft daraus hinaus, daß man sie der Liebe fähiger macht.

56. Der beste Staat besteht aus Indifferentisten dieser Art.

57. In unvollkommenen Staaten sind sie auch die besten Staatsbürger. Sie nehmen an allem Guten Theil, lachen über die Alfansereien ihrer Zeitgenossen im Stillen, und enthal-

ten sich von allem Uebel. Sie ändern nicht, weil sie wissen, daß jede Aenderung der Art und unter diesen Umständen nur ein neuer Irrthum ist, und das Beste nicht von außen kommen kann. Sie lassen alles in seinen Würden, und so wie sie keinen geniren – so genirt auch sie keiner, und sind überall willkommen.

---

58. Der jetzige Streit über die Regierungsformen ist ein Streit über den Vorzug des reifen Alters, oder der blühenden Jugend.

59. Republik ist das Fluidum deferens der Jugend. Wo junge Leute sind, ist Republik.

60. Mit der Verheirathung ändert sich das System. Der Verheirathete verlangt Ordnung, Sicherheit, und Ruhe – er wünscht, als Familie, in Einer Familie zu leben – in einem regelmäßigen Hauswesen – er sucht eine ächte Monarchie.

61. Ein Fürst ohne Familiengeist ist kein Monarch.

62. Aber wozu ein einziger, unbeschränkter Hausvater? Welcher Willkühr ist man da nicht ausgesetzt?

63. In allen relativen Verhältnissen ist das Individuum einmal für allemal der Willkühr ausgesetzt – und wenn ich in eine Wüste ginge – ist da nicht mein wesentliches Interesse der Willkühr meiner Individualität noch ausgesetzt? das Individuum, als solches, steht seiner Natur nach unten dem *Zufall.* In der vollkommenen Demokratie steh ich unter sehr vielen, in repräsentativer Demokratie unter Wenigern, in der Monarchie unter Einem willkürlichen Schicksale.

64. Aber fordert nicht die Vernunft, daß Jeder sein eigener Gesetzgeber sei? Nur seinen eigenen Gesetzen soll der Mensch gehorchen.

65. Wenn Solon und Lycurg wahre, allgemeine Gesetze, Gesetze der Menschheit gegeben haben, – woher nahmen

sie dieselben? – Hoffentlich aus dem Gefühl ihrer Menschheit und seiner Beobachtung. Wenn ich ein Mensch bin, wie sie, woher nehme ich meine Gesetze? doch wohl aus derselben Quelle – und bin ich, wenn ich dann nach Solons und Lycurgs Gesetzen lebe, der Vernunft untreu? Jedes wahre Gesetz ist mein Gesetz – sagen und aufstellen mag es, wer es will. Dieses Sagen und Aufstellen aber, oder die Beobachtung des ursprünglichen Gefühls und ihre Darstellung muß doch nicht so leicht sein, – sonst würden wir ja keiner besondern geschriebenen Gesetze bedürfen? Es muß also wohl eine Kunst sein? So auch das Gesetz anzuwenden, scheint in der That eine langwierige Uebung und Schärfung der Urtheilskraft vorauszusetzen. Wodurch entstanden Stände und Zünfte? – aus Mangel an Zeit und Kräften des Einzelnen. Jeder Mensch konnte bisher nicht alle Künste und Wissenschaften lernen und zugleich treiben – sich nicht alles in Allem sein. Die Arbeiten und Künste wurden vertheilt. Nicht auch die Regierungskunst? Der allgemeinen Forderung der Vernunft zufolge sollten auch alle Menschen Aerzte, Dichter, und so fort, sein. Bei den übrigen Künsten ist es übrigens schon größtentheils hergebracht, daß sich da die Menschen darüber bescheiden – nur Regierungskunst und Philosophie – dazu glaubt jeder gehöre nur Dreistigkeit, und jeder vermißt sich, als Kenner, davon zu sprechen, und Prätensionen auf ihre Praxis und Virtuosität zu machen.

66. Aber die Vortrefflichkeit der repräsentativen Democratie ist doch unläugbar. Ein natürlicher, musterhafter Mensch ist ein Dichtertraum. Mithin, was bleibt übrig – Composition eines künstlichen. Die vortrefflichsten Menschen der Nation ergänzen einander – In dieser Gesellschaft entzündet sich ein reiner Geist der Gesellschaft. Ihre Decrete sind seine Emanationen – und der idealische Regent ist realisirt.

67. Zuerst zieh ich die vortrefflichsten Menschen der Nation und die Entzündung des reinen Geistes in Zweifel. Auf die sehr wiedersprechende Erfahrung will ich mich nicht einmal berufen. Es liegt am Tage, daß sich aus todten Stoffen kein lebendiger Körper – aus ungerechten, eigen-

nützigen und einseitigen Menschen kein gerechter, uneigennütziger und liberaler Mensch zusammensetzen läßt. Freilich ist das eben ein Irrthum einer einseitigen Majorität, und es wird noch lange Zeit vergehn, eh man sich von dieser simpeln Wahrheit allgemein überzeugen wird. Eine so beschaffene Majorität wird nicht die Vortrefflichsten, sondern im Durchschnitt nur die Bornirtesten und die Weltklügsten wählen. Unter den Bornirtesten versteh ich solche, bei denen Mittelmäßigkeit zur fertigen Natur geworden ist, die klassischen Muster des großen Haufens. Unter den Weltklügsten – die geschicktesten Courmacher des großen Haufens. Hier wird sich kein Geist entzünden – am wenigsten ein reiner – Ein großer Mechanismus wird sich bilden – ein Schlendrian – den nur die Intrigue zuweilen durchbricht. Die Zügel der Regierung werden zwischen den Buchstaben und mannichfaltigen Partheimachern hin und her schwanken. Die Despotie eines Einzelnen hat denn doch vor dieser Despotie noch den Vorzug, daß man wenigstens dort an Zeit und Schuhen erspart – wenn man mit der Regierung zu thun hat – und jene doch mit offnen Karten spielt, da man hier nicht immer gleich weiß, bei wem gerade den Tag die Regierung anzutreffen ist – und welche Wege die Vortheilhaftesten dahin einzuschlagen sind.
Wenn der Repräsentant schon durch die Höhe, auf die er gehoben wird – reifer und geläuterter werden soll, wie viel mehr der einzelne Regent? Wären die Menschen schon das, was sie sein sollten und werden können – so würden alle Regierungsformen einerlei sein – die Menschheit würde überall einerlei regiert, überall nach den ursprünglichen Gesetzen der Menschheit. Dann aber würde man am Ersten die *schönste, poetische,* die natürlichste Form wählen – Familienform – Monarchie, – Mehrere Herrn – mehrere Familien – Ein Herr – Eine Familie!

68. Jetzt scheint die vollkommene Demokratie und die Monarchie in einer unauflöslichen Antinomie begriffen zu sein – der Vortheil der Einen durch einen entgegengesetzten Vortheil der Andern aufgewogen zu werden. Das junge Volk steht auf der Seite der erstern, gesetztere Hausväter auf der Seite der zweiten. Absolute Verschiedenheit der Neigungen scheint diese Trennung zu veranlassen. Einer

liebt Veränderungen – der Andre nicht. Vielleicht lieben wir alle in gewissen Jahren Revolutionen, freie Concurrenz, Wettkämpfe und dergleichen demokratische Erscheinungen. Aber diese Jahre gehn bei den Meisten vorüber – und wir fühlen uns von einer friedlicheren Welt angezogen, wo eine Centralsonne den Reigen führt, und man lieber Planet wird, als einen zerstörenden Kampf um den Vortanz mitkämpft. Man sei also nur wenigstens politisch, wie religiös, tolerant – man nehme nur die Möglichkeit an, daß auch ein vernünftiges Wesen anders incliniren könne als wir. Diese Toleranz führt, wie mich dünkt, allmälig zur erhabenen Ueberzeugung von der Relativität jeder positiven Form – und der wahrhaften Unabhängigkeit eines reifen Geistes von jeder individuellen Form, die ihm nichts als nothwendiges Werkzeug ist. Die Zeit muß kommen, wo politischer Entheism und Pantheism als nothwendige Wechselglieder aufs innigste verbunden sein werden.

DIE CHRISTENHEIT ODER EUROPA

Ein Fragment

(Geschrieben im Jahre 1799)

Es waren schöne glänzende Zeiten, wo Europa ein christliches Land war, wo *Eine* Christenheit diesen menschlich gestalteten Welttheil bewohnte; *Ein* großes gemeinschaftliches Interesse verband die entlegensten Provinzen dieses weiten geistlichen Reichs. – Ohne große weltliche Besitzthümer lenkte und vereinigte *Ein* Oberhaupt, die großen politischen Kräfte. – Eine zahlreiche Zunft zu der jedermann den Zutritt hatte, stand unmittelbar unter demselben und vollführte seine Winke und strebte mit Eifer seine wohlthätige Macht zu befestigen. Jedes Glied dieser Gesellschaft wurde allenthalben geehrt, und wenn die gemeinen Leute Trost oder Hülfe, Schutz oder Rath bei ihm suchten, und gerne dafür seine mannigfaltigen Bedürfnisse reichlich versorgten, so fand es auch bei den Mächtigeren Schutz, Ansehn und Gehör, und alle pflegten diese auserwählten, mit wunderbaren Kräften ausgerüsteten Männer, wie Kinder des Himmels, deren Gegenwart und Zuneigung mannigfachen Segen verbreitete. Kindliches Zutrauen knüpfte die Menschen an ihre Verkündigungen. – Wie heiter konnte jedermann sein irdisches Tagewerk vollbringen, da ihm durch diese heilige Menschen eine sichere Zukunft bereitet, und jeder Fehltritt durch sie vergeben, jede mißfarbige Stelle des Lebens durch sie ausgelöscht, und geklärt wurde. Sie waren die erfahrnen Steuerleute auf dem großen unbekannten Meere, in deren Obhut man alle Stürme geringschätzen, und zuversichtlich auf eine sichre Gelangung und Landung an der Küste der eigentlichen vaterländischen Welt rechnen durfte.

Die wildesten, gefräßigsten Neigungen mußten der Ehrfurcht und dem Gehorsam gegen ihre Worte weichen. Friede ging von ihnen aus. – Sie predigten nichts als Liebe zu der heiligen, wunderschönen Frau der Christenheit, die mit göttlichen Kräften versehen, jeden Gläubigen aus den schrecklichsten Gefahren zu retten bereit war. Sie erzählten von längst verstorbenen himmlischen Menschen, die durch Anhänglichkeit und Treue an jene selige Mutter und ihr himmlisches, freundliches Kind, die Versuchung der irdischen Welt bestanden, zu göttlichen Ehren gelangt und nun schützende, wohlthätige Mächte ihrer lebenden Brüder, willige Helfer in der Noth, Vertreter menschlicher Gebrechen und wirksame Freunde der Menschheit am himmlischen Throne geworden waren. Mit welcher Heiterkeit verließ man die schönen Versammlungen in den geheimnißvollen Kirchen, die mit ermunternden Bildern geschmückt, mit süßen Düften erfüllt, und von heiliger erhebender Musik belebt waren. In ihnen wurden die geweihten Reste ehemaliger gottesfürchtiger Menschen dankbar, in köstlichen Behältnissen aufbewahrt. – Und an ihnen offenbahrte sich die göttliche Güte und Allmacht, die mächtige Wohlthätigkeit dieser glücklichen Frommen, durch herrliche Wunder und Zeichen. So bewahren liebende Seelen, Locken oder Schriftzüge ihrer verstorbenen Geliebten, und nähren die süße Glut damit, bis an den wiedervereinigenden Tod. Man sammelte mit inniger Sorgfalt überall was diesen geliebten Seelen angehört hatte, und jeder pries sich glücklich der eine so tröstliche Reliquie erhalten oder nur berühren konnte. Hin und wieder schien sich die himmlische Gnade vorzüglich auf ein seltsames Bild, oder einen Grabhügel niedergelassen zu haben. – Dorthin strömten aus allen Gegenden Menschen mit schönen Gaben und brachten himmlische Gegengeschenke: Frieden der Seele und Gesundheit des Leibes, zurück. Aemsig suchte, diese mächtige friedenstiftende Gesellschaft, alle Menschen dieses schönen Glaubens theilhaftig zu machen und sandte ihre Genossen, in alle Welttheile, um überall das Evangelium des Lebens zu verkündigen, und das Himmelreich zum einzigen Reiche auf dieser Welt zu machen. Mit Recht widersetzte sich das weise Oberhaupt der Kirche, frechen Ausbildungen menschlicher Anlagen auf Kosten des heiligen Sinns, und unzeitigen gefährlichen Entdeckungen, im Gebiete des Wissens. So wehrte er den kühnen Denkern öffentlich zu behaupten, daß die Erde ein unbedeutender Wandelstern sey, denn er wußte wohl, daß die Menschen mit der Achtung für ihren Wohnsitz und ihr irdisches Vaterland, auch die Achtung vor der himmlischen Heimath und ihrem Geschlecht verlieren, und das eingeschränkte Wissen dem unendlichen Glauben vorziehn und sich gewöhnen würden alles Große und Wunderwürdige zu verachten, und als todte Gesetzwirkung zu betrachten. An seinem Hofe versammelten sich alle klugen und ehrwürdigen Menschen aus Europa. Alle Schätze flossen dahin, das zerstörte Jerusalem hatte sich gerächt, und Rom selbst war Je-

rusalem, die heilige Residenz der göttlichen Regierung auf Erden geworden. Fürsten legten ihre Streitigkeiten dem Vater der Christenheit vor, willig ihm ihre Kronen und ihre Herrlichkeit zu Füßen, ja sie achteten es sich zum Ruhm, als Mitglieder dieser hohen Zunft, den Abend ihres Lebens in göttlichen Betrachtungen zwischen einsamen Klostermauern zu beschließen. Wie wohlthätig, wie angemessen, der innern Natur der Menschen, diese Regierung, diese Einrichtung war, zeigte das gewaltige Emporstreben, aller andern menschlichen Kräfte, die harmonische Entwicklung aller Anlagen; die ungeheure Höhe, die einzelne Menschen in allen Fächern der Wissenschaften des Lebens und der Künste erreichten und der überall blühende Handelsverkehr mit geistigen und irdischen Waaren, in dem Umkreis von Europa und bis in das fernste Indien hinaus. –
Das waren die schönen wesentlichen Züge der ächt katholischen oder ächt christlichen Zeiten. Noch war die Menschheit für dieses herrliche Reich nicht reif, nicht gebildet genug. Es war eine erste Liebe, die im Drucke des Geschäftslebens entschlummerte, deren Andenken durch eigennützige Sorgen verdrängt, und deren Band nachher als Trug und Wahn ausgeschrien und nach spätern Erfahrungen beurtheilt, – auf immer von einem großen Theil der Europäer zerrissen wurde. Diese innere große Spaltung, die zerstörende Kriege begleiteten, war ein merkwürdiges Zeichen der Schädlichkeit der Kultur, für den Sinn des Unsichtbaren, wenigstens einer temporellen Schädlichkeit der Kultur einer gewissen Stufe. Vernichtet kann jener unsterbliche Sinn nicht werden, aber getrübt, gelähmt, von andern Sinnen verdrängt. – Eine längere Gemeinschaft der Menschen vermindert die Neigungen, den Glauben an ihr Geschlecht, und gewöhnt sie ihr ganzes Dichten und Trachten, den Mitteln des Wohlbefindens allein zuzuwenden, die Bedürfnisse und die Künste ihrer Befriedigung werden verwickelter, der habsüchtige Mensch hat, so viel Zeit nöthig sich mit ihnen bekannt zu machen und Fertigkeiten in ihnen sich zu erwerben, daß keine Zeit zum stillen Sammeln des Gemühts, zur aufmerksamen Betrachtung der innern Welt übrig bleibt. – In Collisions-Fällen scheint ihm das gegenwärtige Interesse näher zu liegen, und so fällt die schöne Blüte seiner Jugend, Glauben und Liebe ab, und

macht den derbern Früchten, Wissen und Haben Platz. Man gedenkt des Frühlings im Spätherbst, wie eines kindischen Traums und hofft mit kindischer Einfalt, die vollen Speicher sollen auf immer aushalten. Eine gewisse Einsamkeit, scheint dem Gedeihen der höhern Sinne nothwendig zu seyn, und daher muß ein zu ausgebreiteter Umgang der Menschen mit einander, manchen heiligen Keim ersticken und die Götter, die den unruhigen Tumult zerstreuender Gesellschaften, und die Verhandlungen kleinlicher Angelegenheiten fliehen, verscheuchen. Ueberdem haben wir ja mit Zeiten und Perioden zu thun, und ist diesen eine Oszillation, ein Wechsel entgegengesetzter Bewegungen nicht wesentlich? und ist diesen ein beschränkte Dauer nicht eigenthümlich, ein Wachsthum und ein Abnehmen nicht ihre Natur? aber auch eine Auferstehung, eine Verjüngung, in neuer, tüchtiger Gestalt, nicht auch von ihnen mit Gewißheit zu erwarten? fortschreitende, immer mehr sich vergrößernde Evolutionen sind der Stoff der Geschichte. – Was jetzt nicht die Vollendung erreicht, wird sie bei einem künftigen Versuch erreichen, oder bei einem abermaligen; vergänglich ist nichts was die Geschichte ergriff, aus unzähligen Verwandlungen geht es in immer reicheren Gestalten erneuet wieder hervor. Einmal war doch das Christenthum mit voller Macht und Herrlichkeit erschienen, bis zu einer neuen Welt-Inspiration herrschte seine Ruine, sein Buchstabe mit immer zunehmender Ohnmacht und Verspottung. Unendliche Trägheit lag schwer auf der sicher gewordenen Zunft der Geistlichkeit. Sie war stehn geblieben im Gefühl ihres Ansehns und ihrer Bequemlichkeit, während die Layen ihr unter den Händen Erfahrung und Gelehrsamkeit entwandt und mächtige Schritte auf dem Wege der Bildung vorausgethan hatten. In der Vergessenheit ihres eigentlichen Amts, die Ersten unter den Menschen an Geist, Einsicht und Bildung zu seyn, waren ihnen die niedrigen Begierden zu Kopf gewachsen, und die Gemeinheit und Niedrigkeit ihrer Denkungsart wurde durch ihre Kleidung und ihren Beruf noch widerlicher. So fielen Achtung und Zutrauen, die Stützen dieses und jedes Reichs, allmählig weg, und damit war jene Zunft vernichtet, und die eigentliche Herrschaft Roms hatte lange vor der gewaltsamen Insurrection stillschweigend aufgehört. Nur kluge, also auch nur zeitliche, Maaßregeln hielten den Leichnam der Verfassung noch zusammen, und bewahrten ihn vor zu schleuniger Auflösung, wohin denn z. B. die Abschaffung der Priester-Ehe vorzüglich gehörte. – Eine Maaßregel die analog angewandt auch dem ähnlichen Soldatenstand eine fürchterliche Consistenz verleihen und sein Leben noch lange fristen könnte. Was war natürlicher, als daß endlich ein feuerfangender Kopf öffentlichen Aufstand gegen den despotischen Buchstaben der ehemahligen Verfassung predigte, und mit um so größerm Glück, da er selbst Zunft-Genosse war. –

Mit Recht nannten sich die Insurgenten Protestanten, denn sie protestirten feyerlich gegen jede Anmaßung einer unbequemen und unrechtmäßig scheinenden Gewalt über das Gewissen. Sie nahmen ihr stillschweigend abgegebenes Recht auf Religions-Untersuchung, Bestimmung und Wahl, als vakant wieder einstweilig an sich zurück. Sie stellten auch eine Menge richtiger Grundsätze auf, führten eine Menge löblicher Dinge ein, und schafften eine Menge verderblicher Satzungen ab: aber sie vergaßen das nothwendige Resultat ihres Prozesses; trennten das Untrennbare, theilten die untheilbare Kirche und rissen sich frevelnd aus dem allgemeinen christlichen Verein, durch welchen und in welchem allein die ächte, dauernde Wiedergeburt möglich war. Der Zustand religiöser Anarchie darf nur vorübergehend seyn, denn der nothwendige Grund, eine Zahl Menschen lediglich diesem hohen Berufe zu widmen, und diese Zahl Menschen unabhängig von der irdischen Gewalt in Rücksicht dieser Angelegenheiten zu machen, bleibt in fortdauernder Wirksamkeit und Gültigkeit. – Die Errichtung der Consistorien und die Beibehaltung einer Art Geistlichkeit half diesem Bedürfnisse nicht ab, und war kein zureichender Ersatz. Unglücklicher Weise hatten sich die Fürsten in diese Spaltung gemischt, und viele benutzten diese Streitigkeiten zur Befestigung und Erweiterung ihrer landesherrlichen Gewalt und Einkünfte. Sie waren froh jenes hohen Einflusses überhoben zu seyn und nahmen die neuen Consistorien nun unter ihre landesväterliche Beschützung und Leitung. Sie waren eifrigst besorgt die gänzliche Vereinigung der protestantischen Kirchen zu hindern, und so wurde die Religion irreligiöser Weise in Staats-

Gränzen eingeschlossen, und damit der Grund zur allmähligen Untergrabung des religiösen cosmopolitische[n] Interesse[s] gelegt. So verlor die Religion ihren großen politischen friedestiftenden Einfluß, ihre eigenthümliche Rolle des vereinigenden, individualisirenden Prinzips, der Christenheit. Der Religionsfriede ward nach ganz fehlerhaften und religionswidrigen Grundsätzen abgeschlossen, und durch die Fortsetzung des sogenannten Protestantismus etwas durchaus Widersprechendes – eine Revolutions-Regierung permanent erklärt.
Indeß liegt dem Protestantismus bei weitem nicht bloß jener reine Begriff zum Grunde, sondern Luther behandelte das Christenthum überhaupt willkührlich, verkannte seinen Geist, und führte einen andern Buchstaben und eine andere Religion ein, nemlich die heilige Allgemeingültigkeit der Bibel, und damit wurde leider eine andere höchst fremde irdische Wissenschaft in die Religionsangelegenheit gemischt – die Philologie – deren auszehrender Einfluß von da an unverkennbar wird. Er wurde selbst aus dunkelm Gefühl dieses Fehlgriffs bei einem großen Theil der Protestanten zum Rang eines Evangelisten erhoben und seine Uebersetzung canonisirt.
Dem religiösen Sinn war diese Wahl höchst verderblich, da nichts seine Irritabilität so vernichtet, wie der Buchstabe. Im ehemahligen Zustande hatte dieser bei dem großen Umfange der Geschmeidigkeit und dem reichhaltigen Stoff des katholischen Glaubens, so wie der Esoterisirung der Bibel und der heiligen Gewalt der Concilien und des geistlichen Oberhaupts, nie so schädlich werden können; jetzt aber wurden diese Gegenmittel vernichtet, die absolute Popularität der Bibel behauptet, und nun drückte der dürftige Inhalt, der rohe abstracte Entwurf der Religion in diesen Büchern desto merklicher, und erschwerte dem heiligen Geiste die freie Belebung, Eindringung und Offenbarung unendlich.
Daher zeigt uns auch die Geschichte des Protestantismus keine herrlichen großen Erscheinungen des Ueberirdischen mehr, nur sein Anfang glänzt durch ein vorübergehendes Feuer des Himmels, bald nachher ist schon die Vertrocknung des heiligen Sinns bemerklich; das Weltliche hat die Oberhand gewonnen, der Kunstsinn leidet sympathetisch

mit, nur selten, daß hie und da ein gediegener, ewiger Lebensfunke hervorspringt, und eine kleine Gemeinde sich assimilirt. Er verlischt und die Gemeinde fließt wieder auseinander und schwimmt mit dem Strome fort. So Zinzendorf, Jacob Böhme und mehrere. Die Moderatisten behalten die Oberhand, und die Zeit nähert sich einer gänzlichen Atonie der höhern Organe, der Periode des praktischen Unglaubens. Mit der Reformation wars um die Christenheit gethan. Von nun an war keine mehr vorhanden. Katholiken und Protestanten oder Reformirte standen in sektirischer Abgeschnittenheit weiter von einander, als von Mahomedanern und Heiden. Die übriggebliebenen katholischen Staaten vegetirten fort, nicht ohne den schädlichen Einfluß der benachbarten protestantischen Staaten unmerklich zu fühlen. Die neuere Politik entstand erst in diesem Zeitpunkt, und einzelne mächtige Staaten suchten den vakanten Universalstuhl, in einen Thron verwandelt, in Besitz zu nehmen.

Den meisten Fürsten schien es eine Erniedrigung sich nach einem ohnmächtigen Geistlichen zu geniren. – Sie fühlten zum erstenmal das Gewicht ihrer körperlichen Kraft auf Erden, sahen die himmlischen Mächte unthätig bei Verletzung ihrer Repräsentanten, und suchten nun allgemach ohne Aufsehn vor den noch eifrig päbstlich gesinnten Unterthanen das lästige römische Joch abzuwerfen und sich unabhängig auf Erden zu machen. – Ihr unruhiges Gewissen beruhigten kluge Seelsorger, die nichts dabei verloren, daß ihre geistlichen Kinder die Disposition über das Kirchenvermögen sich anmaßten.

Zum Glück für die alte Verfassung that sich jetzt ein neu entstandener Orden hervor, auf welchen der sterbende Geist der Hierarchie seine letzten Gaben ausgegossen zu haben schien, der mit neuer Kraft das Alte zurüstete und mit wunderbarer Einsicht und Beharrlichkeit, klüger, als je vorher geschehen, sich des päbstlichen Reichs und seiner mächtigern Regeneration annahm. Noch war keine solche Gesellschaft in der Weltgeschichte anzutreffen gewesen. Mit größerer Sicherheit des Erfolgs hatte selbst der alte römische Senat nicht Pläne zur Welteroberung entworfen. Mit größerem Verstand war an die Ausführung einer größeren Idee noch nicht gedacht worden. Ewig wird diese Gesellschaft ein Muster aller Gesellschaften seyn, die eine organische Sehnsucht nach unendlicher Verbreitung und ewiger Dauer fühlen, – aber auch ewig ein Beweis, daß die unbewachte Zeit allein die klügsten Unternehmungen vereitelt, und der natürliche Wachsthum des ganzen Geschlechts unaufhaltsam den künstlichen Wachsthum eines Theils unterdrückt. Alles Einzelne für sich hat ein eigenes Maaß von Fähigkeit, nur die Capacität des Geschlechts ist unermeßlich. Alle Pläne müssen fehlschlagen, die nicht auf alle Anlagen des Geschlechts vollständig angelegte Pläne sind. Noch merkwürdiger wird diese Gesellschaft, als Mutter der sogenannten geheimen Gesellschaften, eines jetzt noch unreifen, aber gewiß wichtigen geschichtlichen Keims. Einen gefährlichern Nebenbuhler konnte der neue Lutheranismus, nicht Protestantismus, gewiß nicht erhalten. Alle Zauber des katholischen Glaubens wurden unter seiner Hand noch kräftiger, die Schätze der Wissenschaften flossen in seine Zelle zurück. Was in Europa verloren war, suchten sie in den andern Welttheilen, in dem fernsten Abend und Morgen, vielfach wieder zu gewinnen, und die apostolische Würde und Beruf sich zuzueignen und geltend zu machen. Auch sie blieben in den Bemühungen nach Popularität nicht zurück, und wußten wohl wieviel Luther seinen demagogischen Künsten, seinem Studium des gemeinen Volks zu verdanken gehabt hatte. Ueberall legten sie Schulen an, drangen in die Beichtstühle, bestiegen die Katheder und beschäftigten die Pressen, wurden Dichter und Weltweise, Minister und Märtyrer, und blieben in der ungeheuren Ausdehnung von Amerika über Europa nach China in dem wunderbarsten Einverständniß der That und der Lehre. Aus ihren Schulen rekrutirten sie mit weiser Auswahl ihren Orden. Gegen die Lutheraner predigten sie mit zerstörendem Eifer und suchten die grausamste Vertilgung dieser Ketzer, als eigentlicher Genossen des Teufels, zur dringendsten Pflicht der katholischen Christenheit zu machen. Ihnen allein hatten die katholischen Staaten und insonderheit der päbstliche Stuhl ihr langes Ueberleben der Reformation zu danken gehabt, und wer weiß, wie alt die Welt noch aussehn würde, wenn nicht schwache Obere, Eifersucht der Fürsten und andern geistlichen Orden, Hofintriguen und andere sonderbare Umstände ihren kühnen Lauf unterbrochen und mit ihnen diese letzte Schutzwehr der katholischen Verfassung beinah vernichtet hätten. Jetzt schläft er, dieser furchtbare Orden, in armseliger Gestalt an den Grenzen von Europa, vielleicht daß er von daher sich, wie das Volk das ihn beschützt, mit neuer Gewalt einst über seine alte Heimath, vielleicht unter anderm Namen, verbreitet.

Die Reformation war ein Zeichen der Zeit gewesen. Sie war für ganz Europa bedeutend, wenn sie gleich nur im wahrhaft freien Deutschland öffentlich ausgebrochen war. Die guten Köpfe aller Nationen waren heimlich mündig geworden, und lehnten sich im täuschenden Gefühl ihres Berufs um desto dreister gegen verjährten Zwang auf. Aus Instinkt ist der Gelehrte Feind der Geistlichkeit nach alter Verfassung; der gelehrte und der geistliche Stand müssen Vertilgungskriege führen, wenn sie getrennt sind; denn sie streiten um Eine Stelle. Diese Trennung that sich immer mehr hervor, und die Gelehrten gewannen desto mehr Feld, je mehr sich die Geistlichkeit der europäischen Menschheit dem Zeitraum der triumphirenden Gelehrsamkeit näherte, und Wissen und Glauben in eine entschiedenere Opposition traten. Im Glauben suchte man den Grund der allgemeinen Stockung, und durch das durchdringende Wissen hoffte man sie zu heben. Ueberall litt der heilige Sinn unter den mannichfachen Verfolgungen seiner bisherigen Art, seiner zeitigen Personalität. Das Resultat der modernen Denkungsart nannte man Philosophie und rechnete alles dazu was dem Alten entgegen war, vorzüglich also jeden Einfall gegen die Religion. Der anfängliche Personalhaß gegen den katholischen Glauben ging allmählig in Haß gegen die Bibel, gegen den christlichen Glauben und endlich gar gegen die Religion über. Noch mehr – der Religions-Haß, dehnte sich sehr natürlich und folgerecht auf alle Gegenstände des Enthusiasmus aus, verketzerte Fantasie und Gefühl, Sittlichkeit und Kunstliebe, Zukunft und Vorzeit, setzte den Menschen in der Reihe der Naturwesen mit Noth oben an, und machte die unendliche schöpferische Musik des Weltalls zum einförmigen Klappern einer ungeheuren Mühle, die vom Strom des Zufalls getrieben und auf ihm schwimmend, eine Mühle an sich, ohne Baumeister und Müller und eigentlich ein ächtes Perpetuum mobile, eine sich selbst mahlende Mühle sey.

Ein Enthusiasmus ward großmüthig dem armen Menschengeschlechte übrig gelassen und als Prüfstein der höchsten Bildung jedem Actionair derselben unentbehrlich gemacht. – Der Enthusiasmus für diese herrliche, großartige Philosophie und insbesondere für ihre Priester und ihre Mystagogen. Frankreich war so glücklich der Schooß und der Sitz dieses neuen Glaubens zu werden, der aus lauter Wissen zusammen geklebt war. So verschrien die Poesie in dieser neuen Kirche war, so gab es doch einige Poeten darunter, die des Effekts wegen, noch des alten Schmucks und der alten Lichter sich bedienten, aber dabei in Gefahr kamen, das neue Weltsystem mit altem Feuer zu entzünden. Klügere Mitglieder wußten jedoch die schon warmgewordenen Zuhörer sogleich wieder mit kaltem Wasser zu begießen. Die Mitglieder waren rastlos beschäftigt, die Natur, den Erdboden, die menschlichen Seelen und die Wissenschaften von der Poesie zu säubern, – jede Spur des Heiligen zu vertilgen, das Andenken an alle erhebende Vorfälle und Menschen durch Sarkasmen zu verleiden, und die Welt alles bunten Schmucks zu entkleiden. Das Licht war wegen seines mathematischen Gehorsams und seiner Frechheit ihr Liebling geworden. Sie freuten sich, daß es sich eher zerbrechen ließ, als daß es mit Farben gespielt hätte, und so benannten sie nach ihm ihr großes Geschäft, Aufklärung. In Deutschland betrieb man dieses Geschäft gründlicher, man reformirte das Erziehungswesen, man suchte der alten Religion einen neuern vernünftigen, gemeinern Sinn zu geben, indem man alles Wunderbare und Geheimnißvolle sorgfältig von ihr abwusch; alle Gelehrsamkeit ward aufgeboten um die Zuflucht zur Geschichte abzuschneiden, indem man die Geschichte zu einem häuslichen und bürgerlichen Sitten- und Familien-Gemählde zu veredeln sich bemühte. – Gott wurde zum müßigen Zuschauer des großen rührenden Schauspiels, das die Gelehrten aufführten, gemacht, welcher am Ende die Dichter und Spieler feierlich bewirthen und bewundern sollte. Das gemeine Volk wurde recht mit Vorliebe aufgeklärt, und zu jenem gebildeten Enthusiasmus erzogen, und so entstand eine neue europäische Zunft: die Philantropen und Aufklärer. Schade daß die Natur so wunderbar und unbegreiflich, so poetisch und unendlich blieb, allen Bemühungen sie zu modernisiren zum Trotz. Duckte sich ja irgendwo ein alter Aberglaube an eine höhere Welt und sonst auf, so wurde gleich von allen Seiten Lärm geblasen, und wo möglich der gefährliche Funke durch Philosophie und Witz in der Asche erstickt; dennoch war Toleranz das Losungswort der Gebildeten, und besonders in Frankreich gleichbedeutend mit Philosophie. Höchst merkwürdig ist diese Geschichte des modernen Unglaubens, und der Schlüssel zu allen ungeheuren Phänomenen der neuern Zeit. Erst in diesem Jahrhundert und besonders in seiner letzten Hälfte beginnt sie und wächst in kurzer Zeit zu einer unübersehlichen Größe und Mannigfaltigkeit; eine zweite Reformation, eine umfassendere und eigenthümlichere war unvermeidlich, und mußte das Land zuerst treffen, das am meisten modernisirt war, und am längsten aus Mangel an Freiheit in asthenischem Zustande gelegen hatte. Längst hätte sich das überirdische Feuer Luft gemacht, und die klugen Aufklärungs-Pläne vereitelt, wenn nicht weltlicher Druck und Einfluß denselben zu Statten gekommen wären. In dem Augenblick aber, wo ein Zwiespalt unter den Gelehrten und Regierungen, unter den Feinden der Religion und ihrer ganzen Genossenschaft entstand, mußte sie wieder als drittes tonangebendes vermittelndes Glied hervortreten, und diesen Hervortritt muß nun jeder Freund derselben anerkennen und verkündigen, wenn er noch nicht merklich genug seyn sollte. Daß die Zeit der Auferstehung gekommen ist, und grade die Begebenheiten, die gegen ihre Belebung gerichtet zu seyn schienen und ihren Untergang zu vollenden drohten, die günstigsten Zeichen ihrer Regeneration geworden sind, dieses kann einem historischen Gemühte gar nicht zweifelhaft bleiben. Wahrhafte Anarchie ist das Zeugungselement der Religion. Aus der Vernichtung alles Positiven hebt sie ihr glorreiches Haupt als neue Weltstifterin empor. Wie von selbst steigt der Mensch gen Himmel auf, wenn ihn nichts mehr bindet, die höhern Organe treten von selbst aus der allgemeinen gleichförmigen Mischung und vollständigen Auflösung aller menschlichen Anlagen und Kräfte, als der Urkern der irdischen Gestaltung zuerst heraus. Der Geist Gottes schwebt über den Wassern und ein himmlisches Eiland wird als Wohnstätte der neuen Menschen, als Stromgebiet des ewigen Lebens zuerst sichtbar über den zurückströmenden Wogen.

Ruhig und unbefangen betrachte der ächte Beobachter die neuen staatsumwälzenden Zeiten. Kommt ihm der Staatsumwälzer nicht wie Sisyphus vor? Jetzt hat er die Spitze des Gleichgewichts erreicht und schon rollt die mächtige Last auf der andern Seite wieder herunter. Sie wird nie oben bleiben, wenn nicht eine Anziehung gegen den Himmel sie auf der Höhe schwebend erhält. Alle eure Stützen sind zu schwach, wenn euer Staat die Tendenz nach der Erde behält, aber knüpft ihn durch eine höhere Sehnsucht an die Höhen des Himmels, gebt ihm eine Beziehung auf das Weltall, dann habt ihr eine nie ermüdende Feder in ihm, und werdet eure Bemühungen reichlich gelohnt sehn. An die Geschichte verweise ich euch, forscht in ihrem belehrenden Zusammenhang, nach ähnlichen Zeitpunkten, und lernt den Zauberstab der Analogie gebrauchen.

Frankreich verficht einen weltlichen Protestantismus. Sollten auch weltliche Jesuiten nun entstehn, und die Geschichte der letzten Jahrhunderte erneuert werden? Soll die Revolution die französische bleiben, wie die Reformation die Lutherische war? Soll der Protestantismus abermals widernatürlicherweise, als revolutionaire Regierung fixiert werden? Sollen Buchstaben Buchstaben Platz machen? Sucht ihr den Keim des Verderbens auch in der alten Einrichtung, dem alten Geiste? und glaubt euch auf eine bessere Einrichtung, einen bessern Geist zu verstehn? O! daß der Geist der Geister euch erfüllte, und ihr abließet von diesem thörichten Bestreben die Geschichte und die Menschheit zu modeln, und eure Richtung ihr zu geben. Ist sie nicht selbständig, nicht eigenmächtig, so gut wie unendlich liebenswerth und weissagend? Sie zu studiren, ihr nachzugehn, von ihr zu lernen, mit ihr gleichen Schritt zu halten, gläubig ihren Verheißungen und Winken zu folgen – daran denkt keiner.

In Frankreich hat man viel für die Religion gethan, indem man ihr das Bürgerrecht genommen, und ihr bloß das Recht der Hausgenossenschaft gelassen hat, und zwar nicht in einer Person, sondern in allen ihren unzähligen individuellen Gestalten. Als eine fremde unscheinbare Waise muß sie erst die Herzen wiedergewinnen, und schon überall geliebt seyn, ehe sie wieder öffentlich angebetet und in weltliche Dinge zur freundschaftlichen Berathung und Stimmung der

Gemüther gemischt wird. Historisch merkwürdig bleibt der Versuch jener großen eisernen Maske, die unter dem Namen Robespierre in der Religion den Mittelpunkt und die Kraft der Republik suchte; auch der Kaltsinn, womit die Theophilanthropie[,] dieser Mystizismus der neuern Aufklärung, aufgenommen worden ist; auch die neuen Eroberungen der Jesuiten; auch die Näherung ans Morgenland durch die neuern politischen Verhältnisse.

Von den übrigen europäischen Ländern, außer Deutschland, läßt sich nur prophezeihen, daß mit dem *Frieden* ein neues höheres religiöses Leben in ihnen zu pulsiren [beginnen] und bald Alles andere weltliche Interesse verschlingen wird. In Deutschland hingegen kann man schon mit voller Gewißheit die Spuren einer neuen Welt aufzeigen. Deutschland geht einen langsamen aber sichern Gang vor den übrigen europäischen Ländern voraus. Während diese durch Krieg, Spekulation und Parthey-Geist beschäftigt sind, bildet sich der Deutsche mit allem Fleiß zum Genossen einer höhern Epoche der Cultur, und dieser Vorschritt muß ihm ein großes Uebergewicht über die Andere[n] im Lauf der Zeit geben. In Wissenschaften und Künsten wird man eine gewaltige Gährung gewahr. Unendlich viel Geist wird entwickelt. Aus neuen, frischen Fundgruben wird gefördert. – Nie waren die Wissenschaften in besseren Händen, und erregten wenigstens größere Erwartungen; die verschiedensten Seiten der Gegenstände werden ausgespürt, nichts wird ungerüttelt, unbeurtheilt, undurchsucht gelassen. Alles wird bearbeitet; die Schriftsteller werden eigenthümlicher und gewaltiger, jedes alte Denkmal der Geschichte, jede Kunst, jede Wissenschaft findet Freunde, und wird mit neuer Liebe umarmt und fruchtbar gemacht. Eine Vielseitigkeit ohne Gleichen, eine wunderbare Tiefe, eine glänzende Politur, vielumfassende Kenntnisse und eine reiche kräftige Fantasie findet man hie und da, und oft kühn gepaart. Eine gewaltige Ahndung der schöpferischen Willkühr, der Grenzenlosigkeit, der unendlichen Mannigfaltigkeit, der heiligen Eigenthümlichkeit und der Allfähigkeit der innern Menschheit scheint überall rege zu werden. Aus dem Morgentraum der unbehülflichen Kindheit erwacht, übt ein Theil des Geschlechts seine ersten Kräfte an Schlangen, die seine Wiege umschlingen und den Gebrauch

seiner Gliedmaßen ihm benehmen wollen. Noch sind alles nur Andeutungen, unzusammenhängend und roh, aber sie verrathen dem historischen Auge eine universelle Individualität, eine neue Geschichte, eine neue Menschheit, die süßeste Umarmung einer jungen überraschten Kirche und eines liebenden Gottes, und das innige Empfängniß eines neuen Messias in ihren tausend Gliedern zugleich. Wer fühlt sich nicht mit süßer Schaam guter Hoffnung? Das Neugeborne wird das Abbild seines Vaters, eine neue goldne Zeit mit dunkeln unendlichen Augen, eine profetische wunderthätige und wundenheilende, tröstende und ewiges Leben entzündende Zeit sein – eine große Versöhnungszeit, ein Heiland, der wie ein ächter Genius unter den Menschen einheimisch, nur geglaubt nicht gesehen werden [kann], und unter zahllosen Gestalten den Gläubigen sichtbar, als Brod und Wein, verzehrt, als Geliebte umarmt, als Luft geathmet, als Wort und Gesang vernommen, und mit himmlischer Wollust, als Tod, unter den höchsten Schmerzen der Liebe, in das Innre des verbrausenden Leibes aufgenommen wird.
Jetzt stehn wir hoch genug um auch jenen oberwähnten, vorhergegangenen Zeiten freundlich zuzulächeln und auch in jenen wunderlichen Thorheiten merkwürdige Kristallisationen des historischen Stoffs zu erkennen. Dankbar wollen wir jenen Gelehrten und Philosophen die Hände drücken; denn dieser Wahn mußte zum Besten der Nachkommen erschöpft, und die wissenschaftliche Ansicht der Dinge geltend gemacht werden. Reizender und farbiger steht die Poesie, wie ein geschmücktes Indien dem kalten, todten Spitzbergen jenes Stubenverstandes gegenüber. Damit Indien in der Mitte des Erdballs so warm und herrlich sey, muß ein kaltes starres Meer, todte Klippen, Nebel statt des gestirnvollen Himmels und eine lange Nacht, die beiden Enden unwirthbar machen. Die tiefe Bedeutung der Mechanik lag schwer auf diesen Anachoreten in den Wüsten des Verstandes; das Reizende der ersten Einsicht überwältigte sie, das Alte rächte sich an ihnen, sie opferten dem ersten Selbstbewußtseyn das Heiligste und Schönste der Welt mit wunderbarer Verläugnung, und waren die Ersten die wieder die Heiligkeit der Natur, die Unendlichkeit der Kunst, die Nothwendigkeit des Wissens, die Achtung des Weltli-

chen, und die Allgegenwart des wahrhaft Geschichtlichen durch die That anerkannten, und verkündigten, und einer höhern, allgemeinern und furchtbarern Gespensterherrschaft, als sie selbst glaubten, ein Ende machten.
Erst durch genauere Kenntniß der Religion wird man jene fürchterlichen Erzeugnisse eines Religionsschlafs, jene Träume und Deliria des heiligen Organs besser beurtheilen und dann erst die Wichtigkeit jenes Geschenks recht einsehn lernen. Wo keine Götter sind, walten Gespenster, und die eigentliche Entstehungszeit der europäischen Gespenster, die auch ihre Gestalt ziemlich vollständig erklärt, ist die Periode des Uebergangs der griechischen Götterlehre in das Christenthum. Also kommt auch, ihr Philanthropen und Encyklopädisten, in die friedenstiftende Loge und empfangt den Bruderkuß, streift das graue Netz ab, und schaut mit junger Liebe die Wunderherrlichkeit der Natur, der Geschichte und der Menschheit an. Zu einem Bruder will ich euch führen, der soll mit euch reden, daß euch die Herzen aufgehn, und ihr eure abgestorbene geliebte Ahndung mit neuem Leibe bekleidet, wieder umfaßt und erkennt, was euch vorschwebte, und was der schwerfällige irdische Verstand freilich euch nicht haschen konnte.
Dieser Bruder ist der Herzschlag der neuen Zeit, wer ihn gefühlt hat zweifelt nicht mehr an ihrem Kommen, und tritt mit süßem Stolz auf seine Zeitgenossenschaft auch aus dem Haufen hervor zu der neuen Schaar der Jünger. Er hat einen neuen Schleier für die Heilige gemacht, der ihren himmlischen Gliederbau anschmiegend verräth, und doch sie züchtiger, als ein Andrer verhüllt. – Der Schleier ist für die Jungfrau, was der Geist für den Leib ist, ihr unentbehrliches Organ dessen Falten die Buchstaben ihrer süßen Verkündigung sind; das unendliche Faltenspiel ist eine Chiffern-Musik, denn die Sprache ist der Jungfrau zu hölzern und zu frech, nur zum Gesang öffnen sich ihre Lippen. Mir ist er nichts als der feierliche Ruf zu einer neuen Urversammlung, der gewaltige Flügelschlag eines vorüberziehenden englischen Herolds. Es sind die ersten Wehen, setze sich jeder in Bereitschaft zur Geburt!
Das Höchste in der Physik ist jetzt vorhanden und wir können nun leichter die wissenschaftliche Zunft übersehn. Die Hülfsbedürftigkeit der äußern Wissenschaften, ward in der

letzten Zeit immer sichtbarer, je bekannter wir mit ihnen wurden. Die Natur fing an immer dürftiger auszusehn, und wir sahen deutlicher gewöhnt an den Glanz unserer Entdeckungen, daß es nur ein geborgtes Licht war, und daß wir mit den bekannten Werkzeugen und den bekannten Methoden nicht das Wesentliche, das Gesuchte finden und construiren würden. Jeder Forscher mußte sich gestehn, daß Eine Wissenschaft nichts ohne die Andere sey, und so entstanden Mystifikationsversuche der Wissenschaften, und das wunderliche Wesen der Philosophie flog jetzt als rein dargestelltes wissenschaftliches Element zu einer symmetrischen Grundfigur der Wissenschaften an. Andere brachten die concreten Wissenschaften in neue Verhältnisse, beförderten einen lebhaften Verkehr derselben untereinander, und suchten ihre naturhistorische Classification aufs Reine zu bringen. So währt es fort und es ist leicht zu ermessen, wie günstig dieser Umgang mit der äußern und innern Welt, der höhern Bildung des Verstandes, der Kenntniß der erstern und der Erregung und Cultur der letztern seyn muß, und wie unter diesen Umständen die Witterung sich klären und der alte Himmel und mit ihm die Sehnsucht nach ihm, die lebendige Astronomie, wieder zum Vorschein kommen muß.
Nun wollen wir uns zu dem politischen Schauspiel unsrer Zeit wenden. Alte und neue Welt sind in Kampf begriffen, die Mangelhaftigkeit und Bedürftigkeit der bisherigen Staatseinrichtungen sind in furchtbaren Phänomenen offenbar geworden. Wie wenn auch hier wie in den Wissenschaften eine nähere und mannigfaltigere Connexion und Berührung der europäischen Staaten zunächst der historische Zweck des Krieges wäre, wenn eine neue Regung des bisher schlummernden Europas ins Spiel käme, wenn Europa wieder erwachen wollte, wenn ein Staat der Staaten, eine politische Wissenschaftslehre, uns bevorstände! Sollte etwa die Hierarchie diese symmetrische Grundfigur der Staaten, das Prinzip des Staatenvereins als intellektuale Anschauung des politischen Ichs seyn? Es ist unmöglich daß weltliche Kräfte sich selbst ins Gleichgewicht setzen, ein drittes Element, das weltlich und überirdisch zugleich ist, kann allein diese Aufgabe lösen. Unter den streitenden Mächten kann kein Friede geschlossen werden, aller Friede ist nur Illu-

sion, nur Waffenstillstand; auf dem Standpunkt der Kabinetter, des gemeinen Bewußtseyns ist keine Vereinigung denkbar. Beide Theile haben große, nothwendige Ansprüche und müssen sie machen, getrieben vom Geiste der Welt und der Menschheit. Beide sind unvertilgbare Mächte der Menschenbrust; hier die Andacht zum Alterthum, die Anhänglichkeit an die geschichtliche Verfassung, die Liebe zu den Denkmalen der Altväter und der alten glorreichen Staatsfamilie, und Freude des Gehorsams; dort das entzükkende Gefühl der Freiheit, die unbedingte Erwartung mächtiger Wirkungskreise, die Lust am Neuen und Jungen, die zwanglose Berührung mit allen Staatsgenossen, der Stolz auf menschliche Allgemeingültigkeit, die Freude am persönlichen Recht und am Eigenthum des Ganzen, und das kraftvolle Bürgergefühl. Keine hoffe die Andere zu vernichten, alle Eroberungen wollen hier nichts sagen, denn die innerste Hauptstadt jedes Reichs liegt nicht hinter Erdwällen und läßt sich nicht erstürmen.

Wer weiß ob des Kriegs genug ist, aber er wird nie aufhören, wenn man nicht den Palmenzweig ergreift, den allein eine geistliche Macht darreichen kann. Es wird so lange Blut über Europa strömen bis die Nationen ihren fürchterlichen Wahnsinn gewahr werden, der sie im Kreise herumtreibt und von heiliger Musik getroffen und besänftigt zu ehemaligen Altären in bunter Vermischung treten, Werke des Friedens vornehmen, und ein großes Liebesmahl, als Friedensfest, auf den rauchenden Wahlstätten mit heißen Thränen gefeiert wird. Nur die Religion kann Europa wieder aufwecken und die Völker sichern, und die Christenheit mit neuer Herrlichkeit sichtbar auf Erden in ihr altes friedenstiftendes Amt installiren.

Haben die Nationen Alles vom Menschen – nur nicht sein Herz? – sein heiliges Organ? Werden sie nicht Freunde, wie diese, an den Särgen ihrer Lieben, vergessen sie nicht alles Feindliche, wenn das göttliche Mitleid zu ihnen spricht – und Ein Unglück, Ein Jammer, Ein Gefühl ihre Augen mit Thränen füllte? Ergreift sie nicht Aufopferung und Hingebung mit Allgewalt, und sehnen sie sich nicht Freunde und Bundesgenossen zu sein?

Wo ist jener alte, liebe, alleinseligmachende Glaube an die Regierung Gottes auf Erden, wo ist jenes himmlische Zutrauen der Menschen zu einander, jene süße Andacht bei den Ergießungen eines gottbegeisterten Gemühts, jener allesumarmende Geist der Christenheit?

Das Christenthum ist dreifacher Gestalt. Eine ist das Zeugungselement der Religion, als Freude an aller Religion. Eine das Mittlerthum überhaupt, als Glaube an die Allfähigkeit alles Irdischen, Wein und Brod des ewigen Lebens zu seyn. Eine der Glaube an Christus, seine Mutter und die Heiligen. Wählt welche ihr wollt, wählt alle drei, es ist gleichviel, ihr werdet damit Christen und Mitglieder einer einzigen, ewigen, unaussprechlich glücklichen Gemeinde.

Angewandtes, lebendig gewordenes Christentum war der alte katholische Glaube, die letzte dieser Gestalten. Seine Allgegenwart im Leben[,] seine Liebe zur Kunst, seine tiefe Humanität, die Unverbrüchlichkeit seiner Ehen, seine menschenfreundliche Mittheilsamkeit, seine Freude an der Armuth, Gehorsam und Treue machen ihn als ächte Religion unverkennbar und enthalten die Grundzüge seiner Verfassung.

Er ist gereinigt durch den Strom der Zeiten, in inniger, untheilbarer Verbindung mit den beiden andern Gestalten des Christenthums wird er ewig diesen Erdboden beglücken.

Seine zufällige Form ist so gut wie vernichtet, das alte Pabstthum liegt im Grabe, und Rom ist zum zweytenmal eine Ruine geworden. Soll der Protestantismus nicht endlich aufhören und einer neuen, dauerhafteren Kirche Platz machen? Die andern Welttheile warten auf Europas Versöhnung und Auferstehung, um sich anzuschließen und Mitbürger des Himmelreichs zu werden. Sollte es nicht in Europa bald eine Menge wahrhaft heiliger Gemüther wieder geben, sollten nicht alle wahrhafte Religionsverwandte voll Sehnsucht werden, den Himmel auf Erden zu erblikken? und gern zusammentreten und heilige Chöre anstimmen?

Die Christenheit muß wieder lebendig und wirksam werden, und sich wieder ein[e] sichtbare Kirche ohne Rücksicht auf Landesgränzen bilden, die alle nach dem Ueberirdischen durstige Seelen in ihren Schooß aufnimmt und gern Vermittlerin, der alten und neuen Welt wird.

Sie muß das alte Füllhorn des Seegens wieder über die Völker ausgießen. Aus dem heiligen Schooße eines ehrwürdigen europäischen Consiliums wird die Christenheit aufstehn, und das Geschäft der Religionserweckung, nach einem allumfassenden, göttlichen Plane betrieben werden. Keiner wird dann mehr protestiren gegen christlichen und weltlichen Zwang, denn das Wesen der Kirche wird ächte Freiheit seyn, und alle nöthigen Reformen werden unter der Leitung derselben, als friedliche und förmliche Staatsprozesse betrieben werden.

Wann und wann eher? darnach ist nicht zu fragen. Nur Geduld, sie wird, sie muß kommen die heilige Zeit des ewigen Friedens, wo das neue Jerusalem die Hauptstadt der Welt seyn wird; und bis dahin seyd heiter und muthig in den Gefahren der Zeit, Genossen meines Glaubens, verkündigt mit Wort und That das göttliche Evangelium, und bleibt dem wahrhaften, unendlichen Glauben treu bis in den Tod.

VORARBEITEN ZU VERSCHIEDENEN FRAGMENTSAMMLUNGEN

Logologische Fragmente [a]

1. ⟨Die bisherige Geschichte der Philosophie ist nichts, als eine Geschichte der Entdeckungsversuche des Philosophirens. Sobald philosophirt wird – entstehn Philosopheme und die ächte Naturlehre der Philosopheme ist die *Philosophie.*⟩

2. ⟨Diese mannichfachen Ansichten aus meinen philosophischen Bildungsjahren können vielleicht denjenigen unterhalten, der sich aus der Beobachtung der werdenden Natur eine Freude macht, und demjenigen nicht unnütz seyn, der selbst noch in diesen Studien begriffen ist.⟩

3. ⟨Der Buchstabe ist nur eine Hülfe der philosophischen Mittheilung, deren eigentliches Wesen in Erregung eines bestimmten Gedanckengangs besteht. Der Redende denckt producirt – der Hörende denckt nach – reproducirt. Die Worte sind ein trügliches Medium des Vordenckens – unzuverlässige Vehikel eines bestimmten, specifischen Reitzes. Der ächte Lehrer ist ein Wegweiser. Ist der Schüler in der That wahrheitslustig, so bedarf es nur eines *Wincks*, um ihn finden zu lassen, was er sucht. Die Darstellung der Philosophie besteht demnach aus lauter Themas – aus Anfangssätzen – Principien. Sie ist nur für selbstthätige Wahrheitsfreunde. Die analytische Ausführung des Thems ist nur für Träge oder Ungeübte. – Leztere müssen dadurch fliegen und sich in einer bestimmten Direction erhalten lernen.

Aufmercksamkeit ist eine zentrirende Kraft. Mit der gegebenen Richtung beginnt das wircksame Verhältniß zwischen dem Gerichteten und dem Objecte der Richtung. Halten wir diese Richtung fest so gelangen wir apodiktisch sicher zu dem gesteckten Ziel.

Ächtes *Gesammtphilosophiren* ist also ein gemeinschaftlicher Zug nach einer geliebten Welt – bey welchem man sich wechselseitig im vordersten Posten, welcher die meiste Anstrengung gegen das widerstrebende Element, worinn man fliegt, nöthig macht, ablößt.⟩

4. ⟨Ein Problem ist eine feste, synthetische Masse, die mittelst der durchdringenden Denkkraft zersezt wird. So ist umgekehrt das Feuer die Denckkraft der Natur und jeder *Körper* ein *Problem.*⟩

5. ⟨Man muß bey jeder Philosophie das Zufällige von dem Wesentlichen zu unterscheiden wissen. Zu diesem Zufälligen gehört ihre polemische Seite. In spätern Zeiten erscheint die an Widerlegung und Beseitigung vorhergegangener Meynungen verschwendete Mühe seltsam genug –. Eigentlich ist diese Polemik noch eine Selbstbekämpfung – indem der seiner Zeit entwachsene Denker doch noch von den Vorurtheilen seiner academischen Jahre beunruhigt wird – eine Beunruhigung, von der man sich in hellern Zeiten keinen Begriff mehr machen kann, weil man kein Bedürfniß fühlt sich dagegen in Sicherheit zu setzen.⟩

6. ⟨Jedes Wort ist ein Wort der Beschwörung. Welcher Geist ruft – ein solcher erscheint.⟩

7. ⟨Wenn man anfängt über Philosophie nachzudenken – so dünkt uns Philosophie, wie Gott, und Liebe, Alles zu seyn. Sie ist eine mystische, höchstwircksame, *durchdringende* Idee, – die uns unaufhaltsam nach allen Richtungen hineintreibt. Der Entschluß zu philosophiren – Philosophie zu suchen ist der Act der Manumission – der Stoß auf uns Selbst zu.⟩

8. ⟨Außer der Philosophie der Philosophie giebt es allerdings noch Philosophieen – die man Individualphilosophieen nennen könnte. Die Methode ist ächt philosophisch – Sie gehn vom Absoluten aus – nur von keinem rein Absoluten. Sie sind daher eigentlich aus Philosophie und Unphilosophie gemischt, und je inniger die Vermischung ist, desto interressanter. Sie sind individuell von Grund aus – Sie setzen eine Synthesis mit Gewalt, als Thesis. Die Darstellung der Phil[osophie] der Phil[osophie] wird immer etwas von einer Individualphilosophie haben. Der Dichter

stellt ebenfalls nur Individualphil[osophie] dar, und jeder Mensch wird, so lebhaft er übrigens auch die Phil[osophie] der Phil[osophie] anerkennen mag, praktisch nur mehr oder weniger Individualphilosoph seyn, und, trotz allen Bestrebens, nie ganz aus dem Zauberkreise seiner Individualphilosophie heraustreten können.⟩

9. ⟨Sollte das höchste Princip das höchste Paradoxon in seiner Aufgabe enthalten? Ein Satz seyn, der schlechterdings keinen Frieden ließe – der immer anzöge, und abstieße – immer von neuen unverständlich würde, so oft man ihn auch schon verstanden hätte? Der unsre Thätigkeit unaufhörlich rege machte – ohne sie je zu ermüden, ohne je gewohnt zu werden? Nach alten mystischen Sagen ist Gott für die Geister etwas Ähnliches.⟩

10. ⟨Unser Denken war bisher entweder blos mechanisch – *discursiv* – atomistisch – oder blos intuitiv – dynamisch – Ist jetzt etwa die Zeit der Vereinigung gekommen?⟩

11. ⟨Es wäre wohl möglich, daß Fichte Erfinder einer ganz neuen Art zu denken wäre – für die die Sprache noch keinen Namen hat. Der Erfinder ist vielleicht nicht der fertigste und sinnreichste Künstler auf seinem Instrument – ob ich gleich nicht sage, daß es so sey – Es ist aber wahrscheinlich, daß es Menschen giebt und geben wird – die weit besser Fichtisiren werden, als Fichte. Es können *wunderbare Kunstwercke* hier entstehn – wenn man das Fichtisiren erst artistisch zu treiben beginnt.⟩

12. ⟨Im eigentlichsten Sinn ist philosophiren – ein Liebkosen – eine Bezeugung der innigsten Liebe zum Nachdenken, der absoluten Lust an der Weisheit.⟩

---

13. Der rohe, discursive Denker ist der Scholastiker. Der ächte Scholastiker ist ein mystischer Subtilist. Aus logischen Atomen baut er sein Weltall – er vernichtet alle lebendige Natur, um ein Gedankenkunststück an ihre Stelle zu setzen – Sein Ziel ist ein unendliches Automat. Ihm entgegenge-

sezt ist der rohe, intuitive Dichter. Er ist ein mystischer Macrolog. Er haßt Regel, und feste Gestalt. Ein wildes, gewaltthätiges Leben herrscht in der Natur – Alles ist belebt. Kein Gesetz – Willkühr und Wunder überall. Er ist bloß dynamisch.

So regt sich der philosophische Geist zuerst in völlig getrennten Massen.

Auf der 2ten Stufe der Kultur fangen sich an diese Massen zu berühren – mannichfaltig genug – So wie in der Vereinigung unendlicher Extreme überhaupt das Endliche, Beschränckte, entsteht, so entstehn nun auch hier Eklektiker ohne Zahl. Die Zeit der Mißverständnisse beginnt. Der Beschränkteste ist auf dieser Stufe der Bedeutendste, der reinste Philosoph der 2ten Stufe. Diese Klasse ist ganz auf die wirckliche, gegenwärtige Welt, im strengsten Sinne, eingeschränckt. Die Philosophen der ersten Klasse sehn mit Verachtung auf diese 2te herab. Sie sagen, sie sey alles nur ein bischen – und mithin nichts. Sie halten ihre Ansichten für Folgen der Schwäche, für Inconsequentismus. Gegentheils stimmt die 2te Klasse in der Bemitleidung der Ersten überein – der sie die absurdeste Schwärmerey, bis zum Wahnwitz, schuld geben.

Wenn von Einer Seite Scholastiker und Alchymisten gänzlich gespalten, hingegen die Eklektiker Eins zu seyn scheinen, so ist doch auf dem Revers alles gerade umgekehrt. Jene sind im Wesentlichen indirecte Eines Sinns – nemlich über die absolute Unabhängigkeit und unendliche Tendenz der Meditation – Sie gehn beyde vom Absoluten aus – dagegen die Bornirten im Wesentlichen mit sich selbst uneins und nur im Abgeleiteten übereinstimmend sind. Jene sind unendlich, aber einförmig – diese beschränckt – aber mannichfaltig. Jene haben das Genie – diese das Talent – Jene die Ideen – diese die Handgriffe. Jene sind Köpfe, ohne Hände, diese Hände, ohne Köpfe.

Die dritte Stufe ersteigt der Künstler, der Werckzeug und Genie zugleich ist. Er findet, daß jene ursprüngliche Trennung der absoluten philosophischen Thätigkeiten eine tiefer liegende Trennung seines eignen Wesens sey – deren Bestehn auf der Möglichkeit ihrer Vermittelung – ihrer Verbindung beruht. Er findet, daß so heterogen auch diese Thätigkeiten sind, sich doch ein Vermögen in ihm vorfinde von Einer zur andern überzugehn, nach Gefallen seine Polaritaet zu verändern – Er entdeckt also in ihnen nothwendige Glieder seines Geistes – er merckt, daß beyde in einem Gemeinsamen Princip vereinigt seyn müssen. Er schließt daraus, daß der Eklekticismus nichts, als das Resultat des unvollständigen, mangelhaften Gebrauchs dieses Vermögens sey. Es wird ihm mehr, als wahrscheinlich, daß der Grund dieser Unvollständigkeit die Schwäche der produktiven Imagination sey – die es nicht vermöge sich im Moment des Übergehns von Einem Gliede zum andern schwebend zu erhalten und anzuschauen. Die vollständige Darstellung des durch diese Handlung zum Bewußtseyn erhobenen ächt geistigen Lebens ist die *Philosophie* kat exochin. Hier entsteht jene *lebendige* Reflexion, die sich bey sorgfältige[r] Pflege nachher zu einem unendlich gestalteten geistigen Universo von selbst ausdehnt – der Kern oder Keim einer alles befassenden Organisation – Es ist der Anfang einer wahrhaften *Selbstdurchdringung des Geistes* die nie endigt.

14. Sofisten sind Leute, die aufmercksam auf die Schwächen der Philosophen und Kunstfehler, dieselben zu ihrem Vortheil oder überhaupt zu gewissen unphilosophischen, unwürdigen Zwecken zu benutzen suchen – oft die Philosophie selber. Diese haben also eigentlich nichts mit der Philosophie zu thun. Sind sie aus Grundsatz unphilosophisch – so sind sie, als Feinde der Phil[osophie] zu betrachten, und wie Feinde zu behandeln. Die gefährlichste Klasse derselben sind die Skeptiker aus *reinen Haß der Philosophie.* Die übrigen Skeptiker sind zum Theil sehr achtungswerth. Sie sind die Vorläufer der dritten Periode. Sie haben ächt philosophische Unterscheidungsgabe – und es fehlt ihnen nur an geistiger Potenz. Sie haben die gehörige Capacität – aber nicht die selbstincitirende Kraft. Sie fühlen das Unzulängliche der bisherigen Systeme – Keins *vivificirt* sie ganz. Sie haben ächten Geschmack – aber es mangelt die nöthige Energie der produktiven Imagination. Sie müssen polemisch seyn. Alle Eklectiker sind Skeptiker im Grunde – Je mehr sie umfassen, desto skeptischer – diese leztere Bemerkung wird durch die Thatsache bestätigt – daß die größesten und besten zeitherigen Gelehrten am Ende ihres Lebens am wenigstens *zu wissen* bekannten.

15. Philosophistisiren ist dephlegmatisiren – Vivificiren. Man hat bisher in der Untersuchung der Philosophie, die Philosophie erst todtgeschlagen und dann zergliedert und aufgelößt. Man glaubte die Bestandtheile des Caput mortuum wären die Bestandtheile der Philosophie. Aber immer schlug jeder Versuch der Reduktion, oder der Wiederzusammensetzung fehl. Erst in den neuesten Zeiten hat man die Philosophie lebendig zu beobachten angefangen, und es könnte wohl kommen, daß man so die Kunst erhielte *Philosophieen zu machen.*

16. Die gewöhnliche Logik ist die Grammatik der höhern Sprache oder des Denkens. Sie enthält blos die Verhältnisse der Begriffe untereinander – die Mechanik des Denkens – die reine Physiologie der Begriffe. Die logischen Begriffe verhalten sich aber zu einander, wie die Worte, ohne Gedanken.
Die Logik beschäftigte sich blos mit dem todten Körper der Denklehre.
Die Metaphysik ist die reine Dynamik des Denkens. Sie handelt von den ursprünglichen Denkkräften – Sie beschäftigt sich mit der bloßen Seele der Denklehre. Die metaphysischen Begriffe verhalten sich zu einander, wie *Gedanken, ohne Worte.* Oft wunderte man sich über dic beharrliche Unvollendung beyder Wissenschaften. Jede trieb ihr Wesen für sich, und überall fehlt es. Es wollte nie recht in jeder passen. Gleich von Anfang suchte man sie zu vereinigen, da alles in Ihnen auf Verwandtschaft deutete – Aber jeder Versuch mislang – da Eine von beyden immer dabey litt und ihren wesentlichen Karacter einbüßte. Es blieb bey metaphysischer Logik – und logischer Metaphysik – aber keine war, was sie seyn sollte. Der Physiologie und Psychologie, der Mechanik und Chymie giengs nicht besser. In der lezten Hälfte dieses Jahrhunderts entstand hier eine neue, heftigere Entzündung, als je – die feindlichen Massen thürmten sich stärker, als zeither, gegen einander auf – die Gährung war übermäßig – es erfolgten mächtige Explosionen. Jezt behaupten Einige – es habe sich irgendwo eine wahrhafte Durchdringung eräugnet – es sey ein Keim der Vereinigung entstanden, der allmälich wachsen und alles zu Einer, untheilbaren Gestalt assimiliren würde – Dieses

Princip des ewigen Friedens dringe unwiederstehlig nach allen Seiten, und bald werde nur Eine Wissenschaft und Ein Geist, wie Ein Prophet und Ein Gott, seyn.

17. ⟨Die vollendete Form der Wissenschaften muß poëtisch seyn. Jeder Satz muß einen selbstständigen Karacter haben – ein selbstverständliches Individuum, Hülle eines witzigen Einfalls seyn.⟩

18. ⟨Der erste synthetische Satz ist gleichsam der erste Kern. Es lößt sich von den beyden Endgliedern ein Satz nach dem Andern nach AnziehungsGesetzen des Kerns ab und wird mittelst seines Durchgehns durch den ersten Satz, diesem assimilirt – und so wächst die Philosophie in die Unendlichkeit, nach außen und nach Innen – Sie strebt gleichsam den unendlichen Raum zwischen den Endgliedern auszufüllen.⟩

19. Die höchsten Aufgaben beschäftigen den Menschen am Frühsten. Äußerst lebhaft fühlt der Mensch beym ersten Nachdenken das Bedürfniß die höchsten Enden zu vereinigen. Mit steigender Kultur nehmen seine Versuche an Genialitaet ab – aber sie nehmen an Brauchbarkeit zu – wodurch er zu dem Irrthume verleitet wird – gänzlich von den Endgliedern zu abstrahiren, und sein Verdienst blos in Vereinigung näherer Bedingter Glieder zu setzen. Es kann aber nicht fehlen, daß er bald die nothwendige Mangelhaftigkeit dieser Methode bemerckt und sich nach der Möglichkeit umsieht die Vortheile der ersten Methode, mit den Vortheilen der 2ten Methode zu verbinden und so beyde zu ergänzen. Jezt fällt ihm endlich ein in sich selbst, als absoluten Mittelpunct dieser getrennten Welten das absolute Vereinigungsglied aufzusuchen – Er sieht auf einmal, daß das Problem realiter schon durch seine Existenz gelößt ist – und das Bewußtseyn der Gesetze seiner Existenz die Wissenschaft kat exoxin sey, die er so lange schon suche. Mit der Entdeckung dieses Bewußtseyns ist das große Räthsel im Grunde gelößt. So wie sein Leben reale Philosophie ist, so ist seine Philosophie ideales Leben – lebendige Theorie des Lebens. Aus zufälligen Thatsachen, werden systematische Experimente. Sein Weg ist ihm nun auf Ewigkeiten

vorgezeichnet – Seine Beschäftigung ist Erweiterung seines Daseyns in die Unendlichkeit – der Traum seiner Jugend ist zu einer schönen Wircklichkeit – seine frühern Hoffnungen und Ahndungen sind zu symbolischen Prophezeyungen geworden. Der scheinbare Widerspruch der ursprünglichen Aufgabe – der Aufgaben – Lösung und Nichtlösung zugleich – ist vollkommen gehoben.

20. Statt Cosmogenieen und Theogenieen beschäftigen sich unsre Philosophen mit Anthropogenieen.

21. Es giebt gewisse Dichtungen in uns, die einen ganz andern Karacter, als die Übrigen zu haben scheinen, denn sie sind vom Gefühle der Nothwendigkeit begleitet, und doch ist schlechterdings kein äußrer Grund zu ihnen vorhanden. Es dünckt dem Menschen, als sey er in einem Gespräch begriffen, und irgend ein unbekanntes, geistiges Wesen veranlasse ihn auf eine wunderbare Weise zur Entwickelung der evidentesten Gedancken. Dieses Wesen muß ein Höheres Wesen seyn, weil es sich mit ihm auf eine Art in Beziehung sezt, die keinem an Erscheinungen gebundenen Wesen möglich ist – Es muß ein homogenes Wesen seyn, weil es ihn, wie ein geistiges Wesen behandelt und ihn nur zur seltensten Selbstthätigkeit auffordert. Dieses Ich höherer Art verhält sich zum Menschen, wie der Mensch zur Natur, oder wie der Weise zum Kinde. Der Mensch sehnt sich ihm gleich zu werden, wie er das N[icht]I[ch] sich gleich zu machen sucht.
Darthun läßt sich dieses Factum nicht. Jeder muß es selbst erfahren. Es ist ein Factum höherer Art, das nur der höhere Mensch antreffen wird. Die Menschen sollen aber streben es in sich zu veranlassen.
Die Wissenschaft, die hierdurch entsteht ist die höhere W[issenschafts]L[ehre]. ⟨Hier ist der Satz: Ich bestimmt N[icht]I[ch] das Princip des theoretischen, und der Satz: Ich wird bestimmt – Princip des practischen Theils.⟩ Der practische Theil enthält die Selbsterziehung des Ich um jener Mittheilung fähig zu werden – der theoretische Theil – die Merckmale der ächten Mittheilung. Die Ritus gehören zur Erziehung.
Bey Fichte enthält der theoretische Theil die Merckmale ei-

ner ächten Vorstellung – der practische die Erziehung und Bildung des N[icht]I[ch] um eines wahren Einflusses, einer wahren Gemeinschaft mit dem Ich fähig zu werden – mithin auch die parallele Selbstbildung des Ich.
Moralität gehört also in beyde Welten; hier, als Zweck – dort als Mittel – und ist das Band, was beyde verknüpft.

22. Philosophiren ist eine Selbstbesprechung obiger Art – eine eigentliche Selbstoffenbarung – Erregung des wircklichen Ich durch das Idealische Ich. Philosophiren ist der Grund aller andern Offenbarungen. Der Entschluß zu philosophiren ist eine Aufforderung an das wirckliche Ich, daß es sich besinnen, erwachen und Geist seyn solle. Ohne Philosophie keine ächte Moralität, und ohne Moralität keine Philosophie.

23. ⟨Die Verknüpfung des Spinotzism und Hylozoïsm würde die Vereinigung des Materialsm und Theïsm herbeyführen.⟩

24. ⟨Kraft ist die Materie der Stoffe. Seele die Kraft d[er] Kräfte. Geist ist die Seele der Seelen. Gott ist der Geist der Geister.⟩

25. ⟨Baader, Fichte, Schelling, Hülsen und Schlegel möcht ich das philosophische Directorium in Deutschland nennen. Es läßt sich noch unendlich viel von diesem Quinquevirat erwarten. Fichte praesidirt und ist Gardien de la Constitution.⟩

26. ⟨Die Möglichkeit aller Philosophie beruht darauf – daß sich die Intelligenz durch Selbstberührung eine Selbstgesezmäßige Bewegung – d. i. eine eigne Form der Thätigkeit, giebt. (Siehe Baaders Theorie der Gliedrung)⟩

Logologische Fragmente [b]

27. Statt Cosmogenieen und Theogenieen beschäftigt unsre Philosophen – *Anthropogenie*.

28. Wenn die Welt gleichsam ein Niederschlag aus der Menschennatur ist, so ist die Götterwelt eine Sublimation – Beyde geschehn uno actu – Kein plastisches Praecipitat, ohne geistiges Sublimat. Was jenes an Wärme verliert, gewinnt dieses. Gott und Welt entsteht in Einem Wechsel zugleich – durch eine Zersetzung der Menschennatur. /Böse und gute Geister sind gleichsam Stickstoff und Lebensluft. Zum thierischen Leben gehören beyde – und der thierische Körper besteht größtentheils aus bösem Geiststoff./

29. Das Poëm des Verstandes ist Philosophie – Es ist der höchste Schwung, den der Verstand sich über sich selbst giebt – Einheit des *Verstandes* und der *Einbildungskraft*. Ohne Philosophie bleibt der Mensch in seinen wesentlichsten Kräften uneins – Es sind 2 Menschen – Ein Verständiger – und Ein Dichter.
Ohne Philosophie unvollkomner Dichter – Ohne Philosophie unvollkommner Denker – Urtheiler.

30. Aus der Recension der Fichtischen W[issenschafts]L[ehre] in der Litt[eratur] Zeit[ung]
[Jenaer Allgemeine Literatur-Zeitung vom 4. Januar 1798, Sp. 33 ff.]

Reines, unbedingtes Wissen – von der Erfahrung unabhängiges Wissen war von jeher das Ziel der Bestrebungen der phil[osophirenden] Vernunft.

Methodischer Profetismus.

Der Skeptiker und Dogmaticist verstehn unter dem reinen Wissen *die Erkenntniß der Dinge an sich.* Reine Vernunft ist Ihnen das Vermögen sich die Dinge an sich vorzustellen.

Der Kriticism unterscheidet sich von ihnen dadurch, daß er weder ausdrücklich noch *stillschweigend voraussezt* – daß *jenes Wissen Erkenntniß der Dinge an sich seyn müsse.*

Aus dieser *neuen Untersuchung* geht hervor:

1. daß Erkenntniß der Dinge an sich überhaupt unmöglich, wohl aber
2. ein von der *Erfahrung unabhängiges* und insofern *reines* Wissen möglich sey,
3. daß dasselbe die Bedingungen der Möglichkeit der *Erfahrung*, als solcher, aber auch nur *Sie allein* zum Object haben müsse,
4. daß es, als reines Wissen, nicht durch die Kritik, sondern durch eine besondre reine Vernunftwissenschaft, zu der sich jene lediglich, als Propaedeutik verhalte, aufgestellt werden könne,
5. daß sich die *Vernunft überhaupt,* nicht als Vermögen, Dinge an sich vorzustellen, denken lasse,
6. daß derselben nur *vermittelst* der Sinnlichkeit und des an die Sinnlichkeit gebundenen Verstandes, *objectiv reale Erkenntniß* möglich,
7. daß durch reine V[ernunft] *unmittelbar* nichts, ... [als die Nothwendigkeit des freyen Handelns, welche das moralische Gesetz heißt, statt finde.]

31. ⟨Die Poësie hebt jedes Einzelne durch eine eigenthümliche Verknüpfung mit dem übrigen Ganzen – und wenn die Philosophie durch ihre Gesezgebung die Welt erst zu dem wircksamen Einfluß der Ideen bereitet, so ist gleichsam Poësie der Schlüssel der Philosophie, ihr Zweck und ihre Bedeutung; denn die Poësie bildet die schöne Gesellschaft – die Weltfamilie – die schöne Haushaltung des Universums.
Wie die Philosophie durch System und Staat, die *Kräfte* des Individuums mit den Kräften der Menschheit und des Weltalls *verstärckt*, das Ganze zum Organ des Individuums, und das Individuum zum Organ des Ganzen macht – So die Poësie, in Ansehung des *Lebens*. Das Individuum lebt im Ganzen und das Ganze im Individuum. Durch Poësie entsteht die höchste Sympathie und Coactivität, die innigste *Gemeinschaft* des Endlichen und Unendlichen.⟩

32. ⟨Der Dichter schließt, wie er den Zug beginnt. Wenn der Philosoph nur alles ordnet, alles stellt, so lößte der Dichter alle Bande auf. Seine Worte sind nicht allgemeine Zeichen – Töne sind es – Zauberworte, die schöne Gruppen um sich her bewegen. Wie Kleider der Heiligen noch wunderbare Kräfte behalten, so ist manches Wort durch irgend ein herrliches Andenken, geheiligt und fast allein schon ein Gedicht geworden. Dem Dichter ist die Sprache nie zu arm, aber immer zu allgemein. Er bedarf oft wiederkehrender, durch den Gebrauch ausgespielter Worte. Seine Welt ist einfach, wie sein Instrument – aber eben so unerschöpflich an Melodieen.⟩

33. ⟨Alles, was uns umgiebt, die täglichen Vorfälle, die gewöhnlichen Verhältnisse, die Gewohnheiten unserer Lebensart, haben einen ununterbrochnen, eben darum unbemerckbaren, aber höchst wichtigen Einfluß auf uns. So heilsam und zweckdienlich dieser Kreislauf uns ist, inso-

fern wir Genossen einer bestimmten Zeit, Glieder einer specifischen Corporation sind, so hindert uns doch derselbe an einer höhern Entwicklung unsrer Natur. Divinatorische, magische ächtpoëtische Menschen können unter Verhältnissen, wie die Unsrigen sind, nicht entstehn.⟩

34. ⟨Das Gedicht der Wilden ist eine Erzählung ohne Anfang, Mittel und Ende – das Vergnügen, das sie dabey empfinden[,] ist blos pathologisch – einfache Beschäftigung, blos dynamische Belebung des Vorstellungsvermögens.
Das epische Gedicht ist das veredelte primitive Gedicht. Im Wesentlichen ganz dasselbe.
Der Roman steht schon weit höher – Jenes dauert fort – dieser wächst fort – in Jenem ist arythmetische, im Roman geometrische Progression.⟩

35. ⟨Wer keine Gedichte machen kann, wird sie auch nur negativ beurtheilen. Zur ächten Kritik gehört die Fähigkeit das zu kritisirende Produkt selbst hervorzubringen. Der Geschmack allein beurtheilt nur negativ.⟩

36. ⟨Dichten ist zeugen. Alles Gedichtete muß ein lebendiges Individuum seyn.⟩ Welche unerschöpfliche Menge von Materialien zu *neuen* individuellen Combinationen liegt nicht umher! Wer einmal dieses Geheimniß errathen hat – der hat nichts mehr nöthig, als den Entschluß, der unendlichen Mannichfaltigkeit, und ihrem bloßen Genusse zu entsagen und irgendwo *anzufangen* – aber dieser Entschluß kostet das freye Gefühl einer unendlichen Welt – und fodert die Beschränckung auf eine einzelne Erscheinung derselben –
Sollten wir vielleicht einem ähnlichen Entschlusse unser irrdisches Daseyn zuzuschreiben haben?

37. ⟨Poësie ist die Basis der Gesellschaft, wie Tugend die Basis des Staats. Religion ist eine Mischung von Poësie und Tugend – man errathe also – welche Basis?⟩

38. ⟨Der Künstler steht auf dem Menschen, wie die Statüe auf dem Piédestal.⟩

39. ⟨Wie die Masse mit dem schönen Umriß verbunden ist,

so das Leidenschaftliche mit der Beschreibung im Kunstwerck.⟩

[40.] ⟨Der Künstler ist durchaus transscendental.⟩

41. Der Mimus vivificirt in sich das Princip einer bestimmten Individualitaet *willkührlich*.
Es giebt eine symptomatische und eine genetische Nachahmung. Die lezte ist allein lebendig. Sie sezt die innigste Vereinigung der Einbildungskraft, und des Verstandes voraus.
Dieses Vermögen eine fremde Individualitaet wahrhaft in sich zu erwecken – nicht blos durch eine oberflächliche Nachahmung zu täuschen – ist noch gänzlich unbekannt – und beruht auf einer höchst wunderbaren *Penetration* und geistigen Mimik. Der Künstler macht sich zu allem, was er sieht und seyn will.

42. ⟨Poësie ist die große Kunst der Construction der transscendentalen Gesundheit. Der Poët ist also der transscendentale Arzt.
Die Poësie schaltet und waltet mit Schmerz und Kitzel – mit Lust und Unlust – Irrthum und Wahrheit – Gesundheit und Kranckheit – Sie mischt alles zu ihrem großen Zweck der Zwecke – der *Erhebung des Menschen über sich selbst.*⟩

43. ⟨Wie sich die bisherigen Philosophieen zur Logologie verhalten, so die bisherigen Poësieen zur Poësie, die da kommen soll.
Die bisherigen Poësieen wirckten meistentheils dynamisch, die Künftige, transscendentale Poësie könnte man die organische heißen. Wenn sie erfunden ist, so wird man sehn, daß alle ächte Dichter bisher, *ohne ihr Wissen,* organisch poëtisirten – daß aber dieser Mangel an Bewußtseyn dessen, was sie thaten – einen wesentlichen Einfluß auf das Ganze ihrer Wercke hatte – so daß sie größestentheils nur im Einzelnen ächt poëtisch – im Ganzen aber gewöhnlich unpoëtisch waren. Die Logologie wird diese Revolution nothwendig herbeyführen.⟩

44. ⟨Der Inhalt des Dramas ist ein Werden oder ein Vergehn. Es enthält die Darstellung der Entstehung einer organischen Gestalt aus dem Flüssigen – einer wohlgeglieder-

ten Begebenheit aus Zufall – Es enthält die Darstellung der Auflösung – der Vergehung einer organischen Gestalt im Zufall. Es kann beydes zugleich enthalten und dann ist es ein vollständiges Drama. Man sieht leicht, daß der Inhalt desselben eine Verwandlung – ein Läuterungs, Reduktionsproceß seyn müsse. Oedipus in Colonos ist ein schönes Beyspiel davon – so auch Philoktet.⟩

45. ⟨Göthes Märchen ist eine erzählte Oper.⟩

46. ⟨Die Poësie lößt fremdes Daseyn in Eignen auf.⟩

47. ⟨Die transscendentale Poësie ist aus Philosophie und Poësie gemischt. Im Grunde befaßt sie alle transscendentale Functionen, und enthält in der That das transscendentale überhaupt. Der transscendentale Dichter ist der transscendentale Mensch überhaupt.⟩

48. Von der Bearbeitung der transscendentalen Poesie läßt sich eine Tropik erwarten – die die Gesetze der *symbolischen Construction* der transscendentalen Welt begreift.

49. ⟨Das Genie überhaupt ist poëtisch. Wo das Genie gewirckt hat – hat es poëtisch gewirckt. Der ächt moralische Mensch ist Dichter.⟩

50. ⟨Der ächte Anfang ist NaturPoësie. Das Ende ist der 2te Anfang – und ist KunstPoësie.⟩

51. ⟨Es wäre eine artige Frage, ob denn das lyrische Gedicht eigentlich *Gedicht*, PlusPoësie, oder Prosa, Minuspoësie wäre? Wie man den Roman für Prosa gehalten hat, so hat man das lyrische Gedicht für Poësie gehalten – beydes mit Unrecht. Die höchste, eigentlichste Prosa ist das lyrische Gedicht.
Die sogenannte Prosa ist aus Beschränckung der absoluten Extreme entstanden – Sie ist nur ad interim da und spielt eine subalterne, temporelle Rolle. Es kommt eine Zeit, wo sie nicht mehr ist. Dann ist aus der Beschränkung eine Durchdringung geworden. Ein wahrhaftes Leben ist entstanden, und Prosa und Poësie sind dadurch auf das innigste vereinigt, und in Wechsel gesezt.⟩

52. ⟨Lessings Prosa fehlts oft an hieroglyphischen Zusatz.⟩

53. ⟨Lessing sah zu scharf und verlor darüber das Gefühl des undeutlichen Ganzen, die magische Anschauung der Gegenstände zusammen in mannichfacher Erleuchtung und Verduncklung.⟩

54. ⟨Wie episches, lyrisches und dramatisches Zeitalter in der Geschichte der griechischen Poësie einander folgten, so lösen sich in der Universalgeschichte der Poësie die Antike, Moderne, und Vereinigte Periode ab. Das Interressante ist der Gegenstand der Minus Poësie.
In Göthen scheint sich ein Kern dieser Vereinigung angesezt zu haben – Wer die Weise seiner Entstehung erräth hat die Möglichkeit einer vollkommnen Geschichte der Poësie gegeben.⟩

55. Bey den Alten war die Religion schon gewissermaaßen das, was sie bey uns werden soll – practische Poësie.

56. ⟨Voltaire ist einer der größesten Minuspoëten, die je lebten. Sein Candide ist seine Odyssee. Schade um ihn, daß seine Welt ein Pariser Boudoir war. Mit weniger persönlicher und nationaler Eitelkeit wär er noch weit mehr gewesen.⟩

57. ⟨Klopstocks Wercke scheinen größestentheils freye Übersetzungen und Bearbeitungen eines unbekannten Dichters durch einen sehr talentvollen, aber unpoëtischen Philologen, zu seyn.⟩

58. Alle Darstellung der Vergangenheit ist ein Trauerspiel im eigentlichen Sinn – Alle Darstellung des Kommenden – des Zukünftigen – ein Lustspiel. Das Trauerspiel ist bey

dem Höchsten Leben eines Volks am rechten Orte – so wie das Lustspiel beym schwachen Leben desselben. In England und Franckreich würden jezt Trauerspiele, in Deutschland hingegen Lustspiele gut angebracht seyn.

59. Man sollte plastische Kunstwercke nie ohne Musik sehn – musikalische Kunstwercke hingegen nur in schön dekorirten Sälen hören.
Poëtische Kunstwercke aber nie ohne beydes zugleich genießen. Daher wirkt Poësie im schönen Schauspielhause, oder in geschmackvollen Kirchen so außerordentlich. In jeder guten Gesellschaft sollte Pausenweise Musik gehört werden. Die gefühlte Nothwendigkeit der plastischen Decorationen zur ächten Geselligkeit hat die Visitenzimmer hervorgebracht. Das bessre Essen, die Gesellschaftsspiele, der zierlichere Anzug, der Tanz, und selbst das gewähltere, freyere, allgemeinere Gespräch entstanden durch dieses Gefühl des höhern Lebens in Gesellschaft, und der dadurch erfolgenden Mischung alles Schönen und Belebenden zu mannichfaltigen Gesammtwirckungen.

* * *

60. * Das lyrische Gedicht ist das Chor im Drama des Lebens – der Welt. Die lyrischen Dichter ein aus Jugend und Alter, Freude, Antheil und Weisheit lieblich gemischtes Chor.

61. ⟨Von interressanten Regenten – die fruchtbar an neuen Ideen, die *Regierungskunst erweiterten* und ihren Zeitgenossen, ihrer Regierung einen großen individuellen Character gaben – denen die Menschheit Fortschritte und Aufklärungen im Großen zu verdancken hat. In diesem Jahrhundert vielleicht nur Peter der Große und Josef der 2te. Fridrich der Große gehört wenigstens nicht ganz in diese Rubrik. Interressante Menschen gabs mehr unter den Regenten.⟩

62. * Mystischer Glaube und Anhänglichkeit an das was einmal da ist, das Alte, Bekannte – und mystische Hoffnung und Freude auf alles, was da kommen soll – das Neue, Unbekannte – dies sind 2 sehr wichtige Characterzüge der bisherigen Menschheit.

63. ⟨Übersicht der *Salinistik*.⟩

64. * An Gedancken interressirt uns entweder der Inhalt – die neue, frappante, richtige Function, oder ihre Entstehung – ihre Geschichte, ihre Verhältnisse – ihre mannichfaltige Stellung – ihre mannichfaltige Anwendung, – ihr Nutzen – ihre verschiednen *Formationen* –. So läßt sich ein sehr trivaler Gedanke sehr interressant bearbeiten. Ein sehr weitläufiges Unternehmen *der* Art kann sehr interressant seyn – ohnerachtet das Resultat eine Armseeligkeit ist – hier ist die Methode – der Gang – der Process das Interressante und Angenehme. Je reifer man ist – desto mehr wird man Interresse an Produktionen der leztern Art haben. Das Neue interressirt weniger, weil man sieht, daß sich aus dem Alten so viel machen läßt. Kurz man verliert die Lust am Mannichfaltigen, je mehr man Sinn für die *Unendlichkeit* des Einzelnen bekömmt – Man lernt mit Einem Instrument machen, wozu andre Hunderte nöthig haben – und interressirt sich überhaupt mehr für das *Ausführen*, als für das Erfinden.

65. ⟨Über *Übung*.⟩

66. * Eine unbestimmte Frage/Frage, worauf mehrere Antworten möglich sind/ ist Eine *Aufgabe*/Eine bestimmte Aufgabe – die nur Eine *Lösung* oder *Antwort* zuläßt, ist eine Frage. Doch ist auch wohl dasjenige überhaupt eine *Aufgabe*, in der die *Antwort* schon *liegt* – daher sind Räthsel, Charades, Logogryphen – *Aufgaben*.
Verwandlung eines Gedanckens – einer Anecdote in eine Aufgabe.
Frage und Antwort sind *dogmatisch*. Aufgabe und Auflösung – *philosophisch* –.
/Dogma – L e h r e – Philosophem – *specifiker Reitz*./
Sind daher die Nahrungsmittel etc. im strengsten Sinne *Reitze* – oder sind es eher *Dogmen* – *Data*?
Muß nicht jedes Philosophem Aufgabe seyn? Ist nicht eine Aufgabe, ihrer Natur nach, *n ö t h i g e n d*? Ich muß mich damit beschäftigen sie zu lösen – versteht sich solche *Aufgaben* – deren vollkommnes Verständniß auch ihre Lösung involvirt – und solche Aufgabe[n] heißen Philosopheme.

Philosopheme müssen, wenn ich sie höre, mir keine Ruhe lassen – bis ich sie vollständig *vernommen*, verstanden habe – Sie müssen in mich eindringen und mich dadurch nöthigen, in sie einzudringen.

[67.] Alles nach *einem Plan* studiren.

68. Vielleicht hab ich meine glücklichen Ideen dem Umstande zu danken – daß ich einen Eindruck nicht vollkommen gegliedert und durchgängig *bestimmt* empfange – sondern durchdringend in Einem Puncte – unbestimmt – und absolut fähig.

69. (Das Schöne ist das Sichtbare *kat exoxin.*)

70. ⟨Theorie der Gliedrung – der Harmonie der Functionen und der Disharmonie derselben (der Kranckheit.) Harmonie befördernde Impulse.⟩

71. ⟨Unser Körper soll willkührlich, unsre Seele organisch werden.⟩

72. * Zur Idee, Entwurf und Plan sucht man die Ausführung, zur Ausführung den Plan.
Alle Ideen sind verwandt. Das Air de Famille nennt man Analogie. Durch Vergleichung mehrerer Kinder würde man die ElternIndividuen deviniren können. Jede Familie entsteht aus 2 Principien, die Eins sind – durch ihre und wider ihre Natur zugleich. Jede Familie ist eine Anlage zu einer unendlichen individuellen Menschheit.

73. * So wie nichts frey, so kann auch nichts gezwungen seyn, als der Geist. Nur ein Geist kann wozu gezwungen werden. Was sich also zwingen läßt, ist Geist – insofern es sich zwingen läßt.

74. * Zur Welt suchen wir den *Entwurf* – dieser Entwurf sind wir selbst – Was sind wir? personificirte *allmächtige Puncte.* Die Ausführung, als Bild des Entwurfs, muß ihm aber auch in der Freythätigkeit und Selbstbeziehung gleich seyn – und umgekehrt. Das Leben oder das Wesen des Gei-

stes besteht also in Zeugung Gebährung und Erziehung seines Gleichen. Nur insofern der Mensch also mit sich selbst eine glückliche Ehe führt – und eine schöne Familie ausmacht, ist er überhaupt Ehe und Familienfähig. Act der Selbstumarmung.
Man muß sich nie gestehen, daß man sich selbst liebt – Das Geheimniß dieses Geständnisses ist das Lebensprincip der alleinwahren und ewigen Liebe. Der erste Kuß in diesem Verständnisse ist das Princip der Philosophie – der Ursprung einer neuen Welt – der Anfang der absoluten Zeitrechnung – die Vollziehung eines unendlich wachsenden Selbstbundes.
Wem gefiele nicht eine Philosophie, deren Keim ein erster Kuß ist?
Liebe popularisirt die Personalitaet – Sie macht Individualitaeten *mittheilbar* und *verständlich*. (Liebesverständniß.)

75. ⟨Mathematische *Processe* – Rechnung des Unendlichen.⟩

76. Ein Triangel *schließt* eine *Fläche ein*. Eine Dreyseitige *Pyramide* einen Körper. So wird Form *construirt* – wie *Stoff*? Nicht auch eine *Trias*. Gegenstück zur *Trigonometrie*.

77. Nur der Geist sieht, hört – und fühlt – So lange das Auge, das Ohr und die *Haut*!!! noch *afficirt* sind von den *Medien* ihrer Gegenstände – den Incitamenten – so lange sie noch nicht rein *leiten* – *heraus* und hinein – so lange sieht und hört und fühlt der Geist noch nicht ordentlich. Erst wenn die Erregung vorbey – und das Organ vollkommner Leiter geworden ist – etc.

[78.] Wie wenig Menschen haben sich nur zu einer mannichfaltigen – schweigend totalen, Aufmercksamkeit auf alles was um und in ihnen, in jedem Augenblicke, vorgeht, erzogen. Bonnets Bemerckung – Aufmercksamkeit ist Mutter des *Genies*.

79. Man würde mit vielen Menschen zufrieden seyn, wenn man die Betrachtung nicht ganz über der Entgegengesezten vergäße, Was diese Menschen alles nicht seyn *könnten* –

oder wie viel schlimmer – und geringer sie so leicht seyn könnten.

80. Was fehlt einem, wenn man brave, rechtliche Eltern, achtungs und liebenswerthe Freunde, geistvolle und mannichfache Bekannten, einen unbescholtnen Ruf, eine gefällige Gestalt, convenzionelle Lebensart, einen meistens gesunden Körper, angemessene Beschäftigungen, angenehme und nüzliche Fertigkeiten, eine heitere Seele, ein mäßiges Auskommen, mannichfaltige Schönheiten der Natur und Kunst um sich her, ein im Ganzen zufriedenes Gewissen – und entweder die Liebe, die Welt und das Familienleben noch vor sich – oder die Liebe neben sich, die Welt hinter sich, und eine gutgerathene Familie um sich hat – ich dächte dort nichts, als fleißiger Muth und geduldiges Vertrauen – hier nichts – als Glauben und ein freundlicher Tod.

[81.] * Ich wünschte, daß meine Leser die Bemerckung, daß der Anfang der Philosophie ein erster Kuß ist, in einem Augenblick läsen, wo sie Mozarts Composition: Wenn die Liebe in Deinen blauen Augen – recht seelenvoll vortragen hörten – wenn sie nicht gar in der Ahndungsvollen Nähe eines ersten Kusses seyn sollten.
Über das musikalische Accompagnement der verschiednen Meditationen, Gespräche, und Lectüren.

82. Wenn die Theorie auf die Erfahrung warten sollte, so käme sie nie zu Stande.

83. Ich = N[icht]I[ch] – höchster Satz aller *Wissenschaft* und *Kunst*.

84. Alles angenehme Gefühl ist *Friction* – alles angenehme Gefühl reizt die *Seele* zur positiven Mitwirckung.

85. Von dem negativen Princip des Staats /Sicherheit/ und dem positiven Princip des Staats /Erweiterung oder Sicherheit im höhern Sinne./ Beyde greifen in einander ein.
Politzey – und *Politik*.

86. Von der Kantischen und anteFichtischen Bearbeitung der Philosophie überhaupt – die Eintheilung der Gemüthskräfte, ihr vereinigendes, zentrirendes Princip, die Vernunft – Vereinigung der Gemüths und Naturkräfte – Vereinigung ihrer Zentralmonaden – höchste Centralmonade.

87. *Educirende* und *producirende* Denker.

88. Hier ist *America oder Nirgends. philosophische* Zusätze und Corollarien zu diesem Text.

89. ⟨Episch didaktisches Gedicht – Empedokles und Lukrez.⟩

90. Witz über Kant und seine Anhänger.

91. Läßt sich nicht auch die Fichtische Phil[osophie] lernen? vid. Forberg. W[issenschafts]L[ehre] = Systematik.

92. ⟨*Sapphische Fragmente.*⟩

93. Zeichen der Antithesis $\pm$ $\mp$

94. Sich selbst Gesellschaft leisten.

95. ⟨Giebt es eine schöne *Mathematick*? /Mystische Mathematick. musicalische Mathematick. Hat die M[athematick] blos einen endlichen Zweck? Ist sie nicht rein theoretisch? Wahrhafte reine Mathematick? Größen werden durch Größen construirt.⟩

96. ⟨Nerven – Gehirn. /Rhetorische Philosophie./ Protokoll über meine Studien. Fragmente über die Fragmente. /*Bücher in Receptform.*/ Erwerbsbergbau – wissenschaftlicher, geognostischer Bergbau – Kann es auch einen schönen Bergbau geben?⟩ /Wenn alle Staaten vortrefflich wirthschafteten – wie würde es mit denen aussähen, die nicht im Besitz von gewissen unentbehrlichen Bedürfnissen, z. B. Metallen, oder sonst nicht begünstigt wären? *Bevölkerung – höchste Thätigkeit.*/ Über das Talent zu lernen, zuzuhören, zu betrach-

ten, kurz nachzubilden, ohne eigne Mitwirkung!/* Glorie von Melodieen, wie Engel um die Madonna./
* *Ich bin Du.* /⟨Unterschied der Analysis und Algebra.⟩/* Göthens *reinen* Verstand in der Darstellung. Gar keine *Fantasie* /versteht sich – als Directrice – denn sie ist eigentlich der Stoff des Verstandes/ ⟨Begriff eines Werckzeugs – eines selbstthätigen Werckzeugs⟩/ Annihilation der niedern Bedürfnisse. Nur durch Bedürfnisse bin ich eingeschränckt – oder einschränckbar. Man muß ein niedres Bedürfniß und allem dem, dem man keinen Einfluß auf sich gestatten will, absolut, als nicht für mich vorhanden, als nonexistent, setzen – Dadurch heb ich alle Gemeinschaft mit ihm auf. /⟨Über mimische Nachahmung – mahlenden Ausdruck. vid. Göthes Prosa – Anfang. *Verständiger* Ausdruck. Seine Kunst zu beschreiben, zu zeigen. Einfaches Auseinanderlegen und Zusammensetzen der Dinge mit Worten.⟩/

[97.] ⟨Innere Wärme hängt von der Dichtigkeit des Körpers ab.⟩/ Entw[eder] muß das Medium der Wahrnehmung durch den Gegenstand bewegt werden – Schall – oder das Medium muß sich bewegen und nur von dem ruhenden Gegenstand afficirt werden – Licht. /* Man sollte, um das Leben und sich selbst kennen zu lernen, einen Roman immer nebenher schreiben.
⟨/ Groteske. Epos und Roman. phil[osophische] Geschichte./
(Fantasie) (Verstand) (Vernunft). ⟩

98. *Heftiger Karacter, ruhiger Ausdruck.* / Je höher wir stehn, desto mehr *gefällt* uns *alles* – behagt uns jede *Action* – Wir machen dann *alles* mit Vergnügen – höchste Ruhe und Bedürfniß – Verhältnißlosigkeit – stete Bereitwilligkeit in jedes Verhältniß zu treten – und sich darnach zu stimmen. / ⟨*Lebenselegieen.*⟩ / Beywörter sind dichterische Hauptwörter. / ⟨Äußre, und innere Poësie.⟩ * *Poësie* im *Ganzen* – Poësie im Einzelnen. z. B. ad 1. Hermann und Dorothea – z. B. ad 2. Louïse. Jenes vielleicht *romantische,* dies descriptiv Poesie.
romantisch didaktische Poësie.

99. * Unterschied zwischen *Dichten* und ein Gedicht machen. Der *Verstand* ist der Inbegriff der Talente. Die Ver-

nunft sezt, die Fantasie *entwirft* – der Verstand führt aus. Umgekehrt, wo die Fantasie *ausführt* – und der Verstand entwirft.

romantische und rhetorische Poësie.

100. ⟨Der Mann ist phlogistisch – ein überwiegender Verdichtungs – die Frau dephlogistisch – ein überwiegender Verdünnungs*proceß*.⟩

101. ⟨Das Auge ist das Sprachorgan des Gefühls. Sichtbare Gegenstände sind die Ausdrücke der Gefühle.⟩

102. Der Geist galvanisirt die Seele mittelst der gröbern Sinne. Seine Selbstthätigkeit ist *Galvanism* – Selbstberührung en trois.

103. * Der Sinn der Sokratie ist, daß die Philosophie *überall* oder Nirgends sey – und daß man mit leichter Mühe am Ersten, Besten sich überall orientiren, und das finden könne, was man suche. Sokratie ist die Kunst – von jedem gegebenen Orte aus den Stand der Wahrheit zu finden und so die Verhältnisse des Gegebenen zur Wahrheit genau zu bestimmen.

[104.] Ehemals war alles Geistererscheinung. Jezt sehn wir nichts, als todte Wiederholung, die wir nicht verstehn. Die Bedeutung der Hieroglyfe fehlt. Wir leben noch von der Frucht besserer Zeiten.

105. Die Welt muß romantisirt werden. So findet man den urspr[ünglichen] Sinn wieder. Romantisiren ist nichts, als eine qualit[ative] Potenzirung. Das niedre Selbst wird mit einem bessern Selbst in dieser Operation identificirt. So wie wir selbst eine solche qualit[ative] Potenzenreihe sind. Diese Operation ist noch ganz unbekannt. Indem ich dem Gemeinen einen hohen Sinn, dem Gewöhnlichen ein geheimnißvolles Ansehn, dem Bekannten die Würde des Unbekannten, dem Endlichen einen unendlichen Schein gebe so romantisire ich es – Umgekehrt ist die Operation für das Höhere, Unbekannte, Mystische, Unendliche – dies wird durch diese Verknüpfung logarythmisirt – Es bekommt ei-

nen geläufigen Ausdruck. romantische Philosophie. *Lingua romana.* Wechselerhöhung und Erniedrigung.

[106.] Es geht mit der Liebe, wie der Überzeugung – wie viele glauben überzeugt zu seyn, und sind es nicht. Nur vom *Wahren* kann man wahrhaft überzeugt seyn – nur das Liebe kann man wahrhaft lieben.

107. Das Beste am Brownischen System ist die erstaunende Zuversicht, mit der Brown sein System, als allgemeingeltend, hinstellt – Es muß und soll so seyn – die Erfahrung und Natur mag sagen, was sie will. Darinn liegt denn doch das Wesentliche jedes Systems, seine wircklich geltende Kraft. Das Brownische System wird dadurch zum ächten System für die Brownianer. Dagegen läßt sich mit Grunde nichts mehr einwenden. Je größer der Magus, desto willkührlicher sein Verfahren, sein Spruch, sein Mittel. Jeder thut nach *seiner eignen Art* Wunder.

108. Auf Vergleichen, gleichen läßt sich wohl alles Erkennen, Wissen etc. zurückführen.

[109.] In allen wahrhaften Schwärmern und Mystikern haben ohne Zweifel höhere Kräfte gewirckt – freylich sind seltsame Mischungen und Gestalten daraus entstanden. Je roher und bunter der Stoff, je geschmackloser, je unausgebildeter und zufälliger der Mensch war, desto sonderbarer seine Geburten. Es dürfte größestentheils verschwendete Mühe seyn – diese groteske (wunderliche) Masse zu säubern, zu läutern und zu erklären – wenigstens ist jezt die Zeit noch nicht da, wo sich dergleichen Arbeiten mit leichter Mühe verrichten ließen. Dies bleibt den künftigen Historikern der *Magie* vorbehalten. Als sehr wichtige Urkunden der allmälichen Entwickelung der magischen Kraft sind sie sorgfältiger Aufbewahrung und Sammlung werth.
Magie ist = Kunst, die Sinnenwelt willkührlich zu gebrauchen.

110. Ich ist Wahl und Realisirung der Sfäre individueller Freyheit, oder Selbstthätigkeit. Fichte ist, wie Brown zu Wercke gegangen – nur noch universeller und absoluter.

[111.] Wir haben 2 Systeme von Sinnen, die so verschieden sie auch erscheinen, doch auf das innigste mit einander verwebt sind. Ein System heißt der Körper, Eins, die Seele. Jenes steht in der Abhängigkeit von äußern Reitzen, deren Inbegriff wir die Natur oder die äußre Welt nennen. Dieses steht ursprünglich in der Abhängigkeit eines Inbegriffs innerer Reitze, den wir den Geist nennen, oder die Geisterwelt. Gewöhnlich steht dieses leztere System in einen Associationsnexus mit dem andern System – und wird von diesem afficirt. Dennoch sind häufige Spuren eines umgekehrten Verhältnisses anzutreffen, und man bemerckt bald, daß beyde Systeme eigentlich in einem Vollkommnen Wechselverhältnisse stehn sollten, in welches jedes von seiner Welt afficirt, einen Einklang, keinen Einton bildeten. Kurz beyde Welten, so wie beyde Systeme sollen eine freye Harmonie, keine Disharmonie oder Monotonie bilden. Der Übergang von Monotonie zur Harmonie wird freylich durch Disharmonie gehn – und nur am Ende wird eine Harmonie entstehn. In der Periode der Magie dient der Körper der Seele, oder der Geisterwelt. /*Wahnsinn – Schwärmerey.*/
Gemeinschaftlicher Wahnsinn hört auf Wahnsinn zu seyn und wird Magie. Wahnsinn nach Regeln und mit vollem Bewußtseyn.
Alle Künste und Wissenschaften beruhn auf *partiellen Harmonieen.*

/Poëten, Wahnsinnige, Heilige, Propheten./

112. Vermögen, Fertigkeit nach Belieben Empfindungen hervorzubringen. (Glaube ist eine solche Willkühr, Empfindung hervorzubringen[,] verbunden mit dem B[ewußt]S[ein] der absoluten Realitaet des Empfundnen.)
Wenn wir blind, taub und fühllos wären, unsre Seele hingegen vollkommen *offen,* unser Geist die jetzige äußere Welt, so würde die innere Welt mit uns in dem Verhältnisse stehn, wie jezt die äußre Welt, und wer weis, ob wir einen Unterschied gewahr würden – wenn wir beyde Zustände vergleichen könnten. Wir würden so manches *fühlen,* wofür uns nur der Sinn fehlte, z. B. Licht, Schall etc. Wir würden nur Veränderungen hervorbringen können – die Gedanken

ähnlich wären, und wir würden ein Bestreben fühlen, uns jene Sinne zu verschaffen, die wir jezt äußre Sinne nennen: Wer weis ob wir nicht nachgerade, durch mannichfache Bestrebungen Augen, Ohren etc. hervorbringen könnten, weil dann unser Körper so in unsrer Gewalt stände, so einen Theil unsrer innern Welt ausmachte, als jezt unsre Seele. Unser Körper dürfte ebenfalls nicht so absolut Sinnlos seyn, so wenig, wie unsre Seele jezt. Wer weiß ob er nicht insofern nur Sinnlos schiene, weil er einen Theil unsrer Selbst ausmachte und die innere *Selbstscheidung*, wodurch der Körper erst sehend, hörend und fühlend für unser B[ewußt]S[ein] würde – unbeschadet des Fortgangs und der Einwirckung unsrer übrigen Welt – jene Operation, wodurch wir uns auf mannichfaltige Art *selbst vernähmen*, sehr schwierig wäre. Hier würde auch ein abs[olutes], practisches und empirisches Ich entstehn.
Dies noch weiter fortgesezt. Wir würden in jenem Zustande schon darum sinnlos scheinen, weil die Seele die überwiegende, alle Aufmercksamkeit in Erregbarkeit an sich ziehende Potenz wäre – so wie wir schon jezt oft nicht sehn, hören, fühlen, wenn unsre Seele lebhaft beschäftigt ist – und unsre Aufmercksamkeit allein an sich gezogen hat und so vice versa.
Willkühr und Zufall sind die Elemente der Harmonie. *Willkührliche* und *zufällige* Welt. In beyden Zuständen dasselbe Verhältniß.

Wunder Welt und Naturwelt.
Geisterreich und wirckliche Welt.

Freyer Wechsel dieser beyden Zustände. Willkühr und Zufall Eins. Wunder und gesetzmäßige Wirckung. Natur und Geist = Gott.

113. 2 Individuen in beyden Zuständen Eins.

114. Es ist ein starker Beweis, wie weit wir schon sind, daß wir so verächtlich von unsern Fortschritten, von unsrer Stufe denken.

115. Wir werden die Welt verstehn, wenn wir uns selbst verstehn, weil wir und sie integrante *Hälften* sind. Gottes-

kinder, göttliche Keime sind wir. Einst werden wir seyn, was unser Vater ist.

116. Es ist mit dem Volke, wie mit den Weibern. Es hat für alles Leidenschaft, was seine Aufmercksamkeit an sich zieht. Es sucht in diesem Gegenstande alles, denn es fühlt durch denselben sein unendliches Wesen in dunckler Ahndung. Je schwächer der Mensch, desto mächtiger, ahndungsvoller und Behaglicher dünckt ihm ein leidenschaftlicher Zustand. Es ist ihm genug, daß er geweckt und gerührt wird – was ihn weckt und rührt ist ihm einerley – er ist noch nicht gebildet genug um irgend eine Wahl zu treffen und die erregenden Gegenstände zu ordnen und zu unterscheiden, oder gar manchen seine Aufmercksamkeit und Theilnahme zu versagen.

117. Die Herrnhuther annihiliren ihre Vernunft. Die Empfindsamen ihren Verstand – die Leute von Verstand ihr Herz. Kein Act ist gewöhnlicher in uns – als der Annihilisationsact. Eben so gewöhnlich ist der *Positionsact*. Wir setzen und nehmen etwas willkührlich so an, weil wir es wollen – Nicht aus bewußten Eigensinn, denn hier wird wircklich mit Hinsicht auf unsern Willen etwas festgesezt, sondern aus *instinktartigen* Eigensinn, der ebenfalls in der *Trägheit*, so sonderbar es auch scheint, seinen Grund hat. Es ist ein äußerst bequemes Verfahren sich aller Mühe des Forschens zu überheben und allem innern und äußern Streit und Zwiespalt ein Ende zu machen. Es ist eine Art von Zauberey, durch die wir die Welt umher nach unsrer Bequemlichkeit und Laune bestellen.
Beyde Handlungen sind verwandt und werden meistens zusammen angetroffen. Es entsteht aber dadurch lauter Mißklang und der Mensch, der auf diese Weise zu verfahren pflegt, befindet sich im Zustand der mehr oder minder ausgebildeten Wildheit.
Es giebt mancherley Arten von der vereinigten Sinnenwelt unabhängig zu werden.

1. durch Abstumpfung der Sinne. (Gewöhnung, Erschöpfung, Abhärtung etc.)
2. durch zweckdienliche Anwendung, Mäßigung, und Abwechselung der Sinnenreitze. /Heilkunst./

3. durch Maximen a.) der Verachtung und b.) der Feindlichkeit gegen alle Empfindungen. Die Maxime der Verachtung äußrer Empfindungen war den Stoickern und ist zum Theil den Wilden von America eigen.
Die der innern Empfindungen der sog[enannten] Leute von Verstand in der großen Welt und sonst.
Die Maxime der Feindlichkeit gegen äußre und innre Empfindungen haben die strengen Anachoreten, Fakirs, Mönche, Büßer und Peiniger aller Zeit aufgestellt und oft zum Theil befolgt. Manche sog[enannte] Bösewichter mögen diese Maxime wenigstens dunkel gehabt haben.

Beyde Maximen gehn leicht in einander über, und vermischen sich.

4. theilweise durch Aushebung gewisser Sinne oder gewisser Reitze, die durch Übung, und Maxime einen beständigen, überwiegenden Einfluß erhalten.

So hat man sich mittelst des Körpers von der Seele und umgekehrt, mittelst dieses oder jenes äußern oder innern Gegenstandes von der Einwirckung aller übrigen Gegenstände losgemacht. Dahin gehört Leidenschaft aller Art, Glauben und Zuversicht zu uns selbst, zu andern Personen und Dingen, zu Geistern etc. Vorurtheile und Meynungen befördern ebenfalls eine solche Theilfreyheit. So kann auch eine Unabhängigkeit von der wircklichen Sinnenwelt entstehn, indem man sich an die *Zeichenwelt* oder auch die vorgestellte Welt entw[eder] gewöhnt, oder sie statt jener, als allein reitzend für sich festsezt. Das erste pflegt bey Gelehrten und sonst noch sehr häufig der Fall zu seyn – und beruht, nach dem, was oben gesagt wurde auf dem, gewöhnlich trägen, Behagen des Menschen am Willkührlichen, und Selbstgemachten und Festgesezten. Umgekehrt findet man Leute, die von der Vorstellungs und Zeichenwelt nichts wissen wollen; das sind die rohsinnlichen Menschen, die alle Unabhängigkeit der Art für sich vernichten, und deren träge, plumpe, knechtische Gesinnung man in neuern Zeiten auch theilweise zum System erhoben hat – (Rousseau, Helvetius, auch Lokke, etc.) ein System, dessen Grunds[atz] zum Theil ziemlich allgemein Mode geworden ist.

118. Von der *unsinnlichen*, oder *unmittelbaren* Erkenntniß. Aller Sinn ist *repraesentativ* – *symbolisch* – ein Medium. Alle Sinnenwahrnehmung ist aus der 2ten Hand. Je eigenthümlicher, je abstracter könnte man sagen, die Vorstellung, Bezeichnung, Nachbildung ist, je unähnlicher dem Gegenstande, dem Reitze, desto unabhängiger, selbstständiger ist der Sinn – Bedürfte er nicht einmal einer äußern Veranlassung, so hörte er auf Sinn zu seyn, und wäre ein correspondirendes Wesen. Als solches können seine Gestaltungen wieder mehr oder weniger ähnlich und entsprechend Gestaltungen andrer Wesen seyn – Wären seine Gestaltungen und ihre Folge der Gestaltenfolge eines andern Wesens vollkommen gleich und ähnlich – so wäre der reinste Einklang zwischen beyden vorhanden. ⟨Man würde Sie nicht von 2 Andern unterscheiden können.⟩
Sinn ist ein Werckzeug – ein Mittel. Ein absoluter Sinn wäre Mittel und Zweck zugleich. So ist jedes Ding das *Mittel selbst* es kennen zu lernen – es zu erfahren, oder auf dasselbe zu wircken. Um also eine Sache vollständig zu empfinden und kennen zu lernen, müßte ich sie zu meinem Sinn und Gegenstand zugleich machen – ich müßte *sie beleben* – Sie zum abs[oluten] Sinn, nach der vorherigen Bedeutung, machen.
Wenn ich nun dies aber nicht vollständig *könnte* oder *wollte*, so müßt ich mir einen Theil derselben – und zwar einen individuellen, ihr ganz eigenthümlichen Theil – ein Glied zum Sinn machen. Was entstände nun hier? Ich bekäme eine zugleich mittelbare und unmittelbare – repraesentative und nicht repraesentative, vollkomne und unvollkomne – eigne und nicht eigne, kurz antithetisch synthetische Erkenntniß und Erfahrung von dem Dinge. Das Glied, oder der Sinn würde zugleich Glied und NichtGlied seyn, weil ich es durch meine Belebung auf gewisse Weise vom Ganzen abgesodert hätte.
Nenn ich das ganze Ding Welt, so würde ich ein integrantes Glied der Welt in mir, und das Übrige außer mir haben. Ich würde mir in theoretischer Hinsicht, in Rücksicht dieses Sinns, als abhängig und unter dem Einfluße der Welt erscheinen.
Ich würde mich ferner, in *Betreff dieses Sinns*, zu einer Mitwirckung, als Weltglied, genöthigt sehn – denn sonst würd

ich meine Absicht bey der Belebung nur unvollständig erreichen. Ich würde meinen Sinn, oder Körper, theils durch sich selbst, theils durch die Idee des Ganzen – durch seinen Geist – die Weltseele bestimmt finden und zwar beydes als unzertrennlich vereinigt – so daß man genau weder das Eine noch das andre ausschließend sagen könnte. Mein Körper würde mir nicht specifisch vom Ganzen verschieden – sondern nur als eine Variation desselben vorkommen. Meine Erkenntniß des Ganze[n] würde also den Character der Analogie haben – diese würde sich aber auf das innigste und unmittelbarste auf die directe und *absolute* Erkenntniß des Gliedes beziehn. Beyde zusammen machten zusammen eine antithetisch synthetische Erkenntniß aus. Sie wäre unmittelbar, und mittelst des Unmittelbaren mittelbar, real und symbolisch zugleich. Alle Analogie ist symbolisch. – Ich finde meinen Körper durch sich und die Weltseele zugleich bestimmt und wirksam. Mein Körper ist ein kleines Ganzes, und hat also auch eine besondre Seele; denn ich nenne Seele, wodurch Alles zu Einem Ganzen wird, das individuelle Princip. – – Was die Belebung des besondern Gliedes betrifft, so finde ich mich in dieser Hinsicht bloß durch mich selbst, und zwar mittelbar durch die allgemeine Belebung bestimmt. Die Belebung selbst aber betreffend, so ist sie nichts anders, als eine Zueignung, eine Identification. Ich kann etwas nur erfahren, in so fern ich es in mir aufnehme; es ist also eine Alienation meiner selbst und eine Zueignung oder Verwandlung einer andern Substanz in die meinige zugleich: das neue Product ist von den beiden Factoren verschieden, es ist aus beiden gemischt. Ich vernehme nun jede Veränderung der zugeeigneten Substanz als die meinige und eine fremde zugleich; als die meinige, in so fern ich sie überhaupt vernehme; als eine fremde, in wie fern ich sie so oder so bestimmt vernehme. Jeder Action in jenem entspricht eine gleichzeitige Action in mir, die Action des Vernehmens. Jeder Beschaffenheit dort entspricht eine vernehmende Erkenntniß-Beschaffenheit in mir. Ich unterscheide so viel Erk[enntniß]Kräfte in mir – als es wirckende Kräfte dort giebt. Hier entstehn eben die sonderbaren Widersprüche in uns über uns selbst. Wir würden ohne diese Beseelung keine solchen Unterscheidungen in uns machen. Sie entstehn nur diese Kräfte

in und mittelst dieser Beseelung.
Ich selbst weis mich, wie ich mich will und will mich, wie ich mich weis – weil ich meinen *Willen will* – weil ich abs[olut] will. In mir ist also Wissen und Willen vollkommen vereinigt.
Indem ich meinen Willen, meine That – besonders noch vernehmen will – mercke ich, daß ich auch einen Willen haben – etwas thun kann – ohne daß ich darum weis – ferner, daß ich etw[as] wissen kann und weis, *ohne daß* ich es gewollt habe.

119. /*Entschluß – Aufschluß*/ Unterschied zwischen Glied – Theil – Element. Theil ist blos quantitativ vom Ganzen verschieden. Element ist ein bloßes Accidens – es steht also in *Relation mit dem* Ganzen. Glied ist eine Variation des Ganzen – es besteht aus denselben Elementen – die nur auf eine verschiedne und d[urch] d[ie] Gesetze des Ganzen bestimmte Weise in denselben geordnet sind./

[120.] Alles Werckzeug ist Vehikel einer fremden Äußerung – Wircksamkeit. Es modificirt und wird modificirt. Die Ausführung ist ein Produkt der Individuellen Beschaffenheit des W[erck]Z[eugs] und der Gestion. Beyde können veränderlich seyn – so wird auch das Produkt veränderlich. Doch könnte der Fall eintreten, daß sie polarisch veränderlich sind – und dann ist das Product *beständig* und einerley.
Die *Gestalt* (Natur) des *Werckzeugs* ist gleichsam *das eine Element* des Produkts. / So ist der Punct ein *Element* der Linie, die Linie ein Element der Fläche – die Fläche ein Element des Körpers. Aus diesem Beyspiel erhellt sich, wie mir scheint, der Begriff des Elements sehr mercklich.
Ich kann mit einem Werckz[eug] auf keine andre Weise wircksam seyn – als auf die, die ihm seine natürlichen Verhältnisse bestimmen. So kann ich mit einem Meißel nur stoßen, schaben, schneiden oder sprengen, insofern er scharfes *Eisen* ist ihn electrisch, als Metall zum galv[anischen] Excitator gebrauchen. In beyden leztern Fällen wirckt er nicht mehr, als Meißel. Ich fühle mich also durch jedes bestimmte W[erck]Z[eug] auf eine besondre Art von Wircksamkeit eingeschränkt – diese besondre Sfäre kann ich freylich un-

endlich variiren – ich kann so manches Stoßen, sprengen etc. so oft die Wirckung – modificiren – durch Aenderung des Stoffs – durch Variation der Elemente der Wirckung – die Resultate können unendlich verschieden seyn – das Resultat kann die Spaltung eines Steins – ein Pulverloch – eine Statüe etc. seyn.
Jedes Werckzeug modificirt also Einerseits, die Kräfte und Gedanken des Künstlers, die es zum Stoffe leitet, und umgekehrt – die Widerstandswirckungen des Stoffs, die es zum Künstler leitet.
Reihe von Werckzeugen. Kette v[on] Sinnen – die einander *Suppliren* und *Verstärken.* / Directe und indirecte Wirckungen – z. B. dir[ecte] W[irckung] ist die Wirck[ung] eines Kunstrads aufs Gestänge – hingegen das Ausströmen der Dämpfe und des Wassers – indem das Kunstrad das Ventil aufdrückt, ist nur eine indirecte Wirckung.
Sind die Erscheinungen des Galvanism directe (nothw[endige]) oder indirecte (zufäll[ige]) Wirckungen der Schließung und Trennung der Ketten? Indirecte. Sind die Wirckungen der Außenwelt auf unsre Seele etc. directe oder indirecte Wirckungen? Indirecte[.]

121. Wer mit einem Meißel mahlen, musiciren etc. kurz zaubern könnte – bedürfte des Meißels nicht – der Meißel wär ein Überfluß – Übrigens könnte ein Zauberstab auch ein indirectes Werckzeug seyn.

122. Alle K[raft]Äußerung ist instantant – vorüberschwindend. Blei-Reitzbarkeit. /Sollte R[eitzbarkeit] nichts als fortdauernde Action – gespannte – permanente – sich selbst erhaltende *Kraft* seyn? / Das Phaenomen der Reitzbarkeit ist *Krampf.*/

123. Alle K[raft]Äußerung ist instantant – vorüberschwindend. Bleibende Kr[aft] ist Stoff. Alle Kraft erscheint nur im *Übergehn.*

124. Insofern ein Ding für mich da ist – bin ich sein Zweck – es bezieht sich auf mich – Es ist meinetwillen da. Mein Willen bestimmt mich – also auch mein Eigenthum. Die Welt soll seyn, wie ich will. Ursprünglich ist die Welt, wie

ich will – wenn ich sie also nicht so finde, so muß ich den Fehler dieses Produkts in den beyden Factoren suchen – oder in Einen. Entw[eder] ist die Welt eine ausgeartete Welt – oder mein widersprechender Willen ist nicht mein wahrer Willen – oder beydes zugleich ist ununterscheidbar zugleich wahr. Ausgeartetes Ich – ausgeartete Welt. *Wiederherstellung.*

125. Die Welt hat eine ursprüngliche Fähigkeit durch mich belebt zu werden – Sie ist überhaupt a priori von mir belebt – Eins mit mir. Ich habe eine ursp[rüngliche] Tendenz und Fähigkeit die Welt zu beleben – Nun kann ich aber mit nichts im Verhältniß treten – was sich nicht nach meinem Willen richtet, oder ihm gemäß ist – Mithin muß die Welt die ursp[rüngliche] Anlage haben sich nach mir zu richten – meinem Willen gemäß zu seyn.
Meine *geistige* Wircksamkeit – meine Realisation von Ideen – wird also keine *Decomposition*, und Umschaffung der Welt – wenigstens nicht, insofern ich *Mitglied* dieser bestimmten Welt bin – seyn können, sondern es wird nur eine *Variations Operation* seyn können – Ich werde unbeschadet der Welt und ihrer Gesetze – mittelst derselben – sie für mich ordnen, einrichten und bilden können. Diese höhere Bildung streitet mit der Mindern nicht – Sie geht, unbeschadet dieser, ihren Weg – und benuzt die Welt, die eben deshalb Welt ist, weil sie sich nicht vollständig und *Total* bestimmt – und also noch mannichfach anderwärts her bestimmbar bleibt – welches bey einem vollkommen vernünftigen Individuo nicht der Fall ist – zu beliebigen Zwekken.
Zur Welt gehört also alles, was sich nicht abs[olut] vollständig bestimmt – was einem andern Wesen noch zu mannichfachen Behuf dienen kann – ohne daß es davon weiß – und dadurch gestört und im Wesentlichen verändert wird.
Ein vollkommen vernünftiges Wesen kann nicht einmal gedacht werden – ohne um diesen Gedanken zu wissen und ihn mit zu bestimmen. (Gott etc.)
(Ein organischer Körper gehört in Rücksicht seiner innigen Gemeinschaft – und seines Grundsatzes – Alle für Einen, und Einer für alle – nicht ganz in *die Welt* – er ist ein gemischtes Produkt.)

126. Seele und Körper wircken galvanisch auf einander – wenigstens auf eine analoge Art – deren Gesetze aber in einer höhern Region liegen.

127. ⟨Alle Kranckheit entsteht durch widersprechende gleichzeitige Empfindungen. / Anhäufungen der Reitzbarkeit – selbst bey stehnischen Entz[ündungen] – D[er] Aderlaß verbreitet höhere Reitzb[arkeit] überall und hilft dadurch. Mehrere Aderl[ässe] an versch[iednen] Orten zugl[eich]⟩

[128.] Über Hypochondrie und Eifersucht – 2 sehr merckwürdigen Phaenomenen zur Kenntniß der Seele etc.

129. Stoff oder das *Erregbare* – sein Verhältniß zum Reitz. Verbindung des äußern und innern Reitzes. / Die Welt ist die *Summe* des *Vergangnen*, und von uns *Abgelößten* –

130. Liebe ist ein Product der Wechselreitzung 2er Individuen – daher mystisch und universell, und unendlich *ausbildsam*, wie das individuelle Princip selbst.
Alles, was (uns) erregt, was (unsre) (Aufmercksamkeit,) Erregbarkeit – *an (auf) sich zieht* – damit sucht sich das Erregte in ein bleibendes Verhältniß zu setzen – mit ihm verbunden zu bleiben, und es gleichsam mit sich zu identificiren.
Allg[emeine] Anwendung der Wärme Theorie.

131. ⟨Je *geringer die Capacitaet ist,* desto schneller die Wirkung des Reitzes – desto empfindlicher der Stoff oder das *Erregbare* – (desto leichter entzündbar.) Reitzbarkeit und Capacitaet stehn in umgekehrten Verhältnisse.
C[apacitaet] und E[rregbarkeit] stehn im Verhältnisse, wie O[xigène] und Phlogiston.⟩

[132.] Alles Mystische ist personell – und mithin eine Elementarvariation des Weltalls.

133. Alle Überzeugung ist unabhängig von der Naturwahrheit – Sie bezieht sich auf die magische oder die Wunderwahrheit. Von der Naturwahrheit kann man nur überzeugt werden – insofern sie Wunderwahrheit wird. Aller Beweis

fußt auf Überzeugung, und ist mithin nur ein Nothbehelf im Zustand des Mangels an durchgängiger Wunderwahrheit. Alle Naturwahrheiten beruhen demnach ebenfalls auf Wunderwahrheit.

134. Der Act des sich selbst Überspringens ist überall der höchste – der Urpunct – die *Genesis des Lebens.* So ist die Flamme nichts, als ein solcher Act – So hebt alle Philosophie da an, wo das Philosophirende sich selbst philosophirt – d. h. zugleich verzehrt (bestimmt, nöthigt) und wieder erneuert (nicht bestimmt, freyläßt) – Die Geschichte dieses Processes ist die Philosophie. So hebt alle lebendige Moralitaet damit an, daß ich aus Tugend gegen die Tugend handle – damit beginnt das Leben der Tugend, durch welches vielleicht die Capacitaet ins unendliche zunimmt, ohne je eine Grenze – d. ist die Bedingung der Möglichkeit ihres *Lebens,* zu verlieren.

135. Alles Leben ist ein überschwänglicher Erneuerungsproceß, der nur von d[er] Seite den Schein eines Vernichtungsproceßes hat. Das Praecipitat des Lebens ist ein Lebendiges – Lebenfähiges – Wie sich *Wärme* zur *Flamme* verhält – so x zum Leben.
Der Eine Factor ist ein Lebendiges (Erregbares) – der andere Leben (Reitz) (x ist subalternes, noch unter der Grenze befindliches Leben – besser unvollk[ommne] Wirckung des Lebens.) Das Produkt ist *Leben.* Beyde Factoren sind relativ und veränderlich. – Daraus entsteht eine *Reihe* von *Leben.* Leben überhaupt wirckt in Allem. Nur heißt dasjenige dessen Erregung die *Grenze* nicht *erreicht* – todt – todte Natur. x ist die Erregung und das Erregende der todten Natur.
Die Capacit[aet] Mat[erie] (Oxigène. *organischer Stoff*) ist unterschieden – daher es eine Leiter des Lebens giebt. Vielleicht hat die Pflanze ein einfaches, das Thier ein 2faches, der Mensch ein dreyfaches Leben etc.

136. Das Wesentlichste des Lebens ist das unaufhörliche, gleichförmige Strömen von Z durch y. z giebt im Durchgehn neue Energie der Capacitaet – neue RepulsivEnergie gegen das äußre Z.

Z überwältigt y + z – entzündet es – blos durch Übermacht des Z gegen z – Aber gerade in dem Augenblick der Überwältigung dem Moment u verliert Z an y + z etwas – es geht etwas von ihm hinüber – und so dauert das Leben von y + z durch den immer erneuerten Kampf und Sieg – durch den verlängerten Moment u fort.

137. Alle Verzweiflung ist deterministisch – aber auch Determinismus ist ein *Element* des philosophischen Weltalls, oder Systems. Die Vereinzelung und der falsche Glaube an die Realitaet der Elemente ist die Quelle der meisten, vielleicht aller, bisherigen Irrthümer.

* * *

138. Jeder sich absondernde, gewöhnlich affectirt scheinende Mensch ist denn doch ein Mensch, bey dem sich ein Grundsatz regt. Jedes unnatürliche Betragen ist Symptom einer angeschossnen Maxime. Selbstständigkeit muß affectirt anfangen. Alle Moral fängt affectirt an. Sie gebietet Affectation. Aller Anfang ist ungeschickt.

139. Um einem Gespräche eine beliebige Richtung zu geben, ist nur Festhaltung des Ziels nöthig. So nähert man sich ihm allmählich, denn seine Anziehungskraft wird rege. Durch diese Aufmercksamkeit auf einen heterogenen Gedanken entstehn oft die witzigsten Übergänge, die artigsten Verbindungen. Man ist oft schneller da, als man denkt.

140. Zugleichseyn zweyer oder mehrerer Gedanken im Bewußtseyn. – Folgen.

141. Auch die Sprache ist ein Produkt des organischen Bildungstriebes. So wie nun dieser überall dasselbe unter den verschiedensten Umständen bildet, so bildet sich auch hier durch Cultur, durch steigende Ausbildung und Belebung die Sprache zum tiefsinnigen Ausdruck der Idee der Organisation, zum System der Philosophie.

Die ganze Sprache ist ein Postulat. Sie ist positiven, freyen Ursprungs. Man mußte sich einverstehen, bey gewissen Zeichen gewisse Dinge zu denken, mit Absicht etwas Bestimmtes in sich zu construiren.

142. Wer zuerst bis zwey zu zählen verstand, sah, wenn ihm auch selbst das Fortzählen noch schwer ward, doch die Möglichkeit einer unendlichen Fortzählung nach denselben Gesetzen.

143. Abstraction schwächt – Reflexion stärckt.

144. Durch allzuhäufiges Reflectiren auf sich selbst, wird der Mensch für sich selbst abgestumpft und verliert den gesunden Sinn für sich selbst.

145. Leidenschaftliche Wärme – leidenschaftliche Kälte.

146. Selbstbeurtheilung nach den wircklichen Handlungen – nach der Oberfläche, nicht nach dem innern Gewebe. Wie schön ist nicht die Oberfläche des Körpers, wie ekelhaft sein inneres Wesen!

147. Die Möglichkeit der Philosophie beruht auf der Möglichkeit Gedanken nach Regeln hervorzubringen – wahrhaft gemeinschaftlich zu denken – Kunst zu symphilosophiren –. Ist gemeinschaftliches Denken möglich, so ist ein gemeinschaftlicher Wille, die Realisirung großer, neuer Ideen möglich.

148. Rechte des Gesprächs. (absolutes Spiel.)
Wahre Mittheilung findet nur unter Gleichgesinnten, Gleichdenkenden statt.

149. Wer einen Karacter mitbringt, wird sich sehr schwer verstehn lernen.

150. Verdienst freywilliger Passivität: mystische Orthodoxen. Fichte wählt das entgegengesezte Verdienst.

151. Nur das Unvollständige kann begriffen werden – kann uns weiter führen. Das Vollständige wird nur genossen. Wollen wir die Natur begreifen, so müssen wir sie als unvollständig setzen, um so zu einem unbekannten Wechselgliede zu gelangen. Alle Bestimmung ist relativ.

152. Hang, alles zu frivolisiren.

153. Mensch werden ist eine Kunst.

154. Scherz ist ein Präservativ und Confortativ, besonders gegen das Miasma weiblicher Reitze.
In der großen Welt ist daher die Zerschmelzung weniger als die Verhärtung zu fürchten. Scherz frivolisirt.

155. Zwey Arten, Menschen zu schildern: die poetische und die wissenschaftliche. Jene giebt nur Einen durchaus individuellen Zug, – ex ungue leonem. Diese deduçirt vollständig.

156. Die geognostische oder Landschaftsfantasie wird im Meister gar nicht berührt. Die Natur läßt Göthe nur sehr selten mitwircken. Im Anfang des vierten Theils einmal. Beym Räuberanfall berührt Göthe nur im Vorbeygehn die romantische Waldhöhe mit. Die Außenwelt überhaupt selten, – am meisten noch im vierten Theile.

157. Alle Erinnerung ist Gegenwart. Im reinern Element wird alle Erinnerung uns wie nothwendige Vordichtung erscheinen.

158. Schöne poetische Hogarthismen, z. B. die Liebe. Hogarths Blätter sind Romane. Hogarths Wercke sind gezeichneter Witz, wahrhaft römische Satyren für das Auge. So wie eine ächte musicalische Fantasie Satyre für das Ohr seyn sollte. Hogarth ist der erste Satyrendichter, Shakespeare seiner Gattung.

159. Das lyrische Gedicht ist für Heroen, es macht Heroen. Das epische Gedicht für Menschen. Der Heros ist lyrisch, der Mensch episch, der Genius dramatisch – Der Mann lyrisch, die Frau episch, die Ehe dramatisch.

160. Symbole sind Mystifictionen.

161. Der vollendete Mensch sollte eine schöne Satyre seyn, fähig, jedem eine beliebige Form zu geben, jede Form mit

dem mannichfaltigsten Leben auszufüllen und zu bewegen.

162. Realisirung der Theorie. Fühlbarmachung des Gedankens. Gesetz: gefühlter Gedanke.

163. Jeder Mensch hat seine eigne Sprache. Sprache ist Ausdruck des Geistes. Individuelle Sprachen. Sprachgenie. Fertigkeit in und aus andern Sprachen zu übersetzen. Reichthum und Euphonie jeder Sprache. Der ächte Ausdruck macht die klare Idee. Sobald man nur die rechten Namen hat, so hat man die Ideen mit. Durchsichtiger, leitender Ausdruck.

164. Wer nicht vorsätzlich, nach Plan und mit Aufmercksamkeit thätig seyn kann, verräth Schwäche. Die Seele wird durch die Zersetzung zu schwach. Ohne Aufmercksamkeit auf das, was sie thut, gelingt ihr vieles. Sobald sie sich theilen muß, wird bey aller Anstrengung nichts. Hier muß sie sich überhaupt zu stärken suchen. Oft ist Verwöhnung daran Schuld. Das Organ der Aufmercksamkeit ist auf Kosten des thätigen Organs geübt – voraus gebildet, zu reitzbar gemacht worden. Nun zieht es alle Kraft an sich und so entsteht diese Disproportion.

165. Alles muß Lebensmittel werden. Kunst, aus allem Leben zu ziehn. Alles zu beleben ist der Zweck des Lebens. Lust ist Leben. Unlust ist Mittel zur Lust, wie Tod Mittel zum Leben.

166. Anastomose des discursiven Individui. Die Intuition ist symmetrisch, die Discursion variirend.

167. Eigentliche Schauscenen, nur die gehören aufs Theater.
Allegorische Personen – die Meisten sehn nur solche um sich. Kinder sind Hoffnungen, Mädchen sind Wünsche und Bitten.
Dem Geistvollen ist alles Eins; dem Talentvollen jedes einzig. Definirende und infinirende Menschen.
Vom Glauben hängt die Welt ab. Glauben und Vorurtheil ist Eins. Wie ich eine Sache annehme, so ist sie für mich.

Wahn der Transsubstantion: Grundwahn.
Subjective Poesie: idiosynkrastische Poesie.
Der erste Mensch ist der erste Geisterseher; ihm ist alles Geist.

168. Kann der Buchstabe den Geist eignen und umgekehrt?

169. (Associationsgesetze.) Der Philosoph übersezt die wirckliche Welt in die Gedankenwelt und umgekehrt, um beyden einen Verstand zu geben.
Abrichtung der Thiere zu Feld- und Fabrikarbeiten. (Jede Stadt ein Handelsplatz.)

170. Jedes ächte Mittel ist das wesentliche Glied eines Zwecks, daher unvergänglich und bleibend wie dieser. Umgekehrter Proceß, wo das Mittel Hauptsache und das Resultat Nebensache wird: schöner Proceß.

171. Der Reitz von Außen ist indirecter, der Reitz von Innen directer Reitz. Jener sezt Reitzbarkeit voraus. Reitzbarkeit ist unbestimmtes Leben, schwebende Action. Indirecter Reitz, Aufhebung des Gleichgewichts, Heterogeneisirung, bestimmte Richtung. Leben entsteht wie Kranckheit aus einer Stockung – Begränzung – Berührung.

172. Das Gemeinste in ächter Euphonie ist ewiger Betrachtung werth. In fremden Sprachen fühlt man lebhafter, daß jede Rede eine Composition seyn sollte. Man ist viel zu sorglos im Sprechen und Schreiben. Die idealische Rede gehört zur Realisation der Idealwelt.

173. In der intellectualen Anschauung ist der Schlüssel des Lebens.

174. Der Mensch: Metapher.

175. Dasselbe Individuum in Variationen. Natalie – die schöne Seele.

176. Der jüngste Tag ist die Synthesis des jetzigen Lebens und des Todes (des Lebens nach dem Tode).

177. Nur ein Künstler kann den Sinn des Lebens errathen.

178. Jedes Ding hat seine Zeit. Übereilung.

179. Hemsterhuis Erwartungen vom moralischen Organ sind ächt profetisch.

180. Reitz – vielleicht Hemmung oder Beflügelung des Triebs. Trieb – Urreitz.

181. Urtheil – Zersetzung.

182. Es liegt nur an der Schwäche unsrer Organe, daß wir uns nicht in einer Feenwelt erblicken.

183. Die Thätigkeit eines ächten Produkts ist durchgehends synthetisch.

184. Reines System a priori, ohne Bedingung eines äußern Reitzes entstanden. Die Intelligenz soll ohne und gegen das organische Vermögen alles hervorbringen; ächte Gedankenwelt; unmittelbares Bewußtseyn der ganzen Welt.
So aber auch mit den Sinnen: unabhängige Bilderwelt (Schönheit) ohne Gedanken-Einfluß entstanden und bestehend. (Durchdringung, Kette beyder.)

185. Bild – nicht Allegorie, nicht Symbol eines Fremden: Symbol von sich selbst.

186. Die Menschheit ist gleichsam der höhere Sinn unsers Planeten, das Auge, was er gen Himmel hebt, der Nerv, der dieses Glied mit der obern Welt verknüpft.

187. Die Philosophie soll nicht die Natur, sie soll sich selbst erklären. Alle Befriedigung ist Selbstauflösung. Bedürfniß entsteht durch Entzweyung – fremden Einfluß – Verletzung. Es muß sich selbst wieder ausgleichen. Die Selbstauflösung des Triebes, diese Selbstverbrennung der Illusion, des illusorischen Problems ist eben das Wollüstige der Befriedigung des Triebes. Was ist das Leben anders? Die Ver-

zweiflung, die Todesfurcht ist gerade eine der interessantesten Täuschungen dieser Art. Sthenisch, wie im Trauerspiel, fängts an, – asthenisch endigt es und wird gerade dadurch ein befriedigendes Gefühl – ein Pulsschlag unsers sensitiven Lebens. Auch kann es asthenisch anfangen und sthenisch endigen. Es ist eins. Ein Trauerspiel, was zu viel Wehmuth hinterläßt, hat nicht sthenisch genug angefangen. Jede Geschichte enthält ein Leben, ein sich selbst auflösendes Problem. So ist jedes Leben eine Geschichte.
Hamlet endigt trefflich: asthenisch fängt er an, sthenisch endigt er. Meister endigt mit der Synthesis der Antinomieen, weil er für und vom Verstande geschrieben ist.

188. Wer das Leben anders als eine sich selbst vernichtende Illusion ansieht, ist noch selbst im Leben befangen.
Das Leben soll kein uns gegebener, sondern ein von uns gemachter Roman seyn.

189. Alles ist Samenkorn.

190. Berührung eines Zauberstabs. (Friction, Lateralwirckung.)

191. Je einfacher der Mensch lebt und gereizt wird, desto mehr bindet er sich an etwas. Sollte das nicht ein allgemeines Gesetz der Cohaerenz seyn?

192. Man weiß und macht innerlich eigentlich immer, was man wissen und machen will. Diese Handlung zu fassen, ist nur unendlich schwer. Genaue Beobachtung des ersten Moments der Velleität, der gleichsam der Keim ist, wird uns überzeugen, daß hier schon alles drinn liegt, was sich nachher nur entwickelt.

193. D'Aubuissons chemische Erläuterung der Buchstabenrechnung. Diese Zeichen schließen nicht wie Zahlen in einander, sondern man sieht noch in jeder Composition die Elemente, ihre Verhältnisse und die Methode der Composition. Ils s'associent, mais ils ne se confondent pas. [Sie schließen sich zusammen, aber sie verschmelzen nicht.]

194. Der erste Mensch ist der erste Geisterseher. Ihm erscheint alles, als Geist. Was sind Kinder anders, als erste Menschen? Der frische Blick des Kindes ist überschwenglicher, als die Ahndung des entschiedensten Sehers.

195. Die Sieste des Geisterreichs ist die Blumenwelt. In Indien schlummern die Menschen noch immer, und ihr heiliger Traum ist ein Garten, den Zucker- und Milchseen umfließen.

196. Es liegt nur an der Schwäche unsrer Organe und der Selbstberührung, daß wir uns nicht in einer Feenwelt erblikken. Alle Mährchen sind nur Träume von jener heymathlichen Welt, die überall und nirgends ist. Die höhern Mächte in uns, die einst als Genien unsern Willen vollbringen werden, sind jezt Musen, die uns auf dieser mühseligen Laufbahn mit süßen Erinnerungen erquicken.

197. Plastik, Musik und Poesie verhalten sich wie Epos, Lyra und Drama. Es sind unzertrennliche Elemente, die in jedem freyen Kunstwesen zusammen, und nur nach Beschaffenheit, in verschiednen Verhältnissen geeinigt sind.

198. Was ist der Mensch? Ein vollkommner Trope des Geistes. Alle ächte Mittheilung ist also sinnbildsam – und sind also nicht Liebkosungen ächte Mittheilungen?

199. Alle Menschen sind Variationen. Eines vollständigen Individuums, d. h. Einer Ehe. Ein Variationen-Accord ist eine Familie, wozu jede innig verbundene Gesellschaft zu rechnen ist. Wenn eine so einfache Variation, wie Natalie und die schöne Seele schon ein so tiefes Wohlgefühl erregt, wie unendlich muß das Wohlgefühl dessen seyn, der das Ganze in seiner mächtigen Symphonie vernimmt?

200. Ein Lichtstrahl bricht sich noch in etwas ganz Anderes, als in Farben. Wenigstens ist der Lichtstrahl einer Beseelung fähig, wo sich dann die Seele in Seelenfarben bricht. Wem fällt nicht der Blick der Geliebten ein?

201. Alle geistige Berührung gleicht der Berührung eines Zauberstabs. Alles kann zum Zauberwerckzeug werden. Wem aber die Wirckungen einer solchen Berührung so fabelhaft, wem die Wirckungen eines Zauberspruchs so wunderbar vorkommen, der erinnre sich doch nur an die erste Berührung der Hand seiner Geliebten, an ihren ersten, bedeutenden Blick, wo der Zauberstab der abgebrochne Lichtstrahl ist, an den ersten Kuß, an das erste Wort der Liebe, – und frage sich, ob der Bann und Zauber dieser Momente nicht auch fabelhaft und wundersam, unauflöslich und ewig ist?

202. Die Menschheit ist der höhere Sinn unsers Planeten, der Nerv, der dieses Glied mit der obern Welt verknüpft, das Auge, was er gen Himmel hebt.

203. (Der Philosoph lebt von Problemen, wie der Mensch von Speisen. Ein unauflösliches Problem ist eine unverdauliche Speise. – Was die Würze an den Speisen, das ist das Paradoxe an den Problemen. Wahrhaft aufgelöst wird ein Problem, wenn es als solches vernichtet wird. So auch mit den Speisen. Der Gewinn bey beyden ist die Thätigkeit, die durch beyde erregt wird. Jedoch giebt es auch nährende Probleme wie nährende Speisen, deren Elemente ein Zuwachs meiner Intelligenz werden. Durch Philosophiren, insofern es eine absolute Operation ist, wird aber meine Intelligenz, außer der unaufhörlichen Erneuerung, auch fortwährend ameliorirt – welches bey den Speisen nur bis auf einen gewissen Zeitpunct statt findet. Eine schleunige Amelioration unsrer Intelligenz ist so bedenklich wie ein plötzliches Starckwerden. Der wahre Schritt der Gesundheit und Besserung ist langsam – wenn es gleich auch hier, nach den verschiedenen Constitutionen, verschiedne Reihen der Geschwindigkeiten giebt. So wenig man also ißt, um ganz neue, fremde Stoffe zu erwerben – so wenig philosophirt man, um ganz neue, fremde Wahrheiten zu finden.

Man philosophirt gerade darum, warum man lebt. Sollte man einmal dahin kommen, ohne gegebene Nahrungsmittel zu leben, so wird man auch so weit kommen, ohne gegebene Probleme zu philosophiren, – wenn nicht gar einige schon so weit sind.)

204. Man weiß und macht eigentlich nur was man wissen und machen will. Die Schwierigkeit ist nur dies zu finden. Genaue Beobachtung des ersten Moments der erscheinenden Velleität, der gleichsam der Keim ist, wird uns überzeugen, daß hier alles schon drinn liegt, was sich nachher nur entwickelt und abklärt.

205. Platner erzählte, Sonnenfels aus Wien sey auf einer Reise durch Leipzig bey ihm in den Vorlesungen gewesen und habe beym Weggehn aus dem Auditorio zu seinem Begleiter gesagt: das ist wahr, Platner spricht vortrefflich. Es kam mir vor, als hört ich mich selbst reden. Und fügte hinzu: denken Sie, was dieser eitle Mensch für eine Praesumption von sich selbst hat.

206. Witzige, bedeutende, sentimentale, moralische, wissenschaftliche, politische, historische, karacteristische, individuelle, drollige oder lächerliche, artistische, humoristische, romantische, tragische, poetische Anekdoten.
Geschichte ist eine große Anekdote. Eine Anekdote ist ein historisches Element – ein historisches Molecule oder Epigramm. Eine Geschichte in Anekdoten – etwas Ähnliches hat Voltaire geliefert – ist ein höchst interessantes Kunstwerck. Die Geschichte in gewöhnlicher Form ist eine zusammengeschweißte, oder ineinander zu einem Continuo geflossene Reihe von Anekdoten.
Welches hat den Vorzug, das Continuum oder das Discretum? Ein großes Individuum oder eine Menge kleiner Individuen? Jenes unendlich – diese bestimmt, endlich, gerichtet, determinirt.
Ein Anekdotenmeister muß alles in Anekdoten zu verwandeln wissen. Schlegel hat Recht, der ächte Roman muß eine Satyre seyn.
Es ließe sich etwas über Wilhelm Meister schreiben, wie Lichtenbergs Commentar über Hogarth. Eine Recension hat bisher ein vollständiger Inbegriff und Extract dessen seyn sollen, was sich über ein Buch schreiben und sagen läßt – und wohl gar noch ein methodischer, systematischer. Soweit sind wir noch lange nicht. Wenn es nur erst eine Satyre wäre. Man zertheile doch ja diese Foderung erst in mancherley Bestandtheile. Ein Buch bewirckt, wie alles, tausendfältige Sensationen und Functionen – determinirte, bestimmte und freye.

207. Eine große Klasse von Anekdoten sind diejenigen, die eine menschliche Eigenschaft auf eine merckwürdige, auffallende Weise zeigen, z. B. List, Großmuth, Tapferkeit, Veränderlichkeit, Bizarrerie, Grausamkeit, Witz, Fantasie, Gutmüthigkeit, Sittlichkeit, Liebe, Freundschaft, Weisheit, Eingeschränktheit etc. Kurz, es ist eine Gallerie mannichfaltiger menschlicher Handlungen, eine Karakteristik der Menschheit. Sie sind Anekdoten zur Wissenschaft des Menschen und also didaktisch. Eine andre große Klasse begreift diejenigen, die Effekt hervorbringen, unsre Einbildungskraft angenehm beschäftigen sollen. Sie sind vielleicht überhaupt poetische Anekdoten zu nennen, wenn auch nur die Wenigsten schöne, (absolute) Poesie sind.

So hätten wir also zwey Hauptklassen, karakteristische und poetische Anekdoten. Jene beschäftigen unser Erkenntniß-, diese unser Begehrungsvermögen – sit venia verbis. Beyde können vermischt seyn, und sollen es gewissermaaßen seyn. Je poetischer die karakteristischen Anekdoten sind, desto besser. Umgekehrt sind alle poetische Anekdoten, wenigstens als Kunstwerke und poetischer Stoff, in Beziehung auf Poetik oder die Wissenschaft von der Natur der Poesie karakteristisch. Die Göthische Reise mit Kraus enthält einen interessanten Beytrag zur Kunst, das gewöhnliche Leben zu poetisiren.

Kunst des Anekdotisirens. Eine wahre Anekdote ist an sich selbst schon poetisch. Sie beschäftigt die Einbildungskraft. Ist nicht die Einbildungskraft, oder das höhere Organ, der poetische Sinn überhaupt? Es ist nur nicht reine Poesie, wenn die Einbildungskraft um des Verstandes, des Erkenntnißvermögens willen erregt wird. Die witzige Anekdote besteht aus Erregung der Aufmercksamkeit, Spannung und Incitation oder Nichtincitation. Zur leztern Classe gehören alle täuschende Anekdoten. (Lachen, Krampf, Reitz, Unreitz.) (Einen dämpfen.)

Die Erzählung enthält oft eine gewöhnliche Begebenheit, aber sie unterhält. Sie erhält die Einbildungskraft im Schweben oder im Wechsel, sezt sie in einen künstlich febrilischen Zustand und entläßt sie, wenn sie vollkommen ist, mit erneutem Wohlgefühl. (Anhaltendes Fieber, Wechselfieber.)

Alle Poesie unterbricht den gewöhnlichen Zustand, das ge-

meine Leben, fast wie der Schlummer, um uns zu erneuern – und so unser Lebensgefühl immer rege zu erhalten.
Kranckheiten, Unfälle, sonderbare Begebenheiten, Reisen, Gesellschaften wircken in einem gewissen Maas auf eine ähnliche Weise. Leider ist das ganze Leben der bisherigen Menschheit Wirckung unregelmäßiger, unvollkommner Poesie gewesen.
Was wir Glauben an Versöhnung nennen, ist nichts als Zuversicht einer vollendeten poetischen Weisheit in den Schicksalen unsers Lebens.
Durch Bemeisterung des Stimmhammers unsers höhern Organs werden wir uns selbst zu unserm poetischen Fato machen – und unser Leben nach Belieben poetisiren und poetisiren lassen können.
Meine Anekdoten sollen witzige, humoristische, fantastische, drollige, philosophische, dramatische (poetische) Anekdoten seyn.
Ein Dialog ist eigentlich eine Anekdote, wenn er absolut kurz ist.
Karakteristische Anekdoten beziehn sich auf einen interessanten Gegenstand, sie haben nur ein fremdes Interesse, – die rein poetische Anekdote bezieht sich auf sich selbst, sie interessirt um ihrer selbst willen.
Mathematische Anekdote vom Schachspiel. Verwandlung einer Anekdote in eine unbestimmte Aufgabe.

* * *

208. ⟨... nichts. Hier muß sie sich überhaupt zu stärcken suchen. Oft ist auch eine Verwöhnung daran schuld – das Organ der Aufmercksamkeit, wenn ich so sagen darf, ist auf Kosten des thätigen Organs geübt – vorausgebildet, zu reizbar gemacht worden. Nun zieht es alle Kraft an sich, und so entsteht diese Disproportion.⟩

209. Veredelung der Leidenschaft – durch Anwendung derselben, als Mittel, durch *freywillige* Beybehaltung derselben, als Vehikels einer schönen Idee z. B. eines innigen Verhältnisses mit einem Geliebten Ich.
Zorn etc. sind Unarten, Ungezogenheiten – Fehler des sittlichen, ächtmenschlichen *Anstandes*.

210. * Künstlerische Einseitigkeit – Kunstwercke, blos für Künstler – Popularitaet Kunstwercke für auch Nichtkünstler.

211. ⟨Denken gehört zu den geistigen Reitzen – in die Classe der antiasthenischen Mittel.⟩

212. Der Roman handelt von Leben – stellt *Leben* dar. Ein Mimus wär er nur in Beziehung auf den Dichter. Oft enthält er Begebenheiten einer Maskerade – eine masquirte Begebenheit unter masquirten Personen. Man hebe die Masken – es sind bekannte Begebenheiten – bekannte Personen. Der Roman, als solcher, enthält kein bestimmtes Resultat – er ist nicht Bild und Factum eines *Satzes*. Er ist anschauliche Ausführung – Realisirung einer Idee. Aber eine Idee läßt sich nicht, in einen Satz fassen. Eine Idee ist *eine unendliche Reihe* von Sätzen – eine *irrationale Größe – unsetzbar* (musik[alisch]) – incommensurabel. (Sollte nicht alle Irrationalitaet relativ seyn?)
Das Gesetz ihrer Fortschreitung läßt sich aber aufstellen – und nach diesem ist ein Roman zu kritisiren.

213. * Der *Dythiramb* unter den sinnlichen Handlungen ist die *Umarmung*. Sie muß daher nach ihren Naturgesetzen beurtheilt werden.

214. Urtheil – Produkt und Gegenstand des Sinns für die Sinne – des Allgemeinen Sinns.
* Fabel – Maximum der poëtischen, populairen Darstellung der Philosophie der Ersten Periode – oder der Philosophie im Naturstand – der vereinzelten Philosopheme der Ersten Kultur oder *Formation* – nicht reine ursprüngliche Poësie – sondern künstliche – zur Poësie gewordne Philosophie. Zur schönen Kunst gehört sie nicht – Sie ist technisch – Gebild der Absicht – Leiter eines Zwecks. Daher die absichtliche Willkühr in der Wahl des Stoffs – Gezwungner Stoff verräth *Absicht* – Plan eines Vernunftwesens. Der Mensch fühlt sich genöthigt, einen Gedanken, als Supplement dieser Erscheinung hinzuzudenken. Sich leicht *verständlich* zu machen hat der Erfinder selbst eine Begebenheit erfunden – die blos zu diesem Behuf erdacht, schnell

und ohne Mißverstand den beabsichtigten Gedanken im Hörer erwecken soll. Vielleicht hat er lange Mühe verwenden müssen um aus den gemischten, unreinen Begebenheiten, die er erlebte, dieses Resultat zu ziehn – dieses Urtheil, diesen Satz zu erhalten und sich von seiner Richtigkeit zu überzeugen. Dies gab ihm Gelegenheit zur Erfindung der Fabel – Er komponirte eine Begebenheit – eine hieroglyphische Formel – die nichts, als den Satz, enthielt, und so physiognomisch sprechend war, daß man ihre Seele nicht verfehlen konnte – daß man bey ihrer Anhörung, bey dieser geistigen Nachbildung, nothwendig den darinn verborgenen Satz nothwendig mit nachbilden – und auch sogleich weil man wissentlich ein Menschenwerck, das Produckt einer Absicht, nachbildete, denselben durch Aufmercksamkeit absondern, und als Zweck des Wercks, anerkennen mußte. Je roher die Kunst, je frappanter der Zwang des Stoffs. Auf die Schönheit und Selbstgesezmäßigkeit der Form legt der erste Künstler keinen Werth – Er will nur einen sichern Ausdruck seiner Absicht – verständliche Mittheilung ist sein Zweck –. Je ungeübter der ausscheidende Allgemein-Sinn, je weniger fertig der Verstand im Errathen ist, desto kürzer und einfacher muß seine Operation, desto weniger verhüllt, desto loser verknüpft muß die Absicht, der Gedanke mit dem Stoff seyn. Die Seele des Kunstwercks muß so nackend als möglich, auf der Oberfläche liegen – Sie muß in überspannten, unnatürlichen Bewegungen und Modificationen des Stoffs, in Carricatur sich zudringlich zu erkennen geben.

Aus einem Menschen spricht für dieses Zeitalter Vernunft und Gottheit nicht vernehmlich nicht frappant genug – Steine, Bäume, Thiere müssen sprechen, um den Menschen sich selbst fühlen, sich selbst besinnen zu machen.

Die erste Kunst ist Hieroglyphistik.

Mittheilung, Besinnungskunst oder Sprache, und Darstellungs, Bildungskunst, oder Poësie sind noch Eins. Erst später trennt sich diese rohe Masse – dann entsteht Benennungskunst, Sprache im eigentlichen Sinn – Philosophie – und schöne Kunst, Schöpfungskunst, Poësie überhaupt.

Die Räthselweisheit, oder die Kunst, die Substanz unter ihren Eigenschaften zu verbergen – ihre Merkmale mystisch zu verwirren, gehört als Übung des jungen Scharfsinns, in

diese Periode. Mystische, allegorische Worte mögen der Anfang dieser Popularisierung der frühsten Theoreme gewesen seyn – wenn nicht die Erkenntniß überhaupt gleich in dieser popularen Form zur Welt kam. Parabeln sind viel späterer Formation. Zur künstlichen Poësie, oder zur technischen überhaupt gehört die Rhetorische. Der Karacter der künstlichen Poësie ist Zweckmäßigkeit – fremde Absicht – Die Sprache im eigentlichsten Sinn gehört ins Gebiet der künstlichen Poësie. Ihr Zweck ist bestimmte Mittheilung. Wenn man also Sprache – Ausdruck einer Absicht nennen will, so ist die ganze künstliche Poësie Sprache – ihr Zweck ist bestimmte Mittheilung – Erregung eines *bestimmten* Gedanckens.
Der Roman gehört zur *natürlichen Poesie* – die *Allegorie* zur Künstlichen.
Die natürliche Poësie kann oft ohne Schaden den Schein der Künstlichen – der *Didaktischen* – haben – Es muß aber nur zufällig, nur frey damit verknüpft seyn. Dieser Schein der Allegorie giebt ihr dann noch einen Reitz mehr – und sie kann nicht Reitze (Incitamente jeder Art) genug haben.
Musik – Plastik, und Poësie sind Synonymen.

215. * Die gewöhnlichen Fabeln mit ihren Moralen gleichen den Bildern, unter die der Zeichner schreiben muß, was sie bedeuten sollen. Bey Lessing ist es oft ein Epigramm unter der Fabel, und da ist es willkommen.

216. ⟨Rhetorische – künstliche Mahlerey.⟩

217. ⟨Rhetorische, künstliche Musik.⟩

218. Der Metaphysik ist es, wie vielen reichhaltigen, vernachlässigten Kindern gegangen – etc. ihre scheinbare Unwissenheit und Armuth.

[219.] ⟨epische Poesie ist die *Phlegmatische* (Indirect asthenische) – Lyrische Poësie die *Reizbare* (Dir[ect] asthenische) Poesie. ⟨Die Dramatische ist die direct und indirect sthenische – oder die cholerische und Melancholische.⟩ Die Dramatische die vollständig Gesunde, ächt Gemischte.⟩

220. ⟨1. Constitution mit mangelnder Reitzbarkeit. (indirect asth[enisch])
2. Constit[ution] mit überflüssiger Reitzbarkeit. (direct asth[enisch])
a. C[onstitution] mit überflüssiger Incitation (direct sthenisch)
b. C[onstitution] mit mangelnder Incitation (indirect sthenisch.)
1. oder a. sind *Paralysen* – indirecten Entzündungen – 2. oder b. Sthenien, oder directen Entzündungen vorzüglich ausgesezt.
Directe Entzündungen sind indirecte Paralysen – und umgek[ehrt].
Incitament und Reitzbarkeit bestimmen sich gegenseitig. *Keins ohne das Andre* – und zwar vom *Ursprung* an.⟩

221. ⟨Gefäß und Saftpathologie – Incitamentism und Irritabilitism sind schlechthin Eins – oder vereinigt – synthetisches Mittelglied.⟩

222. ⟨Es giebt kein reines Temperament. Jedes Temperament ist gemischt – und nur verdorben, oder verwöhnt.⟩

223. ⟨Ein reines Temperament wäre eine permanente Kranckheit.⟩

224. ⟨Sollte nicht am Ende jede Frage – Was ist das? und Warum? eine dumme Frage seyn.⟩

[225.] Plato macht die *Liebe* schon zum Kinde des *Mangels, des Bedürfnisses* – und des *Überflusses.*

226. * Wie der Mahler mit ganz andern Augen, als der gemeine Mensch die sichtbaren Gegenstände sieht – so erfährt auch der Dichter die Begebenheiten der äußren und innern Welt auf eine sehr verschiedne Weise vom gewöhnlichen Menschen. Nirgends aber ist es auffallender, daß es nur der Geist ist, der die Gegenstände, die Veränderungen des Stoffs poëtisirt, und daß das Schöne, der Gegenstand der Kunst uns nicht gegeben wird oder in den Erscheinungen schon fertig liegt – als in der Musik. Alle Töne, die die

Natur hervorbringt sind rauh – und geistlos – nur der musikalischen Seele dünkt oft das Rauschen des Waldes – das Pfeifen des Windes, der Gesang der Nachtigall, das Plätschern des Bachs melodisch und bedeutsam. Der Musiker nimmt das Wesen seiner Kunst aus sich – auch nicht der leiseste Verdacht von Nachahmung kann ihn treffen. Dem Mahler scheint die sichtbare Natur überall vorzuarbeiten – durchaus sein unerreichbares Muster zu seyn – Eigentlich ist aber die Kunst des Mahlers so unabhängig, so ganz a priori entstanden, als die Kunst des Musikers. Der Mahler bedient sich nur einer unendlich schwereren *Zeichensprache*, als der Musiker – der Mahler mahlt eigentlich mit dem Auge – Seine Kunst ist die Kunst regelmäßig, und Schön zu sehn. Sehn ist hier ganz activ – durchaus bildende Thätigkeit. Sein Bild ist nur seine Chiffer – sein Ausdruck – Sein Werckzeug der Reproduktion. Man vergleiche mit dieser künstlichen Chiffer – die *Note*. Die mannichfaltige Bewegung der Finger, der Füße und des Mundes dürfte der Musiker noch eher dem Bilde des Mahlers entgegenstellen. Der Musiker hört eigentlich auch active – Er hört heraus. Freylich ist dieser umgekehrte Gebrauch der Sinne den Meisten ein Geheimniß, aber jeder Künstler wird es sich mehr oder minder deutlich bewußt seyn. Fast jeder Mensch ist in geringen Grad schon Künstler – Er sieht in der That heraus und nicht herein – Er fühlt heraus und nicht herein. Der Hauptunterschied ist der; der Künstler hat den Keim des selbstbildenden Lebens in seinen Organen belebt – die Reitzbarkeit derselben *für den Geist* erhöht und ist mithin im Stande Ideen nach Belieben – ohne äußre Sollicitation – durch sie heraus zu strömen – Sie, als Werckzeuge, zu *beliebigen* Modificationen der wircklichen Welt zu gebrauchen – dahingegen sie beym Nichtkünstler nur durch Hinzutritt einer äußren Sollicitation ansprechen und der Geist, wie die träge Materie, unter den Grundgesetzen der Mechanik, daß alle Veränderungen eine äußre Ursache voraussetzen und Wirckung und Gegenwirkung einander jederzeit gleich seyn müssen, zu stehn, oder sich diesem Zwang zu unterwerfen scheint. Tröstlich ist es wenigstens zu wissen, daß dieses mechanische Verhalten dem Geiste unnatürlich und wie alle geistige Unnatur, *zeitlich* sey.

Gänzlich richtet sich indeß auch bey dem gemeinsten Men-

schen, der Geist nach den Gesetzen der Mechanik nicht – und es wäre daher auch bey jedem möglich diese höhere Anlage und Fähigkeit des Organs auszubilden.
Um aber auf die Unterschiede der Mahlerey und Musik zurückzukommen, so ist gleich das auffallend, das bey der Musik Chiffer, Werckzeug und Stoff getrennt, bey der Mahlerey aber Eins sind und eben deshalb bey ihr jedes in abstracto so unvollkommen erscheint. So viel, dünkt mich, werde daraus gewiß, daß die Mahlerey bey weiten *schwieriger,* als die Musik, sey. Daß sie eine Stufe gleichsam dem Heiligthume des Geistes näher, und daher, wenn ich so sagen darf, edler, als die Musik sey ließe sich wohl gerade aus dem gewöhnlichen encomischen Argumente der Lobredner der Musik folgern, daß die Musik viel stärkere und allgemeinere Wirckung thue. Diese physische Größe dürfte nicht der Maaßstab der intellectuellen Höhe der Künste seyn, und eher kontraindiciren. ⟨Musik kennen und haben schon die Thiere – von Mahlerey haben sie aber keine Idee. Die schönste Gegend, das reizendste Bild werden sie eigentlich nicht sehn. Ein gemahlter Gegenstand aus dem Kreise ihrer Bekanntschaft betrügt sie nur – Aber, als Bild, haben sie keine Empfindung daran.⟩
Ein guter Schauspieler ist in der That ein plastisches und poëtisches Instrument. Eine Oper, ein Ballet sind in der That plastisch poëtische Koncerte – Gemeinschaftliche Kunstwercke mehrerer plastischer Instrumente. /Thätiger Sinn des Gefühls. *Poësie.*/

227. ⟨Durchdringung von Plastik und Musik – nicht blos Vermittelung.⟩

[228.] ⟨Über die Fichtische Darstellungsart. Mein Gespräch mit Sillig. Offenbarungspuncte. Divinatorischer Sinn – Reihe der Individualformen. Wissenschaften a priori der andern Weltkörper.⟩

229. ⟨Curve des geistigen Lebens – und des physischen Lebens./⟩

230. ⟨Aller Anfang des Lebens muß antimechanisch – gewaltsamer Durchbruch – Opposition gegen den Mechanism

seyn – Absolute Materie – primitives Element des Geistes – *Seele.*⟩

231. ⟨Alles Leben ist ein *ununterbrochner* Strom, – Leben kommt nur vom Leben und so fort. *Höhere Erklärung des Lebens.*⟩
* Nur wenn wir uns, als Menschen, mit andern Vernunftwesen *vergleichen* könnten würden wir wissen, was wir eigentlich sind, auf welcher Stelle wir stehn.

232. * Das Ideal der Sittlichkeit hat keinen gefährlichern Nebenbuhler, als das Ideal der höchsten Stärke – des kräftigsten Lebens – was man auch das Ideal der ästhetischen Größe, im Grunde sehr richtig, der Meynung nach aber sehr falsch, benannt hat – Es ist das Maximum des Barbaren – und hat leider in diesen Zeiten der verwildernden Kultur gerade unter den größesten Schwächlingen, sehr viele Anhänger erhalten. Der Mensch wird durch dieses Ideal zum ThierGeiste – eine Vermischung, deren brutaler Witz eben eine brutale Anziehungskraft für Schwächlinge hat.

233. Unter mehreren eindringenden Reitzen wirckt auf das unvernünftige Wesen, nach dem unabänderlichen Gesetze des Mechanismus, der Stärkste. Das unvernünftige Wesen sieht ihn an, und wenn er es auch zerstört. Das Vernunftwesen hat eben an seiner Vernunft ein Princip, das außer den Gränzen der mechanischen Gesetzgebung liegt. Je mehr es also Vernunftwesen ist, desto unabhängiger von der Wirksamkeit der mechanischen Gesetze wird es also agiren können. Wenn es nun aber zur Realisirung seines Entwurfs, zur Darstellung der Idee seiner Existenz eines mechanischen Stoffs, als Werckzeug, bedarf, so wird es bey eindringenden Reitzen, die zur Bewegung und Erhaltung seines Werckzeugs nöthig sind, nicht gehalten seyn, den Stärcksten zu wählen, wenn er nicht in den Plan der Bewegungen und Modificationen seines Werckzeugs paßt, sondern es wird sein Werkzeug, wenn dieses, nach der Voraussetzung, ganz von Vernunft durchdrungen und mithin ganz in der Gewalt derselben ist, zwingen den Reitz anzunehmen, der zu der zweckmäßigen Bewegung und Modification desselben hinreichend ist. Die Erläuterung jenes

Zwangs wird sogleich folgen. Dies ist der Fall bey mehreren zugleich eindringenden Reitzen – dasselbe wird aber auch gelten, wenn nur Ein Reitz vorhanden ist. Hier muß das Vernunftwesen die Kraft haben dasjenige was demselben vielleicht zur erforderlichen Incitation abgeht durch Verstärkung der Reitzbarkeit des Werckzeugs zu ergänzen, und was ihm etwa an überschüssiger Kraft beywohnt, durch Verminderung, Herabstimmung der Reizbarkeit des Organs, zu temperiren.
Zerlegung eines Reitzes in *mehrere* durch langsame, *successive* Aufnahme. Vereinigung mehrerer Reitze in Einen durch simultane – *schnelle* Aufnahme.

---

234. * Sittlichkeit und Philosophie sind Künste. Erstere ist die Kunst unter den Motiven zu Handlungen einer sittlichen Idee, einer Kunstidee a priori, gemäß zu wählen und auf diese Art in alle Handlungen einen großen, tiefen Sinn zu legen – dem Leben eine höhere Bedeutung zu geben, und so die Masse innerer und äußrer Handlungen / Innre sind die Gesinnungen und Entschließungen / kunstmäßig zu einem Idealischen Ganzen zu ordnen und zu vereinigen. Die Andre ist die Kunst auf eine ähnliche Art mit den Gedanken zu verfahren, unter den Gedanken zu wählen – die Kunst unsre gesammten Vorstellungen nach einer absoluten, künstlerischen Idee zu produciren und ein Weltsystem, a priori, aus den Tiefen unsers Geistes heraus zu denken – das Denkorgan activ – zur Darstellung einer rein intelligiblen Welt zu gebrauchen.

/Kunst philosoph zu werden ist die Methodik – Kunst sittlicher Mensch zu werden – die *Ascetik.*/

Eigentlich wird in allen ächten Künsten Eine Idee – Ein Geist realisirt – von innen heraus producirt – die Geisterwelt. Für das Auge ist es die sichtbare Welt a priori – für das Ohr die hörbare Welt a priori – für das sittliche Organ die sittliche Welt apr[iori] – für das Denkorgan die denkbare Welt apr[iori] und so weiter. Alle diese Welten sind nur verschiedene Ausdrücke verschiedner Werckzeuge Eines Geistes und Seiner Welt.

235. Höchste Reitzbarkeit und höchste Energie vereinigt würde Eigenschaft der vollkommensten Constitution seyn. Sie sind, wie alle Extreme nur durch reale Freyheit, durch Willen zu vereinigen, d. ist – es muß eine Möglichkeit, ein Vermögen im Menschen vorhanden seyn die Reitzbarkeit beliebig zu stimmen – und den Eindruck beliebig zu modificiren – ein Vermögen Reitzbarkeit beliebig zu dirigiren. Am deutlichsten empfinden wir schon dieses Vermögen bey den Veränderungen des Systems der Organe, das wir Seele nennen. Die Aufmercksamkeit ist eine Äußerung dieses Vermögens – Mittelst derselben sind wir im Stande einen beliebigen Gegenstand stark oder schwach, lang oder kurz auf diesen oder jenen der innern Sinne wircken zu lassen. Die Aufmercksamkeit erhöht und vermindert, stimmt also die Reitzbarkeit dieser Organe. Die Abstractionsfähigkeit ist sehr nahe mit ihr verbunden und wohl eins – Sie hebt die Sollicitation gewisser Incitamente beliebig auf – Sie individualisirt das Organ und macht die Reitze beliebig dadurch specifik oder individuell. Dieses Vermögen besteht also in der Fähigkeit die Reitzbarkeit im Organ zu localisiren – beliebig in demselben zu *vertheilen* – Sie in Einen oder mehrere Puncte zu koncentriren – diese continent zu machen (Leiter) – oder auch dieselbe in unendliche viele unzusammenhängende Puncte zu *zersetzen*, zu zerstreuen (Nichtleiter). Durch die Zerlegung, Vertheilung mindert sie die Reitzbarkeit – durch die Vereinigung, Concentration derselben verstärckt sie dieselbe.
Ganz etwas ähnliches muß auch im Körper – im System der gröbern Organe, theils schon vorgehn, theils, wie auch dort durch kunstmäßige Übung, in einem noch viel höhern Grade möglich seyn.
Das Ziel der Arzneykunst muß daher vollkommne Ausbildung dieser Fähigkeit seyn. An Beyspielen einzelner Fertigkeiten der Art fehlt es nicht. – – –

236. ⟨Gespräche über Herder – die 9te und 10te Sammlung seiner Briefe über Humanitaet.⟩

237. * Die Bücherwelt ist in der That nur die Carricatur der wircklichen Welt. Beyde entspringen aus derselben Quelle – Jene aber erscheint in einem freyern, beweglicheren Me-

dio – daher sind dort alle Farben greller – weniger Mitteltinten – die Bewegungen lebhafter – die Umrisse daher frappanter – der Ausdruck hyperbolisch. Jene erscheint nur *Fragmentarisch* – diese *Ganz*. Daher ist jene poëtischer – geistvoller – interressanter – mahlerischer – aber auch unwahrer – unphilosophischer – unsittlicher. Die meisten Menschen, die meisten Gelehrten mitgerechnet haben auch nur eine Buchansicht – eine fragmentarische Ansicht der wircklichen Welt – und dann leidet sie unter den nemlichen Gebrechen und genießt aber auch die nemlichen Vortheile, als die Bücherwelt. Viele Bücher sind auch nichts als Darstellungen solcher einzelnen, fragmentarischen Ansichten der wircklichen Welt. Mehr über das Verhältniß der Buchwelt (Litterarwelt) zur wircklichen Welt.

238. * Die Meisten wissen selbst nicht, wie interressant sie wircklich sind, was sie wircklich für interressante Dinge sagen. Eine ächte Darstellung Ihrer Selbst – eine Aufzeichnung und Beurtheilung ihrer Reden würde sie über sich selbst in das höchste Erstaunen setzen und ihnen in sich selbst eine durchaus neue Welt entdecken helfen.
* Die Schriftsteller sind so einseitig, wie alle Künstler Einer Art – und nur noch hartnäckiger. Unter den Schriftstellern von Profession giebt es gerade auffallend wenig liberale Menschen – besonders, wenn sie gar keine andre Subsistenz, als ihre Schriftstellerey haben. Von Schriftstellerey leben, ist ein selbst für ächte Geistesbildung und Freyheit, höchst gewagtes Unternehmen.

239. * Ein Autodidaktos hat, bey allen Lücken, und Unvollkommenheiten seines Wissens, die aus der Art seines Studirens nothwendig entstehn, dennoch den großen Vortheil, daß jede neue Idee, die er sich zu eigen macht, sogleich in die Gemeinschaft seiner Kenntnisse und Ideen tritt, und sich mit dem Ganzen auf das Innigste vermischt, welches dann Gelegenheit zu originellen Verbindungen und mannichfaltigen neuen Entdeckungen giebt.

240. ⟨In der reizbaren Const[itution]. fällt und steigt die Reitzbarkeit *Geschwind* – In der *Nichtreizbaren* – *langsam*. Das ist ein Hauptmerckmal.⟩

241. *Je ruhiger der Geist seyn will – je regsamer – desto mehr muß er den Körper zu gleicher Zeit auf eine *geringfügige* Weise zu beschäftigen suchen – Es ist gleichsam die negative Kette, die er auf den Boden herabläßt, um desto thätiger und wircksamer zu werden – Musik – Essen, oder reitzende Mittel überhaupt – schöne Bilder für das Auge – Gerüche – Frottiren – oder Herumgehn.

242. Das Individuum wird das Vollkommenste, das *rein Systematische* seyn, das nur durch einen *einzigen abs[oluten] Zufall* individualisirt ist – z. B. durch seine Geburt. In diesem Zufall müssen alle seine übrige Zufälle, die unendliche Reihe seiner Zustände, eingeschachtelt liegen, oder noch besser, als seine Zufälle, seine Zustände determinirt seyn. Ableitung eines individuellen Lebens aus einem einzigen Zufalle – einem einzigen Act der Willkühr.
Zerlegung Eines Zufalls – Eines großen Acts der Willkühr in mehrere – in Unendliche – durch allmäliche Aufnahme – langsame, successive Eindringung – Geschehung.
* Ein Romanschreiber macht eine Art von Bouts rimes – der aus einer gegebenen Menge von Zufällen und Situationen – eine wohlgeordnete, gesezmäßige Reihe macht – der Ein Individuum zu Einem Zweck durch alle diese Zufälle, die er zweckmäßig hindurchführt. Ein eigenthümliches Individuum muß er haben, das die Begebenheiten bestimmt, und von ihnen bestimmt wird. Dieser Wechsel, oder die Veränderungen Eines Individuums – in einer *continuierlichen* Reihe machen den interressanten Stoff des Romans aus. Ein Romandichter kann auf mancherley Art zu Wercke gehn – Er kann sich z. B. erst eine Menge Begebenheiten aussinnen – und zu der Belebung dieser ein Individuum ausdenken /eine Menge Reitze, und zu diesen eine besondre, sie mannichfach verändernde und specificirende Constitution./ oder er kann sich umgekehrt erst ein Individuum eigner Art festsetzen und zu diesem eine Menge Begebenheiten erfinden.
Er kann also a. Begebenheiten und Individ[uum] in Verbindung und zwar 1. entw[eder] die Veränderungen der Begebenheiten, der Zufälle, durch ein Individ[uum], oder 2. umgekehrt die Veränderungen des Individuums durch die Begebenheiten, oder 3. beyde wechselseitig sich verän-

dernd – oder b. *beyde unabbhängig von einander* – und zwar 1. sich durchkreutzend – 2. parallel – 3. gänzlich getrennt – darstellen. Die Begebenheiten können aber 1. entweder *zusammenhängende Handlungen* eines vernünftigen Wesen[s] (hieher gehört auch das Fatum[)] – oder isolirte Zufälle, oder beydes vermischt seyn. Sind sie das Erste, so wird B. 1. Darstellung eines Kampfs – B. 2. Darstellung einer Gemeinschaft – B. 3. Darstellung doppelter Welten – die höchstens mahlerischen, poëtischen Zusammenhang hat, seyn. Sind sie das Zweyte – so wird – B. 1. Kampf mit dem Unglück – B. 2. Gemeinschaft mit dem Glück – B. 3. wie beym Ersten seyn. Die Regeln des Dritten ergeben sich aus den beyden Ersten. Wenn man weis welche Classe dieser verschiednen Darstellungen der Dichter gewählt, so muß sich alles darinn aus diesem Begriffe deduciren und rechtfertigen lassen. Einheit muß jede Darstellung haben – wenn Sie Eine Darstellung – Ein Ganzes seyn will – und nicht etwa aus Princip im Großen gestaltlos und nur im Einzelnen poëtisch gestaltet seyn will. Dann aber ist es auch insofern kein Kunstwerck – sondern nur ein Sack voll Kunstfragmente.

Je größer der Dichter, desto weniger Freyheit erlaubt er sich, desto philosophischer ist er. Er begnügt sich mit der willkührlichen Wahl des ersten Moments und entwickelt nachher nur die Anlagen dieses Keims – bis zu seiner Auflösung. Jeder Keim ist eine *Dissonanz* – ein Mißverhältniß, was sich nach gerade ausgleichen soll. Dieser erste Moment begreift die Wechselglieder in einem Verhältniß – das nicht so bleiben kann – z. B. bey Meister – Streben nach dem Höchsten und Kaufmannsstand. Das kann nicht so bleiben – Eins muß des Andern Herr werden – Meister muß den Kaufmannsstand verlassen oder das Streben muß vernichtet werden – Man könnte besser noch sagen – Sinn für schöne Kunst – und Geschäftsleben streiten sich um Meister in ihm. Das Erste und das Zweyte – Schönheit und Nutzen sind die Göttinnen, die ihm einigemal unter verschiednen Gestalten auf Scheidewegen erscheinen – Endlich kommt Natalie – die beyden Wege und die beyden Gestalten fließen in Eins.

Durch die Annahme mehrerer willkührlicher Puncte – die er zu verbinden suchen muß, erleichtert sich der Dichter, so paradox es auch scheint – seine Arbeit – Ein solches Boutrimé auszufüllen ist in der That leichter – als a priori aus dem einfachen Kern die dazu gehörige mannichfaltige Reihe streng zu entwickeln – Es ist schwerer vom einfachen Begriff im Zusammenhang zur mannichfaltigen Körperwelt – als umgekehrt zu gehn. Dort muß der Geist viel angestrengter, reiner thätig seyn, als hier – wo *seine Thätigkeit weit passiver – weit vermischter, ist.* Hier wird er durch andre Kräfte verstärkt – dort muß er allein gegen widerstrebende Kräfte arbeiten. Alle Dinge haben eine Centrifugaltendenz – Centripetal werden sie durch den Geist – dort wirkt der Geist gegen jene natürliche *Neigung der Organe* und zwingt sie sich zu Einer Bildung zu vereinigen[,] um Einen Punct her zu consolidiren – er bildet eine Welt aus nichts – Er bildet erst das *Feste.* Hat er aber schon mit einer Menge fester Körper zu thun – so verstärckt er sich schon mit geistiger Thätigkeit – Thätigkeiten andrer Geister, oder ehmaligen Thätigkeiten Seiner selbst – kommen ihm zu statten – Die festen Körper werden sich einer bekommenen künstlichen Tendenz zu folgen um viel leichter verbinden, und systematisch um ein Centrum vereinigen lassen. ⟨(Die Körperwelt verhält sich zur Seelenwelt – wie die festen Körper zu den Luftigen oder besser den Kräften.)⟩

243. Die Organe haben von Natur keine Tendenz bestimmend und fixirt zu seyn – oder zu der Bildung Eines Individuellen Körpers sich zu vereinigen – durch den Geist erhalten sie erst gemeinschaftliche Centralpuncte – und werden durch diesen zu gewissen regelmäßigen, unabänderlichen Functionen genöthigt – So muß das Auge, da, wo die Hand fühlt, und das Ohr hört eine bestimmte Farbe, einen bestimmten, passenden Umriß bilden und umgekehrt – Ohne Geist keine Farben, und Umrisse – keine verschiedenen Töne etc. – keine verschiednen Gefühle und bestimmte Oberflächen und Grenzen etc. ⟨Jeder Körper wird durch eine *Monade* zusammengehalten und bestimmt.⟩

244. ⟨Die Empfindung, oder Anschauung der individuellen Monade nennen wir Begriff. Darstellung der Monade ist der wörtliche Begriff.⟩

245. ⟨Die Seele ist die Monas, deren Äußerungen mannichfaltige Monaden sind – der Sinn, sit Venia Verbis, der die übrigen Sinne durch Centralpuncte activirt und vereinigt. Der Geist dirigirt diesen monadischen Sinn – Activirt und punctirt beliebig die Urmonas.

(Punct)	(Linie)	(Fläche)	(Cörper)
Punctirt –	liniirt –	planirt –	animirt

Die Animation geht voraus – der Geist, insofern er animirt, heißt Seele; durch Animation – wird Planition – Lineation und Punctation möglich.⟩

246. (2 äußerst wichtige (verschiedne) Arten des Gebrauchs der Sinne – und des Gefühls derselben) – Die Active Art – und die passive Art – *Direct thätige – indirect thätige* – indirect leidende – direct leidende. (Man sollte alle Sachen, wie man sein Ich ansieht, betrachten – als *eigne Thätigkeit*. Mit dem Ich geht es nur am leichtesten – das ist der Anfang, das Princip dieses Gebrauchs.)

247. * Auf dieselbe Art, wie wir unser Denkorgan in beliebige Bewegung setzen – seine Bewegung beliebig modificiren – dieselbe und ihre Produkte beobachten – und mannichfaltig ausdrücken – auf dieselbe Art, wie wir die Bewegungen des Denkorgans zur Sprache bringen – wie wir sie in Geberden äußern – in Handlungen ausprägen, wie wir uns überhaupt willkührlich bewegen und aufhalten – unsre Bewegungen vereinigen und vereinzeln – auf eben dieselbe Art müssen wir auch die innern Organe unsers Körpers bewegen, hemmen, vereinigen und vereinzeln, *lernen*. Unser ganzer Körper ist schlechterdings fähig vom Geist in beliebige Bewegung gesezt zu werden. Die Wirckungen der Furcht, des Schreckens – der Traurigkeit, des Zorns – des Neides – der Schaam, der Freude, der Fantasie etc. sind Indikationen genug – Überdem aber hat man genugsam Beyspiele von Menschen – die eine willkührliche Herrschaft über einzelne, gewöhnlich d[er] Willkühr entzogene Theile ihres Körpers erlangt haben. Dann wird jeder sein eigner Arzt seyn – und sich ein vollständiges, sichres und genaues Gefühl seines Körpers erwerben können – dann wird der Mensch erst wahrhaft unabhängig von der

Natur, vielleicht im Stande sogar seyn verlorne Glieder zu restauriren, sich blos durch seinen Willen zu tödten, und dadurch erst wahre Aufschlüsse über Körper – Seele – Welt, Leben – Tod und Geisterwelt zu erlangen. Es wird vielleicht nur von ihm dann abhängen einen Stoff zu beseelen – Er wird seine Sinne zwingen ihm die Gestalt *zu produciren,* die er verlangt – und im eigentlichsten Sinn in *Seiner* Welt leben können. Dann wird er vermögend seyn sich von seinem Körper zu trennen – wenn er es für gut findet – er wird sehn[,] hören – und fühlen – was, wie und in welcher Verbindung er will.
Fichte hat den thätigen Gebrauch des Denkorgans gelehrt – und entdeckt. Hat Fichte etwa die Gesetze des thätigen Gebrauchs der Organe überhaupt entdeckt. Intellectuale Anschauung ist nicht anders.

248. Was ist die Natur? – ein encyclopaedischer systematischer Index oder Plan unsers Geistes. Warum wollen wir uns mit dem bloßen Verzeichniß unsrer Schätze begnügen – laßt sie uns selbst besehn – und sie mannichfaltig bearbeiten und benutzen.
* Das Fatum, das uns drückt, ist die Trägheit unsers Geistes. Durch Erweiterung und Bildung unsrer Thätigkeit werden wir uns selbst in das Fatum verwandeln.
Alles scheint auf uns herein zu strömen, weil wir nicht heraus strömen. Wir sind negativ, weil wir wollen – je positiver wir werden, desto negativer wird die Welt um uns her – bis am Ende keine Negation mehr seyn wird – sondern wir alles in Allem sind.

Gott will Götter.
* Ist nicht unser Körper selbst nichts, als eine gemeinschaftliche Centralwirckung unsrer Sinne – haben wir Herrschaft über die Sinne – vermögen wir sie beliebig in Thätigkeit zu versetzen – sie gemeinschaftlich zu zentriren, so hängts ja nur von uns ab – uns einen Körper zu geben, welchen wir wollen.
Ja sind unsre Sinne nichts anders, als Modificationen des Denkorgans – des *absoluten Elements* – so werden wir mit der Herrschaft über dieses Element auch unsre Sinne nach Gefallen modificiren und dirigiren können.

249. * Der Mahler hat so einigermaaßen schon das Auge – der Musiker das Ohr – der Poët die Einbildungskraft – das Sprachorgan, und die Empfindung – oder vielmehr schon mehrere Organe zugleich – deren Wirckungen er vereinigt auf das Sprachorgan oder auf die Hand hinleitet – (der Philosoph das absolute Organ) – in seiner *Gewalt* – und *wirckt durch sie beliebig,* stellt durch sie beliebig Geisterwelt dar – Genie ist nichts, als Geist in diesem thätigen Gebrauch der Organe – Bisher haben wir nur einzelnes *Genie gehabt* – der Geist soll aber total *Genie* werden.
Fichte hat nur eine einzelne Idee erst auf diese Art zu realisiren angefangen – *die Idee eines Denksystems.* Wer also dieser Idee theilhaftig werden will – muß es ihm nachmachen – versteht sich durch *Selbstthätigkeit* nach *dieser Idee.* In der Idee muß das vollständige *Gesetz ihrer Auflösung* liegen.

250. * Einem gelang es – er hob den Schleyer der Göttin
zu Saïs –
Aber was sah er? er sah – Wunder des Wunders –
Sich Selbst.

251. ⟨Das chymische Princip – die Idee der Chymie – die Materialien der Chymie sind Zerstreute Glieder der ursprünglichen Idee der Chymie – das beseelende Princip – wodurch die Chymie zur Kunst a priori wird – muß ich hinzubringen.⟩

252. * *Regel* – Richtungs und Maaßangabe – Muster, Vorbildung, Vorzeichnung bestimmter Richtungen und Verhältnisse.
Ideen – freye Entwürfe, Muster, Projectionen des Genies.
Kunst – Fähigkeit bestimmt und frey zu produciren – *bestimmt* – nach einer *bestimmten Regel* – einer von anderwärts schon bestimmten Idee, die man Begriff heißt – unbestimmt, nach einer eigentlichen reinen Idee.

* * *

253. Die Kunst zerfällt, wenn man will, in die *wirckliche* / vollendete, durchgeführte, mittelst der *äußern* Organe (Lei-

ter) wircksame / Kunst – und in die *Eingebildete* / unterwegs in den innern Organen aufgehaltene (d[urch] d[ie] innern Organe, als N[icht]L[eiter], *isolirte*), und nur mittelst dieser wircksame / Kunst. Leztere heißt die Wissenschaft im weitesten Sinne.

Beyde zertheilen sich in die Hauptabtheilungen – in die bestimmte, durch Gegenstände – oder andre Centralfunctionen der Sinne schon *gerichtete*, durch Begriffe determinirte, endliche, beschränkte, mittelbare Kunst – und in die unbestimmte, freye, unmittelbare, originelle, nicht abgeleitete, cyklische, schöne, selbstständige, reine Ideen realisirende, von reinen Ideen belebte – Kunst.

Jene ist nur Mittel zu einem Zweck – diese Zweck, an sich, befriedigende Thätigkeit des Geistes, *Selbstgenuß* des Geistes.

Die Wissenschaft im weitesten Sinne betreiben Gelehrte – Meister der bestimmten Kunst – und Philosophen – Meister der unbestimmten, freyen Kunst.

Die Kunst kat exoxin, oder die wirckliche (äußre) Kunst, treiben Handwercker – Meister des bestimmten Theils – und Künstler kat exoxin, Meister der freyen Klasse.

Der Gelehrte erreicht das Maximum in seiner Wissenschaft, durch die höchste Simplification – der Regeln und mithin des Stoffs – Kann er aus Einer *bestimmten* Regel – alle bestimmten Regeln ableiten – alle bestimmte Zwecke auf Einen Zweck reduciren etc. so hat er seine Wissenschaft auf den höchsten Grad ihrer Vollkommenheit gebracht. Der encyclopaedische Gelehrte, der dies im Umfange aller bestimmten Wissenschaften thut – und so alle bestimmte Wissenschaften in Eine bestimmte Wissenschaft verwandelt, ist das Maximum eines Gelehrten. Die bestimmte Kunst könnte man Wissenschaft im engern Sinne nennen. ⟨So mit dem Philosophen.⟩

Philosophie kann man die freye, eingebildete Kunst nennen. Der Philosoph, der in seiner Philosophie alle einzelne Philosopheme in ein Einziges verwandeln – der aus allen Individuen derselben Ein Individuum machen kann, erreicht das Maximum in seiner Philosophie. Er erreicht das Maximum eines Philosophen, wenn er alle Philosophieen in eine Einzige Philosophie vereinigt.

So auch mit dem Handwercker und Künstler.

254. Der Gelehrte und Handwercke[r] verfahren mechanisch bey ihrer Simplification – Sie vereinigen zerlegte Kräfte – und zerlegen diese vereinigte Kraft und Richtung wieder methodisch. Der Philosoph und Künstler verfahren *organisch* – wenn ich so sagen darf – Sie vereinigen *frey* durch eine reine Idee und trennen nach freyer Idee. Ihr Princip – ihre Vereinigungsidee – ist ein organischer Keim – der sich frey zu einer unbestimmte Individuen enthaltenden, unendlich *individuellen,* allbildsamen Gestalt entwikkelt, ausbildet – eine Ideen reiche Idee.

255. ⟨Stoff – reiner Stoff – Vehikel der freyesten Wircksamkeit des Geistes – wahrhaftes Element der Freyheit – absolut reizbar für den Geist. Reine Idee, absolute *Function* dieses Stoffs – bestimmte Idee – durch andre Functionen dieses Stoffs – bestimmte Function desselben.⟩

256. Individuelle Urform – Karacter meines *ursprünglichen Willens.* Caracter, aus *Instinkt* – Karacter, aus *Grundsätzen.* * Je abhängiger vom Zufall und von Umständen – desto weniger bestimmten, ausgebildeten – *angewandten* Willen. Je mehr dies, je unabhängiger dort.
Kunst allmächtig zu werden – Kunst unsern Willen total zu realisiren. Wir müssen den Körper, wie die Seele in unsre Gewalt bekommen. Der Körper ist das Werckzeug zur Bildung und Modification der Welt – Wir müssen also unsern Körper zum *allfähigen* Organ auszubilden suchen. Modification unsers Werckzeugs ist *Modification* der Welt.

257. ⟨Was ist *die Welt*? Wozu machen wir sie auf unsern verschiednen Gesichtspuncten?⟩

258. ⟨Belebung der innern Organe – durch *organische Association im Schlafe* – (Größtentheils unangenehme, peinliche Situationen.)⟩

259. * Das Publicum ist eine unendlich große, mannichfache, interressante Person – eine geheimnißvolle Person von unendlichen Werth – der eigentliche absolute Reitz des Darstellers.

260. ⟨Thätige *Liebe* – *herein* und *hineinlieben.*
Sthenische – Asthenische Liebe.
Vollkommene Liebe.⟩

261. Sponsiren = Bestreben Aufmercksamkeit zu erregen.

262. ⟨Verschiedne *Temperaturen* der Theile des Körpers. *Wärme-* und *Lebensprincip.*⟩

263. * Eine Idee finden – i. e. in der Außenwelt unter mehreren Gefühlen herausfühlen – aus mehreren Ansichten heraussehn – aus mehreren Erfahrungen und Thatsachen herauserfahren – heraussuchen – aus mehreren Gedancken den rechten Gedancken – das Werckzeug der Idee herausdenken – unterscheiden. Hierzu gehört *physiognomischer* Sinn für die mannichfachen *Ausdrücke,* Werckzeuge der Idee. Ich muß die Kunst verstehn von der Idee auf ihre Erscheinung zu schließen.

264. * Sprache in der 2ten Potenz. z. B. Fabel ist Ausdruck eines ganzen Gedanckens – und gehört in die Hieroglypistik der 2ten Potenz – in die *Ton und Schriftbildersprache*[2]. Sie hat poëtische Verdienste und ist nicht *rhetorisch* – subaltern – wenn sie ein vollkommener Ausdruck – wenn sie *euphonisch*[2] – richtig und praecis ist – wenn sie gleichsam ein *Ausdruck, mit* um des Ausdrucks willen ist – wenn sie wenigstens nicht, als Mittel erscheint – sondern an sich selbst eine vollkommene Produktion des *höhern Sprachvermögens* ist.

/Sprache im eigentlichen Sinn ist, *Function eines Werckzeugs als solchen. Jedes Werckzeug drückt, prägt* die Idee seines Dirigenten, *aus.*/

Dient ein Organ einem Andern so ist es, so zu sagen, seine *Zunge* – seine Kehle, sein Mund. Das Werckzeug, was dem Geiste am willigsten dient, am leichtesten mannichfacher Modificationen fähig ist, wird vorzüglich sein Sprachwerckzeug – daher Mund und Fingersprache.

[265.] Erfinde *Anecdoten.* / Man muß, als Schriftsteller alle Arten der Darstellung machen können. Erst lerne man sie genau kennen – untersuche sie sorgfältig – studire die besten, schon vorhandnen Muster – dann lege man Hand ans Werck. Allmälich wird man in jeder Art Meister.

266. (Stoff ist dependente – durch andere Kraft bestimmte Kraft – *reagirende Kraft – negativer Geist.*)

267. * Wir wissen etwas nur – insofern wir es *ausdrücken* – i. e. *machen* können. Je fertiger und mannichfacher wir etwas *produciren, ausführen* können, desto besser *wissen* wir es – Wir wissen es vollkommen, wenn wir es überall, und auf alle Art *mittheilen*, erregen können – einen individuellen *Ausdruck* desselben in jedem Organ bewircken können.

268. Sich nach den Dingen, oder die Dinge nach sich *richten* – ist Eins.

269. Unsre Staaten sind fast nichts als *rechtliche* Institute – nur *Defensions*anstalten. Erziehungsinstitute – Academieen – und Kunstgesellschaften sind es leider nicht, wenigstens sehr mangelhaft. Dis müssen die Menschen also noch durch besondre Coalitionen suppliren. Auch fehlende Politzeyanstalten sollte man durch Privatverbindungen zu ersetzen suchen.

270. Jeder Gegenstand sollte bestimmte, und *freye* Sensationen und Functionen veranlassen.

[271.] Eine Ehe ist ein politisches Epigramm. Epigramm ist nur ein elementarischer poetischer Ausdruck – poëtisches Element – primitives Poëm.

272. Späßchen über die Molecules.

273. Alles *Unwillkührliche* soll in ein *Willkührliches* verwandelt werden.

274. Zentripetalkraft – ist das synthetische Bestreben – Centrifugalkraft – das analytische Bestreben des Geistes – Streben nach Einheit – Streben nach Mannichfaltigkeit – durch wechselseitige Bestimmung beyder durch Einander –

wird jene höhere Synthesis der Einheit und Mannichfaltigkeit selbst hervorgebracht – durch die Eins in Allem und Alles in Einem ist.

275. ⟨Über die *Construction* der alten Sprachen. Als *Tonsprachen* verlieren unsre Sprachen außerordentlich.⟩

276. ⟨*Lyra*. Pindar – Klopstock – Horatz – *modulirte Welt – Gesetze der Association*.⟩
Sind Epos – Lyra – und Drama etwa nur die 3 Elemente *jedes Gedichts* – und nur das vorzüglich Epos, wo das Epos *vorzüglich heraustritt* und so fort.
Monotonie – Polytonie – Harmonie.
⟨Rede – Gesang – Recitativ – oder besser Recitativ (Epos), Gesang (Lyra), ächte Declamation (Drama).⟩
Vollkommene Oper ist eine freye Vereinigung aller, die höchste Stufe des Dramas. Epos ist wohl nur ein unvollkommnes Drama. Epos ist ein poetisch erzähltes Drama.

277. ⟨Der Anfang des Epos ist die Alteweibererzählung – das lyrische Gedicht – die Äußerungen ihrer Affecten.
Straffe, schlaffe, lockre, dichte Einbildungskraft. *Unwillkührliche* Bewegung ist Krampf – *willkührliche*, Entzündung. Die rohe Imagination ist bald willkührlich – bald unwillkührlich.
Entzündung durch Krampf ist die sog[enannte] indirecte Sthenie. Krampf durch Entzündung ist eigentlich d[ie] sog[enannte] indirecte Asthenie.
Reaction des Krampfs; durch *gefolgte Reitze, wird Entzündung* – Reaction der Entzündung – durch gefolgte Nichtreitze – Krampf seyn.
Alle reitzende Mittel sind solches, als *Wärme* – Thätigkeit hervorbringende Mittel. Alle Nichtreitzende Mittel – sind solches, als *Kälte, Unthätigkeit* machende, veranlassende Mittel.
Wärme und Kälte das sind die Principe der Pharmacie. Erklärungen des Galvanism. Was *vereinigt* Wärme und Kälte? – !!! Kälte vereinzelt – Wärme vereinigt.⟩

[278.] ⟨*Geheimlichen*.⟩ / * In Geheimniß Stand erheben. Das *Unbekannte* ist der *Reitz* des Erkenntnißvermögens. Das Bekannte reizt nicht mehr. Absolut Unbekanntes = absoluter Reitz. *practisches Ich.* Das Erkenntnißvermögen ist sich selbst der *höchste Reitz* – das abs[olut] Unbekannte. Unbekannte Obern in den Wissenschaften. Mystification.

279. Im Ich – im Freyheitspuncte sind wir alle in der That völlig identisch – von da aus trennt sich erst jedes Individuum. Ich ist der abs[olute] Gesammtplatz – der Centralpunct.

280. * Die Poësie ist der Held der Philosophie. Die Phil[osophie] erhebt die Poësie zum Grundsatz. Sie lehrt uns den Werth der Poësie kennen. Phil[osophie] ist *die Theorie* der *Poësie*. Sie zeigt uns was die Poësie sey, daß sie Eins und alles sey.

281. * Der Stümper weiß in keiner Kunst, wovon die Rede ist – er ahmt affenmäßig nach – und hat keinen Sinn für das Wesentliche der Kunst. Der ächte Mahler etc. weiß das Mahlerische und Unmahlerische überall wohl zu unterscheiden. So ist es mit dem Dichter, dem Romancier, dem Reisebeschreiber. Der Chronikenschreiber ist der Stümper in der Geschichte – er will alles geben und giebt nichts. So durchaus. Jede Kunst hat ihre *Individuelle* Sfäre – wer diese nicht genau kennt und Sinn für dieselbe hat – wird nie Künstler.

282. Ich bin ein ganz *unjuristischer* Mensch – ohne Sinn und Bedürfniß für Recht.

283. Was sind Sprichwörter?

284. Aller wircklicher Anfang ist ein *2ter Moment.* Alles was da ist, erscheint, ist und erscheint nur unter *einer Voraussetzung* – Sein individueller Grund, sein *absolutes Selbst* geht ihm voraus – muß wenigstens *vor* ihm gedacht werden. Ich muß *allem* etwas absolutes *Voraus*denken – voraussetzen – Nicht auch *Nachdenken, Nachsetzen?* /*Vorurtheil.* Vorsatz. Vorempfindung. Vorbild. Vor Fantasie. *Project.*/

285. Eine Sache ist oder wird, wie ich sie setze, *voraus*setze. So Selbstbegränzung und alles.

[286.] * Der Zauberer ist Poët. Der Profet ist zum Zauberer, wie der Mann von Geschmack zum Dichter.

287. Eine Note zum Text etc. ist viel *piquanter*, als der Text.

288. * Das Genießen und Machen lassen scheint in der That edler, als das *Verfertigen*, als das *Hervorbringen* – das Zusehn – als das Thun – das Denken, als das Realisiren, oder das Seyn!!!!

289. Sollte es nicht Ein absolutes Bedürfniß geben – das geraden Ausschluß der Übrigen möglich machte – Liebe, Gesammtleben mit geliebten Personen?
Thätigkeit läßt uns am leichtesten unsern Kummer vergessen, aber *sollen wir* manchen Verlust vergessen? /*Eingebildete* Pflichten – ihr Werth – ihre Beharrlichkeit./
Stimmungen – z. B. bey Musik. Große, energische Augenblicke – *Pflichtmäßige Empfindungen.* Empfindungen durch Vernunft verewigt. Ohne diese Stimmungen ist man so gleichgültig, so todt.

[290.] ⟨Ich habe sehr viel Willen – aber *wenig ächte Reitzbarkeit. /Incitabilitas indirecta,* spuria./⟩

291. ⟨Sonderbar – daß die Localschwäche eines Organs oft augenblicklich verschwindet, wenn ein andres Organ in diesem Zustande eben so plötzlich erscheint – Die Ursache der Schwäche muß also wandernd – schweifend seyn – *Temporair.*⟩

292. Die Luft enthält alle Stamina rerum, sogar die organischen – *gasartiger Keim* – organisirte Luft.

293. *Schwächlicher* – *starker* Geist.

294. * Körper – Seele und Geist sind die Elemente der Welt – wie Epos, Lyra und Drama die des Gedichts.

295. Was muß ich lernen? *Was kann nur gelernt werden?* Aus *Lernen* und *Hervorbringen* entsteht die wissenschaftliche Bildung.

296. * Der ächte Dichter ist *allwissend* – er ist eine wirckliche Welt im Kleinen.

297. * Eine Definition ist ein *realer*, oder generirender Name. Ein gewöhnlicher Namen ist nur eine Nota.

298. * Schemhamphorasch – Name des Namens. Die reale Definition ist ein Zauberwort. Jede Idee hat eine Skale von Namen – der oberste ist absolut und unnennbar. Die Namen werden nach der Mitte zu gemeiner und gehn endlich in antithetische Namen über – von denen der Höchste wieder namenlos ist.

299. Über die Natur, als einen *geschloßnen Körper* – als *einen Baum* – woran wir die *Blüthen*knospen sind, –
(*Naturen* sind solche Wesen – bey denen das Gantze den *Gliedern* dient – bey denen die Glieder Zwecke an sich sind – die Glieder selbstständig. Personen hingegen – wo das umgekehrte Verhältniß statt findet. Wo beyde wechselseitig sich necessitiren und jedes oder vielmehr keins Zweck an sich ist, das sind Mittelwesen zwischen Natur und Person. Dies sind die Extreme, die durch verschiedene Mittelglieder zusammenhängen.)

[300.] Eine Idee und ein Gesetz wird *gefühlt*. /realitaet./

301. Von der *geheimen* Welt, vid. 95. 2tes St[ück] d[es] Athenaeums.

302. * Herstellung verstümmelter Fragmente und Beweis, daß der Fond aller wircksamen Meynungen und Gedanken der Alltagswelt Fragmente sind.

303. Auflösung eines Gleichnisses – /Gleichung – abs[oluter] Werth einer Gleichung./

304. Alles *Liebenswerthe* ist ein Gegenstand (eine Sache) – das unendlich Liebenswerthe ist eine unendliche Sache – etwas was man nur durch unaufhörliche, unendliche Thätigkeit haben kann. Nur eine Sache kann man besitzen.

305. Allzuheftige *Unleidlichkeit* des *Unvollkommnen* ist *Schwäche.*

306. ⟨Achtung und Liebe.⟩ / ⟨Darein setz ich meine Ehre nicht.⟩ Man kann seine Ehre in alles setzen – und man soll sie nur in Eins setzen.

[307.] Die klugen Anführer der Franzosen haben dadurch einen Meisterstreich gemacht, daß sie ihrem Kriege das Ansehn eines Meynungskriegs zu geben gewußt haben. Nur in Spekulationsstuben und in sehr einzelnen Orten und Individuen ist er es gewesen – nur accessorie, nicht von Haus aus.

308. Höhere Mathematik und *Philosophie* /oder Theorie der Ideen, des Unendlichen etc./ haben sehr viel Analogie. /*Curven* – Reihen./ *Elemente.* 3 Axen.
Baader ist ein *realer Psycholog* und spricht die ächte psychologische Sprache. reale Psych[ologie] ist auch vielleicht das für mich bestimmte Feld.
3 veränderliche Größen und Qualitäten oder Kräfte. Wenn ich die Eine bin so müssen sich die Andern nach mir richten.

309. Die Erscheinungen sind die Differentialen der Ideen. Ideen differentiiren – und Ersch[einungen] integriren ist sehr schwer.

310. Vorzüge des Macrologismus – der Groß und Weitsichtigen – und Vorzüge des Micrologism, der Myopen und Kleinsichtigen.

[311.] * Die Welt ist auf jeden Fall Resultat einer Wechselwirkung zwischen mir und der *Gottheit.* Alles was ist und entsteht – entsteht aus einer Geisterberührung.

312. Die äußere Sollicitation ist nur in Ermangelung innrer Selbstheterogeneïsirung – und Berührung.!!!!!

313. Der Vornehmere vermehrt die Centripetalkraft im Geringeren.

314. Die Idee vom Microcosmus ist die höchste für den Menschen. /Cosmometer sind wir ebenfalls./

315. Unterschied zwischen willkührlicher, symptomatischer, und mimischer Caracteristik oder Sprache.

316. Alles, was wir erfahren ist eine *Mittheilung*. So ist die Welt in der That eine *Mittheilung* – Offenbarung des Geistes. Die Zeit ist nicht mehr, wo der Geist Gottes verständlich war. Der Sinn der Welt ist verlohren gegangen. Wir sind beym Buchstaben stehn geblieben. Wir haben das Erscheinende über der Escheinung verlohren. Formularwesen.

* * *

317. (Nach dem Brownischen System müssen die Abführenden Mittel schwächend und stärkend zugleich seyn – wenn schwächen – Vermehrung der Erregbark[eit] – und Stärken – Vermindern der Erregbarkeit bedeutet – und nach Brown kann es nichts anders bedeuten. Mir scheint bey vielen abführenden Mitteln die Stärkung, oder Erregung, beträchtlicher, als die Verminderung zu seyn.)

318. † Was in diesen Blättern durchgestrichen ist – bedürfte selbst in Rücksicht des Entwurfs, noch mancherley Verbesserungen etc. Manches ist ganz falsch – manches unbedeutend – manches schielend. Das Umklammerte ist ganz problematischer Wahrheit – so nicht zu brauchen.
Von dem Übrigen ist nur weniges reif zum Drucke – z. B. als Fragment. Das Meiste ist noch roh. Sehr – sehr vieles gehört zu Einer großen höchstwichtigen Idee. Ich glaube nicht, daß etwas Unbedeutendes unter dem Undurchstrichnen ist. Das * Angestrichne wollt ich in eine Sammlung von neuen Fragmenten aufnehmen, und dazu ausarbeiten. Das Andre sollte bis zu einer weitläuftigeren Ausführung warten. Durch Fortschreiten wird so vieles entbehrlich – so manches erscheint in einem andern Lichte – so daß ich vor der Ausführung der großen, *alles verändernden* Idee, nicht gern etwas Einzelnes ausgearbeitet hätte. Als Fragment erscheint das Unvollkommne noch am Erträglichsten – und

also ist diese Form der Mittheilung dem zu empfehlen, der noch nicht im Ganzen fertig ist – und doch einzelne Merckwürdige Ansichten zu geben hat.

319. Unwahrheit hat von einem höhern Gesichtsp[uncte] noch eine viel schlimmere Seite, als die Gewöhnliche. Sie ist der Grund einer *falschen Welt* – Grund einer unauflöslichen Kette von Verirrungen und Verwicklungen. Unwahrheit ist die Quelle alles Bösen und Üblen. /*Abs[olut] Setzen* des Falschen. ewiger Irrthum./ Eine Unwahrheit gebiert Unzähliche. Eine absol[ut] gesetzte Unwahrheit ist so unendlich schwer, auszurotten.

[Teplitzer Fragmente]

1.

320. Gefühl des Gefühls ist schon Empfindung – Empfindung der Empfindung – u. s. fort.

2.

321. Jedes Glied des Körpers ist aller Kranckkeiten fähig, denen eins seiner Mitglieder unterworfen ist.

3.

322. Meister ist reiner Roman – nicht, wie die Andern Rom[ane] mit einem Beyworte. historische Ansicht Meisters./

4.

323. *Noten an den Rand des Lebens.*

5.

324. Thetische Bearbeitung des neuen T[estaments] oder der kristlichen Relig[ion].
Ist die Umarmung nicht etwas dem Abendmahl Ähnliches. Mehr über das Abendmahl.

6.

325. Mystizismus des gesunden Menschenverstandes. *Kleinjogg*. Campe. *Asmus*. Plurimi.

7.

326. Individueller, selbstgegebner Name jedes Dings.

8.

327. Noten zum täglichen Leben. Über das Schlafengehn – das Müßiggehn – *Essen*. Abend. Morgen. Das Jahr – die Woche. tägliche Beschäftigungen und Gesellschaften. Umgebung. Meublement. Gegend, Kleidung etc.

9.

328. Überschriften zu den Fragmenten.
Was soll ein Titel seyn? ein organisches, individuelles Wort – oder eine genetische Definition – oder der Plan mit Einem Worte – eine allg[emeine] Formel. Er kann aber noch mehr seyn – und noch etw[as] ganz anders.

10.

329. Wo ist der Urkeim – der Typus der ganzen Natur zu finden? Die Natur der Natur etc.?

11.

330. Jedes specifische Factum ist Quell einer bes[onderen] Wissenschaft.

12.

331. Was ist der Bauer?

13.

332. Was haben mehrere Menschen zusammen für eine Misch oder Mittelconstitution, Gesundheit – Kranckheit – Kann man sie zusammen – als Ein Individuum nach den Indikationen dieser componirten Kranckheit curiren?

14.

333. Die Foderung die gegenwärtige Welt für die Beste, und die absol[ut] Meine anzunehmen ist ganz der gleich, meine mir angetraute Frau für die *Beste* und Einzige zu halten und ganz für Sie, und in ihr zu leben. Es giebt noch sehr viel ähnliche Foderungen und Ansprüche – deren Anerkennung derjenige zur Pflicht macht – der einen für immer entschiednen Respect für alles, *was geschehn ist,* hat – der *historisch Religioes* ist – der Absolute Gläubige und Mystiker der Geschichte überhaupt – der ächte *Liebhaber* des Schicksals. Das Fatum ist die mystificirte Geschichte.
Jede willkührl[iche] Liebe in der bekannten Bedeutung ist eine Religion – die nur Einen Apostel, Evangelisten und Anhänger hat und haben – und Wechselreligion seyn kann – aber nicht zu seyn braucht.
Wo der Gegenstand die Eifersucht seiner Natur nach, ausschließt – so ist es die christliche Relig[ion] – die kristliche Liebe.

15.

334. Begriff von Philologie – Sinn für das Leben und die Individualitaet einer Buchstabenmasse. Wahrsager aus Chiffern – *Letternaugur*. Ein Ergänzer. Seine Wissensch[aft] entlehnt viel von der *materialen Tropik.* Der Physiker, der Historiker, der Artist, der Kritiker etc. gehören alle in dieselbe Klasse. / Weg v[om] Einzelnen aufs Ganze – vom Schein auf die Wahrheit et sic porro. Alles befaßt die Kunst und Wiss[enschaft] von Einem aufs Andere – und so von

Einem auf Alles – rhapsodisch oder systematisch zu gelangen – die geistige Reisekunst – die Divinationskunst.

16.

335. Nichts ist dem Geist erreichbarer, als das Unendliche –

17.

336. Sofie, oder über die Frauen.

18.

337. Vorrede und Motto zu den Fragmenten.

19.

338. Verhältnisse des Titels, Plans, und Inhaltsverzeichnisses. Nothwendigkeit einer *Nachrede*.

20.

339. Ist der äußre Reitz vielleicht nur zur Bewußtwerdung *nöthig* – Die Wirckung erfolgt jezt nicht, sondern wir werden sie uns jezt nur bewußt – Es kommt uns vor, als geschähe es erst jezt – und zwar durch Sollicitation von außen. Der Verstand trennt nur zum Behuf seines Zwecks, des B[ewußt]S[eyn]s.

21.

340. An schlechten und mittelmäßigen Schriftstellern ließe sich noch mancher schöne Kranz verdienen. Man hat bisher fast lauter Schlechtes und Mittelmäßiges über dieselben –

und doch würde eine Philosophie des Schlechten, Mittelmäßigen und Gemeinen von der höchsten Wichtigkeit seyn.

22.

341. Ein Roman ist ein *Leben*, als Buch.
Jedes Leben hat ein Motto – einen Titel – einen Verleger – eine Vorrede – Einleitung – Text – *Noten* – etc. oder kann es haben.

23.

342. Philologie im Allg[emeinen] ist die Wissenschaft der Litteratur. Alles was von Büchern handelt ist philologisch. Noten, Titel, Mottos, Vorreden, Kritiken, Exegesen, Commentare, Citaten sind philologisch. Rein philologisch ist es, wenn es schlechterdings nur von Büchern handelt, sich auf solche bezieht – und sich durchaus nicht auf die Originalnatur directe wendet. Mottos sind philol[ogische] Texte.
Sie ist theils *philosophisch*, theils *historisch* – jenes ist ihr reiner Theil – dies ihr angewandter. Gelehrter im strengen Sinn ist nur der Philolog. Diplom[atie] ist philol[ogisch] – die Historie auch.

24.

343. Philosophie des Lebens enthält die Wissenschaft vom unabhängigen, *selbstgemachten*, in meiner Gewalt stehenden Leben – und gehört zur Lebenskunstlehre – oder dem System der Vorschriften sich ein solches Leben zu bereiten.
Alles historische bezieht sich auf ein Gegebnes – so wie gegentheils alles phil[osophische] sich auf ein *Gemachtes* bezieht.
Aber auch die Historie hat einen *phil[osophischen] Theil.*

25.

344. Unsre Meynung, Glaube, Überzeugung von der Schwierigkeit, Leichtigkeit, Erlaubtheit und Nichterlaubtheit, Möglichkeit und Unmöglichkeit, Erfolg und Nichter-

folg etc. eines Unternehmens, einer Handlung, bestimmt in der That dieselben – z. B. es ist etwas mühselig und schädlich, wenn ich glaube, daß es so ist und so fort. Selbst der Erfolg des Wissens beruht auf der Macht des Glaubens – In allem Wissen ist Glauben.

26.

345. Allgemeine Sätze sind nichts, als algebraische Formeln. Die reine Phil[osophie] ist daher gerade so etwas, wie die Lettern Algéber. So eine Formel kann ein Gattungs, ein Classen und Local zeichen seyn – methodischer Name einer ächten genetischen Definition. Definition ist ein Factum. Die *Bezeichnung dieses Factums* ist die gemeinhin sogenannte Definition.

/Auf eine ähnliche Weise wie sich die Logarythmen auf die geometr[ischen] Progressionen beziehn, kann sich der Mechanism auf den Organism beziehn – blos Bezeichnungsweise./

27.

346. Auch die Grammatik ist philologisch zum Theil – der andre Theil ist philosophisch.

28.

347. Die eingezogene Erziehung der Mädchen ist für häusliches Leben und Glück darum so vortheilhaft, weil der Mann, mit dem sie nachher in die nächste Verbindung treten, einen desto tiefern und einzigen Eindruck auf sie macht, welches zur Ehe unentbehrlich ist – Der Erste Eindruck ist der Mächtigste und treuste, der immer wiederkommt, wenn er auch eine Zeitlang verwischt scheinen kann.

29.

348. Ächte Kunstpoësie ist bezahlbar. Die Poësie aus Bedürfniß – die Poësie, als Karacterzug – als Äußerung meiner Natur, kurz die *Sentimentale Poësie* läßt sich aber nur ein indelicater, roher Mensch bezahlen.

30.

349. Die Welt ist ein *Universaltropus* des Geistes – Ein symbolisches Bild desselben.

31.

350. Das Epigramm ist die Centralmonade der altfranzösischen Litteratur und Bildung.

32.

351. Karactere, wie die Theophrastischen, müssen nicht wahr, aber sie müssen durchaus witzig seyn. Es müssen eine Masse Einfälle seyn – die für den Geist einen Karacter ohngefähr so darstellen – wie die Buchstaben in einer geschriebenen Zeichnung, einen Kopf oder sonst etwas.

33.

352. Der vollkommenste Karacter würde der durchsichtige – /der von selbst verständliche – der unendlich leicht und natürlich scheinende, durchaus *Bekannte*, deshalb unbemerckte, übersehene/ und elastische seyn.

34.

353. Das Bekannte, worauf der Phil[osoph] alles reduciren, und wovon er ausgehn soll, muß das Urbekannte – das Abs[olut] Bekannte seyn. Alles Vollkommne ist uns natürlich und absol[ut] Bekannt.

35.

354. Symbolische Behandl[ung] der Naturwissenschaften. Was symbolisirt unser gewöhnliches Leben? Es ist ein Erhaltungsproceß.

36.

355. Alle Bezauberung ist ein künstlich erregter Wahnsinn. Alle Leidenschaft ist eine Bezauberung – Ein reitzendes Mädchen eine reellere Zauberinn, als man glaubt.

37.

356. Über den Spruch: des Menschenwille ist sein Himmelreich.

38.

357. Tout est Vanité – ist der empirische Idealism. C'est la Philosophie des Esprits forts, des Gens du Monde – le Precipitat d'une Vie vague et variée au possible. Tous les Viellards, surtout, qui ont bien joui de leur Vie, prechent çe système. Le jeune homme vigoureux l'entend et va préferer une Vanité gaie a une Verité triste. Une Verité triste n'est aussi qu' une Vanité, qui a perdu son teint frais et coloré, ses Lèyres vermeilles, et la marche Legère. Laideur de la Viellesse est çe qu'elle est donc plus réelle, que la beauté du premier Age – parçequ'elle est la dernière? C'est donc le dernièr, qui a toujours Raison? [Alles ist eitel – ist der empirische Idealism. Es ist die Philosophie der Freigeister, des Weltmanns – das Präzipitat eines unbestimmten und möglichst abwechslungsreichen Lebens. Alle alten Männer vor allem, die ihr Leben genossen haben, predigen dieses System. Der kraftvolle junge Mann hört sich das an und zieht eine heitere Eitelkeit einer traurigen Wahrheit vor. Eine traurige Wahrheit ist auch nur Eitelkeit, die ihren frischen, farbenfrohen Teint eingebüßt hat, ihre roten Lippen und den leichten Gang. Ist die Häßlichkeit des Alters also wirklicher als die Schönheit der Jugend, weil sie zuletzt kommt? Behält also das Letzte immer recht?]

39.

358. Jedes Buch, was der Mensch mit oder ohne Absicht, als solcher geschrieben hat – was also nicht sowohl Buch, als geschriebne Gedancken und Caracteräußerung ist – kann so mannichfaltig beurtheilt werden – als der Mensch selbst. Hier ist kein Künstler, sondern der ächte Menschenkenner kompetent – Es gehört nicht für ein artistisches, sondern für ein anthropologisches Forum. So einseitig, und unbillig, so arbitrair und inhuman Menschen beurtheilt werden – eben so auch diese Art Schriften. Es giebt so wenig *reifen* Sinn für universelle Humanitaet – daß man sich auch über die Kritiken dieser Schriften nicht wundern darf. Gerade das Beste wird am leichtesten übersehn. Auch hier findet der Kenner, für den der Mensch erst eigentlich vorhanden ist, unter dessen Augen er wird, unzählbare Nüancen, Harmonieen und Gelungenheiten – nur er weiß zu appreciren, und bewundert vielleicht in einer sehr mittelmäßig, oder gar schlechtscheinenden Schrift eine seltne Combination und Ausbildung menschlicher Anlagen – die herrliche Naturkunst eines Geistes, der sich ihm in einer barbarischen Form offenbart, weil er nur das Talent des schriftlichen Ausdrucks nicht besaß, oder vernachläßigte.

40.

359. Fragmente *über den Menschen.*

41.

360. Das Schwächungs und AbtödtungsSystem der strengen Moralisten und strengen Asceten ist nichts, als das bekannte, bisherige Heilungssystem in der Medicin. Ihm entgegen muß man ein Brownisches Stärkungssystem setzen, wie dem leztern. Hat dies schon jemand versucht. Auch hier werden die bisherigen *Gifte* und reitzenden Substanzen eine große Rolle spielen, und *Wärme* und *Kälte* ebenfalls ihre Rollen wechseln.

42.

361. Eine reitzbare Vernunft ist eine Schwächliche – Zärtliche. Daher die Moralisten und Bemercker oft so schlechte Practiker.

43.

362. Les Femmes sind um deswillen der Pol um den sich die Existenz und La Philosophie der Vornehm-Klugen dreht, weil sie zugleich Körper und Seele afficiren. Auch Sie lieben die Ungetheiltheit – und setzen einen unumschränckten Werth auf diesen gemischten Genuß – dieser Geschmack geht auf alles über – das Bett soll weich – und die Form und Stickerey hübsch – das Essen delicat, aber auch animirend seyn und so durchaus.
An den Femmes reibt sich auch ihr schreibender Verstand gern, drum haben sie so viel darüber geschrieben.
Jeder sieht überall sein Bild – daher findet die Eitelkeit alles eitel.
Nichts ist *treffender*, als das Bild des Zustandes, zu welchen La philosophie du monde führt, welches unabsichtlich und wahrhaft naïv die consommirten, und consumirten Weltleute von sich und ihrer Denkungsart in ihren Schriften und Reden aufstellen. Tröstlich und anlockend wahrhaftig nicht – ein an Unahnnehmlichkeit dreyfach verstärktes Alter – so wie gegentheils die Jugend auch dreymal gepfeffert war.
La vraie philosophie gehört zu der passiven Wissenschaft des Lebens – Sie ist *eine natürliche antithetische Wirkung* dieses Lebelebens – aber kein freyes Produkt unsrer magischen Erfindungskraft.
Auch im Schlimmen giebts eine Progression. Wenn man sich gehn läßt, so entsteht allmälich ein Ungeheuer in seiner Art. So in Brutalitaet, in Grausamkeit, Wollust, Frömmeley etc.

44.

363. Jedes Geschäft muß künstlerisch behandelt werden, wenn es sicher und dauernd und durchaus zweckmäßig gelingen soll.

45.

364. Leute, wie Ligne, Voltaire, und Boufflers, halten sich für absolute Esprits – und glauben, daß sie selbst unabsichtlich sich, als Esprits, zeigen. Sie essen, träumen, und machen selbst Sottisen mit Esprit. Kreatoren und Annihilianten des Esprit.

46.

365. Brown ist der Arzt unsrer Zeit. Die herrschende Konstitution ist die Zärtliche – die Asthenische. Das Heilsystem ist das natürliche Produkt der herrschenden Constitution – daher es sich mit dieser ändern muß.

47.

366. La *Memoire* ne se comporte pas bien avec *la sensibilité* – comme avec le Jugement – ce qui devient clair par le fait, qu'une grande douleur l'affaiblit. du *Prince de Ligne.* [Das *Gedächtnis* verträgt sich schlecht mit *Empfindsamkeit* – wie mit Urteilskraft –, was durch die Tatsache klar wird, daß es ein großer Schmerz schwächt. *(Fürst Ligne).*]

48.

367. *Brownische Psychologie.*

49.

368. Mit *Ärzten* und *Geistlichen* macht sich kein Großer Bedenken öffentlich und vertraut zu erscheinen – denn jeder der ihm begegnet ahndet so gut, wie er, die Unentbehrlichkeit dieser Leute in unvermeidlichen Stunden.

50.

369. Nur der keine Gesellschaft bedarf, ist bon Compagnon. Nur dieser wird von der Gesellschaft unabhängig. Sie haben und mannichfach reitzen und nach Willkührlichen Plan behandeln können. Die Andren werden von ihm gehabt – und haben ihn nicht. Die Gesellschaft muß mich nicht reitzen, wenn ich sie reitzen will. Sie muß Appetit zu mir haben, und ich muß mich nach ihrer Constitution stimmen können, welche Gabe man *Tact* im allg[emeinen] nennen könnte. Ich muß nur den *passiven Willen* haben mich hinzugeben, mich genießen zu lassen, mich mitzutheilen.

51.

370. Les Femmes haben sich nicht über Ungerechtigkeit zu beklagen. Schade, wenn eine Frau dabey war! Die Beaux-esprits haben in Rücksicht des Femmes vollkommen recht. Wer wird aber Les Femmes mit den Frauen verwechseln.

52.

371. Les Femmes sind Muster der zärtlichsten, weiblichsten Konstitution – *höchste Asthenieen* – mit einem Minimum von Vernunft. So werden sie sehr begreiflich. Annihilantinnen der Vernunft.
Über die *Mode*. Sollte der höchste Reitz für einen Astheniker eine Asthenische seyn? und umgek[ehrt].

53.

372. Sinne der 1sten, 2ten, dritten Hand etc.

54.

373. Dürfte es wohl eine Dame geben, die sich aus ächter Liebe zum Putz – aus uneigennützigen Geschmack gut anzöge?

55.

374. Mancher Skepticism ist nichts, als unreifer Idealism. Realist ist der Idealist, der von sich selbst nichts weis – Der rohe Idealism – der aus der ersten Hand ist der Realism.

56.

375. Aehnlichkeit und Unähnlichkeit von Asmus und Ligne und Voltaire. Auch Jacobi gehört zu den *Transscendenten Empirikern.* Empiriker ist: in den die Denkungsart eine Wirckung der Außenwelt und des Fatums ist – der passive Denker – dem seine Philosophie gegeben wird. Voltaire ist reiner Empiriker und so mehrere französische Philos[ophen] – Ligne neigt unmercklich zu den Transcendenten Empirikern. Diese machen den Übergang zu den Dogmatikern – Von da gehts zu den Schwärmern – oder den transscendenten Dogmatikern – dann zu Kant – von da zu Fichte – und endlich zum magischen Idealism.

57.

376. Die *Geschichte der Philosophen* gehört zur philologischen Philosophie.
Man hat bisher Geschichte der Bildung der Menschheit, Geschichte der Philosophen, und Geschichte der Philosophie immer vermengt – man hat nur die Lexico*graphische* Vollständigkeit gesucht – und dadurch entstehn eben die Zwitter – und Monstern – daß man z. B. unter den Artikel Philosophie alles bringt, was die Philosophie nur irgend berührt, wo nur das Wort Philosophie etc. vorkommt.

58.

377. Von wie wenig Völkern ist eine Geschichte möglich! Diesen Vorzug erwirbt ein Volk nur durch eine Litteratur, oder durch Kunstwercke, denn was bleibt sonst von ihm Individuelles, Caracteristisches übrig. Es ist natürlich, daß ein Volk erst geschichtlich wird, wenn es ein Publicum wird – ist denn der Mensch geschichtlich – eh er *mündig* ist und ein eignes Wesen vorstellt?

59.

378. Paradoxen beschämen immer – daher sie auch so verschrieen sind.

60.

379. Das wäre ihnen die liebste, die die glänzendste Tugend gegen die Andern, und die reitzendste Wollust für sie – die überall angebetete Tyrannin gegen alle, und die anbetende Sklavin gegen sie allein wäre.

61.

380. Auch Männern kann man absolut anhänglich seyn – so gut wie Frauen.
/ein offner, edler Karacter – überall sichtbar./

62.

381. Das Herz ist der Schlüssel der Welt und des Lebens. Man lebt in diesem hülflosen Zustande, um zu lieben – und andern verpflichtet zu seyn. Durch Unvollkommenheit wird man der Einwirkung *andrer* fähig – und diese fremde Einwirckung ist der Zweck. In *Kranckheiten sollen* und *können* uns nur *andre* helfen. So ist Xstus, von diesem *Gesichtspunct* aus, allerdings der *Schlüssel der Welt.*

63.

382. *Oekonomie* im weitesten Sinne begreift auch die Lebens-Ordnungslehre. Es ist die *practische* Wissenschaft im Ganzen. Alles practische ist oeconomisch.

64.

383. Selbstempfinden – wie Selbstdenken – actives Empfinden. Man bringt das Empfindungsorgan wie das Denkorgan in seine Gewalt.

65.

384. Wer viel *Vernunft* in gewissen Sinn hat, bey dem wird alles *Einzig* – Seine Leidenschaften, seine Lage, seine Begebenheiten, seine Neigungen, kurz alles, was ihn berührt, wird *absolut* – zum *Fato*.

66.

385. Ächte Unschuld geht, so wenig wie ächtes Leben verloren. Die gewöhnliche Unschuld ist nur Einmal, wie *der Mensch*, da – und kommt so wenig wieder, als er. Wer, wie die Götter, Erstlinge liebt, wird nie an der *2ten Unschuld den* Geschmack finden, wie an der Ersten – ohnerachtet die Leztere mehr ist, wie die Erste. Manches kann nur Einmal erscheinen – weil das Einmal zu seinem Wesen gehört. Unser Leben ist absolut und abhängig zugleich. Wir sterben *nur gewissermaaßen*. Unser Leben muß also zum Theil – Glied eines Größern, gemeinschaftlichen Lebens seyn.

67.

386. Ein gemeinschaftlicher Schiffbruch etc. ist eine Trauung der Freundschaft oder der Liebe.

68.

387. Die *Hypochondrie* bahnt den Weg zur *körperlichen* Selbstkenntniß – Selbstbeherrschung – *Selbstlebung*.

69.

388. Ob das Erst Sehn und dann *Lesen* oder das Umgekehrte vorzuziehn ist? Kunst sehn zu lassen – Kunst zu schreiben.

70.

389. On dedaigne la Boue – pour quoi? Ne Sommes nous pas de la boue parvenue – Partout de la boue – rien que de la boue – et on s'etonne, que la boue n'a pas changé de Na-

ture. [Wir verachten den Schlamm – warum? Sind wir nicht aus Schlamm hervorgegangen? Überall Schlamm, nichts als Schlamm, und dabei wundert man sich, daß sich die Natur des Schlamms nicht geändert hat.]

71.

390. S'il faut, que Dieu nous aime, et que Dieu est tout – il faut bien aussi, que nous soyons rien. [Wenn es stimmt, daß Gott uns liebt und daß Gott alles ist, muß es auch wahr sein, daß wir nichts sind.]

72.

391. Une forte quantité d'opinions est fondé sur le principe – que nous sommes rien. Les Meilleurs ajoutent, que nous sommes pourtant susceptibles d'une certaine Espèçe de Valeur absolue – ein nous reconnoissant pour rien, et en croyant a l'amour de Dieu. [Sehr viele Meinungen beruhen auf dem Prinzip, daß wir nichts sind. Die besten fügen hinzu, daß dennoch ein gewisser absoluter Wert in uns sein kann, wenn wir uns als nichts betrachten und an die Liebe Gottes glauben.]

73.

392. Das gewöhnliche Leben ist ein Priesterdienst – fast, wie der Vestalische. Wir sind mit nichts, als mit der Erhaltung einer heiligen und geheimnißvollen Flamme beschäftigt – einer doppelten, wie es scheint. Es hängt von uns ab wie wir sie pflegen und warten. Sollte die Art ihrer Pflege vielleicht der Maaßstab unsrer Treue, Liebe, und Sorgfalt für das Höchste – der Caracter unsers Wesens seyn? Berufstreue: symbolisches Zeichen unsrer Religiositaet – d. ist unsers Wesens?

(Feueranbeter.)

74.

393. L'homme en General est un Alcibiade: A Forçe d'Amabilité il est partout l'enfant flatteur de la Nature. Par Complaisance envers elle il est Nègre et Esquimau, Européen et Tatare, Jameo et Grec selon l'usage du païs. [Der Mensch ist generell ein Alcibiades: kraft seiner Liebenswürdigkeit ist er stets das Kind der Natur, das ihr schmeichelt. Ihr zu Gefallen ist er Neger und Eskimo, Europäer und Tatar, Japaner und Grieche, je nach Beschaffenheit des Landes.]

75.

394. Man kann immer zugeben, daß der Mensch einen vorwaltenden Hang zum Bösen hat – desto besser ist er von Natur – denn nur das Ungleichartige zieht sich an.

76.

395. Böse Menschen müssen das Böse aus Haß gegen die Bösen thun. Sie halten alles für böse – und dann ist ihr zerstörender Hang sehr natürlich – denn so wie das Gute das Erhaltende, so ist das Böse das Zerstörende. Dies reibt sich am Ende selbst auf, und widerspricht sich sogar im Begriff, dahingegen jenes sich selbst bestätigt und in sich selbt besteht und fortdauert. Die Bösen müssen wider ihren, und mit ihrem Willen zugleich böse handeln. Sie fühlen, daß jeder Schlag sie selbst trift, und doch können sie das Schlagen nicht lassen. Bosheit ist nichts, als eine Gemüthskranckheit, die in der Vernunft ihren Sitz hat – und daher so hartnäkkig und nur durch ein *Wunder* zu heilen ist.

77.

396. Die *Anstrengung* überhaupt bringt nur, als indirecter, vorbereitender Reitz, eine Operation zu Stande. In der rechten Stimmung, die dadurch entstehn kann, gelingt alles von selbst. Der Mangel an mehreren, zugleich gegenwärtigen Ideen etc. rührt von Schwäche her. In der vollkommensten Stimmung sind alle Ideen gleich gegenwärtig – In dieser ist auch keine *Passion*, kein Affect möglich – In ihr ist

man wahrhaft im Olymp – und die Welt zu unsern Füßen. Die Selbstbeherrschung geht in ihr von selbst von Statten. *Kurz alles scheint von selbst zu geschehn* – wenn das *rechte Medium* vorhanden ist – wenn das *Hinderniß gehoben wird.* Alle Construction ist also indirect. On ne fait pas, mais on fait, qu'il se puisse faire. [Man handelt nicht, aber man bewirkt, daß sich etwas tut.] In einer gewissen Höhe der Sensation ist man von *selbst*, ohne Zuthun, tugendhaft und genialisch.

78.

397. Unser *ganzes Leben ist Gottesdienst* – –

79.

398. Die meisten Schriftsteller sind zugleich ihre *Leser* – indem sie schreiben – und daher entstehn in den Werken so viele Spuren des Lesers – so viele kritische Rücksichten – so manches, was dem Leser zukömmt und nicht dem Schriftsteller. Gedankenstriche – großgedruckte Worte – herausgehobne Stellen – alles dies gehört in das Gebiet des Lesers. Der Leser sezt den *Accent* willkührlich – er macht eigentlich aus einem Buche, was er will. (Schleg[els] Behandl[ung] Meisters.)

/Ist nicht jeder Leser ein Philolog?/

Es giebt kein *allgemeingeltendes Lesen,* im gewöhnlichen Sinn. Lesen ist eine freye Operation. Wie ich und was ich lesen soll, kann mir keiner vorschreiben.

/Soll nicht der Schriftsteller Philolog bis in die unendliche Potenz zugleich – oder gar nicht Philolog seyn? Der Letztere hat *litterairische Unschuld*/.

80.

399. Elemente des *Gliedes*, und Elemente des *Individuums* müssen streng unterschieden werden – denn ein Individuum kann Glied zugleich seyn.

81.

400. Über die Karactere (d[er] Geitzige, Stoltze, Eitle, etc. – Im Guten und Bösen und in mannichfaltigen Variationen.)

82.

401. Eine Idee ist desto gediegener und *individueller* – und reitzender – je mannichfaltigere Gedancken, Welten und Stimmungen sich in ihr *kreutzen*, berühren.
Wenn ein Werck mehrere *Veranlassungen*, mehrere Bedeutungen, mehrfaches Interresse, mehrere Seiten überhaupt – mehrere Arten verstanden und geliebt zu werden hat, so ist es gewiß höchst interressant – ein ächter Ausfluß der *Persönlichkeit*. Wie sich die höchsten und gemeinsten Menschen, die höchst und Gemeinverständlichsten gewissermaaßen gleichen – so auch mit den Büchern. Vielleicht gleicht das *höchste Buch* einem Abcbuch. Überhaupt ist es mit den Büchern und mit allen, so wie mit den Menschen. Der Mensch ist eine Analogieenquelle für das Weltall.

83.

402. Von der Trüglichkeit, und Alldeutigkeit aller Symptome. Demohngeachtet sind sie auch nur zweydeutig – und mit einem disjunctiven Urtheil wird man immer den Knopf treffen. (*Jedes* ist der höchsten, der niedrigsten und der neutralen Auslegung fähig.)

84.

403. Die Unschuld des Königs und d[er] Königinn. Der Anfang der Regierung. Die Foderungen an ihn. Braucht ein König sehr in Sorgen zu seyn. Preußens *Aussichten*. Finanzen. Über meinen Aufsatz. *Fantasie des Königs.*

85.

404. Das Postulat des weiblichen Mystizism ist gäng und gäbe. Alles fodert von den Frauen unbedingte Liebe zum

ersten, besten Gegenstande. Welche hohe Meynung von der freyen Gewalt und Selbstschöpfungskraft ihres Geistes sezt dies nicht voraus.

86.

405. Das *Augenspiel* gestattet einen äußerst mannichfaltigen Ausdruck. Die übrigen Gesichtsgeberden, oder *Minen*, sind nur die Consonanten zu den Augenvocalen. Physiognomie ist also die Geberdensprache des Gesichts. Er hat viel Physiognomie heißt – Sein Gesicht ist ein *fertiges, treffendes,* und *idealisirendes* Sprachorgan. Die Frauen haben vorzüglich eine idealisirende Physiognomie – Sie vermögen die *Empfindungen* nicht blos wahr, sondern auch reitzend, und Schön, idealisch auszudrücken. Langer Umgang lehrt einen die Gesichtssprache verstehn. Die Vollkommenste Physiognomie muß *allg[emein] und abs[olut] verständlich* seyn. Man könnte die Augen ein *Lichtklavier* nennen. Das Auge drückt sich auf eine ähnliche Weise, wie die Kehle, durch höhere und tiefere Töne, die Vocale / durch schwächere und stärkere Leuchtungen aus. Sollten die Farben nicht die Lichtconsonanten seyn?

87.

406. *Stimmungen – unbestimmte Empfindungen* – nicht bestimmte Empfindungen und Gefühle machen glücklich. Man wird sich wohl befinden, wenn man keinen besondern Trieb – keine bestimmte Gedancken und Empfindungsreihe in sich bemerckt. Dieser Zustand ist wie das Licht ebenfalls nur heller oder dunkler. *Specifische Gedancken* und *Empfindungen sind seine Consonanten.* Man nennt es Bewußtseyn – Vom vollkommensten B[ewußt]S[eyn] läßt sich [sagen], daß es sich alles und nichts bewußt ist. Es ist *Gesang* – bloße Modulation der *Stimmungen* – wie dieser der Vocale – oder Töne. Die innere *Selbstsprache* kann dunkel, schwer, und barbarisch – und griechisch und italiänisch seyn – desto vollkommner, je mehr sie sich dem Gesange nähert. Der Ausdruck, er versteht sich selbst nicht, erscheint hier in einem neuen Lichte. *Bildung der Sprache des B[ewußt]S[eyns]* Vervollkommnung des Ausdrucks. *Fertigkeit sich mit sich selbst*

zu besprechen. Unser Denken ist also eine *Zweysprache* – unser Empfinden – Sympathie.

88.

407. Der *größeste Zauberer* würde der seyn, der sich zugleich so bezaubern könnte, daß ihm seine Zaubereyen, wie fremde, selbstmächtige Erscheinungen vorkämen – Könnte das nicht mit uns der Fall seyn.

89.

408. Jahrszeiten, Tagszeiten, Leben, und Schicksale sind alle merckwürdig genug durchaus *rythmisch* – metrisch – tactmäßig. In allen *Handwercken* und Künsten, allen *Maschinen* – den organischen Körpern, unsren täglichen Verrichtungen – überall – Rythmus – Metrum – Tacktschlag – Melodie. Alles was wir mit einer gewissen Fertigkeit thun – machen wir unvermerckt rythmisch – Rythmus findet sich überall – schleicht sich überall ein. Aller Mechanism ist *metrisch* – rythmisch. Hier muß noch mehr drinn liegen – Sollt es bloß Einfluß der Trägheit seyn?

90.

409. Über die *eigentliche* Schwächung durch Debauchen. Durch viele ind[irecte] Asth[enie] entsteht endlich – direct asthenische Disposition. Dies begünstigt Browns Meynung von der quantitativen Erregbarkeit.

91.

410. Schlaf – *Nahrung* – Anzug und Reinigung – mündliche, schriftliche, und handgreifliche Geschäfte (für mich, für den Staat, für meinen Privatzirkel, für Menschen, für Welt.) – Gesellschaft – *Bewegung* – Amusement – Kunstthätigkeit.

92.

411. Mechanischer Gottesdienst. Die katholische Religion ist weit *sichtbarer* – *verwebter* und familiärer, als die protestantische. Außer den Kirchthürmen und der geistlichen *Kleidung* – die doch schon sehr temporisirt – sieht man nichts davon.

93.

412. Alle Zerstreuung schwächt. Durch fremde Gegenstände, die mich reitzen, ohne mich zu befriedigen – *oberflächlich* – werde ich zerstreut. Mir ist deshalb die Zerstreuung zuwider, weil sie mich entkräftet – Nüzlich ist sie bey sthenischen Zufällen – Gegen *Ernst* und Leidenschaft ist sie mit Nutzen zu gebrauchen.

/Die Menschen werden künftig in medicinischer Hinsicht mehr zusammenhalten müssen./

94.

413. *Medicin* und *Kur* um ihrer selbst willen. Schöne Medicin und schöne Kur. Beyde sollen nichts *bewircken*. Man braucht, um zu brauchen – Man nimmt die Medicin um ihrentwillen.

95.

414. Vorrede und Kritik der Fragmente in Fragmenten.

96.

415. *Gemüth* – *Harmonie* aller Geisteskräfte – *Gleiche Stimmung* und harmonisches Spiel der ganzen Seele. Ironie = Art und Weise des Gemüths.

97.

416. Frauen – Kinder – Esprit des *Baggatelles*. Art der *Conversation* mit ihnen. Die Muster der gewöhnlichen Weiblichkeit empfinden die Grenzen der jedesmaligen Existenz

sehr genau – und hüten sich *gewissenhaft* dieselben zu überschreiten – daher *ihre* gerühmte *Gewöhnlichkeit* – *practische Weltleute.* Sie mögen selbst übertriebne Feinheiten, Delicatessen, Wahrheiten, Tugenden, Neigungen nicht leiden – Sie lieben Abwechselung des Gemeinen – Neuheit des Gewöhnlichen – keine neuen Ideen, aber neue Kleider – Einförmigkeit im Ganzen – oberflächliche Reitze. Sie lieben den Tanz vorzüglich wegen seiner *Leichtigkeit*, Eitelkeit und Sinnlichkeit. Zu guter Witz ist ihnen fatal – so wie alles Schöne, Große und Edle. Mittelmäßige und selbst schlechte Lectüre, Acteurs, Stücke etc. das ist ihre Sache.

98.

417. Über den *Hanswurst* und *komische Rollen* überhaupt.

99.

418. Ordinaire Menschen ohne es zu wissen und zu wollen – Ordinaire M[enschen] aus Absicht und mit Wahl. Glücklicher Instinct der Gemeinheit. *Geborne* ordinaire Menschen –. (Synth[ese] des ordin[airen] und extraord[inairen] M[enschen])

100.

419. Geborne *Menschenbeherrscher.*

101.

420. Absolute Hypochondrie – Hypochondrie muß eine *Kunst* werden – oder Erziehung werden.

102. ein Haufen.

421. Unterschied zwischen Sitten und Gebräuchen. / Langeweile und Mangel an Reitzen des Seelebens – drückt sich in den Reisebeschreibungen aus. / *Industrie* bestes Surrogat der Religion und Gegenmittel gegen alle Leidenschaften. Industrie der Noth, Kranckheit und Trägheit – Industrie des Überflusses, der Kraft und Gesundheit, oder Kunstin-

dustrie. / Mancher wird erst dann *witzig*, wenn er sich dick gegessen hat, wenn er müde ist – oder recht faul – oder gedankenlos behaglich – wenn der üppige Wuchs und Andrang seiner Ideen gehemmt ist – und er überhaupt körperlich gesättigt ist – wenn er so in Noth ist – daß er über die Noth ist – wenn er nichts mehr zu verlieren hat etc.

103.

422. Bloße Gedanken, ohne eine gewisse Aufmercksamkeit auf dieselben, und Zueignung, wircken so wenig, wie *bloße Gegenstände.* Dadurch, daß man häufig an reitzende Gegenstände eines Sinns wircksam denckt, wird dieser Sinn *geschärft* – er wird reitzbarer. So wenn man häufig an lüsterne Dinge denckt, werden die G[e]S[chlechts]T[heile] empfänglicher – der Magen durch Gedancken an schmackhafte Speisen – der Kopf auf dieselbe Art und so durchaus.
Methode eine schwächliche Constitution zu verbessern. (Übung, allmäliche.)

104.

423. Die sog[enannten] falschen Tendenzen sind die besten Mittel vielseitige Bildung zu bekommen.

105.

424. Liebe ohne *Eifersucht* ist nicht *persönliche Liebe,* ⟨– directe Liebe, sondern indirecte Liebe⟩ – man kann Vernunftliebe sagen – denn man liebt hier nicht, als Person, *sondern als Glied* der Menschheit – Man liebt die Rivale mehr, wie den Gegenstand.

[Ergänzungen zu den Teplitzer Fragmenten]

5.

425. Es giebt 3 Hauptmenschenmassen – Wilde – zivilisirte Barbaren – Europaeer. Der Europaeer ist so hoch über den Deutschen, wie dieser über den Sachsen – der Sachse über den Leipziger. Über ihn ist der Weltbürger. Alles Nationale, Temporelle, Locale, Individuelle läßt sich universalisiren, und so canonisieren und *allgemein* machen. Xstus ist Ein so veredelter Landsmann. Dieses individuelle Colorit des Universellen ist sein romantisirendes Element. So ist jeder National, und selbst der persönliche Gott ein romantisirtes Universum. Die Persönlichkeit ist das romantische Element des Ichs.

5.

426. Grundverschiedenheit des alten und neuen Testaments. Warum Palaestina und die Juden zur Gründung der Xstl[ichen] Relig[ion] erwählt wurden. Wie die Juden zu Grunde darüber giengen, so die Franzosen bey der jetzigen Revolution. / Medicinische Ansicht der Franz[ösischen] Revol[ution] – Wie mußten sie kurirt werden – Ihr Heilungsplan – Wie werden wir indirecte durch sie kurirt?
Asthenie der Chinesen – Einmischung der Tataren. Medicinische Behandl[ung] der Gesch[ichte] der Menschheit. /

8.

427. Es fehlt uns nicht an Gelegenheit Menschen außer der Welt – und zwar vor und nach der Welt zu betrachten – zu

Menschen und nicht zu Menschen bestimmte Stamina. Jenes – Kinder – dieses Alte.

17.

428. Sollte nicht für die Superioritaet der Frauen der Umstand sprechen, daß die Extreme ihrer Bildung viel frappanter sind, als die Unsrigen. Der verworfenste Kerl ist vom trefflichsten Mann nicht so verschieden, als das elende Weibsstück von einer edlen Frau. Nicht auch der, daß man sehr viel Gutes über die Männer, aber noch nichts Gutes über die Weiber gesagt findet.

17.

Haben sie nicht die Aehnlichkeit mit dem Unendlichen, daß sie sich nicht quadriren, sondern nur durch Annäherung finden lassen? Und mit dem Höchsten, daß sie uns absolut nah sind, und doch immer gesucht – daß sie abs[olut] verständlich sind und doch nicht verstanden, daß sie abs[olut] unentbehrlich sind, und doch meistens entbehrt werden, und mit höhern Wesen, daß sie so kindlich, so gewöhnlich, so müßig und so spielend erscheinen?

17.

Auch ihre größere Hülflosigkeit erhebt sie über uns – so wie ihre größere Selbstbehülflichkeit – ihr größeres Sklaven- und ihr größeres Despotentalent – und so sind sie durchaus über uns und unter uns und dabey doch zusammenhängender und untheilbarer, als wir.

17.

Würden wir sie auch lieben, wenn dies nicht so wäre. Mit den Frauen ist die Liebe, und mit der Liebe die Frauen entstanden – und darum versteht man keins ohne das Andre. Wer die Frauen ohne Liebe, und die Liebe ohne Frauen finden will, dem gehts, wie den Philosophen, die den Trieb ohne das Object, und das Object ohne den Trieb betrachteten – und nicht beyde im Begriff der Action zugleich sahen.

Materialien zu 17.

Ihr *Zirkel.* Was noch nicht a leur portée ist, ist noch nicht *reif.* Ihre Beschäftigungen. Was sie jedem Alter sind. Ihre Erziehung. Sie sind, wie die vornehmen Roemer, nicht zum Verfertigen, sondern zum Genuß der Resultate da – Zum Ausüben – nicht zum Versuchen. *Chevalerie.* Ihr *Bau* – ihre Schönheit.
Sie sind ein liebliches Geheimniß – nur verhüllt – nicht verschlossen. Auf ähnliche Weise reitzen die phil[osophischen] Mysterien. Hetairie. Ihre Seelenkräfte. Blicke auf die Zukunft. Der Act der Umarmung. Die griechischen Göttinnen. Madonna. Jedes Volk, jede Zeit hat ihren Lieblings Frauenkaracter. Die Frauen in der Poësie. Geliebt zu seyn ist ihnen urwesentlich. Über die weiblichen Jahrszeiten. Frauen und Liebe trennt nur der Verstand.

8.

429. Das Essen ist nur ein accentuirtes Leben. Essen – Trinken – und Athmen entspricht der dreyfachen Abtheilung der Körper in Feste, Flüssige und luftige. Der ganze Körper athmet – nur die Lippen essen und trinken – gerade das Organ, was in mannichfachen Tönen das wieder aussondert, was der Geist bereitet und durch die übrigen Sinne empfangen hat. Die Lippen sind für die Geselligkeit so viel, wie sehr verdienen sie den Kuß. Jede sanfte weiche Erhöhung ist ein symbolischer Wunsch der Berührung. So ladet uns alles in der Natur figürlich und bescheiden zu seinem Genuß ein – und so dürfte die ganze Natur wohl weiblich, Jungfrau und Mutter zugleich seyn.

17.

430. Das schöne Geheimniß der Jungfrau, was sie eben so unausprechlich anziehend macht, ist das Vorgefühl der

Mutterschaft – die Ahndung einer künftigen Welt, die in ihr schlummert, und sich aus ihr entwickeln soll. Sie ist das treffendste Ebenbild der Zukunft.

17.

431. Ein Günstling des Glücks sehnte sich die unaussprechliche Natur zu umfassen. Er suchte den geheimnißvollen Aufenthalt der Isis. Sein Vaterland und seine Geliebten verließ er und achtete im Drange seiner Leidenschaft auf den Kummer seiner Braut nicht. Lange währte seine Reise. Die Mühseligkeiten waren groß. Endlich begegnete er einem Quell und Blumen, die einen Weg für eine Geisterfamilie bereiteten. Sie verriethen ihm den Weg zu dem Heiligthume. Entzückt von Freude kam er an die Thüre. Er trat ein und sah – seine Braut, die ihn mit Lächeln empfieng. Wie er sich umsah, fand er sich in seiner Schlafkammer – und eine liebliche Nachtmusik tönte unter seinen Fenstern zu der süßen Auflösung des Geheimnisses.

8.

432. Licht ist Symbol der ächten Besonnenheit. Also ist Licht der Analogie nach – *Action* – der *Selbstrührung* der Materie. Der Tag ist also das Bewußtseyn des Wandelsterns, und während die Sonne, wie ein Gott, in ewiger Selbstthätigkeit die Mitte beseelt, thut ein Planet nach dem Andern auf längere oder kürzere Zeit das Eine Auge zu und erquickt in kühlen Schlaf sich zu neuen Leben und Anschaun. Also auch hier Religion – denn ist das Leben der Planeten etwas anders, als Sonnendienst? Auch hier kommst du uns also entgegen – uralte Kindliche Religion der Parsen – und wir finden in dir die Religion des Weltalls.

8.

433. Je *mehr Gegenstand* – desto größer die Liebe zu ihm – einem absoluten Gegenstand kommt abs[olute] Liebe entgegen. Zu dir kehr ich zurück, edler Keppler, dessen hoher Sinn ein vergeistigtes, sittliches Weltall sich erschuf, statt

daß in unsern Zeiten es für Weisheit gehalten wird – alles zu ertödten, das Hohe zu erniedrigen, statt das Niedre zu erheben – und selber den Geist des Menschen unter die Gesetze des Mechanismus zu beugen.

8.

434. Was ist also *die Sonne?* Ein nur durch sich erregbarer – mithin immer selbstthätiger, ewigleuchtender Körper – und ein Planet –? ein relativ erregbarer, für fremde Anregung gestimmter Körper.

8.

435. Licht ist Vehikel der Gemeinschaft – des Weltalls – ist dis ächte Besonnenheit in der geistigen Sfäre nicht ebenfalls?

8.

436. Wie wir, schweben die Sterne in abwechselnder Erleuchtung und Verdunklung – aber uns ist, wie ihnen, im Zustand der Verfinsterung doch ein tröstender, hoffnungsvoller Schimmer leuchtender und erleuchteter Mitsterne gegönnt.

8.

437. Die Kometen sind wahrhaft eccentrische Wesen – der höchsten Erleuchtung und der höchsten Verdunkelung fähig – ein wahres Ginnistan – bewohnt von mächtigen guten und bösen Geistern – erfüllt mit organischen Körpern, die sich zu Gas ausdehnen – und zu Gold verdichten können.

8.

438. Die Nacht ist zweyfach – Indirecte und directe Asthenie – Jene entsteht durch Blendung – Übermäßiges Licht – diese aus Mangel an hinlänglichen Licht. So giebt es auch eine Unbesonnenheit aus Mangel an Selbstreitz – und eine

Unbesonnenheit aus Übermaaß an Selbstreitz – dort ein zu grobes – hier ein zu zartes Organ. Jene wird durch Verringerung des Lichts oder des Selbstreitzes – diese durch Vermehrung derselben gehoben – oder durch Schwächung und Stärckung des Organs. Die Nacht und Unbesonnenheit aus Mangel ist die Häufigste. Die Unbesonnenheit aus Übermaaß nennt man Wahnsinn. Die verschiedne Direction des übermäßigen Selbstreitzes modificirt den Wahnsinn.

8.

439. Das gemeinschaftliche Essen ist eine sinnbildliche Handlung der Vereinigung. Alle Vereinigungen außer der Ehe sind bestimmt gerichtete, durch ein Object bestimmte, und gegenseitig dasselbe bestimmende Handlungen. Die Ehe hingegen ist eine unabhängige, Totalvereinigung. Alles Genießen, zueignen, und assimiliren ist Essen, oder Essen ist vielmehr nichts, als eine Zueignung. Alles Geistige Genießen kann daher durch Essen ausgedrückt werden –. In der Freundschaft ißt man in der That von seinem Freunde, oder lebt von ihm. Es ist ein ächter Trope den Körper für den Geist zu substituiren – und bey einem Gedächtnißmale eines Freundes in jedem Bissen mit kühner, übersinnlicher Einbildungskraft, sein Fleisch, und in jedem Trunke sein Blut zu genießen. Dem weichlichen Geschmack unserer Zeiten kommt dis freylich ganz barbarisch vor – aber wer heißt sie gleich an rohes, verwesliches Blut und Fleisch zu denken. Die körperliche Aneignung ist geheimnißvoll genug, um ein schönes Bild der Geistigen *Meinung* zu seyn – und sind denn Blut und Fleisch in der That etwas so widriges und unedles? Warlich hier ist mehr, als Gold und Diamant und die Zeit ist nicht mehr fern, wo man höhere Begriffe vom organischen Körper haben wird.
Wer weiß welches erhabene Symbol das Blut ist? Gerade das Widrige der organischen Bestandtheile läßt auf etwas sehr Erhabenes in ihnen schließen. Wir schaudern vor ihnen, wie vor Gespenstern, und ahnden mit kindlichen Graußen in diesem sonderbaren Gemisch eine geheimnißvolle Welt, die eine alte Bekanntinn seyn dürfte.

Um aber auf das Gedächtnißmal zurück zu kommen – ließe sich nicht denken, daß unser Freund jezt ein Wesen wäre, dessen Fleisch Brodt, und dessen Blut Wein seyn könnte? So genießen wir den Genius der Natur alle Tage und so wird jedes Mahl zum Gedächtnißmahl – zum Seelennährenden, wie zum Körpererhaltenden Mal – zum geheimnißvollen Mittel einer Verklärung und Vergötterung auf Erden – eines belebenden Umgangs mit dem Absolut Lebendigen. Den Namenlosen genießen wir im Schlummer – Wir erwachen, wie das Kind am mütterlichen Busen und erkennen, wie jede Erquickung und Stärckung uns aus Gunst und Liebe zukam, und Luft, Trank, und Speise Bestandtheile einer unaussprechlichen lieben Person sind.

17.

440. Die Holzkohle und Der Diamant sind Ein Stoff – und doch wie verschieden – Sollte es nicht mit Mann und Weib derselbe Fall seyn. Wir sind Thonerde – und die Frauen sind Weltaugen und Sapphyre die ebenfalls aus Thonerde bestehn.

8.

441. Nur das Trinken verherrlicht die Poësie? Wie wenn die Poësie auch eine flüssige Seele wäre? Das Essen weckt den Witz und die Laune – daher Gourmands und dicke Leute so witzig sind – und beym Essen so leicht Scherz und muntere Unterhaltung entsteht. Auch auf andre solide Fähigkeiten wirckts. Bey Tisch streitet und raisonnirt man gern und vieles Wahre ist bey Tisch gefunden worden. Der Witz ist geistige Electricität – dazu sind feste Körper nöthig – Auch Freundschaften werden leicht bey Tische gestiftet – Unter den *eisernen* Leuten am leichtesten – wer ahndet hier nicht Seelenmagnetism? Die Tischzeit ist die merckwürdigste Periode des Tages – und vielleicht der Zweck – die Blüthe des Tages. Das Frühstück ist die Knospe. Die Alten verstanden sich auch hier besser auf die Philosophie des Lebens – Sie aßen nur Einmal, außer den Frühstück – und zwar nach vollbrachten Geschäften gegen Abend. Das doppelte Essen schwächt das Interesse. Zwischen dem Essen – Schauspiel

– Musik und Lectüre – Die Mahlzeit selbst eine Curve, nach ächter BildungsLehre des Lebens. Mit der leichtesten Speise den Anfang gemacht – dann gestiegen – und mit der Leichtesten wieder geschlossen. Das Essen muß lang währen – die Verdauungszeit über – den Schluß macht am Ende der Schlummer.

8.

442. /Schlummer. Aufstehn. Morgen etc./
Schlummer ist ein Anhalten des höhern Organs – eine Entziehung des *geistigen Reitzes* – des abs[olut] seyn sollenden Reitzes. Die Willkühr ist gehemmt –. Schlaf Analogon des Todes. kurzer – aber öfterer Schlaf. Seine *Restaurirende Wirckung.* Es ist ein Zeichen, daß man ordentlich geschlafen hat – wenn man gleich munter ist. Je weniger Schlaf man braucht – desto vollkommner ist man. Eine augenblickliche Unterbrechung stärckt fast mehr, als eine Lange. Halbes Be[wußt]-S[eyn] im Schlafe. Die sonderbaren Traumbilder. Das *Leben ein Traum.* /Die Zeit verschmilzt die Gegenstände in einander./ Jede Aussicht auf eine Zukunft voll kräftigen, mannichfachen Lebens ist eine Morgenaussicht. Poëtische Curve der Sonne. Das Leben endigt, wie der Tag und ein vollkommnes Schauspiel – wehmütig – aber mit erhabener Hoffnung. Der Abend ist sentimental, wie der Morgen naïv ist. Der Morgen muß *streng,* und *geschäftig* – der Abend *üppig* seyn. Auch die Arbeit muß gegen Mittag zu wachsen und gegen das Essen zu sich etwas wieder vermindern. Früh keine Gesellschaft. Man ist Morgens jung und Abends alt. Jeder Abend muß unser Testament finden – und unsre Sachen in Ordnung. Eine …

[Über Goethe]

445. Göthe ist ganz practischer Dichter. Er ist in seinen Wercken – was der Engländer in seinen Waaren ist – höchst einfach, nett, bequem und dauerhaft. Er hat in der deutschen Litteratur das gethan, was Wedgwood in der englischen Kunstwelt gethan hat – Er hat, wie die Engländer, einen natürlich oeconomischen und einen durch Verstand erworbenen edeln Geschmack. Beydes verträgt sich sehr gut und hat eine nahe Verwandtschaft, in *chemischen* Sinn. In seinen physicalischen Studien wird es recht klar, daß es seine Neigung ist eher etwas Unbedeutendes ganz fertig zu machen – ihm die höchste Politur und Bequemlichkeit zu geben, als eine Welt anzufangen und etwas zu thun, wovon man vorauswissen kann, daß man es nicht vollkommen ausführen wird, daß es gewiß ungeschickt bleibt, und daß man es nie darinn zu einer meisterhaften Fertigkeit bringt. Auch in diesem Felde wählt er einen romantischen oder sonst artig verschlungnen Gegenstand. Seine Betrachtungen des Lichts, der Verwandlung der Pflanzen und der Insecten sind Bestätigungen und zugleich die überzeugendsten Beweise, daß auch der vollkommne Lehrvortrag in das Gebiet des Künstlers gehört. Auch dürfte man im gewissen Sinn mit Recht behaupten, daß Göthe der erste Physiker seiner Zeit sey – und in der That Epoke in der Geschichte der Physik mache. Vom Umfang der Kenntnisse kann Hier nicht die Rede seyn, so wenig auch Entdeckungen den Rang des Naturforschers bestimmen dürften. Hier kommt es darauf an, ob man die Natur, wie ein Künstler die Antike, betrachtet – denn ist die Natur etwas anders, als eine lebende Antike. Natur und Natureinsicht entstehn zugleich, wie Antike, und Antikenkenntniß; denn man irrt sehr, wenn man glaubt, daß es Antiken giebt. Erst jezt fängt die Antike an zu entstehen. Sie wird unter den Augen und der Seele des Künstlers. Die Reste des Alterthums sind nur die specifischen Reitze zur Bildung der Antike. Nicht mit Händen wird die Antike gemacht. Der Geist bringt sie

durch das Auge hervor – und der gehaune Stein ist nur der Körper, der erst durch sie Bedeutung erhält, und zur Erscheinung derselben wird. Wie der Physiker Göthe sich zu den übrigen Physikern verhält, so der Dichter zu den übrigen Dichtern. An Umfang, Mannichfaltigkeit und Tiefsinn wird er hie und da übertroffen, aber an Bildungskunst, wer dürfte sich ihm gleich stellen? Bey ihm ist alles That – wie bey andern alles Tendenz nur ist. Er macht wircklich etwas, während andre nur etwas möglich – oder nothwendig machen. Nothwendige und mögliche Schöpfer sind wir alle – aber wie wenig Wirckliche. Der Philosoph der Schule würde dies vielleicht activen Empirismus nennen. Wir wollen uns begnügen Göthens Künstlertalent zu betrachten und noch einen Blick auf seinen Verstand werfen. An ihm kann man die Gabe zu abstrahiren in einem neuen Lichte kennen lernen. Er abstrahirt mit einer seltnen Genauigkeit, aber nie ohne das Object zugleich zu construiren, dem die Abstraction entspricht. Dies ist nichts, als angewandte Philosophie – und so fänden wir ihn am Ende zu unserm nicht geringen Erstaunen auch als anwendenden, practischen Philosophen, wie denn jeder ächte Künstler von jeher nichts anders war. Auch der *reine* Philosoph wird practisch seyn, wenn gleich der anwendende Philosoph sich nicht mit reiner Philosophie abzugeben braucht – denn dies ist eine Kunst für sich. /Göthens Meister./ Der Sitz der eigentlichen Kunst ist lediglich im Verstande. Dieser konstruirt nach einem eigenthümlichen Begriff. Fantasie, Witz und Urtheilskraft werden nur von ihm requirirt. So ist Wilhelm Meister ganz ein Kunstproduct – ein Werck des Verstandes. Aus diesem Gesichtspunct sieht man manche sehr mittelmäßige Werke im Kunstsaal – hingegen die meisten vortrefflich geachteten Schriften davon ausgeschlossen. Die Italiaener und Spanier haben bey weiten häufigeres Kunsttalent, als wir. Auch selbst den Franzosen fehlts nicht daran – die Engländer haben schon weit weniger und ähneln hierinn uns, die ebenfalls äußerst selten *Kunsttalent* besitzen – wenn gleich unter allen Nationen am reichhaltigsten und besten mit jenen Fähigkeiten versehn sind – die der Verstand bey seinen Wercken anstellt. Dieser Überfluß an Kunstrequisiten macht freylich die wenigen Künstler unter uns so einzig – so hervorragend, und wir können sichre Rechnung machen,

daß unter uns die herrlichsten Kunstwercke entstehn werden, denn in energischer Universalitaet kann keine Nation gegen uns auftreten. Wenn ich die neuesten Freunde der Litteratur des Alterthums recht verstehe, so haben sie mit ihrer Foderung, die klassischen Schriftsteller nachzuahmen nichts anders im Sinn, als uns zu Künstlern zu bilden – Kunsttalent in uns zu erwecken. Keine moderne Nation hat den Kunstverstand in so hohen Grad gehabt, als die Alten. Alles ist bey ihnen Kunstwerck – aber vielleicht dürfte man nicht zu viel sagen, wenn man annähme, daß sie es erst für uns sind, oder werden können. Der classischen Litteratur geht es, wie der Antike; sie ist uns eigentlich nicht gegeben – sie ist nicht vorhanden – sondern sie soll von uns erst hervorgebracht werden. Durch fleißiges und geistvolles Studium der Alten entsteht erst eine klassische Litteratur für uns – die die Alten selbst nicht hatten. Die Alten würden sich eine umgekehrte Aufgabe nehmen müssen – denn der bloße Künstler ist ein einseitiger, beschränckter Mensch. An Strenge steht Göthe wohl den Alten nach – aber er übertrifft sie an Gehalt – welches Verdienst jedoch nicht das Seinige ist. Sein Meister kommt ihnen nah genug – denn wie sehr ist er Romon schlechtweg, ohne Beywort – und wie viel ist das in dieser Zeit!
Göthe wird und muß übertroffen werden – aber nur wie die Alten übertroffen werden können, an Gehalt und Kraft, an Mannichfaltigkeit und Tiefsinn – als Künstler eigentlich nicht – oder doch nur um sehr wenig, denn seine Richtigkeit und Strenge ist vielleicht schon musterhafter, als es scheint.

---

446. Consommirte Philos[ophen] gerathen leicht auf den Grundsatz – Auch die Philos[ophie] ist eitel – und so in allen Wissenschaften.

447. *Kunst zu leben* – gegen die *Makrobiotik*.

448. reitzbarer Wille. /Aller Reitz *zieht an* – die *Reitzung identificirt.* Ich – N[icht]I[ch] – Produkt. Alle Reitze in Einen gedacht ist Ich und N[icht]I[ch]. /Theorie der Zauberey. / Individuelle Definitionen./

449. *Compositionen der Rede.* musicalische Behandl[ung] der Schriftstellerey.

450. Je lockerer, desto *reizbarer* – je dichter, desto *reitzfähiger.*

[451.] Ein Premierminister, ein Fürst, ein Director überhaupt hat nur *Menschen* und *Künstler* – Karacter und Talent*kenntniß* nöthig.

452. Es geht wahrhaften Universalgedancken, wie dem Landprediger im 2ten Th[eil] v[on] Meisters Lehrjahren – Sie scheinen so bekannt, weil sie aussehn, wie allg[emeine] Menschengedancken und nicht, wie Hinzens und Kuntzens Gedancken.

453. Weltpsychologie. Den Organism wird man nicht ohne Voraussetzung einer *Weltseele,* wie den Weltplan nicht ohne Voraussetzung eines Weltvernunftwesens, erklären können.
Wer bey der Erklärung des Organism keine Rücksicht auf die *Seele* nimmt und das geheimnißvolle Band zwischen *ihr und dem Körper,* der wird nicht weit *kommen.* Leben ist vielleicht nichts anders, als das Resultat dieser Vereinigung – die *Action dieser Berührung.*
Wie das Licht bey dem Reiben des Stahls an den Stein, der Ton bey der Berührung des Bogens und der Sayte, die Zuckung bey Schließung und Öffnung der galvanischen Kette erfolgt, so vielleicht das Leben bey Erweckung (Penetration) des organischen Stoffs.
/*Indirecte Construction.* Das Rechte erscheint von selbst, wenn die Bedingungen seiner Erscheinung eintreten. Die *mechanische Operation* verhält sich durchaus zu dem höhern *Resultat,* wie Stahl, Stein und Berührung zum Funcken. /*freye Mitwirckung*/
Jede Wirckung ist von einem höhern Genius begleitet.
Die individuelle Seele soll mit der Weltseele übereinstimmend werden. Herrschaft der Weltseele und Mitherrschaft der individuellen Seele.

454. Von den mannichfachen Arten *einzuwircken* oder zu *reitzen* – (durch Einmischung, Stoß, Berührung, mittelbare Berührung, *bloßes Daseyn, mögliches Daseyn* etc.)

---

455. *Dramatische Erzählungsart.* Märchen und Meister. Toujours en *état de Poësie.*

456. Hoher Werth der Mathem[atik], als *active* Wissenschaft. Vorzügliches Interresse der *Mechanik. (Berührungskunde. Akustik.)* Mannichfaltige Arten der Berührungen – und Tangenten. active und Passive Tangenten. Winckel der Berührungen. Schnelligkeit der Ber[ührungen] oder Tacte. Tactreihen und Folgen. Linientackte. Puncttackte. Flächentackte. Massentackte. *Beharrliche Tacte.*

---

457. Grundlagen der Geognosie und Oryktognosie. Kritik der *Merckmale.*

458. Instrumentenlehre – oder *Organologie.*

459. Licht ist auf jeden Fall Action – Licht ist wie Leben, *wirkende Wirckung* – ein nur im Zusammentreffen gehöriger Bedingungen, sich *Offenbarendes.* Licht macht Feuer. Licht ist der *Genius* des Feuerprocesses.
Leben ist, wie *Licht*, der Erhöhung und Schwächung und der graduellen *Negation* fähig. Bricht es sich auch, wie dieses in *Farben*? Der Nutritionsproceß ist nicht Ursach, sondern nur *Folge*, des Lebens.

460. Alle Wirckung ist *Übergang.* Bey der Chymie geht beydes in einander verändernd über. Nicht so bey dem, was man mechanischen Einfluß nennt.

461. Merckmal der *Kranckheit* – der Selbstzerstörungsinstinkt – So alles Unvollkommne – so selbst d[as] Leben – oder besser der organische Stoff.
Aufhebung des Unterschieds zwischen Leben und Tod. Annihilation des Todes.

462. Sollten nicht alle Veränderungen, die Körper wechselseitig in einander hervorbringen, blos Veränderungen der Capacitaet und Reitzbarkeit seyn, und alle chymische Operationen und Einflüsse diese *generelle Einheit* haben, daß sie die Reitzbarkeit und Capacitaet jedes Stoffs modificiren. So z. B. wirckt d[as] Oxigèn beym Verbrennungsproceß. Alle chymische Elemente *stimmen indirecte.* Die Merckmale und Erscheinungen jeder Substanz hängen von der *Erregbarkeit* derselben ab. Alle Mischungsveränderungen haben Beziehung auf die Capacitaet und Erregbarkeit der Körper. Die Körper sind durch ihre mannichfache Erregbarkeit verschieden.
Oder könnte man sagen, daß die Körper am natürlichsten, durch ihre mannichfachen Verhältnisse zur *Erregbarkeit*, als *Reitze* classificirt würden?
Dies alles stimmt sehr gut zum Galvanism. Die Chymie ist schon Galvanism – Galvanism der leblosen Natur. Das Feuer ist blos ein *Hülfsmittel* – ein gelehrtes Mittel des Chymisten.
(Die Selbstentzündung ist Galvanisation.) (Die Metallkalke sind noch nicht genug in der Medicin angewandt worden.)
Wirckt die Wärme chymisch? Im strengern Sinne nicht – sie befördert nur Galvanisationen.

463. Kälte ist ein *indirecter Reitz* – sie lockt, bey gesunden Körpern, mehrere Wärme hervor. Einen durchaus Gesunden erhält nichts so sehr in lebhafter Thätigkeit, als ein abwechselnder Mangel und Überfluß an Reitzen – ihn *reizt* der *Mangel* zum Ersatz – ihn bringt der Überfluß zur Mäßigung und Hemmung der Function, der Überfluß bestimmt ihn zur Verminderung *der Thätigkeit.*
Der *Mangel* sezt den Gesunden in *Thätigkeit* – und *der Überfluß* in *Ruhe.* /Sollten Kunstwercke nicht Produkte der gesunden Unthätigkeit seyn?/

[464.] Organisationstrieb ist Trieb, alles in Werckzeug und Mittel zu verwandeln.

465. Journale sind eigentlich schon *gemeinschaftliche* Bücher. Das Schreiben in Gesellschaft ist ein interressantes Symptom – das noch eine große Ausbildung der Schriftstellerey

ahnden läßt. Man wird vielleicht einmal in *Masse* schreiben, denken, und handeln – Ganze Gemeinden, selbst Nationen werden Ein Werck unternehmen.

466. Jede Person, die aus *Personen* besteht, ist eine Person in der *2ten Potenz* – oder ein *Genius*. In dieser Beziehung darf man wohl sagen, daß es keine Griechen, sondern nur einen Griechischen Genius gegeben hat. Ein gebildeter Grieche war nur sehr mittelbar, und nur zu einem sehr geringen Theil sein eignes Werck. Daher erklärt sich die große und reine Individualitaet der griechischen Kunst und Wissenschaft, wobey doch nicht zu läugnen ist, daß an einigen *Grenzen* ägyptischer und orientalischer Mystizismus sie angegriffen und modernisirt hat. In *Jonien* merckt man den erweichenden Einfluß des warmen asiatischen Himmels, so wie man hingegen in der frühsten Dorischen Masse die geheimnißvolle Sprödigkeit und Strenge der ägyptischen Gottheiten gewahr wird. Spätere Schriftsteller haben oft diese alte Manier aus romantischen und modernen Instinkt ergriffen und diese rohen Gestalten mit neuem Geist beseelt, unter ihre Zeitgenossen gestellt, um sie im leichtfertigen Gange der Zivilisation aufzuhalten und ihre Aufmercksamkeit zurück auf verlassene Heiligthümer zu wenden.

467. In frühern Zeiten lebten nur *Nationen* – oder Genien. /Genius in der 2ten Potenz./ Die Alten müssen daher in Masse betrachtet werden.

468. Die Frage nach dem *Grunde*, dem Gesetze einer Erscheinung etc. ist eine abstracte, d. h. von dem Gegenstand weg, dem Geiste zu gerichtete Frage. Sie geht auf *Zueignung*, Assimilation des Gegenstandes. Durch Erklärung hört der Gegenstand auf, fremd zu seyn.
Der Geist strebt den Reitz zu absorbiren. Ihn reizt das Fremdartige. Verwandlung des *Fremden* in ein *Eignes*, Zueignung ist also das unaufhörliche Geschäft des Geistes. Einst soll kein *Reitz* und nichts *Fremdes* mehr seyn – der Geist soll sich selbst fremd und Reitzend seyn, oder absichtlich machen können. Jezt ist der Geist aus Instinkt Geist – ein Naturgeist – er soll ein Vernunftgeist, aus Besonnenheit und durch *Kunst* Geist seyn.
(Natur soll Kunst und Kunst 2te Natur werden.)

469. Der Streitpunct zwischen Humoral und Nervenpathologen ist ein gemeinsamer Streitpunct der Physiker. Dieser Streit berührt die höchsten Probleme der *Physik*.
Den Humor[al]P[athologen] entsprechen die Vervielfältiger der Stoffe – die Stoffseher. Den Nervenpath[ologen] die atomistischen, mechanischen Formseher. Die ächten *Actionisten*, wie Fichte etc., vereinigen beyde Systeme. Man kann diese leztern schaffende *Betrachter, Seheschöpfer* nennen. Jene beyden sind die *direct* und *indirect* Trägen – Flüssige und Starre.
Der Begriff Action zersezt sich in den Begriff *Stoff* und *Bewegung* (Stoß). So zersezt sich der Actionist in den *Humoralisten*, und *Neuristen* – Sie sind seine nähern Elemente – seine *nächsten* Bestandtheile.

470. Aehnlichkeit der histor[ischen] Geognosie und Orykt[ognosie] mit der Philologie.

471. Wissenschaften zersetzen sich in Wissenschaften – Sinne in Sinne. Je limitirter, und bestimmter, desto praktischer. Von dem Hange der Gelehrten ihre Wissenschaft zu universalisiren. Dadurch werden verschiedne Gegenstände Ein Gegenstand, daß verschiedene Sinne Einer werden.

472. Darstellung eines Gegenstandes in *Reihen* – (Variationsreihen – *Abänderungen* etc.). So z. B. die Personendarstellung in Meister, die schöne Seele und Natalie – Bey der Selbstreflexion – bey den Dingen der 1sten, 2ten, dritten Hand u. so w. So ist z. B. eine historische Reihe, eine Sammlung Kupferstiche vom rohsten Anfang der Kunst bis zur Vollendung und so fort – der Formen vom Frosch bis zum Apollo etc.

473. Religiöse, moralische, geistige, poëtische *Verbrechen* etc./ Die Poësie ist das ächt absolut Reelle. Dies ist der Kern meiner Phil[osophie]. Je poëtischer, je wahrer. /Ist das Schöne ein Neutrum/ Über *Allg[emeine] Begriffe* – Sind sie Neutra, Mischungen oder *quid*? /Leichtigkeit und Popularitaet./ Versuch üb[er] *d[as] Geld.*/ Poëtisirung der Finanzwissenschaften. /Kritik der bisherigen Physiker./ [J. W.] *Ritter.* /Begriff v[on] Gelehrsamkeit./ Ein *Universalreallexicon* –

ist das beste Handbuch. /Was ist mehr, wie *Leben*? – Lebensdienst, wie *Lichtdienst.*/ Thiere, als Götterattribute. /Theophrasts und der Astrologen Behandl[ung] der Astrologie./ Murhards Gesch[ichte] d[er] Physik./ *Netzform*. /Mathematicitaet der Analogie./ Über die *Oberfläche*, als Synthesis./ Über Experimente./ *Zeit und Raum* – mehr lebendig behandelt./ Natur – *Gebornes* – Hindeutung auf Zeugung /astronomisch geognostische Eintheilung der Körper in leuchtende und nicht leuchtende./ Electrometrische Elektricität – absolute – relative./ Essai üb[er] die Theoretiker und den *Nutzen* der Speculativen Wissenschaften.

DIALOGEN
MONOLOG

Dialogen

1.

A. Der neue Meßkatalog?
B. Noch naß von der Presse.
A. Welche Last Buchstaben – welche ungeheure Abgabe von der Zeit –
B. Du scheinst zu den Omaristen zu gehören – wenn es erlaubt ist euch nach dem Consequentesten unter euch zu benennen.
A. Du willst doch nicht den Lobredner dieser Bücherseuche machen.
B. Warum den Lobredner? – Aber ich freue mich im Ernst über die jährliche Zunahme dieses Handlungsartickels – bey dem die Exportation nur Ehre, aber die Importation baaren Gewinn bringt. Es sind doch bey uns mehr wahre, gediegene Gedancken in Umlauf als bey unsren Nachbarn zusammengenommen. Die Entdeckung dieser mächtigen Minen in Deutschland, die mehr, als Potosi, und Brasilien sind, und die wahrhaftig eine größere Revolution machen und machen werden, als die Entdeckung von America, fällt in die Mitte dieses Jahrhunderts. Wie haben wir nicht seitdem schon an wissenschaftlicher Gewinnung, Aufbereitung und glänzender und nuzbarer Bearbeitung zugenommen. Wir holen jezt überall die rohen Erze oder die schönen Formen zusammen – schmelzen jene um und wissen diese nachzuahmen und zu übertreffen.
Und du willst, daß wir alles zuschütten und zu der rohen Armuth unsrer Väter zurückkehren sollen! Ist es nicht wenigstens eine Veranlassung zur Thätigkeit? Und ist nicht jede Thätigkeit lobenswerth?
A. So läßt sich nichts dagegen einwenden, aber nun laß uns doch die große Kunst und das edle Metall näher beleuchten.
B. Die Argumente gegen das Ganze aus der Gebrechlichkeit und den Mängeln des Einzelnen laß ich nicht gelten. So etwas will im Ganzen angesehn seyn.

A. Ein Ganzes aus elenden Gliedern ist selbst ein elendes, oder vielmehr gar kein Ganzes. Ja, wenn es ein *Planmäßiger Fortschritt* wäre? wenn jedes Buch irgendwo eine Lücke ausfüllte – und so jede Messe gleichsam ein systematisches Glied in der Bildungskette wäre? So wäre eine jede Messe eine nothwendige Periode, und so entstände aus zweckmäßigen Fortschritten endlich ein vollendeter Weg zur idealischen Bildung – Ein solcher systematischer Katalog – wie viel kleiner an Volum und wie viel größer, an Gewicht?

B. Es geht dir und vielen, wie den Juden. Sie hoffen ewig auf den Messias, und dieser ist schon längst da. Glaubst du denn, daß das Menschenschicksal oder, wenn du willst, die Natur der Menschheit erst nöthig hat unsre Hörsäle zu frequentiren, um zu erfahren, was ein System ist? Mir scheint es, als wenn unsre Systematiker noch bey ihr in die Schule gehn könnten. Die Zufälle sind die einzelnen Thatsachen – die Zusammenstellung der Zufälle – ihr Zusammentreffen ist nicht wieder Zufall, sondern Gesetz – Erfolg der tiefsinnigsten planmäßigsten Weisheit. Es ist kein Buch im Meßkatalog, das nicht seine Frucht getragen hat, und hätt es auch nur den Boden gedüngt, auf den es wuchs. Wir glauben viele Tautologieen zu finden. Dort, wo sie entstanden, belebten sie doch diese und jene Ideen vorzüglich. Sie sind nur für das Ganze, für uns Tautologieen; der schlechteste Roman hat wenigstens den Freunden und Freundinnen des Verfassers ein Vergnügen gewährt. Armseelige Predigten und Erbauungsbücher haben ihr Publickum, ihre Anhänger und wircken, in typographischer Rüstung mit zehnfacher Energie auf ihre Hörer und Leser – und so durchaus.

A. Du scheinst die nachtheiligen Folgen des Lesens, und den ungeheuren Kostenaufwand auf diesen Artickel des modernen Luxus ganz zu vergessen.

B. Lieber – ist nicht das Geld zum Beleben da –? Warum soll es nun nicht auch diesem Bedürfniß unsrer Natur dienen, den Sinn für Gedanken beseelen und befriedigen? In Ansehung der nachtheiligen Folgen, so bitt ich dich nur um ein augenblickliches ernstes Nachdenken, weil ein solcher Einwurf von dir mich beynah ärgert.

A. Ich weiß, wo du hin willst, und ich wünsche in der That nicht die ächten Philister-Bedencklichkeiten zu den Meini-

gen zu machen, indeß hast du nicht oft selbst genug über dein Bücherlesen geklagt? Hast du nicht oft von der fatalen Gewöhnung an die gedruckte Natur gesprochen?
B. Es kann seyn, daß meine Klagen der Art Anlaß zu Mißverständnissen geben könnten – aber, abgerechnet, daß es gewöhnlich nur Äußerungen mismuthiger Augenblicke sind, wo man nicht allgemein, sondern wie die Leidenschaft, und Laune, einseitig spricht, so hab ich mich damit mehr über die unvermeidliche Schwäche unsrer Natur, ihren Gewöhnungs und VerwöhnungsHang und nicht im Grunde über die Chifferwelt beschwert. Diese kann nichts dafür, daß wir am Ende nur noch Bücher, aber keine Dinge mehr sehn und unsre 5 leiblichen Sinne beynah so gut, wie nicht mehr haben. Warum haften wir uns so einzig, wie kümmerliches Moos, an den Druckerstock?
A. Wenn das aber so fortgeht, so wird man am Ende keine ganze Wissenschaft mehr studiren können – So ungeheuer wächst der Umfang der Litteratur.
B. Glaube das nicht. Übung macht den Meister, und auch im Bücherlesen. Du lernst dich bald auf deine Leute verstehn – Man hat oft nicht 2 Seiten dem Autor zugehört, so weiß man schon, wen man vor sich hat. Oft ist der Titel selbst physiognomisch lesbar genug. Auch die Vorrede ist ein subtiler Büchermesser. Die Klügern lassen deshalb jetzt diesen verrätherischen Inhaltsanzeiger gewöhnlich weg, und die Bequemen thun es, weil eine gute Vorrede schwerer ist, wie das Buch – denn, wie der junge, revolutionaire Lessing sich ausdrückt, so ist die Vorrede Wurzel und Quadrat des Buchs zugleich, und ich füge hinzu, mithin nichts anders, als die ächte Recension desselben.
Die Citaten und Kommentarmanier der ältern Philologen, was war sie, als Kind der Armuth – an Büchern und des Überflusses – an litterairischen Geist.
A. Ich weis aber nicht, mir sind der vortrefflichen Bücher selbst zu viel – Wie lange bring ich nicht bey Einem guten Buche zu, oder vielmehr jedes gute Buch wird mir zum Vehikel lebenslänglicher Beschäftigung – zum Gegenstand eines nie sich erschöpfenden Genusses. Warum schränkst du dich denn nur auf wenig gute und geistvolle Menschen ein? Ist es nicht aus demselben Grunde? Wir sind nun einmal so eingeschränckt, daß wir nur weniges ganz Genießen kön-

nen? und ist es nicht am Ende besser Einen schönen Gegenstand sich durchaus zuzueignen, als an hunderten vorbeyzustreichen, überall zu nippen und so mit vielen oft sich widersprechenden halben Genüssen zeitig genug sich die Sinne abzustumpfen, ohne etwas dabey auf ewig gewonnen zu haben?

B. Du sprichst, wie ein Religios – Leider trifst du einen Panthëisten in mir – dem die unermeßliche Welt gerade weit genug ist. Ich schräncke mich auf wenig gute und geistvolle Menschen ein – weil ich muß – Wo hab ich denn mehr – So mit Büchern. Die Büchermacherey wird mir noch bey weiten nicht gehörig ins Große getrieben. Wenn ich das Glück hätte, Vater zu seyn – Kinder könnt ich nicht genug haben – nicht etwa 10–12 – hundert wenigstens.

A. Nicht auch Frauen, Vielhaber?

B. Nein, nur *Eine*, im vollen Ernste.

A. Welche Bizarre Inconsequenz.

B. Nicht Bizarrer, und nicht mehr Inconsequenz, als nur *Einen Geist* in mir, und nicht Hundert. So wie mein Geist aber sich in Hundert und Millionen Geister verwandeln soll, so meine Frau in soviel Weiber, als es giebt. Jeder Mensch ist ohne Maaß veränderlich. Wie mit den Kindern, so mit den Büchern. Ich möchte eine ganze Büchersammlung, aus allen Kunst, und Wissenschaftsarten, als Werck meines Geistes, von mir sehn. Und so mit allen. Wilhelm Meisters Lehrjahre – haben wir jezt allein – Wir sollten soviel Lehrjahre, in demselben Geist geschrieben, besitzen, als nur möglich wären – die sämmtlichen Lehrjahre aller Menschen, die je gelebt hätten –

A. Jezt höre auf – Mir schwindelt schon. Morgen mehr. Dann bin ich wieder im Stande einige Gläser von deinem Lieblings wein mit dir zu trinken.

2.

A. Hast du heute Lust mir deine Ideen über die Schriftstellerey und sonst, weiter mitzutheilen – ich hoffe einen lebhaften paradoxen Stoß ertragen zu können – und wenn du mich in Schwung bringst – so helfe ich dir vielleicht. Du weißt, wenn der Träge nur erst in Bewegung ist, so ist er auch desto unaufhaltsamer und kühner.

B. Natürlich, je schwerer ein Ding Kraft äußert, desto mehr Kraft kann es aufnehmen – und mit dieser Bemerckung ständen wir vor der deutschen Litteratur – die die Wahrheit derselben auffallend bestätigt. Ihre Capacitaet ist ungeheuer. Es dürfte ihr kein empfindlicher Vorwurf seyn, daß sie nicht leicht zu Filigranarbeiten zu benutzen sey. Indeß ist doch das nicht zu läugnen, daß Sie in Masse den alten Heerhaufen ihres Volks gleicht – die im Kampfe von Mann zu Mann wohl 10 römische Heere besiegt haben würden – aber freylich in Masse durch Gesammtheit, Zucht, gutverbundne, leichte Bewegung und Übersicht der schicklichen Situation leicht zu werfen waren.

A. Glaubst du, daß ihre Geschwindigkeit und Kraft noch im Zunehmen, oder doch wenigstens noch im Zeitraum der gleichförmig beschleunigten Bewegung ist?

B. Im Zunehmen allerdings – und zwar so, daß sich ihr Kern immer mehr von der lockern Materie, die ihn umgab, und seine Bewegung aufhielt, scheidet und säubert. Bey einem Wesen, wie eine Litteratur findet der Fall statt, daß die Kraft, die ihm den Stoß gab, die erregende Kraft, in dem Verhältniß wächst, als seine Geschwindigkeit zunimmt, und daß sich also seine Capazitaet eben so vermehrt. Du siehst, daß es hier auf eine Unendlichkeit abgesehn ist. Es sind 2 Veränderliche Factoren die im wachsenden Wechselverhältniß stehn und deren Produkt hyperbolisch fortschreitet. Um aber das Bild deutlicher zu machen, müßten wir uns errinnern, daß wir nicht mit einer Größen Bewegung und Ausdehnung, sondern mit einer veredelnden *Variation* (Verschiedenung) von Beschaffenheiten, deren Inbegriff wir Natur nennen, zu thun haben. Den Einen jener veränderlichen Factoren wollen wir die Sinnfähigkeit – Organibilitaet – Belebungsfähigkeit nennen – worinn denn zugleich die Variabilitaet mitbegriffen ist. Der Andere sey uns die Energie Ordnung und Mannichfaltigkeit der erregenden Potenzen. Denke dir beyde in Wechselzunahme durchaus und schließe dann auf die Produktenreihe. Mit der Einfachheit wächst der Reichthum – mit der Harmonie die Volltönigkeit – die Selbst und Vollständigkeit des Gliedes mit der des Ganzen – Innre Vereinigung mit äußerer Verschiedenheit.

A. So treffend und schmeichelhaft auch dis Bild der Geschichte unserer Schriftwelt seyn kann, so ist es doch noch ein wenig zu gelehrt. Ich versteh' es nur so obenhin – indeß mag das gut seyn – und ich bitte dich statt einer unerklärbaren Erklärung lieber die ewige Schneelinie zu verlassen und so plan als möglich mit mir über einige Erscheinungen am Fuße des Berges und aus dem Pflanzenstriche zu reden. Hier bist du den Göttern nicht so nah und ich habe keine Orakelsprache zu befürchten.

*

[3.]

[A.] Das Leben ist sehr kurz.

[B.] Mir kommt es sehr lang vor.

[A.] Es ist kurz, wo es lang, und lang, wo es kurz seyn sollte.

[B.] Wer lebt denn? Sind Sie es nicht, der bey dem Unangenehmen verweilt und bey dem Angenehmen vorbeyfliegt.

[A.] Das ist eben das Schlimme, das ich mich hierinn nicht ändern kann, so wenig, als Sie. Das Angenehme befördert unsre Kraft – das Unangenehme hemmt sie –

[B.] Nun und Sie mercken doch hier Unvollständigkeit –

[A.] Leider nur zu lebhaft –

[B.] Wer heißt Sie dieser Indikation nicht folgen –

[A.] Was für einer Indikation –

[B.] Daß Sie das, was Sie wünschen nicht erwarten sondern aufsuchen sollen – Merken Sie nicht daß Sie an sich selbst verwiesen werden.

[A.] Zur Geduld, das weis ich schon lange.

[B.] Nicht auch zur Hülfe –?

[A.] Der Krancke läßt den Arzt rufen, weil er sich nicht helfen kann.

[B.] Wenn nun aber der Arzt gerade zur Arzney dem Kranken Anstrengung seines Verstandes verschreibt. Wer sich selbst fehlt, kann nur dadurch geheilt werden, daß man ihm sich Selbst verschreibt.

[A.] Vergessen Sie nicht, daß wir von der Länge und Kürze des Lebens ausgiengen.

[B.] Die Anwendung ist kurz und leicht, wie der frohe Genuß – und lang und mühsam, wie Duldung – In jener Rücksicht geb ich sie Ihnen – In dieser bleibt sie Ihnen selbst überlassen. Mäßigen Sie das allzuschnelle Strömen der Kraft in der Freude durch *Nachdenken* – Beschleunigen Sie den trägen Fortschritt – durch regelmäßige Thätigkeit.

[A.] Am Ende ist Ihr Recept doch nicht das, was ich suche. Sie verordnen eine Mixtur durch *Verdünnung*. Halb nehm ichs mit Dank an.

[B.] Lieber, Sie sind kein Chymist, sonst würden Sie wissen, daß durch ächte Mischung ein *Drittes* entsteht, was beydes zugleich, und mehr, als Beydes einzeln ist.

[4.]

[A.] Sie haben doch Recht gehabt. Unsre Unterhaltung hat mich auf ein interressantes Resultat geführt.

[B.] Nun ist die Reihe des Belehrtwerdens an mir – Ein Wechsel, den allein ächter Umgang gewährt.

[A.] Sie haben mir einen Weg durch die Zweifel über den Werth der Lust gebahnt. Ich begreife nun daß unsre ursprüngliche Existenz, wenn ich mich so ausdrücken darf, Lust ist. Die Zeit entsteht mit der Unlust. Daher alle Unlust so lang und alle Lust so kurz. Absolute Lust ist *ewig* – außer aller Zeit. Relative Lust mehr oder weniger Ein ungetheilter Moment.

[B.] Sie begeistern mich – nur wenig Schritte noch und wir stehn auf der Höhe der innern Welt.

[A.] Ich weiß, welche Schritte Sie meynen. Unlust ist, wie die Zeit endlich. Alles Endliche entsteht aus Unlust. So unser Leben.

[B.] Ich löse Sie ab – und fahre fort. Das Endliche ist endlich – Was bleibt? Absolute Lust – Ewigkeit – Unbedingtes Leben. Und was haben wir in der Zeit zu thun, deren Zweck Selbst*bewußtseyn* der Unendlichkeit ist –?
Vorausgesezt, daß sie einen Zweck hat, denn man könnte wohl fragen, ob nicht Zwecklosigkeit gerade die Illusion karacterisirt!

[A.] Auch das – indeß was sollen wir zu bewircken suchen? Verwandlung der Unlust in Lust und mit ihr der Zeit in Ewigkeit, durch eigenmächtige Absonderung und Erhebung des Geistes, d[es] Bewußts[eyns] d[er] Illusion, als solcher.
[B.] Ja, Lieber, und hier an den Säulen des Herkules lassen Sie uns umarmen, im Genuß der Überzeugung, daß es bey uns steht das Leben wie eine schöne, genialische Täuschung, wie ein herrliches Schauspiel zu betrachten, daß wir schon hier im Geist in absoluter Lust und Ewigkeit seyn können, und daß gerade die alte Klage, daß alles vergänglich sey, der Fröhlichste aller Gedanken werden kann, und soll.
[A.] Diese Ansicht des Lebens, als Zeitliche Illusion, als Drama möge uns zur andern Natur werden. Wie schnell werden dann trübe Stunden vorüberfliegen, und wie reitzend wird uns nicht so die Vergänglichkeit vorkommen.

[5.]

A. Bester Freund, schaffen Sie mir doch einen deutlichen, proberechten Begriff von den Fürsten. Ich grüble nun schon lange, aber die verzweifelten Fürsten stehn mir nicht – Sie verschwinden unter dem Focus meiner Aufmercksamkeit – Sie müssen nicht Feuer und Licht-Beständig seyn. Ist ein Begrif vom Fürsten etwa ein Rahmen um ein Bild der egyptischen Finsterniß.
B. Ein glücklicher Genius hat Sie gerade zu mir geführt. Ein günstiger Zufall hat mich dieses große Geheimniß gelehrt, das sich freylich, wie jedes Geheimniß paradox genug hören läßt.

Fürsten sind Nullen – sie gelten an sich nichts, aber mit Zahlen,
Die sie beliebig erhöhn, neben sich gelten sie viel.

A. Am Ende, Lieber, was sollen alle diese Hypothesen – Eine einzige wahrhaft beobachtete Thatsache ist doch mehr werth, als die glänzendste Hypothese. Das Hypothesiren ist eine risquante Spielerey – Es wird am Ende Leidenschaftlicher Hang zur Unwahrheit – und vielleicht hat nichts den besten Köpfen und den Wissenschaften mehr geschadet, als diese Renommisterey des fantastischen Verstandes. Diese szientifische Unzucht stumpft den Sinn für Wahrheit gänzlich ab, und entwöhnt von strenger Beobachtung, welche doch allein die Basis aller Erweiterung und Entdeckung ist.

B. Hypothesen sind Netze, nur der wird fangen, der auswirft.

Ist nicht America selbst durch Hypothese gefunden?
Hoch und vor allen lebe die Hypothese – nur sie bleibt
Ewig neu, so oft sie sich auch selbst nur besiegte.

Und nun in Prosa die Nutzanwendung. Der Skeptiker, mein Freund, hat so wenig, wie der gemeine Empirismus das Mindeste zur Erweiterung der Wissenschaft gethan – Der Skeptiker verleidet höchstens den Hypothetikern den Ort, wo sie stehn, macht ihnen den Boden schwanken; Eine sonderbare Art Fortschritte zu stande zu bringen. Wenigstens ein sehr indirectes Verdienst. Der ächte Hypothetiker ist kein andrer, als der Erfinder, dem vor seiner Erfindung oft schon dunkel das entdeckte Land vor Augen schwebt – der mit dem dunkeln Bilde über der Beobachtung, dem Versuch schwebt – und nur durch freye Vergleichung – durch mannichfache Berührung und Reibung seiner Ideen mit der Erfahrung endlich die Idee trift, die sich negativ zur positiven Erfahrung verhält, daß beyde dann auf immer zusammenhängen – und ein neues himmlisches Licht die zur Welt gekommene Kraft umstrahle.

* * *

2. Die Naturlehre

– Doppelte Wege – vom Einzelnen – vom Ganzen – Von innen – von außen. Naturgenie. Mathematik. *Göthe. Schelling. Ritter. Die pneumatische* Chemie. *Das Mittelalter. Naturromane. Vortrag der Physik. Werner. Experimentiren.*
Ob der Naturlehre *eine wahre Einheit* zum Grunde liegt.

[6.]

[A.] Höre du, es ist einmal Mode, von der Natur ein vernünftig Wort zu reden – wir müssen auch unsern Beytrag liefern. Nun – was wirds – fange doch an mir zu antworten.

[B.] Ich besinne mich schon lange auf einen recht natürlichen Anfang unsers Gesprächs – ich presse meinen natürlichen Verstand, aber der ist vertrocknet, und hat nicht ein bischen Saft mehr.

[A.] Wer weiß welcher Gelehrte ihn ohne dein Wissen als ein herrliches Exemplar zwischen die Blätter seines Herbariums gepreßt hat.

[B.] Ich bin doch neugierig unter welche Klasse er ihn gebracht hat.

[A.] Vermuthlich unter die Klasse der Kryptogamisten, denn von Blüthen und Früchten ist keine Spur wahrzunehmen.

[B.] Weißt du wohl, daß die Natur uns schon begeistert, wir sind da unvermerckt in die Natur hineingerathen. Du gehörst zu den Realisten, oder auf deutsch – du bist ein grober Kerl.

[A.] Du hast ein wahres Wort gesprochen – ein Wort der Weihe über mich. Ich habe große Anlagen ein Priester der Natur zu werden.

[B.] Meynst du weil wir dich einen Bauchpfaffen nennen und die Natur eigentlich nichts als ein großer Bauch ist.

[A.] Auch wahr – aber die wahre Anlage besteht in der Grobheit. Denn sieh die Natur ist ganz ungeheuer grob – und wer sie recht kennen lernen will, der muß sie grob anfassen – Auf einen groben Klotz – Gehört ein grober Keil. Dies Sprüchwort ist für die Naturlehre gemacht, denn sie soll ja hier durch den Verstand gespalten werden. Da müssen unsre Vorfahren rechte Meisterkenner der Natur gewesen seyn, denn nur in Deutschland ist die eigentliche Grobheit entdeckt und cultivirt worden.

[B.] Sie paßte recht für unsern Boden – drum sieht es auch jezt recht kahl bey uns aus, da man diese Nationalpflanze vernachlässigt und recht heillos mit diesem Reichthum umgegangen ist. Nur beym gemeinen Mann gedeiht sie noch und darum ist auch dem die Natur noch grün. Den Vornehmen hat sie längst den Rücken gekehrt und wird ewig den feinen Leuten bereitwillig genug zeigen, wo sie sizt.

[A.] Die Definition der Natur hab ich nun als Resultat unsers Gesprächs – Sie ist der Inbegriff aller Grobheit.

[B.] Daraus lassen sich alle Naturgesetze ableiten – daß sie unaufhörlich grob ist, ohne abzusetzen und immer gröber wird – und keine Grobheit die Gröbste ist, lex continuitatis.

[A.] Daß sie gern gerade zu geht und nicht viel Umstände macht. lex Parsimoniae.

[B.] Ja und noch eine Menge unbekannter Gesetze entwikkeln sich aus diesem fruchtbaren Begriffe. Aber eben weil wir Philosophen sind, brauchen wir uns um die Ausführung nicht zu bekümmern. Wir haben das Princip und damit gut – den gemeinen Köpfen bleibt jene überlassen.

[A.] Aber sage mir nur woher kömmts, daß die Natur so verzweifelt selten ist. Die Kunst ist eigentlich das Gewöhnliche.

[B.] Ja selten muß sie seyn, denn da sie sich verständlich genug macht und gern mit ihrer Natur herausplazt, so müßte sie weit mehr verstanden seyn.

[A.] Wer von so übertriebener Künstlichkeit der Kunst besessen ist, der hält eben ihre Grobheit für Kunst, und so wird sie freilich überall mißverstanden.

[B.] Man wird wahrlich auch zur Natur geboren – und wer recht viel Natur in sich hat – dem ist das alles so natürlich; und was ist davon zu sprechen. Wer davon spricht, der ist ein Stümper ohne Kraft und Saft, denn wovon man spricht, das hat man nicht; das ist ein Axiom.

[A.] Drum laß uns auch aufhören, davon zu reden, denn sonst geht unsere Natur durch die Lappen.

[B.] Du hast Recht, da hätt' uns bald die Mode einen Streich gespielt – und uns hinterlistig aus unsrer Natur vertrieben. Laß uns auf den Keller gehn – dort ist die Natur zu Hause, daß wir wieder recht natürlich werden.

[A.] Nur hüte dich dort vom Weine zu reden – denn wovon man spricht, das hat man nicht.

[B.] Wahr, darum sprichst du auch immer vom Verstande –

[A.] Wenn du von kurzen Ohren sprichst.

Monolog

Es ist eigentlich um das Sprechen und Schreiben eine närrische Sache; das rechte Gespräch ist ein bloßes Wortspiel. Der lächerliche Irrthum ist nur zu bewundern, daß die Leute meinen – sie sprächen um der Dinge willen. Gerade das Eigenthümliche der Sprache, daß sie sich blos um sich selbst bekümmert, weiß keiner. Darum ist sie ein so wunderbares und fruchtbares Geheimniß, – daß wenn einer blos spricht, um zu sprechen, er gerade die herrlichsten, originellsten Wahrheiten ausspricht. Will er aber von etwas Bestimmten sprechen, so läßt ihn die launige Sprache das lächerlichste und verkehrteste Zeug sagen. Daraus entsteht auch der Haß, den so manche ernsthafte Leute gegen die Sprache haben. Sie merken ihren Muthwillen, merken aber nicht, daß das verächtliche Schwatzen die unendlich ernsthafte Seite der Sprache ist. Wenn man den Leuten nur begreiflich machen könnte, daß es mit der Sprache wie mit den mathematischen Formeln sei – Sie machen eine Welt für sich aus – Sie spielen nur mit sich selbst, drücken nichts als ihrc wunderbare Natur aus, und eben darum sind sie so ausdrucksvoll – eben darum spiegelt sich in ihnen das seltsame Verhältnißspiel der Dinge. Nur durch ihre Freiheit sind sie Glieder der Natur und nur in ihren freien Bewegungen äußert sich die Weltseele und macht sie zu einem zarten Maaßstab und Grundriß der Dinge. So ist es auch mit der Sprache – wer ein feines Gefühl ihrer Applicatur, ihres Takts, ihres musikalischen Geistes hat, wer in sich das zarte Wirken ihrer innern Natur vernimmt, und danach seine Zunge oder seine Hand bewegt, der wird ein Prophet sein, dagegen wer es wohl weiß, aber nicht Ohr und Sinn genug für sie hat, Wahrheiten wie diese schreiben, aber von der Sprache selbst zum Besten gehalten und von den Menschen, wie Cassandra von den Trojanern, verspottet werden wird. Wenn ich damit das Wesen und Amt der Poesie auf das deutlichste angegeben zu haben glaube, so weiß ich doch, daß es kein Mensch verstehn kann, und ich ganz was albernes gesagt habe, weil ich es habe sagen wollen, und so keine Poesie zu Stande kommt. Wie, wenn ich aber reden müßte? und dieser Sprachtrieb zu sprechen das Kennzeichen der Eingebung der Sprache, der Wirksamkeit der Sprache in mir wäre? und mein Wille nur auch alles wollte, was ich müßte, so könnte dies ja am Ende ohne mein Wissen und Glauben Poesie sein und ein Geheimniß der Sprache verständlich machen? und so wär' ich ein berufener Schriftsteller, denn ein Schriftsteller ist wohl nur ein Sprachbegeisterter? –

AUS DEN FRAGMENTEN UND STUDIEN

532. Dramatische Darstellung in einzelnen unabhängigen Capiteln. Unbequemlichkeiten einer chronologisch fortschreitenden Erzählung.

[533.] Eigner historischer Sinn und Takt. Eigenthümlicher Geist jeder Begebenheit.

534. Die Guitarre oder Reliquien der romantischen Zeit. Eine Sammlung Romanzen von Novalis.

535. Abh[andlung] über Jac[o]b Boehme – Seinen Werth, als Dichter. Über dichterische Ansichten der Natur überhaupt.
Ansicht der *alten* Arzeneykunde. Ihr dichterischer Werth. *Wunderbarkeit* der mathematischen Figuren.
Über die Methode die Heilkunde würcklich, *als experimentale Physik*, zu bearbeiten.

536. *Gegen* Wilhelm Meisters Lehrjahre. Es ist im Grunde ein fatales und albernes Buch – so pretentiös und pretiös – undichterisch im höchsten Grade, was den Geist betrift – so poëtisch auch die Darstellung ist. Es ist eine Satyre auf die Poësie, Religion etc. Aus Stroh und Hobelspänen ein wolschmeckendes Gericht, ein Götterbild zusammengesezt. Hinten wird alles Farce. Die Oeconomische Natur ist die Wahre – *Übrig bleibende.*
Göthe hat auf alle Fälle einen widerstrebenden Stoff behandelt. *Poëtische Maschinerie.*
Fridrich verdrängt M[eister] v[on] d[er] Philine und drängt ihn zur Natalie hin.
Die Bekenntnisse sind eine Beruhigung des Lesers – nach dem Feuer, Wahnsinn und wilden Erscheinungen der ersten Hälfte des dritten Theils.
Das viele Intriguiren und Schwatzen und Repraesentiren am Schluß des 4ten Buchs verräth das vornehme Schloß und das Weiberregiment – und erregt eine ärgerliche Peinlichkeit.
Der Abbé ist ein fataler Kerl, dessen geheime Oberaufsicht lästig und lächerlich wird. Der Thurm in Lotharios *Schlosse* ist ein großer Widerspruch mit *demselben.*
Die Freude, daß es nun aus ist, empfindet man am Schlusse im vollen Maaße.

Das Ganze ist ein nobilitirter Roman.
Wilhelm Meisters Lehrjahre, oder die Wallfahrt nach dem Adelsdiplom.
W[ilhelm] M[eister] ist eigentlich ein Candide, gegen die Poësie gerichtet.
Die Poësie ist der Arlequin in der ganzen Farce. Im Grunde kommt der Adel dadurch schlechtweg, daß er ihn zur Poësie rechnet, und die Poësie, daß er sie vom Adel repraesentiren läßt.
Er macht die Musen zu Comödiantinnen, anstatt die Comoediantinnen zu Musen zu machen. Es ist ordentlich tragisch, daß er den Shakespear in diese Gesellschaft bringt.
Avanturiers, Comoedianten, Maitressen, Krämer und Philister sind die Bestandtheile des Romans. Wer ihn recht zu Herzen nimmt, ließt keinen Roman mehr.
Der Held retardirt das Eindringen des Evangeliums der Oeconomie. Marionettentheater im Anfang. Der Schluß ist, wie die lezten Stunden im Park der schönen Lili.

[537.] Meine Erzählungen und romantischen Arbeiten sind noch zu grell und zu hart gezeichnet – nichts als derbe Striche und Umrisse – nackt und unausgeführt – Es fehlt ihnen jener sanfte, ründende Hauch – jene Fülle der Ausarbeitung – Mitteltinten – feine verbindende Züge – Eine gewisse Haltung – Ruhe und Bewegung in einander – Individuelle Beschlossenheit und Fremdheit – Geschmeidigkeit und Reichthum des Styls – ein Ohr und eine Hand für reitzende Perioden Ketten.

538. Epische Reden – lyrische Reden – dramatische Reden – rhetorische Reden.

539. Man kann aus jedem Gesetz klagen. Der juristische Beweis, ist 1. daß das Gesetz auf einen concreten Fall seine Anwendung findet. 2. Daß das Gesetz hier Gültigkeit hat. 3. Daß es verlezt worden sey, oder in Gefahr stehe.
Das Petitum ist ein Aufruf an die Kraft des Gesetzes, wircksam zu seyn.
Eine ganz verschiedne Art von Process ist der Constitutionelle – oder der wissenschaftliche – eine Verbesserung, Erweiterung, oder Ausbildung des Gesetzkörpers, zu der ein

einzelner Fall Anlaß giebt muß sorgfältig geprüft werden. Genaue Vergleichung der vorhandenen, hierauf sich beziehenden Gesetze – Aufmercksamkeit auf eine anwendbare Analogie – und Rücksicht auf die allgemeinen Grunds[ätze,] auf den Geist der Gesetzgebung muß hier obwalten. Dieser Process ist durchaus wissenschaftlich.

540. Meine Versuche in Reden, und meine Ideen über Moral in einen Roman verwebt.

541. Die *Geschichte erzeugt sich selbst.* Erst durch Verknüpfung der Vergangenheit und Zukunft entsteht sie. Solange jene nicht festgehalten wird durch Schrift und Satzung, kann diese nicht nuzbar und bedeutend werden.
Die Menschen gehn viel zu nachlässig mit ihren Errinnerungen um.

542. Nutzbarkeit *jedes Menschen.*
Aufsätze über meine *gesellschaftlichen Verhältnisse.* Eintheilung der menschlichen Geschäfte und Stände. Ihr Einfluß auf die Menschen.
Der Rathgeber für alle Lagen des Lebens.
Über die Opposition jedes Einzelnen mit den Zufälligkeiten des Lebens.

543. Im Grunde lebt jeder Mensch in seinem *Willen.* Ein fester Vorsatz ist das Universalberuhigende Mittel. Unser Character, unsre Vorneigungen etc. machen uns alles angenehm und zuwider.

544. Ein wahrhaft gottesfürchtiges Gemüth sieht überall Gottes Finger und ist in steter Aufmercksamkeit auf seine Winke und Fügungen.

545. *Geschichte meines Lebens.*
Dramatische Logik einer eingreifenden Rede – ohne viel Epitheta – ganz dialogisch.

546. Lobrede aufs Militair. Muß sie nicht polemisch seyn?

547. In einer *wahren Rede* spielt man alle Rollen – geht durch alle Charactere durch – durch alle Zustände – nur

um zu überraschen – um den Gegenstand von einer neuen Seite zu betrachten, um den Zuhörer plötzlich zu illudiren, oder auch zu überzeugen; Eine Rede ist ein äußerst lebhaftes, und geistreiches, abwechselndes Tableau der innern Betrachtung eines Gegenstandes. Bald frägt der Redner, bald antwortet er, dann spricht er und dialogirt, dann erzählt er, dann scheint er den Gegenstand zu vergessen, um plötzlich zu ihm zurückzukommen, dann stellt er sich überzeugt, um desto hinterlistiger zu schaden, dann einfältig, gerührt, muthig – er wendet sich zu seinen Kindern – Er thuth, als ob alles vorbey und beschlossen wäre – bald spricht er mit Bauern, bald mit diesen, bald mit jenen, selbst mit leblosen Gegenständen.
Kurz eine Rede ist ein monologes Drama.
Es giebt blos offne, gerade Redner – die schwülstigen Redner sind gar nichts wehrt. Die ächte Rede ist im Styl des hohen Lustspiels, nur einzeln mit großer Poësie verwebt – Sonst recht klare, einfache Prosa des gemeinen Lebens – Dialogen styl. Der Redner muß jeden Ton annehmen können.

548. Aufsatz über Wilhelm Meister. Meine Ideen darüber in den bürgerlichen Roman gebracht.

549. Der Romandichter sucht mit Begebenheiten und Dialogen, mit Reflexionen und Schilderungen – Poësie hervorzubringen, wie der Lyrische Dichter durch Empfindungen, Gedanken und Bilder.
Es kommt also alles auf die Weise an, auf die künstlerische Wählungs und Verbindungskunst.

550. In dem bürgerlichen Roman: über den Umgang mit Menschen, über Betragen in Krankheiten, über das Schuldenwesen junger Leute, über das vornehme Leben, über Kleidung, Lebensart, Vergnügungen, Wirkungssfäre einer Frau, Ehe, etc. über den Wahlspruch: Hier ist America etc.

551. Es giebt Menschen, von eigensinniger und wunderlicher Individualitaet, die nicht zum Ehestande gemacht sind. Eheleute müssen eine Art von Mischung der Selbstständigkeit und Unselbstständigkeit haben – Sie müssen

festen Character, als *Sachen*, haben, um ein *Besitzthum* seyn zu können – und doch geschmeidig, elastisch und durchaus *bestimmt*, ohne eigensinnig und ängstlich zu seyn.

552. Der Spinotzism ist eine Übersättigung mit Gottheit. Unglauben ein Mangel an göttlichen Organ und an Gottheit. Es giebt also directe und indirecte Athëisten. Desto besonnener und ächtpoëtischer der Mensch ist, desto gestalteter, und historischer wird seine Religion seyn.

553. Poësie ist *Darstellung* des *Gemüths* – der *innern Welt in ihrer Gesamtheit.* Schon ihr Medium, die Worte deuten es an, denn sie sind ja die äußre Offenbarung jenes innern Kraftreichs. Ganz, was die Plastik zur äußern gestalteten Welt ist und die Musik zu den Tönen. Effect ist ihr gerade entgegengesezt – insofern sie plastisch ist – doch giebt es eine musikalische Poësie, die das Gemüth selbst in ein mannichfaltiges Spiel von Bewegungen sezt.

554. Die Natur hat Kunstinstinkt – daher ist es Geschwätz, wenn man Natur und Kunst unterscheiden will. Beym Dichter sind sie höchstens dadurch verschieden, daß sie durchaus verständig und nicht leidenschaftlich sind, welches sie von denjenigen Menschen unterscheidet – die aus Affect unwillkührlich musicalisch poëtische oder überhaupt *interressante* Erscheinungen werden.

555. Das Sylbenmaaß ist Werk des Verstandes.

556. Lustspiel und Trauerspiel gewinnen sehr und werden eigentlich erst poëtisch durch eine zarte, symbolische Verbindung.
Der Ernst muß heiter, der Scherz ernsthaft schimmern.

557. Die Darstellung des Gemüths muß, wie die Darstellung der Natur, selbstthätig, eigenthümlich allgemein, verknüpfend und schöpferisch seyn. Nicht wie es ist, sondern wie es seyn könnte, und seyn muß.

558. Es sind nicht die bunten Farben[,] die lustigen Töne und die warme Luft, die uns im Frühling so begeistern. Es

ist der stille weissagende Geist unendlicher Hoffnungen, ein Vorgefühl vieler froher Tage, des gedeyhlichen Daseyns so mannichfaltiger Naturen, die Ahndung höherer ewiger Blühten und Früchte, und die dunkle Sympathie mit der gesellig sich entfaltenden Welt.

559. In unserm Gemüth ist alles auf die eigenste, gefälligste und lebendigste Weise verknüpft. Die fremdesten Dinge kommen durch Einen Ort, Eine Zeit, Eine seltsame Aehnlichkeit, einen Irrthum, irgend einen Zufall zusammen. So entstehn wunderliche Einheiten und eigenthümliche Verknüpfungen – und Eins erinnert an alles – wird das Zeichen Vieler und wird selbst von vielen bezeichnet und herbeygerufen. Verstand und Fantasie werden durch Zeit und Raum auf das sonderbarste vereinigt und man kann sagen daß jeder Gedanke, jede Erscheinung unsers Gemüths das individuellste Glied eines durchaus eigenthümlichen Ganzen ist.

560. Hamlet ist eine *Satyre* auf ein modernes zivilisirtes Zeitalter – gewissermaaßen eine Äußerung des englischen Nationalhasses gegen Dännemark. Norwegen steht mit Fleis in Heldenherrlichkeit triumphirend dahinten. Die hohe Schule von Wittenberg ist ein höchstwichtiger Umstand – Hamlet soll Held seyn, und ist ein *Gelehrter* etc. Frankreich paßt gut dazu. Einige erhabene Ideen schimmern durch und erheben das Ganze. Ophelias Wahnsinn und der Geist sind poëtische Erscheinungen.

561. Die Xstliche Religion ist auch dadurch vorzüglich merckwürdig, daß sie so entschieden den bloßen guten Willen im Menschen und seine eigentliche Natur ohne alle Ausbildung in Anspruch nimmt und darauf Werth legt. Sie steht in Opposition mit Wissenschaft und Kunst und *eigentlichen Genuß.*
Vom gemeinen Mann geht sie aus.
Sie beseelt die große Majoritaet des *Beschränkten* auf Erden.
Sie ist das Licht, was in der Dunkelheit zu glänzen anfängt.
⟨Sie ist der Keim *alles Democratismus.*

Die höchste Thatsache der Popularität
Ihr unpoëtisches Äußre – ihre Aehnlichkeit mit einem modernen häußlichen Gemälde *scheint ihr nur geliehen zu seyn.*
Sie ist tragisch und doch unendlich mild – ein ächtes Schauspiel – Vermischung des Lust- und Trauerspiels.
Die griechische Mythologie scheint für die gebildeteren Menschen zu seyn – und also in gänzlicher Opposition mit dem Xstenthum. Der Panthëism ist ein 3tes Ende.⟩

562. Spinotza ist ein gotttrunkener Mensch.

563. Ton zu jeder Gestalt – Gestalt zu jeden Ton.

564. Pflanzenaehnlichkeit der Weiber. Dichtungen auf diese Idee. (Blumen sind Gefäße)
Chemische, Organische und Physiologische Natur der Schönheit eines Körpers.

565. Fantasien, wie mein Mährchen, über die wunderlichsten Gegenstände.

566. Sonderbare Natur meines *politischen Romans.* Sichtbarer Naturstand – unsichtbare Monarchie.

567. Sollten die Naturkräfte gerade in gegenseitigen und individuellen Verhältnissen stehn, wie die Glieder an unserm Körper[?]

568. Im Heinrich ist zulezt eine ausführliche Beschreibung der innern Verklärung des Gemüths. Er kommt in Sofieens Land – in die Natur, wie sie seyn könnte – in ein allegorisches Land.
Der kayserliche Hof muß eine große Erscheinung werden. Das Weltbeste versammelt. Dunkle Reden von America und Ostindien etc. Gespräch mit dem Kayser über Regierung, Kayserthum etc.
Poëtischer Zusammenhang und Anordnung von Heinrich.

569. Fridrich treibt poëtische Spielerey mit Spekulation. Die Begriffe und ihre Worte sind seine [Personen] – [...]

einen dunkeln, mysteriösen Roman. Diese Allegorischen Figuren, dieser Glaube an die Persönlichkeit der Begriffe [...] durchaus.

*

570. Die Naturpoësie ist wohl der eigentliche Gegenstand der Kunstpoësie – und die Äußerlichkeiten der poëtischen Rede scheinen sonderbare Formeln ähnlicher Verhältnisse, sinnbildliche Zeichen des *Poëtischen* an den Erscheinungen zu seyn.

Schickliche Wahl und Nettigkeit.
Der passendste und reinste Ausdruck.
Rythmus und Reim. Wollaut und Beschränckung etc.

[571.] Die Gegenstände, die in unsern Städten das gewöhnliche Interresse der Unterhaltung ausmachen sind im Grunde nichts, als Localeräugnisse. Der ziemlich gleiche Wohlstand, die gleiche Lage, die ähnliche Bildung, der gleiche, gemäßigte Karacter bringen eine ziemliche Einförmigkeit zuwege. Wetter, Stadtneuigkeiten, ungewöhnliche Vorfälle, Zeitungen, Urtheile und Erzählungen von bekannten Personen, Modeangelegenheiten, und allenfalls einige Neuigkeiten aus der Residenz, Privatsachen und einige gesellschaftliche Scherze füllen die Gespräche. Große und allgemeine Verhältnisse beschäftigen niemand und erregen Langeweile.
Dies ist freylich besser in Republiken, wo der Staat die Hauptangelegenheit jeder Person ist und jeder sein Daseyn und seine Bedürfnisse, seine Thätigkeit und seine Einsichten mit dem Daseyn und den Bedürfnissen, der Thätigkeit, und den Einsichten einer mächtigen, weitverbreiteten Gesellschaft verbunden, sein Leben an ein gewaltiges Leben geknüpft fühlt[,] so mit großen Gegenständen seine Fantasie und seinen Verstand ausweitet und übt und beynah unwillkührlich sein enges Selbst über das ungeheure Ganze vergessen muß.

572. Die Gabe der Unterscheidung, das reine, trennende Urtheil muß, um nicht tödtlich zu verwunden und überall Haß zu erregen, mit großer Behutsamkeit auf Menschen angewandt werden.

Man haßt es, theils aus Schmerz über den Verlust eines befriedigenden Irrthums, theils aus Gefühl eines erlittnen Unrechts, weil auch das schärfste Urtheil eben durch die Trennung des Untheilbaren, durch die Absonderung von der Umgebung, der Geschichte, dem Boden, der Natur der Sache zu nahe tritt, und über die Ansicht der einzelnen Erscheinung an sich ihren Werth, als Glied eines großen Ganzen, vergißt.
Gerade durch diese Mischung von widriger Wahrheit und beleidigenden Irrthum wird es so verwundend.
Die Poësie heilt die Wunden, die der Verstand schlägt. Sie besteht gerade aus entgegengesezten Bestandtheilen – aus erhebender Wahrheit und angenehmer Täuschung.

573. Die Xstliche Religion ist die eigentliche Religion der Wollust. Die Sünde ist der große Reitz für die Liebe der Gottheit. Je sündiger man sich fühlt, desto kristlicher ist man. Unbedingte Vereinigung mit der Gottheit ist der Zweck der *Sünde* und *Liebe*. Dythiramben sind ein ächt kristliches Produkt.

574. Es giebt gar kein eigentliches Unglück in der Welt – Glück und Unglück stehn in beständiger Wage. Jedes Unglück ist gleichsam das Hinderniß eines Stroms, der nach überwundner Hind[erung] nur desto mächtiger durchbricht. Nirgends auffallender, als beym *Mißwachs* in der Oeconomie.

* * *

575. Project zu einem Roman, beynah wie Werther. 2 Liebende, die sich aus Überdruß des Lebens und der Menschen selbst tödten. Character – tiefe *Wehmuth*.

576. Eigentliche romantische Prosa – höchst *abwechselnd* – wunderbar – sonderliche Wendungen – rasche Sprünge – durchaus dramatisch. Auch zu kleinen Aufsätzen.

577. Es ist höchstbegreiflich, warum am Ende alles Poësie wird – Wird nicht die Welt am Ende, *Gemüth?*

578. Von Gott nur recht einfach, menschlich und romantisch gesprochen.

579. Auch Geschäftsarbeiten kann man poëtisch behandeln. Es gehört ein tiefes poëtisches Nachdenken dazu, um diese Verwandlung vorzunehmen. Die Alten haben dies herrlich verstanden. Wie poëtisch beschreiben die Kräuter, Maschinen, Häuser, Geräthschaften etc.
Eine gewisse Alterthümlichkeit des Styls, eine richtige *Stellung* und Ordnung der Massen, eine leise Hindeutung auf Allegorie, eine gewisse Seltsamkeit, Andacht und Verwunderung, die durch die Schreibart durchschimmert – dies sind einige wesentliche Züge dieser Kunst, die ich zu meinem bürgerlichen Roman recht nöthig habe.

580. Arten der Prosa

Vermischte Prosa.	Johannes Müller. Göthe.
Dramatische Pr[osa.]	Livius. Lavater. Fr[iedrich].
Epische —	Schlegel. Cervantes. Luther.
Rhetorische —	Tiek. Altdeutsche Prosa.
Oeconomische —	Lessing. Böhm.

Es fehlt noch an romantischer Anordnung, und Veränderung in den Gedanken. Aeußerst simpler Styl, aber höchst kühne, Romanzenähnliche Dramatische Anfänge, Übergänge, Folgen – bald Gespräch – dann Rede – dann Erzählung, dann Reflexion, dann Bild und so fort. Ganz Abdruck des Gemüths, wo Empfindung, Gedanke, Anschauung, Bild, Gespräch, Musik etc. unaufhörlich schnell wechselt und sich in hellen, klaren Massen neben einander stellt.

581. Sonderbar, daß der eigentliche Grund der Grausamkeit Wollust ist.

582. In meinem Körper ist ein sehr schneller Oxid[ations] und Desoxyd[ations] Proc[eß] im Gange. / Jedes hohle Gefäß *sondert ab,* und *saugt ein.* Wunderlicher Zusammenhang der mannichfachen Theile des Coerpers.

[583.] Durch unaufhörliches freyes Nachdenken muß man sich begeistern. Hat man gar keine Zeit zum Überschauen,

zum freyen Meditiren, zum ruhigen Durchlaufen und Betrachten in verschiednen Stimmungen, so schläft selbst die fruchtbarste Fantasie ein, und die innre Mannichfaltigkeit hört auf. Für die Dichter ist nichts nüzlicher, als eine flüchtige Betrachtung der vielen Weltgegenstände und ihrer Eigenschaften, sowie der mancherley Wissenschaften.
Ich lese jezt zu wenig und meditire zu wenig.
Wieder etwas Chymie – Physik – Geographie – Geschichte[.] Alte Kroniken - etc. Don Qu[ichote.] Shaksp[eare.] Göthe. Tiek. Boccaz.

633. Novelle.
Ein Gelehrter hat eine Frau, auf deren wissenschaftliche und künstliche Bildung er sich viel zu gute thut, und sie für sehr treu aus poëtischen Enthusiasmus für treue Liebe hält; über deren nachherige Untreue er in große Betrübniß verfällt; worauf er um sich wieder zu erholen seine Zuflucht zu einem Dienstmädchen nimmt, die er durch die Kraft seiner Bildung leicht zu überreden hofft, aber von ihrem Bräutigam, der sich statt ihrer ins Bette legt, übel empfangen und mit Schlägen wohl zugerichtet wird, also daß er zu seinem Schüler mit vieler Traurigkeit sagt: Wollte Gott, daß es umgekehrt gewesen wäre, und meine Frau die Bildung der Magd, die Magd aber die Bildung der Frau gehabt hätte, so würde ich kein Hahnrey seyn und mir den Buckel schmieren lassen müssen, denn ich sehe wohl, daß bey einem Frauenzimmer je ordentlicher und behender die Gedanken werden, desto unordentlicher und unbiegsamer werden die Begierden, und könnt ihr, werthester Freund euch meines Exempels zur heilsamen Lehre bedienen.

Novelle.

Ein junger Officier will gern heyrathen und spricht darüber mit seinem Bruder, welcher ihm sein Vorhaben auszureden sucht. Er bleibt aber bey seinem Entschlusse und verliebt sich erstlich in ein reiches Mädchen, was er nicht gesehn hat; alsdann da ihn diese ausschlägt und er sich sehr darüber betrübt, in ein anderes artiges Frauenzimmer, ohne Vermögen, dann in eine reiche ältere Person, die ihn aus Gewissenszweifeln ausschlägt und Herr[n]hutherinn wird.

So gelangt er nach dreyfacher Betrübniß zur Ruhe und Zufriedenheit mit seinem Stande und wird ein großer Dichter.

*

634. Zu der Zeit, als Azzo Markgraf von Ferrara war, gab es einen Kaufmann Reynard von Ast genannt, welcher, als er eines Tags nach Bologna in seinen Geschäften gekommen und damit zu stande gekommen war, beym Herausreiten aus Ferrara auf der Straße nach Verona, zufällig einigen Leuten zu Pferde begegnete, und da sie ihm Kaufleute zu seyn dünkten, welches sie aber keines wegs, sondern vielmehr Straßenräuber und schlechtdenkende und redende Leute waren, mit ihnen ohne Arg zu haben unter allerhand Gesprächen fortritt. [Boccaccio, Decamerone. Zweite Geschichte des zweiten Tages.]

*

635. Über *Philosophie*. Mystizism der Philosophie, wie jedes X. Fichtes Ausführungen seiner Idee ist wohl der beste Beweis des Idealism. *Was ich will, das kann ich.* Bey dem Menschen ist kein Ding unmöglich.

636. Sonderbar, daß in der Natur uns das Grelle, das Ungeordnete, Unsymmetrische, Unwirthschaftliche nicht misfällt und hingegen bey allen Kunstwerken Milde, schickliches Verlaufen, Harmonie und richtige, gefällige Gegensätze unwillkührlich gefodert werden.
Ohne diese Differenz wäre nie Kunst entstanden. Gerade dadurch ward die K[unst] nothwendig und characterisirt.

637. Das Ideal einer vollkommnen Gesundheit ist blos wissenschaftlich interressant. Krankheit gehört zur *Individualisirung*. Es gilt hier, und auch bey den menschlichen Gemüthern just, was in der bildenden Kunst von dem Doryphorus oder Canon gilt.
Dies Gesetz gilt durchgehends – auch in der Musik, Baukunst – Meublirungskunst etc.

638. *Die Seele desoxydirt.*
Daher manche Langewei[illegible] selbst körperliche Schwä-

che und Zittern vor dem (Denken) Empfinden oder bey gestörten (Denken) Empfinden. Sollte Denken oxydiren – Empfinden, *desoxydiren*?
Denken ist eine Muskelbewegung?

639. Tieks *flache* Poësie. Gründliche, künstliche Poësie. ⟨Gespräche der Blumen und Thiere, über Menschen, Wissensch[aft,] Relig[ion], Natur.⟩

[640.] In einem Roman (der übrigens eine Aehnlichkeit mit einem englischen Garten hat) muß nur jedes Wort poëtisch seyn. *Keine platte Natur* etc.

641. Tieks Ansicht Shakespeares.
Seine Gartenwochen.
Seine historischen Schauspiele.
Seine 3 Schauspiele.

642. *Dialog. Theater.*
Das Theater ist die thätige Reflexion der Menschen über sich selbst. Über den Wahnsinn – das *Glück* – den Zufall – Weltcharte.

643. Übersicht aller Shakesp[eareschen] Menschen und Szenen.
Allg[emeine] Pläne.
Poëtische Collectaneen.
Alles kann am Ende zur Philosophie werden – So z. B. Cervantes Don Quixote.

644. Behandlung der *Historie.* / Gott, als einen verständigen Mann im Rom[an] und Schauspiel.
Xstus, als mittelmäßigen Kopf, geschildert.
2ter Theil zur Erziehung des Menschengeschlechts.
Schmerz sollte eigentlich der gewöhnliche Zustand, und Freude das seyn, was jezt Schmerz und Noth ist.

645. Der Gegensatz von *Leib* und *Geist* ist Einer der Allermerckwürdigsten und Gefährlichsten – Große, historische Rolle dieses Gegensatzes.

646. Unendliche Ferne der Blumenwelt. Schauspieler Talente.

647. Größere Einfachheit – wenigere, aber besser vertheilte Massen der Natur, des Lebens und der Menschen, im Orient. Die orientalischen Menschen, Lebensalter etc. unterscheiden sich sehr von den Unsrigen.

[648.] *Ton*: Übergang von *Quantität* zur *Qualität*.
Farbe: Übergang von Qualität zur Quantität.
(Licht: *Leiter der Wärme.*)
Specifische Zahlen –

649. Allerhand poëtische Pläne.
Die Jahrszeiten.
Ein romantisches Buch.
Begebenheiten Eines Tags.
Ein dialogirter Roman.
Prometheus. / Die Elemente.
Saturns Entthronung.
Empedokles.
Sappho.
Aëtius.
Constantin.
Julian.
Das jüngste Gericht.
Geschichte des Xstenthums in einen Roman.
Tempelherrn und Jesuiten.
Die Zonen.
Die Weltgeschichte. / Romane oder Schauspiele.
Die Zerstörung Jerusalems.

650. *Bildung des Schriftstellers.*
Hülfsmittel. Gründliches Studium dieser Profession.

651. *Studium der sächsischen Geschichte* etc. Sachsens überhaupt.
Mathematik.
Astronomie.
Physik.
Griechisch und Lat[einisch] bey Kindervater.

652. *Haltaus, Wachter, Schilter* etc.
Adelung.

653. Durchaus verkehrte, bisherige Theorie der Schilderung der Leidenschaften.

654. Der Dichter hat blos mit *Begriffen* zu thun. Schilderungen etc. borgt er nur als BegriffsZeichen. Es giebt poëtische Musik und Mahlerey – diese wird oft mit Poësie verwechselt, z. B. von Tiek, auch wohl von Göthe.

655. Qualitative Perspective.

656. In eigentlichen Poëmen ist keine als die *Einheit* des *Gemüths*. Es können Augenblicke kommen, wo Abcbücher und Compendia uns poëtisch erscheinen.
Poësie = offenbarten Gemüth – *wircksamer* (produktiver) *Individualitaet.*

657. Es ist möglich, in einem Shakespeareschen Stück eine willkührliche Idee, Allegorie etc. zu finden – nur poëtisch muß sie seyn – d. i. Philologische Poësie.
Aufgabe – in einem Buche das Universum zu finden.
Arbeiten über die Bibel.

658. Edda. Boccaz. Leben des Thamas Kuli Khan etc. Bücher aus Schlöben und v[on] Funk.

[659.] Wunderbarkeit der Mathematik.
Sie ist ein *schriftliches Instrument* – was noch unendlicher Perfection fähig ist – Ein Hauptbeweis der Sympathie und Identitaet der Natur und des Gemüths.
Webstühle in Zeichen.
Gemahlte Instrumente.

660. Ein verkehrter Tag, wo man mit Abend anfängt und mit Morgen endigt.

661. Witziger Umgang in der Liebe.

662. Fremdheit – Geheimnißvoller Reitz – und gezähmte Rohheit – demüthige Stärke – dienende Kraft – dies sind die Elemente der gewöhnlichen Wollust.

663. *Stimmen aus Palaestina.* Eine Sammlung kristlicher Lieder.

*

664. Die Moral ist recht verstanden das eigentliche Lebenselement des Menschen. Sie ist innig eins mit der Gottesfurcht. Unser reiner sittlicher Wille ist Gottes Willen. Indem wir seinen Willen erfüllen erheitern und erweitern wir unser eignes Daseyn und es ist, als hätten wir nur unsrer Selbst willen, aus innerer Natur so gehandelt. Die Sünde ist allerdings das eigentliche Übel in der Welt. Alles Ungemach kommt von ihr her. Wer die Sünde versteht, versteht die Tugend und das Xstenthum, sich selbst und die Welt. Ohne dies Verständniß kann man sich Xsti Verdienst nicht zu eigen machen – Man hat keinen Theil an dieser 2ten höhern Schöpfung.

665. Jedes Willkührliche, Zufällige, Individuelle kann unser Weltorgan werden. Ein Gesicht, ein Stern, eine Gegend, ein alter Baum, etc. kann Epoke in unserm Innern machen. Dies ist der große Realism des Fetischdienstes.

666. Sprechen, als Secerniren, betrachtet.

667. Die Aesthetik ist ganz unabhängig von der Poësie.

668. In Shakesp[eares] historischen Stücken ist durchgehends Kampf der Poesie mit der Unpoësie. Das Gemeine erscheint witzig und ausgelassen – wenn das Große steif und traurig etc. erscheint. Das Niedrige Leben wird durchgehends dem Höhern entgegen[ge]stellt – oft tragisch, oft parodisch, oft des Contrasts wegen. Geschichte, was dem Dichter Geschichte heißt, wird in diesen Stücken dargestellt. Geschichte in Gespräch aufgelöst. Just das Gegentheil der wahren Geschichte und doch Gesch[ichte], wie sie seyn soll – Weissagend und synchronistisch. Alles Dramati-

sche gleicht einer Romanze. Klar – einfach – seltsam – ein ächtpoëtisches Spiel, ohne eigentliche Zwecke.
Große Romanzen in Gesprächen. Große und kleine Gegenstände poëtisch vereinigt.
Die Kunst, auf eine *angenehme* Art zu *befremden*, einen Gegenstand fremd zu machen und doch bekannt und anziehend, das ist die romantische Poëtik.
Es giebt einen speciellen Sinn für Poësie – eine poëtische Stimmung in uns. Die Poësie ist durchaus personell und darum unbeschreiblich und indefinissabel. Wer es nicht unmittelbar weiß und fühlt, was Poësie ist, dem läßt sich kein Begrif davon beybringen. Poësie ist Poësie. Von *Rede(Sprach)kunst* himmelweit verschieden.

669. Tanz und Liedermusik ist eigentlich nicht die wahre Musik. Nur Abarten davon. Sonaten – Symphonieen – Fugen – Variationen[:] das ist eigentliche Musik.

670. In Fichtens Moral sind die richtigsten Ansichten der Moral. Die Moral sagt schlechthin nichts Bestimmtes – Sie ist das Gewissen – eine bloße Richterin ohne Gesetz. Sie gebietet unmittelbar, aber immer einzeln. Sie ist durchaus Entschlossenheit. Richtige Vorstellung vom Gewissen. Gesetze sind der Moral durchaus entgegen.

671. Der Sinn für Poësie hat viel mit dem Sinn für Mystizism gemein. Er ist der Sinn für das Eigenthümliche, Personelle, Unbekannte, Geheimnißvolle, zu *Offenbarende*, das Nothwendigzufällige. Er stellt das Undarstellbare dar. Er sieht das Unsichtbare, fühlt das Unfühlbare etc. Kritik der Poësie ist Unding. Schwer schon ist zu entscheiden, doch einzig mögliche Entscheidung, ob etwas Poësie sey, oder nicht. Der Dichter ist wahrhaft sinnberaubt – dafür kommt alles in ihm vor. Er stellt im eigentlichsten Sinn *Subj[ect] Obj[ect]* vor – *Gemüth und Welt.* Daher die Unendlichkeit eines guten Gedichts, die Ewigkeit. Der Sinn für P[oësie] hat nahe Verwandtschaft mit dem Sinn der Weissagung und dem religiösen, dem Sehersinn überhaupt. Der Dichter ordnet, vereinigt, wählt, erfindet – und es ist ihm selbst unbegreiflich, warum gerade so und nicht anders.

672. Das Gefühl der Gesundheit, des Wohlbefindens, der Zufriedenheit ist durchaus persönlich, zufällig und hängt nur indirect von äußern Umständen ab. Daher alles Suchen es nicht hervorbringt und vielleicht liegt hier der reale Grund aller mythologischen Personificationen.

673. ⟨Sonderbar genug ist es, daß die griechische Mythol[ogie] so unabhängig von der Religion war. Es scheint, daß die Kunstbildung in Griechenl[and] vor der Rel[igion] und ein unendlich erhabner Idealism der Religion den Griechen Instinkt war. Die Rel[igion] war wesentlich Gegenstand der menschlichen Kunst. Die Kunst schien göttlich oder die Rel[igion] künstlich, und menschlich. Der Kunstsinn war der Rel[igions]Erzeugungssinn. Die Gottheit offenbarte sich durch die *Kunst.*⟩

674. Es ist mit dem geistigen *Genuß*, wie mit dem leiblichen Essen. Es kommt viel auf Magen, Gesundheit, Alter, Zeit, Gewohnheit etc. an.
(Beschäftigungen sind Absonderungen, Genuß oder *Ableitungen*)

675. Kranckheiten bes[onders] langwierige, sind Lehrjahre der Lebenskunst und der Gemüthsbildung. Man muß sie durch tägliche Bemerkungen zu benützen suchen. Ist denn nicht das Leben des gebildeten Menschen eine beständige Aufforderung zum Lernen? Der gebildete Mensch lebt durchaus für die Zukunft. Sein Leben ist Kampf; seine Erhaltung und sein Zweck Wissenschaft und Kunst.
Je mehr man lernt nicht mehr in Augenblicken, sondern in Jahren u. so w. zu leben, desto edler wird man. Die hastige Unruh, das kleinliche Treiben des Geistes geht in große, ruhige, einfache und vielumfassende Thätigkeit über und die herrliche Geduld findet sich ein. Immer triumphirender wird Rel[igion] und Sittlichkeit, diese Grundvesten unsers Daseyns.
Jede Bedrängniß der Natur ist eine Erinnrung höherer Heymath, einer höhern, verwandtern Natur.

676. Der Trieb unsrer Elemente geht auf Desoxyd[ation]. Das Leben ist eine erzwungne Oxydation.

677. Märtyrer sind geistliche Helden. Jeder Mensch hat wohl seine Märtyrerjahre. Xstus war der große Märtyrer unsers Geschlechts. Durch ihn ist das Märtyrerthum unendlich tiefsinnig und heilig geworden. O! daß ich Märtyrersinn hätte?

678. Sollte der Teufel, als Vater der Lüge, selbst nur ein nothwendiges Gespenst seyn? Trug und Illusion steht allein der Wahrheit[,] Tugend und Relig[ion] entgegen.
Dem freyen Willen steht die Grille, die sklavische Willkühr, der Aberglauben, die Laune, die Verkehrtheit, die durch lauter Zufälligkeiten bestimmte Willkühr gegenüber. Daraus geht die Täuschung hervor.
Für Gott giebts gar keinen Teufel – aber für uns ist er ein leider sehr würcksames Hirngespinst. Reich der Daemonie.
Pflicht heiter und ruhig zu seyn.

679. Die Welt ist ein System nothwendiger Voraussetzungen – eine Vergangenheit[,] ein Ante eigner Art – unsre Ewigkeit a parte ante vielleicht.
Grundsätze, Gedanken und Zwecke gehören zu der Ewigkeit a parte post – zur nothwendigen Zukunft – sie machen ein System der nothwendigen *Folge* aus. Aus der wircklichen und Idealwelt entspringt die Gegenwärtige Welt, die eine Mischung aus *fester* und flüssiger, Sinnlicher und intellectualer Welt ist.

680. Wer rechten Sinn für den Zufall hat, der kann alles Zufällige zur Bestimmung eines unbekannten Zufalls benutzen – er kann das Schicksal mit gleichen Glück in den Stellungen der Gestirne, als in Sandkörnern, Vogelflug und Figuren suchen.

681. Der Roman ist völlig, als Romanze zu betrachten. Die Poëtik ließe sich freylich als eine Combination untergeordneter Künste betrachten, z. B. der Metrik, der Sprachkenntniß, der Kunst uneigentlich zu reden, witzig und scharfsinnig zu seyn; Werden diese Künste gut verbunden und mit Geschmack angewandt, so wird man das Produkt Gedicht nennen müssen.

Wir sind freylich gewöhnt nur den Ausdruck des Höchsten, der eigentlichen *eigenthümlichen* Erfindung unter vorgedachten Bedingungen den Namen eines Gedichts zu geben. Freylich wird auf jeder höhern Stufe der Bildung die Poëtik ein bedeutenderes Werckzeug und ein Gedicht ein höheres Produkt.
Manches wird erst dem dichterisch gestimmten – Gedicht, was es sonst oder dem Verfasser nicht ist.

[682.] Ächte, poëtische Charactere sind schwierig genug zu erfinden und auszuführen. Es sind gleichsam verschiedne Stimmen und Instrumente. Sie müssen allgemein, und doch eigenthümlich, bestimmt und doch frey, klar und doch geheimnißvoll seyn. In der wircklichen Welt giebt es äußerst selten Charactere. Sie sind so selten, wie gute Schauspieler. Die meisten Menschen sind noch nicht einmal Charactere. Viele haben gar nicht die Anlage dazu. Man muß wohl die Gewohnheitsmenschen, die Alltäglichen von den Ch[aracteren] unterscheiden. Der Character ist durchaus *selbstthätig*.

683. Sonderbar genug, daß man in Gedichten nichts mehr, als den Schein von Gedichten zu vermeiden gesucht hat, und nichts mehr darinn tadelt, als die Spuren der Fiction, der erfundnen Welt.
Das was wir bey diesem Streben und Gefühl unwillkührlich beabsichtigen ist allerdings etwas sehr Hohes; aber das zu frühe Greifen danach ist um deswillen äußerst ungeschickt und unzweckmäßig, weil man nur durch dreiste und richtige Zeichnung selbst erfundner Gegenstände und Geschichten fähig wird – freyes Gemüth in eine scheinbare Weltcopey zu legen.

Z. B. im König Johann, die Gespräche der Könige, unter sich und mit den Bürgern auf den Wahlplätzen und an den Mauern etc.

684. Die historischen Stücke gehören zu der angewandten Historie. Sie können theils Allegorisch, theils Poësie der

Geschichte seyn. In wenige einfache Gespräche wird die Zeit gedrängt, die local, personnel und temporell sind.

[685.] Der Dichter muß die Fähigkeit haben sich andre Gedanken vorzustellen, auch Gedanken in allen Arten der Folge und in den mannichfaltigsten Ausdrücken darzustellen. Wie ein Tonkünstler verschiedne Töne und Instrumente in seinem Innern sich vergegenwärtigen, sie vor sich bewegen lassen und sie auf mancherley Weise verbinden kann, so daß er gleichsam der Lebensgeist dieser Klänge und Melodieen wird, wie gleichfalls ein Mahler, als Meister und Erfinder farbiger Gestalten, diese nach seinem Gefallen zu verändern, gegeneinander und nebeneinanderzustellen, und zu vervielfachen, und alle mögliche Arten und Einzelne hervorzubringen versteht, so muß der Dichter den redenden Geist aller Dinge und Handlungen in seinen unterschiedlichen Trachten sich vorzubilden, und alle Gattungen von Spracharbeiten zu fertigen und mit besondern, eigenthümlichen Sinn zu beseelen vermögend seyn. Gespräche, Briefe, Reden, Erzählungen, Beschreibungen, leidenschaftliche Äußerungen mit allen möglichen Gegenständen angefüllt, unter mancherley Umständen, und von tausend verschiednen Menschen muß er erfinden und in angemeßnen Worten aufs Papier bringen können. Er muß in Stande seyn über alles auf eine unterhaltende und bedeutende Weise zu sprechen und das Sprechen oder schreiben muß ihn selbst zum Schreiben und Sprechen begeistern.

686. Das Nützliche kann nur so dem Angenehmen entgegengesezt werden, als der Buchstabe dem Geiste, oder das Mittel dem Zwecke. Unmittelbarer Besitz und Erwerb des Gemüthlichen ist freylich unser ursprünglicher Wunsch, aber in der gegenwärtigen Welt ist alles durchaus *bedingt*, und alles kann nur unter gewissen fremdartigen Voraussetzungen erlangt werden.

*

687. Electr[icitaet,] Magnet[ism,] Galv[anism] scheinen mir jezt allerdings gleichsam allgemeine, abstracte Formeln der mannichfaltigen chemischen Processe der Natur zu seyn –

also alles angewandte El[ectricitaet] oder Magn[etism] oder Galv[anism].

688. Historie ist angewandte Moral und Religion – auch angewandte *Anthropologie* im allgemeinern Sinne. Daher der wunderbare Zusammenhang der Geschichte mit unsrer Bestimmung – des Xstenthums und der Moral.
Wir tragen die Lasten unsrer Väter, wie wir ihr Gutes empfangen haben, und so leben die Menschen in der That in der ganzen Vergangenheit und Zukunft nirgends weniger als in der Gegenwart.
Der Heilige Geist ist mehr, als die Bibel. Er soll unser Lehrer des Xstenthums seyn – nicht todter, irrdischer, zweydeutiger Buchstabe.

689. Es ist nicht das Wissen allein, was uns glücklich macht – es ist die Qualitaet des Wissens – die subjective Beschaffenheit des Wissens. Vollkommnes Wissen ist Überzeugung und sie ists, die uns glücklich macht und befriedigt. Todtes – lebendiges Wissen.

690. Worinn eigentlich das Wesen der Poësie bestehe, läßt sich schlechthin nicht bestimmen. Es ist unendlich zusammengesezt und doch einfach. Schön, romantisch, harmonisch sind nur Theilausdrücke des Poëtischen.

691. Anweisung, als Mensch Subject zu sein.
– – Object zu seyn.

692. Die Lehre von der Gnade und die Lehre vom freyen Willen widersprechen sich gar nicht, wenn sie recht verstanden werden – beydes gehört zu Einem Ganzen und oft necessitiren sie sich.

693. Herder. Vater. Ritter. Unger. Thielem[ann]. Kreisamtm[ann].

694. Die Phil[osophie] ist, wie alle synthetische Wissensch[aft] wie die Mathem[atik], *willkührlich*. Sie ist eine ideale, selbsterfundene Methode das Innre zu beobachten, zu ordnen etc.

Auch kann die Phil[osophie] die unerreichbare Wissenschaft kat exoxin – das wissenschaftliche Ideal seyn?

695. Gleich ab von Fröhlichkeit und Trauer, Vom Lustigen und Rührenden – sowohl der verständige Mensch – als der wahre Dichter. (Heiterer, verständiger Ernst.)
Lieder, Epigramme etc. sind für die Poësie, was Arien, Angloisen etc. für die Musik sind.
Sonaten und Symphonieen etc. – das ist wahre Musik.
So muß auch die Poësie schlechthin bloß verständig – *künstlich* – *erdichtet* – Fantastisch! etc. seyn.
Shakesp[eare] ist mir dunkler, als Griechenland. Den Spaß des Aristoph[anes] versteh ich – aber den Shak[espeares] noch lange nicht. Shak[espeare] versteh ich überhaupt noch sehr unvollkommen.
Wenn der Spaß poëtisch seyn soll, so muß er durchaus unnatürlich und Maske seyn.
Auch auf dem Theater tyrannisirt der Grundsatz der Nachahmung der Natur. Darnach wird der Werth des Schausp[iels] gemessen. Die Alten verstanden das auch besser. Bey ihnen war alles *poëtischer*.
Unser Theater ist durchaus unpoëtisch – nur Operette und Oper nähern sich der Poësie, und doch nicht in den Schauspielern – ihrer Action etc.

696. Das Thier lebt im Thiere, in der Luft. – Die Pflanze ist ein Halbthier, daher sie zum Theil in der Erde, der großen Pflanze, zum Theil in der Luft lebt. – Die Erde ist das große Nahrungsmittel der Luft. Die Luft ist ein Brachmane.
Die Verbindung des Stickstoffs und Oxygens in der Luft ist durchaus animalisch, nicht bloß chemisch. –

697. Am Ende beruht die Begreiflichkeit eines Phänomens auf Glauben und Willen. Mache ich ein Geheimniß aus einer Erscheinung, so ist es für mich eins. Es ist damit wie mit den Schranken. –

698. Aller innere Sinn ist Sinn für Sinn. –

699. Können Wunder Überzeugung wirken? Oder wäre nicht wahrhafte Überzeugung, diese höchste Function un-

sers Gemüths und unsrer Personalität, das einzige, wahre, Gott verkündende Wunder? Jedes Wunder muß isolirt in uns bleiben, unverknüpft mit unserm übrigen Bewußtseyn, ein Traum. Aber eine innige moralische Überzeugung, eine göttliche Anschauung, dies wäre ein reales bleibendes Wunder. –

700. Man ist allein mit allem was man liebt.

701. Bedürfniß nach Liebe verräth schon eine vorhandene Entzweiung in uns. Bedürfniß verräth immer Schwäche.

702. Die Ehe ist das höchste Geheimniß. Die Ehe ist bei uns ein popularisirtes Geheimniß. Schlimm, daß bei uns nur die Wahl zwischen Ehe und Einsamkeit ist. Die Extreme sind es – aber wie wenig Menschen sind einer eigentlichen Ehe fähig – wie wenig können auch Einsamkeit ertragen. – Es gibt Verbindungen aller Art. Eine unendliche Verbindung ist die Ehe. – Ist die Frau der Zweck des Mannes und ist die Frau ohne Zweck?

703. Die Liebe hat von jeher Romane gespielt, oder die Kunst zu lieben ist immer romantisch gewesen.

704. Je abhängiger vom Zufall und von Umständen, desto weniger bestimmten, ausgebildeten, angewandten Willen, – jemehr dies, je unabhängiger dort.

705. Des Dichters Reich sei die Welt, in den Fokus seiner Zeit gedrängt. Sein Plan und seine Ausführung sei dichterisch, das ist, dichterische Natur. Er kann alles brauchen, er muß es nur mit Geist amalgamiren, er muß ein Ganzes daraus machen. Das Allgemeine, wie das Besondere muß er darstellen – alle Darstellung ist im Entgegengesetzten und seine Freiheit im Verbinden macht ihn unumschränkt. Alle dichterische Natur ist Natur. Ihr gebühren alle Eigenschaften der letzteren. So individuell sie ist, so allgemein interessant doch. Was helfen uns Beschreibungen, die Geist und Herz kalt lassen, leblose Beschreibungen der leblosen Natur – sie müssen wenigstens symbolisch sein, wie die Natur selber, wenn sie auch kein Gemüthszustandsspiel hervorbrin-

gen sollen. Entweder muß die Natur Ideenträger, oder das Gemüth Naturträger seyn. Dieses Gesetz muß im Ganzen und im Einzelnen wirksam sein. Egoist darf der Dichter durchaus nicht erscheinen. Er muß sich selbst Erscheinung sein. Er ist der Vorstellungsprophet der Natur, so wie der Philosoph der Naturprophet der Vorstellung. Jenem ist das Objektive Alles, diesem das Subjektive. Jener ist Stimme des Weltalls, dieser Stimme des einfachsten Eins, des Prinzips, jener Gesang, dieser Rede. Jenes Verschiedenheit vereinigt das Unendliche, dieses Mannichfaltigkeit verbindet das Endlichste. Der Dichter bleibt ewig wahr. Er beharrt im Kreislauf der Natur. Der Philosoph verändert sich im ewig Beharrlichen. Das ewig Beharrliche ist nur im Veränderlichen darstellbar. Das ewig Veränderliche nur im Bleibenden, Ganzen, gegenwärtigen Augenblick. Vor und nach sind ihre Bilder. Sie ist allein Realität. Alle Darstellung des Dichters muß symbolisch oder rührend sein. Rührend hier für afficirend überhaupt. Das Symbolische afficirt nicht unmittelbar, es veranlaßt Selbstthätigkeit. Dies reizt und erregt, jenes rührt und bewegt. Jenes ist ein Handeln des Geistes, dies ein Leiden der Natur, jenes geht vom Schein auf Sein, dies vom Sein auf den Schein, jenes von der Vorstellung zur Anschauung, dies von der Anschauung zur Vorstellung. Ehemals konnte der Dichter Allen Alles sein, der Kreis war noch so eng, die Menschen noch gleicher an Kenntnissen, Erfahrungen, Sitten, Charakter; ein solcher bedürfnißloser Mensch erhob in dieser Welt einfacher aber stärkerer Bedürfnisse die Menschen so schön über sich selbst, zum Gefühl der höheren Würde der Freiheit, die Reizbarkeit war noch so neu.

ANHANG

Geschichtlicher Ort und geschichtlicher Sinn der Frühromantik

I.

Die deutsche Romantik ist nicht etwa eine in sich abgeschlossene und einheitliche Phase oder Periode der deutschen Literaturgeschichte gewesen. Sie trat mit ihren ersten Vorzeichen in die Welt, da die Jakobinerdiktatur in Frankreich den Höhepunkt ihrer Machtentfaltung zu überschreiten im Begriffe war, und sie überdauerte mit einem ihrer wahrhaftesten Dichter, Joseph von Eichendorff, noch die bürgerliche Revolution des 19. Jahrhunderts um fast ein Jahrzehnt. Als Friedrich Schiller starb, stand das weithin glänzende Gestirn der Weimarer „Klassiker" im Zenit, und die kometenhafte Erscheinung der Frühromantik war bereits wieder am Horizont verschwunden, indes gleichzeitig die jüngere, nicht mehr universalistische, sondern vornehmlich national gestimmte Romantik sich ins Blickfeld schob. Und da diese wiederum mit Arnim und Brentano, Uhland oder Fouqué, Eichendorff, Wilhelm Müller oder Hauff ihrer dichterischen Hoch-Zeit entgegenging, entstanden die letzten Schriften Johann Gottfried Seumes, des Erben einer plebejischen Aufklärung, vollendete Wieland sein aufklärerisches Lebenswerk, vollzogen Goethe und Hegel die Aufhebung der vorgreiflichen Ideen des 18. Jahrhunderts in einer weitgesteckten gedanklichen Konzeption für die heraufziehende Epoche einer noch unerhörten Entfaltung der Produktivkräfte.

Die europäische Romantik spiegelt eine Entscheidungsphase des Übergangs vom Feudalismus zum Kapitalismus, als dessen Bestandteil sie zugleich funktionierte, auf spezifische Weise wider. Obwohl schon die davon am frühesten betroffenen Nationen und Staaten – England, Frankreich, Deutschland – sich auf ganz unterschiedlichem Entwicklungsstand bezüglich der Ablösung der einen Gesellschaftsformation durch die andere befanden, wurde doch innerhalb der geistigen Produktion, namentlich der Literatur, der Gesamtprozeß in seiner gravierenden Widerspruchsfülle von allen Beteiligten auf verwandte Weise reflektiert. In diesem Sinne läßt sich durchaus von einer europäischen Romantik sprechen, an der in der Tat auch nach und nach alle Völker dieses Kontinents teilhatten. In der Sphäre des geistigen Lebens – insonderheit der Literatur – sind die Differenzen weitaus geringer als diejenigen in den jeweiligen sozialökonomischen Verhältnissen. Wenn also die deutsche Romantik, seitdem sie in die Welt trat, die Welt fast unausgesetzt beschäftigt hat, so kaum deshalb, weil sie das Produkt einer besonderen miserablen Nationalwirklichkeit, sondern vielmehr das einer epochalen Entscheidungssituation gewesen ist, in deren Hervorbringungen – eben aufgrund der Ungleichmäßigkeit der Entwicklung – auch andere sich zu bespiegeln und sich selber zu verständigen vermochten.

Die Entstehung der Romantik in Deutschland war einerseits – nicht anders als in England – eine Reaktion auf die akute Konstituierung der Bourgeoisgesellschaft, wie sie auf klassische (und die deutsche Nation auch unmittelbar betreffende) Weise in Frankreich, in der Epoche seiner Großen Revolution, stattfand. Die sich selber „romantisch" nennende Literatur konnte aber andererseits nur im Rahmen ihrer eigenen, nationalen Vorgeschichte sowie innerhalb der von ihr vorgefundenen geistig-literarischen Traditionen und vorgeprägten Denkformen diese Reaktion vollziehen. Damit tritt zwangsläufig zugleich der innere Zusammenhang der Romantik mit den voraufgehenden Phänomenen in der dialektischen Form von Kontinuität und Diskontinuität ins Licht. Gemessen an den Spitzenleistungen der Epoche, bildete in ihren Ursprüngen die Romantik keinesfalls eine schroffe oder gar platt-reaktionäre Antithese etwa zur bürgerlichen Aufklärung. Sie stellte vielmehr eine vereinseitigende, die Ambitendenz, die Gefahr des Umschlagens immer in sich tragende Fortführung des in deren Grundpositionen selbst bereits Angelegten dar: „Der Dualismus, die Zwiespältigkeit der bürgerlichen Aufklärung" – so schon Franz Mehring – „war untrennbar von ihr und konnte selbst von ihren stärksten Kämpfern nicht überwunden werden; immer danach ringend, das wirkliche Leben

über das betrachtende zu erheben, wurden sie immer wieder dazu gezwungen, das wirkliche dem betrachtenden Leben unterzuordnen."[1] Indem die postulierte Autonomie des gesellschaftlich handelnden Subjekts sich auf dieser Stufe am Ende als eine bloß eingebildete erweisen mußte, die sich dann folgerichtig nur in der Loslösung von der gesellschaftlichen Realität zu bewähren vermag, bedeutete dies – als die notwendige Kehrseite des politischen Utopismus – tendenziell die Delegierung der politischen Mündigkeit an eine zufällige, aber reale Obrigkeit.
So erscheint auch die damit verbundene Möglichkeit dichterischer Entdeckung und gestalterischer Ausformung der Privatsphäre, des Innenlebens der poetischen Subjekte – ein wesentliches literaturgeschichtliches Verdienst der Romantik und eine Vorleistung für den (kritischen) Realismus – stets erkauft mit der Aufgabe wirklicher Souveränität. Dieses in der Klassengesellschaft untrennbare Verhältnis ist irreversibel: Die „politische Revolution" zerschlägt „die bürgerliche Gesellschaft in ihre einfachen Bestandteile, einerseits in die Inidividuen, andrerseits in die *materiellen* und *geistigen Elemente,* welche den Lebensinhalt, die bürgerliche Situation dieser Individuen bilden". In seiner *„nächsten* Wirklichkeit, in der bürgerlichen Gesellschaft", ist der Mensch ein „profanes Wesen. Hier, wo er als wirkliches Individuum sich selbst und andern gilt, ist er eine *unwahre* Erscheinung. In dem Staat dagegen, wo der Mensch als Gattungswesen gilt, ist er das imaginäre Glied einer eingebildeten Souveränität, ist er seines wirklichen individuellen Lebens beraubt und mit einer unwirklichen Allgemeinheit erfüllt."[2] Der historische (nicht individuelle) Irrtum der Romantiker lag gerade in der Annahme, das wirkliche Individuum als souveränes Gattungswesen jenseits der Sphäre des wirklichen bürgerlichen Lebens gewinnen und zugleich mit einer wirklichen Allgemeinheit erfüllen zu können.
Damit aber gehörten die Frühromantiker nichtsdestoweniger zu den ersten Kritikern der sich ankündigenden bürgerlich-kapitalistischen Gesellschaft. Sie kritisierten sie vor allem im Bilde des Philistertums. Ihr Standpunkt war der der überschwenglichen Misere. Sie suchten den ordinären wie den gebildeten Philister von der Position gleichsam eines

entwurzelten Citoyentums aus zu treffen. „Philister leben nur ein Alltagsleben“, heißt es bei Novalis 1797: „Das Hauptmittel scheint ihr einziger Zweck zu seyn. Sie thun das alles, um des irdischen Lebens willen ... Poësie mischen sie nur zur Nothdurft unter ... Der derbe Philister stellt sich die Freuden des Himmels unter dem Bilde einer Kirmeß, einer Hochzeit, einer Reise oder eines Balls vor: der sublimirte macht aus dem Himmel eine prächtige Kirche, mit schöner Musik, vielem Gepränge, mit Stühlen für das gemeine Volk parterre ...“[3]

Die frühe Romantik als Ideologie einer bestimmten, dem republikanisch gesinnten Kleinbürgertum zuzuordnenden Schicht der Intelligenz in der Epoche der revolutionären Herausbildung der kapitalistischen Gesellschaft verwies dergestalt mit folgenreicher Konsequenz den Emanzipationsgedanken, das Erbe des aufgeklärten Jahrhunderts, ins Reich des Geistes und erhob damit zugleich weithin das künstlerische Tun zum Modellfall freier schöpferischer Subjektivität. Schiller hatte bereits 1793 in den an den Herzog von Augustenburg gerichteten Briefen über eine ästhetische Erziehung des Menschen theoretisch keinen anderen Schluß gezogen. Doch er sprach gleichzeitig der Geschichte in der Dichtung ihr absolutes Recht und damit der Dichtung selber geschichtliche Macht zu. Die Romantiker vermochten das nicht mehr. So wurde die Romantik zum entscheidenden Ausdruck eines fortwirkenden Erbübels deutscher Geschichte, dem erst die nächste Klasse, unbetroffen von solchen Überschwenglichkeiten, ein Ende setzen konnte. Insofern aber stellt dieses „romantische“ Element wie eh und je einen Gegenstand der ideologischen und ästhetischen Auseinandersetzung dar.

Jene scheinbar „von Natur independenten Subjekte“ waren nur die „Vorwegnahme der ‚bürgerlichen Gesellschaft‘, die seit dem 16. Jahrhundert sich vorbereitete und im 18. Riesenschritte zu ihrer Reife machte. In dieser Gesellschaft erscheint der Einzelne losgelöst von den Naturbanden usw., die ihn in frühren Geschichtsepochen zum Zubehör eines bestimmten, begrenzten menschlichen Konglomerats machen. Den Propheten des 18. Jahrhunderts ... schwebt dieses Individuum des 18. Jahrhunderts – das Produkt einerseits der Auflösung der feudalen Gesellschaftsformen, andrerseits der seit dem 16. Jahrhundert neu entwickelten Produktivkräfte – als Ideal vor, dessen Existenz eine vergangne sei. Nicht als ein historisches Resultat, sondern als Ausgangspunkt der Geschichte ... Erst in dem 18. Jahrhundert ... treten die verschiednen Formen des gesellschaftlichen Zusammenhangs dem Einzelnen als bloßes Mittel für seine Privatzwecke entgegen, als äußerliche Notwendigkeit. Aber die Epoche, die diesen Standpunkt erzeugt, den des vereinzelten Einzelnen, ist grade die der bisher entwickeltsten gesellschaftlichen (allgemein von diesem Standpunkt aus) Verhältnisse."[4]

Die Romantikergeneration allerdings, der sich eben diese letzte Einsicht noch verschließen mußte, nahm den Ausgliederungsprozeß der Individuen aus den „Naturbanden" der vorkapitalistischen Gesellschaftsformationen mit Schrecken wahr und erlebte dessen letzten Akt, die *politische* Geburt des „vereinzelten Einzelnen", in klassischer Form als Produkt der bürgerlichen Revolution in seiner ganzen Rigorosität und unmittelbaren Handgreiflichkeit. Selbst die Religion, in früheren Zeitläuften Ausdruck, ja das Wesen der Gemeinschaft, das Gemeinwesen des Menschen, war der Privatisierung unterworfen, indem ihre individuelle Ausübung als allgemeines Menschenrecht deklariert wurde. Novalis erkannte mit äußerstem Scharfsinn, wie „man ihr das Bürgerrecht genommen und ihr bloß das Recht der Hausgenossenschaft gelassen hat, und zwar nicht in *einer* Person, sondern in allen ihren unzähligen individuellen Gestalten".[5] Die Enttäuschung ging so tief, daß sie sogar – wie eben bei Novalis – zu einer Geschichtskonzeption provozieren konnte, in welcher der ganze bisherige Geschichtsverlauf als ein unablässiger Abweg von der Verwirklichung des menschlichen Gattungswesen erscheinen mußte.

Es ist auch hierbei nicht zu vergessen, daß erst vom Standpunkt der „menschlichen Emanzipation", vom (noch idealen) Vorgriff auf eine künftige proletarische Revolution aus diese Frage überhaupt entschieden werden konnte. Die hier und jetzt geschehende „*politische* Emanzipation" war ein „großer Fortschritt", doch nicht mehr als „die letzte Form der menschlichen Emanzipation *innerhalb* der bisherigen Weltordnung ... Der Mensch emanzipiert sich *politisch* von der Religion, indem er sie aus dem öffentlichen Recht in das Privatrecht verbannt. Sie ist nicht mehr der Geist des *Staats*, wo der Mensch – wenn auch in beschränkter Weise, unter besonderer Form und in einer besondern Sphäre – sich als Gattungswesen verhält, in Gemeinschaft mit andern Menschen, sie ist zum Geist der *bürgerlichen Gesellschaft* geworden, der Sphäre des Egoismus, des *bellum omnium contra omnes* ... Sie ist zum Ausdruck der *Trennung* des Menschen von seinem *Gemeinwesen*, von sich und den andern Menschen geworden – was sie *ursprünglich* war. Sie ist nur noch das abstrakte Bekenntnis der besondern Verkehrtheit, der *Privatschrulle*, der Willkür."[6]

Die allgemeine Desillusionierung vollendete sich für die Romantiker im Angesicht der realen Folgen der Französischen Revolution. Sie gingen, voller Abscheu gegenüber einer alle schöpferische Individualität scheinbar vernichtenden Gesellschaft, den Weg des Utopismus bis zu Ende – in die Innerlichkeit. 1812 hat Friedrich Schlegel diesen Vorgang rückblickend in den Satz zusammengefaßt: „Wie in Frankreich die ... jedem Glauben und jedem Bande der Liebe entsagende Vernunft ihre zerstörerischen Wirkungen nach außen hin gewandt und das gesamte Leben der Nation zum furchtbaren Schauspiel für die Mitwelt und Nachwelt ergriffen hat, so nahm in Deutschland, dem Charakter der Nation gemäß, bei der äußern Gebundenheit der edelsten Kräfte, die absolute Vernunft ihre Richtung ganz nach innen ..."[7]

Wenn die Revolution für die Frühromantiker sich am Ende auf eine geistige Revolution, auf Kritik reduzierte, so war diese Ersetzung des Wirklichen durch seinen geistigen Reflex keineswegs die unvermittelte Folge einer allgemeinen sozialökonomischen Zurückgebliebenheit Deutschlands: Es hätte die widerspruchsvoll-inhumane Natur der neuen Gesellschaftsformation (die natürlich nicht als solche erschien) kaum so tief erkannt werden können, wenn erstens die wesentlichen Elemente kapitalistischer Produktionsverhältnisse nicht erlebbar gewesen und es zweitens an der wissenschaftlichen Einsicht in dieselben ganz und gar gemangelt hätte. Das Bergbau- und Hüttenwesen sowie die zugehörigen Wissenschaftszweige, bestimmte Branchen der Leichtindustrie, das Finanzwesen und die Kameralwissenschaften wie auch der Handel hatten seit dem 16. Jahrhundert in einzelnen Gebieten den Stand internationaler Konkurrenzfähigkeit erreicht, vereinzelt sogar eine maßgebende Rolle übernommen. Die Ursprungsregionen der Romantik – Sachsen und Thüringen, Berlin, der Mittelrhein – sind in der Tat relativ hochentwickelte Gebiete der Industrie gewesen, was vor allem für das – literaturgeschichtlich mit dem Namen Novalis verbundene – sächsisch-thüringische Hütten- und Salinenwesen samt seinem Bildungszentrum, die Bergakademie Freiberg, gilt, die die erste in der Welt war. Sachsen hat, was die industrielle Revolution angeht, bis gegen die Mitte des 19. Jahrhunderts nicht allein in Deutschland, sondern selbst in Europa eine führende Stellung behauptet.

Aufgrund indessen der verzögerten Ablösung der Feudalverhältnisse bildete Deutschland sozusagen das schwächste Glied in der Kette der entwickelten Länder, die sich als bürgerlich-kapitalistische Gesellschaft formierten, in einem langen Prozeß bereits im Begriffe standen, die Produktionsverhältnisse entsprechend den neu sich herausarbeitenden Produktivkräften zu gestalten. In Deutschland fehlten die politisch-sozialen Bedingungen einer bürgerlichen Revolution. Fürsten und Adel waren in dem zerrissenen Lande noch mächtig genug, die Herrschaft weiterhin zu behaupten, und das Bürgertum war noch nicht reif genug, sie streitig zu machen und selber zu übernehmen. Wo das Volk – in Sachsen oder den Rheinlanden – eigenständig dagegen aufbrach, floh das Bürgertum schließlich erschreckt der herrschenden Macht an die Brust und ließ sich seine vermeintlichen Interessen von den Fürsten gegen das Volk vertreten, statt seine wirklichen (im historisch perspektivischen Sinne) von ihm gegen die Fürsten bestreiten zu lassen. Es fehlte damit gleichwohl jener freiheitliche Impetus innerhalb des dritten Standes, die politische Euphorie, der Glaube, daß dieser revolutionäre Akt der Übergang zu einer menschlichen Ordnung sei, der in Frankreich ein halbes Jahrhundert hindurch über alle theoretisch noch unbegriffenen Klassenwidersprüche innerhalb der revolutionär gestimmten Stände und Schichten hinweggetragen und die tatsächliche Natur des erstrebten Resultats weithin im Dunkel gelassen hatte.

Da den deutschen Frühromantikern die Einsicht in die letzten Ursachen, die Entwicklung der Produktivkräfte und die Klassenkämpfe, nicht minder noch versperrt war als der Generation der Aufklärer, blieb ihnen nur, das wirkliche Wesen des immer wieder evozierten Individuums – statt in dessen bourgeoiser Natur – in der Souveränität seiner das Eigentliche der ganzen Gattung scheinbar in sich begreifenden geistigen Existenz zu suchen. In der Sphäre der Politik waren unmittelbar zuvor auch die Jakobiner an dem Widerspruch zwischen dem tatsächlichen anarchischen Charakter der bürgerlichen Gesellschaft und deren auf die ideale (gattungsmäßige) Repräsentativkraft der Individuen gestellten bürger- und menschenrechtlichen Programmatik gescheitert: „Welche kolossale Täuschung, die moderne bürgerliche Gesellschaft, die Gesellschaft der Industrie, der allgemeinen Konkurrenz, der frei ihre Zwecke verfolgenden Privatinteressen, der Anarchie, der sich selbst entfremdeten natürlichen und geistigen Individualität – in den *Menschenrechten* anerkennen und sanktionieren zu müssen und zugleich die *Lebensäußerungen* dieser Gesellschaft hinterher an einzelnen Individuen annullieren … zu wollen.“[8]

Den Deutschen, die den ganzen Vorgang vornehmlich aus der Ferne beobachteten, lag das Resultat, die Herrschaft der Bourgeoisie, schließlich in Sonnenklarheit vor Augen. Notwendig fast ausnahmslos Betrachtende, schauderten sie davor zurück. Wie bedeutend, tief eindringend immer die Urteile waren, die darüber – früher oder später – von den ersten Autoren der Nation zwischen den Rheinlanden und Weimar, Jena und Königsberg, Hamburg und Württemberg oder Göttingen und Leipzig gefällt wurden: sie gingen allesamt von der Überzeugung aus, daß das Heil nicht in einer Revolution zu suchen wäre bzw. daß – wie es selbst Georg Forster Ende 1792 unmittelbar aus der revolutionären Umwälzung von Mainz heraus bündig formulierte – „Deutschland zu keiner Revolution reif“ sei und es „schrecklich, gräßlich sein wird, sie durch das halsstarrige Bestehen auf die Fortsetzung des unglückseligsten aller Kriege [der deutschen Fürsten gegen Frankreich] unfehlbar vor der Zeit herbeizuführen“.[9]

Was Wunder, wenn bei den jungen Frühromantikern das Stimmungspendel die ganze Skala zwischen Enthusiasmus und Niedergeschlagenheit durchmaß. Kritisch angelegt von vornherein, überfiel sie bereits mitten in der Hochgestimmtheit jugendlich-idealistischer Begeisterung die fatale Einsicht in die Unumkehrbarkeit der mit dieser Revolution verknüpften Weltprozesse. Die bittere Enttäuschung über das tatsächlich Geschehende, bei zugleich uneingeschränkter Zuneigung gegenüber den der Umwälzung zugrunde liegenden Ideen, kurz: der Wunsch nach einer Revolution ohne Revolution, nach Veränderung ohne praktische Gewalt, nach Verwandlung der Verhältnisse durch kritisches Verhalten – das war der Boden, aus dem die Bäume der romantischen Sehnsucht buchstäblich in den Himmel wachsen.

Will man nichtsdestoweniger den bedeutenden Vertretern der deutschen Frühromantik – was ihre Reaktionen auf einen solchen welthistorischen Vorgang angeht – in aller Gerechtigkeit einen geschichtlichen Ort zuweisen, so ist ihnen kaum eine größere Ehre getan als die Feststellung, daß sie auf die Jahre genau mit den utopischen Sozialisten in ihrer Weise die Enttäuschung über die um die Jahrhundertwende sichtbar hervortretenden Zustände konstatierten, auf den Begriff und ins Bild zu bringen suchten. Daß es ihnen, ohne die praktisch-sozialen wie theoretischen Voraussetzungen jener, nicht gelang, die Enttäuschung gleichwohl in einen Neuansatz vorwärtsweisender gesellschaftsphilosophischer Überlegungen zu verwandeln, gehört auf ein anderes Blatt. Wie aber der utopische Sozialismus im wissenschaftlichen aufgehoben ist, und zwar ohne seinen Charakter einer historisch eigenständigen Leistung aufzugeben, so sind die Leistungen des nachfolgenden Realismus in der Literatur nicht ohne die romantischen Errungenschaften denkbar.

II.

Der Zeitpunkt des letzten Aufbäumens der um den Ertrag ihres Kampfes betrogenen Volkskräfte Frankreichs in dem sich zum Ende neigenden Jahrhundert, der Versuch, das Postulat der Gleichheit dennoch in Wirklichkeit zu verwandeln, war gewissermaßen auch die letzte entschieden aufklärerische Bewährungsstunde der Frühromantiker in

Deutschland gewesen: Die von Gracchus Babeuf angeführte „Verschwörung der Gleichen“, die sich selbst die letzten Republikaner nannten und – nach einem Wort von Marx – die erste tätige kommunistische Partei bildeten, fällt in dasselbe Jahr 1796, in welchem Friedrich Schlegel gegen Kants gemäßigten Republikanismusbegriff eine Verteidigung des Rechts auf Insurrektion und die Rechtfertigung der „transitorischen Diktatur“ als historischer Notwendigkeit[10] anstrengte sowie seine Würdigung Georg Forsters, in welcher das Ideal des „gesellschaftlichen Schriftstellers“ als politischer Auftrag gefaßt war, konzipierte.[11]
Die begeisterte Erwartung im Angesicht der revolutionären Aktionen des Nachbarvolkes reichten bei den deutschen Frühromantikern – und zwar im fast ausnahmslosen Unterschied zu den Autoren der voraufgehenden Generation – vom Beginn der neunziger Jahre über die Periode der Jakobinerdiktatur bis hinein in die Klassenkämpfe um einen noch unabgegoltenen Demokratismus unter der Herrschaft des Directoire. Ende 1792 schrieb der junge Tieck aus Göttingen an seinen Freund Wackenroder, daß er „nächstens ... über die Möglichkeit der Gleichheit aller Stände etwas vorlesen“ werde, und weiter: „Oh, wenn ich izt ein Franzose wäre! ... Doch leider bin ich in einer Monarchie geboren, die gegen die Freiheit kämpfte, unter Menschen, die noch Barbaren genug sind, die Franzosen zu verachten ... Oh, in Frankreich zu sein, es muß doch ein groß Gefühl sein, unter Dumouriez zu fechten und Sklaven in die Flucht zu jagen, und auch zu fallen, – was ist ein Leben ohne Freiheit? Ich begrüße den Genius Griechenlands mit Entzücken, den ich über Gallien schweben sehe, Frankreich ist jetzt mein Gedanke Tag und Nacht, – ist Frankreich unglücklich ..., dann sind wir entartete, fremde Wesen, mit keiner Ader denen verwandt, die einst bei Thermopylä fielen, dann ist Europa bestimmt, ein Kerker zu sein.“[12]
Die „Sklaven“, die deutschen Koalitionstruppen, wurden in die Flucht geschlagen, Frankreich war nicht „unglücklich“; aber der Traum von Freiheit und Gleichheit verwirklichte sich nicht: Das verkündigte Reich der Freiheit entpuppte sich allzubald als Reich der Bourgeoisie, und das übrige Europa blieb ein „Kerker“. Zunächst waren es schon die Me-

thoden, mit denen sich die neue Gesellschaft auf die Welt brachte, die Konkretheit der Revolutionsereignisse selber, die in die hochgestimmte jugendliche Erwartung von Anfang an Zweifel säten. Diese Generation reagierte – ihrer Jugend gemäß – schärfer darauf als die Älteren. 1793 gestand der vierundzwanzigjährige Schleiermacher seinem Vater, daß er „die französische Revolution im ganzen genommen sehr liebe; freilich ... ohne alles, was menschliche Leidenschaften und überspannte Begriffe dabei getan haben, ... mit zu loben, und noch vielmehr ohne den unseligen Schwindel, eine Nachahmung davon zu wünschen und alles über *den* Leisten schlagen zu wollen – ich habe sie eben ehrlich und unparteiisch geliebt, aber *dies* hat mich von ganzer Seele mit Traurigkeit erfüllt ...".[13] Und 1794 schrieb Novalis an Schlegel: „Es realisieren sich Dinge, die vor zehn Jahren noch ins philosophische Narrenhaus verwiesen wurden ... Mich interessiert jetzt zehnfach jeder übergewöhnliche Mensch – denn eh die Zeit der Gleichheit kommt, brauchen wir noch übernatürliche Kräfte. Du glaubst nicht, lieber Junge, wie ganz ich jetzt in meinen Ideen lebe."[14]

Passagen solcher Art aus dem Kreise der deutschen Frühromantiker lassen sich mühelos vermehren. Sie zeigen allesamt zugleich, wie die Ambitendenz von politischem Idealismus und dem Katzenjammer der Innerlichkeit immer gegenwärtig war. Sie wird sehr deutlich, wenn man beispielsweise die genaue Parallelität ins Auge faßt, in welcher sie sich etwa zwischen 1796 und 1799 bei Novalis und Joseph Görres ausprägte: Während in dieser Zeit der knapp vier Jahre jüngere Rheinländer in Wort und Tat noch einen entschiedenen republikanischen Cisrhenanismus – den Anschluß der von den französischen Revolutionsarmeen besetzten linksrheinischen Gebiete an das republikanische Frankreich – verfechten konnte, bevor der Staatsstreich Napoleons vom 18. Brumaire (1799) ihm ein desillusionierendes Ende setzte, formierte sich in Friedrich von Hardenbergs Weltbild bereits, aller nüchtern-fleißigen Diesseitigkeit seines Berufslebens ungeachtet, eine Abkehr von dem Glauben an eine wirkliche Veränderbarkeit der Umstände. Novalis war darin dem Jüngeren nur vorausgegangen. Es stand am Ende beim reifen Görres wie bei dem frühverstor-

benen Novalis der aus abgründiger Ent-Täuschung geborene Versuch, die Individualität von ihrem entweihten Erdenrest zu befreien und ihr durch die Einordnung des Individuums in einen überindividuellen (enthistorisierten, mythisierten, christlich ausgeschmückten oder poetisierten) Weltzusammenhang ihre von den Propheten der Aufklärung von je gepredigte menschliche Integrität zu retten.[15]
Das alles ändert nichts an der kaum zu übersehenden Tatsache, daß die Vertreter der frühromantischen Generation, nur nach ihrer individuellen Situation und Veranlagung unterschieden, im ganzen doch die tragenden Gedanken des Aufklärungs- und Revolutionszeitalters so lange weiterreflektierten, solange die Wirklichkeit sie nicht selber widerlegte, die Realität nicht von den ihr scheinbar zugrunde liegenden Ideen abfiel. So stand nicht nur Friedrich Schlegels *Versuch über den Begriff des Republikanismus* von 1796 noch ganz im Zeichen der französischen Revolutionsideen wie des universalistischen Staatsdenkens der Aufklärung; gleichwohl war ein weltbürgerlicher Humanismus die Grundlage auch seiner bildungspolitischen Überlegungen – noch 1799 im *Athenäum*.[16] Erst in seinen Wiener *Philosophischen* Vorlesungen von 1804/06 erschien ihm dann die „ständische Verfassung" als „die einzige, wodurch die Freiheit der Bürger am dauerhaftesten gesichert und die Bildung des Menschengeschlechts am wirksamsten befördert" würde: „Der Republikanismus" sei „nur ein vorübergehendes Meteor, das einzelne lichte, glänzende Momente hat, aber schnell im Sturme bürgerlicher Zwietracht erlischt und Zerstörung und Verwirrung zurückläßt", was aber „auch von einer absolut despotischen Herrschaft des Königs" gelte.[17]
Kurzum, die Revolutionsbegeisterung der frühromantischen Generation war allgemein gewesen und ihr Zusammenhang mit den Idealen des aufgeklärten Zeitalters offenkundig. Selbst Wackenroder, der Sohn eines höheren preußischen Beamten und angehender Jurist, stimmte „von ganzem Herzen" in den „Enthusiasmus" seines Freundes, des Handwerkersohns Tieck, ein. Doch er sprach in Preußens Hauptstadt „durchaus mit keinem Menschen von den Franzosen; und zwar darum, weil jeder von ihnen spricht, ihre größten Taten immer mit einem Lächeln erzählt, als

wollt' er sagen: Was die närrischen Leute nicht für Dinge tun!" Und zur selben Zeit, da die jakobinische Wendung der Revolution und die Terreur das ideale Menschenbild des reifen Schiller tief erschütterten und ihn ein Protestschreiben erwägen ließen, schrieb dieser junge Mann genau dazu: „Die Hinrichtung des Königs von Frankreich hat ganz Berlin von der Sache der Franzosen zurückgeschreckt; aber mich gerade nicht. Über ihre Sache denke ich wie sonst. Ob sie die rechten Mittel dazu anwenden, verstehe ich nicht zu beurteilen, weil ich von dem Historischen sehr wenig weiß."[18] Nichtsdestoweniger geht dies alles unmittelbar dem voraus, was gemeinhin für die Geburtsstunde der deutschen Romantik gilt. Für Tieck war in der republikanischen Freiheitsbewegung der Franzosen, in der revolutionären Umwälzung, das heidnische Menschenbild der Griechen wiedererstanden; in Wackenroder verwandelte sich schließlich die Begeisterung für die Kunst des italienischen und deutschen Mittelalters in eine Religion der Kunst: 1797 erschienen die *Herzensergießungen eines kunstliebenden Klosterbruders,* die in ihren Ursprüngen bereits eine Frucht des Jahres 1793 gewesen waren.

Auch Novalis knüpfte direkt an die Ideen der Aufklärung sowie des klassischen Humanismus an, und die Französische Revolution blieb ihm bis in die jakobinische Phase ein großes Bildungserlebnis. Das Wort seines Freundes Schlegel über die drei bedeutendsten Tendenzen des Zeitalters – *Wilhelm Meister,* Französische Revolution und Fichtes *Wissenschaftslehre* – wurde geradezu ein Fahnenwort der Frühromantik. Bei Hardenberg fiel die innere Vorbereitung der enttäuschten Lebensgesinnung mit einer einschneidenden persönlichen Krise – Sophien-Erlebnis und Tod des Bruders – zusammen. Daß dies nachhaltig gewirkt hat, steht außer Frage. Wenn allerdings die 1799 entstandenen *Hymnen an die Nacht* in der subjektiven Innerlichkeit der dichterischen Vision verharren konnten, deren elementarer Grund die Verzweiflung des Individuums gewesen war, so mußte er, diesen Bannkreis durchbrechend, wieder auf die unverrückbaren Tatsachen des ihn umgebenden gesellschaftlichen Lebens stoßen.

Bereits die Fragmentsammlungen von 1797/98, *Blütenstaub* und *Glauben und Liebe oder der König und die Königin,* zeigen die entscheidenden Ansätze zu einer gedanklichen Objektivierung der sich unabweisbar aufdrängenden Fragen. Die bloße Negation des Lebens, wie sie die *Hymnen* dem Leser vorzuzaubern scheinen und die auch teilweise den *Blütenstaub* beherrscht, schlug um in den Versuch, diesem Leben in seiner einmal vorhandenen staatlich-gesellschaftlichen Organisation eine tiefere geistige Begründung zu geben. Eine konstruktive Beantwortung der gestellten Lebensfragen erheischte – wie sie auch ausfallen mochte – die Hinwendung zu den am wenigsten dem sozialen Leben entfremdeten Formen des gesellschaftlichen Bewußtseins: zur Staatslehre und Politik.

Die Wurzeln der Hardenbergschen Schlüsse lagen ganz traditionsgemäß in der (wenig erhebenden) Konfrontation des menschlichen Ideals mit einer kritikwürdigen Realität. Wie scharfsichtig soziologisch dabei seine Beobachtungen waren, bezeugen etwa jene Stellen der *Blütenstaub*-Fragmente, in denen der Unwille gegenüber dem „Philister" und dem bürgerlichen „Alltagsleben" direkt ausgedrückt ist. Die Fragen der Gemeinschaft konnten nur im Diesseits entschieden werden. Die Revolution war aber längst mit enttäuschenden Resultaten zu Ende gegangen. Und so fielen auch diejenigen unter das Philistertum, die anscheinend nur um irdischer Güter willen ihr Selbstgefühl vorübergehend über sich hinaus gesteigert hatten und die Novalis zu der Feststellung veranlaßten, daß die „schlechtesten" die „revolutionairen Philister" seien, „wozu auch der Hefen der fortgehenden Köpfe, die habsüchtige Race" gehöre.[19] In gleiche Richtung zielt auch das Fragment: „Je bornirter ein System ist, desto mehr wird es den Weltklugen gefallen. So hat das System der Materialisten, die Lehre des Helvétius und auch Lokke den meisten Beyfall unter dieser Klasse erhalten. So wird Kant jezt noch immer mehr Anhänger, als Fichte, finden."[20] Verwandte Züge finden sich auch in Schlegels Kant-Polemik.[21]

Mit solcher Kritik am nüchternen Vernunftdenken der Aufklärung, das in den sensualistisch-materialistischen Lehren kulminierte, mußte sich logischerweise auch eine Kritik an der friderizianischen Staatsmaschinerie verbinden. Der Ansatz der politischen Rechnung Hardenbergs ist also weniger in einer ursprünglichen Liebe zur preußischen Monarchie als vielmehr in einer Kritik am herkömmlichen Staat überhaupt zu suchen, der, einbegriffen den Revolutionsstaat, die wohlmeinende Idee von einer aktiven Beteiligung aller Staatsglieder ausschloß. Indessen konnte die Utopie einer idealen Monarchie, worin Novalis den „ächten Republikanismus“, die „allgemeine Theilnahme am ganzen Staate“, die „Harmonie aller Staatsglieder“ überhaupt gewärtigte, nur aus ihrem idealen Himmel wieder auf denselben Boden zurückfallen, aus dem sie aufgestiegen war. Es blieb auch eine Illusion, das herrschende „kleinstädtische Wesen“ in einem großen Werk monarchisch gestützter schöner Gemeinschaftlichkeit und damit den egoistischen Individualismus (den gerade die französischen Materialisten gepredigt hatten) aufzuheben.[22]

Die Monarchie sei „deswegen ächtes System, weil sie an einen absoluten Mittelpunkt geknüpft ist; an ein Wesen, was zur Menschheit, aber nicht zum Staate gehört ... Alle Menschen sollen thronfähig werden. Das Erziehungsmittel zu diesem fernen Ziel ist ein König. Er assimilirt sich allmählich die Masse seiner Unterthanen.“[23] Wie phantastisch dies auch anmuten mag, so liegt dem doch die durchaus verständige Überlegung zugrunde, daß der Staat einer höheren, gewissermaßen allgemeinmenschlichen Zuordnung bedarf, daß er die Kontinuität des Menschengeschlechts repräsentieren müßte, um eine humane Institution und nicht ein leerer mechanischer Apparat zu sein. Mehr noch: Novalis stellte die Aufhebung des Staats überhaupt mit einer allmählichen Identifizierung von Volk und Herrschaft in Aussicht. Diese den zweiten vor dem ersten Schritt tuende Vorstellung schloß – immer im Angesicht der französischen Resultate – den realen Weg einer Volksrevolution aus und konnte darum am Ende nur der politischen Restauration Argumente liefern.

Doch ist in allem ein bedeutender Teil aufklärerischer Vernunft unverkennbar, der nicht nur auf den ursprünglichen Zusammenhang mit dem Staatsdenken des 18. Jahrhunderts verweist, sondern zugleich auch nachdrücklich auf das bürgerliche und keineswegs feudale Klassenwesen des politischen Denkens der Frühromantik aufmerksam macht. Aller späteren reaktionären Umbiegungen ungeachtet, ging es hier noch um den Versuch, ein modernes Staatsbewußtsein, wie es die französischen Revolutionsjahre befördert hatten, mit den deutschen Bedingungen auszusöhnen. Mochte es darum auch seine kuriose Seite haben, wenn Novalis versuchte, ausgerechnet mit der an ein verklärtes preußisches Herrscherpaar geknüpften Heilserwartung seinen politisch-sozialen Vorstellungen eine lebendige Grundlage zu geben: der König hat es mitnichten belächelnswert, sondern höchst ärgerlich gefunden. Daß er den Grundgedanken des Ganzen ein paar Jahre später noch einmal als Reformprogramm von einem anderen Hardenberg auf den Tisch bekam, hat Novalis recht gegeben und ihn gleichsam post mortem noch einmal in die Nähe einer bürgerlichen Umwälzung, diesmal einer deutschen, gerückt.[24]

III.

Daß Novalis derlei überhaupt in den Sinn kommen konnte, hängt wiederum mit dem unmittelbaren Vorgang der Aufklärung zusammen, deren Denkergebnisse von den Frühromantikern nicht bloß rezipiert, sondern teilweise gleichwohl zu verifizieren versucht wurden. Novalis hat den Atheismus der französischen Materialisten – wie fast alle bürgerlichen deutschen Ideologen – verabscheut; er hat – nicht zu Unrecht – den Versuch borniert gefunden, eine Gesellschaft auf die „amour propre", die Eigenliebe, zu gründen; aber er hat beispielsweise die „vertu", die (staatsbürgerliche) Tugend, nicht nur nicht in Abrede gestellt, sondern, wenn immer in modifizierter Form, sie nachgerade zum Ausgang seiner Deduktionen gewählt. Noch klarer tritt dies am Begriffsfeld von Staat, Volk, Adel und Fürst zutage. Die Gemeinsamkeiten sind durch die Unterschiede der allgemeinen Zeitlage und der konkreten nationalen Verhältnisse sowie die Differenz zwischen dem großbürgerlich-reformerischen und dem kleinbürgerlich-republikanischen Standpunkt kaum verdeckt.
Den französischen Materialisten wie den deutschen Frühromantikern, namentlich Novalis, war ein demokratischer Staat als reale Herrschaft des Volkes unannehmbar; nur Schlegel hat einmal – im *Republikanismus*-Aufsatz – einen Schritt darüber hinaus getan. Beide auch negierten sie den längst im konstruktiven Verstande funktionslos geworde-

nen Adel, den erst die Nachkommenden – die Vertreter einer restaurativen Geschichtsideologie in Deutschland – wieder theoretisch in den gesellschaftlichen Organismus hineingeheimnisten, weil er hier nicht aufgehört hatte, seine Machtpositionen zu behaupten. Beide hielten gleichwohl die zu erstrebende menschliche Ordnung wesentlich für ein Gemeinschaftswerk der Souveräne und der Gebildeten. Und sie trafen einander endlich in der wohlmeinenden Hoffnung auf einen idealen Fürsten als Voraussetzung des Ganzen.[25] – Vor solchen schlichten Tatsachen fallen die Mystifizierungen ab, mit denen die kleinbürgerlichen deutschen Intellektuellen im Windschatten der Großen Revolution zeitweise ihre hochfliegenden Träume umgaben. Der Schrecken vor revolutionären Massenaktionen, gar einer andauernden Volksmacht (auch Schlegel hatte sie nur als „transitorische" verstanden), war der unmittelbare Beweggrund für den Rückgriff auf die Weisheit eines fiktiven Staatslenkers, welcher in erzieherischem Beispiel und Reformen die Wundermittel zu einer Regeneration des Gesellschaftskörpers anscheinend bereithielt: Bei Hardenberg wie schon bei Holbach „vermag der gute Fürst alles über den Geist seiner Untertanen"[26].

Die Frühromantik bewahrte noch die universalgeschichtliche Anschauung des aufgeklärten Jahrhunderts. Selbst in der vielleicht problematischsten Schrift der ganzen Romantik – *Die Christenheit oder Europa* – herrscht noch ein in keine nationalen oder Feudalgrenzen eingepferchter geschichtlicher Sinn. Aus der Erbärmlichkeit seiner engeren und weiteren Verhältnisse heraus sah Novalis „schöne glänzende Zeiten, wo Europa ein christliches Land war, wo *Eine* Christenheit diesen menschlich gestalteten Weltteil bewohnte"; denn „*Ein* großes gemeinschaftliches Interesse verband die entlegensten Provinzen dieses weiten geistlichen Reichs. – Ohne große weltliche Besitztümer lenkte und vereinigte *Ein* Oberhaupt die großen politischen Kräfte."[27] Eine solche Exposition war – auch wenn man ihre potentiell reaktionäre Konsequenz nicht übersieht – immerhin zugleich eine deutliche Antithese zu den vom lutherischen Protestantismus geheiligten Zuständen im feudalistisch zersplitterten Deutschland: Ein Grund, warum sich späterhin Hardenbergs Geschichtsbild und damit wesentlich die Frühromantik als Ganzes einer widerspruchsfreien Eingliederung in die national-individualistische Konzeption des deutschen Historismus beharrlich widersetzte.

Geschichtsphilosophische und nicht etwa theologische Gründe hat darum auch das erstaunliche Wagnis des Novalis, den „Versuch jener großen eisernen Maske, die unter dem Namen Robespierre in der Religion den Mittelpunkt und die Kraft der Republik suchte", als „historisch merkwürdig" anzuerkennen.[28] In der Tat hatte der politische Revolutionär, (philosophische) Idealist und Gegner des Atheismus (aber zugleich des kirchlichen Aberglaubens) auf der Höhe der sozialen Umwälzung und des Jakobinerstaats mit dem Kultus des Etre suprême den grandiosen Ansatz gemacht, die heterogenen Klassenkräfte und -interessen einer schon an die Grenzen ihrer geschichtlichen Möglichkeiten streifenden Revolution mit einem Staatsdeismus auf ein verbindendes Ziel zu verpflichten.[29] Die allgemeine Differenz zwischen dem Romantiker, dem deutschen „nachrevolutionären" Ideologen, und der Ideologie des französischen Revolutionärs ist evident. Doch auch die Robespierresche, der Aufklärung entstammende Theorie eines idealen Staatsbürgers war eine Utopie gewesen. Die Jakobiner waren allerdings nicht etwa an einer versuchten Ersetzung der gerade mittels der Revolution errungenen Republik durch das Idealreich eines universalen Glaubens gescheitert: Es scheiterte die Theorie eines wahren Citoyen an der praktisch-politischen Tatsache, daß ihre Realisierung eine noch ungeborene Klasse voraussetzte. Unfähig, sich zu verwirklichen, war sie jedoch ein handgreifliches Mittel gewesen, die auseinanderstrebenden Klassen- und Gruppeninteressen, den Egoismus der einzelnen in einen Egoismus des nationalen Staats zu kanalisieren und den politischen Pluralismus der Feudalität endgültig zu zertrümmern.

Zwangsläufig mußte schon bei Hardenberg die über einer politisch unveränderten Basis errichtete Utopie partiell zu einer Umdeutung der geschichtlichen Fakten führen. Der Rückgriff auf das vorreformatorische Mittelalter – und damit eine Restitution des voraufklärerischen Weltbilds – endete bei der absurden These etwa, daß die jahrhundertelange Emanzipation des Menschen aus den Fesseln überirdischer Mächte und deren irdischer Sachwalter ein Abfall der Menschheit von ihrer Bestimmung gewesen sei. Und eine Bestätigung für die Wohltätigkeit des päpstlichen Regiments glaubte der Romantiker am Ende gerade in jenen menschlichen Werken gefunden zu haben, die in Wahrheit dem aufstrebenden Bürgertum geschuldet waren: „die ungeheure Höhe, die einzelne Menschen in allen Fächern der Wissenschaften des Lebens und der Künste erreichten, und der überall blühende Handelsverkehr mit geistigen und irdischen Waren in dem Umkreis von Europa und bis in das fernste Indien hinaus".[30]

So erschienen am Ende die deutsche Reformation und die Französische Revolution vor dem Richterstuhl der Novalisschen Zeitkritik als Zeugen für die Zerstörung der ursprünglichen politisch-kulturellen Einheit Europas, wie sie unter den mittelalterlichen Päpsten bestanden habe. Es war dies nur der radikale Schluß aus einem historischen Sachverhalt, der noch bei Hardenbergs Altersgenossen Hegel – auf der Grundlage einer Überschätzung der *inneren* Freiheit des Menschen (im lutherischen Sinne) – den Gedanken zeitigen sollte, daß „mit der Reformation ... die Protestanten ihre Revolution vollbracht" hätten.[31] Jedoch bedeutete der Novalissche Entwurf keineswegs eine theoretische Restauration des Katholizismus, geschweige eine Vorwegnahme der Idee der Heiligen Allianz. Bei der Entstehung dieser Schrift kann ihr oppositioneller Ausgang nicht weggedacht werden. Hier war vorerst ein friedevolles Gegenbild zu einer von Revolution und Kriegen erschütterten Gegenwart formuliert. Wenn aber die Aufklärung ihr noch eine vernünftige Konstruktion der Zukunft entgegenzusetzen gehabt hatte, so vermochte die Frühromantik ihr nur mit einer fiktiven Vergangenheit zu begegnen.

Indessen behielten die Frühromantiker in nicht nur einer Hinsicht einen unter politisch-philosophischem Aspekt durchaus vernünftigen Standpunkt. Die Position der politischen Vernunft, Erbgut der Aufklärung, schloß am Ende beispielsweise jedwede Verherrlichung des Adels und seiner Herrschaft aus. Dem widerspricht nicht die bekannte Tatsache, daß die Frühromantiker gleichzeitig ihr Bild des Rittertums aufbauten, eine poetisierte Variante mittelalterlicher Adelsexistenz sozusagen, die ein Bestandteil des Ge-

genbilds zur prosaischen Gegenwart war. Novalis fühlte sich ganz als bürgerlicher Ideologe und widmete dem wirklichen Dasein derjenigen Klasse, der er von Geburt zugehörte, kaum eine bemerkenswerte Zeile; und Friedrich Schlegel schrieb noch zur Zeit des napoleonischen Vormarsches: „Nur wenn der Adel das Geschäft des Krieges übernimmt, ist er ein notwendiger, für sich bestehender Stand, ohne diese Bestimmung ist es bloßer Familienstolz, ... eine zwecklose widersinnige Erinnerung."[32] Gerade diese politisch-philosophische Denkart zog es nach sich, daß die Bewegungen der Revolution in Frankreich nach dem Thermidor sich Schritt für Schritt in den Anschauungen der Frühromantikergeneration niederschlugen.
Die deutsche Romantik entwickelte sich in genauer Parallelität zu den nachthermidorianischen Phasen der Französischen Revolution und als deren direkter gedanklicher Reflex. Die entscheidenden Zäsuren bildeten dabei die Jahre der verschärften Klassenkämpfe und Massenaufstände 1795/96 bis zu deren Höhepunkt, der „Verschwörung der Gleichen" gegen die Revolutionsgewinnler, die Verfallszeit und der Sturz ihres korrupten Direktoriums durch Napoleon (am 18. Brumaire 1799) und die Errichtung des Konsulats sowie schließlich die Zeit der Machtübernahme – als Erster Konsul und danach als Kaiser – durch Bonaparte (1802–1804), den starken Mann der französischen Großbourgeoisie, der aber eine Hoffnung der ausgeplünderten Massen blieb.
Die Fortbildung der romantischen Ideologie ist unter diesem Betracht mit wenigen Sätzen authentisch zu bezeugen. Für eine kurze Dauer um das Jahr 1796 hatte noch, wie schon angedeutet, der junge Friedrich Schlegel in der „transitorischen Diktatur" eine „politisch mögliche Repräsentation", eine „republikanische, vom Despotismus wesentlich verschiedne Form" gesehen sowie den „Republikanismus" als „notwendig demokratisch" und den „absoluten Despotismus" als einen „Antistaat" definiert.[33] Doch schon im Jahre darauf war sein Freund Novalis in einem *Blütenstaub*-Fragment zu einer Art transzendentaler Fassung der staatstheoretischen Begrifflichkeit gelangt, indem er eine „wahre Demokratie" den „absoluten Minus-Staat" und eine „wahre Monarchie" den „absoluten Plus-Staat" nunmehr nannte, da

„Demokratie, im gewöhnlichen Sinn, ... im Grunde von der Monarchie nicht verschieden" sei, „nur daß hier der Monarch eine Masse von Köpfen ist". Ließe sich aber – wie Novalis meinte – die „gemäßigte Regierungsform" als eine lebendige Durchdringung von „Naturwillkühr und Kunstzwang" herstellen, „so wäre das große Problem gelößt"; denn „der Geist macht beydes flüssig" und „ist jederzeit poëtisch", so daß der „poëtische Staat" am Ende der „wahrhafte, volkommne Staat" sei.[34] Mit dem Letzten erscheint jener Gedanke, der für Schiller, als sich die Revolution in Frankreich auf ihrem Höhepunkt befand, noch eine grandiose Variante aufklärerischer Euphorie gewesen war[35], in der Novalisschen Rezeption nur mehr als eine hoffnungslose Ausflucht vor dem Druck der gegebenen Wirklichkeit. Er weist auf das nahende Ende progressiver Utopiebildung überhaupt.

Gegen die Jahrhundertwende dann war der Glaube an die *reale* Möglichkeit einer demokratischen Republik gänzlich verflogen. 1798 schrieb Novalis: „Vielleicht lieben wir alle in gewissen Jahren Revolutionen, freie Concurrenz, Wettkämpfe und dergleichen demokratische Erscheinungen. Aber diese Jahre gehn bei den Meisten vorüber – und wir fühlen uns von einer friedlicheren Welt angezogen, wo eine Centralsonne den Reigen führt, und man lieber Planet wird, als einen zerstörenden Kampf um den Vortanz mitkämpft."[36] Schlegel räsonnierte zur selben Zeit: „Die vollkommne Republik müßte nicht bloß demokratisch, sondern zugleich auch aristokratisch und monarchisch seyn; innerhalb der Gesetzgebung der Freyheit und Gleichheit müßte das Gebildete das Ungebildete überwiegen und leiten und alles sich zu einem absoluten Ganzen organisiren." Vor allem aber formulierte er bereits die Bedeutung der weltgeschichtlich dimensionierten Revolution in ein nationalgeschichtliches, ja nationalpsychologisches Ereignis um: „Man kann die französische Revoluzion als das größte merkwürdigste Phänomen der Staatengeschichte betrachten, als ein fast universelles Erdbeben, eine unermeßliche Überschwemmung in der politischen Welt; oder als ein Urbild der Revoluzionen, als die Revoluzion schlechthin ... Man kann sie aber auch betrachten als den Mittelpunkt und den Gipfel des französischen Nazionalkarakters, wo alle Paradoxien desselben zusammengedrängt sind; als die furchtbarste Groteske des Zeitalters, wo die tiefsinnigsten Vorurtheile und die gewaltsamsten Ahndungen in ein grauses Chaos gemischt ... sind."[37]

Ein reichliches Jahr darauf heißt es dann: „Nichts ist mehr Bedürfniß der Zeit, als ein geistiges Gegengewicht gegen die Revoluzion, und den Despotismus, welchen sie durch die Zusammendrängung des höchsten weltlichen Interesses über die Geister ausübt. Wo sollen wir dieses Gegengewicht suchen und finden? Die Antwort ist nicht schwer; unstreitig in uns ..."[38] Es stand nur noch dieser Weg nach innen offen, den, Folge der objektiven Ambitendenz dieser Übergangsperiode, von nun an die meisten notgedrungen beschritten. Es vollendete sich so gewissermaßen die Phänomenologie des romantischen Geistes, der sich endgültig an der Wirklichkeit brach und fortan in der Dichtung seine Auferstehung feierte. Völlig folgerichtig, wenn nach der Errichtung des napoleonischen Kaiserreichs, die Novalis nicht mehr erlebte, Friedrich Schlegel im reinen Republikanismus, der „durch kein monarchisches Prinzip beharrlich und dauerhaft gemacht wird", den „Keim der Zwietracht schon ursprünglich enthalten" glaubte; er sah die „Freiheit" in „Zügellosigkeit, die Volksherrschaft in Pöbelherrschaft ausarten" und durch den „wechselseitige(n) Vernichtungskampf der Parteien ... endlich das Ganze in dem Zustande völliger Auflösung und Kraftlosigkeit dem ersten Despoten in die Hände" geliefert, „der Kraft und Verstand genug hat, die losgelassnen Zügel zu fassen und nach Willkür zu regieren".[39]

Es wäre indes höchst ungerecht, diese böse Meinung für ein Paradigma politsch-romantischer Gesinnung zu halten. Solche Skepsis gegenüber der Ambitendenz bürgerlicher Republik, aus Befangenheit und Enttäuschung gespeist, durchzog das ganze Jahrhundert und nistete selbst in den besten Köpfen. Noch viele Jahrzehnte später – in den achtziger Jahren – fand kein geringerer als der republikanische Schweizer Gottfried Keller in den Vorarbeiten zum *Martin Salander,* seinem der bürgerlichen Gesellschaft gegenüber kritischsten Werk, ähnliche Worte: Wenn in der modernen Republik, „die nur noch bürgerlicher Natur mit gleichen Rechten" sein und „nur mit einem gewissen Grade von Einfachheit und Ehrbarkeit" bestehen könne, „Luxus, Genußsucht, Unredlichkeit und Pflichtvergessenheit überhandnehmen, lohnt die Aufrechterhaltung der Form und des Namens nicht mehr der Mühe, und die verkommende Gesellschaft fällt besser der nächstbesten monarchischen Zwangsanstalt anheim ..."[40]

All die „romantischen" Formulierungen waren nichts weniger als eine Vorwegnahme bornierter Restaurationsgesinnung. Vielmehr bringt der dramatische Vorgang der Suche nach sprachlichem Ausdruck an den Tag, wie sich aus dem Überdruß an bereits ein Jahrzehnt andauernden Kriegen, Bürgerkriegen und Klassenkämpfen der Gedanke eines wünschbaren Friedens und sinnreichen friedlichen Tuns herausarbeitet. So mochte es auch geschehen, daß bereits an der Jahrhundertwende Novalis Sätze fand, die – fast mit den gleichen Worten – den Bogen vorwärts zu jenen schlagen, die Goethe auf dem Höhepunkt der Befreiungskriege gegenüber dem Historiker Heinrich Luden sprechen wird.[41] Bei Hardenberg heißt es: „Deutschland geht einen langsamen aber sichern Gang vor den übrigen europäischen Ländern voraus. Während diese durch Krieg, Spekulation und Parteigeist beschäftigt sind, bildet sich der Deutsche mit allem Fleiß zum Genossen einer höhern Epoche der Kultur, und dieser Vorschritt muß ihm ein großes Übergewicht über die andern im Lauf der Zeit geben. In Wissenschaften und Künsten wird man eine gewaltige Gärung gewahr. Unendlich viel Geist wird entwickelt. Aus neuen, frischen Fundgruben wird gefördert ..."[42]

Selbstredend waren derlei ambitendente Urteile verschieden interpretierbar und im Verstande der Restauration, selbst nationaler Überhebung verwertbar: Es konnte so die geschichtsphilosophische Grundlage eines allgemeines Gesellschaftsbewußtseins etabliert werden, welches schließlich den Sturz Napoleons in den Augen der Siegermächte nicht allein als das Ende einer illegitimen Revolution, sondern vor allem als den Triumph althergebrachter Legitimität erscheinen ließ. – Das Ganze erklärt aber auch, wieso der feudale Grundbesitz mit allen seinen Requisiten über Jahrzehnte hin ein ästhetisches Refugium der deutschen Literatur zu bilden vermochte. Es war dies die reale Alternative zu den Höhenflügen uneingetroffener Verheißungen und der mit dem Verzicht auf politische Freiheit erkaufte Trost über das Unbehagen in der dennoch entstehenden Welt der Arbeit und (bloß physischen) Bedürfnisbefriedigung, in welcher sich am Ende dieses Existenzmittel des Menschen in seinen Existenzzweck verkehrte.

1 Franz Mehring, Schiller und die Gegenwart; Gesammelte Schriften, Bd. 10, Berlin 1961, S. 285.
2 Karl Marx, Zur Judenfrage; MEW, Bd. 1, S. 368 und 355.
3 Novalis, Blütenstaub; in: Novalis, Schriften. Die Werke Friedrich von Hardenbergs, hg. von Paul Kluckhohn (†) und Richard Samuel. 2. Aufl., Stuttgart 1960ff., Bd. 2, S. 447 und 449 (künftig zit. „Schriften"). – Die Novalis-Zitate sind generell dieser Ausgabe entnommen, die auch der vorliegenden Auswahl zugrunde liegt, in der die Stellen leicht auffindbar sind.
4 Karl Marx, Einleitung zur Kritik der Politischen Ökonomie; MEW, Bd. 13, S. 615f.
5 Novalis, Die Christenheit oder Europa; Schriften, Bd. 3, S. 518.
6 Karl Marx, Zur Judenfrage, a. a. O., S. 356.
7 Friedrich Schlegel, Geschichte der alten und neuen Literatur; Kritische Friedrich-Schlegel-Ausgabe, hg. von Ernst Behler. Paderborn/München/Wien/Zürich 1956ff., Bd. 6, S. 411 (künftig zit. „KA").
8 Karl Marx/Friedrich Engels, Die Heilige Familie; MEW, Bd. 2, S. 129.
9 Georg Forster an den Buchhändler Christian Friedrich Voß in Berlin, 21. Dez. 1792; Georg Forster, Werke in vier Bänden, hg. von Gerhard Steiner. Leipzig o. J. (Insel-Verlag), Bd. 4, S. 809.
10 Vgl. Friedrich Schlegel, Versuch über den Begriff des Republikanismus. Veranlaßt durch die Kantische Schrift zum ewigen Frieden; KA, Bd. 7, S. 11ff.
11 Friedrich Schlegel, Georg Forster (ersch. 1797 in Reichhardts *Lyzeum der schönen Künste,* Bd. I/1; KA, Bd. 2, S. 78ff.
12 Ludwig Tieck an W. H. Wackenroder, 28. Dez. 1792; Werke und Briefe von W. H. Wackenroder. Berlin o. J. (Lambert Schneider) [1938], S. 405.
13 F. D. E. Schleiermacher an den Vater, 14. Febr. 1793; Schleiermacher, Briefe, hg. von Martin Rade. Jena 1906, S. 45.
14 Novalis an F. Schlegel, 1. Aug. 1794; Schriften, Bd. 4, S. 140.
15 Vgl. Die Französische Revolution im Spiegel der deutschen Literatur, hg. von C. Träger unter Mitarbeit von F. Schaefer. Leipzig und Frankfurt a. M. 1975, 2. Aufl. 1979 (3. Aufl. 1988 und 1989), S. 379ff. und 428ff.
16 Vgl. Über die Philosophie. An Dorothea, in: Athenaeum. Zweiten Bandes Erstes Stück. Berlin 1799, S. 1–38; KA, Bd. 8, S. 41ff.

17 Friedrich Schlegel, Philosophische Vorlesungen aus den Jahren 1804 bis 1806, hg. von C. J. H. Windischmann, Bonn 1836/37, Bd. 2, S. 365; KA, Bd. 13, S. 151.
18 Briefe vom Jan. und 5. März 1793, a. a. O., S. 411 und 435.
19 Vgl. Novalis, Schriften, Bd. 2, S. 447 und 449.
20 Ebenda, S. 461f.
21 Vgl. Schlegel, Philosophische Vorlesungen, Bd. 2, S. 411ff.; KA, Bd. 13, S. 220ff.
22 Vgl. Novalis, Schriften, Bd. 2, S. 496.
23 Ebenda, S. 489.
24 Siehe die Erläuterung zu *Glauben und Liebe* in dieser Ausgabe.
25 Die weitere Ausführung der Problematik: Claus Träger, Ideen der französischen Aufklärung in der deutschen Romantik, in: C. T., Studien zur Literaturtheorie und vergleichenden Literaturgeschichte. Leipzig 1970.
26 „Un bon prince peut tout sur l'esprit de ses sujets" (vgl. Holbach, La politique naturelle. London 1773, Bd. 2, S. 266 f.).
27 Novalis, Schriften, Bd. 3, S. 507.
28 Ebenda, S. 518f.
29 Vgl. Robespierre, Sur les rapports des idées religieuses et morales avec les principes républicains et sur les fêtes nationales (7 mai 1794); Robespierre, Textes choisis. Bd. 3, Paris 1958 (vor allem S. 174f.). – Es sind unschwer die begrifflichen Übereinstimmungen, die politisch-sozialen Anliegen betreffend, festzustellen, die zwischen den beiden anscheinend so unüberbrückbar entfernten Autoren bestanden.
30 Novalis, Schriften, Bd. 3, S. 509.
31 G. W. F. Hegel, Vorlesungen über die Philosophie der Weltgeschichte. Berlin 1970, Bd. 4, S. 925.
32 Schlegel, Philosophische Vorlesungen, Bd. 2, S. 367; KA, Bd. 13, S. 152.
33 Vgl. Schlegel, Versuch über den Begriff des Republikanismus, a. a. O., S. 14, 17, 25.
34 Novalis, Schriften, Bd. 2, S. 468.
35 Vgl. Schillers Theorie eines „ästhetischen Staats" im 27. Brief der Abhandlung *Über die ästhetische Erziehung des Menschen* (1793; 1794/95 veröff.).
36 Novalis, [Politische Aphorismen]; Schriften, Bd. 2, S. 503.
37 Athenaeum. Ersten Bandes Zweytes Stück. Berlin 1798, S. 232 und 309f.
38 Athenaeum. Dritten Bandes Erstes Stück. Berlin 1800, S. 10.
39 Schlegel, Philosophische Vorlesungen, Bd. 2, S. 331f.; KA, Bd. 13, S.123f.
40 Gottfried Keller, Sämtliche Werke. Berlin 1958, Bd. 5, S. 428.
41 Die berühmte Äußerung Goethes von 1813 lautet: „Ja, das teut-

sche Volk verspricht eine Zukunft und hat eine Zukunft ... Aber die Zeit, die Gelegenheit vermag ein menschliches Auge nicht vorauszusehen, und menschliche Kraft nicht zu beschleunigen oder herbei zu führen. Uns Einzelnen bleibt inzwischen nur übrig, einem jeden nach seinen Talenten, seiner Neigung und seiner Stellung, die Bildung des Volkes zu vermehren, zu stärken und durch dasselbe zu verbreiten nach allen Seiten ..., damit es nicht zurück bleibe hinter den anderen Völkern, sondern wenigstens hierin voraufstehe ...“ (Heinrich Luden, Rückblicke in mein Leben. Jena 1847, S. 119ff.)

42 Novalis, Die Christenheit oder Europa; Schriften, Bd. 3, S. 519.

Leben des Novalis

Die von Hardenberg, ursprünglich in Niedersachsen ansässig, konnten ihre Abstammung bis ins 12. Jahrhundert zurückverfolgen. Einige hatten sich schon früh – nach einem der Güter – von Rode(n) oder latinisiert de Novali genannt. Der Urgroßvater des Dichters erhielt bei einer Güterteilung im 17. Jahrhundert das Gut Oberwiederstedt im Mansfeldischen, ein säkularisiertes Nonnenkloster. Aus der niedersächsischen gräflichen Linie ist der preußische Staatskanzler, aus der obersächsischen freiherrlichen der Dichter hervorgegangen. Die sanfte Landschaft der Ostausläufer des Harzes ist die Umwelt seiner Kindheit und frühen Jugend gewesen. Die Eltern werden ähnlich wie die Goethes charakterisiert: Der Vater Erasmus von Hardenberg, Bergfachmann, Offizier, Landwirt, streng und temperamentvoll – die Mutter von feinem Geist und poetischem Talent.
Der am 2. Mai 1772 geborene Georg Philipp Friedrich von Hardenberg war eines von elf Kindern, von denen nur ein Sohn die Mutter überlebte. Die Verhältnisse waren die des kleinen mitteldeutschen Landadels: bescheiden und nicht etwa der Lebensführung reichsstädtischer Patrizier wie vielleicht den Goethes vergleichbar, die über zwei Generationen mit dem erworbenen und erheirateten Vermögen eines (gern verschwiegenen) großväterlichen Schneidergesellen aus Thüringen ihr Auskommen haben, ganz ihren Neigungen leben und sich nach Goethes eigenen Worten mit dem „Adel gleich halten" konnten. Kein aristokratisches Getue ist bei den Hardenbergs zu verspüren, nichts von den Allüren des Ancien régime. Man lebte zurückgezogen, en famille: man ergriff einen Beruf und diente ihm nach Kräften. Indes scheint es selbst um diese nicht sonderlich mehr bestellt gewesen zu sein. Auch Friedrich, jahrelang zart, schwächlich, langsam sich geistig entwickelnd, dann plötzlich von großem Eifer, später von immensem Fleiß, offenbarer Begabung und Ideenreichtum, hat nicht einmal sein neunundzwanzigstes Jahr vollendet.

Und in diesem kurzen Leben drängte sich das eigentliche schöpferische Tun, dessen Resultate in mehreren dicken Bänden gesammelt sind, auf nicht einmal drei Jahre zusammen: als ob sein Inneres jäh aufgeflackert und verbrannt wäre. Ein seltener, vielleicht einzigartiger Fall in der Geschichte der Literatur. Wenn Heinrich Heine dreieinhalb Jahrzehnte später in der *Romantischen Schule* schrieb, daß der „Rosenschein in den Dichtungen des Novalis ... nicht die Farbe der Gesundheit, sondern der Schwindsucht" sei, so meinte das mehr als Hardenbergs Krankheit: Das Flakkernd-Hinfällige dieses Sinnbilds faßt die ganze geistige Persönlichkeit eines der talentiertesten und hoffnungsvollsten, aber für den Leser zugleich anspruchsvollsten und kompliziertesten Schriftstellers deutscher Sprache, dessen Werk wie ein Brennglas die bewegenden Widersprüche seiner Zeit, deren Menschen endlich Frieden wünschten, reflektiert, ohne sie wenigstens in Gedanken befestigen, in poetischer Gestalt auflösen oder zur Ruhe bringen zu können.

Der junge Hardenberg erfuhr, nicht für ein untätiges Leben bestimmt, die gängige Ausbildung seines Standes: zuerst durch einen Hauslehrer und im fünften Jahr nach der Ansiedlung der Familie in Weißenfels 1785, wohin der Vater als Direktor der kursächsischen Salinen Artern (wo Goethes Urgroßvater als Schmied ansässig gewesen), Kösen und Dürrenberg berufen worden war, für einige Monate am Luthergymnasium zu Eisleben. Noch im selben Jahr, 1790, ging er nach Jena, um die Rechte zu studieren. Der schon längst den Musen Zugetane und von den literarischen Ideen der Aufklärung Beseelte wurde freilich folgerichtig von ganz anderen Mächten angezogen als von den in den Gesetzbüchern der Zeit bereits erstarrten. Sie traten ihm leibhaftig entgegen in Friedrich Schillers Vorlesungen zur europäischen Staatengeschichte und zu den Kreuzzügen wie auch in Karl Leonhard Reinholds Kollegs über die Kantsche Philosophie. Beiden Lehrern ist er in den zwei Jenenser Semestern nahegetreten und hat ihnen danach dankbar-begeisterte Briefe geschrieben.

Schiller eröffnete ihm das Panorama der politischen Geschichte, wodurch er weithin den Weg des Jüngeren mitbestimmt hat. Aus dem tiefgreifenden Erlebnis des Schillerschen Genies, das ihn fortan beschäftigte, ist auch das erste veröffentlichte Gedicht entstanden, das unter dem Titel *Klagen eines Jünglings* 1791 in Wielands *Teutschem Merkur* gedruckt wurde. Es war von großem Folgenreichtum, daß derjenige, in dem er den „Erzieher des künftigen Jahrhunderts" erblickte, auch in ihm den Sieg über „unsere Voltaire, Helvetius und die andern Modephilosophen und Modehelden unseres Jahrhunderts" davontrug (Brief an Reinhold, 5. Okt. 1791): Dieses andere entscheidende Erbe des 18. Jahrhunderts, der Materialismus und tendenzielle Atheismus, der allen kleinbürgerlich-republikanischen Kräften – Robespierre wie Schiller wie auch den deutschen Romantikern – nur als die Weltanschauung einer depravierten Aristokratie und Generalpächterbourgeoisie erschien, ist von Hardenberg stets befehdet worden.

Auf Jena folgte Leipzig, im Oktober 1791. Wieder fesselte ihn anderes mehr als sein Fach: Geschichte und Philosophie, dazu Naturwissenschaften und Mathematik. Und wenn einer nach Leipzig kam, ob aus Kamenz, Frankfurt oder Weißenfels, ob lutherisch orthodox, mit bereits ziemlich säkularisierten Vorstellungen versehen oder pietistisch erzogen, erfaßte ihn sogleich der Sog eines geselligen, ja „galanten" Lebens: Seine freieren, aber eben gerade nicht groben Sitten – die walteten mehr in Jena und Halle – erwuchsen dem damaligen Klein-Paris aus dem einträglichen Boden merkantiler Betriebsamkeit; frei auch noch von einer eigentlich regierenden Oberschicht, sah die Handelsmetropole in den Gelehrten ihr Patriziat. Das wichtigste Ereignis freilich während der drei Semester in dieser verwirrenden „großen" Welt war für Hardenberg die Begründung der Freundschaft mit dem gleichaltrigen Friedrich Schlegel.

Dann schickte ihn der Vater noch für ein reichliches Jahr zur Beendigung des Jurastudiums nach dem ruhigeren Wittenberg. 1794 ist er schließlich im thüringischen Tennstedt als Aktuarius des Kreisamtmanns Just, der ihm ein väterlicher Freund wurde. Der in seiner freien Zeit sich auf das Studium Fichtes, Spinozas, später Hemsterhuis' warf, wird zugleich als pflichteifriger und gewissenhafter angehender Verwaltungspraktiker geschildert. Fichte, dessen erster Systementwurf – die *Grundlage der gesamten Wissenschaftslehre* – 1794 herausgekommen war und der Hardenberg zeitlebens beschäftigt hat, lernte er zusammen mit Hölderlin 1795 im Hause des Jenenser Philosophieprofessors Niethammer auch persönlich kennen.

In dieser Zeit bahnte sich die Wende in Hardenbergs innerem Leben an. Gegen Ende des Jahres 1794 hatte er auf einer Dienstreise nach Grüningen die zwölfjährige Sophie von Kühn getroffen und sich im Frühjahr darauf mit ihr heimlich verlobt. Eine Viertelstunde habe, wie er selbst sagte, über sein weiteres Leben entschieden. Aller Rätseleien um die literarhistorische Bedeutung dieser sonderbaren Beziehung ungeachtet, darf jenes ebenso frühreif-kapriziöse wie ungebildet-natürliche Kind aus niederem thüringischen Landadel, an dessen Schicksal auch Goethe Anteil nahm, zu den merkwürdigen weiblichen Erscheinungen der deutschen Literaturgeschichte – wenn auch selber nicht ohne weiteres einer Friederike und Charlotte, Susette, Caroline oder Dorothea vergleichbar – gezählt werden. Tatsache ist, daß das – im übrigen gar nicht so „romantische“ – Gefühl „wundersamer Anhänglichkeit“, wie Hardenberg es nannte, seiner Dichtung Tiefe verliehen hat. Denn hinzu trat der Schmerz. Ein Jahr nach der ersten Begegnung erkrankte Sophie an Lungentuberkulose, und es begann die traurige Geschichte eines geduldigen Leidens und mehrmals in Jena wiederholter Operationen. Im März 1797 ist Sophie von Kühn gestorben. Das Bild der so Verewigten blieb der ihm immer gegenwärtige seelische Hintergrund, vor dem sich eine Verklärung des Irdischen zu einer verinnerlichten „unsichtbaren Welt“ in seinem Dichten vollzog.

Eine Abkehr des Jünglings von der Realität bedeutete es mitnichten. Hardenberg ist, solange er zu leben hatte, über alle Maßen fleißig gewesen: er hat seinen Beruf mit viel Verstand pflichtbewußt ausgeübt, mit Hingabe seine Bildung unablässig erweitert und als Schriftsteller diszipliniert gearbeitet. Und wenn er später sogar in seinen staatstheoretischen Gedanken das Bild Sophiens etwa mit dem der Königin von Preußen verschmilzt, so weniger, um damit die politische Welt zu entwirklichen, als vielmehr, um sie auf eine Idealität zu verpflichten, die in diesem Falle zwar höchst unangemessen, jedoch nicht aus der Luft, sondern aus seiner Wirklichkeit gegriffen war.

Ende Dezember 1795 zum Akzessisten bei der Salinendirektion in Weißenfels ernannt, verließ Hardenberg Tennstedt am Anfang des neuen Jahres. Er besuchte wiederholt Sophie, desgleichen Friedrich Schlegel, der auch von Jena nach Weißenfels herüberkam. So begann andeutend sich die Frühromantik in Jena zu formieren. Fichte, der 1793 seine schriftstellerische Laufbahn als Verteidiger der Französischen Revolution begonnen und 1794 sein Lehramt angetreten hatte, stand im Begriffe, seine Philosophie als ein „System der Freiheit", als geistiges Pendant zur republikanisch-politischen Freiheit der Franzosen zu konstituieren; er ist nach und nach von den Romantikern in den Rang ihres Ideologen erhoben worden. Im Sommer 1797 begegnete Novalis in Jena August Wilhelm und Caroline Schlegel, die ein knappes Jahrzehnt zuvor, jung verwitwet, zu ihrer Freundin Therese Forster nach Mainz gereist, während der Revolution 1792/93 dem von seiner Familie verlassenen Georg Forster eine hilfreiche Gefährtin gewesen und danach von den Preußen auf dem Königstein im Taunus gefangengesetzt worden war. Im Dezember traf Hardenberg in Leipzig Friedrich Wilhelm Joseph Schelling, der, 1775 geboren und damit der jüngste von allen, zu eben jener Zeit im Tübinger Stift sich mit Hegel und Hölderlin zum Unmut ihres Landesvaters – vor dem schon Schiller das Weite gesucht hatte – an der Errichtung eines Freiheitsbaums beteiligt und wahrscheinlich auch die Marseillaise für ihren revolutionären Studentenklub übersetzt hatte. Die jüngste Vergangenheit dieser Bekannt- und Freundschaften ist sehr „jakobinisch" gewesen. Denn auch Friedrich Schlegel hat noch 1796 in der Auseinandersetzung mit Kants Schrift *Zum ewigen Frieden* (1795) den Republikanismus als unbedingt demokratisch und die Jakobinerdiktatur darum als transitorische geschichtliche Notwendigkeit verfochten. Hardenberg stand keineswegs diesen Ansichten fern.

Im Herbst 1797 entschloß er sich, um seiner Laufbahn in der Salinenverwaltung willen, an der Bergakademie Freiberg sich naturwissenschaftlich, insbesondere geologisch weiterzubilden. Er folgte auch damit modernsten Tendenzen und akutem Interesse. Es war ein Jahrzehnt ungewöhnlicher Kulmination naturwissenschaftlicher Experimente und Erkenntnisse: Die Zeit Lavoisiers, der die moderne

Chemie begründete, an der Revolution teilnahm und 1794 auf der Guillotine endete, und Joseph Priestleys, der bereits 1774 unabhängig von Scheele den Sauerstoff dargestellt hatte; es war das entscheidende Dezennium Galvanis, dem Volta folgte, oder des Jena-Weimarer Apothekers und Physikers Johann Wilhelm Ritter, der, von Galvani inspiriert, mit seinen Untersuchungen elektrischer Phänomene viele spätere Entdeckungen vorwegnahm, 1801 selber die ultravioletten Strahlen aufspürte und, seiner autodidaktischen und naturphilosophischen Sonderbarkeit ungeachtet, für den Vater der physikalischen Chemie gilt. Hardenberg studierte ihre Ergebnisse und Theorien und verleibte sie seinen Überlegungen ein.

Vom Dezember 1797 bis zum Mai 1799 hielt er sich in der sächsischen Bergstadt auf, wo gerade der mit Hardenberg gleichaltrige Professor N. A. Lampadius den Schwefelkohlenstoff gefunden hatte. Es war vielleicht sein fruchtbarster und ausgeglichenster Lebensabschnitt. Er wurde Schüler Abraham Gottlob Werners, des Begründers der Geologie als Wissenschaft, den er hoch verehrte und in seinen Romanen verewigt hat. Auf wiederholten Reisen nach dem nahen Dresden besichtigte er mit Schelling und den Schlegels die Galerie; er besuchte Goethe in Weimar, Schiller in Jena und begegnete Jean Paul. Die literarische Produktion dieser anderthalb Jahre ist enorm: Es erschien – unter erstmaliger Verwendung des Pseudonyms Novalis – die Fragmentsammlung *Blütenstaub*, dann *Glauben und Liebe,* und er begann die Arbeit an den *Lehrlingen zu Sais;* die *Dialogen* sowie eine Fülle von Gedanken, Auszügen, Fragmenten wurden niedergeschrieben, und ein vierwöchiger Kuraufenthalt im Sommer 1798 am böhmischen Fuße des Erzgebirges zeitigte die *Teplitzer Fragmente.*

Am Jahresende verlobte er sich mit der um vier Jahre jüngeren Julie von Charpentier, der Tochter eines seines Lehrer und Vorgesetzten. Um so viel menschlich reifer und klarer diese Verbindung mit der klugen, gewandten, liebedürftigen und zugleich fürsorglichen Tochter des Freiberger Berghauptmanns gegenüber der vorausgegangenen Verlobung mit Sophie war, um so viel reifer und klarer erscheint nun auch die Perspektive des äußeren Lebens von Novalis. Es sollte offenbar die Verbindung zu einem bürgerlichen

Arbeitsleben sein. Im Mai 1799 war er wieder bei der Salinendirektion in Weißenfels, das sein Wohnsitz blieb.
Jetzt fuhr er öfter nach Jena hinüber, wo der großzügige August Wilhelm mit seiner geistreichen Frau Caroline residierte, aber ebenfalls – allerdings umgekehrt in dürftigen Verhältnissen – J. W. Ritter lebte und wohin auf Anraten Goethes 1798 der dreiundzwanzigjährige Schelling als außerordentlicher Professor – wie A. W. Schlegel auch – berufen worden war: seine jugendlich-gedankenvolle „Urnatur" beherrschte nicht nur das philosophische Katheder, sondern schlug auch die zwölf Jahre ältere Caroline in ihren Bann, dem 1803 ein glücklicher sechsjähriger Ehebund bis zu ihrem Tode folgte, den Schelling um fünfundvierzig Jahre überlebte. So waren die Konflikte schon programmiert, als die Invasion der mittellosen Autoren in den gastlichen Professorenhaushalt am Löbdergraben einsetzte – ein Vorgang, den die Literaturgeschichte als die Konstituierung der Jenaer Romantik verzeichnet hat; ein Jahr später begann sich der Kreis bereits wieder aufzulösen. Kurzum, im Herbst 1799 kam Friedrich Schlegel aus Berlin; ihm folgten seine Lebensgefährtin, die über acht Jahre ältere hochgebildete Tochter Moses Mendelssohns und eben geschiedene Bankiersgattin Dorothea Veit, die Lucinde des Schlegelschen Romans, und Ludwig Tieck mit seiner Frau Amalie; auch der aus dem norwegischen Stavanger stammende Naturphilosoph Henrik Steffens war da, während Fichte, wegen der Anklage auf Atheismus gerade nach Preußen emigriert, und der Theologe F. D. E. Schleiermacher dort blieben, wo die anderen herkamen. – Hier in Jena schloß Novalis Freundschaft mit Tieck, dem eigentlichen dichterischen Talent der frühromantischen Generation, kam Ritter nahe, besuchte Herder und erneut Goethe. In dieser Zeit entstanden die *Geistlichen Lieder, Die Christenheit oder Europa* und der Anfang des *Ofterdingen* – übrigens in Artern, dem Goethe-Ort.
Was noch folgte, ist schnell berichtet. Zu Ende des Jahres 1799 war Hardenberg zum Salinen-Assessor ernannt worden. Die Arbeiten an seinen literarischen Vorhaben wurden fortgesetzt: die *Hymnen an die Nacht* abgeschlossen und veröffentlicht, der erste Teil des *Ofterdingen* beendet, die Fortsetzung angefangen. Weiter ging das Studium philosophi-

scher Schriften, jetzt vor allem Jakob Böhmes, auf den ihn Tieck aufmerksam gemacht und von dem der ebenso junge Karl Marx später gesagt hat, daß dieser Schuster ein großer Philosoph gewesen, während manche Philosophen von Ruf nur große Schuster seien. Überliefert ist schließlich eine Fülle von Niederschriften zu biologisch-medizinischen, ästhetisch-poetischen und weltanschaulich-religiösen Problemen.

Im Juni 1800 führte er noch praktische geologische Untersuchungen durch – bei Zeitz, Gera, Borna und Leipzig. Im Oktober brechen alle Aufzeichnungen ab. Während die Bewerbung um eine Amtshauptmannsstelle im Thüringer Kreise ihren Weg nahm, verschlechterte sich sein Gesundheitszustand. Noch einmal reiste er in die Elbgegend, nach Meißen, Siebeneichen und Dresden. Die Krankheit hielt ihn fest und verlängerte seinen Aufenthalt auf drei Monate: Ein Blutsturz bei der Nachricht vom Tode seines Bruders Bernhard Ende Oktober hatte ihn niedergeworfen. Die am 6. Dezember erfolgte Ernennung zum Supernumerar-Amtshauptmann traf einen vom Tode Gezeichneten. Julie pflegte ihn und begleitete ihn zurück. Am 24. Januar 1801 kam er wieder in Weißenfels an. Es stand nicht gut um ihn. Am 23. März besuchte ihn Friedrich Schlegel. Am 25. März ist er gestorben.

Zu den Texten

Die Geschichte der Novalis-Edition ist nicht nur lang, sondern vor allem problematisch. Sie begann vor nahezu 190 Jahren mit der Herausgabe der *Schriften* Hardenbergs im Jahre 1802 durch seine Freunde Friedrich Schlegel und Ludwig Tieck: Doch erst nach eineinhalb Jahrhunderten ist es gelungen, die vollständigen und authentischen Texte – entweder nach den Handschriften oder den ersten Drucken bzw. in bestimmten Fällen nach beiden – der weiteren literaturwissenschaftlichen Forschung wie der interessierten Öffentlichkeit zur Verfügung zu stellen und damit am Ende das Verständnis eines der widerspruchsvollsten Autoren im Zusammenhang einer der widerspruchsvollsten, aber zugleich fruchtbarsten Perioden der europäischen Literaturgeschichte zu befördern, das sich der historischen Wahrheit nähert.

Es ist dies im wesentlichen der forscherischen Leistung eines Mannes – und seiner Mitarbeiter dabei – zu danken, der, bereits 1924 mit einer Dissertation über Hardenbergs Staats- und Geschichtsauffassung in Berlin promoviert, vom Faschismus aus Deutschland vertrieben wurde und sein Lebenswerk in Melbourne (Australien) vollenden konnte – Richard Samuel. Fußend auf der über drei Jahrzehnte gültigen, von Paul Kluckhohn und ihm veranstalteten kritischen Edition (Novalis, Schriften, 4 Bde., Leipzig 1929), entstand in vieljähriger Arbeit die grundlegende Ausgabe: Novalis, Schriften. Die Werke Friedrich von Hardenbergs. Herausgegeben von Paul Kluckhohn (†) und Richard Samuel. Zweite, nach den Handschriften ergänzte, erweiterte und verbesserte Auflage in vier Bänden und einem Begleitband. Stuttgart 1960ff. (inzwischen als „Dritte ... Auflage ...", 1977ff.) Sie vermittelt, konsequent chronologisch innerhalb des poetischen wie des philosophischen Werks angelegt, eine fast lückenlose Vorstellung von der geistigen Entwicklung dieses Autors. Ausführliche Einleitungen in die jeweilige Textgeschichte, Varianten und Lesarten sowie Anmerkungen vervollständigen mit philologischen Mitteln das Gesamtbild von diesem Dichterwerk.

Die nachstehenden Erläuterungen sollen dem Verständnis der Texte in ihren weiteren Zusammenhängen dienen. Für detaillierte philologisch-historische Auskünfte muß auf die genannte Gesamtausgabe verwiesen werden. Um indessen eine kritische Aneignung der Texte ihrem Rang und ihrer geschichtlichen Bedeutung nach zu erleichtern, empfahl es sich für die vorliegende Ausgabe, die Chronologie zu durchbrechen und eine Gruppierung (Prosadichtungen – Lyrik – Fragmente und Studien) vorzunehmen, wobei die von Novalis selbst noch entweder publizierten oder für den Druck bestimmten bzw. vorbereiteten Arbeiten stets an den Anfang gestellt sind. So kann das unstreitige, obwohl unvollendete Hauptwerk Hardenbergs, der Roman *Heinrich von Ofterdingen,* das Ganze eröffnen, das alle in sich geschlossenen, für sich bestehenden dichterischen und philosophischen Werke Hardenbergs sowie eine Auswahl aus den Jugendgedichten und eine Reihe von Vorarbeiten zu Fragmentsammlungen enthält, während auf Briefe verzichtet werden mußte.

Da jeder Eingriff in Orthographie und Zeichensetzung bei der eigentümlichen Situation, in der sich dieses Schriftstellerwerk befindet, nur erneute Verwirrung in dieser Hinsicht hervorriefe, folgt die Textgestaltung der großen Ausgabe. Die über eineinhalb Jahrhunderte gängige Praxis – je nach Lage der Dinge und Herausgeberauffassung – immer wieder andere Prinzipien anzuwenden, durfte um so weniger fortgesetzt werden, als auch die historisch-kritische Ausgabe nicht in der Lage war, einheitlich zu verfahren. Während beispielsweise für die in sich geschlossenen Werke nur etwa zehn Prozent der Manuskripte erhalten sind, existieren für die Studien und Fragmente etwa neunzig: So konnten die auf den ersten Drucken basierenden Texte weitgehend – ausgenommen einige besondere grammatische und lautliche Formen – der modernen Schreibung angeglichen, die originale Interpunktion hingegen im wesentlichen beibehalten werden. Alle anderen Texte geben die ursprüngliche Orthographie und Zeichensetzung der Handschriften wieder. Nur bei den Jugendgedichten, in deren Manuskripten z. B. eine Interpunktion fast vollkommen fehlt, wurde von den Herausgebern die Modernisierung durchgeführt; diesem Prinzip folgt hier auch der Abdruck des epischen Gedichts *Die Geburt Jesu,* das dem – während des zweiten Weltkriegs ausgelagerten, danach als verschollen geltenden, jedoch in der Universitätsbibliothek Kraków (VRP) wieder aufgefundenen – handschriftlichen Nachlaß entnommen ist (den Text verdankt der Hg. Dr. Gabriele Rommel). Unterstreichungen des Dichters sind kursiv gesetzt; nicht vom Autor Stammendes steht in eckigen Klammern; Winkelklammern enthalten von Novalis bei der Bearbeitung nachträglich durchgestrichene Stellen.

Heinrich von Ofterdingen

Der Roman ist in den letzten zwei Wochen des Jahres 1799 und den ersten drei Monaten des folgenden geschrieben, der erste Teil also in weniger als vier Monaten vollendet worden: und dies unter den Bedingungen beruflicher Vollbeschäftigung des Autors bei der Salinendirektion in Weißenfels. Die stofflich-historischen Anregungen entstammten verschiedenen thüringischen Sagen (Wartburgsage, Kyffhäusersage) und literarischen Überlieferungen, namentlich der *Legende der heiligen Elisabeth* (um 1420) und der *Düringischen Chronik* (1421) des aus der älteren deutschen Literaturgeschichte bekannten Eisenacher Domherrn und Stadtschreibers Johannes Rothe (um 1360 bis 1434). Offensichtlich ist vor allem der tiefgreifende Einfluß der naturwissenschaftlich-bergmännischen Studien Hardenbergs und seines über die Grenzen des Landes weit hinaus berühmten Lehrers an der Bergakademie Freiberg, Abraham Gottlob Werner, dem er in der Bergmannserzählung des ersten Teils – wie schon mit der Gestalt des Lehrers in den *Lehrlingen zu Sais* – ein dichterisches Denkmal setzte.
Neben weiteren vielfältigen Anregungen aus der zeitgenössischen Physik und Astronomie ist die literarische Vorbildwirkung von Goethes *Wilhelm Meister* (1796) und Tiecks Roman *Franz Sternbalds Wanderungen* (1798) auf Stil, Komposition und poetische Details hervorzuheben. Am Ende war der *Ofterdingen* gedacht als ein Gegenstück zu Goethes Roman *Wilhelm Meisters Lehrjahre,* in welchem die jungen Ro-

mantiker, zuvörderst Friedrich Schlegel und sein Freund Hardenberg, erst ein Paradigma des romantischen Romans zu erblicken glaubten, von dem sie aber nach und nach erkennen mußten, daß sie über seiner Form – den im Wechsel von Begebenheit und Reflexion vorgeführten Variationsreihen menschlicher Individualität und die Metamorphose des Helden selbst – den wahren Gehalt, die nüchterne Frage nach der Sendung und dem Ort des bürgerlichen Individuums in einer bürgerlichen Gesellschaft, übersehen hatten. In dem Maße, wie sich die Absicht befestigte, das Paradigma eines romantischen Romans zu liefern, der – wie es am 23. Februar 1800 an Tieck heißt – eine „Apotheose der Poesie" werden sollte, verschärfte sich das Urteil über das Goethesche Pendant. Hardenberg nannte es schließlich ein aus „Stroh und Hobelspänen" gefertigtes „wohlschmeckendes Gericht", ein „im Grunde ... fatales und albernes Buch" und „undichterisch im höchsten Grade, ... so poetisch auch die Darstellung" sei, das „eigentlich ein Candide, gegen die Poesie gerichtet", wäre. David war gegen Goliath angetreten, aber er vermochte nicht zu siegen. So wird es verständlich. Denn Novalis hat die übermächtige Erscheinung zu bewundern nie aufgehört. Man darf dem fast siebzigjährigen Tieck glauben, der, schon selber zum deutschen Dichterfürsten geworden, am 3. Juli 1841 an Goethes langjährigen Sekretär Friedrich Wilhelm Riemer schrieb: „Er war, durch die Schlegel veranlaßt, verliebt in das Werk; er irrte, indem er die *ganze,* unbedingt die *höchste* Poesie darin suchte ... Ich kann sie aber versichern, daß er bis zum Tode ein eifriger Verehrer Goethes war ..." Dem ist nur hinzuzufügen, daß diese Verehrung nicht allein dem Dichter, sondern – vielleicht noch mehr – dem Naturforscher Goethe gegolten hat.

Novalis hatte versucht, die mit dem Roman verfolgte Absicht durch dessen Publikation in gleichem Druck, gleicher Ausstattung, gleichem Format und beim selben Verlag wie *Wilhelm Meister* zu unterstreichen. Es kam nicht zustande. Der erste Teil erschien im Juni 1802 bei dem Berliner Verleger Reimer; Ende des Jahres folgten auch der Anfang des zweiten Teils zusammen mit dem ersten und Tiecks Bericht über die geplante Fortsetzung in den von F. Schlegel und L. Tieck herausgegebenen *Schriften* des Novalis. – Die vorliegende Ausgabe bringt diesen Bericht ebenfalls, um einen gewissen Eindruck von den weiteren Vorstellungen Hardenbergs zu vermitteln, die durch aufgefundene Handschriften auch bestätigt worden sind. Daß freilich der Autor in der Verknüpfung der einzelnen Elemente und der Darstellung des Ganzen genauso verfahren wäre, wie Tieck es nahelegt, ist daraus nicht zu schließen.

Die Lehrlinge zu Sais

Dieses Romanfragment ist die zeitlich früheste größere und ganz eigenständige Dichtung Hardenbergs. Die erste Erwähnung stammt vom Anfang des Jahres 1798; der zweite Teil, *Die Natur* betitelt, worin das Märchen von Hyazinth und Rosenblüt erzählt wird, das möglicherweise zunächst als davon unabhängige Dichtung gedacht war, ist wahrscheinlich Ende 1798 entstanden. Die bedeutendsten Anregungen dazu sind in dem intensiven Studium der Naturwissenschaft und des Bergbauwesens zu suchen, das Hardenberg seit Dezember 1797 an der Freiberger Akademie betrieb. Zur Faszination, die A. G. Werner, hier wiederkehrend in der Gestalt des Lehrers, auf ihn ausübte, traten bei der gedanklichen Ausformung des Werks naturphilosophische Ideen, wie sie sich beim jungen Schelling, aber ebenso in Spinozas Pantheismus vorfanden. Mit Bezug auf Fichtes Aufsatz *Von der Sprachfähigkeit und dem Ursprunge der Sprache* (1795) endlich wird das Unterfangen erklärlich, Einsichten und Begriffe der zeitgenössischen Naturwissenschaft symbolisch zu fassen und auszudeuten, mithin der Poesie Erkenntniskraft zuzusprechen, indem sie dergestalt die Geheimnisse der Natur offenbare. Es erwuchs so ein naturphilosophisch-poetologischer Romanversuch, der im Kontext vor allem der *Teplitzer Fragmente* und der übrigen naturwissenschaftlich-philosophischen Studien steht und dessen Hauptgedanken sich durch das gesamte weitere Fragmentmaterial des Dichters hindurchziehen. – Der „echt sinnbildliche Naturroman", wie es noch im Brief an Tieck vom 23. Februar 1800 heißt, wurde vom *Ofterdingen* verdrängt; er blieb ein geistvolles Bruchstück, das erst im zweiten Band der *Schriften* 1802 an die Öffentlichkeit gelangte.

Hymnen an die Nacht

Über die Entstehung der *Hymnen* existieren keine direkten Zeugnisse. Es sind zwei Fassungen überliefert: eine wiederholt bearbeitete Handschrift in freien Rhythmen und der erheblich veränderte, sie vorwiegend in rhythmischer Prosa bietende Druck von 1800 in der von August Wilhelm und Friedrich Schlegel 1798 bis 1800 herausgegebenen Zeitschrift *Athenaeum*, den F. D. E. Schleiermacher besorgte. Diese zweite, hier aufgenommene, stellt die reifere dar. Der subjektive Ansatz Hardenbergs zu dieser Dichtung ist in den Nachwirkungen zu suchen, die das Leiden und der frühe Tod seiner Braut Sophie von Kühn im Jahre 1797 in ihm hinterließen. Die Steigerung des Ausdrucks zum weltanschaulichen Bekenntnis erfolgte unter umdeutender Verwertung literarischer Vorleistungen, von denen im besonderen Edward Youngs *The Complaint, or Night-Thoughts on Life, Death, and Immortality* (1742–1745, dt. 1751) zu nennen ist – ein Werk, das nahezu auf die gesamte europäische Romantik gewirkt hat. Bedeutsam ist gleichfalls der geschichtsphilosophische Versuch der fünften Hymne als immanente Auseinandersetzung mit Schillers Gedicht *Die Götter Griechenlands* (1788). Durchgängig ist eine tendenzielle Verschmelzung irdischer Erotik mit der Liebe zu den Gestalten des christlichen Glaubens zu beobachten.

Geistliche Lieder

Die *Geistlichen Lieder,* inhaltlich in enger Beziehung zu den *Hymnen* stehend und in gewissem Sinne aus ihnen erwachsen, wurden 1799/1800 geschrieben; sie erschienen teilweise (I–VII) im November 1801 in dem von A. W. Schlegel und L. Tieck herausgegebenen und bei Cotta verlegten *Musenalmanach auf das Jahr 1802,* vollständig 1802 in der Ausgabe der *Schriften.* Neben Schleiermachers *Reden über die Religion* (1799) haben hier wiederum eine Reihe Autoren des 18. Jahrhunderts vorbildhaft eingewirkt – so Klopstock, Gellert, Lavater, Zinzendorf. Anknüpfend an die pietistische Tradition des Elternhauses und der Herrnhuter Brüdergemeine selbst (Zinzendorf), unternahm es Novalis, das aufklärerische Erbe einer vernünftigen christlichen Morallehre in eine fromme Innerlichkeit zu transponieren. Gerade die schlichte, innige Klarheit ihrer poetischen Gestalt hat diesen Liedern vor allen anderen Werken des Dichters den größten Erfolg beschert: Einige sind in viele Gesangbücher eingegangen, und Franz Schubert hat fünf Texte aus ihnen vertont.

Vermischte Gedichte und frühe Lyrik

Den Titel *Vermischte Gedichte* hat L. Tieck für die Ausgabe der *Schriften* Hardenbergs 1802 eingeführt, unter dem er die sechs ihm bekannten lyrischen Arbeiten des Freundes aus den Jahren nach 1794 abdruckte: *An Tieck, An Karl von Hardenberg, An Adolf Selmni(t)z, Alle Menschen seh ich leben, Es färbte sich die Wiese grün, Der Himmel war umzogen.* Die späteren Auflagen sowie alle weiteren Editionen des Novalisschen Werks konnten die Anzahl – allerdings meistens mit den Jugendgedichten vermischt – ständig aus dem Nachlaßfundus vermehren. Erst die jüngere Forschung war in der Lage, eine strenge Chronologie herzustellen, so daß die Lyrik der Reifezeit von der früheren (bis Sommer 1794) gesondert und endgültig in zeitlicher Ordnung – unter der Tieckschen Bezeichnung – zusammengefaßt werden konnte: so verdienstvollerweise geschehen in der 2. Auflage der von P. Kluckhohn und R. Samuel veranstalteten Werkausgabe (1960ff.). In dieser Gestalt sind die Gedichte hier vollständig übernommen.
Seinen Namen als Lyriker hat Novalis in erster Linie durch die *Hymnen an die Nacht,* die *Geistlichen Lieder* und die Gedichte im *Ofterdingen* gewonnen. Dennoch ist das übrige nicht bedeutungslos. Obwohl zumeist Gelegenheitsgedichte, geben sie ein Bild vom fortschreitenden lyrischen Vermögen des Dichters, das in engem Zusammenhang mit seinen anderen poetischen und philosophischen Unternehmungen zu sehen ist. Einige davon – wie etwa *Walzer* (wahrscheinlich das erste lyrische Zeugnis dieses Themas in der Literaturgeschichte überhaupt), *Der Himmel war umzogen* oder *Alle Menschen seh ich leben* – sind vollkommene und überzeugende Gebilde, die auf der Kunsthöhe der Zeit stehen.

Mehr noch freilich als in den *Vermischten Gedichten* bekundet sich in der frühen Lyrik Epigonalität. Es handelt sich – in Ermangelung bereits eigenen Erlebens – bei den meisten Gedichten um mehr oder weniger konventionelle Nachahmungen aus der Poesie des 18. Jahrhunderts – der Aufklärung schlechthin, des Klassizismus, der Anakreontik, des Pietismus; sie widerspiegeln noch einmal die Empfindsamkeit, die sich entwickelnde Gefühlskultur und Innerlichkeit der sich emanzipierenden bürgerlichen Klasse. In nahezu jedem Falle sind die Originale mitzuhören: Klopstock, Wieland, Gleim, Bürger, Hölty, die Stolbergs, Matthisson, Schiller usw. – dazu griechische, italienische, engliche Autoren. Dies ist der Grund, warum aus den mehr als 300 überlieferten Jugendgedichten unterschiedlichster Gattungen, Formen und Versmaße, die Novalis – wie alle anderen Frühversuche dramatischen oder erzählenden Charakters – selber als bloßes Wortgeräusch, im Grunde als poesielos betrachtet hat, nur eine schmale Auswahl getroffen werden kann. Aber selbst sie vermag von der unglaublichen Belesenheit und poetischen Bildung, der frühen Fertigkeit und dem angestrengten Fleiß Hardenbergs zu zeugen, womit die Arbeit des Dichters beginnt, noch ehe er einer ist.

Blütenstaub

Diese Fragmentsammlung, 1797 entstanden und bereits im Mai 1798 im ersten Stück des *Athenäum* veröffentlicht, ist das erste publizierte reife Werk Hardenbergs gewesen. Der Autor hatte ein Manuskript, *Vermischte Bemerkungen* betitelt, im Februar 1798 an A. W. Schlegel gesandt und für den Fall „öffentlichen Gebrauchs" auch das – von da an beibehaltene – Pseudonym Novalis mitgeliefert. Die Handschrift und der Druck weichen z. T. erheblich voneinander ab, da durch die Brüder Schlegel, vor allem Friedrich, Korrekturen, Umstellungen, Streichungen und selbst Ergänzungen mit Eigenem vorgenommen wurden. Um eine deutliche Vorstellung zu vermitteln, müßten beide Fassungen nebeneinander vorgestellt werden; die vorliegende Ausgabe beschränkt sich auf den Athenaeumsdruck.
Die *Blütenstaub*-Fassungen dokumentieren einen neuen An-

satz im Denken Hardenbergs, der durch gründliche philosophische und literarische Studien – Kant, Fichte, Schelling, Hemsterhuis, Shakespeare – vorbereitet ist. Zur Formfindung trug wesentlich die Aphorismensammlung *Maximes et pensées, charactères et anecdotes* (1795, dt. 1797) des französischen Moralisten, Dramatikers und Publizisten Chamfort bei. Im Unterschied aber zu Friedrich Schlegel, der das Fragment, apostrophiert als romantischen Denkausdruck par excellence, im Grunde auf die Formulierung von Einfällen, Behauptungen, witzigen Aperçus reduzierte und darin die Erfüllung dieser Form, das Resultat erblickte, verband Hardenberg damit eher die Vorstellung von einem Durchgangsstadium, der glücklichen Momentaufnahme innerhalb einer größeren Gedankenbewegung. Hervorgegangen aus intensiven Studien, erschienen ihm seine Fragmente wesentlich als Produkte der Selbstverständigung, als „Sämereien", aus denen einmal ein System erwachsen könnte, oder auch als Gärstoffe des Denkens.

Glauben und Liebe

Hardenbergs zweite, von ihm selber veröffentlichte – und ebenfalls von F. Schlegel bearbeitete – Fragmentsammlung ist im Frühjahr 1798 entstanden und schließt auf spezifische Weise an die erste an: jetzt steht das Problem des Staats im Mittelpunkt. Anlaß war die Thronbesteigung Friedrich Wilhelms III. und Luises am 16. November 1797. Ungeachtet der in Novalis dadurch freigesetzten Euphorie theoretischer Deduktion, spiegelt sie gleichwohl die mit jenem politischen Akt verknüpften Heilserwartungen weitester Kreise unter den deutschen Zeitgenossen wider, die jedoch allzubald bitter enttäuscht wurden. Die Sammlung erschien denn auch – zusammen mit *Blumen* – 1798 in den Berliner *Jahrbüchern der Preußischen Monarchie unter der Regierung von Friedrich Wilhelm III.*, einer wohlmeinend eigens zu dem Zwecke gegründeten Zeitschrift, durch Berichte über Wirken und Leben des erlauchten Paars die segensreichen Verheißungen einer neuen Ära zu verkündigen und das Volk in die sanften Bande einer aller hergebrachten Antagonismen scheinbar ledigen Patriarchalität zu schlagen.

Was indessen dem Leser von heute leicht wie bloß philosophierende Schmeichelei vorkommen könnte, dünkte offenbar das gekrönte Haupt bereits eine literarische Neuauflage der gerade am Rhein glücklich umschifften Revolution zu sein. Eine Verschwisterung des Republikanismusgedankens mit der selbstgefühlten Sendung des preußischen Herrscherhauses überschritt die Grenze der vorgeblich väterlichen Großmut dieses Monarchen ebenso wie den Horizont seines notorischen Korporalverstands. Er hat den Text, worin er einen selbständigen kritischen Geist witterte, so wenig verstanden – oder verstehen wollen – wie die von ihm befragte Ratgeberschaft. Jedenfall verbat er sich derlei fürderhin und ließ nach dem Autornamen fahnden. Der Verleger Unger verweigerte mannhaft die Auskunft, aber die Zensur griff ein und verhinderte die geplante Fortsetzung der Publikation mit den *Politischen Aphorismen,* die hier folgerichtig angeschlossen sind.

Glauben und Liebe hat wie kein zweites Werk Hardenbergs Aufsehen erregt und die Debatte herausgefordert. Die Meinungen waren selbst im Kreise der Freunde und Bekannten geteilt. Denn es ist kaum verwunderlich, wenn erfahrenere politische Köpfe die Ambitendenz der Novalisschen Staatsphilosophie herausspürten: Eine Symbiose zwischen Royalismus und Republikanismus oder die dialektische Aufhebung des einen durch das andere war nur im Reiche des Geistes, als poetisierende Abstraktion denkbar und mußte in der Wirklichkeit immer zugunsten des deutschen Ancien régime ausschlagen.

Das Ganze brauchte nur von seinem historischen Zusammenhang mit den Republikanismusideen der Aufklärungs- und Revolutionszeit befreit und nach seiner legitimistischen Seite hin verfestigt zu werden, damit es den Standpunkt restaurativer Gesinnung theoretisch beglaubigte. So betrachtet, steht dieses Werk in der Tat in einer Tradition, die mit der politischen Theoretisierung der Reaktionsbewegung von 1790 durch den Engländer Edmund Burke sowie die Schweizer Mallet du Pan und d'Ivernois begann, sich zur Zeit Hardenbergs mit Friedrich Gentz fortsetzte und bei Adam Müller ein Jahrzehnt darauf – und zwar unter Berufung auf Novalis – seine spezifisch deutsche Ausprägung als romantische Staatslehre erfuhr.

Doch die zeitgleich zutage tretende Kehrseite bestand – Ironie der Literaturgeschichte – darin, daß in dem politischen Programm, das der gemäßigt liberale preußische Staatsminister Karl August von Hardenberg, der ältere Verwandte des Novalis aus der gräflichen Linie, nach der Niederlage gegen Napoleon seinem Landesherrn 1807 auf den Tisch legte, Sätze standen, die denen des entfernten Neffen nicht unähnlich waren und die retrograde Richtung dokumentieren. Es hieß u. a. da: „Demokratische Grundsätze in einer monarchischen Regierung: dieses scheint mir die angemessene Form für den gegenwärtigen Zeitgeist." Wie zögernd immer dieser spätere Nachfolger des Freiherrn vom Stein als Staatskanzler (1810) vorging, Tatsache ist, daß die preußischen Reformen 1808/13 der Anfang der bürgerlichen Revolution in diesem Lande gewesen sind.

Die Christenheit oder Europa

Die eingehende Beschäftigung mit Geschichte, namentlich dem Mittelalter, Anregungen durch Herder und Schleiermachers *Reden über die Religion* sowie aufmerksamste Verfolgung der Zeitereignisse bildeten die wesentlichen Voraussetzungen für diesen 1799 geschriebenen geschichtsphilosophischen Aufsatz, den Hardenberg als „Rede" Mitte November jenes Jahres in Jena seinen Freunden vortrug und der seine einzige längere essayistische Arbeit darstellt. Der gedanklichen Problematik nach steht sie in direkter Folge der beiden publizierten Fragmentsammlungen, formell – in Hinsicht auf Empfindungsweise und Diktion – mehr in der der *Hymnen* und der *Geistlichen Lieder.*
In ihrer Formvollendetheit, mit welcher der Umsturz des aus dem 18. Jahrhundert überkommenen Weltbilds geradezu beschworen wird, dürfte sie eher noch als *Glauben und Liebe* – gerade auch in ihrer Ambitendenz – für die Programmschrift der deutschen Frühromantik gelten, wenn sie nicht vorab wirkungslos geblieben wäre. An der Frage, ob und wie sie veröffentlicht werden sollte, schieden sich bald die Meinungen schon im engen Kreis der Jenaer Romantiker. Dorothea, die Lebensgefährtin Friedrich Schlegels, und ihr späterer Schwager A. W. Schlegel, auch der Philosoph

Schelling, erst recht der protestantische Theologe Schleiermacher waren schwankend, skeptisch, ablehnend. Goethe, als Schiedsrichter angerufen, verwarf den Gedanken an eine Veröffentlichung. So fand sie schließlich nicht einmal Aufnahme in die frühen Auflagen der *Schriften*, sie erschien erst – und zwar ohne Wissen der Herausgeber – in deren vierter 1826 und wurde bis 1880 nicht wieder gedruckt.
Für die ideologische Position dieser Studie gilt im Prinzip ein Gleiches wie für *Glauben und Liebe.* Doch trat ein Anderes hinzu. Der neue Grundtenor ist nicht zu überhören: Es ist die Enttäuschung angesichts der unerfüllten Hoffnungen, die von den Idealen des Republikanismus genährt worden waren, und die Sehnsucht nach Frieden inmitten von Klassenkämpfen und Kriegen, die nahezu ununterbrochen – seit dem Beginn der fürstlichen Koalition gegen das revolutionäre Frankreich – inzwischen rund ein Jahrzehnt Europa erschütterten und deren Ende 1799 – im Jahre des Staatsstreichs Bonapartes – noch lange nicht abzusehen war. Die Ausweitung scharfer und weithin zutreffender Detailbeobachtung zu einem geschichtsphilosophischen Konzept führte so, da das Gesetzmäßige der historischen Bewegung sich dem Betrachter notwendig verschloß, zu dem Eindruck, als ob der wirkliche Gesamtverlauf der Geschichte gleichsam ein Irrtum der Geschichte gewesen sei.

Vorarbeiten zu verschiedenen Fragmentsammlungen

Blütenstaub und *Glauben und Liebe* waren bereits eine Auswahl aus einer großen Zahl von Aufzeichnungen, die der Beginn neuer Fragmentveröffentlichungen sein sollte, zu denen es aber nicht mehr kam. Im übrigen hat Novalis aus den folgenden Jahren noch eine Fülle weiterer Notizen und Vorarbeiten hinterlassen. Einiges davon ging verloren; vieles ist von ihm selber schon durchgearbeitet, wenn nicht gar redigiert worden. Alles indessen war jeweils unter bestimmten Problemstellungen gedacht und in sich strukturiert. Keine zufälligen Gedankensplitter also, sind Hardenbergs Fragmente auch kaum aus ihren ursprünglichen Zusammenhängen zu lösen und beliebig zu gruppieren, wie es über ein Jahrhundert lang üblich gewesen ist. Die hier getroffene Auswahl bringt deshalb, dabei der historisch-kritischen Ausgabe – praktischerweise auch in der Numerierung – folgend, keine Blütenlese aus dem Gesamtwerk, sondern – mit Ausnahme des Anhangs – nur in sich geschlossene Fragmentkomplexe bzw. längere und vom Autor offenbar vollendete Texte. Es handelt sich in allen Fällen zugleich um solche, die sowohl repräsentativ für Hardenbergs Denken als auch allgemeineren Interesses würdig sind.

Von den *Logologischen Fragmenten* bis zu dem Fragment über Goethe, das sich zum Essay auswuchs, stammen sie allesamt aus dem Jahre 1798; zum letzteren scheint bemerkenswert, wie in den sich anschließenden Fragmenten vor allem naturwissenschaftlichen, aber auch ästhetischen Inhalts sich die enge Affinität zu Goethe immer wieder dadurch herstellt, daß Novalis – so zuvor noch nie geschehen – den Naturforscher Goethe in die Beurteilung der Dichterpersönlichkeit und seines Werks einbezieht. Die *Dialogen*, nicht in einem Zuge verfaßt, sind zwischen dem Frühjahr 1798 und dem Winter 1798/99 entstanden; für den sprachphilosophischen *Monolog*, dessen Handschrift verloren ist, läßt sich die Entstehungszeit nicht mehr genau festlegen. Die als Anhang gebotenen Aufzeichnungen, die Wesentliches zur Geschichts- und Literaturauffassung Hardenbergs enthalten, sind mit dem Frühjahr 1800 datiert.

Inhalt

HUGO VON HOFMANNSTHAL
Blicke

Essays

Herausgegeben und mit einem Nachwort von Th. Fritz
Band 1177 · Broschur 3,– M

Das Schreiben über Bücher, Bilder, Inszenierungen war für Hofmannsthal (1874–1929) integraler Bestandteil seiner schriftstellerischen Arbeit, die Kunst war sein Thema. Bei leidenschaftlich vorgetragener Reflexion, die die Intimität des individuellen Kunsterlebens bewahrt, identifiziert er sich mit dem Publikum, immer auf der Suche nach der besonderen, durch Poesie voll erleuchteten Wirklichkeit, die in den Kunstwerken steckt – so beim Schreiben über: D'Annunzio, Balzac, Beethoven, Goethe, Grillparzer, Lessing, C. F. Meyer, Molière, O'Neill, Jean Paul, Max Reinhardt, Shakespeare, Stifter, die Salzburger Festspiele, das Wiener Burgtheater u. v. a.